le Guide du **routard**

Directeur de collection et auteur
Philippe GLOAGUEN

Cofondateurs
Philippe GLOAGUEN et Michel DUVAL

Rédacteur en chef
Pierre JOSSE

Rédacteurs en chef adjoints
Amanda KERAVEL et Benoît LUCCHINI

Directrice de la coordination
Florence CHARMETANT

Directeur de routard.com
Yves COUPRIE

Rédaction
Olivier PAGE, Véronique de CHARDON,
Isabelle AL SUBAIHI, Anne-Caroline DUMAS,
Carole BORDES, Bénédicte BAZAILLE,
André PONCELET, Marie BURIN des ROZIERS,
Thierry BROUARD, Géraldine LEMAUF-BEAUVOIS,
Anne POINSOT, Mathilde de BOISGROLLIER,
Gavin's CLEMENTE-RUÏZ, Fabrice de LESTANG,
Alain PALLIER et Fiona DEBRABANDER

GRÈCE CONTINENTALE

2004

D1324907

Avis aux hôteliers et aux restaurateurs

Les enquêteurs du *Guide du routard* travaillent dans le plus strict anonymat, afin de préserver leur indépendance et l'objectivité des guides. Aucune réduction, aucun avantage quelconque, aucune rétribution ne sont jamais demandés en contrepartie. Face aux aigrefins, la loi autorise les hôteliers et restaurateurs à porter plainte.

Hors-d'œuvre

Le *GDR*, ce n'est pas comme le bon vin, il vieillit mal. On ne veut pas pousser à la consommation, mais évitez de partir avec une édition ancienne. D'une année sur l'autre, les modifications atteignent et dépassent souvent les 40 %.

Spécial copinage

Le Bistrot d'André : 232, rue Saint-Charles, 75015 Paris. ☎ 01-45-57-89-14. Ⓜ Balard. À l'angle de la rue Leblanc. Fermé le dimanche. Menu à 11 € servi le midi en semaine uniquement. Menu-enfants à 7 €. À la carte, compter autour de 22 €. L'un des seuls bistrots de l'époque Citroën encore debout, dans ce quartier en pleine évolution. Ici, les recettes d'autrefois sont remises à l'honneur. Une cuisine familiale, telle qu'on l'aime. Des prix d'avant-guerre pour un magret de canard poêlé sauce au miel, rognon de veau aux champignons, poisson du jour... Kir offert à tous les amis du *Guide du routard.*

ON EN EST FIER : www.routard.com

Tout pour préparer votre voyage en ligne, de A comme argent à Z comme Zanzibar : des fiches pratiques sur 125 destinations (y compris les régions françaises), nos tuyaux perso pour voyager, des cartes et des photos sur chaque pays, des infos météo et santé, la possibilité de réserver en ligne son visa, son vol sec, son séjour, son hébergement ou sa voiture. En prime, *routard mag*, véritable magazine en ligne, propose interviews de voyageurs, reportages, carnets de route, événements culturels, dossiers pratiques, produits nomades, fêtes et infos du monde. Et bien sûr : des concours, des *chats*, des petites annonces, une boutique de produits voyages...

Mille excuses, on ne peut plus répondre individuellement aux centaines de CV reçus chaque année.

TABLE DES MATIÈRES

•••

Attention! Les îles grecques font l'objet d'un guide à part.

COMMENT Y ALLER?

GÉNÉRALITÉS

ATHÈNES

LE PÉLOPONNÈSE

Recommandation à nos lecteurs qui souhaitent profiter des réductions et avantages négociés par le *GDR* auprès des hôteliers et restaurateurs : prenez la précaution de les réclamer **au moment** de la réservation à l'hôtel et **avant** l'établissement de l'addition au restaurant. Poser votre *GDR* sur la table ne suffit pas : une fois le ticket de caisse imprimé, il est difficile pour votre hôte d'en modifier le contenu. En cas de doute, montrez la notice relative à l'établissement dans le *GDR* **de l'année** (cela peut changer d'un millésime à l'autre) et ne manquez pas de nous faire part de toute difficulté rencontrée.

LES GUIDES DU ROUTARD
2004-2005

(dates de parution sur **www.routard.com**)

France

- Alpes
- Alsace, Vosges
- Aquitaine
- Ardèche, Drôme
- Auvergne, Limousin
- Bourgogne
- Bretagne Nord
- Bretagne Sud
- Châteaux de la Loire
- Corse
- Côte d'Azur
- Franche-Comté
- Hôtels et restos de France
- **Ile-de-France (nouveauté)**
- Junior à Paris et ses environs
- Junior en France
- Languedoc-Roussillon
- Lyon
- Marseille
- Midi-Pyrénées
- **Montpellier (mars 2004)**
- **Nice (avril 2004)**
- Nord, Pas-de-Calais
- Normandie
- Paris
- Paris balades
- Paris exotique
- Paris la nuit
- **Paris sportif (nouveauté)**
- Paris à vélo
- Pays basque (France, Espagne)
- Pays de la Loire
- **Petits restos des grands chefs (mars 2004)**
- Poitou-Charentes
- Provence
- Restos et bistrots de Paris
- Le Routard des amoureux à Paris
- Tables et chambres à la campagne
- Toulouse
- Week-ends autour de Paris

Amériques

- Argentine
- Brésil
- Californie
- Canada Ouest et Ontario
- Chili et île de Pâques
- Cuba
- Équateur
- États-Unis, côte Est
- Floride, Louisiane
- Guadeloupe, Saint-Martin, Saint-Barth
- Martinique, Dominique, Sainte-Lucie
- Mexique, Belize, Guatemala
- New York
- Parcs nationaux de l'Ouest américain et Las Vegas
- Pérou, Bolivie
- Québec et Provinces maritimes
- Rép. dominicaine (Saint-Domingue)

Asie

- Birmanie
- Cambodge, Laos

- Chine (Sud, Pékin, Yunnan)
- Inde du Nord
- Inde du Sud
- Indonésie
- Israël
- Istanbul
- Jordanie, Syrie
- Malaisie, Singapour
- Népal, Tibet
- Sri Lanka (Ceylan)
- Thaïlande
- Turquie
- Vietnam

Europe

- Allemagne
- Amsterdam
- Andalousie
- Andorre, Catalogne
- Angleterre, pays de Galles
- Athènes et les îles grecques
- Autriche
- Baléares
- Barcelone
- Belgique
- Crète
- Croatie
- Écosse
- Espagne du Centre (Madrid)
- Espagne du Nord-Ouest (Galice, Asturies, Cantabrie)
- Finlande, Islande
- Grèce continentale
- Hongrie, Roumanie, Bulgarie
- Irlande
- Italie du Nord
- Italie du Sud
- Londres
- **Malte (avril 2004)**
- Moscou, Saint-Pétersbourg
- Norvège, Suède, Danemark
- **Piémont (fév. 2004)**
- Pologne, République tchèque, Slovaquie
- Portugal
- Prague
- Rome
- Sicile
- Suisse
- Toscane, Ombrie
- Venise

Afrique

- Afrique noire
- Égypte
- Ile Maurice, Rodrigues
- Kenya, Tanzanie et Zanzibar
- Madagascar
- Maroc
- Marrakech et ses environs
- Réunion
- Sénégal, Gambie
- Tunisie

et bien sûr...

- Chiner autour de Paris
- Le Guide de l'expatrié
- Humanitaire
- Internet et multimédia

NOS NOUVEAUTÉS

PIÉMONT (févr. 2004)

Trop souvent traversée par les touristes fonçant vers le sud de l'Italie, ou évoquée au hasard d'une discussion à propos de ses usines FIAT, cette région tend les bras dès le passage de la frontière. Elle mérite d'ailleurs qu'on s'y arrête...

De jolies cimes enneigées, idéales pour les sports de glisse et abritant des villages anciens tout de pierre et de bois, de petites églises romanes perchées sur les collines ensoleillées. Et de magnifiques lacs... Voilà à quoi ressemble le Piémont !

Sans oublier les *antipasti*, le *fritto misto*, la *bagna cauda*, le tout arrosé d'un délicieux *barolo*. Une cuisine typique qui ravira les gourmands.

L'amateur de curiosités culturelles trouvera son bonheur à Turin, capitale du royaume de Savoie, et qui recèle bien des secrets. D'ailleurs, c'est là qu'en 2006 se dérouleront les prochains JO d'hiver.

Même si Capri ce n'est pas fini, le Piémont reste une formidable destination.

PETITS RESTOS DES GRANDS CHEFS (mars 2004)

Douce France, qui nous permet de découvrir toutes ces petites tables, poussées à l'ombre des grandes. Des tables sympathiques, sans prétention, et dont le chef est allé à bonne école : chez les plus grands, ceux qui ont su faire évoluer la cuisine de notre temps. Ou bien encore de jeunes chefs, qui ont déjà la tête dans les étoiles, mais qui gardent les pieds sur terre. Ces nouveaux talents qui éclatent un peu partout, et qui remettent à l'honneur des produits oubliés devenant, sous la patte du chef, des plats mémorables.

On aime autant l'établissement repris par un jeune couple que le 2e ou 3e resto d'un grand chef, qui place là ses éléments les plus méritants. À condition, bien sûr, que les prix sachent rester raisonnables.

On ajoute, à chaque fois, un hôtel croquignolet pour dormir dans de beaux draps. Et, pour la première fois, on se met à la photo !

Nous tenons à remercier tout particulièrement François Chauvin, Gérard Bouchu, Grégory Dalex, Michelle Georget, Carole Fouque, Patrick de Panthou, Jean-Sébastien Petitdemange et Alexandra Sémon pour leur collaboration régulière.

Et pour cette chouette collection, plein d'amis nous ont aidés :

Caroline Achard
Didier Angelo
Barbara Batard
Astrid Bazaille
Jérôme Beaufils
Loup-Maëlle Besançon
Thierry Bessou
Cécile Bigeon
Fabrice Bloch
Cédric Bodet
Philippe Bordet
Nathalie Boyer
Florence Cavé
Raymond Chabaud
Alain Chaplais
Bénédicte Charmetant
Geneviève Clastres
Maud Combier
Nathalie Coppis
Sandrine Couprie
Agnès Debiage
Tovi et Ahmet Diler
Claire Diot
Émilie Droit
Sophie Duval
Hervé Eveillard
Pierre Fahys
Flamine Favret
Pierre Fayet
Alain Fisch
Cédric Fischer
Cécile Gauneau
David Giason
Adrien Gloaguen
Clément Gloaguen
Stéphane Gourmelen
Isabelle Grégoire
Claudine de Gubernatis
Xavier Haudiquet

Bernard Houliat
Lionel Husson
Catherine Jarrige
Lucien Jedwab
Emmanuel Juste
Florent Lamontagne
Blandine Lamorisse
Jacques Lanzmann
Vincent Launstorfer
Francis Lecompte
Benoît Legault
Jean-Claude et Florence Lemoine
Valérie Loth
Philippe Melul
Kristell Menez
Josyane Meynard-Geneste
Anne-Marie Minvielle
Thomas Mirante
Anne-Marie Montandon
Xavier de Moulins
Jacques Muller
Alain Nierga et Cécile Fischer
Martine Partrat
Jean-Valéry Patin
Odile Paugam et Didier Jehanno
Laurence Pinsard
Jean-Alexis Pougatch
Xavier Ramon
Jean-Luc Rigolet
Thomas Rivallain
Dominique Roland
Pascale Roméo
Ludovic Sabot
Jean-Luc et Antigone Schilling
Abel Ségretin
Guillaume Soubrié
Régis Tettamanzi
Claudio Tombari
Christophe Trognon
Isabelle Vivarès
Solange Vivier

Direction : Cécile Boyer-Runge
Contrôle de gestion : Joséphine Veyres
Direction éditoriale : Catherine Marquet
Responsable de collection : Catherine Julhe
Édition : Matthieu Devaux, Stéphane Renard, Magali Vidal, Luc Decoudin, Amélie Renaut, Caroline Brancq, Sophie de Maillard et Éric Marbeau
Secrétariat : Catherine Maîtrepierre
Préparation-lecture : Lorraine Ouvrieu
Cartographie : Cyrille Suss, Fabrice Le Goff et Nicolas Roumi
Fabrication : Nathalie Lautout et Audrey Detournay
Direction commerciale : Michel Goujon, Dominique Nouvel, Dana Lichiardopol et Lydie Firmin
Informatique éditoriale : Lionel Barth
Relations presse : Danielle Magne, Martine Levens et Maureen Browne
Régie publicitaire : Florence Brunel

LES QUESTIONS QU'ON SE POSE LE PLUS SOUVENT

▶ *Quel est le décalage horaire ?*

Une heure de plus toute l'année.

▶ *Quelle est la meilleure période pour voyager en Grèce ?*

Incontestablement, les mois de mai et juin : il fait bon, mais la chaleur n'est pas écrasante, les paysages sont encore verts. Inconvénient : début mai, tout n'est pas encore ouvert. Septembre est bien également.

▶ *Si l'on ne peut éviter les mois d'été pour partir, quel mois choisir ?*

Le mois de juillet incontestablement : les Grecs partent massivement en août, et les prix des hôtels et des chambres augmentent fortement après le 15 juillet. Et avec les JO cette année, le mois d'août risque d'être encore plus « chaud » !

▶ *Doit-on redouter les fortes chaleurs ?*

Si vous aimez la fraîcheur, l'Irlande vous tend les bras ! En Grèce, dès le printemps, l'été s'installe brutalement, plus ou moins vite selon les régions. À noter qu'il fait plus chaud en Grèce continentale que sur les îles, plus ventées en été.

▶ *Quel est le meilleur moyen pour aller en Grèce ?*

Tout dépend si vous voulez avoir votre véhicule ou non. Les ferries au départ de l'Italie sont nombreux et proposent des tarifs compétitifs. Sinon, l'avion, mais les liaisons, à moins de partir en charter, restent relativement chères.

▶ *La Grèce est-elle un pays cher ?*

Petit à petit, et notamment pour les tarifs hôteliers, la Grèce a fini par se rapprocher des autres pays européens. Mais les variations de prix sont très importantes d'une région à l'autre, ou selon qu'on est sur la côte ou non.

▶ *Comment dormir pour pas (trop) cher en Grèce ?*

Les chambres et appartements chez l'habitant, très nombreux, restent la solution la plus économique, parfois pas beaucoup plus chère que le camping.

▶ *Peut-on facilement se déplacer dans le pays sans moyen de transport personnel ?*

Oui, sans grand problème, car les bus sont nombreux et sillonnent le pays, restant un moyen de transport très utilisé. Mais il peut arriver que certaines régions soient mal desservies. Quant aux trains, ils ne couvrent qu'une partie du territoire.

▶ *Est-il facile de faire une escapade sur une île ?*

Oui, on peut toujours trouver une île proche du continent même si l'on a prévu de visiter, pour l'essentiel, la Grèce continentale. Ce guide traite d'ailleurs d'une vingtaine d'îles faciles d'accès.

▶ *Dans quelle langue communique-t-on avec les Grecs ?*

Le plus souvent l'anglais, bien que pas mal de Grecs travaillant dans le tourisme se débrouillent en français. Mais rien que pour se repérer en ville ou sur les routes, savoir déchiffrer l'alphabet grec est vraiment très utile.

COMMENT Y ALLER?

LES LIGNES RÉGULIÈRES

De France

▲ **AIR FRANCE**
– *Paris :* 119, av. des Champs-Élysées, 75008. Renseignements et réservations : ☎ 0820-820-820 (de 6 h 30 à 22 h). ● www.airfrance.fr ● Minitel : 36-15, code AF (tarifs, vols en cours, vaccinations, visas). Ⓜ George-V. Et dans toutes les agences de voyages.
– *Athènes :* 18, Vouliagménis Avenue, 16675 Glyfada. ☎ 21-09-60-11-00 *(call center).* À l'aéroport de Spata : ☎ 21-03-53-03-80.
Air France dessert Athènes avec 4 vols quotidiens en moyenne au départ de Roissy-Charles-de-Gaulle, aérogare 2F.
Air France propose une gamme de tarifs attractifs accessibles à tous : de *Tempo 1* (le plus souple) à *Tempo 4* (le moins cher). *Tempo Jeunes* est destiné aux moins de 25 ans. Pour ceux-ci, la carte de fidélité « Fréquence Jeune » est nominative, gratuite et valable sur l'ensemble des lignes nationales et internationales d'Air France. Cette carte permet d'accumuler des *miles* et de bénéficier ainsi de billets gratuits.
Tous les mercredis dès minuit, sur Minitel 36-15, code AF (0,20 €/mn) ou sur ● www.airfrance.fr ●, Air France propose les tarifs « Coups de cœur », une sélection de destinations domestiques et européennes à des tarifs très bas pour les 12 jours à venir.
Sur Internet également, tous les 15 jours, le jeudi de 12 h à 22 h, 100 billets sont mis aux enchères. Un second billet sur le même vol au même tarif est proposé au gagnant.

▲ **OLYMPIC AIRWAYS**
– *Paris :* 3, rue Auber, 75009. ☎ 01-44-94-58-58. Fax : 01-44-94-58-69. ● www.olympic-airways.gr ● Ⓜ Opéra et RER A : Auber. Ouvert du lundi au vendredi, de 9 h à 17 h.
Dessert Athènes 2 fois par jour au départ de Roissy-Charles-de-Gaulle. Correspondances à Athènes (même aéroport) pour les villes intérieures et certaines îles grecques : Crète (La Canée), Santorin, Corfou, Rhodes et plein d'autres... Bagages autorisés : maxi 23 kg. Attention, la compagnie va voir son statut évoluer, en 2004 normalement.

▲ **HELLAS JET**
– *Paris :* 37, rue Jean-Giraudoux, 75016. ☎ 01-45-00-76-60. Fax : 01-45-01-24-20. ● www.hellas-jet.com ● Ⓜ Kléber.
Filiale de Cyprus Airways, Hellas Jet propose 2 départs quotidiens pour Athènes depuis Paris-CDG 1.

De Belgique

▲ **SN BRUSSELS AIRLINES**
Pour tous renseignements : ☎ 0826-10-18-18 depuis la France, et ☎ 070-35-11-11 en Belgique. ● www.flysn.com ● 1 à 2 vols quotidiens Bruxelles-Athènes.

▲ **OLYMPIC AIRWAYS**
– *Bruxelles* : 138, av. Louise, 1050. ☎ (02) 649-8158. Fax : (02) 640-0106.
● www.olympic-airways.be ● 2 vols quotidiens sauf le samedi (1 seul).

De Suisse

▲ **SWISS**
Pour tous renseignements : ☎ 0820-040-506 depuis la France, et ☎ 0848-85-20-00 en Suisse. ● www.swiss.com ● 1 vol quotidien Genève-Athènes et 2 à 3 vols quotidiens Zurich-Athènes.

▲ **OLYMPIC AIRWAYS**
– *Genève* : 4, Tour de l'Île, 1204. ☎ (022) 311-9624 ● www.olympic-airways.ch ● 4 à 5 vols hebdomadaires Genève-Athènes.

LES ORGANISMES DE VOYAGES

– Ne pas croire que les vols à tarif réduit sont tous au même prix pour une même destination à une même époque : loin de là. On a déjà vu, dans un même avion partagé par deux organismes, des passagers qui avaient payé 40 % plus cher que les autres... Authentique ! De plus, une agence bon marché ne l'est pas forcément toute l'année (elle ne peut être compétitive qu'à certaines dates bien précises). Donc, contactez tous les organismes et jugez vous-même.
– Les organismes cités sont classés par ordre alphabétique, pour éviter les jalousies et les grincements de dents.

En France

▲ **AIR SUD DÉCOUVERTES**
– *Paris* : 25, bd de Sébastopol, 75001. ☎ 01-40-41-66-66. Fax : 01-40-26-68-44. ● www.airsud.com ● airsud@airsud.fr ● Minitel : 36-15, code VOYAGEL. Ⓜ et RER A ou B : Châtelet-Les Halles.
Agence de voyages spécialisée avant tout sur la Grèce (charters et tarifs réduits). D'ailleurs Nicolas, son patron, est d'origine grecque. Air Sud organise des séjours spéciaux avec hébergement dans les îles, de la petite pension à l'hôtel de catégorie luxe ; des habitations troglodytiques à Santorin avec terrasse privée face à la mer ; une pension-taverne à Amorgos, l'île du *Grand Bleu,* dans un village à l'écart des touristes. Air Sud propose un programme important de locations de maisons et d'appartements dans toute la Grèce, et organise votre voyage sur mesure dans plus d'une trentaine d'îles. Nouveauté, Chypre est au catalogue d'Air Sud avec de nombreuses formules de voyages, dont l'écotourisme.
Les tarifs réduits sur vols réguliers peuvent être consultés sur Internet ainsi que sur leur brochure.

▲ **ANYWAY.COM**
☎ 0-892-892-612 (0,34 €/mn). Fax : 01-53-19-67-10. ● www.anyway.com ● Minitel : 36-15, code ANYWAY (0,34 €/mn). Du lundi au vendredi de 8 h à 20 h et le samedi de 9 h à 19 h.
Depuis 15 ans, Anyway.com s'adresse à tous les routards et négocie des tarifs auprès de 420 compagnies aériennes et l'ensemble des vols charters pour garantir des prix toujours plus compétitifs. Pour réserver, Anyway.com offre le choix : Internet et téléphone. La disponibilité des vols est donnée en temps réel. Anyway.com, c'est aussi la réservation de plus de 500 séjours et de week-ends pour profiter pleinement de ses RTT ! De plus, Anyway.com a négocié jusqu'à 70 % de réduction sur des hôtels de 2 à 5 étoiles et des locations de voitures partout dans le monde.

AIR FRANCE

faire du ciel le plus bel endroit de la terre

Succombez.

Découvrez le monde entier avec
les petits prix d'Air France.

embre de

www.airfrance.com

▲ CLUB MED DÉCOUVERTE

Pour se renseigner, recevoir la brochure et réserver, n° Azur : ☎ 0810-802-810 – prix appel local (France). ● www.clubmed-decouverte.com ● Minitel : 36-15, code CLUB MED (0,20 €/mn). Et dans les agences Club Med Voyages, Havas Voyages et agences agréées.

Présence dans le monde entier, dont la Grèce.

Le savoir-faire du Club, c'est :
– des départs garantis sur de nombreux circuits, sauf pour certaines destinations qui requièrent un minimum de participants ;
– la pension complète pour la plupart des circuits : les plaisirs d'une table variée entre spécialités locales et cuisine internationale ;
– un guide accompagnateur choisi pour sa connaissance et son amour du pays.

▲ DÉTOURS VOYAGES

– *Paris :* angle 5, av. de l'Opéra et 13, rue de l'Échelle. ☎ 01-44-55-01-01. Fax : 01-44-55-01-10. ● www.detours-fr.com ● Ⓜ Pyramides. Ouvert du lundi au samedi de 10 h à 18 h 45 sans interruption.

Voilà plus de 20 ans que les responsables de Détours Voyages sillonnent la Grèce. Spécialiste de ce pays depuis maintenant plus de 10 ans, Détours propose un choix important de produits sur la Grèce, la Crète et les îles grecques ; des locations de voitures et des autotours, des hôtels-clubs, des circuits inter-îles de 8 et 15 jours au départ d'Athènes, de Mykonos et de Santorin. Détours est particulièrement compétent pour organiser des circuits à la carte suivant votre programme, soit sur la Grèce continentale, soit sur les îles.

▲ DIRECTOURS

– *Paris :* 90, av. des Champs-Élysées, 75008. ☎ 01-45-62-62-62. Fax : 01-40-74-07-01.
– À *Lyon :* ☎ 04-72-40-90-40.
– Pour le reste de la province : ☎ 0801-637-543 (n° Azur). ● www.directours.com ●

Spécialiste du voyage individuel à la carte, Directours présente la particularité de s'adresser directement au public, en vendant ses voyages exclusivement par téléphone, sans passer par les agences et autres intermédiaires. La démarche est simple : soit on appelle pour demander l'envoi d'une brochure, soit on consulte le site web. On téléphone ensuite au spécialiste de Directours pour avoir des conseils et des détails.

Directours propose une grande variété de destinations dont la Grèce et ses îles et vend ses vols secs et ses locations de voitures sur le Web.

▲ ÉTAPES NOUVELLES

– *Paris :* 81, rue Saint-Lazare, 75009. ☎ 01-44-63-64-00. Fax : 01-40-23-01-43. ● www.marmara.com ● info@marmara.com ● Minitel : 36-15, code ETAPES NOUVELLES (0,34 €/mn). Ⓜ Trinité ou Saint-Lazare.
– *Lyon :* 1, pl. Meissonnier, 69001. ☎ 04-72-10-63-90. Fax : 04-72-00-96-63.
– *Marseille :* 45, rue Montgrand, BP 216, 13178 Cedex 20. ☎ 04-91-55-09-26. Fax : 04-91-54-91-97.
– *Nantes :* 2, pl. Félix-Fournier, 44000. ☎ 02-40-89-15-15. Fax : 02-40-89-19-90.
– *Toulouse :* 44, rue Bayard, 31000. ☎ 05-61-63-03-38. Fax : 05-61-99-08-30.
– *Strasbourg :* 104, route de Bischwiller, 67800 Bischheim. ☎ 03-88-33-20-30. Fax : 03-88-33-24-27.

Les grandes étapes du monde à petits prix. En quelques années, Étapes Nouvelles a su s'imposer sur le marché du tourisme et se positionne en spé-

cialiste des vacances en Tunisie, au Maroc, en Égypte et depuis 2002 en Grèce et en Crète. Tout au long de l'année, Étapes Nouvelles propose une programmation complète sur ces différentes destinations à des prix très compétitifs : séjours en bord de mer, clubs, circuits, croisières... (au départ de Paris et des grandes villes de province).

▲ FRAM

– *Paris :* 4, rue Perrault, 75001. ☎ 01-42-86-55-55. Fax : 01-01-42-86-56-88. Ⓜ Châtelet ou Louvre-Rivoli.
– *Toulouse :* 1, rue Lapeyrouse, 31008. ☎ 05-62-15-18-00. Fax : 05-62-15-17-17.
• www.fram.fr • Minitel : 36-16, code FRAM.

L'un des tout premiers tour-opérateurs français pour le voyage organisé, FRAM programme désormais plusieurs formules qui représentent « une autre façon de voyager ». Ce sont :
– les *autotours* (en Andalousie, au Maroc, en Tunisie, en Sicile, à Malte, à Chypre, en Grèce, en Crète, en Sardaigne, en Guadeloupe et à la Réunion) ;
– les *voyages à la carte* en Amérique du Nord (Canada, États-Unis), en Asie (Thaïlande, Sri Lanka, Inde...) et dans tout le Bassin méditerranéen ;
– les *Framissima :* c'est la formule de « Clubs Ouverts ». Agadir, Marrakech, Fès, Andalousie, Djerba, Monastir, Tozeur, Majorque, Sicile, Crète, Égypte, Grèce, Kenya, Turquie, Sénégal, Canaries, Guadeloupe, Martinique, Sardaigne... Des sports nautiques au tennis, en passant par le golf, la plongée et la remise en forme, des jeux, des soirées qu'on choisit librement et tout compris, ainsi que des programmes d'excursions.

▲ GO VOYAGES

– *Paris :* 22, rue d'Astorg, 75008. Ⓜ Saint-Augustin ou Miromesnil. Réservations : ☎ 0825-825-747. • www.govoyages.com • Et dans toutes les agences de voyages.

Go Voyages propose un des choix les plus larges de vols secs, charters et réguliers à tarifs très compétitifs, au départ et à destination de n'importe quelle ville du monde. Le voyagiste propose également des forfaits vol + hôtel, du *B & B* au palace en passant par les petits hôtels de charme, qu'on peut réserver simultanément et en temps réel.

▲ HÉLIADES

Renseignements et réservations : ☎ 0825-803-113 (0,15 €/mn). • www.heliades.fr • Ou dans les agences de voyages.

En authentique spécialiste de la Grèce, Héliades décline toutes les formules, convie à toutes les découvertes, invite enfin à un périple riche en émotions culturelles et humaines. Héliades dispose d'un réseau conséquent de correspondants en Grèce continentale et insulaire, ainsi qu'à Chypre. Ce spécialiste peut ainsi offrir à ses clients des formules de voyages diverses avec l'assurance d'un accueil attentif.

▲ ÎLES DU MONDE

– *Paris :* 7, rue Cochin, 75005. ☎ 01-43-26-68-68. Fax : 01-43-29-10-00.
• www.ilesdumonde.com •

Îles du Monde est un voyagiste spécialisé exclusivement dans l'organisation de voyages dans les îles, chaudes ou froides, de brume ou de lumière ; proches comme la Grèce, îles du bout du monde comme les Marquises, les Fidji ou les Galápagos. Célèbres comme l'île Maurice ou inconnues comme les Mergui, elles font ou feront partie de leur programmation. Du voyage organisé au voyage sur mesure, tout est possible dès lors qu'il s'agit d'une île.

▲ JET TOURS

Jumbo, les voyages à la carte de Jet Tours, s'adresse à tous ceux qui ont envie de se concocter un voyage personnalisé, en couple, entre amis, ou en famille, mais surtout pas en groupe. Tout est proposé à la carte : il suffit de choisir sa destination et d'ajouter aux vols internationaux les prestations de son choix : hôtels de différentes catégories (de 2 à 5 étoiles), adresses de charme, maisons d'hôtes, appartements..., location de voitures, itinéraires déjà composés ou à imaginer soi-même, escapades « aventure », sorties en ville ou « circuits randonnées ». Nature, découverte et dépaysement sont au rendez-vous.

Avec « les voyages à la carte Jumbo », vous pourrez découvrir de nombreuses destinations. Composez le voyage de votre choix en Andalousie, à Madère, au Maroc, en Tunisie, en Grèce, en Crète (en été), au Canada, aux États-Unis, aux Antilles, à l'île Maurice, à la Réunion, en Thaïlande, en Inde, au Portugal (en été), à Cuba, en Italie, en Sicile et chaque année découvrez leurs nouveautés.

La brochure « voyages à la carte Jumbo » est disponible dans toutes les agences de voyages. Vous pouvez aussi joindre Jumbo sur Internet ● www.jettours.com ● ou par Minitel : 36-15, code JUMBO (0,20 €/mn).

▲ LOOK VOYAGES

Les brochures sont disponibles dans toutes les agences de voyages. Informations et réservations ● www.look-voyages.fr ●

Ce tour-opérateur généraliste propose une grande variété de produits et de destinations pour tous les budgets : des séjours en club *Lookéa,* des séjours classiques en hôtels, des escapades, des safaris, des circuits « découverte », des croisières et des vols secs vers le monde entier.

▲ NOUVELLES FRONTIÈRES

– *Paris :* 87, bd de Grenelle, 75015. Ⓜ La Motte-Picquet-Grenelle.
– Renseignements et réservations dans toute la France : ☎ 0825-000-825 (0,15 €/mm). ● www.nouvelles-frontieres.fr ●

Plus de 30 ans d'existence, 1 600 000 clients par an, 250 destinations, une chaîne d'hôtels-clubs et de résidences *Paladien* et une compagnie aérienne, *Corsair.* Pas étonnant que Nouvelles Frontières soit devenu une référence incontournable, notamment en matière de tarifs. Le fait de réduire au maximum les intermédiaires permet d'offrir des prix « super-serrés ». Un choix illimité de formules vous est proposé : des vols sur la compagnie aérienne de Nouvelles Frontières au départ de Paris et de province, en classe Horizon ou Grand Large, et sur toutes les compagnies aériennes régulières, avec une gamme de tarifs selon confort et budget. Sont également proposées toutes sortes de circuits, aventure ou organisés ; des séjours en hôtels, en hôtels-clubs et en résidences, notamment dans les *Paladien,* les hôtels de Nouvelles Frontières avec « vue sur le monde » ; des week-ends, des formules à la carte (vol, nuits d'hôtel, excursions, location de voitures...).

Avant le départ, des réunions d'information sont organisées. Les 9 brochures Nouvelles Frontières sont disponibles gratuitement dans les 180 agences du réseau, par téléphone et sur Internet. Nouveau : des brochures thématiques (plongée, rando, trek, thalasso).

▲ OTU VOYAGES

Informations : ☎ 0820-817-817. ● infovente@otu.fr ● N'hésitez pas à consulter leur site ● www.otu.fr ● pour obtenir adresse, plan d'accès, téléphone et e-mail de l'agence la plus proche de chez vous (29 agences OTU Voyages en France).

OTU Voyages propose tous les voyages jeunes et étudiants à des tarifs spéciaux particulièrement adaptés aux besoins et au budget de chacun. Les bons plans, services et réductions partout dans le monde avec la carte d'étu-

**Où que vous alliez sur terre,
e partez pas sans avoir consulté
les tarifs des vols Go Voyages.**

avions   voitures   hôtels

0 825 825 747
www.govoyages.com

Volez, roulez, dormez... simplement moins cher !

diant internationale *ISIC* (10 €). Les billets d'avion (Student Air, Air France...), train, bateau, bus, la location de voitures à des tarifs avantageux et souvent exclusifs, pour plus de liberté! Des hôtels, des *city trips* pour découvrir le monde. Des séjours linguistiques, stages et jobs à l'étranger pour des vacances studieuses!

▲ PLEIN VENT VOYAGES

Réservations et brochures dans les agences du sud-est de la France.

Premier tour-opérateur du Sud-Est, Plein Vent assure toutes ses prestations au départ de Lyon, Marseille et Nice. Ses destinations phares sont : l'Espagne, la Grèce, Prague, la Hongrie, Malte, la Sicile, le Maghreb, tout particulièrement la Tunisie avec 3 circuits, et le Maroc avec 4 programmes, mais également l'Europe centrale. Plein Vent garantit ses départs et propose un système de « garantie annulation » performant.

▲ RÉPUBLIC TOURS

– *Paris* : 1 bis, av. de la République, 75541, Cedex 11. ☎ 01-53-36-55-55. Fax : 01-48-07-09-79. Ⓜ République.

– *Lyon* : 4, rue du Général-Plessier, 69002. ☎ 04-78-42-33-33. Fax : 04-78-42-24-43.

● www.republictours.com ● Et dans les agences de voyages.

Républic Tours, c'est une large gamme de produits et de destinations tout public et la liberté de choisir sa formule de vacances :

– séjours « détente » en hôtel classique ou club;

– circuits en autocar, voiture personnelle ou de location;

– croisières en Égypte, Irlande, Hollande ou aux Antilles;

– insolite : randonnées en 4x4, vélo, roulotte, randonnées pédestres, location de péniches...

Républic Tours, c'est aussi :

– le Bassin méditerranéen : Égypte, Espagne, Chypre, Grèce, Crète, Malte, Maroc, Portugal, Sicile, Tunisie, Libye, Sardaigne, Ibiza, Palma.

▲ TERRES DE CHARME

– *Paris* : 3, rue Saint-Victor, 75005. ☎ 01-55-42-74-10. Fax : 01-56-24-49-77. ● www.terresdecharme.com ● Ⓜ Maubert-Mutualité ou Cardinal-Lemoine. Ouvert du lundi au vendredi de 10 h à 19 h et le samedi de 13 h à 19 h. Terres de Charme a la particularité d'organiser des voyages haut de gamme pour ceux qui souhaitent voyager à deux, en famille ou entre amis. Des séjours et des circuits rares et insolites regroupés selon 5 thèmes : « charme de la mer », « l'Afrique à la manière des pionniers », « charme et aventure », « sur les chemins de la sagesse », « week-ends et escapades », avec un hébergement allant de douillet à luxueux.

▲ VOYAGEURS EN EUROPE

Spécialiste du voyage en individuel sur mesure. ● www.vdm.com ●

Nouveau « VDM Express » : des séjours « prêts à partir » sur des destinations mythiques. ☎ 0892-688-363 (0,34 €/mn).

– *Paris* : la Cité des Voyageurs, 55, rue Sainte-Anne, 75002. ☎ 01-42-86-16-00. Fax : 01-42-86-17-88. Ⓜ Opéra ou Pyramides. Bureaux ouverts du lundi au samedi de 9 h 30 à 19 h.

– *Lyon* : 5, quai Jules-Courmont, 69002. ☎ 04-72-56-94-56. Fax : 04-72-56-94-55.

– *Marseille* : 25, rue Fort-Notre-Dame (angle cours d'Estienne-d'Orves), 13001. ☎ 04-96-17-89-17. Fax : 04-96-17-89-18.

– *Nice* : 4, rue du Maréchal-Joffre, angle rue de Longchamp, 06000. Ouverture en 2004.

– *Rennes* : 2, rue Jules-Simon, BP 10206, 35102. ☎ 02-99-79-16-16. Fax : 02-99-79-10-00.

groupe

Héliades

TOUTE LA GRÈCE
PAR VOLS CHARTERS DIRECTS

ATHÈNES
427 €*
+ taxes aéroport 62€

Vol + Club Syrtaki
Dreams Island 1/2 pension

RHODES
365 €*
+ taxes aéroport 53€

Vol + Hôtel Blue Star
1/2 pension

CORFOU
359 €*
+ taxes aéroport 53€

Vol + Hôtel Corfou Village
1/2 pension

MYKONOS
469 €*
+ taxes aéroport 53€

Vol + Hôtel San Marco
petit déjeuner

CRÈTE
464 €*
+ taxes aéroport 53€

Vol + Club Olympien
Kalypso pension complète

SANTORIN
517 €*
+ taxes aéroport 53€

Vol + Hôtel de Charme
Villas Kokkinos
petits-déjeuners

VOLS SECS ET TOUTES FORMULES VACANCES SUR LA GRÈCE ET CHYPRE
* prix à partir de ... et hors taxes aéroportuaires, susceptible d'être modifié à tout moment

Renseignements & Réservations

0 825 803 113
(0,15€ min)

www.heliades.fr

Lic. 013 97 0002

– *Toulouse* : 26, rue des Marchands, 31000. ☎ 05-34-31-72-72. Fax : 05-34-31-72-73. Ⓜ Esquirol.

Les Cités des Voyageurs : des espaces uniques dédiés aux voyages et aux voyageurs... des librairies, des boutiques-objets de voyage, un restaurant des cuisines du monde à Paris, un programme annuel de dîner et cocktail-conférences et des expositions-ventes d'artisanat... Consultez toute l'actualité sur leur site Internet.

Sur les conseils d'un spécialiste de chaque pays, chacun peut construire un voyage à sa mesure...

Pour partir à la découverte, sur les 5 continents, de quelque 150 pays du monde, 100 conseillers de près de 30 nationalités différentes et grands spécialistes des destinations proposent d'élaborer, étape par étape, son propre voyage. Des suggestions originales et adaptables, des prestations de qualité à des tarifs préférentiels. Toutes les offres de Voyageurs du Monde sont modifiables et adaptables aux souhaits des clients. Itinéraires, transports, hébergement, durée du séjour et budget sont pris en compte et optimisés.

En plus du voyage en individuel sur mesure, Voyageurs du Monde propose un choix toujours plus dense de vols secs et une large gamme de circuits accompagnés. À la fois tour-opérateur et agence de voyages, Voyageurs du Monde a développé une politique de « vente directe » à ses clients, sans intermédiaire : une stratégie performante qui permet des prix très compétitifs.

▲ **VOYAGES WASTEELS (JEUNES SANS FRONTIÈRE)**

66 agences en France, 160 en Europe. Pour obtenir l'adresse et le numéro de téléphone de l'agence la plus proche de chez vous, Audiotel : ☎ 08-92-68-22-06 (0,34 €/mn).

Centre d'appels Infos et ventes par téléphone : ☎ 0825-887-070 (0,15 €/mn). ● www.wasteels.fr ● Minitel : 36-15, code WASTEELS (0,33 €/mn).

Tarifs réduits spécial jeunes et étudiants. En avion : les tarifs jeunes Air France mettent à la portée des jeunes de moins de 25 ans toute la France, l'Europe et le monde à des tarifs très intéressants. Sur plus de 450 destinations, des tarifs aux étudiants de moins de 30 ans permettent de voyager dans le monde entier sur les lignes régulières des compagnies aériennes à des prix très compétitifs. En train : pour tous les jeunes de moins de 26 ans en France jusqu'à 50 % de réduction, sans oublier les super tarifs sur Londres en *Eurostar* et sur Bruxelles et Amsterdam en *Thalys*. Divers : séjours de ski, séjours en Europe (hébergement, visite, surf...), séjours linguistiques et location de voitures à tout petits prix.

En Belgique

▲ **JOKER**

– *Bruxelles :* bd Lemonnier, 37, 1000. ☎ 02-502-19-37. Fax : 02-502-29-23. ● brussel@joker.be ●

– *Bruxelles :* av. Verdi, 23, 1083. ☎ 02-426-00-03. Fax : 02-426-03-60. ● ganshoren@joker.be ●

– Adresses également à *Anvers, Bruges, Courtrai/Harelbeke, Gand, Hasselt, Louvain, Malines, Schoten* et *Wilrijk.* ● www.joker.be ●

Joker est « le » spécialiste des voyages d'aventure et des billets d'avion à des prix très concurrentiels. Vols aller-retour au départ de Bruxelles, Paris, Francfort et Amsterdam. Voyages en petits groupes avec accompagnateur compétent. Circuits souples à la recherche de contacts humains authentiques, utilisant l'infrastructure locale et explorant le vrai pays.

▲ **NOUVELLES FRONTIÈRES**

– *Bruxelles* (siège) : bd Lemonnier, 2, 1000. ☎ 02-547-44-22. Fax : 02-547-44-99. ● www.nouvelles-frontieres.com ● mailbe@nouvelles-frontieres.be ●

On peut tout rater mais pas ses vacances.

Jet tours

spécialiste en vacances réussies.

– Également d'autres agences à *Charleroi, Liège, Mons, Namur, Waterloo, Wavre* et au Luxembourg.

30 ans d'existence, 250 destinations, une chaîne d'hôtels-clubs et de residences *Paladien*. Pas étonnant que Nouvelles Frontières soit devenu une référence incontournable, notamment en matière de prix. Le fait de réduire au maximum les intermédiaires permet d'offrir des prix « super-serrés ».

▲ SERVICES VOYAGES ULB

– *Bruxelles* : campus ULB, av. Paul-Héger, 22, CP 166, 1000. ☎ 02-648-96-58.
– *Bruxelles* : rue Abbé-de-l'Épée, 1, Woluwe, 1200. ☎ 02-742-28-80.
– *Bruxelles* : hôpital universitaire Érasme, route de Lennik, 808, 1070. ☎ 02-555-38-49.
– *Bruxelles* : chaussée d'Alsemberg, 815, 1180. ☎ 02-332-29-60.
– *Ciney* : rue du Centre, 46, 5590. ☎ 083-216-711.
– *Marche* : av. de la Toison-d'Or, 4, 6900. ☎ 084-31-40-33.
– *Wepion* : chaussée de Dinant, 1137, 5100. ☎ 081-46-14-37.
Ouvert de 9 h à 17 h sans interruption du lundi au vendredi.
Services Voyages ULB, c'est le voyage à l'université. L'accueil est donc très sympa. Billets d'avion sur vols charters et sur compagnies régulières à des prix hyper compétitifs.

En Suisse

C'est toujours assez cher de voyager au départ de la Suisse, mais ça s'améliore. Les charters au départ de Genève, Bâle ou Zurich sont de plus en plus fréquents ! Pour obtenir les meilleurs prix, il vous faudra être persévérant et vous munir d'un téléphone. Les billets au départ de Paris ou Lyon ont toujours la cote au hit-parade des meilleurs prix. Les annonces dans les journaux peuvent vous réserver d'agréables surprises, spécialement dans le *24 Heures* et dans *Voyages Magazine*. Tous les tour-opérateurs sont représentés dans les bonnes agences : Hotelplan, Jumbo, le TCS et les autres peuvent parfois proposer le meilleur prix, ne pas les oublier !

▲ NOUVELLES FRONTIÈRES

– *Genève* : 10, rue Chantepoulet, 1201. ☎ 022-906-80-80. Fax : 022-906-80-90.
– *Lausanne* : 19, bd de Grancy, 1006. ☎ 021-616-88-92. Fax : 021-616-88-01.
(Voir texte dans la partie « En France ».)

▲ STA TRAVEL

– *Bienne* : General Dufeu-strasse 4, 2502. ☎ 032-328-11-11. Fax : 032-328-11-10.
– *Fribourg* : 24, rue de Lausanne, 1701. ☎ 026-322-06-55. Fax : 026-322-06-61.
– *Genève* : 3, rue Vignier, 1205. ☎ 022-329-97-34. Fax : 022-329-50-62.
– *Lausanne* : 20, bd de Grancy, 1006. ☎ 021-617-56-27. Fax : 021-616-50-77.
– *Lausanne* : à l'université, bâtiment BFSH2, 1015. ☎ 021-691-60-53. Fax : 021-691-60-59.
– *Montreux* : 25, av. des Alpes, 1820. ☎ 021-965-10-15. Fax : 021-965-10-19.
– *Nyon* : 17, rue de la Gare, 1260. ☎ 022-990-92-00. Fax : 022-361-68-27.
– *Neuchâtel* : Grand-Rue, 2, 2000. ☎ 032-724-64-08. Fax : 032-721-28-25.
Agences spécialisées dans les voyages pour jeunes et étudiants. Gros avantage en cas de problème : 150 bureaux STA et plus de 700 agents du

NOUVELLES FRONTIERES

Spécialiste de
La Grèce
continentale

Des vols secs
à partir de 255 € TTC
Paris Athènes aller retour

Des séjours
Hôtel Club Paladien® Lena Mary
à partir de 541 € TTC
7 nuits en demi-pension, avion et transferts compris

Des autotours
Athènes Delphes Olympie Sparte Argolide
à partir de 644 € TTC
7 nuits d'hôtels avec petits déjeuners et 7 jours de location de voiture catégorie A, kilométrage illimité, avion compris

PRIX TTC PAR PERSONNE, AU DÉPART DE PARIS, À CERTAINES DATES, EN CHAMBRE DOUBLE, SOUS RÉSERVE DE DISPONIBILITÉ, TAXES ET REDEVANCES COMPRISES ET PAYABLES EN FRANCE SUSCEPTIBLES DE MODIFICATION SANS PRÉAVIS

190 agences en France
nouvelles-frontieres.fr
0825 000 825 (0,15 € TTC la minute)

© **synergence**majeure 2003 LIC. LI.075970049 PRIX AU 29 NOVEMBRE 2003

CIRCUITS ORGANISÉS • CIRCUITS AVENTURE • WEEK-ENDS • PLONGÉES • LOCATIONS DE VOITURE • SÉJOURS • VOLS ALLER RETOUR • AUTOTOURS • LOCATIONS DE VOITURE • PLONGÉES • WEEK-ENDS • PLONGÉES • VOLS ALLER RETOUR • CIRCUITS ORGANISÉS • CIRCUITS AVENTURE • WEEK-ENDS • VOLS ALLER même groupe répartis dans le monde entier sont là pour donner un coup de main *(Travel Help)*.

STA propose des voyages très avantageux : vols secs *(Skybreaker)*, billets Euro Train, hôtels, écoles de langues, voitures de location, etc. Délivre les cartes internationales d'étudiants et les cartes Jeunes Go 25.

STA est membre du fonds de garantie de la branche suisse du voyage ; les montants versés par les clients pour les voyages forfaitaires sont assurés.

▲ VOYAGES APN

– *Carouge :* 3, rue Saint-Victor, 1227. ☎ 022-301-01-50. Fax : 022-301-01-10. ● apn@bluewin.ch ●

Voyages APN propose des destinations hors des sentiers battus, particulièrement en Europe (Grèce, Italie et pays du Nord), avec un contact direct avec les prestataires. Certains programmes sont particulièrement adaptés aux familles.

Au Québec

Revendus dans les agences de voyages, les voyagistes québécois proposent une large gamme de vacances. Depuis le vol sec jusqu'au circuit guidé en autocar, en passant par les voyages sur mesure, la réservation d'une ou plusieurs nuits d'hôtel, ou la location de voitures, tout est possible. Sans oublier l'économique formule « achat-rachat », qui permet de faire l'acquisition temporaire d'une auto neuve en Europe, en ne payant que pour la durée d'utilisation (en général, minimum 17 jours, maximum 6 mois). Ces grossistes revendent également pour la plupart des cartes de train très avantageuses pour l'Europe, notamment l'eurailpass (accepté dans 17 pays). À signaler aussi : les réductions accordées pour les réservations effectuées longtemps à l'avance et les promotions nuits gratuites pour la 3e, la 4e ou la 5e nuit consécutive.

▲ NOLITOUR VACANCES

Membre du groupe Transat A.T. Inc., Nolitour est un spécialiste des forfaits vacances vers le Sud. Destinations proposées : Floride, Mexique, Cuba, République dominicaine, île de San Andres en Colombie, Panama et Venezuela. Durant la saison estivale, le voyagiste publie une brochure Grèce avec de nombreux circuits, croisières dans les îles grecques et en Turquie, hôtels à la carte, traversiers, etc.

▲ RÊVATOURS

Ce voyagiste, membre du groupe Transat A.T. Inc., propose quelques 25 destinations à la carte ou en circuits organisés. De l'Inde à la Thaïlande en passant par le Vietnam, la Chine, l'Europe centrale, la Russie, la Grèce, la Turquie, le Maroc, la Tunisie ou l'Égypte le client peut soumettre son itinéraire à Rêvatours qui se charge de lui concocter son voyage. Parmi ses points forts : la Grèce avec un bon choix d'hôtels, de croisières et d'excursions, la Tunisie et l'Asie.

▲ TOURS CHANTECLERC

Tours Chanteclerc publie différents catalogues de voyages : Europe, Amérique, Asie + Pacifique Sud et soleils de Méditerranée. Il se présente comme l'une des références sur l'Europe avec deux brochures : groupes (circuits guidés en français) et individuels. « Mosaïques Europe » s'adresse aux voyageurs indépendants (vacanciers ou gens d'affaires), qui réservent un billet d'avion, un hébergement (dans toute l'Europe), des excursions, une location de voiture.

▲ TOURS MONT ROYAL / NOUVELLES FRONTIÈRES

Les deux voyagistes font brochures communes et proposent une offre complète sur les destinations et les styles de voyages suivants : Europe, destinations soleils d'hiver et d'été, circuits accompagnés ou en liberté. Au programme, tout ce qu'il faut pour les voyageurs indépendants : locations de voitures, cartes de train, bonne sélection d'hôtels et de résidences, excursions à la carte...

▲ VACANCES AIR TRANSAT

Filiale du plus grand groupe de tourisme au Canada, Vacances Air Transat s'affirme comme le premier voyagiste québécois. Ses destinations : États-Unis, Mexique, Caraïbes, Amérique centrale et du Sud, Europe. Le transport aérien est assuré par sa compagnie sœur, Air Transat. Pour l'Europe, Vacances Air Transat offre des vols pour Paris, les provinces françaises et les capitales européennes, ainsi qu'une bonne sélection d'hôtels, d'appartements et de *B & B* (Grande-Bretagne, République d'Irlande, Irlande du Nord et France). Sans oublier les *passes* de trains et les locations de voitures (simple ou en achat-rachat). Vacances Air Transat est revendu dans toutes les agences du Québec, et notamment dans les réseaux affiliés : Club Voyages, Intervoyages, Voyages en Liberté et Vacances Tourbec.

▲ VACANCES TOURBEC

Vacances Tourbec offre des vols pour l'Europe, l'Asie, l'Afrique ou l'Amérique. Sa spécialité : la formule avion + auto. Pour connaître l'adresse de l'agence Tourbec la plus proche (il y en a 26 au Québec), téléphoner au ☎ 1-800-363-3786. Vacances Tourbec est membre du groupe Transat A.T. Inc.

▲ VOYAGES CAMPUS / TRAVEL CUTS

Propriété de la Fédération canadienne des étudiantes et des étudiants, qui en est également le gestionnaire, Voyages Campus / Travel Cuts est un réseau national d'agences de voyages qui s'adresse tout particulièrement aux étudiants. S'appuyant sur une clientèle d'environ 400 000 d'entre eux chaque année, Voyages Campus négocie de bons tarifs auprès des transporteurs aériens comme des opérateurs de circuits terrestres, et diffuse la carte d'étudiant internationale (ISIC), la carte de jeune de moins de 26 ans (IYTC) et la carte d'enseignant ou professeur à plein temps (ITIC). Voyages Campus publie deux fois par an le magazine « L'étudiant voyageur », qui présente ses différents produits. Le réseau compte quelque 70 agences au Canada, dont dix au Québec (sept à Montréal, une à Québec, une à Trois-Rivières et une à Sherbrooke), le plus souvent installées près ou sur les campus universitaires ou collégiaux, sans oublier deux bureaux à Londres, au Royaume-Uni, et six autres aux États-Unis. ● www.voyagescam pus.com ●

EN TRAIN

➤ Au départ de *Paris-Bercy,* un train de nuit (départ à 19 h 09) relie Athènes via Bologne (arrivée : 6 h 32) et Brindisi (16 h 13). Correspondance en bateau entre Brindisi et Patras, puis train direct de Patras à Athènes. Les compagnies maritimes assurant le transport des *Inter railers* entre l'Italie et la Grèce sont : *Superfast Ferries* et *Blue Star Ferries*.

Renseignements SNCF

– *Ligne directe :* information et vente grandes lignes, tous les jours de 7 h à 22 h. ☎ 08-92-35-35-35 (0,34 €/mn).
– *Internet :* ● www.voyages-sncf.com ● (informations, horaires, réservation et tarifs).

MONTPELLIER (mars 2004)

Force est de reconnaître une chose : en doublant sa population en quatre décennies, en quadruplant le nombre d'étudiants en vingt ans, Montpellier démontre son incroyable pouvoir d'attraction ! Le soleil n'explique pas tout ! Montpellier se révèle avant tout une grande ville avec une qualité de vie exceptionnelle. Outre un vieux centre plein de charme, la plus grande (et plus séduisante) zone piétonne de France, la ville se targue d'afficher des ambitions architecturales d'une audace sans pareille : rien moins que de s'étendre jusqu'à la mer. Même les ennemis les plus farouches du Polygone, d'Antigone et du nouvel opéra finissent par reconnaître que c'est une réussite quasi totale. Pas de divorce avec la vieille ville. Même le superbe tramway bleu glisse sans heurt le long de la Comédie, la place emblématique de la ville. Vous nous avez compris, amoureux des vénérables hôtels particuliers des XVIIe et XVIIIe siècles et chantres de l'urbanisme moderne le plus avancé se retrouvent de fait, au coude-à-coude, dans une même frénétique passion pour la ville. Sans compter, à deux pas, de vieux quartiers populaires multiethniques et bien vivants. Une ville jeune donc, du dynamisme à revendre, un patrimoine historique hors pair, du soleil dans le ciel, dans les yeux, dans l'accent et dans les assiettes. À 3 h 30 de TGV seulement de Paris, ne cherchez plus les raisons de tous ceux qui rêvent de Montpellier. Alphonse Allais lui-même n'aurait jamais osé rêver d'une ville qui fût tout à la fois à la campagne et à la mer...

– *Minitel :* 36-15 ou 36-16 ou code SNCF (0,21 €/mn).

En gare, boutique SNCF et agence de voyages agréée. Commandez votre billet, sur Internet, par téléphone ou par Minitel, la SNCF vous l'envoie gratuitement à domicile. Vous réglez par carte bancaire (pour un montant minimum de 1 €* au moins 4 jours avant le départ (7 jours si vous résidez à l'étranger).

Les réductions SNCF

La carte Inter-Rail

Avec la carte Inter-Rail, quel que soit votre âge, vous pouvez circuler librement en 2ᵉ classe dans 29 pays d'Europe. Ces pays sont regroupés en 8 zones dont une (la zone G) englobe l'Italie, la Slovénie, les bateaux entre Brindisi (Italie) et Patras (Grèce), la Grèce et la Turquie.

Vous avez la possibilité de choisir parmi plusieurs formules (*pass* 1 zone pour 12 à 22 jours de libre circulation, *pass* 2 zones pour 1 mois de libre circulation...). Pour en savoir plus, notamment les conditions d'accès aux ferries, consulter ● www.interrailnet.com ●

Eurodomino

La formule Eurodomino vous permet, quel que soit votre âge (tarif moins cher pour les moins de 26 ans), de circuler librement dans un pays d'Europe de 3 à 8 jours consécutifs ou non, et cela, dans une période de validité d'un mois. Le *pass* pour la Grèce, en 2ᵉ classe, coûte 30 € pour 3 jours, 82 € pour 5 jours et 115 € pour 8 jours.

EN VOITURE

➤ **Paris-Rome-Brindisi-Igouménitsa** ou **Patras :** route intéressante mais longue. Total : 2 096 km (jusqu'à Brindisi). En outre, le sud de l'Italie est assez dangereux en voiture. À croire que le code de la route n'y est pas le même que dans le Nord ! Variante possible par Milan, Bologne puis la côte Adriatique (1 805 km seulement). Partir de **Bari** ne fait gagner que 115 km par rapport au trajet Paris-Brindisi. On peut aussi s'arrêter prendre le ferry à **Ancône** (Paris-Ancône : 1 215 km), ce qui économise beaucoup de kilomètres et beaucoup de fatigue. Et, si vraiment vous n'aimez que modérément la voiture, pourquoi ne pas gagner **Venise** ?

EN BUS

Qu'à cela ne tienne, il n'y a pas que l'avion pour voyager. Il est évident qu'en bus les trajets sont longs (48 h pour Athènes...).

Un seul départ par semaine (le vendredi) pour Athènes, via l'Italie : départs de Paris, Montargis et Lyon.

Organisme de bus

▲ EUROLINES

☎ 08-36-69-52-52 (0,34 €/mn). ● www.eurolines.fr ● Vous trouverez également les services d'Eurolines sur ● www.routard.com ● Présents à Paris, Versailles, Avignon, Bordeaux, Calais, Dijon, Lille, Lyon, Marseille, Metz, Montpellier, Nantes, Nîmes, Perpignan, Rennes, Strasbourg, Toulouse et Tours.

Leader européen des voyages en lignes régulières internationales par auto-car, Eurolines vous permet de voyager vers plus de 1 500 destinations en Europe au travers de 28 pays et de 80 points d'embarquement en France.
– *Eurolines Travel (spécialiste du séjour)* : 55, rue Saint-Jacques, 75005 Paris. ☎ 01-43-54-11-99. Ⓜ Maubert-Mutualité. En complément de votre transport, un véritable tour-opérateur intégré qui propose des formules transport + hébergement sur les principales capitales européennes.
– *Pass Eurolines :* pour un prix fixe valable 15, 30 ou 60 jours, vous voyagez autant que vous le désirez sur le réseau entre 32 villes européennes. Le *Pass Eurolines* est fait sur mesure pour les personnes autonomes qui veulent profiter d'un prix très attractif et désireuses de découvrir l'Europe sous toutes ses coutures.
– *Mini pass :* ce billet, valable 6 mois, permet de visiter deux métropoles européennes en toute liberté. Le voyage peut s'effectuer dans un sens comme dans un autre.

EN BATEAU

Remarque : si vous partez en voiture, n'oubliez pas de réserver, si possible, 2 mois à l'avance.

▲ EURO-MER
– *Montpellier :* 5, quai de Sauvages, 34070. ☎ 04-67-65-67-30. Fax : 04-67-65-20-27. ● www.euromer.net ●
– Au départ de Trieste, Venise, Ancône, Bari ou Brindisi, Euro-Mer vous propose des traversées pour la Grèce ou la Turquie à des tarifs compétitifs. Remise pour les groupes, les familles, les étudiants, les retraités... Possibi-lité pour les caravanes et les camping-cars de voyager en camping à bord et de bénéficier du tarif en passage pont. Jusqu'à 50 % de réduction accordée sur le retour si l'aller et le retour sont achetés ensemble.
Il est de plus en plus difficile de prendre le bateau pour les îles au dernier moment (plusieurs jours d'attente). Euro-Mer vous propose de faire vos réservations à l'avance à des prix très attractifs. Toutes les îles sont propo-sées en ferries classiques et en navires rapides.

▲ VIAMARE CAP MER
– *Paris :* 6-8, rue de Milan, 75009. ☎ 01-42-80-94-87. Fax : 01-42-80-94-99. ● viamare@wanadoo.fr ● Ⓜ Liège ou Saint-Lazare.
Cette agence de voyages spécialisée dans les traversées maritimes vous propose un éventail complet de ferries opérant entre l'Italie, la Tunisie, la Sicile, la Grèce, la Turquie, Chypre et Israël. Représentation générale de *Superfast Ferries* et de *Blue Star Ferries*.

▲ NAVIFRANCE
– *Paris :* 20, rue de la Michodière, 75002. ☎ 01-42-66-65-40. Fax : 01-42-66-52-74. ● www.navifrance.net ● Ⓜ Opéra ou 4-Septembre. Représentation générale de *Blue Star Ferries,* de *Superfast Ferries,* de *Minoan Lines, Medlink, Ventouris Ferries* et *Anek Lines.*

Au départ d'Ancône

▲ ANEK LINES
Représenté en France par *Euro-Mer* et *Navifrance* (voir coordonnées plus haut). Vous propose des départs de Trieste ou Ancône pour Igoumênitsa, Corfou ou Patras (ces 3 ports d'arrivée sont aux mêmes tarifs). Correspon-dances en autocar de Patras à Athènes. Nombreuses réductions proposées. Leur flotte très importante met à votre disposition des navires alliant qualité, confort, rapidité et sécurité à des prix très intéressants.

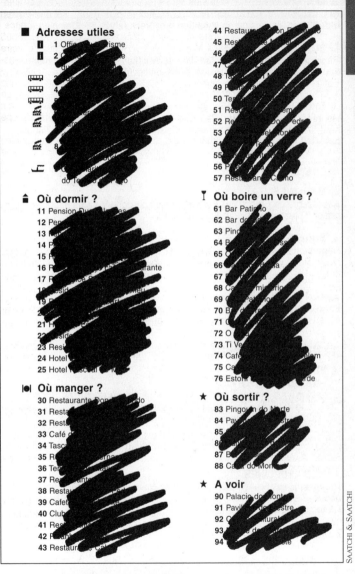

■ **Adresses utiles**

- ℹ 1 Office ... risme
- ℹ 2 ...
- 🚌 ...
- 🚌 4 ...
- 🚃 ...
- 🚃 8 ...
- ⚓ ...

🛏 **Où dormir ?**

- 11 Pension Du...
- 12 Pen...
- 13 ...
- 14 P...
- 15 P...
- 16 R...rante
- 17 R...
- 18 ...
- 19 ...
- 20 ...
- 21 H...
- 22 ...
- 23 Resi...
- 24 Hotel ...
- 25 Hotel ...

🍴 **Où manger ?**

- 30 Restaurante Don...do
- 31 Resta...
- 32 Rest...
- 33 Café ...
- 34 Tasc...
- 35 R...
- 36 Ter...
- 37 R...
- 38 Resta...
- 39 Cafet...
- 40 Club...
- 41 Res...
- 42 R...
- 43 Restaur...CR...

44 Restaur...on P...
45 Res...
46 ...
47 ...
48 T...
49 R...
50 Te...
51 Res...em...
52 Re...Don Pedro
53 ...el Pon...
54 ...Te...
55 ...
56 P...
57 Restaurant...Chmo

🍸 **Où boire un verre ?**

- 61 Bar Pati...o
- 62 Bar do ...
- 63 Pinc...
- 64 B...
- 65 C...
- 66 ...a
- 67 ...a
- 68 Ca...mi...rio
- 69 ...Pa...o
- 70 B...
- 71 ...
- 72 O...
- 73 Ti Ve...
- 74 Café ...lem
- 75 Ca...
- 76 Estoril...de

★ **Où sortir ?**

- 83 Pingou...n do Norte
- 84 Pav...stre
- 85 ...
- 86 ...
- 87 B...
- 88 Ca...do Mon...

★ **A voir**

- 90 Palacio do...onte
- 91 Pavil...estre
- 92 C...ural...
- 93 ...e de...
- 94 ...te

SAATCHI & SAATCHI

www.rsf.org

N'attendez pas qu'on vous prive de l'information pour la défendre.

▲ MINOAN LINES

Représenté par *Navifrance* (voir coordonnées plus haut). Ancône-Patras, 6 départs par semaine en ligne super-express (en 21 h). Camping à bord.

▲ SUPERFAST FERRIES

Représenté par *Viamare Cap Mer* et *Navifrance* (voir coordonnées plus haut). Assure quotidiennement la liaison la plus rapide entre Ancône et Patras : 19 h. Camping à bord.

▲ BLUE STAR FERRIES

Représenté par *Viamare Cap Mer* et *Navifrance* (voir coordonnées plus haut). Ancône-Igouménitsa-Patras 6 fois par semaine (21 h) sur 2 nouveaux bateaux. Camping à bord.

Au départ de Bari

▲ MARLINES

Représenté en France par *Euro-Mer* (voir coordonnées plus haut). Plusieurs liaisons par semaine pour Igouménitsa.

▲ SUPERFAST FERRIES

Représenté par *Viamare Cap Mer* et *Navifrance* (voir coordonnées plus haut). Bari-Igouménitsa-Patras tous les jours (durée : 15 h 30). Camping à bord.

▲ VENTOURIS FERRIES

Représenté par *Navifrance* (voir coordonnées plus haut). Nombreuses liaisons Bari-Corfou-Igouménitsa et Bari-Patras.

Au départ de Brindisi

▲ EURO-MER

Voir coordonnées plus haut.
Euro-Mer vous propose des départs quotidiens au départ de Brindisi pour Corfou, Igouménitsa ou Patras. Traversées à la carte, à des tarifs compétitifs. Remises aux groupes, familles, jeunes... Possibilité de camping à bord pour caravanes et camping-cars. Euro-Mer vous facilite l'embarquement en l'effectuant directement sur le port, vous évitant de vous perdre sur le corso Garibaldi.

▲ MED LINK LINES

Représenté en France par *Euro-Mer* et *Navifrance* (voir coordonnées plus haut). Départ quotidien pour Patras et Igouménitsa du printemps à l'automne. Arrêt possible à Céphalonie.

▲ AGOUDIMOS FERRIES

Représenté en France par *Euro-Mer* (voir coordonnées plus haut). Brindisi-Corfou-Igouménitsa sur le *F/B Pénélope*. Camping à bord.

▲ FRAGLINES

Représenté en France par *Euro-Mer* (voir coordonnées plus haut). Liaison Brindisi-Corfou-Igouménitsa, traversées quotidiennes de jour ou de nuit.

▲ BLUE STAR FERRIES

Représenté par *Viamare Cap Mer* et *Navifrance* (voir coordonnées plus haut). Liaison quotidienne Brindisi-Corfou-Igouménitsa.

Conseil

En fait, à Brindisi, pour prendre le bateau pour Igouménitsa-Patras, il est préférable d'aller uniquement à la capitainerie du port, tout en bas de la ville à
droite.

Au départ de Venise

▲ BLUE STAR FERRIES
Représenté par *Viamare Cap Mer* et *Navifrance* (voir coordonnées plus
haut). Liaison Venise-Corfou-Igouménitsa-Patras 4 fois par semaine en été
et 2 fois par semaine hors saison, sur 2 bateaux dont 1 high-speed ferry.
Camping à bord.

▲ MINOAN LINES
Représenté par *Navifrance* (voir coordonnées plus haut). 6 fois par semaine
en haute saison, liaison Venise-Igouménitsa-Corfou-Patras.

> « Assurément, un dieu se trouve là. »
>
> Homère, *L'Odyssée.*

Les Grecs, inventeurs des Jeux olympiques et de la démocratie, ont deux passions : le football et la politique, et ils adorent en parler. Avec enthousiasme mais en gardant le sourire.

Ce sont ces sourires qui vous accompagneront tout au long de votre voyage en Grèce, si vous savez vous éloigner des concentrations de touristes. Sachez partager sa joie de vivre et vous verrez que la Grèce n'est pas qu'un amas de ruines antiques, aussi belles soient-elles, et ne se limite pas à son passé prestigieux.

La Grèce des monuments et des îles (enfin de certaines îles) est la Grèce touristique et celle-ci est aussi fréquentée que la Côte d'Azur. Chaque année, le pays reçoit la visite de plus de 10 millions de visiteurs (en cette année olympique, on en attend dans les 14 millions), et il est devenu plus difficile de trouver des coins absolument tranquilles. Bref, la Grèce des monuments est paradoxalement la Grèce moderne.

Mais le dépaysement se trouve là où il n'y a rien à voir. C'est dans les endroits perdus, ceux dont ne parlent pas trop les guides touristiques, que l'on a encore la chance d'être accueilli dans le respect de la tradition grecque, celle de la *philoxénia,* l'hospitalité, qui a malheureusement tendance à disparaître dans les endroits surpeuplés. Alors, laissez-vous conduire au hasard des chemins, surtout en cette année 2004 où beaucoup de monde convergera vers Athènes, en août, et délaissera peut-être le reste du pays.

CARTE D'IDENTITÉ

- **Superficie :** 131 944 km² (et 14 854 km de côtes).
- **Population :** 10 939 771 millions d'habitants (2001).
- **Capitale :** Athènes.
- **Langue officielle :** le grec moderne.
- **Monnaie :** l'euro (prononcé en grec *evro*) qui a succédé à la drachme millénaire.
- **Régime politique :** république unitaire.
- **Chef de l'État :** Costis Stéphanopoulos, qui a succédé à Constantin Caramanlís le 8 mars 1995.
- **Chef du gouvernement :** Kostas Simitis, qui a succédé en janvier 1996 à Andréas Papandréou.
- **Religion :** orthodoxe à 98 %.

AVANT LE DÉPART

Adresses utiles

En France

ℹ *Office du tourisme :* 3, av. de l'Opéra, 75001 Paris. ☎ 01-42-60-65-75. Fax : 01-42-60-10-28. ● eot@club-internet.fr ● Minitel : 36-15, code GRECE. Ⓜ Palais-Royal-Musée-du-Louvre. En été, ouvert du lundi au jeudi de 9 h à 17 h 30 et le vendredi jusqu'à 16 h 30 ; fermé les samedi et dimanche. En hiver, ouvert du lundi au jeudi de 9 h à 17 h et le vendredi jusqu'à 16 h ; fermé les samedi et dimanche.

■ *Ambassade de Grèce :* 17, rue Auguste-Vacquerie, 75016 Paris. ☎ 01-47-23-72-28. Fax : 01-47-23-73-85.

■ *Consulat général de Grèce :* 23, rue Galilée, 75016 Paris. ☎ 01-47-23-72-23. Fax : 01-47-20-70-28. Ⓜ Boissière. Ouvert de 9 h 30 à 13 h. Ainsi qu'à Marseille : 38, rue Grignan. ☎ 04-91-33-08-69. Fax : 04-91-54-08-31. Ouvert de 9 h à 13 h. *Consulats honoraires* à Ajaccio, Bordeaux, Cherbourg, Dunkerque, Grenoble, Le Havre, Lille, Lyon, Nantes, Nice, Reims, Rennes, La Rochelle, Rouen, Saint-Étienne, Strasbourg et Monte-Carlo.

■ *Institut d'études néo-helléniques :* 19 bis, rue Fontaine, 75009 Paris. ☎ 01-48-74-09-56. Fax : 01-42-80-45-79. ● www.ienh.org ● Ⓜ Pigalle. Propose, entre autres, des cours d'initiation au grec moderne.

■ *Librairie hellénique Desmos :* 14, rue Vandamme, 75014 Paris. ☎ 01-43-20-84-04. Ⓜ Gaîté ou Edgar-Quinet. Ouvert du lundi au samedi de 11 h 30 à 19 h 30. Toute la littérature grecque à votre portée.

En Belgique

ℹ *Office du tourisme hellénique :* av. Louise-Louizalaan, 172, Bruxelles 1050. ☎ 02-647-57-70. Fax : 02-647-51-42. ● gnto@skynet.be ● Ouvert du lundi au vendredi de 9 h à 17 h (16 h 30 les mercredi et vendredi).

■ *Ambassade de Grèce :* av. Franklin-Roosevelt, 2, Bruxelles 1050. ☎ 02-648-17-30. Fax : 02-647-45-25.

■ *Consulat de Grèce :* av. Louise, 43, Bruxelles 1050, BP 18. ☎ 02-646-55-51. Fax : 02-644-28-10.

En Suisse

ℹ *Office national hellénique du tourisme :* Löewenstrasse 25, CH 8001 Zurich. ☎ 01-221-01-05. Fax : 01-212-05-16. ● eot@bluewin.ch ● Ouvert du lundi au vendredi de 9 h à 17 h.

■ *Ambassade de Grèce :* Laubegstrasse, 18, 3006 Bern. ☎ 031-356-14-14. Fax : 031-368-12-72.

■ *Consulat général de Grèce :* 1, rue Pedro-Meylan, 1208 Genève. ☎ 022-735-37-47. Fax : 786-98-44.

Au Canada

ℹ *Office du tourisme de Grèce :* 91 Scollard Street, 2nd Floor, Toronto, Ontario M5R-1G4. ☎ (416) 968-22-20. Fax : (416) 968-65-33. ● grnto.tor@on.aibn.com ●

■ *Consulat de Grèce :* 1170, pl. du Frère-André, suite 300, Montréal, H3B-3C6. ☎ (514) 875-21-19 ; fax : (514) 875-87-81. ● www.grconsulatemtl.net ● Ouvert du lundi au vendredi de 9 h à 13 h (et le mardi de 17 h à 19 h). Également deux autres consulats à Toronto et Vancouver. Bureau d'information de l'office du tourisme hellénique à la même adresse, ☎ (514) 871-15-35. Fax : (514) 871-14-98.

Papiers nécessaires

– *Passeport* (en cours de validité), ou *carte nationale d'identité*.
– *Carte d'étudiant* : pour les ressortissants de l'Union européenne, elle donne droit à la gratuité dans de nombreux sites et musées. N'hésitez surtout pas à demander les prix étudiants, qui sont rarement indiqués.
– *Permis de conduire, carte verte* (vérifiez que votre assurance englobe la Grèce).
– *Chasse sous-marine :* les adeptes de ce sport doivent présenter un permis délivré par la police maritime locale.

Vaccinations, santé

– Aucun vaccin n'est obligatoire.
– *Formulaire E111 :* pour bénéficier sur place de la gratuité des soins. À retirer dans votre centre de Sécurité sociale quelques semaines avant le départ. En cas de pépin, se rendre dans les centres médicaux prévus à cet effet, où les premiers soins vous seront dispensés gratuitement. Votre hôtel vous indiquera l'adresse de celui dont il dépend (eh oui, ça marche par quartier, et il y a 500 centres à Athènes). Cela dit, vous devez supporter une certaine participation pour les médicaments, les prothèses et les traitements supplémentaires. De plus, sur certaines îles, il n'y a pas de centre IKA (équivalent de notre Sécurité sociale). En cas de problèmes graves, il est souhaitable de ne pas se faire soigner dans les îles (du moins les petites, dépourvues de moyens) et de rentrer *illico presto* à Athènes. Dans ce cas, il est souvent préférable de se rendre dans les hôpitaux privés (où le matériel est plus performant et l'hygiène mieux surveillée), voire se faire rapatrier.

Carte internationale d'étudiant (carte ISIC)

Elle atteste du statut d'étudiant dans le monde entier et permet de bénéficier de tous les avantages, services, réductions étudiants du monde, soit plus de 25 000 avantages concernant les transports, les hébergements, la culture, les loisirs... C'est la clé de la mobilité étudiante !
La carte ISIC donne aussi accès à des offres exclusives sur le voyage (billets d'avion spéciaux, assurances de voyage, carte de téléphone internationale, location de voitures, navette aéroport...).
Pour plus d'informations sur la carte ISIC, ● www.carteisic.com ● ou ☎ 01-49-96-96-49.

Pour l'obtenir en France

Se présenter dans l'une des agences des organismes mentionnés ci-dessous avec :
– une preuve du statut d'étudiant (carte d'étudiant, certificat de scolarité...) ;
– une photo d'identité ;
– 12 € ; ou 13 € par correspondance, incluant les frais d'envoi des documents d'information sur la carte. Émission immédiate.

■ *OTU Voyages :* ☎ 0820-817-817. ● www.otu.fr ● pour connaître l'agence la plus proche de chez vous.

■ *Voyages Wasteels :* ☎ 0892-682-206 (audiotel ; 0,33 €/mn). ● www.wasteels.fr ●

GÉNÉRALITÉS

En Belgique

La carte coûte 9 € et s'obtient sur présentation de la carte d'identité, de la carte d'étudiant et d'une photo auprès de :

■ *Connections :* renseignements au ☎ 02-550-01-00.

En Suisse

La carte s'obtient dans toutes les agences *STA Travel,* sur présentation de la carte d'étudiant, d'une photo et de 15 Fs.

■ *STA Travel :* 3, rue Vignier, 1205 Genève. ☎ 022-329-97-34.

■ *STA Travel :* 20, bd de Grancy, 1006 Lausanne. ☎ 021-617-56-27.

Il est également possible de la commander en ligne sur le site ● www.carte isic.com ●

Carte internationale des auberges de jeunesse

Cette carte, valable dans 62 pays, permet de bénéficier des 6 000 auberges du réseau *Hostelling International* réparties dans le monde entier. Les périodes d'ouverture varient selon les pays et les AJ. À noter que la carte des AJ est surtout intéressante en Europe, aux États-Unis, au Canada, au Moyen-Orient et en Extrême-Orient (Japon...).

Pour l'obtenir en France et s'inscrire

– *Sur place :* FUAJ, antenne nationale, 9, rue de Brantôme, 75003. ☎ 01-48-04-70-40. Fax : 01-42-77-03-29. Ⓜ Rambuteau, Les Halles (RER A, B, D). Présenter une pièce d'identité et 10,70 € pour la carte moins de 26 ans et 15,25 € pour les plus de 26 ans (tarif 2003).
Inscriptions possibles également dans toutes les auberges de jeunesse, points d'information et de réservation FUAJ en France. ● www.fuaj.org ● On conseille de l'acheter en France car elle est moins chère qu'à l'étranger.
– *Par correspondance :* à la *Fédération Unie des Auberges de Jeunesse (FUAJ),* 27, rue Pajol, 75018 Paris. Bureaux fermés au public. Envoyer une photocopie recto verso d'une pièce d'identité et un chèque correspondant au montant de l'adhésion (ajouter 1,15 € pour les frais d'envoi de la FUAJ). Une autorisation des parents est nécessaire pour les moins de 18 ans.
– La FUAJ propose aussi une *carte d'adhésion « Famille »,* valable pour les familles de deux adultes ayant un ou plusieurs enfants âgés de moins de 14 ans. Tarif : 22,90 €. Fournir une fiche familiale d'état civil ou une copie du livret de famille.
– La carte donne également droit à des réductions sur les transports, les musées et les attractions touristiques de plus de 60 pays, mais ces avantages varient d'un pays à l'autre, ce qui n'empêche pas de la présenter à chaque occasion, ça peut toujours marcher.

En Belgique

Le prix de la carte varie selon l'âge : entre 3 et 15 ans, 3,50 € ; entre 16 et 25 ans, 9 € ; après 25 ans, 13 €.

Renseignements et inscriptions

■ *À Bruxelles :* *LAJ,* rue de la Sablonnière, 28, 1000. ☎ 02-219-56-76. Fax : 02-219-14-51. ● www.laj.be ● info@laj.be ●

■ *À Anvers :* *Vlaamse Jeugdher-bergcentrale (VJH),* Van Stralenstraat, 40, Antwerpen B 2060. ☎ 03-232-72-18. Fax : 03-231-81-26. ● www.vjh.be ● info@vjh.be ●

– Les résidents flamands qui achètent la carte en Flandre obtiennent 7,50 € de réduction dans les auberges flamandes et 3,70 € en Wallonie. Le même principe existe pour les habitants wallons.

En Suisse (SJH)

Le prix de la carte dépend de l'âge : 22 Fs pour les moins de 18 ans ; 33 Fs pour les adultes et 44 Fs pour une famille avec des enfants de moins de 18 ans.

Renseignements et inscriptions

■ *Schweizer Jugendherbergen (SH; service des membres des auberges de jeunesse suisses) :* Schafhau-serstr. 14, Postfach 161, 8042 Zu-rich. ☎ 01-360-14-14. Fax : 01-360-14-60. ● www.youthhostel.ch ● boo kingoffice@youthhostel.ch ●

Au Canada

La carte coûte 35 $Ca pour un an (tarif 2003) et 175 $Ca à vie. Gratuit pour les enfants de moins de 18 ans qui accompagnent leurs parents. Pour les mineurs voyageant seuls, compter 12 $Ca. Ajouter systématiquement les taxes.

Renseignements et inscriptions

■ *Tourisme Jeunesse :* 4008 Saint-Denis, Montréal CP 1000, H2W-2M2. ☎ (514) 844-02-87. Fax : (514) 844-52-46.
■ *Canadian Hostelling Association :*

205 Catherine Street, bureau 400, Ottawa, Ontario, Canada K2P-1C3. ☎ (613) 237-78-84. Fax : (613) 237-78-68. ● www.hihostels.ca ● info@hihostels.ca ●

– Il n'y a pas de limite d'âge pour séjourner en AJ sauf en Bavière (27 ans). Il faut simplement être adhérent.
– La FUAJ propose trois guides répertoriant les adresses des AJ : France, Europe et le reste du monde, payants pour les deux derniers. En Grèce, une seule AJ est affiliée à la Fédération Internationale. Possibilité de réserver par le système IBN. Consulter ● www.hostelbooking.com ●

ARGENT, BANQUES, CHANGE

Monnaie

L'euro (prononcer *evro*), depuis janvier 2002.

Banques

Pour les ressortissants hors zone euro, les commissions pratiquées pour les travellers chèques sont très variables. Les postes et les agences de la Banque nationale de Grèce semblent être les moins chères.
ATTENTION, dans toute la Grèce, les banques ne sont généralement ouvertes que de 8 h-8 h 30 à 13 h 30-14 h (à l'exception de la *Banque nationale de Grèce,* à Athènes, sur la place Syndagma, ouverte toute la journée). Elles sont fermées (presque partout) les samedi, dimanche et jours fériés.

Change

Pour nos lecteurs hors zone euro, ne jamais changer d'argent dans les *tourist offices.* Ils prennent une commission très élevée.
Nombreux bureaux de change dans les villes, ouverts pour la plupart tous les jours et assez tard le soir. Taux équivalent à celui des banques, mais commission plus élevée.

Cartes de paiement

– La carte *MasterCard* permet à son détenteur et à sa famille (si elle l'accompagne) de bénéficier de l'assistance médicale rapatriement. En cas de problème, appeler immédiatement à Paris le : ☎ 00-33-1-45-16-65-65. En cas de perte ou de vol, appeler (24 h/24) à Paris le : ☎ 00-33-1-45-67-84-84 (PCV accepté) pour faire opposition. ● www.mastercardfrance.com ●
– pour la carte *American Express,* en cas de pépin : ☎ 01-47-77-72-00, pour faire opposition 24 h/24. PCV accepté en cas de perte ou de vol.
– Pour la carte *Visa,* contacter le numéro communiqué par votre banque.
– Pour toutes les cartes émises par *La Poste,* composer le : ☎ 0825-809-803 (pour les DOM : ☎ 05-55-42-51-97).
– Serveur vocal valable pour toutes les cartes : ☎ 0892-705-705 (0,34 €/mn). En Grèce, encore trop peu d'hôtels et de restaurants acceptent les cartes *Visa* et *MasterCard,* surtout dans les villages. Et trop d'établissements annoncent qu'ils acceptent pour prévenir au dernier moment que la machine est en panne. Alors, prévoyez d'avoir toujours sur vous de l'argent liquide et des chèques de voyage : c'est plus pratique et plus sûr. De plus, les commerçants ne vous accorderont aucune ristourne si vous payez avec la carte.

Dépannage

■ *Western Union Money Transfer :* en cas de besoin urgent d'argent liquide (perte ou vol de billets, chèques de voyage, carte de paiement), vous pouvez être dépanné en quelques minutes grâce au système *Western Union.* En cas de nécessité sur place, appelez le : ☎ 21-09-27-10-10 (du lundi au vendredi de 8 h à 21 h et le samedi de 9 h à 21 h ; les opérateurs parlent grec et anglais) ; ou à La Poste, ☎ 0825-009-898 (du lundi au vendredi de 8 h à 19 h 30 et le samedi de 8 h à 13 h).

ACHATS

En règle générale, les souvenirs sont relativement chers car ils sont fabriqués principalement pour les touristes. Il faut faire attention aux prix des articles dans certains magasins. Même quand ils sont affichés, ils changent parfois... à la caisse.

– *Objets d'artisanat :* tapis, sacs tissés à la main, poteries et céramiques, étoffes.

– *Les komboloï :* peut-être le plus vieux gadget au monde. Sorte de chapelet que l'on égrène pour s'occuper les doigts. On peut l'acheter dans certains kiosques à journaux et de nombreux magasins pour touristes.

– *Bijoux en argent :* spécialité de Ioannina.

– *Huile d'olive :* en bidon de 1 l, 2 l ou 4 l. Il y aurait 140 millions d'oliviers en Grèce... Chaque coin de Grèce se dispute l'honneur d'avoir la meilleure huile.

– *Miel de thym :* excellent et moins cher qu'en France.

– *Spécialités locales :* un peu partout, on trouve à acheter des « douceurs », des petits fruits dans une sorte de sirop (en grec *glyka koutaliou*) que les Grecs servent avec le café. Se vendent en petits pots comme de la confiture. Parmi les musts : *vyssino* (griotte), *nérantzi* (orange amère), *kydoni* (coing) et *milo* (pomme, souvent parfumée d'un clou de girofle).

– Et, bien entendu, l'*ouzo.*

ARCHÉOLOGIE

Même si vous n'allez en Grèce que pour la mer, le soleil et ce qui va avec, on peut penser que vous vous laisserez bien tenter par quelques vieilles pierres puisqu'il y a pratiquement toujours un site archéologique dans les environs. Les Grecs de l'Antiquité seraient sans doute bien surpris de voir les touristes d'aujourd'hui se presser aux grilles d'entrée des sites pour venir admirer des blocs de marbre blanchis sous le soleil... En fait, nous vivons toujours avec en tête cette fascination pour les ruines née à l'époque du romantisme et véhiculée, par exemple, par un Chateaubriand exalté visitant Athènes. Si nous avions sous les yeux les temples tels qu'ils étaient à l'époque, nous serions peut-être déçus en raison de leurs couleurs « flashy » (rouge, jaune, bleu...).

Quand la Grèce est devenue indépendante, à la fin des années 1820, la France a été le premier pays à envoyer sur place une mission dite « scientifique », chargée de parcourir la Morée (c'était alors le nom donné au Péloponnèse) à la recherche des sites antiques qui étaient le plus souvent dans un triste état, les habitants du coin ayant pris l'habitude de venir se servir en matériaux de construction et finissant ainsi de dévaliser les sites qui avaient déjà été copieusement pillés dès la fin de l'Antiquité. Certains étaient même oubliés et recouverts par la végétation. Les Français sont ainsi arrivés à Olympie ou à Épidaure, mais ils n'ont pu, en 3 ans, mener à bien un grand programme de fouilles. Pendant une quarantaine d'années, ils vont néanmoins garder le monopole de la recherche archéologique en Grèce, avec l'École française d'Athènes, créée en 1846, jusqu'à ce que les Allemands jettent à leur tour leur dévolu sur ce pays. On est au début des années 1870, la guerre franco-prussienne est tout juste achevée et les Allemands créent l'Institut allemand d'Athènes pour s'implanter durablement.

On va donc se partager les sites : le gouvernement grec octroie des permis de fouiller et la France aura ainsi, parmi les principaux sites, Délos (Cyclades) et Delphes, puis Argos mais abandonnera Olympie aux Allemands. Mycènes revient aussi d'une certaine manière à l'Allemagne avec le génial découvreur Heinrich Schliemann, même si celui-ci, marié à une Grecque, était devenu citoyen américain et jouait perso. Knossos revient à l'Angleterre (Arthur Evans) de même que Sparte, et les Américains, pour ne pas être en reste, reçoivent Corinthe et l'Agora d'Athènes. Les Grecs, d'une certaine manière, n'auront au début que les miettes du partage mais ils collaboreront avec de nombreuses équipes étrangères et se rattraperont au XXe siècle (fouilles de Santorin, de Vergina en Macédoine...). Au total, une quinzaine de pays ont aujourd'hui une ou plusieurs équipes travaillant en Grèce. Ces fouilles ne sont d'ailleurs pas toujours une partie de plaisir : pour pouvoir travailler, les Français vont ainsi demander à ce que le village construit sur le site même de Delphes soit déplacé, – il faudra que le gouvernement français finance lui-même cette reconstruction – mais les habitants, mécontents d'avoir été délogés, accueillirent les archéologues avec des jets de pierre lorsque ceux-ci commencèrent leurs fouilles en 1892. Plus de 100 ans après, leurs descendants se frottent les mains : l'archéologie, du moins son versant commercial, est une bonne affaire pour les locaux !

AVENTURE, SPORT, NATURE

La Grèce ne se résume pas au tourisme de la sacro-sainte trinité *Sea/Sand/Sun,* ni aux vieilles pierres. La nature a pourvu le territoire des dieux de richesses naturelles à explorer hors des sentiers battus. Et si vous aimez les activités de plein air et la nature, vous aurez tout loisir de laisser libre cours à votre esprit d'aventure et de découverte dans un pays à 70 % montagneux. Trekking, randonnées, initiation à l'escalade, rappel, canyoning, rafting, VTT, sont autant de nombreuses activités praticables tout au long de l'année en Grèce.

L'agence *Trekking Hellas,* spécialiste des activités de plein air-découverte et des circuits randonnée ou multi-activités, peut vous proposer des programmes variés s'adaptant facilement à votre séjour en Grèce, quel que soit votre lieu de prédilection et en toute saison. Si vous avez l'occasion de passer en Grèce en hiver, pourquoi ne pas vous offrir une descente en rafting sur des rivières complètement préservées des assauts de la civilisation ? N'hésitez pas à contacter les bureaux de Trekking Hellas à Athènes, pour une découverte authentique d'une Grèce méconnue.

■ *Trekking Hellas :* 7, odos Filellinon, à deux pas de la place Syndagma, 10557 Athènes. ☎ 21-03-31-03-23 à 25. Fax : 21-03-23-45-48. ● www.trekking.gr ●
■ *Fédération des clubs alpins :* 5, odos Milioni, 10673 Athènes. ☎ 21-03-64-59-04. Fax : 21-03-64-46-87. Elle peut aussi donner des renseignements, comme la liste des refuges de montagne ainsi que des cartes de randonnée.

Dans le domaine de l'écologie, de nombreuses associations œuvrent pour défendre les richesses naturelles et les animaux. Il y en a pour tous les goûts :

■ *WWF Hellas :* 26, odos Filellinon, 10558 Athènes. ☎ 21-03-31-48-93. Fax : 21-03-24-75-78. ● www.wwf.gr ● en grec seulement.
■ *Elliniki Ornithologiki Etairia* (l'équivalence de notre *Ligue pour la Protection des oiseaux*) : 24, odos Vas. Irakliou, 10682 Athènes. ☎ et fax : 21-08-22-79-37. Et, pour la Grèce du Nord, 8, odos Kastritsiou, 54623 Thessalonique. ☎ 23-10-24-42-45. ● www.ornithologiki.gr ●
■ *Delphis :* 75-79, odos Pylis, 18533 Le Pirée. ☎ 21-04-22-33-05 et 06. Fax : 21-04-22-33-05. ● www.delphis.gr ● Delphis est l'association grecque qui s'occupe des dauphins (et plus généralement des cétacés) en Grèce.
■ *Archelon :* 57, odos Solomou, 10432 Athènes. ☎ et fax : 21-05-23-13-42. ● www.archelon.gr ● Se consacre à la protection des tortues marines.
■ *MOm (société pour l'étude et la protection du phoque méditerranéen) :* 18, odos Solomou, 10682 Athènes. ☎ 21-05-22-28-88. Fax : 21-05-22-24-50. ● www.mom.gr ● La Grèce est

le pays qui compte la plus grande colonie de phoques *monachus-monachus* mais cette espèce est en danger, vu le petit nombre d'individus (dans les 200 et encore, on n'en est pas totalement sûr, le phoque étant par nature très secret). L'activité du MOm est essentiellement centrée sur le parc national marin des Sporades du Nord basé à Alonissos, mais il intervient aussi sur d'autres îles où ont été recensés des phoques (Kimolos, Fourni, Karpathos, ainsi que dans les îles Ioniennes).

■ ***Arktouros :*** 3, odos Victoros Ougo, 546 25 Thessalonique. ☎ 23-10-55-46-23. Fax : 23-10-55-39-32. ● www.arcturos.gr ● S'occupe de l'*ursus arctos,* autrement dit l'ours brun (région de Florina) et également des loups.

BOISSONS

Même si les Français – tous fins palais, c'est bien connu – font souvent les dégoûtés à leur première gorgée de résiné *(retsina),* n'oubliez pas que c'est le *vin* de table le plus typiquement grec et le meilleur marché. Dans l'Antiquité, on enduisait de résine les jarres en terre cuite afin d'en améliorer l'étanchéité. Le vin en prenait le goût, et on a gardé les bonnes habitudes. Pour les réfractaires, pas mal de vins non résinés (*moréa,* vin du Péloponnèse, *boutari,* vin de Macédoine). On trouve aussi des vins cuits très renommés comme le *samos* ou le *mavrodaphni.* Selon les régions, enfin, des vins locaux typiques : le *robola* à Céphalonie, des vins secs et doux à Santorin, le *zitsa,* blanc sec et pétillant d'Épire. ATTENTION, le vin (même le blanc) est souvent servi à température ambiante !

Et l'*ouzo,* là-dedans ? C'est le pastis local, pour aller vite. On l'obtient à partir du marc, aromatisé à l'anis et distillé ensuite. Ça se boit au verre ou en petite bouteille *(karafaki),* accompagné de *mezze.* Ne pas confondre avec le *tsipouro,* qui correspond davantage au *raki* turc ou à l'*arak* libanais (du moins pour celui étiqueté « produit de Grèce » car le *tsipouro* fait dans les villages s'apparente au *raki* crétois, c'est-à-dire une eau-de-vie). Le meilleur ouzo viendrait de Plomari à Lesbos. Ce nom d'ouzo quant à lui vient des caisses que l'on expédiait à l'étranger avec l'inscription italienne *uso* (à l'usage de...), suivie du nom du destinataire. Le mot avait fini par désigner les produits de grande qualité, principalement la soie qu'on exportait de Tyrnavos en Thessalie, où le premier ouzo fut « confectionné » à la fin du XIXe siècle.

À Corfou, vous goûterez au *koum-kouat,* liqueur de petites oranges amères. On produit aussi en Grèce un cognac local *(métaxa).*

Remarques en vrac

– *Café* = café turc (avec le marc). Attention, si vous désirez du café bien de chez nous, le mot utilisé là-bas est *nescafé.* Mais ça ne vaudra jamais un café turc. Évitez cependant de dire café « turc », vous risqueriez d'être mal vu. Demandez plutôt un café « grec » *(éna helliniko, parakalo !)*; ou si vous préférez un café-filtre, demandez *éna kafé filtrou* ou *éna kafé galiko.* Ça passe beaucoup mieux. Goûtez aussi au café glacé, bien rafraîchissant, que l'on appelle *nescafé frappé.* C'est excellent : comme le café grec, on le commande très sucré *(glyko),* moyennement sucré *(métrio),* sec *(skéto)* ou avec du lait *(mé gala).* Le café devrait toujours être servi avec un verre d'eau (pratique qui disparaît malheureusement dans certains endroits). Le café instantané est plutôt cher, se rabattre sur les paquets de cacao grec. Pas vraiment fameux, mais à défaut de Banania...

– ATTENTION, lorsque vous commandez un jus d'orange, précisez un *chimo portokali* (oranges pressées) ; sinon, on vous apportera une boisson gazeuse à l'orange *(portokalada).* Si vous avez des doutes, précisez encore que vous le voulez *fresko*. On peut juste regretter que ce soit devenu une boisson très chère dans un pays qui produit autant d'oranges !

– Dans les cafés, on peut rester autant de temps qu'on le désire après avoir pris une consommation.

BUDGET

La Grèce peut coûter cher... ou s'avérer bon marché. Tout dépend comment vous la prenez ou de la période à laquelle vous vous y rendez. Sac au dos, en bus et en stop, en dormant sur les plages (attention, le camping sauvage est interdit), en se lavant dans les toilettes des tavernes, et en se contentant de *souvlaki* et de *gyros*, le voyage ne reviendra pas trop cher ! Vous pouvez aussi mixer votre mode de voyage : alterner les dodos sur les galets avec le confort des pensions, le stop (ou le bus pour les longs trajets) avec la location d'une mob pour découvrir l'intérieur du pays. Cette solution d'alternance, entre le voyage routard pur et dur et un petit confort, nous semble être un bon compromis. En effet, dans certains coins, il est inutile de perdre 4 h à attendre un bus pour aller voir un monastère ou une plage éloignés de 20 km ! La location d'un scooter ou d'une voiture pour 4 personnes pour une journée n'est pas si élevée. À vos calculettes !

Quoi qu'il en soit, on ne peut pas cacher que les prix en Grèce, Europe oblige, tendent petit à petit à rejoindre ceux pratiqués dans le reste de l'Europe. Officiellement le coût de la vie en Grèce atteint 90 % de la moyenne européenne. C'est le cas dans l'hôtellerie (seules les chambres chez l'habitant demeurent encore relativement bon marché). Pour l'alimentation, les prix au détail sont très variables ; les restos populaires restent encore très abordables. Heureusement, l'essence est moins taxée qu'en France et les transports en commun (bus, train, bateau) sont encore pas trop chers.

Hébergement

– **Les hôtels :** sont souvent décevants, par manque d'entretien. Si bien que certains hôtels de catégorie A peuvent se révéler pas plus agréables qu'une pension de catégorie C ! Donc, inutile de dépenser vos sous pour rien ! L'explication est que bon nombre de ces hôtels datent de l'époque où le tourisme en Grèce a subitement décollé, au début des années 1970, sous les colonels. Depuis, ils ont vieilli et leur classement dans les catégories supérieures n'a pas été révisé. Toutefois, il ne faut pas faire de généralités, et vous trouverez aussi des hôtels très sympathiques. De plus, dans le cadre de la préparation des Jeux olympiques, pas mal d'hôtels ont eu droit à une rénovation en bonne et due forme.

Les prix ne sont pas, comme en France, indiqués à l'extérieur de l'hôtel ; en revanche on peut le lire à la réception (parfois, il faut de bons yeux). Dans chaque chambre, il doit y avoir une pancarte indiquant le prix maximum que l'on peut vous faire payer pour une nuit passée dans l'établissement. Il est conseillé de négocier, car les hôteliers ont coutume de faire fluctuer les prix selon la saison et le degré de fréquentation de leur établissement. On peut donc même vous octroyer une remise sans que vous la demandiez, mais il est toutefois plus prudent d'être quémandeur. On peut aussi vous imposer une surtaxe de 10 % parce que vous ne passez qu'une seule nuit dans l'établissement !

ATTENTION ! Les mois de juillet et août sont les plus fréquentés, et donc les plus chers (de même que la semaine précédent Pâques). Dans certaines îles, c'est même devenu de la folie puisqu'il arrive que les prix doublent ou triplent en vertu de la sacro-sainte loi de l'offre et de la demande, et l'on voit ainsi des chambres bon marché (ce qui devient rare) à 18 ou 20 € hors saison atteindre les 50-60 € au mois d'août ! À Athènes, la haute saison commence en général dès le 1er avril et s'achève le 31 octobre et certains hôteliers ne s'embarrassent pas avec les saisons, pratiquant les mêmes tarifs toute l'année. Faut-il le rappeler, Athènes est une ville très chère par rapport au reste du pays – et, en 2004, des sommets sont atteints... (voir le chapitre consacré à Athènes).

Nos indications tarifaires sont sur la base d'une chambre double, sans le petit dej' (sauf si le contraire est spécifié). Attention, il faut les considérer avec souplesse et les apprécier en fonction du contexte. Une chambre dans un village de campagne d'une zone peu touristique et la même chambre dans une île hyper fréquentée auront un prix très différent, à qualité égale. De plus, nous vous indiquons ce qu'on appelle en Grèce le « prix de la porte », fixé par les autorités, mais les hôteliers ou propriétaires, pour peu que la saison soit mauvaise, proposeront souvent un prix plus attractif. Ce qui explique que vous puissiez avoir l'impression que les prix sont à la tête du client... Les tarifs sont également réduits, bien souvent, si vous restez plusieurs nuits.

ATTENTION, cette échelle indicative de prix ne vaut pas pour Athènes, ni pour certaines îles (comme Hydra).

– ***Bon marché :*** catégorie qui correspond généralement à une chambre spartiate sans salle de bains privée (mais parfois avec) chez des particuliers ou dans une « pension » (en Grèce, on utilise le terme de pension de façon très peu précise). De 15 à 30 € la chambre double.

– ***Prix moyens :*** catégorie qui correspond à une chambre avec douche, quelquefois très simple mais parfois confortable. De 30 à 50 € la chambre double.

– ***Plus chic :*** dans cette catégorie, on dispose de davantage de confort, souvent dans un joli décor (salle de bains, TV et AC), pour une somme entre 50 et 80 € la chambre double.

– ***Bien plus chic :*** au-delà de 80 € la chambre double. Ce sont des hôtels (en principe) tout confort.

Ces dernières années se sont multipliés dans certaines régions (pas les plus touristiques) les hôtels traditionnels (*xénonès,* pluriel de *xénonas,* ce qui les différencie en principe des simples hôtels, appelés en grec *xénodochia*), correspondant à nos hôtels de charme : vieilles demeures rénovées, avec un ameublement traditionnel. On les trouve principalement dans les régions qui ont un riche passé comme l'Épire, le Pélion et le Magne. Malheureusement, les prix sont assez souvent élevés dans les endroits les plus touristiques.

– ***Le logement chez l'habitant*** est meilleur marché. Toutes les chambres doivent être déclarées à l'EOT (office du tourisme hellénique) et les prix doivent être affichés comme dans les hôtels. Trois catégories : A, B et C. En principe une chambre de catégorie A ne devrait pas coûter beaucoup plus cher qu'une chambre d'hôtel de catégorie C. Mais, là encore, les prix sont très variables, et il n'y a pas grand-chose de commun entre la petite chambre que la vieille grand-mère vous loue dans sa maison et l'immeuble flambant neuf loué en appartements. Autour de 15 €, hors saison, on doit pouvoir commencer à trouver une chambre correcte pour 2, à condition de se trouver dans un endroit pas ou peu touristique, sinon les prix s'envolent. La formule devient souvent plus intéressante avec les petits appartements pour 4 ou 5 personnes, moins chers que 2 chambres d'hôtel (compter autour de 50 €). L'intérêt est aussi de bénéficier d'une cuisine où l'on peut se faire à manger.

– ***Le camping :*** le moins cher évidemment, c'est le camping sauvage, premier mode d'hébergement pour les routards de tous les pays (même s'il est interdit). Mais pour ceux qui le pratiqueront malgré tout, on vous en supplie : ne laissez rien derrière vous !

Les campings organisés sont devenus assez chers (et les tarifs sont rarement affichés à l'extérieur, il faut les demander à la réception). En 10 ans, le prix par personne a plus que triplé ! On paie en moyenne par personne entre 3,50 et 5 €, voire davantage ; on paie ensuite l'emplacement de la tente, entre 2,50 et 4 € ; puis, si vous en avez une, celui de la voiture, entre 2 et 4 €. Résultat, une nuit dans un camping peut coûter entre 12 et 18 €, pour 2 avec une voiture et une tente, la moyenne s'établissant à 15-17 €. On est donc près des premiers prix des chambres chez l'habitant... Ne pas hésiter à faire jouer les réductions que proposent les principales chaînes de camping *Sunshine* et *Harmonie,* sur présentation du dépliant de la chaîne. Leur programme de « fidélisation » inclut aussi des réductions sur certaines lignes de ferries entre l'Italie et la Grèce. Les campings sont généralement ouverts d'avril ou mai à octobre, à l'exception de quelques-uns ouverts toute l'année.

Les JO et l'hébergement hôtelier

Pas besoin d'être très malin pour penser que les JO, avec le flot de visiteurs qu'une telle compétition entraîne, sont une aubaine pour les professionnels du tourisme, en particulier pour les hôteliers. Qui dit demande exceptionnelle dit aussi tarification à la hauteur de l'événement, du moins on peut le supposer. Il apparaît qu'il n'y a pas de règle imposée et que chaque propriétaire fait à peu près comme il l'entend. Certains seront raisonnables, en limitant la hausse à la seule période des Jeux, d'autres seront plus gourmands en l'étendant aux trois mois d'été... En principe, seule Athènes aurait dû être concernée, ainsi que les quatre villes qui accueillent, sur une très courte période (début août), les qualifications du tournoi de football (Thessalonique, Volos, Patras et Héraklion). Mais les choses se compliquent quand on sait que la seule ville d'Athènes, apparemment pourtant bien pourvue en hôtels, ne propose que 52 000 lits. Or, il se dit que le seul CIO a besoin de 15 500 chambres ! Les journalistes annoncés sont au nombre de 21 500. Et c'est sans compter avec les spectateurs... ! Même si le port du Pirée est en partie réquisitionné pour proposer, à bord d'une douzaine de palaces flottants, dont le *Queen Mary II,* autour de 13 000 lits, et même si l'on compte aussi sur le « civisme » des Athéniens invités à laisser, contre rétribution, leurs maisons ou appartements (soit quelque 6 000 lits supplémentaires), on s'aperçoit que le compte n'y est pas. Il faut donc s'attendre à ce que les établissements hôteliers dans un rayon de 100, voire 150 kilomètres autour de la capitale, soient également amenés à loger des spectateurs venus assister aux Jeux... La Grèce est un petit pays, regardez ce que couvre un cercle d'un rayon de 100 ou 150 kilomètres autour de la capitale...

Il faut donc s'attendre à une situation particulièrement tendue en 2004 sur le plan de l'hôtellerie en Grèce : les Jeux ont été une bonne occasion pour rénover les établissements et, en conséquence, augmenter les prix, et ce, bien entendu, pas seulement pendant la période cruciale (août, voire septembre puisque les Jeux paralympiques se dérouleront trois semaines après les Jeux olympiques, sur une durée de douze jours). *Pendant* cette période, il est clair que tous les excès sont possibles ; *en dehors* de cette période, il n'est pas impossible non plus qu'une forte augmentation des prix soit enregistrée.

En préparant cette édition, à l'automne 2003, il a été demandé aux hôteliers de fournir leurs tarifs 2004 « normaux » et ceux spécifiques aux Jeux. Mais, comme toujours, tous n'ont pas été en mesure de le faire. Il reste donc pas mal d'incertitudes à ce sujet, au moment où nous mettons sous presse. Le problème n'est pas tant pour les spectateurs qui, s'ils souhaitent absolument voir les Jeux, s'y seront pris à l'avance et sont sans doute prêts à mettre la main à la poche pour réaliser leur rêve ; il est surtout, à nos yeux, pour les autres visiteurs, ceux qui viendront pour la Grèce, dont on n'aimerait pas qu'ils soient les victimes collatérales d'un événement certes unique pour un pays mais aussi générateur de nombreuses conséquences pas toujours maîtrisées... Vigilance donc dans la préparation de votre voyage : faites-vous bien préciser et confirmer les prix et, s'ils s'envolent, ne nous accablez pas de reproches... On n'y est pour rien ! **C'est aussi pourquoi, volontairement, nous n'indiquons pas les prix des hôtels à Athènes pendant la période olympique.** Tout d'abord parce que, à la date de parution de ce guide, toutes les réservations seront déjà effectuées ; ensuite parce que les prix pratiqués ne sont plus représentatifs de grand-chose...

Nourriture

Là encore, votre budget ne sera pas le même si vous dégustez du poisson grillé tous les soirs sur le port ou si vous recherchez les tavernes populaires où l'on mange les plats « à la casserole ». Mais de manière générale, si l'on s'en tient aux établissements du genre de ceux que nous sélectionnons, le restaurant reste vraiment abordable aujourd'hui encore.

– Attention, le poisson est vendu au kilo et il est cher. Compter entre 25 et 40 € le kilo pour le poisson à griller, voire davantage dans les endroits les plus touristiques. Celui à friture est moins cher : environ de 10 à 15 € le kilo. En général, pour ne pas se faire arnaquer, on va en cuisine choisir son poisson et se mettre d'accord sur le prix (demander à ce qu'on pèse la bête devant vous). Ainsi, pas de surprise. À noter qu'en Grèce, on compose son repas à la carte le plus souvent, mais quelques menus bon marché (et peu copieux) sont proposés dans les villes et autour des sites.

– Compter 5 € pour un plat préparé typique et populaire (genre moussaka) dans un resto, et autour de 5 à 8 € pour une grillade (grand *souvlaki*, par exemple).

– Compter entre 12 et 15 € pour un repas complet « touristique » genre salade grecque, grillade et yaourt au miel, sur le port, alors qu'un repas avec entrée et un plat préparé de viande doit tourner autour de 8 à 12 € par personne. La plupart des restos ne proposant pas de dessert (ou alors seulement du melon, ou encore de la pastèque), c'est sur cette base que nous indiquons les prix pratiqués dans les établissements sélectionnés.

– Les restaurateurs facturent les couverts et le pain. Comptez un petit supplément d'environ 1 € par personne.

– À Athènes, il faut compter à partir de 35 € pour un resto de catégorie « Plus chic » ; entre 35 et 50 € pour un « Encore plus chic », et au-delà de 50 € pour un resto vraiment « Très très chic ».

– Le service est compris, mais il est de coutume de laisser un petit quelque chose si vous êtes satisfait (du simple arrondi à 5 ou 10 %).

Le juste prix

En dehors des villes, il existe assez peu de supermarchés à l'occidentale. Dans les endroits touristiques, on trouve surtout des mini-markets qui n'écrasent pas particulièrement les prix. Voici quelques exemples de prix moyens de produits courants, relevés en 2003 (bien qu'il y ait parfois des dérapages, l'inflation est à peu près maîtrisée en Grèce – 3,5 % par an –; néanmoins les prix peuvent fortement varier d'une région non touristique à une région touristique) :

– un *koulouri* (sorte de couronne au sésame) : 0,40 à 0,50 € ;
– une *tyropitta* (chausson au fromage) : 1,10 à 1,50 € ;
– un petit *souvlaki* (à manger à la main) : 1,20 € ;
– un *gyros* avec *pitta :* 1,30 à 2 € ;
– un Coca-Cola dans une boutique : 0,80 à 1 € ;
– un Coca-Cola dans un café : environ 2 € ;
– une bière Amstel (50 cl) dans un café standard : 2 à 3 € ;
– un café frappé dans un café standard en province : en moyenne 2 € ; il peut monter facilement jusqu'à 3,50 €, voire plus ;
– une grande bouteille (1,5 l) d'eau minérale : 0,50 à 1 € selon l'endroit où vous l'achetez ;
– un litre de lait : à partir de 1,20 € ;
– un yaourt (200 g) vendu à l'unité : 1 € ; comme tous les laitages en Grèce, c'est très cher ;
– un litre de super sans plomb : 0,80 à 0,90 € ;
– un litre de diesel : 0,70 à 0,80 € ;

– 100 km en bus KTEL (liaisons continentales) : 6 € environ.
– une heure de trajet en ferry (classe pont) : 4 € ; compter le double en
Flying Dolphin ou en *Catamaran*.

CLIMAT

Climat méditerranéen, rafraîchi par le vent sur les côtes et quelquefois très
chaud vers l'intérieur et à Athènes. L'été arrive brusquement et brûle tout ;
pendant les mois torrides (juillet et août), certaines régions de la Grèce ont à
supporter des températures de 36, 38, 40, voire 45 °C. Fréquemment, en
juillet et août, il ne tombe pas une goutte de pluie. Sur la terre surchauffée,
l'air saupoudre les arbres de poussière, et le pâle feuillage de l'olivier se fait

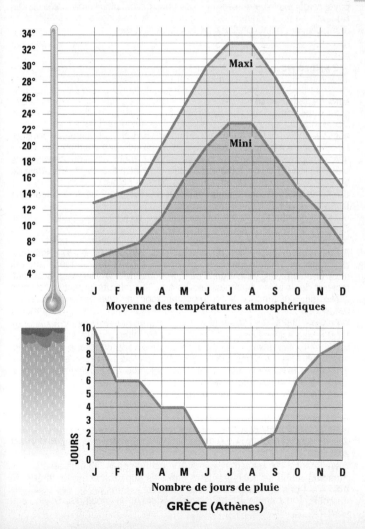

Moyenne des températures atmosphériques

Nombre de jours de pluie

GRÈCE (Athènes)

plus terne. En été, le vent des îles, le *meltémi,* peut souffler très fort et rendre la mer dangereuse ou, sur les îles, donner une impression de fraîcheur, notamment en soirée. Ces vents de nord-est ou nord-nord-est, appelés autrefois vents étésiens, sont à prendre en compte sérieusement. Ils soufflent en deux temps. D'abord sur une courte période fin mai-début juin, puis de fin juillet à début octobre. Ils concernent surtout la mer Égée, donc les Cyclades, et ça décoiffe (jusqu'à 8-9 Beaufort sur Andros ou Tinos par exemple) ; en revanche les îles Ioniennes sont épargnées.

Pour les amoureux de la Grèce antique, mieux vaut voyager en mai ou en septembre-octobre. Vous éviterez ainsi que la montée vers l'Acropole ne se transforme en véritable Golgotha. Les précipitations maximales se situent en décembre, janvier et février : il pleut beaucoup plus sur le versant ouest du pays, ce qui explique que les îles Ioniennes restent plus verdoyantes en été. En hiver, on peut pratiquer le ski de piste et de randonnée dans la région du mont Olympe, point culminant de la Grèce (2 900 m).

CUISINE

Les restaurants

Les Grecs, dans leur majorité, ne vont pas au restaurant dans un but gastro-nomique mais pour s'y sentir bien et passer un bon moment en compagnie. Le standing est donc une notion qui ne s'applique pas vraiment aux restos grecs : nappes en papier la plupart du temps et aucun souci de service ou de présentation... Pis, on facture même le pain et les couverts ! Et on vous apporte les plats tous en même temps parfois... Mais ce qui compte, c'est qu'on mange bien, bon marché et plutôt copieusement dans la plupart des tavernes les plus simples qu'on rencontre un peu partout. Fuir les endroits où se concentrent tous les touristes et rien qu'eux ; c'est mauvais signe. C'est en général le résultat du racolage... Fuir aussi, dans les endroits les plus touristiques, les restos où l'on vous annonce un menu complet, ce qui, malheureusement, devient de plus en plus fréquent (et bonjour les plats réchauffés au micro-ondes !). Normalement, il n'y a pas de menu tout fait mais une carte et, s'il n'y en a pas, on vous invite à aller dans la cuisine montrer du doigt les plats désirés. C'est ça, la simplicité ! Attention toutefois à bien se faire préciser les prix s'ils ne sont pas affichés, pour éviter les arnaques.

En théorie, il y a une différence entre la taverne et le restaurant *(estiatorio).* La première est plus conviviale que le second. Dans la pratique, l'appellation restaurant « fait mieux » aux yeux de certains, mais ce n'est pas forcément aussi net. Une troisième appellation vient parfois recouvrir les deux pré-cédentes : *psistaria* (= grill), à ne pas confondre avec *pitsaria,* la pizzeria locale. Enfin, la *psarotaverna* (taverne de poisson) est théoriquement un endroit où l'on ne mange que du poisson : mais bien souvent, comme le poisson est plutôt cher, on y trouve aussi des plats de viande.

Enfin, on voit les Grecs manger dans les *ouzeria* (pluriel de *ouzeri*), parfois appelés aussi *mezédopolia* ou encore *ouzadika.* Les *mezze* (ou encore *piki-liès,* lorsqu'ils sont plus consistants) qui accompagnent l'*ouzo* peuvent constituer un vrai petit repas.

Il existe aussi les *zakharoplastia* où l'on peut manger des pâtisseries.

Attention, dans les restaurants et dans les supermarchés, la chaîne du froid n'est pas encore toujours très respectée. Sans parler des coupures de courant intempestives qui peuvent aggraver le problème. Soyez vigi-lant !

Quelques plats grecs

Les Grecs n'ont pas été sous la domination turque pour rien : c'est dans la cuisine que l'influence orientale se fait peut-être le plus sentir : que d'huile ! À noter que la plupart des tavernes ne servent pas de dessert, sauf, dans le meilleur des cas, du *karpouzi* (pastèque), du *peponi* (melon) ou du *yaourti mé méli* (yaourt au miel). Dans les endroits touristiques, comme on se plie au désir des clients, on peut avoir son petit fruit ou une pâtisserie.

Voici deux termes importants en ce qui concerne la viande et le poisson, que vous rencontrerez entre parenthèses sur les menus : ντοπιο *(dopios),* qui veut dire « de pays » ; et κατεψυγμενο *(katépsigménos),* qui veut dire congelé, souvent abrégé « κατ ».

Entrées

– *Salade grecque (khoriatiki) :* tomates, concombre, poivron vert, olives et *féta,* sans oublier l'oignon, avec plus ou moins d'huile d'olive. L'entrée presque incontournable qui reste bon marché et dans laquelle on pioche à plusieurs.

– *Mélitzanosalata :* salade d'aubergines (un léger goût de brûlé indique qu'elle n'est pas industrielle).

– *Tzatziki :* yaourt, concombre et ail pilé avec de l'huile d'olive et de la menthe.

– *Féta :* le célèbre fromage grec, qu'on fabrique dans notre pays également ainsi qu'un peu partout en Europe. Si vous en trouvez en barrique de bois, elle sera d'origine grecque. Sinon... La féta ne se mange pas qu'en salade mais peut aussi se déguster frite dans de l'huile d'olive *(féta saganaki).* Il existe d'autres fromages, souvent des spécialités insulaires.

– *Poulpe* (khtapodhi en grec, *octopus* en anglais) *:* se mange sous diverses formes, par exemple en amuse-gueule au début du repas comme les moules *(mydhia).* Dans les ports, on voit souvent les poulpes en train de sécher au soleil. Le poulpe est un délice dans l'assiette, soit froid et vinaigré *(xydato),* soit chaud, cuit sur le gril *(psito).* On trouve, mais assez rarement, des boulettes où le poulpe remplace la viande *(khtapodokeftédès).*

– *Calamars (kalamaria) :* ne constituent pas non plus un plat de résistance à part entière, mais les portions sont généralement plus copieuses que celles du poulpe et moins chères. Contrairement au poulpe, ils sont désormais le plus souvent congelés.

Plats cuisinés

– La célèbre *moussaka :* viande hachée disposée en couche avec des aubergines, le tout recouvert d'une béchamel ! Les pommes de terre ne sont pas nécessaires. Parfois, la *moussaka* est servie dans une terrine et c'est plutôt bon signe. C'est bon, mais on finit par s'en lasser !

– *Pastitsio :* on remplace les aubergines par des macaronis, et le tour est joué. Assez bourratif.

– *Mélitzanès papoutsakia :* aubergines farcies à la viande et gratinées.

– *Kolokithia tiganita :* courgettes coupées en petites tranches et frites.

– *Domatés* ou *pipériés (yémista) :* tomate et/ou poivron farcis au riz. Le plus souvent, on sert un poivron et une tomate.

– *Dolmadès (feuilles de vigne farcies) :* on en trouve facilement en conserve, c'est alors une entrée froide. Beaucoup plus rarement, on tombe sur des feuilles de vigne plus grosses, chaudes, farcies à la viande hachée et recouvertes d'une sauce citronnée aux œufs *(avgholémono).*

– *Rhorta :* herbes cuites de la montagne. Parfois proposées sous le nom de *vlita.* C'est un légume qui s'apparente à nos cardes.

Viande

Il peut être utile de savoir quels sont les termes indiquant comment la viande est préparée : *vrasto* (bouilli), *psito* (rôti), *sti skara* (sur le gril), *sti souvla* (à la broche), *sta karvouna* (barbecue au charbon de bois), *tiganito* (frit). Voici les principales viandes qui vous seront proposées :

– *Le souvlaki,* dont la réputation n'est plus à faire : le plus souvent sous la forme d'une grande brochette de porc ou de bœuf (on trouve également parfois de petits *souvlakia*). Pas très cher.

– *Brizola* : côtelette de porc ou de bœuf.

– *Païdakia* : côtelette d'agneau.

– *Bifteki* (faux ami) : c'est bien de la viande, mais pas du bifteck, sauf que ça ressemble au hamburger, en meilleur car souvent parfumé avec des épices.

– *Keftédès :* parfumées à la menthe et à l'origan, elles sont aussi à base de viande hachée mais sous forme de boulettes. Le mode de cuisson est différent : les *keftédès* cuisent au four ou dans une casserole, le *bifteki* est un plat *tis oras* (à la minute) qui est préparé sur le gril.

– *Kokoretsi :* du foie et parfois des abats cuits à la broche, spécialité de la Grèce continentale. Mmm !

– *Spetsofaï :* saucisses de pays (donc épicées...) en morceaux et aux poivrons. Plat régional, spécialité du Pélion.

– *Stifado :* émincé de viande (lapin ou bœuf) aux oignons.

– *Sofrito :* viande de bœuf ou de veau préparée dans une sauce à l'ail. Plat régional, spécialité de Corfou.

Poisson

Le poisson, à l'exception du *gavros,* des *gopès,* variante des sardines, ou encore du *kolios* (maquereau), n'est pas du tout bon marché, contrairement à ce que l'on pourrait croire. Ou alors, il faut l'acheter sur le port au petit matin et le cuisiner soi-même.

Voici quelques poissons avec leur nom en anglais, qui figure souvent sur la carte.

– *Glossa :* sole.

– *Barbounia (red mullets) :* rougets ou mulet barbu.

– *Tsipourès (mullet/giltheads) :* sorte de daurades.

– *Xifias (sword fish) :* espadon, excellent en steak ou en brochettes.

– *Lavraki (bass) :* bar.

– *Garidès (shrimp) :* crevettes.

– *Kolios :* maquereau.

– *Lithrinia (mullet) :* mulet.

Au restaurant, comme le prix est indiqué au kilo, il est tout de même conseillé d'aller suivre le déroulement des opérations en cuisine et de s'assurer que ce qu'on commande correspond bien à l'idée qu'on s'en fait. Malheureusement le « vrai » poisson se fait rare : des poissons d'élevage, notamment les daurades grises *(tsipourès)* risquent de vous être proposés – et ce n'est qu'au goût que vous vous en rendrez compte ! Quant aux crevettes, calamars et poulpes, plus vous serez près d'un lieu touristique, moins vous aurez de chance qu'ils soient frais. Il doit d'ailleurs être spécifié sur le menu s'ils sont surgelés ou non.

Plats végétariens

– *Briam :* sorte de ratatouille (pommes de terre, courgettes, poivrons et tomates).

– *Imam baïldi :* un plat d'origine turque, comme tant d'autres (aubergine farcie d'oignons, de tomates et d'herbes).

– *Yémista (orphana) :* lorsque la tomate et le poivron sont farcis mais sans viande, on les appelle avec humour *orphana* (les orphelins).

Pâtisseries

Le *baklava* et le *kadaifi* sont les mêmes que ceux de la rue de la Huchette à Paris, mais en moins cher ! Goûter aussi au *rizogalo* (riz au lait saupoudré de cannelle) et au *galaktobouréko*, un feuilleté fourré d'une sorte de crème anglaise en plus compact ou encore le *revani* (ou *ravani*), un gâteau de semoule bien spongieux. Pas mauvais non plus, l'*amigdaloto* (pâte d'amandes et de sucre).

On mange sur le pouce pour pas cher

On trouve partout le (petit) *souvlaki* que l'on mange avec un morceau de pain, ou, plus nourrissant, le *yiros me pita* (viande de porc, parfois de poulet, cuit à la broche et découpé, avec de l'oignon et d'autres choses, dans une sorte de galette). Tout cela est bien meilleur que les hamburgers ou autres pizzas industriels. Le *kébab* se trouve également de plus en plus. Félicitations si vous réussissez à manger de la *patsas,* une sorte de ragoût de tripes, spécialité des gargotes du marché d'Athènes (où l'on peut en manger toute la nuit dans des restos ouverts 24 h/24).

N'oubliez pas non plus la *tiropita,* feuilleté au fromage, ou encore la *spanakopita,* où des épinards remplacent la *féta.* On les trouve dans les boulangeries ou pâtisseries.

Pour le reste, on trouve de plus en plus de produits européens dans les magasins, et particulièrement dans les AB et bien évidemment dans les *Carrefour* (on en trouve un à Athènes, près de l'avenue Vassilissas Sofias et de la rue Kifissias, sur le chemin de l'aéroport et, aussi près de ce dernier, vers Pallini). Les laitages (yaourts, flans...) tiennent assez cher. Certains yaourts, notamment le *Total* de la marque *Fagé,* tiennent bien au ventre. On trouve évidemment tous les fruits méditerranéens. Pas de figues pour les pauvres juilletistes... Enfin, le fruit du pauvre, qu'on vend par camions entiers dans les villes, le *karpouzi* (pastèque), pas toujours facile à trimbaler dans le sac à dos. Le *péponi,* le melon grec à l'intérieur vert, est déjà beaucoup plus facile à caser.

Une coutume sympa en Grèce : au resto, si vous sentez que le courant passe avec les gens d'une autre table, appelez le patron et faites-leur servir une bouteille. Rapprochement garanti, et vous perdrez un peu l'étiquette de touriste.

DANGERS ET ENQUIQUINEMENTS

– **Location de scooters :** les accidents sont fréquents sur les îles, et les loueurs pas toujours honnêtes, si bien que parfois les paragraphes du formulaire d'assurance stipulant qu'en dehors des dommages occasionnés avec un tiers tous les autres frais de réparation seront à votre charge sont écrits uniquement en grec !

– **Taxis :** tous les chauffeurs de taxis à Athènes ne sont pas forcément honnêtes. Voir « Les taxis : ruses et arnaques » dans le chapitre consacré à Athènes. Et en dehors d'Athènes, ce n'est pas forcément mieux. Bien faire mettre le compteur à zéro.

– **Dragueurs :** ça s'appelle le *kamaki* et ça consiste à draguer les touristes occidentales seules. Les Grecs peuvent se révéler assez collants, le cas échéant.

– **Plaisanciers :** gare à la complicité des policiers et du pompiste ; ce dernier laisse parfois échapper quelques litres dans la marina, ce qui peut vous occasionner une amende pour pollution !

– **Escroquerie :** depuis plusieurs années, Jean-Paul Lurier, un Français qui se fait passer pour un journaliste de *Libération* réussit à extorquer à ses compatriotes des sommes d'argent plus ou moins importantes selon la générosité de ceux à qui il s'adresse. Le plus souvent, il opère à Athènes, à Plaka et près de l'Acropole.

DROITS DE L'HOMME

Officiellement débarrassées du groupe terroriste d'extrême gauche *17 Novembre,* finalement démantelé après 27 ans d'activité (bien que tout ne soit pas aussi simple, la justice grecque œuvrant dans le cadre d'une juridiction d'exception qui se soucie assez peu des droits de la défense, tout se déroulant comme si la Grèce voulait avant tout montrer aux États-Unis, avant les JO, qu'elle peut régler « efficacement », ses problèmes internes), les autorités grecques doivent toujours faire face à une menace extrémiste, mais située cette fois-ci beaucoup plus à droite sur l'échiquier politique. L'extrême droite progresse en effet en Grèce, et enregistre des succès électoraux non négligeables. Ses discours sont d'autant plus « efficaces », qu'ils sont relayés par la toute-puissante Église orthodoxe grecque. Xénophobe, nationaliste, et ultra-réactionnaire, celle-ci propage une idéologie qui n'est pas sans rappeler la devise des « Colonels » : « La Grèce aux Grecs chrétiens ». Dernier exemple en date : la polémique qui oppose le leader orthodoxe Mgr Christodoulos, et le gouvernement grec, au sujet de la construction d'une mosquée à 20 km d'Athènes. Un projet ravivé par l'imminence des JO de 2004, et par le refus du nouveau maire conservateur de la Capitale, qui affirme qu'une « mosquée près de l'aéroport international et juste à l'entrée de la ville donnerait en quelque sorte aux visiteurs l'impression d'arriver dans un pays islamique ».

Religion « dominante » dans la Constitution grecque, l'orthodoxie n'en a pas moins cédé du terrain depuis le rétablissement de la démocratie en Grèce mais son influence demeure très importante, et les minorités religieuses en font bien souvent les frais. Roms, Albanais, Turcs, font ainsi toujours l'objet d'une discrimination quotidienne (emploi, éducation...) et de persécutions policières.

Dans un rapport publié fin septembre 2002 par *Amnesty* et l'Observatoire grec « Helsinki » des Droits de l'homme, les deux organisations pointent du doigt l'attitude de certains policiers grecs, qui « infligent à des détenus des tortures physiques ou psychologiques, soit pour leur extorquer des "aveux", soit pour les intimider et les punir ». Le titre du rapport (« Le règne de l'impunité ») insiste sur le fait que pratiquement aucune poursuite n'est engagée à leur encontre. Une impunité qui, selon les auteurs, « encourage la répétition des violations de droits humains et a bien plus de poids que toutes les exhortations ou condamnations verbales que peuvent prononcer les membres du gouvernement ».

Cette discrimination à l'égard des minorités se perçoit également au niveau de la langue. La seule langue minoritaire reconnue étant le turc, les autres minorités linguistiques « n'ont aucun droit, aucun enseignement dans leur langue, pas d'écoles, pas de médias, ni le droit d'utiliser leur langue dans les rapports avec l'administration », si l'on en croit le bureau européen pour les langues moins répandues, une ONG soutenue par l'Union européenne.

Pour en savoir plus, n'hésitez pas à contacter :

■ ***Fédération internationale des Droits de l'homme (FIDH) :*** 17, passage de la Main-d'Or, 75011 Paris. ☎ 01-43-55-25-18. Fax : 01-43-55-18-80. • www.fidh.org • fidh@fidh.org • Ⓜ Ledru-Rollin.

■ ***Amnesty International*** (section française) : 76, bd de la Villette, 75940 Paris Cedex 19. ☎ 01-53-38-65-65. Fax : 01-53-38-55-00. • www.amnesty.asso.fr • info@amnesty.asso.fr • Ⓜ Belleville ou Colonel-Fabien.

N'oublions pas qu'en France aussi les organisations de défense des Droits de l'homme continuent de se battre contre les discriminations, le racisme et en faveur de l'intégration des plus démunis.

ÉCONOMIE

L'économie grecque reste une sorte de mystère. Officiellement, elle a réussi, sous la houlette de Kostas Simitis, Premier ministre depuis 1996, à se transformer pour satisfaire au carcan des fameux critères de convergence du traité de Maastricht, avec comme résultat l'admission, *in extremis*, au club, ce qui s'est concrétisé par l'adoption de l'euro (appelé en Grèce *evro*) depuis début 2002. L'inflation reste assez raisonnable, les dépenses publiques à peu près maîtrisées, de nombreuses privatisations ont été engagées. Et pourtant, ce pays, malgré tout pauvre par rapport aux autres pays de la Communauté européenne, s'est permis d'annoncer, en juillet 2000, un programme, étalé sur 10 ans, de dépenses militaires exorbitantes, le plaçant dans ce domaine devant tous les autres pays de la CEE et au 3e rang des pays membres de l'OTAN. Raison invoquée : « les menaces extérieures potentielles », cette phraséologie étant d'autant plus curieuse que le rapprochement avec la Turquie est sensible depuis 1999, à la suite de la coopération entre les deux pays intervenue après le séisme d'Izmit. Mais quelques mois après ce coup de menton militaire, le gouvernement a fait un pas en arrière, repoussant à plus tard (après les JO de 2004) ces dépenses, ce qui n'empêche pas le pays de consacrer annuellement 5 % de son PIB à la défense.

La Grèce est le pays des paradoxes : dernière de la classe européenne pour le PIB (elle est derrière le Portugal avec 12 540 $ par habitant, ce qui correspond officiellement à 70 % du niveau de vie moyen européen), elle est la première, devant l'Italie, pour la part qu'occupe l'économie souterraine (un rapport du Fonds monétaire international a estimé, fin 2001, à 28,7 % le pourcentage de l'économie « parallèle »)... Cela explique sans doute pourquoi, avec un taux de chômage assez élevé (autour de 9,5 % à la mi-2003), les Grecs ne semblent pas vivre si mal après tout... On les voit toujours aller manger au resto (où ils dépensent davantage que les touristes !), le parc automobile se modernise à vue d'œil, deux Grecs sur trois ont leur téléphone portable, et on pourrait citer d'autres indices ou signes qui montrent que tout ne va pas si mal malgré l'austérité prônée par le gouvernement. Il faut aussi ajouter que la Grèce se place, avec l'Irlande, parmi les tout premiers pays qui bénéficient des subsides de Bruxelles (45 milliards d'euros accordés pour la période 2000-2006). Ces fonds constituent 3,5 % du produit national brut (l'Irlande est loin derrière avec seulement 1,5 %). Ceci dit, des statistiques de 2003 font apparaître que 20 % de la population sont au seuil de la pauvreté.

Les revenus générés par le tourisme pèsent lourd aussi dans la balance : avec autant de visiteurs étrangers que d'habitants, l'argent rentre à flots... Le tourisme occupe près de 18 % de la population. Certains vivent bien, toute l'année ou presque, de ce que leur rapporte l'invasion touristique des trois mois d'été que dure la haute saison. D'ailleurs, les chiffres du chômage par région montrent une grande disparité entre le Sud et le Nord : la Crète (6 % de chômeurs) et le Péloponnèse sont, avec les îles Ioniennes, les régions les plus prospères, alors qu'en Macédoine, en Épire et en Grèce centrale on dépasse les 12 % de demandeurs d'emploi.

L'impact économique des JO n'est pas à négliger non plus : on estimait, en 2003, qu'ils allaient rapporter 0,5 point de croissance supplémentaire dès 2003 et entre 0,9 et 1,3 point en 2004. Et ce dans un pays où la croissance était déjà supérieure à 3 %... Plus d'une économie européenne rêverait de tels chiffres. Évidemment, en septembre 2004, le soufflé risque de retomber et pas mal de monde auront la gueule de bois si l'atterrissage ne se fait pas en douceur...

La Grèce a aussi ses célèbres armateurs qui sont parmi les grosses fortunes de la planète : dans le passé, les riches Grecs qui avaient fait fortune à l'étranger revenaient au pays jouer le rôle d'*évergète* (bienfaiteur) ; aujourd'hui, les armateurs placent plutôt leur argent à l'étranger, jugé plus sûr. Il n'empêche que la Grèce, avec la première flotte du monde (devant le Japon et la Norvège), même si les 2/3 sont immatriculés sous pavillon de complaisance, a également là une source de richesse importante. La marine marchande compte en effet pour 11 % des recettes de la balance des paiements courants, juste derrière le tourisme (18 %). Et, pour en finir avec les chiffres, sachez que la flotte grecque constitue 17 % de la flotte mondiale (et on ne parle pas des pavillons de complaisance...).

ENVIRONNEMENT

Les écolos, en Grèce, n'ont jamais vraiment décollé aux élections. Dommage, car s'ils représentaient une véritable force politique, ce serait le signe d'une prise de conscience de la population vis-à-vis des problèmes d'environnement.

La Grèce compterait 1 400 décharges sauvages à la sortie des villages ou sur les bords des pistes ou des sentiers qui fleuraient bon. La ministre de l'environnement a déclaré en juillet 2003 : « *L'horreur des décharges publiques qui porte atteinte à l'environnement et à la santé publique ne peut plus continuer.* » En juillet 2000, la Grèce a d'ailleurs été condamnée par la Communauté européenne à payer une lourde amende pour manquement « à l'obligation d'éliminer les déchets sans mettre en danger la santé de l'homme »... Il s'agissait, en l'occurrence, d'une décharge à ciel ouvert à Kouroupitos, du côté de La Canée (Hania) en Crète. Tout le monde a promis de remédier au problème le plus vite possible, mais pour une décharge fermée, combien d'autres défigurent encore de magnifiques paysages ?

La politique grecque vis-à-vis des espèces animales protégées est également souvent montrée du doigt : les tortues *caretta-caretta* font les frais de cette situation. Elles sont censées être protégées depuis la création d'un parc marin, mais elles ont la mauvaise idée de fréquenter les plages recouvertes, comme par hasard, de transats et de parasols... Et les autorités ne font pas ce qu'il faudrait, c'est-à-dire libérer les plages en question de la pression touristique... Pourtant, elles s'y sont engagées...

FÊTES ET JOURS FÉRIÉS

Fêtes nationales

Les Grecs ont eu l'excellente idée de se programmer 2 fêtes nationales :
– *le 25 mars :* en commémoration de la révolution de 1821, qui libéra la Grèce de l'occupant turc (en réalité, le début du soulèvement eut lieu un peu avant) ;
– *le 28 octobre :* pour célébrer le refus de l'ultimatum italien en 1940. Défilés religieux et militaires à peu près partout.
À retenir également : le *1er mai,* fête du Travail.

Fêtes religieuses

– Première au hit-parade, la ***Semaine sainte,*** traditionnellement plus importante que Noël en Grèce.
– ***La Pâque grecque (to Paskha) :*** en 2004, Pâques tombe le 11 avril dans le calendrier orthodoxe (comme dans le calendrier catholique). Se ren-

seigner si l'on veut visiter des musées ou autres sites touristiques, car soit ils sont fermés, soit ils fonctionnent au ralenti du jeudi de la Semaine sainte au lundi de Pâques inclus. Savoir aussi que les hôtels sont alors pris d'assaut et pratiquent bien souvent des tarifs dignes du plein été. Les grands moments religieux de cette semaine sont, le vendredi soir, la procession de l'*épitafios* (symbolisant le linceul du Christ), la messe du samedi soir qui se termine aux cris de *Christos Anesti* (Christ est ressuscité) et qui est suivie d'un repas commençant par la *mayiritsa,* une soupe d'abats d'agneau et d'œufs battus, et enfin le repas dominical (agneau à la broche pour tout le monde).

– **Le lundi de Pentecôte orthodoxe** (50 jours après Pâques, donc fin mai en 2004). Attention encore, ce jour-là, tout est fermé. Le **jeudi de l'Ascension** est aussi l'occasion d'un pont.

– **Le 15 août** constitue l'autre grande célébration religieuse. En grec, on parle de la **Dormition (Kimissis)** de la Vierge et non de l'Assomption.

– Certaines fêtes religieuses sont célébrées avec plus d'insistance dans divers endroits : la *Saint-Spyridon* en août à Corfou, le *carnaval de Patras* entre le 17 janvier et le Carême, le *15 août* à Tinos, la *Saint-Dimitri (26 octobre)* à Thessalonique...

– Si vous vous trouvez les 21 et 22 mai dans le nord de la Grèce, allez faire un tour à *Langadas* (20 km au nord-est de Thessalonique) pour assister aux *Anasténaria.* Voir les habitants de cette bourgade danser pieds nus sur les charbons ardents en portant les icônes de saint Constantin et de sainte Hélène vaut le détour. Atmosphère « chaleureuse » garantie ! Beaucoup moins chaud, l'Épiphanie (le 6 janvier) avec la cérémonie de la bénédiction des eaux qui voit de jeunes hommes plonger dans les eaux souvent frisquettes pour récupérer la croix que le pope a lancée.

Fêtes locales

En se baladant de village en village, l'été, on est à peu près sûr de tomber un soir ou l'autre sur un *panighyri* (fête locale au singulier ; *panighyria* au pluriel), donné à date fixe en l'honneur du saint patron du patelin. Ceux qui sont friands de ces festivités, en général pas frelatées, peuvent s'amuser à repérer les noms des saints des églises et à chercher quand tombe la fête. On commence bien sagement par une cérémonie religieuse et on finit en général au petit matin de manière beaucoup moins pieuse. Quelques exemples (liste non exhaustive, loin de là) :

– **le 24 juin** : *Agios Ioannis* (la Saint-Jean) ;
– **le 1er juillet** : *Agii Anarghyrii* (les saints Indigents, littéralement les « sans-le-sou ») ;
– **le 7 juillet** : *Agia Kyriaki* (sainte Dominique) ;
– **le 17 juillet** : *Agia Marina ;*
– **le 20 juillet** : *Profitis Ilias* (le prophète Élie) ;
– **le 26 juillet** : *Agia Paraskevi ;*
– **le 27 juillet** : *Agios Pandéléimon ;*
– **le 2 août** : *Agios Stéfanos ;*
– **le 12 août** : *Agios Matthéos* (saint Matthieu) ;
– **le 2 septembre** : *Agios Mamas ;*
– **le 15 septembre** : *Agios Nikitas.*

L'étranger est toujours bien accueilli en pareille occasion. Couche-tôt, s'abstenir (car ils ne pourraient apprécier l'extraordinaire endurance des Grecs) ! Les dates peuvent éventuellement être décalées d'un jour, pour profiter d'un week-end.

Festivals

Qui a dit qu'on venait bronzer idiot en Grèce ? Pas mal de grandes villes grecques proposent un festival théâtral en été (Athènes, Ioannina, Héraklion...), sans compter ceux qui ont lieu dans des sites antiques (Épidaure, Dodone). Concerts, ballets, opéras sont aussi au programme (le Festival international de danse de Kalamata est particulièrement réputé). À noter que le Festival de Thessalonique *(les Dimitria)* se déroule courant octobre, après le Festival international du cinéma.

GÉOGRAPHIE

Le territoire grec est avant tout marqué par la montagne : elle occupe près de 70 % du pays (les savants géographes font ensuite la distinction entre reliefs montagneux – 45 % – et semi-montagneux – 23 %). Les massifs montagneux grecs appartiennent aux Alpes dinariques qui commercent en Slovénie et parcourent toute l'ex-Yougoslavie et l'Albanie, dans un axe nord-ouest sud-est pour s'achever en Crète, dans un axe ouest-est, via l'Épire et le Péloponnèse. L'autre chaîne, subdivision orientale de la précédente, couvre la Macédoine et s'incline vers le sud (massifs de l'Olympe et du Pélion). Pas de sommet dépassant les 3 000 m (l'Olympe ne fait « que » 2 917 m), mais 120 sommets dépassent tout de même les 2 000 m.

Tout cela ne laisse pas beaucoup de place aux plaines : environ 30 % du territoire national, le plus souvent à l'intérieur du pays (Thessalie, Macédoine centrale, Messara en Crète), les plaines littorales étant plus rares (l'Achaïe et l'Élide dans le Péloponnèse). Mais la mer n'est jamais très loin : aucun point du pays n'est à plus de 100 km à vol d'oiseau des côtes de la mer Égée ou de celles de l'Adriatique.

Quiconque a voyagé en Grèce en été a remarqué à quoi étaient réduits les fleuves et rivières près de leur embouchure, au mieux un mince filet d'eau : pourtant, les ressources hydrographiques sont globalement suffisantes en Grèce, grâce aux nombreuses montagnes. Le problème est simplement celui de la répartition de ces ressources. Athènes, mégalopole concentrant avec sa banlieue dans les 35 % de la population grecque, souffre particulièrement, de même que de nombreuses îles qui manquent dramatiquement de ressources en eau.

HABITAT

Partout en Grèce, les constructions poussent comme des champignons et restent en chantier, parce que, après avoir construit le rez-de-chaussée, on attend d'avoir un peu d'argent pour construire l'étage... Toutes ces maisons inachevées avec des fers à béton sur le toit défigurent l'environnement. À quand un changement ?

Le type de l'habitat rural est le bourg perché. Cet habitat groupé sur les hauteurs dans un site défensif se réfère sans doute aux longues périodes d'insécurité, mais il répond aussi à l'adaptation pour l'exploitation étagée des versants. Ces bourgs dressent leurs hautes maisons, tantôt de forme cubique avec terrasse, tantôt coiffées d'un toit aux tuiles rouges. La vie se concentre sur la place, près de l'église, à l'ombre des platanes ; de là grimpent les ruelles empierrées, étroites, assombries par les balcons et les auvents.

Dans les îles, l'habitat est souvent plus ramassé, enchevêtrement de formes blanches groupées autour du port, comme prises entre mer et ciel.

L'architecture néo-classique

À la suite de l'indépendance, la Grèce voulut effacer le témoignage de quatre siècles de domination ottomane. Dès son intronisation, Othon Ier entreprit de grands travaux de reconstruction. On détruisit alors les rues tortueuses, centrées sur la mosquée, le bazar et le hammam, pour adopter un urbanisme plus rigoureux (plan en damier), que l'on voulait rattacher à une tradition antique, celle d'Hippodamos de Milet. Ce qui est à la fois paradoxal et surprenant, c'est que ce style néo-classique a été importé en Grèce par des architectes étrangers. Il est vrai que depuis un demi-siècle, les Européens cultivaient le goût de l'Antique, entre autres au travers des découvertes archéologiques grecques mises au jour en Italie du Sud. Plusieurs spécialistes, dont les Allemands Schaubert et von Klenze, le Danois Hansen, le Français Boulanger et les Grecs Kléanthis et Kaftanzoglou, furent chargés d'élever les édifices de prestige qui devaient représenter le nouvel État. Les éléments architecturaux caractéristiques de ce nouveau style se composaient de colonnes ou de pilastres surmontés du classique fronton triangulaire, coiffé d'acrotères, que l'on remarque encore sur le Parthénon. La nouvelle esthétique fut vite adoptée par les bâtiments privés de la capitale et de la province, et même à Thessalonique qui ne devint pourtant officiellement grecque qu'au début de notre siècle !

Malheureusement, lors des spéculations immobilières des années 1960, cette belle harmonie architecturale fut détruite. À Athènes, seuls aujourd'hui le quartier de Plaka, le Palais royal sur Syndagma, l'université rue Panépistimiou, le Musée byzantin et quelques rares autres demeures témoignent encore de cette nouvelle mode. Toutefois, les autorités ont pris conscience de la nécessité de sauvegarder les derniers bâtiments, et leur réhabilitation fait partie des projets d'aménagement urbain d'Athènes pour 2004. En dehors d'Athènes, il ne subsiste guère, dans ce style, que le charmant village de Galaxidi, près de Delphes, et celui d'Hermoupolis, chef-lieu de Syros (cyclades).

La Grèce du Nord, en particulier la Macédoine, compte encore dans plusieurs villes de beaux quartiers anciens rappelant la période ottomane.

HÉBERGEMENT

Les auberges de jeunesse

La situation n'est pas aussi claire que dans d'autres pays d'Europe. On s'y retrouve néanmoins.

La Grèce ne compte qu'une seule (!) auberge affiliée à l'Organisation internationale des auberges de jeunesse. Son adresse : 16, odos Victoros Hugo, 104 38 Athènes. ☎ 21-05-23-41-70. Fax : 21-05-23-40-15. Il existe en outre quelques auberges de jeunesse non affiliées à l'Organisation internationale, mais qui sont regroupées dans la Fédération nationale grecque d'auberges de jeunesse *(Greek Youth Hostel Organization)*. Enfin, d'autres auberges officieuses se présentent comme des *youth hostels.*

La Fédération nationale grecque d'auberges de jeunesse

Il existe une fédération nationale grecque d'auberges de jeunesse *(Greek Youth Hostel Organization),* non affiliée à la fédération internationale. Elle regroupe 10 auberges, dont 4 en Grèce continentale.

– *Athènes* : 75, odos Damaréos (quartier de Pangrati), 116 33. ☎ 21-07-51-95-30. Fax : 21-07-51-06-16. ● skokin@hol.gr ● y-hostels@otenet.gr ●
– *Thessalonique* : 44, odos Alex. Svolou. ☎ 23-10-22-59-46. Fax : 23-10-26-22-08.
– *Patras* : 62, Héroon Polytechniou. ☎ 26-10-42-72-78 et 26-10-22-27-07. Fax : 26-10-45-21-52.
– *Olympie* : 18, odos Praxitélous-Kondyli. ☎ et fax : 26-24-02-25-80.

Les hôtels bon marché

Vous pouvez essayer de marchander, surtout si vous restez plusieurs jours. On trouve plus facilement une chambre pour trois personnes que pour une seule. Se munir d'une pièce d'identité qui vous sera restituée lors du départ. Attention, en hiver, peu d'hôtels sont ouverts, hormis à Athènes, et le chauffage est pratiquement inexistant. Se méfier aussi à Athènes : un certain nombre d'hôtels bon marché accueillent d'autres populations que les touristes de passage, et la sécurité n'y est pas garantie.

Logement chez l'habitant

Souvent bon marché et assez souvent intéressant pour les contacts humains. Cependant, il faut avoir l'œil : dans certains coins, les *rooms to rent* sont devenues une véritable industrie (on se fait construire le « palace » de 4 étages et on rentabilise de manière forcenée pendant la saison). Préférez donc les maisons à l'allure plus modeste, au moins pour l'accueil. Les prix sont loin d'être toujours affichés dans les chambres, comme ce devrait être le cas. N'hésitez pas à marchander ou à faire jouer la concurrence. Attention, on vous fera parfois la tête si vous annoncez que vous passez une seule nuit. Il faut donc ruser... Il n'est pas inutile d'emporter un diffuseur électrique contre les moustiques et une bonde pour les lavabos.

Le camping

La Grèce compte 350 terrains de camping, en général bien aménagés. Un petit nombre d'entre eux disposent d'une piscine (ceux situés à proximité des grands sites). Les campings grecs acceptent les gens sans tente, ce qui n'est pas le cas en France. Certains louent sacs de couchage et tentes. Sinon, prévoir des piquets de tente solides : le sol grec est dur ! Les routards en sac à dos peuvent peut-être ainsi éviter d'emporter leur tente, surtout en juillet et août : c'est lourd, et ce n'est utile que pour se protéger des moustiques (et là, on se dit qu'après tout, il n'était peut-être pas si superflu que ça de se charger de quelques kilos de plus. À vous de voir). Mais attention, le sac de couchage est nécessaire dans les îles, car les nuits y sont fraîches. Deux chaînes se livrent une rude concurrence : *Sunshine* propose 10 % de réduction en juillet et août et 20 % hors saison ainsi que 15 % sur la compagnie *Minoan Lines* (liaison Italie-Grèce). Une quarantaine de campings grecs sont membres de cette chaîne. De son côté, *Harmonie* propose des réductions similaires et des réductions sur la ligne Patras-Ancône (compagnie *Superfast Ferries*). Pour en savoir plus, consulter les sites • www.sunshine-campings.gr • et • www.campingclub.gr • Depuis peu, une troisième chaîne s'est installée sur le marché (voir le site • www.camping.gr •). Prévoir d'emporter deux pièces d'identité, car les campings en gardent généralement une jusqu'à votre départ. Attention, toutes les îles ne sont pas équipées de camping, donc bien vous renseigner avant le départ (en lisant attentivement les chapitres consacrés aux îles dans votre *Guide du routard* par exemple !) de façon à ne pas vous retrouver avec une tente qui ne vous servirait à rien. Il existe également des campings qui ne sont pas officiellement répertoriés sur la base de données de l'office du tourisme (• www.gnto.gr •) : non reconnus par ce dernier, ils sont juste tolérés localement. Ils sont en général sommairement équipés, et finalement assez chers pour ce qu'ils proposent.

– Le *camping sauvage* est officiellement interdit. ATTENTION, la police ne rigole pas !

– Pour les réservations de chambres d'hôtels, de bungalows ou de résidences hôtelières, on peut demander des renseignements par écrit, longtemps à l'avance, à :

■ **Hellenic Chamber of Hotels :** 22-54-49 ou 21-03-23-69-62. ● grho
24, odos Stadiou, 105 64 Athens. | tels@otenet.gr ●
☎ 21-03-31-00-22 à 26. Fax : 21-03-

Voir également la rubrique « Budget ».

HISTOIRE

Une vocation universelle

Si nous avons tous rêvé d'avoir un « oncle d'Amérique », nous avons tous
un ancêtre grec ! L'homme moderne occidental, quelles que soient ses origines, peut saluer la Grèce antique comme le berceau du progrès dont il
jouit. De la machine à calculer à son bulletin de vote, des Jeux olympiques
au vocabulaire de son analyste, la Grèce antique est partout présente dans
son quotidien.
Pour mieux cerner l'histoire de l'Antiquité grecque, du moins jusqu'au règne
de Philippe II de Macédoine, père d'Alexandre, il faut savoir avant tout que
les Grecs ne furent jamais unis politiquement ou territorialement. Si « Hellas »
désigne aujourd'hui un pays, les anciens Hellènes ne partageaient guère
que le sentiment d'appartenir à une même communauté ethnique, linguis-
tique et religieuse, distincte des « barbares » (tous ceux qui ne parlaient pas
le grec...). Bien plus tard, ce sont les Romains qui nommèrent les Hellènes
« Grecs » *(Graeci),* du nom d'une obscure tribu.

Les âges reculés

Les premières traces de présence humaine sur le sol grec remontent à
40 000 ans. Le néolithique (6000-3000 av. J.-C.) voit se développer les premiers villages agricoles, à l'origine des premiers foyers de civilisation, sous
l'influence d'Indo-Européens venus d'Asie Mineure. Dès le début de l'âge du
bronze (3000-1200 av. J.-C.) brille dans les îles une civilisation dite « cycladique » tandis qu'en Crète une civilisation encore plus brillante se développe. Vers 2000 av. J.-C. arrivent des barbares venus du Nord qu'on appel-
lera les *Achéens.* Les nouveaux venus s'installent dans toute la péninsule et
s'assimilent.

La civilisation mycénienne

La mayonnaise prend tellement bien que la civilisation dite mycénienne
(1700-1100 av. J.-C.) s'impose, atteignant son apogée entre les XIVe et
XIIIe siècles av. J.-C., à la suite de l'effondrement de l'empire crétois.
L'influence de la culture crétoise est d'ailleurs certaine : l'écriture syllabique
dite « linéaire B » qui succède à une écriture hiéroglyphique, le « linéaire A »,
non déchiffrée à ce jour, vient de Crète et se répand en Grèce continentale.
Mais l'Empire crétois s'effondre et les cités comme Mycènes, Tirynthe et
Pylos deviennent autant de puissances régionales qui se distinguent par leur
richesse : dès le début, quelques tombes royales apparaissent puis on y
construit des palais somptueux. La guerre de Troie, en partie légendaire,
montre en action les chefs de guerre qui sont à la tête de ces cités. Les
Mycéniens ne font pas que se battre, ils nouent des rapports avec l'Orient,
diffusent leur culture, poussant l'exploration jusqu'aux limites du monde
connu.

L'Iliade et L'Odyssée

De ces voyages naquirent les récits entre l'imaginaire et le réel qui firent le bonheur de toute une génération de films « péplum » dans les années 1950 : *Héraclès* (Hercule !), *Jason et la toison d'or* pour ne citer qu'eux, sans oublier la fameuse *Guerre de Troie*. Les Grecs, à quelques exceptions près, considèrent *L'Iliade* et *L'Odyssée* comme l'œuvre d'un seul poète, Homère. La première œuvre raconte le déroulement de la guerre de Troie et la seconde le difficile retour d'Ulysse après la victoire des Grecs sur les Troyens. Nul ne sait à coup sûr où et quand Homère vécut. Il est généralement admis qu'Homère vécut vers 750 av. J.-C. La « biographie » établie par Hérodote fut écrite 300 ans après la mort d'Homère, tout comme l'œuvre de ce dernier fut composée un demi-millénaire après les événements qu'elle raconte. Les savants modernes sont divisés sur le problème de déterminer si ces deux poèmes furent composés par le même auteur, ainsi que sur leur ancienneté. Mais derrière les poèmes homériques s'étendent des siècles de traditions orales transmises par des bardes professionnels, les aèdes. Dans les deux œuvres, la population, hormis les héros nobles, est une masse vague dont le statut exact est tout à fait obscur. Les poèmes homériques restent le seul regard « vivant » que nous ayons sur le somptueux âge du bronze mycénien qui s'écroula tout au long du XIIe siècle av. J.-C.

Les âges sombres qui suivirent sont des siècles de pauvreté et de désordre. C'est durant cette période que *Zeus* s'imposa davantage encore comme le dieu de la Souveraineté, conséquence bien naturelle dans un monde où le pouvoir est vacillant et contesté ! De nouvelles divinités originaires d'Asie s'introduisent dans le panthéon : *Aphrodite* – une Sémite que les Grecs ont empruntée à Chypre – ainsi qu'*Apollon*. Mais peu à peu, vers l'an 800 av. J.-C., se reconstituent des collectivités organisées, et le monde hellénique connaît alors un second apogée... qui commence avec la période dite archaïque.

Cette époque s'achève par un progrès déterminant : l'écriture syllabique est remplacée par un véritable alphabet, emprunté aux Phéniciens. Cette nouvelle langue écrite est accessible à tous et non plus réservée aux scribes. Elle favorise le développement des cités-États, dont Athènes et Sparte qui évoluent dans deux directions différentes. Sparte se caractérise par son organisation militaire alors qu'Athènes, après une période marquée par la tyrannie, se dirige vers un type d'organisation qu'il fallait inventer, la démocratie.

L'expansionnisme grec

Entre 775 et 550 av. J.-C., des colons quittent la Grèce continentale pour s'installer sur tout le pourtour méditerranéen, de l'Espagne à l'Asie Mineure et à la mer Noire, avec une forte concentration en Sicile et en Italie du Sud, qu'on va appeler Grande-Grèce. Il s'agit en fait d'émigrants pauvres que les cités ne pouvaient plus nourrir : ils vont faire rayonner l'hellénisme bien au-delà de la péninsule grecque. Ainsi Thalès, originaire d'Asie Mineure, une sorte d'ingénieur et de marchand bourlingueur (Afrique, Arabie, Babylone : pas mal pour l'époque) fit progresser les connaissances en astronomie et en géométrie. Il savait calculer la hauteur d'une pyramide d'après la longueur de son ombre : la science était en marche. Dans la foulée, Pythagore (569-506 av. J.-C.), originaire de Samos et émigré en Grande-Grèce, nous légua son fameux théorème : « Dans un triangle rectangle, le carré de l'hypoténuse est égal à la somme des carrés des deux autres côtés. » Interro écrite demain !

PLANS ET CARTES
EN COULEURS

SOMMAIRE

LA GRÈCE ROUTIÈRE ET MARITIME

2

NORD

↑ ITALIE

MACÉDOINE

ALBANIE

Sidirokastr
Dra
Serrès
Kilkis
Evzoni
Edessa
Florina
Amyndéon
Verria
THESSALONIQUE
Kastoria
Katérini
Kozani
N. Moudania
Grévéna
Litochoro
Metsovo
Kalambaka
Corfou
Ioannina
Larissa
Corfou
Igouménitsa
Trikala
Volos
Paxos
Karditsa
Sporades
Arta
Farsala
Skiathos
Aloni
Skopélos
Prévéza
Lamia
MER
IONIENNE
Leucade
Agrinion
Agios
Constantinos
Eubée
Ithaque
Nafpaktos
Livadia
Ky
Céphalonie
Halkid
Patras
Thèbes
ATHÈN
Kyllini
Kalavryta
Corinthe
Salamine
Le Piré
Zakynthos
Amaliada
Égine
Lavrio
Zante
Pyrgos
Olympie
Argos
Angistri
Mégalopoli
Tripoli
Nauplie
Poros
Kyparissia
Spetsès
Hydra
Kalamata
Sparte
Gythion
Monemvassia
Néapolis
MER
MÉDITERRANÉE
Cythère

Kissamos
Cha

0   50   100 km

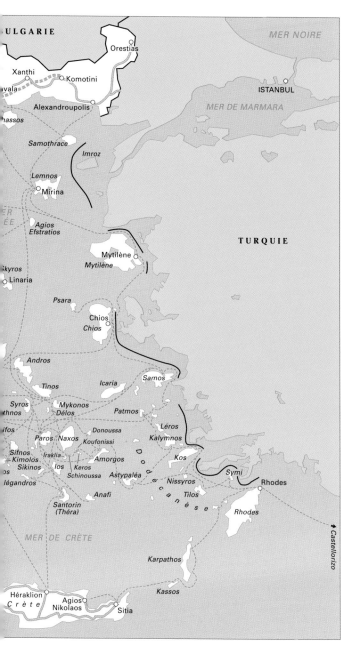

LA GRÈCE ROUTIÈRE ET MARITIME

BULGARIE

Orestias

Xanthi
Komotini
vala

Alexandroupolis

hassos

MER NOIRE

ISTANBUL

MER DE MARMARA

Samothrace
Imroz

Lemnos
Mirina

ER
ÉE

Agios
Efstratios

Skyros
Linaria

TURQUIE

Mytilène
Mytilène

Psara

Chios
Chios

Andros

Tinos

Icaria

Samos

Syros
thnos

Mykonos
Délos

Patmos

ifos

Donoussa

Léros

Paros Naxos Koufonissi

Kalymnos

Sifnos
Kimolos
Sikinos
os

Iraklia
Ios Keros
Schinoussa

Amorgos

Astypaléa

Kos

Symi

Rhodes

légandros

Anafi

Nissyros
Tilos

Santorin
(Théra)

Rhodes

MER DE CRÈTE

Castellorizo

Karpathos

Héraklion
Crète

Agios
Nikolaos

Sitia

Kassos

Dodécanèse

LA GRÈCE ROUTIÈRE ET MARITIME

RÉSEAU AÉRIEN ET FERROVIAIRE DE LA GRÈCE

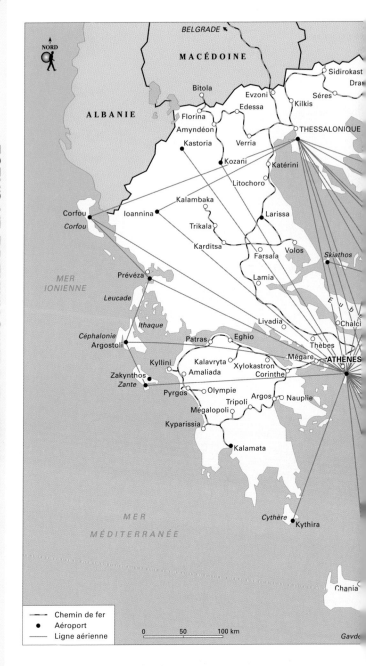

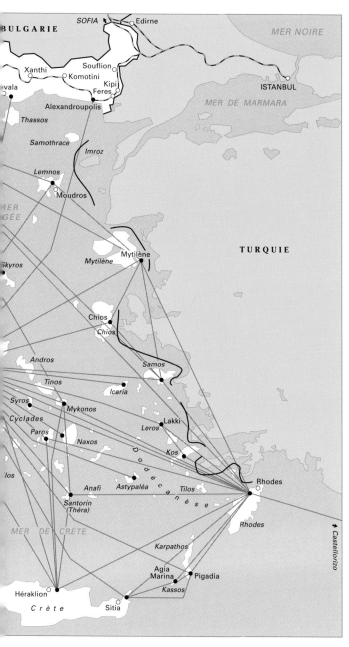

RÉSEAUX AÉRIEN ET FERROVIAIRE DE LA GRÈCE

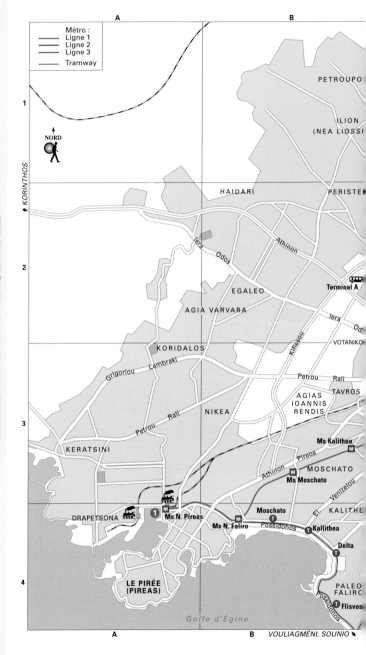

ATHÈNES – PLAN D'ENSEMBLE

Métro :
Ligne 1
Ligne 2
Ligne 3
Tramway

NORD

KORINTHOS

PETROUPO

ILION
(NEA LIOSSI

HAIDARI

PERISTE

Iera Odos

Athinon

Terminal A

EGALEO

Iera Od

AGIA VARVARA

VOTANIKO

KORIDALOS

Grigoriou Lambraki

Petrou Rall

TAVROS

AGIAS
IOANNIS
RENDIS

Petrou Rall

NIKEA

Ms Kalithea

KERATSINI

Pireos

MOSCHATO

Athinon

Ms Moschato

Kithisou

DRAPETSONA

Ms N. Pireas

Moschato

Venizelou

KALITHE

Ms N. Faliro

Possidonos

Kallithea

Delta

LE PIRÉE
(PIREAS)

PALEO
FALIRC

Possidonos

Flisvos

Golfe d'Égine

VOULIAGMÉNI, SOUNIO

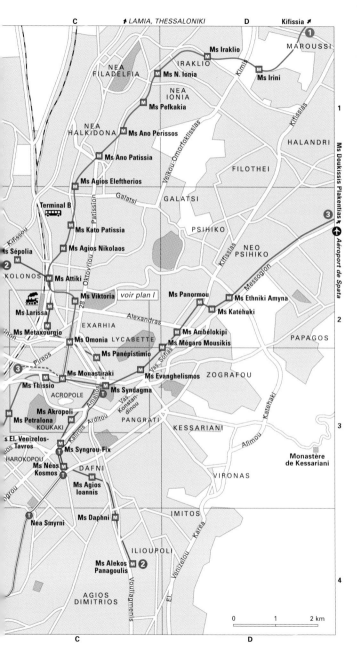

ATHÈNES – PLAN D'ENSEMBLE

ATHÈNES – PLAN I

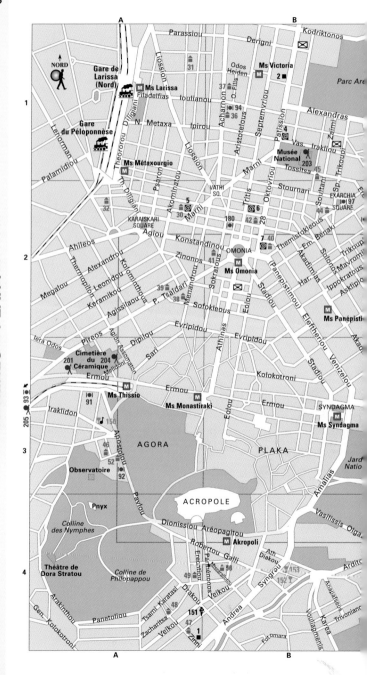

■ Adresses utiles

- ⊠ Bureau de poste
- 🚂 Gares ferroviaires du Nord et du Péloponnèse
- 1 Olympic Airways
- 2 OTE
- 3 Hôpital public Evangelismos
- 4 Museum Internet Café
- 5 Mocafe
- 📷6 Cafe 4U
- 📷7 Internet Cafe

🛏 Où dormir ?

- 30 Youth Hostel Victor Hugo
- 31 Hostel Aphrodite
- 32 Hôtel Delta
- 36 Hôtel Filo-Xénia
- 37 Hôtel Plaza
- 38 Hôtel Appia
- 39 Hôtel Odéon
- 40 Hôtel Theoxenia
- 41 Hôtel Ilion
- 42 Grand Hôtel
- 43 Hôtels Orion et Dryadès
- 44 Hôtel Exarchion
- 45 Best Western Museum Hotel
- 46 Hôtel Eréchtéion
- 47 Marble-House Pension
- 48 Tony's Hostel
- 49 Art Gallery Hotel
- 50 Hôtel Philippos
- 51 Youth Hostel Pangrati
- 52 Hôtel Thissio

|●| Où manger ?

- 91 To Stéki tou Ilia
- 92 Philistron
- 93 Kallihoron
- 94 Dafni
- 95 Lefka
- 96 Ama Lachi
- 97 Psistaria Vergina et Taverna Rozalia
- 98 Yiantès
- 99 To Stéki tis Xanthis
- 100 Kallisti

🍷 Où boire un verre ? Où sortir ?
Où manger une glace ?

- 150 Stavlos
- 151 Dodoni
- 152 Granazi
- 153 E... Kai

|●| Où manger une bonne pâtisserie ?

- 180 Stani

🎭 À voir

- 201 Cimetière du Céramique
- 202 Stade olympique des jeux de 1896
- 203 Musée archéologique national
- 204 Musée de la Poterie traditionnelle
- 205 Musée Maria Callas

ATHÈNES – PLAN I

ATHÈNES – PLAN I

ATHÈNES – PLAN II

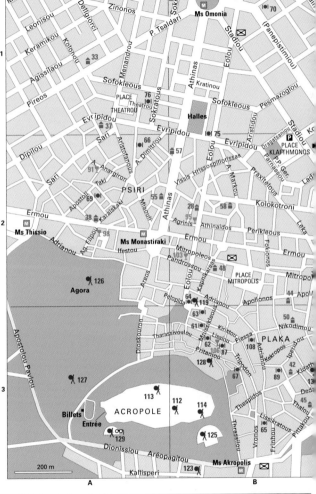

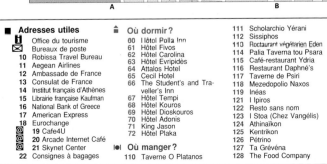

■ **Adresses utiles**
- **i** Office du tourisme
- ⊠ Bureaux de poste
- **10** Robissa Travel Bureau
- **11** Aegean Airlines
- **12** Ambassade de France
- **13** Consulat de France
- **14** Institut français d'Athènes
- **15** Librairie française Kaufman
- **16** National Bank of Greece
- **17** American Express
- **18** Eurochange
- **@ 19** Cafe4U
- **@ 20** Arcade Internet Café
- **@ 21** Skynet Center
- **22** Consignes à bagages

⌂ **Où dormir ?**
- **60** Hôtel Polia Inn
- **61** Hôtel Fivos
- **62** Hôtel Carolina
- **63** Hôtel Evripidès
- **64** Attalos Hotel
- **65** Cecil Hotel
- **66** The Student's and Traveller's Inn
- **67** Hôtel Tempi
- **68** Hôtel Kouros
- **69** Hôtel Dioskouros
- **70** Hôtel Adonis
- **71** King Jason
- **72** Hôtel Plaka

|●| **Où manger ?**
- **110** Taverne O Platanos
- **111** Scholarchio Yérani
- **112** Sissiphos
- **113** Roctaurant végétarien Eden
- **114** Palia Taverna tou Psara
- **115** Café-restaurant Ydria
- **116** Restaurant Daphné's
- **117** Taverne de Psiri
- **118** Mezedopolio Naxos
- **119** Inéas
- **121** I Ipiros
- **122** Resto sans nom
- **123** I Stoa (Chez Vangélis)
- **124** Athinaïkon
- **125** Kentrikon
- **126** Pétrino
- **127** Ta Grévéna
- **128** The Food Company

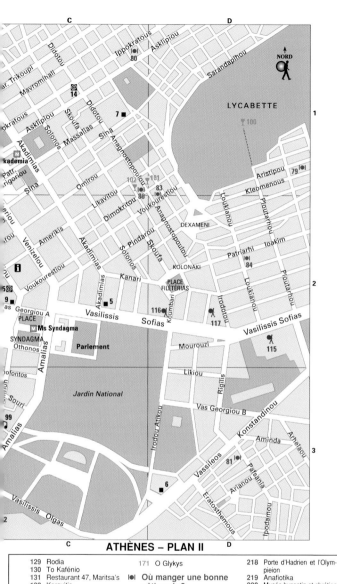

ATHÈNES – PLAN II

129 Rodia
130 To Kafénio
131 Restaurant 47, Maritsa's
132 Karavitis

🍴 🎵 🎶 **Où boire un verre ?
Où sortir ?**

160 Café Aiolis
161 Kafenéion I Oraia Ellas
162 Café Mélina
163 Klepsydra
164 Diogénis
165 Avyssinia
166 I Dioskouri
167 Café Nikis
168 Kafenio O Kipos
169 Alexander's
170 Lava Bore

171 O Glykys

🍴 **Où manger une bonne pâtisserie ?**

190 Galaktozaharoplastion Kotsolis
191 Krinos

🎥 **À voir**

210 Parthénon
211 Érechthéion
212 Théâtre de Dionysos
213 Théâtre d'Hérode Atticus
214 Musée de l'Acropole
215 Agora
216 Agora romaine
217 Aréopage

218 Porte d'Hadrien et l'Olympieion
219 Anafiotika
220 Musée byzantin et chrétien
221 Musée Bénaki
222 Musée des Cyclades et de l'Art grec ancien
223 Musée grec d'Art populaire
224 Mosquée Tsizdaraki
225 Les bains d'Aéridon
226 Collection des Arts et Métiers traditionnels
227 Musée des Instruments de musique populaire grecque
228 Musée Canellopoulos
229 Musée Frissiras
230 Musée des Bijoux Ilias Lalaounis

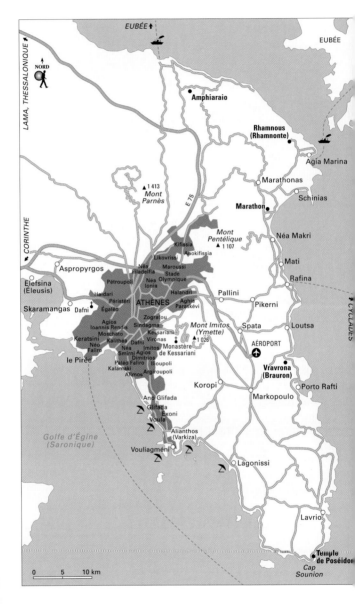

LES ENVIRONS D'ATHÈNES

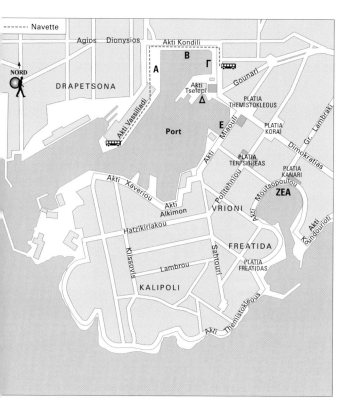

EMBARQUEMENT POUR LES ÎLES, AU DÉPART DU PIRÉE

EMBARQUEMENT POUR LES ÎLES

Nos meilleurs hôtels et restos en France

- **Plus de 4 000 adresses**
- **Des coups de cœur, pas des coups de bambou !**

Adorables auberges de campagne, chefs redonnant un coup de jeune à nos recettes de grand-mère…

Avec en plus, le sens de l'hospitalité, et des centaines de réductions.

Hachette Tourisme

Tout pour partir*

*bons plans, concours, forums,
magazine et des voyages à prix routard.

> www.routard.com

routard com

Chacun
sa route

Nos meilleures chambres d'hôtes en France

Nous avons sillonné les petites routes de campagne pour vous dénicher les meilleures fermes auberges, gîtes d'étapes et surtout chambres d'hôtes.

Plus de 1600 adresses qui sentent bon le terroir !

et des centaines de réductions

Hachette Tourisme

La démocratie grecque

En Grèce, les pauvres, les opprimés étaient, plus qu'ailleurs, intelligents et courageux. Ils comprirent vite qu'ils devaient se grouper, surtout dans les villes et leurs faubourgs, et, après maints échecs, ils parvinrent à tenir tête aux nobles et aux puissants. Athènes, après avoir connu l'oligarchie et la tyrannie, devint au Ve siècle avant J.-C. une démocratie directe, non parlementaire, au fonctionnement complexe. Au départ, cette démocratie était de fait réservée aux citoyens-guerriers capables d'assumer des charges militaires. Lorsque Athènes est devenue un empire maritime, demandant une flotte nombreuse en hommes, l'assise de la démocratie s'est élargie. L'assemblée du peuple, où tous les citoyens pouvaient siéger, discutait des projets qui lui étaient soumis par une autre assemblée *(la Boulè)* de 500 citoyens, tirés au sort, âgés de 30 ans au moins, et avait de larges pouvoirs législatifs, exécutifs et judiciaires. La magistrature la plus haute, la stratégie, était élective (on votait à main levée) : chaque année, dix stratèges étaient ainsi désignés (Périclès le fut 15 fois) pour diriger la démocratie. À la fin de leur charge, les élus devaient rendre des comptes. Mais cette démocratie directe avait ses limites : ni les femmes, ni les métèques (autrement dit tous les étrangers à la cité, même grecs, comme Aristote, né en Macédoine, qui était un métèque à Athènes !), ni les esclaves n'étaient des citoyens. Il fallait même être de père et de mère athéniens pour être considéré comme citoyen. Athènes n'était qu'une cité parmi 700 autres et la démocratie n'a concerné que quelques-unes de ces cités, les autres connaissant la tyrannie. Et n'oublions pas non plus que la démocratie athénienne a été combattue par ses adversaires partisans de l'oligarchie (littéralement : le commandement de quelques-uns). Pour Aristote, la démocratie n'était pas respectueuse de la liberté de chacun ! C'était une sorte de dictature exercée par la masse...

Les citoyens athéniens se réunissaient sur la Pnyx pour voter. Mais les abstentions devinrent de plus en plus nombreuses. Vint un temps où l'on dut user d'un procédé qui s'apparente à la rafle pour réunir 5000 assistants, quorum légal pour certaines séances. C'est ainsi que les citoyens étaient littéralement poussés par les archers qui tendaient, en travers de l'agora et des rues voisines, des cordeaux teints en rouge ; ceux qui s'étaient laissé marquer de rouge ne touchaient pas l'indemnité accordée aux participants à l'assemblée.

Les Athéniens inventèrent aussi l'ostracisme, gardien de la démocratie. Pénalité unique en son genre, l'ostracisme était un véritable rempart contre la tyrannie. Un citoyen menaçant le pouvoir du peuple par ses ambitions et ses actes était banni pour 10 ans par l'assemblée, à condition tout de même que 6000 votants se prononcent contre lui. Cette mesure ne punissait pas obligatoirement un acte commis, mais visait à prévenir toute ambition dictatoriale. L'ostracisé n'était alors pas dépossédé de ses biens et avait 10 jours pour préparer son départ...

Beaucoup de candidats à la dictature étaient complètement découragés par ce système préventif. Aujourd'hui encore, on pense que les Grecs sont fous de politique. On devrait dire plutôt qu'ils adorent parler politique, car sinon pourquoi seraient-ils obligés d'aller voter sous peine d'amende ? Bon, évidemment, avec les taux d'abstention enregistrés aux élections en France en 2002, on comprend un peu mieux...

Le classicisme (V[e]-IVe siècles av. J.-C.)

À cette époque, la Grèce connaît donc une première forme de démocratie. Mais cet élan progressiste va se heurter à une redoutable épreuve extérieure : les attaques des grands rois de Perse, facilitées par la rivalité chronique entre les cités grecques. Les Perses sont repoussés et le monde hellénique va s'épanouir encore plus. Le siècle de Périclès (Ve siècle av. J.-C.), véritable apogée de la civilisation grecque, se termine pourtant mal. Athènes, devenue hégémonie, indispose jusqu'à ses alliés. La guerre du Péloponnèse (431-404 av. J.-C.), opposant les camps de Sparte et d'Athènes, affaiblit les cités qui passeront sous domination macédonienne au siècle suivant.

Le théâtre grec

Si l'on a un peu trop tendance à dire qu'on n'a rien inventé depuis les Grecs, c'est en tout cas certainement vrai pour le théâtre. Les tragédies reprenaient les récits de la mythologie. On les jouait dans d'immenses théâtres en plein air, capables d'accueillir jusqu'à 14 000 spectateurs. Parmi les grands auteurs, le premier, fondateur de la tragédie, est Eschyle, dont il ne reste que 7 pièces. Ses héros se débattent dans un monde violent, aux prises avec la justice divine, implacable. Sophocle, qui écrit quand Athènes est à son apogée, replace l'homme au centre et montre des personnages en lutte avec leur destin, ainsi que les conséquences de leurs choix. Ici la grandeur tragique trouve toute son expression. Euripide, dont 18 tragédies sont conservées, renouvela le genre et s'attacha à l'analyse psychologique des personnages, au rajeunissement des mythes grecs et à la contestation de la tradition, allant même jusqu'à l'irrespect envers les dieux !

Côté comédie, le grand Aristophane, inventeur de l'esprit gaulois avant la lettre, n'a pas vieilli non plus : dans sa comédie *Lysistrata*, les femmes votent une grève du sexe pour forcer les Athéniens à conclure la paix avec Sparte. Audacieux, non ?

Les philosophes

– *Socrate* (469-399 av. J.-C.) : un sacré numéro. Fils de sage-femme, il inventa la maïeutique, l'art d'accoucher les esprits en pratiquant un questionnement serré de son interlocuteur, ainsi que la dialectique. Il s'attaquait aux préjugés, sapait les certitudes toutes faites, du moins c'est ce qui lui a été reproché. Pas étonnant que, dans une Athènes en crise, on l'ait accusé d'être impie et de corrompre la jeunesse. Il fut condamné à mort et dut boire la ciguë.

– *Platon* (429-347 av. J.-C.) : élève de Socrate, il consacra une partie de son œuvre à transcrire pour la postérité ses conversations avec son maître qui, lui, ne laissa rien (peut-être qu'il n'avait pas trouvé d'éditeur !). Obnubilé par la perfection que seule l'intelligence, selon lui, peut faire entrevoir, Platon décrivit sa conception de l'État idéal dans le plus connu de ses écrits : *La République*.

– *Aristote* (384-322 av. J.-C.) : disciple de Platon (mais pas le moins du monde idéaliste) et maître d'Alexandre le Grand, il est considéré comme le père de la logique. C'est l'encyclopédiste de l'Antiquité, avec à son actif la bagatelle de 400 ouvrages couvrant tous les domaines des connaissances de son époque. Il fonda à Athènes une école appelée... *Lycée* !

– *Épicure* (341-270 av. J.-C.) : il enseignait que chaque homme avait droit au bonheur ; mais associer la pensée d'Épicure à la satisfaction effrénée des plaisirs serait une erreur. Pour lui, le bonheur réside dans la maîtrise des désirs qui culmine dans l'absence de trouble et de passion. Jefferson a eu l'idée de citer ce grand homme dans la Déclaration d'indépendance des États-Unis.

L'amour à la grecque

Pour mieux comprendre la société des Grecs, il faut se pencher un peu sur leurs mœurs. Malgré l'influence de Sapho et de son œuvre, les femmes, sauf à Sparte où elles étaient particulièrement libres et où une sorte d'adultère légal était toléré, restaient à l'écart de la vie publique masculine. En résumé, la femme était là pour la reproduction et les garçons pour le plaisir. L'homosexualité occupait une grande place dans la vie privée et sociale. L'amour entre un adulte *(éraste)* et un jeune garçon de 12 à 18 ans *(éromène)* était loin d'être anormal, et une telle relation était socialement reconnue et même valorisée, comme il y avait des lois qui protégeaient les jeunes gens de tout abus ou de viol.

L'*éraste* devait donner l'exemple moral, transmettre les valeurs humaines à l'*éromène,* et la forme la plus élevée de cet amour restait chaste (ou platonique : Platon, dans *Le Banquet,* fait longuement discourir Socrate, entre autres, à ce sujet et l'on voit que Socrate entretenait de telles relations avec ses disciples). Les liens amoureux entre soldats étaient considérés comme une garantie de bravoure au combat. Éros patronnait plus particulièrement les relations entre un homme et un garçon, Aphrodite se réservant les relations hétérosexuelles. L'« amour-passion » était considéré comme une maladie, une chose terrible qu'on ne souhaiterait pas à son pire ennemi. Si l'on y regarde de plus près, ça mérite réflexion.

Alexandre le Grand

Avec lui, non seulement la réunification des cités-États va se concrétiser, mais le monde hellénique va connaître une expansion sans précédent à la surface du globe. Fils de Philippe II de Macédoine et d'Olympias – une princesse d'Épire –, Alexandre naquit à Pella en 356 av. J.-C. Son père était déjà préoccupé par l'idée de dominer toute la Grèce, et il y réussit en donnant à la Macédoine le rôle moteur qu'avaient eu avant Sparte et Athènes. Le petit Alexandre grandit entre une mère étrange, terrifiante même, aux pouvoirs visionnaires, et les idées de gloire qui animaient la cour, avec Aristote pour précepteur, s'il vous plaît ! C'était un personnage haut en couleur, qui eut une destinée exceptionnelle : il bouleversa le monde connu d'alors, poussant ses conquêtes des bords du Danube à l'Inde en passant par l'Égypte.

Beau, exceptionnellement courageux, puissant, avec une personnalité envoûtante, il donna au monde occidental une image idéale du monarque qui fascina toutes les cours royales et impériales à travers les siècles. Mais il fut aussi le premier des conquérants possédés par la folie des grandeurs. Sa volonté de faire la synthèse de la civilisation hellénique et des cultures de l'Orient en a fasciné plus d'un, mais n'oublions pas qu'avec son comportement de despote, il a aussi enterré la démocratie !

Sous l'Empire romain

À la mort prématurée d'Alexandre, ses successeurs avaient de belles parts de gâteau à se partager. Mais un tel Empire, même morcelé, était difficile à maintenir, d'autant que les Romains commencèrent à s'intéresser à la Grèce. 150 ans après sa mort, la Grèce tomba définitivement entre les mains des Romains. Les anciens « colonisés » de la fin de l'époque archaïque devinrent ainsi colonisateurs de leurs propres colonisateurs tout en se refaisant coloniser, du moins culturellement parlant. État de fait qui n'aurait certainement pas déplu à Socrate ! En effet, l'Empire romain fut partiellement bâti sur les acquis du monde hellénique... De plus, les Romains diffusèrent cette culture à travers leurs propres conquêtes.

Mais l'incendie de la bibliothèque d'Alexandrie, en 48 av. J.-C., allait entraver la grande marche de l'humanité, modifier son évolution, et rejeter l'Europe dans le gouffre de l'ignorance.

Byzance

Quand les difficultés se font de plus en plus pressantes autour des empereurs romains, on décide de déplacer le centre de gravité de l'Empire vers l'est : au IVe siècle de notre ère, le pouvoir s'installe à Byzance, où l'empereur Constantin crée une nouvelle Rome : Constantinople. Revanche de l'Orient sur l'Occident. Le nouvel Empire est fortement hellénisé, mais cet hellénisme est lui aussi fortement orientalisé. À la mort de Théodose (395), l'Empire est officiellement partagé en deux États distincts. Bonne pioche pour qui reçoit celui d'Orient, car celui d'Occident ne résiste pas longtemps sous les coups de boutoir des Barbares (Vandales et Ostrogoths). Et pendant plus de 1 000 ans va se maintenir un État immense, qui connaîtra des hauts et des bas. Des hauts quand Justinien (527-565) réussit à reconquérir une partie de l'Occident, des bas quand l'Empire se réduit en raison de l'expansion arabe, perdant ses possessions africaines et proche-orientales. Mais, plus concentré territorialement, l'Empire peut alors se concentrer sur lui-même, développer les arts (l'art religieux en particulier). On date le début de son déclin au milieu du XIe siècle : Byzance perd l'Italie du Sud, qui passe aux mains des Normands et la menace ottomane, remplaçant celle des Arabes, devient préoccupante, les Turcs lançant leurs cavaliers à l'assaut des frontières orientales de l'Empire.

Il y a aussi la crise religieuse avec l'Occident qui se déclare de manière aiguë avec le schisme de 1054, séparant définitivement les Églises chrétiennes d'Orient et d'Occident (qui ne sont toujours pas vraiment raccommodées aujourd'hui). Un premier coup très dur est porté en 1204 avec la prise (et le pillage) de Constantinople par les croisés : partis libérer les Territoires saints, les Occidentaux s'égarent, oublient leur objectif initial et commettent des actes barbares inexcusables. Cet épisode est vécu par les Byzantins comme une véritable trahison (et est toujours, 800 ans plus tard, considéré comme un souvenir douloureux chez les Grecs). La conséquence en est le démembrement de l'Empire : pour ne parler que de la Grèce, elle est découpée en petits morceaux (le royaume de Thessalonique, le duché d'Athènes, le despotat de Morée, c'est-à-dire le Péloponnèse, qui passent aux Francs, les îles qui reviennent aux Italiens, Vénitiens ou Génois...). Il ne reste aux Byzantins que le despotat d'Épire et, plus à l'est, les Empires byzantins de Trébizonde et de Nicée. Il y a bien un empereur valeureux, Michel VIII Paléologue, qui entreprend la reconquête sur les Francs et qui parvient à reprendre Constantinople (1261), mais la désagrégation interne de l'Empire se poursuit. Bientôt l'Empire byzantin se réduit à sa capitale, assiégée par les Ottomans. L'Occident tergiverse : certes, le conflit religieux semble pratiquement aplani, depuis le concile de Florence (1438-1439), mais les Byzantins sont rancuniers, et d'ailleurs, peut-on faire confiance à ces catholiques ? Parmi les Byzantins, un fort courant estimait qu'il était préférable de voir régner le turban turc plutôt que la tiare latine et ce sont d'ailleurs des Génois venus au secours de Constantinople assiégée qui trahiront et hâteront la prise de la ville en 1453. Les Occidentaux, eux, répandront la légende que les Byzantins discutaient du sexe des anges plutôt que de mener la lutte contre les Turcs... Malentendu historique que regretteront ensuite les Occidentaux, eux-mêmes menacés à leur tour par la poussée ottomane.

Quoi qu'il en soit, la Grèce entre alors dans ce qu'on appelle la « Turcocratie », qui va durer près de quatre siècles. Le principe musulman qui faisait coïncider religion et nation va alors s'appliquer et le patriarche de Constantinople reste à son poste, devenant ainsi chef religieux et chef national.

Pendant cette « Turcocratie », le destin des Grecs a été contrasté : les classes dominantes se sont plutôt bien accommodées de la domination turque puisque le clergé a gardé ses privilèges, que de gros propriétaires ont prospéré et qu'une petite aristocratie grecque, à Constantinople, a pu accéder à de hauts postes de l'Empire ottoman. En revanche, le petit peuple, plutôt épargné au début par les taxes et impôts, a vu sa situation se détériorer au cours des ans, jusqu'à faire naître l'exaspération contre les Turcs.

Plusieurs facteurs expliquent le soulèvement de 1821 qui conduisit à l'indé-pendance nationale : l'essor commercial dû à la diaspora grecque établie en Europe, l'intérêt naissant (et pas désintéressé) des puissances européennes pour la Grèce et une renaissance de la conscience nationale ou hellénisme, sentiment qui est resté chevillé au corps des Grecs.

La Grèce, de l'indépendance à la Communauté européenne

Après le soulèvement contre les Turcs de 1821, la Grèce a peiné pour deve-nir un véritable État. Premier problème : c'est grâce au bon vouloir des gran-des puissances européennes qu'elle s'est débarrassée des Turcs, sur une petite partie de son territoire seulement : il fallut donc trouver un terrain d'entente pour installer un nouveau pouvoir. C'est d'abord Capodistria, l'homme des Russes, qui est désigné gouverneur de 1827 à 1831, année de son assassinat ; puis, en 1833, une sorte de fantoche, Othon Ier de Bavière, qui ne comprend rien à ce pays où on l'a parachuté. Lui et sa cour (tous des Bavarois) se mettent vite à dos les anciens combattants de la révolution de 1821. Au bout de 11 ans, on lui impose une constitution (*syndagma*) qui ne suffit pas à donner l'impression que le pays est véritablement indépen-dant. Alors on le renvoie en 1862 pour confier le sort du pays à un nouveau roi qui arrive tout droit du Danemark et qui est le candidat des Anglais : ce sera Georges Ier. Petit à petit, le pays se dote, sous la conduite de Premiers ministres énergiques, Trikoupis puis Vénizélos, des outils nécessaires pour devenir un État moderne. Ce dernier grossit, le pays s'agrandit, plusieurs provinces étant restituées à l'État hellénique : une nouvelle constitution est promulguée en 1911. Mais le spectre de la guerre se profile à l'horizon. Guerres balkaniques (déjà !) de 1912-1913, Première Guerre mondiale avec un roi, Constantin Ier, germanophile et un Premier ministre, Vénizélos, favo-rable à l'Entente : le premier abdique en 1917 et la Grèce entre finalement en guerre du côté des futurs vainqueurs, ce qui lui permet de prétendre à une extension territoriale vers l'est.

Ensuite la situation se gâte : des politiciens aux courtes vues croient réali-sable « la Grande Idée » qui consiste à réunir les Grecs dans un seul et même État, même ceux (et ils sont nombreux) qui vivent en Asie Mineure. L'expédition militaire de 1921-1922 tourne à la catastrophe : l'armée grecque est mise en déroute par celle de Kémal Ataturk, 1 500 000 Grecs d'Asie Mineure sont brutalement chassés de ce qu'ils considéraient comme leur pays et 2 500 ans de présence hellénique de l'autre côté de la mer Égée sont annulés. Après un tel traumatisme, rien d'étonnant à ce que la situation poli-tique, devenue instable, le reste jusqu'à la Seconde Guerre mondiale. Méta-xas, un dictateur inspiré par Mussolini, finit par prendre le pouvoir en 1936 mais il sauve l'honneur en refusant en 1940 le diktat de l'Italie fasciste. Voilà la Grèce dans la tourmente : les Italiens, vite chassés, sont remplacés par les Allemands qui opèrent comme dans le reste de l'Europe jusqu'en octo-bre 1944. À l'heure de la libération, pourtant, tout recommence : une guerre civile particulièrement cruelle va opposer, jusqu'en 1949, résistants com-munistes et forces gouvernementales royalistes. Les communistes sont fina-lement défaits.

On ne sort pas de près de 10 ans de conflits sans conséquences : la Grèce est redevenue une sorte de protectorat (les États-Unis sont cette fois le grand frère qui fait la pluie et le beau temps), et quand un gouvernement de centre-gauche réussit à s'imposer aux élections, il est vite condamné : Georges Papandréou, le père d'Andréas, doit démissionner en 1965. La dic-tature n'est à nouveau pas loin et les sinistres colonels, anticommunistes fanatiques et bornés, prennent le pouvoir en 1967 pour 7 longues années où la torture, la déportation et les procès politiques sont chose courante. Et c'est un nouveau drame pour l'hellénisme qui cause leur chute : l'armée turque s'empare du nord de Chypre en 1974, et les colonels laissent la place à la démocratie, incarnée par le conservateur Constantin Caramanlis, par ailleurs plusieurs fois Premier ministre dans les années 1950. Le processus d'intégration de la Grèce dans la Communauté européenne commence alors (c'est Valéry Giscard d'Estaing qui force la main à ses partenaires européens pour ancrer définitivement la Grèce au navire européen). Une nouvelle page s'ouvre en 1981 avec l'arrivée au pouvoir d'Andréas Papandréou, figure charismatique de la gauche, fortement anti-américain, populiste : le PASOK (parti socialiste grec) va régner sans partage avant que l'alternance ne ramène, pour de courtes périodes, la droite au pouvoir. La Grèce a en effet plutôt le cœur à gauche, mais l'union nationale se recrée dès qu'il est question de politique extérieure et de relations avec l'ennemi héréditaire : la Turquie.

Principales dates historiques

Avant Jésus-Christ

– *2200-1450 :* civilisation minoenne (Crète).
– *1700-1100 :* période mycénienne.
– *Début XIe siècle :* arrivée des Doriens.
– *XIe-VIIIe siècle :* colonisation des Cyclades et de l'Asie Mineure. Développement des cités-États (Athènes, Sparte, Corinthe...).
– *VIIIe-VIe siècle :* colonisation du pourtour de la Méditerranée et de la mer Noire. En 776, les Jeux olympiques sont institués.
– *490-479 :* les guerres médiques. Les Perses envahissent la Grèce mais sont vaincus à Marathon (490), Salamine (480) et Platées (479).
– *495-429 :* « siècle de Périclès ». C'est l'époque de Phidias (l'Acropole), d'Hérodote et Sophocle. Apogée économique d'Athènes.
– *431-404 :* guerre du Péloponnèse (victoire de Sparte sur Athènes).
– *338 :* Philippe II de Macédoine bat, à Chéronée, Athéniens et Thébains. La Grèce passe sous domination macédonienne.
– *336-323 :* Alexandre le Grand conquiert l'Orient. Il meurt à 33 ans.
– *IIIe-Ier siècle :* conquête romaine (annexion de la Macédoine et de la Grèce continentale en 146, prise et sac d'Athènes en 86).

Après Jésus-Christ

– *395 :* la Grèce est rattachée à l'Empire byzantin ; elle subira de nombreuses agressions : Huns, Slaves, Bulgares, Normands et croisés.
– *1204 :* prise de Constantinople par les croisés. Les Francs se partagent la Grèce.
– *1453 :* Constantinople tombe aux mains des Turcs qui vont déferler sur la Grèce. Vénitiens et Génois résistent et défendent leurs possessions dans le Péloponnèse et dans les îles.
– *XVe-XVIIIe siècle :* la Grèce passe sous domination turque.
– *XVIIIe-début XIXe siècle :* renaissance de la conscience nationale, lorsque les Turcs achèvent la conquête de la Grèce, avec la prise du Péloponnèse (1715).
– *25 mars 1821 :* début de la « révolution ». Soulèvement contre les Turcs.
– *1821-1830 :* lutte pour l'indépendance. Fort sentiment philhellène en Europe.
– *1830 :* la Grèce (c'est-à-dire le Péloponnèse, l'Attique, la Béotie et c'est tout !) est indépendante. Elle devient une monarchie avec pour roi Othon de Bavière (1833).

– *1862* : révoltes contre Othon. Monarchie démocratique. Le prince Georges de Danemark devient roi de Grèce sous le nom de Georges Ier (encore un parachuté !). Rattachement des îles Ioniennes.
– *1881* : la Thessalie et une petite partie de l'Épire rejoignent l'État grec.
– *1912-1913* : guerres balkaniques. Les Turcs sont délestés de la Macédoine et du reste de l'Épire. La Crète, autonome depuis 1898, est rattachée à la Grèce.
– *1922* : guerre gréco-turque. C'est la « catastrophe de l'Asie Mineure ». La Grèce perd Smyrne et la Thrace orientale. 1 500 000 Grecs de Turquie émigrent.
– *1924* : la république est proclamée. En fait, ce sera une succession de coups d'État militaires (à l'exception du gouvernement Vénizélos : 1928-1932).
– *1936* : coup d'État de Metaxas, qui instaure une dictature.
– *28 octobre 1940* : agression italienne. Les Italiens sont assez vite renvoyés d'où ils viennent (guerre d'Albanie, motif de fierté nationale, l'armée grecque, très inférieure en nombre, prenant le dessus sur les soldats de Mussolini), mais l'offensive allemande qui suit contraint les Grecs à capituler (avril 1941). De nombreux juifs, notamment ceux de Thessalonique, sont déportés dans les camps d'extermination en 1943. Occupation du pays jusqu'en octobre 1944.
– *1946-1949* : guerre civile entre les forces de gauche (issues de la résistance communiste) et les forces gouvernementales soutenues par les Britanniques (à Yalta, la Grèce a été « donnée » à Churchill). Les « rebelles » sont écrasés et les survivants doivent s'enfuir dans les pays de l'Est.
– *1955-1963* : gouvernements Caramanlís (droite).
– *1963-1965* : victoire électorale de l'Union du centre. Gouvernement Papandréou (Georges, le père d'Andréas). Pendant la campagne électorale, en mai 1963, mort de Grigorios Lambrakis à la fin d'un meeting (événement qui est à la base du film *Z*, de Costa-Gavras).
– *21 avril 1967* : coup d'État militaire et dictature sous l'autorité de Papadopoulos (puis de Pattakos). C'est le gouvernement dit « des colonels », soutenus par la CIA, reconnu par la plupart des États, avec pratique constante de la torture, déportations, etc.
– *1969* : le Conseil de l'Europe condamne le régime.
– *1972-1973* : nombreuses manifestations durement réprimées, dont, en novembre 1973, l'occupation de l'École polytechnique par les étudiants.
– *1974* : chute des colonels, à la suite de la crise de Chypre. Karamanlís est rappelé d'exil. La république sera restaurée.
– *1981* : admission dans la Communauté économique européenne (CEE), victoire du parti socialiste et de son leader, Andréas Papandréou.
– *1985* : succès électoral du Mouvement panhellénique socialiste (PASOK) du Premier ministre Andréas Papandréou sur la droite (Nouvelle Démocratie) aux élections législatives anticipées de juin.
– *1986* : aux élections municipales, le PASOK perd les trois plus grandes villes du pays : Athènes, Thessalonique et Le Pirée, sans doute en raison de la politique d'austérité instaurée par le gouvernement.
– *1987* : l'inflation est de 16,5 %.
– *1988* : le plan d'austérité mis en place par le gouvernement Papandréou, dont l'objectif est de ramener, avant la fin 1988, l'inflation à moins de 10 %, provoque une vague de grèves dans tous les secteurs de l'économie. Visite historique du Premier ministre turc à Athènes.
– *1989 et 1990* : élections ; la droite, menée par Constantinos Mitsotakis, l'emporte chaque fois, mais toujours sans la majorité absolue. La gauche est empêtrée dans un scandale politico-financier (affaire Koskotas).
– *1993* : le 10 octobre, après les élections législatives et la victoire du PASOK, la gauche revient au pouvoir. Andréas Papandréou est de nouveau Premier ministre.

– *1995 :* élection de Costis Stéphanopoulos à la présidence de la République.

– *1996 :* fin janvier, démission d'Andréas Papandréou. Le nouveau Premier ministre, également issu du PASOK mais d'un courant opposé tant sur le fond que sur la forme à Papandréou, est Kostas Simitis. Il conduit une politique résolument pro-européenne afin de rattraper le retard économique du pays.

– *Juin 1996 :* mort à 77 ans d'Andréas Papandréou, leader charismatique du socialisme grec.

– *Septembre 1996 :* victoire du PASOK aux législatives anticipées.

– *Août-septembre 1999 :* réchauffement des relations gréco-turques à la suite de l'aide apportée par la Grèce après le tremblement de terre à Izmit.

– *Décembre 1999 :* au sommet d'Helsinski, feu vert donné à la candidature de la Turquie à l'entrée dans la Communauté européenne, suite à la levée du veto par les Grecs.

– *Avril 2000 :* courte victoire du PASOK aux élections législatives anticipées.

– *Mai 2001 :* visite du pape en Grèce.

– *Juillet-août 2002 :* démantèlement du groupe terroriste *17 Novembre,* actif depuis 1975.

– *Octobre 2002 :* net recul du PASOK aux élections municipales.

– *Janvier 2003 :* la Grèce à la tête de la présidence tournante de l'Union européenne, jusqu'à fin juin.

– *Printemps 2004 :* élections législatives.

– *Août 2004 :* Jeux olympiques d'Athènes.

HORAIRES

Il y a une heure de décalage horaire entre la France et la Grèce ; quand il est midi à Paris, il est 13 h à Athènes.

– *Les horaires des magasins* ne sont pas toujours faciles à suivre. Dans les îles, et les lieux fortement touristiques en général, on ferme peu, car il y a toujours de l'affluence. En ville, les commerces suivent une savante alternance : en gros, les lundi, mercredi et samedi de 8 h-9 h à 14 h 30-15 h et les mardi, jeudi et vendredi, le matin jusqu'à 13 h ou 14 h, puis de 17 h à 20 h ou 21 h.

– *Les horaires des administrations ou des banques :* la Grèce est depuis longtemps passée à la journée continue qui s'achève en fait en début d'après-midi. Passé 14 h, les guichets sont hermétiquement fermés, sauf à de rares exceptions (notamment les postes, dans les grandes villes, ouvertes jusqu'à 19 h ou 20 h). Le gouvernement a annoncé son intention d'ouvrir les services publics en soirée en commençant par Athènes et Thessalonique. Affaire à suivre...

INFOS EN FRANÇAIS SUR TV5

La chaîne TV5 est reçue dans la plupart des hôtels du pays. Pour ceux qui souhaitent s'y installer plus longtemps ou qui voyagent avec leur antenne parabolique, TV5 est reçue par satellite en réception directe via Eutelsat II F6, 13° Est (Hotbird I) en analogique et en numérique sur Hotbird 6 et sur le bouquet numérique NOVA.

Les principaux rendez-vous Infos sont toujours à heures rondes où que vous soyez dans le monde, mais vous pouvez surfer sur leur site • www.tv5.org • pour les programmes détaillés ou l'actualité en direct, des rubriques voyages, découvertes...

UNE JOURNÉE À LA GRECQUE

Le rythme de la journée d'un Grec n'est pas vraiment le même que celui d'un Européen non méridional. Ça commence tôt, avec une longue matinée qui se termine par le *messiméri* (midi), notion assez vague (13 h-15 h) qui sert à prendre un en-cas ; puis c'est la sieste (facilement jusqu'à 17 h-17 h 30, silence dans les rangs !) qui précède l'après-midi *(apoghevma)*, période où l'activité reprend (en gros jusqu'à 20 h). Le « petit soir » *(vradaki)* est consa-cré à la *volta,* la promenade sur le port ou sur la place ; c'est l'heure des civi-lités et surtout pas l'heure de manger (voir la *passeggiata* en Sicile). Ensuite la soirée peut commencer, le repas ne débutant pas avant 22 h le plus souvent.

KARAGHIOZIS

Si vous tombez, par chance, sur un spectacle de théâtre d'ombres, appelé **Karaghiozis (Yeux noirs)** du nom de son (anti-)héros, ne rebroussez pas chemin, même si vous ne comprenez pas deux mots de grec. Ce spectacle populaire est né en Chine, dit-on, et a traversé toute l'Asie jusqu'en Turquie, où les Grecs se le sont approprié (la première mention de ce spectacle remonte à 1841, à Nauplie). Les figurines articulées (en peau de veau trans-parent) sont animées par un « montreur d'ombres » qui les fait bouger devant un écran blanc éclairé (les spectacles sont le plus souvent noc-turnes). Karaghiozis est un Grec toujours affamé, vivant misérablement dans sa cahute, avec une ribambelle de gamins turbulents, alors que le pacha (turc évidemment) a un sérail luxueux. Heureusement, il est ingénieux et a un grand bras (chez les Turcs, c'était un phallus démesuré...) qui lui permet de se défendre. D'autres personnages gravitent autour de Karaghiozis : *Barba Yorghos,* un solide montagnard, *Nionios,* un lettré caricaturé pour sa préciosité, *Morfionos* le bellâtre et même *Alexandre le Grand*... Un univers bien masculin. À classer dans les chefs-d'œuvre en péril, malheureusement. Même si ce spectacle fait profondément partie de la culture grecque et réjouit les adultes tout autant que les enfants, les autorités culturelles n'ont rien fait pour le sauver. Peu de jeunes sont formés, les anciens dispa-raissent. Un beau film, *Le Montreur d'ombres,* de Xanthopoulos (1996) a d'ailleurs raconté la lutte, forcément inégale, entre un *karaghiozopaikhtis* (joueur de Karaghiozis) et le cinéma qui l'a définitivement supplanté dans les années 1960-1970. Il existe encore quelques professionnels ambulants ainsi que quelques lieux athéniens où s'exerce cet art (comme dans Plaka, odos Tripodon), sans parler du musée qui lui est consacré à Maroussi (voir « Dans les environs d'Athènes, les musées »).

LANGUE

En arrivant en Grèce, vous aurez certainement le sentiment d'être double-ment à l'étranger, tellement la langue est éloignée de la nôtre. Tout d'abord, il est difficile d'y reconnaître grand-chose à l'oreille (dans *L'Été grec,* Jacques Lacarrière, nourri de grec ancien, dit combien il s'est senti perdu, à l'écoute des premiers mots de grec moderne), mais en plus, vous avez sous les yeux un alphabet retors, si différent de notre alphabet latin ! Inutile de râler, cette langue, vieille de 3 000 ans et même un peu plus, est plus ancienne que la nôtre et les Grecs, qui en sont fiers, ne sont pas près d'en changer. Leur langue a franchi tous les obstacles, en particulier les domina-tions étrangères, des Romains aux Turcs, sans en souffrir apparemment. Bien entendu, cette langue a évolué au cours des siècles. C'est ce que n'ont pas voulu comprendre les puristes qui ont entravé cette évolution, en impo-sant comme langue officielle, au moment de l'indépendance en 1830, la *katharévoussa* (du grec *katharos* = pur), autrement dit une langue « purifiée », en partie calquée sur le grec ancien et bien différente de la langue parlée par

la population. Ce n'était sans doute pas sans arrière-pensées : les détenteurs du pouvoir économique et politique avaient tout intérêt à ce que cette
langue de lettrés soit en vigueur, puisqu'elle excluait de la vie politique ceux
qui ne la maîtrisaient pas, autrement dit le peuple.

Le mouvement en faveur de la langue démotique (du grec *dimotiki* = populaire), à la grammaire beaucoup plus facile, s'est développé tout au long du
XIXe siècle. En 1903 et 1911, on s'est même battu entre partisans des deux
langues et la langue démotique a eu ses martyrs. Le débat s'est vite déplacé
autour d'une ligne de partage gauche/droite, les partisans de la *dimotiki*
étant évidemment tous des communistes... Il a fallu attendre la chute de la
dictature des colonels pour que la *katharévoussa* soit rangée au magasin
des antiquités (quoique... les textes officiels, une certaine presse et de
manière générale l'écrit peuvent encore plus ou moins l'employer) et que soit
enfin reconnue une évidence : les langues, même vieilles de plus de
3 000 ans, évoluent.

Un exemple pour illustrer cette opposition *katharévoussa/dimotiki :* lorsque
vous commandez du vin blanc en grec, vous demandez, en langue démotique, de l'*aspro krasi* (*aspros* = blanc), mais la bouteille portera la mention,
en katharévoussa : *oinos leukos* (prononcer *inos lefkos* ; *oinos* a donné l'élément qui entre dans le mot œnologie et *leukos,* blanc, se reconnaît dans leu-
cémie).

Vocabulaire

Les Grecs, méditerranéens par excellence, peuvent se contenter de gestes
pour dire « oui » et « non ». Dans le premier cas, ils inclinent légèrement la
tête sur le côté ; dans le second, ils lèvent la tête en arrière en faisant une
sorte de moue. Ce que nous indiquons ci-dessous n'est que le minimum vital
et nous vous invitons à aller plus loin.

Mots et phrases de base

oui	*né*
non	*ochi*
moi, je	*ego*
je suis	*imé*
tu, toi	*essi*
tu es	*issé*
vous êtes	*isté*
parlez-vous français ?	*milátè ghaliká ?*
je ne comprends pas le grec	*then katalavénota hellinika*
je suis français/française	*imé ghalos/ghalida*

Politesse

bonjour	*kalimèra*
bonsoir	*kalispèra*
bonne nuit	*kalinikhta*
salut	*yássou, yássas* (si on s'adresse à plusieurs interlocuteurs)
au revoir	*athîo*
s'il vous plaît	*parakalo*
merci	*èfkaristo*
pardon	*signomi*

Le temps

maintenant	*tora*
aujourd'hui	*siméra*

ce soir	*apopsé*
demain	*avrio*
hier	*rhtès*
le jour	*i méra*
le week-end	*to savatokyriako*
la semaine	*i vdomadha*
le mois	*o minas*
lundi	*theftèra*
mardi	*triti*
mercredi	*tètarti*
jeudi	*pempti*
vendredi	*paraskévi*
samedi	*sávato*
dimanche	*kiriaki*
quelle heure est-il?	*ti ora inè?*

L'espace

entrée	*issodos*
sortie	*exodos*
gauche	*aristèra*
droite	*théksia*
devant	*brosta*
derrière	*pisso*
au-dessus	*ano*
au-dessous	*kato*

Questions de base

où?	*pou?*
pourquoi?	*yiati?*
comment allez-vous?	*ti kanété?*
comment vas-tu?	*ti kanis?*
avez-vous...?	*échété...?*
combien?	*pósso?*
combien ça coûte?	*posso kani?*
où se trouve...?	*pou ínè...?*
où se trouve la police touristique?	*pou inè i touristiki astinomia?*

En ville

centre	*kendro*
hôtel	*hotel* ou *ksènothokio*
chambre	*dhomatio*
rez-de-chaussée	*isoïo*
sous-sol	*ipoïo*
rue	*odos*
avenue	*léoforos*
aéroport	*aérothromio*
gare	*stathmos*
train	*trèno*
bus	*léoforío*
bateau	*karavi, vapori, plio*
port	*limani*
plage	*paralía, amoudia* ou même *plaz*
poste	*tachidromio*
boulangerie	*fournos* ou *artopíio*
pâtisserie	*zakaroplastío*

À table

manger	*troo*
boire	*pino*
eau	*néro*
vin	*krassi*
café	*café*
lait	*ghála*
pain	*psomi*
dessert ou gâteau	*gliko*
bière	*bira*
poisson	*psari*
œuf	*avghó*

Au restaurant

prix	*i timi*
service compris	*mazi mè tin ipirèssia*
l'addition	*to logariasmo*
c'est cher	*akrivó iné*
je veux manger	*thélo na fáo*
je veux boire	*thélo na pio*
glacé	*paghoméno*
chaud	*zèsto*

Adjectifs utiles (et quelques adverbes)

Les adjectifs se déclinent, nous les indiquons ici au neutre. Pour dire
« C'est... », ajouter devant l'adjectif : « Iné... ».

bon	*kalo*
bien	*kala*
mauvais	*kako*
grand	*méghalo*
petit	*micro*
plus	*pío*
beaucoup/très	*poli*

Compter

Attention, certains nombres se déclinent.

1	*éna*	20	*ikosi*
2	*thio*	30	*trianda*
3	*tria*	40	*saranda*
4	*téssèra*	50	*pèninda*
5	*pendè*	60	*èksinda*
6	*èksi*	70	*èvthominda*
7	*èfta*	80	*oghthonda*
8	*okhto*	90	*ènèninda*
9	*ènia*	100	*èkato*
10	*thèka*	1 000	*chilia*

Quelques phrases utiles

Inè aftos o dhromos ya (ti) Sparti ?	Est-ce la route de Sparte ?
Pios inè o kalitéros dhromos ya... ?	Quelle est la meilleure route pour... ?
Pou inè o stathmos ton iperastikon léoforion ?	Où est la gare des bus interurbains ?
Poté fevghi to léoforio ya tin Athina ?	Quand part le bus pour Athènes ?

Psachno éna yiatro.	Je cherche un médecin.
Me ponaï to kéfali (to stomachi...).	J'ai mal à la tête (à l'estomac...).
Echo (échi) piréto.	J'ai (il/elle a) de la fièvre.
Mipos échété éna dhomatio éleftéro?	Avez-vous une chambre libre?
Echoume klissi (théloume na klis-soume) ena dhomatio.	Nous avons réservé (nous voulons réserver) une chambre.
Apaghorévété to kapnisma.	Défense de fumer.

L'alphabet grec

Le grec actuel a conservé l'alphabet ancien, dont certains signes ou groupes de signes ont pris au cours des siècles des valeurs différentes :

Majuscules	*Minuscules*	*Prononciation*
A	α	*a* (ouvert)
B	β (initial)	*v*
Γ	γ	*g* aspiré devant les sons *a, o, u* et les consonnes (voir allemand *g,* ou arabe *gh*), *y* devant les sons *i, e*
Δ	δ	*th* anglais doux *(they)*
E	ε	*è* (ouvert)
Z	ζ	*z*
H	η	*i*
ϑ	Θ	*th* anglais dur *(think)*
I	ι	*i*
K	κ	*k*
Λ	λ	*l*
M	ν	*m*
N	ν	*n*
Ξ	ξ	*ks* (*gz* après *n*)
O	ο	*o* (ouvert)
Π	π	*p*
P	ρ	*r* (roulé)
Σ	σ	*s* (*z* devant consonnes sonores)
T	τ	*t*
Y	υ	*i*
Φ	Φ	*f*
X		*ch* allemand dur devant les consonnes et les sons *a, o, u, ch* allemand doux devant les sons *i, e*
Ψ	ψ	*ps* (*bz* après *n* et *m*)
Ω	ω	*o* (fermé)

De même que le Français a bien du mal à prononcer certains sons grecs (le *gamma,* γ, et le *ch,* en particulier), le Grec n'a pas la partie facile avec le son *j,* inexistant dans sa langue. Amusez-vous un jour à faire dire à un Grec le prénom Georges : ça donnera « Zorz ».

Le *d* dur n'ayant pas de lettre correspondante, on a recours au groupement de deux lettres : *NT* (ντ), exemple : *NTONALNT* (Donald en majuscules). Même procédé pour le *b,* rendu par *MP,* exemple : *MPAR* (bar en majuscules). ΓΚ correspond enfin au son *g* dur. Enfin, il y a pas mal d'autres subtilités de prononciation ou de transcription qui demanderaient de longues explications.

C'est bien plus simple pour les voyelles : trois d'entre elles (ι, η et υ) se prononcent i, de même que les groupes de voyelles ει et οι. Pas de son u.

Petite complication supplémentaire, le grec est une langue à déclinaisons. Tous les noms (y compris les noms propres) et adjectifs se déclinent. Ne vous étonnez donc pas si vous constatez ce qui apparaît comme un certain « flottement ». Ainsi, on dira :

I Delfi inè makria ? (Delphes est loin ?)
Pame stous Delfous. (Nous allons à Delphes.)
To Moussio ton Delfon inè klisto. (Le musée de Delphes est fermé.)

Enfin, même la ponctuation est en partie différente de la nôtre : le point d'interrogation se note par un ;.

Malgré ces petites difficultés qui font du grec moderne une langue pas très facile, on recommande plus que vivement au touriste intelligent (ça va, vous vous reconnaissez ?) d'essayer de retenir un maximum du minimum de vocabulaire grec vital. Primo, parce que les Grecs sont toujours heureux de se trouver face à quelqu'un qui baragouine leur langue ne serait-ce que quelques mots ; secundo, parce que c'est aussi une marque de respect pour une langue millénaire à laquelle on doit beaucoup. Et qu'est-ce que c'est, quelques minutes, voire quelques (petites) heures, à lire et relire le lexique ci-dessus, à côté de quelques millénaires ? Si vous n'êtes pas encore convaincu, un dernier argument : la double signalisation des panneaux routiers (caractères grecs et latins) n'est pas effective partout et plus d'une fois, en pleine cambrousse ou au beau milieu d'une ville, il peut être utile de savoir déchiffrer une indication et ainsi éviter de se perdre.

LIVRES DE ROUTE

Littérature grecque

– *L'Odyssée,* d'Homère (LGF, Le Livre de Poche n° 602, VIIIᵉ siècle av. J.-C.). Ce texte, fondateur d'un imaginaire grec qui a survécu jusqu'à nous, dessine un espace maritime profondément méditerranéen. À ce titre, il accompagne merveilleusement toute croisière dans les îles grecques.

– *Le Banquet,* de Platon (Garnier-Flammarion, n° 987, 2001). Tout ce que vous voulez peut-être savoir sur l'amour grec antique. Discours entre hommes uniquement sur l'amour entre hommes uniquement, considéré par ces messieurs comme supérieur à celui entre homme et femme. Certains ont changé d'avis depuis lors. Chacun appréciera selon ses goûts.

– *Lettre au Gréco,* de Nikos Kazantzakis (Presses-Pocket n° 2141, 1961). Autobiographie et testament spirituel du grand écrivain grec. L'âme grecque dans toutes ses profondeurs, ses passions et son rayonnement. Cela touche et réchauffe. Spiritualité dense et lumineuse. Tremplin vers l'universel. On en émerge avec un « supplément d'âme ». Splendide.

– *Z,* de Vassilis Vassilikos (Gallimard, 1967, Folio n° 111). Z (pour *Zei,* « il vit ») est un roman-documentaire qui raconte l'assassinat, en mai 1963, de Grigorios Lambrakis, député de la gauche démocratique et le travail obstiné d'un petit juge cherchant à trouver les commanditaires de l'assassinat. Le film de Costa-Gavras, avec Yves Montand, a fait de l'ombre au livre. Du même auteur, *K* (Le Seuil, 1994) qui plonge le lecteur dans le monde trouble de la finance et de la politique des années 1980 en Grèce, autour de la figure de K (comprendre Georges Koskotas, un escroc bien réel), employé de banque et devenu patron de celle-ci avant de connaître la chute.

– *Récit des temps perdus,* d'Aris Fakinos (Points-Seuil n° 214, 1982). La vie extraordinaire d'un couple improbable, formé de Vanguélis, petit paysan, et de Sophia, fille de propriétaire terrien en Attique, de la fin du XIXᵉ siècle jusqu'aux années 1960. Du même auteur, *L'Aïeul* (Points-Seuil n° 496, 1985), « suite » du précédent, remontant dans le temps jusqu'au milieu du XIXᵉ siècle.

– *La Langue maternelle,* de Vassilis Alexakis (Livre de Poche n° 14038, prix Médicis 1995). Un dessinateur humoristique grec vivant à Paris depuis plusieurs années revient à Athènes après la mort de sa mère. Il redécouvre la vie quotidienne et les Grecs actuels en même temps qu'il se réapproprie son passé, son héritage culturel, sa langue. Un roman subtil, largement autobiographique. Du même auteur, *Le Cœur de Marguerite* (Stock, 1999, Livre de Poche n° 15322), non moins subtil.

– *Hellas,* de Nicholas Gage (Efsfathiadis Group, 1995). Livre de poche en anglais, qu'on trouve en Grèce dans les endroits touristiques, dressant un portrait passionnant de la Grèce moderne. Une des meilleures introductions à un voyage en Grèce en dehors des vieilles pierres et surtout au pays des Grecs d'aujourd'hui, écrite par un journaliste américain d'origine grecque qui a, par ailleurs, publié un récit émouvant, *Eléni* (traduit aux éditions Robert Laffont, 1984), dans lequel il raconte le destin tragique de sa mère pendant la guerre civile de 1946-1949.

Romans sur l'Antiquité écrits par des auteurs contemporains

– *L'œil de Cybèle,* de Daniel Chavarria (Rivages/Noir, n° 378, 2001, édition originale 1993). Uruguayen installé à Cuba, Daniel Chavarria a imaginé, à partir d'une note trouvée dans un livre sur l'Antiquité, une intrigue se déroulant à Athènes, en plein siècle de Périclès. Parmi les personnages, Périclès, Alcibiade et Socrate, rien que ça! Également Lysis, la courtisane « aux belles fesses » et tout cela autour d'une histoire d'améthyste volée sur une statue de déesse. Pas toujours facile à suivre, le récit a le mérite de vous plonger dans la vie quotidienne à Athènes il y a quelque 25 siècles.

– *Aristote détective,* de Margaret Doody (1978; coll. « 10-18 », n° 2695, 1996, réédition 2003). À la suite de l'assassinat d'un notable athénien, le jeune Stéphanos se retrouve avec la lourde tâche de devoir défendre son cousin Philémon, accusé du meurtre. On est en 322 av. J.-C. Heureusement Aristote est là pour lui donner un coup de main dans sa contre-enquête. Pas transcendant, mais une façon originale de plonger dans l'ambiance de l'Athènes hellénistique. Du même auteur : *Aristote à Delphes* (coll. « 10-18 »).

Récits, essais, commentaires

– *L'Été grec,* de Jacques Lacarrière (Plon, coll. « Terre Humaine », 1975; l'édition Presses-Pocket n° 3018, 1984, inclut une postface : *Retours en Grèce,* 1976-1982). Du mont Athos à la Crète en passant par les plus reculées des Cyclades, c'est en vrai routard que Jacques Lacarrière a arpenté la Grèce de 1947 à 1966. Nourri de culture classique, il est aussi un incomparable connaisseur de la Grèce contemporaine et de ses habitants. Une lecture indispensable.

– *Dictionnaire amoureux de la Grèce,* de Jacques Lacarrière (Plon, 2001). Qui connaît mieux la Grèce que Jacques Lacarrière, qui la fréquente depuis plus de 50 ans? Les 500 pages de ce dictionnaire à la fois subjectif (c'est le regard d'un « amoureux » comme l'indique le titre) et quasi encyclopédique, englobant les principaux aspects de la Grèce, de l'Antiquité à la période contemporaine, sont un indépassable passeport pour partir à la connaissance du pays.

– *Le Colosse de Maroussi,* d'Henry Miller (LGF, Biblio-poche n° 3029, 1941). Invité par le romancier Lawrence Durrell, Henry Miller débarque en Grèce en 1939 : c'est aussitôt le coup de foudre et quelques mois de bonheur au contact de la Grèce millénaire en compagnie d'un formidable conteur, Katsimbalis, alias le « colosse de Maroussi ».

– *Pages grecques,* de Michel Déon (Folio n° 3080, 1993). Sous ce titre sont réunis *Le Balcon de Spétsai* (1960) et *Le Rendez-vous de Patmos* (1965).

Séduit par l'île de Spétsai, Michel Déon y a jeté l'ancre à la fin des années 1950. *Le Balcon* est la chronique de ses années heureuses passées au contact de la population de l'île, alors que *Le Rendez-vous* emmène le lecteur à travers la mer Égée, dans les îles, ces perles de lumière que sont Corfou, Rhodes, Lesbos, les Cyclades, à la rencontre de personnages hauts en couleur, riches d'histoires du passé et du présent.

– *La Bouboulina,* de Michel de Grèce (Presses-Pocket n° 4187, 1993). Héroïne de la libération des Grecs contre l'oppresseur turc (fin XVIIIe-début XIXe siècle), la Bouboulina fut une aventurière, amoureuse de la mer, voyageuse (un peu routarde ? à vous de juger), et aussi redoutable femme d'affaires collectionnant navires et amants. Et des armes, du sang et des larmes.

– *Onassis et la Callas,* de Nicholas Gage (éditions Robert Laffont, 2000, coll. « J'ai Lu »). Une radiographie très fouillée et très éclairante d'une des grandes histoires d'amour du XXe siècle, réunissant deux monstres sacrés, dans tous les sens du terme...

– *Mani,* de Patrick Leigh Fermor (Payot, coll. « Voyageurs », 1999, édition originale 1958). Installé en Grèce, l'écrivain voyageur britannique, grand ami de Bruce Chatwin, a arpenté dans les années 1950 les routes et les chemins du Magne (en grec *Mani*), cette région mystérieuse du sud du Péloponnèse. S'appuyant sur une connaissance sans faille de l'Hellade antique comme de la Grèce contemporaine, il nous livre, en témoin fasciné autant qu'en ethnologue érudit, un portrait du Magne profond et de quelques-uns de ses secrets.

– *Géopolitique de la Grèce,* de Georges Prévélakis (éditions Complexe, 1997). Un tour d'horizon complet, intelligent, pédagogique, peut-être un peu ardu mais pas indigeste, de la géopolitique du pays au fil des temps, qui débouche sur une analyse fine de la situation actuelle.

Histoire, mythologie, art grec

– *La Grèce au siècle de Périclès,* de Robert Flacelière (Hachette littéraire, coll. « La Vie Quotidienne », 1959, réédition 1996). Le siècle de Périclès, c'est celui de l'Acropole, de Sophocle ou de Socrate, celui du plus grand rayonnement grec, lorsque les cités-États, jusqu'alors indépendantes, s'unirent à l'instigation d'Athènes pour repousser victorieusement l'envahisseur perse.

– *L'Homme grec,* sous la direction de Jean-Pierre Vernant (Le Seuil, 1994, coll. « Points-histoire », n° 267). Un recueil de courts articles ou essais, écrits par divers spécialistes européens qui donnent une vision assez complète de ce qu'a pu être, dans l'Antiquité, « l'homme grec » (au sens le plus large). Et l'homme grec justement, paraît-il, était multiple et ne se réduisait pas à une simple étiquette...

– *L'Art grec,* de Jean-Jacques Maffre (PUF, coll. « Que sais-je ? », n° 2278, 1986). Un petit bouquin rapide sur l'évolution de l'art grec. Les grandes étapes sont précisément définies, et l'évolution d'ensemble bien analysée (de 3000 à 30 av. J.-C.). Quelques schémas et reproductions (trop peu, hélas !) illustrent utilement le tout.

– *Pourquoi la Grèce ?* de Jacqueline de Romilly (Livre de Poche n° 13549, 1992). Cette grande helléniste de l'Académie française parle de notre héritage grec à partir de la mythologie, du théâtre, de la poésie, de l'histoire (...) de la Grèce antique. Fouillé. Destiné de préférence à ceux qui sont déjà familiarisés à la littérature grecque de l'Antiquité. Du même auteur, *Alcibiade* (éd. De Fallois, 1995), une passionnante biographie très accessible du filleul de Périclès, prototype de l'homme politique dévoré par l'ambition.

– *La Couronne et la Lyre,* de Marguerite Yourcenar (Gallimard, coll. « Poésie », n° 189, 1979). Adaptés plus que traduits par Marguerite Yourcenar, ces poèmes grecs anciens, de 110 auteurs différents, couvrant toute l'Antiquité sur onze siècles, ont un parfum authentique, universel et donc actuel. Chaque auteur est présenté par une introduction intéressante.

MÉDIAS

Le paysage audiovisuel grec n'a pas grand-chose d'original : depuis novembre 1989, les chaînes privées ont le droit d'émettre et ce n'est pas une grande surprise si ces chaînes sont celles qui font le plus d'audience, les 4 principales étant *Méga, Antenna, Star* et *Alpha*. En quelques années, les chaînes publiques, *ET 1* et *NET,* se sont effondrées (moins de 10 % de parts de marché). Beaucoup de séries grecques ou étrangères (qui livrent une rude concurrence aux séries grecques) et des films le plus souvent sous-titrés (une chance si vous allumez la TV et qu'on y diffuse un film français, car c'est beaucoup plus rare qu'en anglais). *Antenna,* après de longs débats, a accueilli en septembre 2001, la version grecque de *Big Brother* (*Megas Adelphos* en grec)... Quant aux chaînes privées régionales ou thématiques, elles sont nombreuses puisqu'il en existe près de 150.

Si vous voulez vous informer sur ce qui se passe dans le pays et ailleurs, sachez que les informations du soir sont diffusées assez tôt pour la Grèce du moins (20 h) et durent longtemps (1 h), bien souvent pour pas grand-chose. En effet, on délaie beaucoup...

La **presse écrite grecque** se fait facilement remarquer : les kiosquiers ont l'habitude de suspendre les journaux à un fil à linge et chacun peut venir lire les gros titres de la une. Les quotidiens nationaux sont beaucoup plus nombreux qu'en France, ce qui ne signifie pas qu'ils soient forcément beaucoup lus. Ils couvrent tout l'échiquier politique. *Ethnos, Elefthérotypia* sont des quotidiens de gauche alors que *Kathimérini* (qui contient un supplément en anglais) représente les positions conservatrices. *To Vima* essaie de tenir la place du *Monde* en France. La plupart des journaux grecs accordent l'essentiel de leur attention à la politique intérieure, affichant le plus souvent des opinions très partisanes, qui s'expriment par des titres incendiaires. L'actualité internationale n'y occupe qu'une très petite place. Les quotidiens paraissent même le dimanche, avec un numéro spécial particulièrement épais.

On peut s'informer sur l'actualité locale en lisant *Athens News,* hebdo qui couvre l'actualité du pays tout entier ainsi que l'actualité internationale, sports inclus.

MUSÉES ET SITES ARCHÉOLOGIQUES

– La plupart des sites et musées sont gratuits pour les étudiants de l'Union européenne, sur présentation de la carte d'étudiant internationale, pour les jeunes de moins de 18 ans et pour les professeurs d'études classiques, d'archéologie et d'histoire de l'Union européenne, également sur justification de leur profession. Attention, les fonctionnaires du ministère de la Culture qui vendent les billets ne sont pas toujours d'excellente composition et ne sont pas forcément bien disposés à vous accorder les réductions auxquelles vous avez en principe droit, surtout si la file d'attente aux guichets est impressionnante. Il semblerait aussi que tous les sites n'appliquent pas de manière uniforme ces réductions. Insistez pour faire valoir vos droits, surtout que, côté augmentations, le ministère de la Culture grec n'y est pas allé avec le dos de la cuillère... Selon l'importance du site, le billet (tarif plein) coûte de 2 à 12 €.

– Hors saison, on peut parfois bénéficier de la gratuité pour tous les musées et sites :

• les dimanches entre le 1er novembre et le 31 mars, ainsi que le premier dimanche des mois de mai, juin et octobre ;

• les 25 mars et 28 octobre (Fêtes nationales) ;

- le 6 mars (en mémoire de Mélina Mercouri) ;
- le 18 avril (journée nationale des monuments) ;
- le 18 mai (journée internationale des musées) ;
- le 5 juin (journée de l'environnement) ;
- le dernier week-end de septembre (journée du patrimoine).

– Les horaires sont susceptibles de varier assez souvent et parfois sans raison. Tout dépend des crédits que le ministère de la Culture affecte à la direction des musées. En 1999, beaucoup de sites ouvraient jusqu'à 20 h en été, mais dès 2000 on est repassé à 19 h. 8 h-15 h tous les jours est désormais l'horaire harmonisé valable hors saison (donc d'octobre à fin mars) partout ou à peu près. Quelques grands sites et musées sont ouverts jusqu'à 19 h l'été, les autres ferment à 15 h toute l'année.

– Si vous voulez filmer, une taxe (chère) vous sera demandée. Un conseil : consultez les catalogues à l'entrée, pour juger si cela vaut le coup. Des surveillants en civil vérifient si vous êtes en règle.

– Les lève-tôt seront récompensés : l'Acropole à 8 h, c'est super, Olympie aussi. Dès 10 h, c'est l'enfer. Vous avez deviné pourquoi ?

– Méfiez-vous de la Pâque orthodoxe (en 2004, Pâques tombe le 11 avril) : le dimanche, tous les sites sont fermés. Autres jours de fermeture : le 1er janvier, le 25 mars, le 1er mai, les 25 et 26 décembre. Le vendredi de Pâques, les sites ne sont généralement ouverts que le matin ; en revanche c'est l'inverse le jeudi de Pâques (ouverture l'après-midi). Le 6 janvier, le jour des Cendres, les samedi et lundi de Pâques, le lundi de Pentecôte, le 15 août et le 28 octobre, sites et musées devraient en principe être ouverts mais moins longtemps qu'un jour ouvrable normal ; le 2 janvier, le dernier samedi de Carnaval, les veilles de Noël et du 1er janvier, sites et musées ne sont ouverts que le matin. Le plus prudent est de vérifier sur place, le ministère pouvant accorder à la dernière minute des journées ou des demi-journées de congé supplémentaires.

MUSIQUE, DANSE

En raison peut-être de leur expérience touristique, les principales villes grecques, et tout particulièrement Athènes, disposent d'une infrastructure importante et très complète pour ce qui est de la vie nocturne.

– Les *discothèques* connaissent les ambiances les plus cool qui soient. Les orchestres de danses traditionnelles font vivre intensément les tavernes jusqu'à l'aube, et les fêtes et festivals en tout genre prolifèrent.

Dans les discothèques, les consommations sont servies à des tarifs un rien moins élevés que chez nous. Ne vous étonnez pas que, parfois, on interdise l'entrée des boîtes de nuit aux garçons « non accompagnés » : c'est la règle. Elle a été instaurée afin d'éviter un déséquilibre trop flagrant entre le nombre de filles et de garçons, à la suite de l'intérêt un peu trop vif montré par les *teenagers* grecs envers les midinettes suédoises ou françaises en goguette.

– Les *tavernes* sont des lieux où l'on danse, chante, boit, et casse des assiettes (coutume grecque qui, malheureusement, coûte de plus en plus cher ; ah ! tout fout le camp...) Mais dites-vous bien que la plupart n'ont plus grand-chose d'authentique. Souvent on vous imposera de commander une assiette de fruits (trois quartiers d'orange et une demi-banane) pour avoir droit à quelques gouttes d'ouzo dans un dé à coudre.

L'idéal est, bien sûr, de vous faire accompagner par un ami grec qui vous mènera dans les vieilles tavernes fréquentées par les Grecs.

Quant à la musique enregistrée, elle ne se limite pas aux CD ou cassettes que l'on voit dans Plaka et dont la pochette est en anglais (« Greece is... » : à fuir !). Entrez plutôt chez un vrai disquaire à la recherche de disques de musique populaire.

– Le *rébétiko* est le blues grec. Ces chansons de mauvais garçons des faubourgs, à la voix rauque, sont devenues à la mode dans les années 1950-1960. Théodorakis et Hadjidakis sont devenus des classiques populaires. Pour le premier, préférez les disques de sa grande période militante, années 1960-1970, chantés par Pétros Pandis et Maria Farandouri, ou l'oratorio *Axion Ésti* sur des poèmes d'Odysséas Elytis.

La plus belle voix masculine aujourd'hui est sans aucun doute celle de Yorghos Dalaras dont le répertoire va de la chanson sucrée (à la Iglésias) à la chanson d'auteur. Chez les chanteuses, Haris Alexiou, Elefteria Arvanitaki (une des rares à s'exporter en France), Rita Sakellariou, Glykéria, sans oublier « notre » Angélique Ionatos, originaire de Lesbos et installée en France.

Quelques autres noms chez les hommes : Dionyssos Savvopoulos, chanteur satirique ; Vassilis Papakonstantinou, rockeur grec toujours vert, et, dans un autre genre, les nouvelles coqueluches Notis Sfakianakis et Sakis Rouvas (*Ola kala*, ça vous dit quelque chose ?).

Le rébétiko

L'historique

Le rébétiko est né en Asie Mineure et il est arrivé en Grèce avec les réfugiés de Smyrne. D'origine très populaire, il a d'abord été chanté clandestinement. Dans sa forme la plus pure, c'est typiquement une musique pour raconter de courtes histoires et exprimer des sentiments. Les premières chansons étaient souvent une manière satirique de relater les histoires tirées de la vie des chanteurs exprimant leur détresse. De nombreuses chansons font référence à la drogue.

Le rébétiko populaire est assez différent de celui issu de Smyrne qui prévalait au début des années 1900. Il introduit l'instrument et le chanteur solo, alors que celui de Smyrne était plus un travail de groupe. Les principaux instruments sont le *bouzouki*, le *baghlamas,* rejoints plus tard par la guitare. Le chanteur est un homme à la voix rude, jamais douce ni lascive. Le classique commence par un *taximi* (improvisation) joué par le *bouzouki* en guise de prélude.

Les années héroïques du rébétiko situent la période 1920-1940. Après-guerre, Vassilis Tsitsanis et Markos Vamvarakis réussirent à sortir le rébétiko de ses stigmates sociaux et de son association avec la prison et la drogue, le popularisant et créant un genre musical grec authentique et moderne.

Son déclin commença dans les années 1960, quand il est devenu à la mode dans les milieux bourgeois et quand a émergé une nouvelle musique grecque, créée par des compositeurs tels que Manos Hadjidakis, Mikis Theodorakis et Stavros Xarhakos. Pourtant tous ont incorporé le rébétiko dans leurs œuvres et, de ce fait, ont contribué à le faire connaître plus largement.

Les instruments

Le *bouzouki* appartient à la famille des luths. Il a souvent 8 cordes métalliques montées par paire. Des instruments de forme similaire se retrouvent dans les civilisations préhellénique, égyptienne, assyrienne, chinoise et indienne.

Le *baghlamas* est un petit *bouzouki,* pas plus grand que 40 ou 60 cm. Il était l'instrument préféré des prisonniers qui pouvaient le cacher. Dans le rébétiko originel, on remarque d'autres instruments, tels que le violon, le luth, l'*outi* (luth à manche court), le *sandouri* (instrument à cordes en forme de trapèze isocèle, instrument fétiche de Zorba le Grec !) et le *toumbeliki* (tambour).

Les danses

Elles sont principalement au nombre de 3. Le *zeibékiko,* considéré comme LA danse du rébétiko. Il est dansé par un homme seul, qui exécute des figures acrobatiques circulaires qui se compliquent au fur et à mesure.

Le *hassapikos,* dont le nom d'origine turque signifie « boucher ». Les bouchers de Constantinople étaient souvent grecs et exécutaient cette danse lors des festivités de leur corporation. Il est habituellement dansé par trois hommes, qui se tiennent par l'épaule.

Le *tsiftétéli :* dansé par une femme, il ressemble à ce qu'on appelle plus communément la danse du ventre.

MYTHOLOGIE

La mythologie expliquée aux routards

La mythologie n'était pas pour les Grecs quelque chose de figé : elle expliquait le monde, à la fois ses origines (la *cosmogonie*) et son déroulement quotidien, les dieux intervenant quasi constamment dans la vie des humains, selon les Grecs. La place des dieux a pu aussi évoluer selon l'importance du culte qu'on leur vouait, certains d'entre eux ne prenant leur essor qu'assez tardivement, d'autres étant de moins en moins célèbres.

Au commencement était *Chaos,* une sorte de vide, opaque, inorganisé, suivi de près par son contraire *Gaïa,* la Terre (et mère) universelle. Gaïa, toute seule comme une grande, donna naissance au flot marin, *Pontos* et à *Ouranos,* le ciel. Mais ce dernier, fils ingrat, n'arrêtait pas d'embêter sa mère : d'abord, il vivait vautré sur elle (et, étant de même dimension, ça ne laissait aucun espace de liberté pour Gaïa), ensuite, il la couvrait dans le second sens du terme, son unique activité étant le coït... Petit problème : les enfants qu'il n'arrêtait pas de lui faire n'avaient pas la place de voir le jour ! Gaïa inspira donc à son petit dernier, *Cronos,* une idée décisive... et incisive : avec une serpe fabriquée par maman, il tranche les parties génitales de papa. Sous le coup de la douleur, Ouranos décolle un grand coup et va se fixer tout là-haut, en lançant des imprécations sur sa descendance. Le membre tranché, lui, va finir sa course dans la mer où il donnera naissance à *Aphrodite.* Ce coup de force donne un coup d'accélérateur : le Temps, jusqu'alors bloqué par Cronos, est mis en marche et l'histoire peut commencer.

Mais Cronos n'est pas des plus sympathiques. Il a mis au pas ses frères et sœurs, Titans et Titanes, et s'il s'accouple avec Rhéa (sa sœur, au passage), ce n'est pas pour le plaisir de fonder une famille : il dévore en effet chacun de leurs enfants par peur d'être détrôné un jour... Rhéa parvient à en sauver un en mettant une pierre dans les langes de l'enfant, que Cronos avale consciencieusement. Quand il se rend compte de la supercherie, le petit *Zeus* est bien à l'abri, en Crète.

Va alors commencer la lutte, forcément titanesque, entre Zeus et Cronos. D'un côté les Olympiens, de l'autre les Titans. Grâce à des ralliements (dont Prométhée, fils de Titan, et les Cyclopes), le camp emmené par Zeus s'imposera au terme d'une longue lutte. Les forces du passé sont réduites à l'immobilité, renvoyées au fond du Tartare. Avec le règne de Zeus et de sa petite famille, un nouveau monde, pacifié au moins pour un temps, voit le jour. Aux commandes, la première génération des Olympiens. Zeus et ses frères et sœurs : *Poséidon,* maître des mers, *Hadès,* qui, depuis les Enfers, règne sur les morts ; *Héra,* sœur et épouse de Zeus, la jalousie incarnée (et elle en avait des raisons d'être jalouse !), *Hestia,* déesse (mineure) du Foyer et *Déméter,* déesse de la Fertilité, dont *Perséphone,* la fille qu'elle avait eu de Zeus, son frère, a été enlevée par... tonton Hadès qui en a fait sa femme ! Vous suivez toujours ?

Pour compléter la tribu, d'autres dieux, nés d'unions illégitimes de Zeus, grand cavaleur devant l'éternel! **Apollon,** fils de Zeus et de Léto, qui naquit, selon la tradition, à Délos. Il tua le serpent Python et s'appropria l'oracle de Delphes. Bourreau des cœurs, mais aussi amateur de sang, il présidait à la fondation des villes. On cherchait à s'attirer ses bonnes grâces, sachant que ses flèches empoisonnées pouvaient aussi semer la désolation.

Artémis, sa sœur jumelle, elle aussi habile du carquois, était surtout vénérée comme déesse de la Chasse (mais pas de la Pêche ni des Traditions). Prompte à la colère, c'est elle qui demanda le sacrifice d'Iphigénie, la fille d'Agamemnon, afin d'obtenir des vents favorables pour la flotte grecque en partance vers Troie. **Athéna,** fille de Zeus et de Métis (la ruse), naquit tout armée de la tête de son père. Elle était vénérée comme la déesse de la Pensée, des Arts et de l'Industrie. Son portefeuille contenait aussi la Guerre (pour la ruse) et la Sagesse, comme quoi...

Chez les garçons, **Dionysos,** fils de Zeus et de Sémélé, mais carrément né de la cuisse de Zeus, lui! Dieu du Vin et de l'Ivresse... Figure d'abord secondaire, il devint l'un des dieux les plus populaires. On lui rendait un culte volontiers orgiaque, les Bacchanales, qui étaient à l'origine une occasion de célébrer la nature au printemps. **Hermès,** fils de Zeus et de Maïa, possédait des attributions très diverses et était notamment le dieu du Commerce et des Voleurs (aucun rapport bien entendu), de l'Éloquence, le messager des dieux, le protecteur des voyageurs, donc des routards, etc. Un vrai représentant multicartes.

Ajoutons quelques autres figures, comme **Arès,** dieu de la Guerre, fils légitime, et **Héphaïstos,** le dieu boiteux, maître du feu, marié à Aphrodite qui le trompa avec Arès, justement!

Leur interaction avec les humains a donné naissance à de grands cycles, dont celui d'**Héraklès,** celui de la guerre de Troie et celui d'**Œdipe,** pour ne citer que les plus connus. Les récits mythologiques, au-delà de leur apparent simplisme, sont d'une grande complexité et une source inépuisable de réflexion. Pour en savoir plus, on ne peut que conseiller de lire le livre de Jean-Pierre Vernant, **L'Univers, les dieux, les hommes** (Le Seuil, 1999, coll. « Points »), qui décrypte les significations cachées des mythes des origines.

Pourquoi la mythologie grecque a-t-elle fait un tel tabac?

Des mots issus des grands mythes grecs (labyrinthe, cyclope, titan, méduse, aphrodisiaque, herculéen) sont passés dans notre vocabulaire courant, de même que des expressions comme « le fil d'Ariane » ou « la cuisse de Jupiter » et jusqu'à des marques commerciales comme Ajax... La mythologie grecque est connue du monde entier.

A priori, rien d'étonnant, vu l'importance de la colonisation grecque. Les Grecs sont allés partout (jusqu'en Inde grâce à Alexandre le Grand), imposant à la fois leur puissance et... leurs dieux. Mais pourquoi des empires aussi puissants que ceux des Égyptiens ou des Perses n'ont-ils pas réussi à promouvoir aussi bien leurs divinités?

Il faut d'abord souligner le caractère merveilleux des dieux grecs... Ce sont des héros doués de pouvoirs extraordinaires. Ils font rêver. Hermès est capable de voler grâce à ses sandales ailées. Aphrodite avec son superbe corps n'a rien à envier aux divas d'Hollywood. Zeus commande au tonnerre. La mer obéit à Poséidon.

Et pourtant, tous ces dieux sont particulièrement humains. Comme nous, ils sont capables de mensonges, de cruauté ou de tromperie. Ils s'affrontent puis se réconcilient. Tout ce beau monde est, comme celui d'ici-bas, agité par la passion et les intérêts. Leurs faiblesses et leurs défauts les rendent attachants et proches des hommes. Le peuple grec pouvait s'y reconnaître. À y regarder de près, ces dieux avaient un côté libertaire, donc subversif. Comme des midinettes, ils ne pensaient qu'aux choses de l'amour. Bref, ils ne connaissaient pas la morale, au sens judéo-chrétien (normal, elle n'avait pas encore été inventée !). Ils étaient complexes, multiples, paradoxaux.

Pendant quelques siècles, ces cultes païens rendus aux dieux grecs ont tant bien que mal cohabité avec la religion chrétienne. Mais la concurrence était trop dure pour « la » religion. Les dieux étaient trop proches des hommes. Pour avoir une bonne récolte, du soleil ou de la pluie, il suffisait de le demander au dieu concerné. Pour cela, on donnait au dieu ce dont il avait envie : un animal en sacrifice. Il fallait donc interdire tous ces dieux pour le Dieu unique. C'est ce que fit un édit de l'empereur Justinien Ier, au VIe siècle. L'Empire était devenu chrétien. Lorsque quelqu'un est entre la vie et la mort, les Grecs disent toujours couramment : *charopalévi* (littéralement, il lutte contre Charon, le passeur qui faisait traverser aux esprits le fleuve des morts). Une eau minérale se nomme Ivi, transcription moderne d'Hébé, déesse de la Jeunesse. Et l'on pourrait multiplier les exemples...

PERSONNAGES

– **Théo Angelopoulos** (1936) *:* le plus représentatif des réalisateurs du nouveau cinéma grec. Il cherche dans la mémoire collective de son peuple un message politique et social. On lui doit, entre autres, *Paysage dans le brouillard* (1988), l'admirable voyage initiatique et poétique de deux enfants, et plus récemment *Le Pas suspendu de la cigogne* (1991), avec Jeanne Moreau et Marcello Mastroianni. *Le Regard d'Ulysse* (1995) retrace le voyage d'Harvey Keitel jusqu'à Sarajevo, à la recherche d'un film mythique du début du XXe siècle. La Palme d'Or du Festival de Cannes lui a été décernée en mai 1998 pour *L'Éternité et un jour*.

– **Michael Cacoyannis** (1922) *:* le cinéaste de la Grèce par excellence. Il permit à Mélina Mercouri de faire ses débuts à l'écran dans un rôle de femme libre avec *Stella* (1955). Mais on se souvient surtout d'Antony Quinn, Irène Papas et Alan Bates dans *Zorba le Grec* (1964), transportés par la musique de Théodorakis.

– **Maria Callas** (1923-1977) *:* « Elle est comme l'Acropole, encore plus belle depuis qu'elle est en ruine. » En effet, grâce à une voix incomparable (et un régime qui aurait fait rougir de jalousie son compatriote Demis Roussos), le vilain petit canard s'est un jour métamorphosé en une exceptionnelle diva. Généreuse et enflammée, Maria Callas a immortalisé les rôles de *Norma* et de *Tosca* et révolutionné l'art lyrique. Sa vie même eut un parfum de scandale quand elle quitta son pygmalion et mari Carlo Meneghini pour le ténébreux Onassis. Évincée par la belle Jackie, la voix prématurément brisée, elle mourut en véritable héroïne tragique et devint un réel mythe. « Like a candle in the wind... »

– **Costa-Gavras** (1933) *:* cinéaste d'origine grecque, naturalisé français. Assistant de René Clair et de Jacques Demy, il connaît un véritable triomphe avec *Z* (1969), qui dénonce la dictature militaire au pouvoir à l'époque. Un cinéma engagé également à l'image de son acteur, Yves Montand, qu'il dirigea aussi dans *L'Aveu* (1970), pour dénoncer les purges du régime communiste en Tchécoslovaquie. Avec *Missing* (1982), violente critique de la politique américaine en Amérique latine, il remporte la Palme d'Or et fait scandale outre-Atlantique. Présente sur tous les fronts, son œuvre est le fidèle reflet de son combat pour la gauche, excepté quelques films isolés, comme *Conseil de famille* (1986) ou *Music Box* (1990).

– **Odysséas Elytis** (1911-1996) *:* prix Nobel de littérature 1979. Né en Crète dans une famille originaire de Mytilène (Lesbos), il a introduit le surréalisme dans la littérature grecque. Ami d'Éluard, de Picasso, très influencé par la France où il a séjourné de 1948 à 1951 et de 1969 à 1971. Son œuvre majeure est *To Axion Esti* (1959), un recueil de poèmes conçu comme un tout, nourri de son expérience personnelle et de la culture hellénique millénaire et popularisé par Théodorakis qui l'a mis en musique. Il en existe une traduction en français parue chez Gallimard.

– **Nikos Kazantzakis** (1885-1957) : celui qui se disait « d'abord Crétois et ensuite Grec » est né dans une Crète qui faisait encore partie de l'Empire ottoman et a connu, tout enfant, les insurrections crétoises (infructueuses) de 1889 et 1897-1899. Après avoir commencé ses études à Naxos, dans un établissement religieux tenu par des pères français, il fait son droit à Athènes et part ensuite à l'étranger, en Allemagne et à Paris. Cet intellectuel de grande envergure a connu, pendant toute son existence, un déchirement entre le corps et l'esprit (chez les Grecs, on parle de dualité entre l'esprit dionysiaque et l'esprit apollinien, bien sûr). Il a cru dans l'action, en s'enthousiasmant pour la révolution russe (il visitera d'ailleurs l'URSS avec son copain roumain, Panaït Istrati, grand routard devant l'Éternel, et en reviendra déçu), en se laissant également tenter par une éphémère carrière politique après la Seconde Guerre mondiale, et ce n'est qu'une fois revenu de pas mal d'illusions, installé à Antibes, qu'il se lancera dans l'écriture romanesque, à 70 ans passé. Une demi-douzaine de romans vont le rendre célèbre (*Alexis Zorba*, bien entendu, *Les Frères ennemis*, *Le Christ recrucifié*, *La Liberté ou la Mort* mais aussi *La Dernière Tentation* que Scorsese adaptera bien plus tard). Sa dernière œuvre sera une sorte d'autobiographie spirituelle, *La Lettre au Gréco*, qui constitue un beau témoignage sur la vie intellectuelle d'un des grands esprits du siècle.

– **Mélina Mercouri** (1920-1994) : une des figures majeures de la culture et de la démocratie grecque contemporaine. Issue d'une famille de politiciens, elle poursuit d'abord des études d'art dramatique et devient une actrice reconnue. Dirigée par son mari, Jules Dassin, elle réussit brillamment son passage au grand écran en recevant le prix d'interprétation à Cannes pour son rôle dans *Jamais le dimanche* (1960). Parallèlement à sa carrière artistique, elle milite activement au sein de la gauche et subit de nombreuses pressions en s'opposant à la dictature qui s'installe en 1967. Elle raconte sa carrière artistique et son combat politique dans un livre à recommander : *Je suis née grecque* (malheureusement épuisé). En 1979, elle reçoit la médaille de la Paix aux côtés de Papandréou et devient ministre de la Culture après la victoire électorale du PASOK. Elle le restera jusqu'à sa mort, créant le titre de capitale culturelle de l'Europe (Athènes sera la pionnière en 1985) et ravivant la campagne pour le retour des Marbres du Parthénon, exposés actuellement au British Museum à Londres. À Athènes, allez voir le *Café Mélina*, un lieu surprenant, entièrement dédié à sa mémoire (voir « Où boire un verre ? Où manger une glace ? »).

– **Nana Mouskouri** (1936) : plus facile de se remémorer ses lunettes carrées et ses robes noires à paillettes que l'air de ses vieux tubes. Pourtant, avec son look d'intello pas très glamour, Nana est l'une des rares chanteuses grecques à connaître une carrière internationale... et à oser chanter en japonais. À son palmarès, un mandat de député européen et la reprise du combat de Mélina Mercouri pour la restitution des Marbres du Parthénon.

– **Aristotelis Onassis** (1906-1975) : le chouchou de la presse *people*. Cet armateur grec milliardaire a fondé la compagnie aérienne *Olympic Airways* (nationalisée par la suite), mais a connu la notoriété par ses conquêtes féminines. Marié une première fois à Athina Stavrou Livanou, il connaît une liaison tumultueuse avec Maria Callas, qu'il abandonne pour épouser la jeune et jolie veuve de J.F.K. Son yacht est aussi célèbre que *La Laurada*, et sa résidence d'été, l'île de Skorpios, n'est pas mal non plus.

– **Andréas G. Papandréou** (1919-1996) : Premier ministre de 1981 à 1989 et de 1993 à 1996, élu vice-président de l'Internationale socialiste en 1992. Il a connu un parcours politique original : citoyen américain (il a enseigné l'économie dans une université américaine), il entre en politique quand son père devient... Premier ministre au milieu des années 1960. Exilé aux États-Unis dès le coup d'État des colonels en 1967, il lutte activement pour la restauration de la démocratie en Grèce. Après la chute de la dictature, il crée le PASOK (mouvement panhellénique socialiste), qui s'affirme comme l'un des principaux partis d'opposition. Il devient Premier ministre en 1981, après un confortable succès électoral. Fervent défenseur d'une politique tiers-mondiste, il donne à la Grèce une place singulière dans la Communauté européenne. Militant du désarmement nucléaire, il a œuvré pour la paix et la coopération internationale. Populiste et nationaliste, et à ce titre héraut de l'hellénisme moderne, il a vu sa position s'affaiblir à la suite de scandales politico-financiers (affaire Koskotas qui l'a mené devant une cour spéciale qui n'a rien pu prouver contre lui mais la suspicion s'est installée). Il a aussi défrayé la chronique en raison d'une vie sentimentale agitée (remariage, à 70 ans, avec une jeune ex-hôtesse de l'air dont la presse montrait régulièrement des photos dénudées).

– **Georges Séféris** (1900-1971) : prix Nobel de littérature 1963. Diplomate de carrière, né à Smyrne (Izmir) et resté attaché à son Asie Mineure, « perdue » après 1922. Ses poèmes, d'une grande richesse, mêlent l'héritage culturel de la Grèce et les préoccupations contemporaines, liées à l'évolution de son pays dont il était un acteur en tant que consul puis ambassadeur. Ses obsèques ont été l'occasion de défiler silencieusement contre la junte des colonels. Une grande partie de son œuvre a été traduite par Jacques Lacarrière.

– **Mikis Théodorakis** (1925) : un autre grand artiste engagé. Né à Chios (comme Andréas Papandréou), il est entré dans la Résistance pendant la Seconde Guerre mondiale, à 17 ans ; il est plus tard poursuivi pour son engagement à gauche (il sera déporté sur l'île de Makronissos). Il s'installe ensuite à Paris et s'inscrit au conservatoire, où il acquiert rapidement une réputation mondiale. À nouveau arrêté et déporté après le coup d'État des colonels, il est libéré en avril 1970 et devient le symbole vivant de la résistance à la dictature. Mais son retour triomphal en Grèce en 1974 sera de courte durée, puisqu'il s'oppose cette fois-ci à la gauche en prônant un retour en douceur à la démocratie. Élu au Parlement grec, il va s'éloigner progressivement du parti communiste et de la gauche pour finir par siéger sur les bancs de la droite, au sein de la Nouvelle Démocratie ! Il abandonne alors son mandat pour se consacrer à la musique. Parallèlement à ses œuvres classiques, il écrit pour le cinéma, notamment pour *Zorba le Grec* (1964) et *Z* (1969), et contribue au renouveau de la musique grecque populaire.

PHOTO

Pellicules en général moins chères qu'en France, surtout chez les photographes (évitez les magasins à touristes où vous paierez le prix fort). Vérifiez les dates. De plus, le tirage est bon marché (mais attention à la qualité). Si vos pellicules demandent un soin plus particulier, le plus sage est d'attendre votre retour en France.

Offre spéciale Routard

Avant votre départ, préparez vos vacances avec **Photo Service...** Pour les adeptes de la photo numérique, Photo Service offre 12 % de réduction sur l'achat d'une carte mémoire. Et pour les fidèles de l'argentique, Photo Service offre 12 % de réduction sur l'achat de pellicules. Ces avantages sont disponibles dans tous les magasins Photo Service sur présentation du *Guide du routard*.

Au retour, Photo Service vous offre le transfert de vos photos sur CD-Rom pour toute commande de tirages numériques, ou une pellicule gratuite de votre choix pour tout développement et tirage.

Sur présentation du *Guide du routard,* Photo Service vous offre la carte de fidélité qui vous permet de bénéficier de 12 % de réduction sur tous vos travaux photo pendant un an dans les magasins Photo Service comme sur le site ● www.photoservice.com ● Offre valable jusqu'au 31 décembre 2004.

PLAGES

À moins d'être un archéomaniaque qui dédaigne l'élément marin, on peut supposer que vous mettrez les pieds plus d'une fois sur les plages grecques. Normal, il n'y a pas si longtemps le slogan de l'office national du tourisme était : « La mer a un pays, la Grèce. » Difficile d'émettre un jugement général sur les plages tellement il en existe de genres différents, de la plage de sable noir (volcanique) à la plage de sable fin en passant par les galets. Question propreté, il y a des progrès mais à côté des plages équipées en poubelles, combien en manquent encore cruellement ? Il n'est parfois pas inutile, sur des criques peu fréquentées, d'arriver avec son sac-poubelle et de faire le ménage...

Officiellement, en 2003, plus de 99 % des eaux de baignade étaient propres. 373 plages grecques se sont ainsi vu décerner le fameux pavillon bleu (*galazio siméo* en grec), ce qui constitue presque un cinquième de l'ensemble des plages d'Europe récompensées, de la Finlande à la Turquie ! Étonnant, non ? Ces plages se répartissent de manière très inégale (il y en a assez peu dans les Cyclades par exemple) et il semble que dans certains coins, on ne fasse pas les démarches (ou les efforts) nécessaires pour l'obtention de ce pavillon.

Sur le site Web ● www.thalassa.gr ●, on a donné les résultats d'une enquête menée en 2002-2003 auprès de 50 000 touristes à qui on a demandé d'indiquer quelles étaient pour eux les plus belles plages du pays (et les plus propres). Est arrivée en tête *Porto Katsiki* (Leucade) devant *Koukounariès* (Skiathos) et *Myrtos* (Céphalonie). Viennent ensuite *Kalogria* (Péloponnèse), *Falassarna* (Crète), *Zaharo* (Péloponnèse), *Elias* (Mykonos), *Kathisma* (Leucade), *Chryssi* (Crète), *Agios Prokopios* (Naxos), *Perissa* (Santorin), *Agios Nikolaos* (Karpathos) et *Sarti* (Chalcidique).

PLONGÉE SOUS-MARINE

Jetez-vous à l'eau...

Pourquoi ne pas profiter de ces régions où la mer est souvent calme, chaude, accueillante, et les fonds riches, pour vous initier à la plongée sous-marine ? Faites le saut, plongez ! La plongée est enfin considérée comme un loisir grand public, bien plus qu'un sport, et c'est une activité fantastique. Entrez dans un autre élément où vous pouvez voler au-dessus d'un nid de poissons-clowns, dialoguer longuement avec des mérous curieux et attentifs, jouer sur un nuage inquiet d'anthias vaporisés sur une « patate » de corail, planer et rêver sur une épave, vous balancer avec les gorgones en éventail, découvrir un poisson picasso... Les poissons sont les animaux les plus chatoyants de notre planète ! Certes, un type de corail brûle, très peu de poissons piquent, on parle (trop) des requins... Mais la crainte des non-plongeurs est disproportionnée par rapport aux dangers de ce milieu. Des règles de sécurité, que l'on vous expliquera au fur et à mesure, sont bien sûr à respecter, comme pour tout sport ou loisir.

Si, c'est facile !

Pour réussir vos premières bulles, pas besoin d'être sportif, ni bon nageur. Il suffit d'avoir plus de 6 ans et d'être en bonne santé. Sauf pour un baptême, un certificat médical vous sera demandé, et c'est dans votre intérêt. Les enfants peuvent être initiés à tout âge à condition d'avoir un encadrement qualifié dans un environnement adapté (eau chaude, sans courant, matériel adapté). Non, la plongée ne fait pas mal aux oreilles, il suffit de souffler en se bouchant le nez. Non, il ne faut pas forcer pour inspirer dans cet étrange « détendeur » qu'on met dans la bouche, au contraire. Et le fait d'avoir une expiration active est décontractant puisque c'est la base de toute relaxation. Être dans l'eau modifie l'état de conscience car les paramètres du temps et de l'espace sont changés, on se sent (à juste titre) « ailleurs ». En vacances, c'est le moment ou jamais de vous jeter à l'eau.

Les centres de plongée

Tous les clubs sont affiliés selon leur zone d'influence à un organisme international, dont voici les trois plus importants : la CMAS, Confédération mondiale des activités subaquatiques (d'origine française), et/ou PADI, Professional Association Diver (d'origine américaine), et/ou NAUI, National Association Underwater Instructors (américaine). Chacun délivre ses formations et ses diplômes, valables dans le monde entier, mais n'accepte pas forcément des équivalences avec les autres organismes. Dans les régions influencées, des clubs plongent à l'américaine ; la durée et la profondeur des plongées sont alors très calibrées. La progression du plongeur amateur se fait en quatre échelons. Si le club ne reconnaît pas votre brevet, il vous demandera une « plongée-test » pour vérifier votre niveau. En cas de demande d'un certificat médical, le club pourra vous conseiller un médecin dans le coin. Tous les clubs délivrent un « carnet de plongée » qui, d'une part, retracera votre expérience et, d'autre part, réveillera vos bons souvenirs. Gardez-le et pensez toujours à emporter ce « passeport » en voyage.
Un bon centre de plongée respecte toutes les règles de sécurité, sans négliger le plaisir. Méfiez-vous d'un club qui vous embarque sans aucune question préalable sur votre niveau ; il n'est pas « sympa », mais dangereux. Regardez si le centre est apparemment bien entretenu (rouille, propreté, etc.), si le matériel de sécurité (oxygène, trousse de secours, radio, etc.) est à bord, si le bateau est équipé d'une protection contre le soleil, si vous n'avez pas trop à transporter l'équipement, s'il n'y a pas trop de plongeurs par palanquée (6 maximum, est-ce un rêve ?)... N'hésitez pas à vous renseigner car vous payez pour plonger, en échange, vous devez obtenir les meilleures prestations. Enfin, à vous de voir si vous préférez un club genre « usine bien huilée » ou une petite structure souple. Attention, pensez à respecter un intervalle de 12 à 24 h avant de prendre l'avion ou d'aller en altitude, afin de ne pas modifier le déroulement de la désaturation.

C'est la première fois ?

Alors l'histoire commence par un baptême (une petite demi-heure généralement). Le moniteur devrait être pour vous tout seul. Il s'occupe de tout, vous tient par la main. Laissez-vous aller au plaisir. Cela peut se faire même tranquillement en piscine. Même si vous vous sentez harnaché comme un sapin de Noël déraciné hors saison, tout cet équipement s'oublie complètement une fois dans l'eau. Vous ne devriez pas descendre au-delà de 5 m. Pour votre confort, sachez que la combinaison doit être le plus ajustée possible afin d'éviter les poches d'eau qui vous refroidissent. Puis l'expérience commence par un apprentissage progressif (de 3 à 5 jours) jusqu'au premier niveau qui permet de descendre à 20 m. Cela peut finir par un ravissement ! Seriez-vous plutôt faune ou flore ? À chacun sa mer et c'est à vous d'aller voir. Éblouissez-vous, plongez !

Plonger en Grèce

Jusqu'à il y a peu de temps, la plongée avec bouteilles était officiellement interdite en Grèce, du moins pour ceux qui auraient voulu se passer de l'encadrement d'un club de plongée. On craignait que des plongeurs ne découvrent des trésors archéologiques sous-marins qui seraient passés sous le nez des autorités grecques. Une liste de sites autorisés, assez importante, a néanmoins été publiée par le ministère de la... Culture (eh oui, ce ministère gère tout ce qui est du domaine des antiquités !). Il est de toute façon conseillé de passer par un club, qui vous donnera les renseignements les plus précis sur la zone où vous vous trouvez. Sur Internet, consulter : ● www.chez.com/fani ● ou ● www.idsc.gr ● On peut contacter l'Association des clubs de plongée en Grèce au ☎ 21-09-21-31-20 ou la Fédération hellé-nique pour les activités sous-marines (HFUA) au ☎ 21-09-81-99-61. Fax : 21-09-81-75-58.

POLICE TOURISTIQUE

Une autre invention grecque : la police touristique. Grâce à ses agents qui parlent en principe une langue étrangère (l'anglais pour la plupart), vous résoudrez plus facilement vos problèmes de séjour en Grèce, surtout ceux de l'hébergement. En arrivant à l'endroit de vos rêves, s'il n'y a pas d'office du tourisme municipal, adressez-vous tout de suite à la police touristique locale : c'est la meilleure solution pour ne pas vous embêter en cherchant une chambre vous-même, et surtout pour éviter les mauvaises surprises qu'on rencontre quelquefois chez les particuliers dans les lieux très touris-tiques.

La police touristique siège souvent dans les bureaux de la police, tout sim-plement. Qualité de l'accueil très variable... Un numéro utile : ☎ 171. Depuis l'été 2002, ce numéro fonctionne 24 h/24 sur l'ensemble du pays, pendant la saison touristique, et donne des infos, en 5 langues dont le français, sur les transports en Grèce. Il est également possible de déposer des plaintes concernant hôtels, restos, taxis, etc.

POLITIQUE

C'est entendu, les Grecs sont des animaux politiques : normal pour les inventeurs de la démocratie. Des artistes comme Mélina Mercouri et Mikis Théodorakis ont plongé avec délices dans l'arène politique et, à entendre la façon dont on commente les affaires de l'État aux terrasses des cafés, on imagine que chaque Grec est un chef de gouvernement en puissance...
Pourtant la politique ne leur a pas fait que du bien : la guerre civile de 1944-1949, opposant les combattants communistes issus de la résistance au nazisme et soutenus par la Yougoslavie et l'URSS aux forces royalistes sou-tenues par les Britanniques, a créé d'importants traumatismes dans la société grecque. La gauche a été plus ou moins bannie pendant des années de la vie politique, et il a fallu attendre son arrivée au pouvoir en 1981 avec Andréas Papandréou pour que soient autorisés à rentrer en Grèce ceux qui avaient combattu du « mauvais côté », celui des perdants, c'est-à-dire les communistes. La sombre période des colonels, de 1967 à 1974, a été aussi officiellement justifiée par une « menace communiste » pesant sur le pays. On sait aujourd'hui que les Américains n'étaient pas étrangers au coup d'État qui a plongé la Grèce sous la chape de plomb de la dictature, ce qui explique sans doute la vague nationaliste et foncièrement anti-américaine qu'a connue la Grèce dans les années Papandréou, à partir de 1981.
Aujourd'hui, la vie politique s'est plutôt pacifiée : les deux grands partis, le parti socialiste *PASOK,* au pouvoir, et la *Nouvelle Démocratie,* sont d'accord

sur l'engagement européen de la Grèce. Tous deux ont mis le cap sur l'euro. Il y a de cela quelques années, le PASOK, très nationaliste et pas vraiment pro-européen, a mis de l'eau dans son vin. Le Premier ministre, Kostas Simitis, à qui l'on donne volontiers du « Michel Rocard grec », a su s'éloigner du style populiste de son prédécesseur pour adopter un profil gestionnaire. Cela est nouveau dans un pays où l'État, traditionnellement, n'a guère de force pour imposer sa présence, ne serait-ce que dans le domaine des impôts par exemple. De son côté, la Nouvelle Démocratie, souffrant depuis longtemps d'une image conservatrice, s'est choisi un jeune dirigeant, Kostas Caramanlis, neveu du chef d'État Constantin Caramanlis qui avait restauré la démocratie en 1974 à la chute des colonels. Cela n'empêche pas ces deux partis de s'étriper joyeusement comme il se doit sur les thèmes de politique intérieure, comme l'immigration.

Traditionnellement bipolarisée, la scène politique grecque évolue tout de même : aux dernières élections européennes (juin 1999), la Nouvelle Démocratie, profitant du mécontentement engendré par les mesures d'austérité mises en place pour l'entrée dans la zone Euro (mesures que ce parti aurait certainement prises s'il avait été au pouvoir...), a devancé le PASOK (36 % contre 33 %). Ces résultats marquent un net effritement du parti au pouvoir (en 1993, il totalisait près de 47 % des voix aux législatives). Mais le pays penche à gauche puisque les trois formations politiques qui suivaient, totalisant près de 21 %, sont toutes nettement marquées de ce côté de l'échiquier politique : parti communiste, parti populiste *DIKKI* (dissidence du PASOK, plus à gauche que ce dernier) et coalition de gauche *(Synaspismos)*. Quant aux écologistes, dans un pays qui est loin de respecter l'environnement comme il le faudrait, ils ne sont pas encore parvenus à faire entendre leur voix...

Toutefois, le gouvernement a senti le vent du boulet aux élections anticipées d'avril 2000, ne gagnant que d'extrême justesse. Quand on sait que la minorité musulmane a voté en masse pour le PASOK afin de le récompenser de sa (timide) politique d'ouverture envers la Turquie, on voit que certaines victoires électorales ne tiennent qu'à un fil... Et les municipales d'octobre 2002 ont confirmé que le PASOK était usé par le pouvoir. L'année 2003, surtout consacrée à la préparation des JO, a été l'occasion pour chaque camp d'affûter ses armes en vue de la grande explication électorale du printemps 2004.

Faut-il souligner que la vie politique grecque est essentiellement masculine ? Même si c'est une femme qui a conduit la liste (victorieuse) de la Nouvelle Démocratie aux Européennes de 1999, les femmes au Parlement grec représentent 9 % de l'effectif (20 députées sur 290).

POPULATION

Les Grecs sont très fiers de descendre en droite ligne des Grecs de l'Antiquité. En fait, « en droite ligne » est sans doute exagéré. La Grèce a vu se succéder au cours des siècles une foule d'envahisseurs mais aussi de nombreux groupes d'immigrants, eux pacifiques, qui se sont presque tous fondus dans le creuset grec. L'*hellénisme* reste la valeur sûre d'un pays qui ne doute guère dans ce domaine. Les Grecs sont accrochés à l'orthodoxie, qui leur sert de rempart contre les influences extérieures : le catholicisme à l'ouest, incarné par le pape et perçu comme un ennemi ; l'islam à l'est, avec le puissant voisin turc qui cherche, pensent les Grecs, à les contourner par le flanc nord-ouest, à savoir par l'Albanie majoritairement musulmane. Viscéralement attachés à leur langue vieille de 4 000 ans, les Grecs se sentent évidemment à part dans la Communauté européenne. Avec 10 939 771 habitants au recensement de 2001, il est difficile de peser lourd dans la communauté internationale, et ce n'est pas avec un indicateur de fécondité aussi faible (1,31 enfant par femme) que la Grèce pèsera plus lourd dans les prochaines années. À ce rythme, en 2050, 41 % des Grecs auront plus de 60 ans ! Certes, les Grecs peuvent toujours compter comme Grecs les 4 ou 5 millions des leurs qui vivent à l'étranger (États-Unis, Australie, Allemagne) mais cela ne changera rien. Pourtant, ils sont très fiers des réussites des Grecs de l'étranger (on peut citer les tennismen Sampras et Philippoussis, respectivement américain et australien, J. Aniston, actrice et nouvelle madame Brad Pitt...).

La Grèce est officiellement un pays quasi homogène : le pays est **orthodoxe** à 98 %. Les 50 000 **catholiques** sont disséminés dans les Cyclades, principalement à Tinos et Syros ainsi que dans les îles Ioniennes, et sont souvent des descendants d'Italiens (Venise a eu pendant longtemps la mainmise sur de nombreuses îles). Les **protestants** sont encore moins nombreux (20 000). Quant aux 150 000 **musulmans** habitant dans le nord du pays, en Thrace, ils ont l'impression d'être considérés comme des citoyens de seconde zone, eux aussi en butte à l'hostilité de l'administration et de l'église orthodoxe. Ce sont des Turcs qui n'ont pas participé aux échanges de population dans le premier quart du XXe siècle et qui sont aujourd'hui citoyens grecs. On dénombre aussi 35 000 **Pomaks,** des Slaves islamisés, qui vivent à la frontière avec la Bulgarie.

La **communauté juive** a joué aussi un rôle très important pendant des siècles. À la fin du XIXe siècle, la ville de Thessalonique était majoritairement peuplée de juifs séfarades, installés là depuis le milieu du XVIe siècle, à la suite de l'expulsion de la communauté juive d'Espagne en 1492. Les juifs de Thessalonique parlaient le *djidio*, ou judéo-espagnol. Les juifs vivaient aussi sur un certain nombre d'îles, comme Corfou où naquit le grand écrivain de langue française Albert Cohen. Aujourd'hui, cette communauté ne compte plus qu'environ 6 000 membres. À la veille de la Seconde Guerre mondiale, elle en comptait environ 80 000.

À présent, la Grèce doit faire face à une situation difficile car relativement nouvelle pour elle. Pays d'émigration, elle se retrouve, sans y être préparée, pays d'immigration. On estime à 800 000, les immigrés venus chercher du travail, venant soit d'Asie (Philippines, Sri Lanka...) car la Grèce est la porte d'entrée en Europe, soit d'Europe de l'Est (beaucoup de Polonais en particulier) et bien entendu d'Albanie, à la suite de l'effondrement économique de ce pays. Début 1998, un plan de légalisation des clandestins a été mis en place mais il n'a pas permis à la moitié des immigrants de se faire enregistrer. Les formalités pour obtenir la Carte verte sont particulièrement décourageantes. De plus, le gouvernement a décidé, à la mi-1999, de durcir la législation pour lutter plus énergiquement contre l'immigration clandestine, accusée de nourrir la criminalité. Traditionnellement hospitaliers, les Grecs se découvrent de plus en plus xénophobes, sauf bien entendu les gros exploitants agricoles qui voient d'un très bon œil cette main-d'œuvre non qualifiée qu'on peut payer à bas prix et exploiter. Et quand on sait que les prévisionnistes de l'ONU annoncent, pour 2015, 3,5 millions d'immigrés en Grèce (pour une estimation de 14,2 millions d'habitants)...

POSTE

La plupart des bureaux de poste ont un horaire facile à retenir, de 7 h 30 à 14 h du lundi au vendredi. Il n'y a que dans les grandes villes qu'on peut espérer trouver des guichets ouverts après 14 h (jusqu'à 19 h 30 ou 20 h en principe). Mêmes horaires pour les banques, sauf que le vendredi à 13 h 30 tout est dit. Le gouvernement grec voudrait bien que les horaires des services publics se rapprochent de ceux qu'on trouve en Europe, mais les syndicats ne l'entendent pas de cette oreille. Affaire à suivre... Quand les postes sont fermées, on peut acheter les timbres en kiosque ou en boutique (mais ils sont majorés de 10 %).

RELATIONS GRÉCO-TURQUES

Ce n'est une découverte pour personne, Grecs et Turcs ne sont pas les meilleurs amis du monde. Un lourd contentieux historique existe entre les deux pays depuis la fin de l'Empire byzantin (1453) avec la prise de Constantinople, un souvenir douloureux comme si c'était hier – vous n'entendrez jamais un Grec parler d'Istanbul, c'est encore et toujours pour lui Konstantinoupolis ! Plus près de nous, la malheureuse « catastrophe d'Asie Mineure » en 1922 (voir plus haut la rubrique « Histoire »), qui voit des siècles de présence grecque en Asie Mineure balayés en quelques semaines. Et encore plus près, Chypre, en partie envahie en 1974 par les Turcs sans qu'aucune solution diplomatique n'ait été trouvée jusqu'à aujourd'hui.

Pendant longtemps a prévalu une situation de guerre froide. La Grèce et la Turquie étant tous les deux membres de l'OTAN, les relations très tendues entre les deux pays avaient quelque chose d'encore plus curieux... Les États-Unis avaient besoin de la Turquie, frontalière de l'URSS ainsi que de la Grèce, frontalière d'autres pays du bloc communiste. Mais rien à faire pour réussir à les faire s'entendre : Clinton dut, en 1996, décrocher son téléphone, pour ramener les esprits au calme quand Grecs et Turcs étaient prêts à en découdre pour le contrôle d'un îlot désertique en mer Égée... Petit à petit, les choses ont évolué, certains intellectuels accomplissant au cours des années 1980 des gestes symboliques (Théodorakis est ainsi allé chanter en Turquie) et précédant la diplomatie. En 1999, un double événement imprévu a permis de briser la glace : peu après le terrible tremblement de terre qui a ravagé l'ouest de la Turquie, la Grèce a proposé son aide et, quelques semaines plus tard, quand un séisme, moins meurtrier, a frappé Athènes et sa région, la Turquie a réagi de même. Dans la foulée, la diplomatie des deux pays a fait des efforts pour trouver des terrains d'entente. On a alors parlé de dégel des relations.

Aujourd'hui, le rapprochement semble avoir montré ses limites. Certes, des associations gréco-turques se sont créées (on a même réalisé des jumelages pionniers entre villages grecs et villages turcs, sous la bénédiction conjointe de popes et d'imams, ce qui aurait été impensable il y a quelques années), certes le tourisme entre les deux pays se développe, le commerce a doublé, mais à part ces réalisations citoyennes, le blocage persiste sur les sujets importants. Pourtant, la résolution de la question chypriote a fait de grands progrès début 2003. Mais il reste donc beaucoup à faire...

Une anecdote pour clore ce chapitre : en 1998, Hollywood a eu le projet de réaliser une biographie filmée de Kemal Atatürk, le fondateur de la Turquie moderne. Le lobby gréco-américain a fait pression sur Antonio Banderas, pressenti pour le rôle-titre, afin qu'il renonce à tourner ce film. Pensez donc, un film sur un « génocidaire »... À cette date, le projet n'a pas vu le jour...

RELIGIONS ET CROYANCES

Il est facile de s'en rendre compte, dès que l'on a mis le pied en Grèce : la religion orthodoxe est partout. Vous croisez un pope *(pappas)* en train de faire ses courses ou attablé à la terrasse d'un café, vous tombez, dans un petit village, sur une église flambant neuve (alors qu'à quelques mètres les locaux de l'école publique font pitié...), vous voyez les passagers d'un car se signer au franchissement d'un virage. Autant de signes de l'omniprésence de l'Église, dans les faits comme dans les mentalités.

L'idée d'une séparation de l'Église et de l'État est proprement impensable en Grèce : la constitution de 1975, révisée en 1986, a réaffirmé avec force la place de l'Église au sein de l'État. Les popes sont donc fonctionnaires de l'État, le mariage civil, tout de même institué par le PASOK en 1983, n'a pas grand succès et quand le gouvernement, au printemps 2000, a enfin décidé, sous la pression de la Communauté européenne, de supprimer la mention de la religion sur les cartes d'identité, la levée de boucliers a été immédiate. Le clergé a mobilisé ses troupes (manifestations, pétition) mais le gouvernement a tenu bon.

Le sentiment d'appartenance à une communauté orthodoxe qui dépasse les frontières a évidemment joué un rôle particulièrement fort dans la prise de position de la Grèce et dans la réaction collective des Grecs face à la crise yougoslave. On a été ouvertement pro-serbe en Grèce, au nom d'une solidarité orthodoxe et d'un fort sentiment anti-musulman (Bosniaques et musulmans étant rapidement assimilés aux Turcs qui tenteraient ainsi une manœuvre d'encerclement de la Grèce par l'ouest).

L'orthodoxie est parfois très agressive car, comme ailleurs, elle nourrit des extrémistes. Les minorités religieuses – catholiques, protestants et musulmans – souffrent de cette agressivité. En tant que touriste, même si vous venez d'un pays catholique, vous ne vous attirerez tout de même pas de remarque à ce sujet. Mais au cas où le sujet viendrait dans une discussion, savez-vous seulement pourquoi, depuis 1054, l'église d'Occident (catholique) et l'église d'Orient (orthodoxe) sont en bisbille (ce qui s'appelle officiellement un schisme)? Il y a bien entendu le rôle du pape (sa primauté et son infaillibilité ne sont pas reconnues par les orthodoxes), la notion de purgatoire (les orthodoxes n'en veulent pas) et la très épineuse question du *filioque*. Pour faire simple et sans parler latin, les catholiques ont besoin de la médiation du Fils de Dieu pour accéder à l'Esprit Divin, pas les orthodoxes, compris? Les orthodoxes considèrent, évidemment, que ce sont les catholiques qui se sont écartés du dogme. Mais, outre les questions de dogme, il existe aussi une kyrielle de sujets de discorde qui ont été exposés très solennellement à Jean-Paul II quand celui-ci a accompli un voyage pastoral très contesté en mai 2001. Le pillage de Constantinople (souvenez-vous, c'était en 1204...), l'insensibilité de Rome face aux tragédies grecques (1453, prise de Constantinople par les Ottomans; 1974, agression turque contre Chypre) et bien d'autres faits encore ont été reprochés au pape, qui a demandé solennellement pardon pour les torts du catholicisme romain.

Cela dit, si vous avez l'occasion d'aller visiter La Mecque des orthodoxes, autrement dit le mont Athos, véritable musée vivant de l'orthodoxie, ne manquez pas l'occasion. C'est un véritable régal pour les yeux, que vous soyez croyant ou non.

ROUTES

Les cartes grecques sont en général assez peu fiables. Pour faire mentir cette réputation, un éditeur *(Road Editions)* a décidé de publier de bonnes cartes, établies avec le concours de l'armée grecque. L'ensemble du territoire grec est couvert en 6 cartes au 1/250 000 (Thrace, Macédoine, Thessalie/Épire, Grèce centrale, Péloponnèse et Crète). Les îles n'ont pas été oubliées puisqu'une vingtaine de cartes sont d'ores et déjà publiées (toutes les Ioniennes, les principales des Cyclades ainsi que les Sporades/Rhodes) sans oublier, pour les randonneurs, les massifs montagneux au 1/50 000 (le Pélion, le Parnasse, l'Olympe et le Taygète). On trouve ces cartes dans de nombreux points de vente en Grèce et bien entendu à la librairie de *Road Editions*, à Athènes (39, odos Ippokratous). ☎ 21-03-61-32-42. ● www.road. gr ● Une autre série de cartes (Anavassi) couvre plus particulièrement les montagnes (voir le catalogue sur ● www.mountains.gr ●). La carte offerte par l'office du tourisme grec est beaucoup moins précise, mais donne plus de noms de localités que la carte Michelin. La carte IGN au 1/750 000 (collection Marco Polo) n'est pas mal non plus, mais la transcription des noms grecs a de quoi surprendre (elle est faite pour des utilisateurs allemands).

La question de la sécurité

Inutile de cacher la triste vérité : la Grèce est un pays caractérisé par l'insécurité routière. Les statistiques de l'OCDE concernant la mortalité routière, publiées courant 1999 et basées sur les chiffres de 1997, révèlent que la Grèce se classe en... 27e position (sur 29 pays membres de l'OCDE), n'étant dépassée que par la Corée du Sud et le Portugal. Avec 23 morts sur les routes pour 100 000 habitants (la moyenne européenne est de 12 morts pour 100 000 habitants) et 35 000 accidents graves par an, on comprend le souci des autorités grecques de mettre en place un nouveau code de (bonne) conduite, basé sur une répression accrue : ce qui fut fait le 24 mai 1999. Enfin, ce qui devait être fait... car après une première journée record (1 200 P.-V. rien qu'en Attique), le gouvernement a fait marche arrière, demandant de fermer les yeux sur les infractions de second ordre, face à l'incompréhension et au mécontentement de la population. On prévoyait en effet une lourde amende pour défaut de port de ceinture ou de casque, mais ni l'un ni l'autre n'étant la préoccupation majeure des conducteurs grecs, il y aurait eu trop de monde à verbaliser (et surtout, à 10 jours des élections européennes, beaucoup d'électeurs perdus)... Un peu de pédagogie avant la répression ne fera sans doute pas de mal, mais il faudra du temps. Les chiffres récents montrent une évolution dans le bon sens, mais il reste du chemin à parcourir... Vous remarquerez aussi sur le bord des routes de très nombreuses chapelles miniatures ou petits oratoires avec la bougie allumée en mémoire des victimes des accidents. Les Grecs (enfin, surtout les Grecques) se signent en passant devant. Rassurez-vous, tous ces ex-voto n'ont pas forcément été construits à la suite d'un accident mortel : on peut même en faire édifier un pour remercier Dieu ou un saint d'avoir évité le pire.

État des routes

La qualité du réseau routier s'est améliorée ces dernières années, surtout sur le réseau secondaire souvent bien asphalté désormais. Ne pas s'attendre tout de même à l'équivalent des routes « européennes » (ce sera le cas quand l'autoroute *Egnatia Odos,* longue de 680 km, reliant Igouménitsa à la Turquie sera achevée, pour l'instant, la moitié est du projet est quasiment prête). Une autoroute récente, Corinthe-Tripoli (malheureusement en partie fermée en 2003 à la suite d'éboulements causés par les fortes pluies de l'hiver 2002-2003), ne parvient pas à faire oublier que les routes nationales à péage sont de qualité très inégale selon les tronçons. Thessalonique-Athènes a bien progressé mais Athènes-Patras reste un axe très dangereux. À terme, elles devraient être des quatre-voies, avec séparateur central et droit de péage à la hausse. En attendant, elles restent dangereuses. Les conducteurs grecs qui ne roulent pas vite (90 km/h) ont la fâcheuse habitude de rouler à cheval sur la bande d'arrêt d'urgence, assez étroite, et sur la voie normale, cela pour se faire doubler plus facilement (sinon, un grand coup de klaxon pour vous rappeler à l'ordre). Évidemment, c'est gênant lorsqu'il y a un véhicule arrêté sur cette bande d'arrêt d'urgence. En ce qui concerne les autoroutes, les tarifs des péages n'ont rien à voir avec ceux de chez nous, mais les autoroutes non plus ! Assez souvent, les travaux ne sont pas indiqués à l'avance, rétrécissant les deux voies en une seule ! Chaque week-end, l'autoroute de Corinthe se voit octroyer une quatrième voie en utilisant une des voies en sens inverse balisée de quelques plots (non, ce n'est pas une blague belge !), ou en passant par l'accès de l'aire de parking ! On peut également y croiser des deux-roues. On y a d'ailleurs vu, de nos propres yeux, un cyclomotoriste tirant une corde au bout de laquelle trottinait un cheval !

Les panneaux sont en caractères grecs et latins, sur les grands axes du moins. Il peut être plus difficile de s'y retrouver au fin fond de la campagne (raison de plus pour apprendre l'alphabet grec !). Pas mal de pistes encore, surtout pour atteindre certaines plages moins fréquentées ou certains villages en bout de route. Attention à la conduite de nuit, en particulier.

En cas d'accident

Attention, le constat à l'amiable n'existe que depuis peu de temps et un pourcentage important de véhicules n'étant pas assuré, nous vous conseillons de vous renseigner auprès de votre assurance. Théoriquement, il n'est pas nécessaire d'appeler la police (☎ 100) lorsqu'il n'y a pas de dommages corporels, mais c'est indispensable si votre adversaire n'est pas assuré ! Sachez qu'il leur faudra bien 30 mn pour arriver et qu'ils ne sont pas là pour décider de la responsabilité de chacun. Dans tous les cas, prenez le numéro d'immatriculation, le nom de l'assurance et le numéro de contrat (en haut du pare-brise avant), et les coordonnées de l'automobiliste. En règle générale, en cas de litige, les témoins sont très coopératifs et offrent spontanément leurs coordonnées.

Pour les mobs (sachez d'ailleurs que le permis de conduire est nécessaire pour louer scooters et mobylettes), en cas d'accident sans tiers (on se prend un arbre, on se retrouve dans le fossé), le pilote paie la casse au loueur (conservez la facture des réparations pour vous faire rembourser en France).

SANTÉ

Le système de santé publique grec pourrait être de meilleure qualité. Pendant l'été 2000, on a annoncé sa refonte radicale, mais le temps que ça se mette en place... On conseille assez généralement de consulter à Athènes si possible. En cas de problème sérieux, se diriger ou se faire conduire vers l'hôpital le plus proche. En dehors des villes, il existe dans les chefs-lieux de canton des centres de santé *(Kendro Hyghias / Health Center)* qui sont des petits dispensaires. Dans les gros villages, vous trouverez un *Agrotiko Iatrio,* c'est-à-dire un cabinet médical de campagne.

Numéros de téléphones utiles

- ■ *SOS-Médecins :* ☎ 1016.
- ■ *Médecins de garde* (à Athènes et au Pirée) *:* ☎ 105.
- ■ *Secours d'urgence* (ambulances) *:* ☎ 166 (numéro valable sur tout le territoire – informe aussi sur les pharmacies ouvertes la nuit). Le ☎ 106 permet d'entrer en communication avec les hôpitaux.
- ■ *Pharmacies de garde :* ☎ 107.

SAVOIR-VIVRE ET COUTUMES

Les codes culturels en Grèce, ceux du moins auxquels vous aurez à faire en tant que touriste, ne sont pas très nombreux. Pour toute visite de lieux religieux (monastères, églises), il est évidemment recommandé de se vêtir décemment. Cela semble aller de soi... mais combien de monastères sont situés à proximité de la plage ? Tentant d'y aller en petite tenue ! Eh bien non, un peu de respect, que diable ! D'ailleurs, on a vu déjà des touristes se faire chapitrer parce qu'ils étaient torse nu dans un bus. Ce n'est pas systématique, mais ça doit déranger la petite médaille du saint qui veille sur le bus et son chauffeur, accrochée quelque part vers le pare-brise.

Si l'on tend vers vous la paume de la main, agressivement, les cinq doigts écartés, c'est que vous avez commis quelque chose de suffisamment grave pour être maudit jusqu'à la cinquième génération. Pas de panique, ce geste est le fruit de l'énervement...

Enfin, n'oubliez pas que, dans le sud de l'Europe, pour dire non de la tête, on lève légèrement celle-ci en faisant une sorte de moue alors que pour signifier oui, on l'incline tout aussi légèrement sur le côté.

SITES INTERNET

Voici quelques sites Web grecs, le plus souvent en anglais, pour préparer votre voyage :

● *www.routard.com* ● Tout pour préparer votre périple, des fiches pratiques, des cartes, des infos météo et santé, la possibilité de réserver vos prestations en ligne. Sans oublier *routard mag*, véritable magazine avec, entre autres, ses carnets de route et ses infos du monde pour mieux vous informer avant votre départ.

● *www.gnto.gr* ● Le site international (en anglais) de l'office national du tourisme hellénique. Également ● *www.grece.infotourisme.com* ● (en français, mais bien limité). En revanche, le site de l'office du tourisme héllénique en Italie est bien fait et offre une liste impressionnante de liens : ● www.ente turismoellenico.com ●

● *www.greece.gr* ● Site officiel (du ministère des Affaires étrangères) qui offre pas mal d'infos générales sur la Grèce. En anglais.

● *www.info-grece.com* ● En français. En plus des classiques infos et articles qui permettent de se tenir au courant de l'actu grecque, ce site propose une rubrique assez riche de petites annonces.

● *http://dir.forthnet.gr* ● Puissante base de données sur la Grèce dans tous les domaines. Également dans le même genre ● www.phantis.gr ●

● *www.gogreece.com* ● En anglais. Une vraie mine d'informations sur la Grèce. A noter, une petite revue de presse quotidienne pour se tenir au courant de l'actu et des liens avec plusieurs quotidiens grecs.

● *www.travelling.gr* ● Pour avoir les adresses des hôtels, des agences de voyages, des compagnies aériennes, etc.

● *www.philoxenia.com* ● Site essentiellement centré sur les hôtels.

● *www.seedde.gr* ● Le site des loueurs d'appartements et de villas.

● *www.xo.gr/en/index.jsp* ● Le site de l'OTE qui donne accès au *chryssos odiyos*, l'équivalent de nos pages jaunes (en anglais).

● *www.culture.gr* ● Site du ministère de la Culture. Présentation très complète de chaque site et musée (en anglais).

● *www.athens2004.gr* ● Le site officiel des JO 2004.

● *www.oreivatein.com* ● Informations sur les montagnes grecques et toutes les activités qui y sont liées (alpinisme, escalade, randonnées...). En grec, en allemand et en anglais.

● *www.gtp.gr* ● Le site de Greek Travel Pages, utile pour toute personne qui voyage en Grèce. Donne toutes les liaisons maritimes intérieures. On peut aussi consulter ● *www.ferries.gr* ●

● *www.ose.gr* ● Site des chemins de fer helléniques.

● *www.la-grece.com* ● Un site plutôt sympa créé par un amoureux du pays, par ailleurs dessinateur de B.D. de son état.

TÉLÉPHONE, TÉLÉCOMMUNICATIONS

Toutes les cabines téléphoniques fonctionnent avec des télécartes que l'on peut acheter indifféremment dans les bureaux de l'OTE, à la poste et dans les kiosques ou les mini-markets. Compter dans les 3 € la carte de 1 000 unités qui permet de téléphoner 7 mn en France.

– Il est possible de téléphoner des nombreux kiosques à journaux à Athènes et dans tout le pays, ainsi que de nombreuses boutiques qui ont des téléphones à compteur *(tiléfono me métriti)*.

– Chaque camping met un téléphone à compteur à votre disposition.

– IMPORTANT : en Grèce, les PCV sont acceptés.

– Téléphoner des hôtels revient beaucoup plus cher.

– Les téléphones portables : très bon réseau *(Telestet, Panafon, Cosmote...)* et avec l'abonnement Europe, les portables français fonctionnent très bien, même dans les toutes petites îles. Trois Grecs sur quatre ont leur portable.

– **Grèce** → **France :** 00 + 33 + numéro du correspondant.
– **France** → **Grèce** (environ 0,22 €/mn, tarif plein et 0,12 €/mn, en heures creuses) **:** 00 + 30 + numéro du correspondant, avec le 2 initial. On compose donc 14 chiffres au total.
– **Autres indicatifs :** 32 (Belgique), 352 (Luxembourg), 41 (Suisse), 1 (Canada).

Cybercafés

On en trouve un peu partout dans les villes et les villages touristiques.

TRANSPORTS INTÉRIEURS

> **Pour les cartes des liaisons routières et maritimes, et des réseaux aérien et ferroviaire, se reporter au cahier couleur.**

Le stop

La difficulté varie selon les endroits. Le stop est particulièrement difficile sur certaines routes, où les voitures sont rares. Ainsi il est très difficile d'effectuer Larissa-Corfou. N'espérez pas non plus faire du stop de Thessalonique à la frontière turque, c'est du rêve ou du sport... En revanche, Thessalonique-Athènes est parfaitement réalisable.
La gourde est indispensable. Sur les sacs à dos, montrez la nationalité française, super cote d'amour en Grèce. On ne le répétera jamais assez, bien que la participation de l'armée française à la guerre en Serbie en 1999 ait quelque peu écorné cette excellente image des Français. Il n'est pas impossible que le signe international pour stopper (pouce levé) ait une signification péjorative dans certains coins. Aussi, si ça fait trois jours que vous êtes au même endroit la main levée, faites un léger signe en direction de l'automobiliste. Les auto-stoppeurs grecs font souvent comme ça. Mais surtout pas avec la main tendue et les doigts écartés, injure suprême qui ne peut vous attirer que des ennuis.

Le train

Inutile de cacher la vérité, la Grèce n'est pas le pays des trains et les possesseurs de la carte *Inter-Rail* ne seront pas à la fête. L'ensemble du réseau ferroviaire ne compte qu'un peu moins de 2 500 km. C'est le nord et le nord-est de la Grèce qui sont le mieux desservis. Le Péloponnèse n'est desservi, lui, qu'en partie. Pas cher, mais les trains, sauf les *InterCity*, sont lents (souvent 45-50 km/h), peu confortables, et les gares, souvent minuscules, ne donnent pas envie d'y rester. Les arrêts en gare sont souvent longs. Enfin, cela permet d'admirer le paysage... Pas toujours de places assises ; il vaut mieux réserver. En théorie, les détenteurs de la carte *Inter-Rail* peuvent réserver (gratuitement) des places assises mais de la théorie à la pratique, il existe une certaine marge...
Les trains, composés de peu de wagons, sont souvent bondés. Seul avantage, leur prix : par exemple, en 2003, il fallait compter, en seconde classe, dans les 16 € pour faire les 7 h 30 de trajet entre Athènes et Thessalonique, soit environ la moitié de ce que coûte le bus. En revanche, le même trajet en *InterCity* (un peu plus rapide et plus confortable) coûtait environ le double. Autres exemples : Athènes-Kalambaka (les Météores) pour environ 18 € en

InterCity puis en train classique, ou bien Athènes-Nauplie pour guère plus de 6 €, toujours en seconde classe. Comme il y a peu de trains en Grèce, on arrive à tout faire tenir ou presque sur de grandes affiches que l'on trouve dans les halls de gare. Pour préparer votre voyage, consultez le ● www.ose.gr ● N'hésitez pas à voyager la nuit, les couchettes sont vraiment abordables. À noter : le 1er mai étant la fête du Travail comme en France, peu de trains circulent ce jour-là.

L'autocar

Le moyen de transport en commun le plus utilisé par les Grecs. Les compagnies d'autocars interurbains *KTEL,* gérées au niveau départemental, couvrent l'ensemble du territoire (la plupart des îles ont leur *KTEL* également). Ce sont les bus verts, de moins en moins en bon état plus on s'enfonce au fin fond des provinces. Sur les grands axes, genre Athènes-Thessalonique, on voit de plus en plus de bus à étage. En fait, un des meilleurs moyens pour établir le contact avec la Grèce profonde : on n'est jamais seul (les bus sont même souvent bondés). La fréquence des liaisons n'est pas liée à la fréquentation touristique. Dans le Péloponnèse, par exemple, Tripoli, en plein centre, est la plaque tournante des autocars... Attention, dans les villes, il existe souvent plusieurs gares routières pas toujours proches les unes des autres. Se faire préciser dans ce cas la bonne gare routière en fonction de la ville où l'on va. Les autocars sont généralement ponctuels et partent même parfois en avance.

Les tarifs ne sont pas très élevés, il faut compter en moyenne 6 € pour 100 km : par exemple, un aller Athènes-Nauplie (150 km, 2 h 30 de trajet) coûtait, en 2003, un peu plus de 8,50 €, Athènes-Delphes (200 km, 3 h de trajet) 10,20 € et Athènes-Sparte (4 h 30 de trajet) environ 13 €.

Attention : les fréquences et horaires que nous signalons en début ou en fin des chapitres consacrés aux villes sont donnés à titre indicatif, sur la base de ce que nous avons relevé en 2003.

Location de voitures

Assez cher, en particulier sur les îles (certaines compagnies affichent clairement deux grilles de tarif, l'un pour le continent, l'autre pour les îles). On peut louer depuis la France, c'est meilleur marché. Dans tous les cas, bien se faire expliquer les différents tarifs avec ou sans assurance tous risques. À la journée, la fourchette de prix pour les plus petits modèles va de 30 à 50 € selon les loueurs, la période ou les endroits. Limite d'âge : 21 ans (parfois même 23). Le loueur doit avoir son permis depuis 1 an minimum. Carte de paiement demandée.

■ L'agence *Auto Escape* propose un nouveau concept dans le domaine de la location de voitures : elle achète aux loueurs de gros volumes de location, obtenant ainsi en échange des remises importantes dont elle fait profiter ses clients. C'est un vrai central de réservation (et non un intermédiaire) qui propose un service très flexible. Surveillance quotidienne du marché international permettant de garantir des tarifs très compétitifs. N° gratuit : ☎ 0800-920-940 et 04-90-09-28-28. Fax : 04-90-09-51-87. ● www.autoescape.com ● info@autoescape.com ● Il faut réserver avant le départ et le plus tôt possible pour garantir la disponibilité du véhicule et éviter les augmentations de tarifs. Réduction supplémentaire de 5 % aux lecteurs du *Guide du routard* sur la plupart des destinations. Vous trouverez également les services d'Auto Escape sur ● www.routard.com ●

Location de motos et de scooters

Idéal dans les îles, le scooter est lui aussi interdit aux moins de 21 ans, mais ça, c'est la théorie... Quoique certains lecteurs nous signalent, assez régulièrement, avoir essuyé un refus en raison de leur âge. Attention, toutefois, si vous avez moins de 21 ans, vous n'êtes pas assuré. Pensez à emporter votre permis de conduire, il vous sera demandé pour louer la moindre pétrolette ! Évitez les petites motos japonaises qui risquent de vous faire faux bond dans les montées, surtout si vous êtes deux dessus. Avant de partir, vérifier l'état des pneus (crever à 60 km/h sans casque risque de laisser des séquelles) et la jauge à essence : on vous loue souvent le véhicule avec un réservoir vide, juste de quoi rouler jusqu'à la prochaine station, à vous de le rendre dans le même état. Pour les scooters, le port du casque est obligatoire même si les Grecs respectent peu la loi (ils ne sont pas des modèles à suivre).

Location de camping-cars

Le chauffeur doit avoir au moins 28 ans et son permis depuis plus d'un an. Peut contenir 4 personnes sans problème (2 couchettes doubles). Draps et casseroles fournis. Renseignements dans les agences de voyages.

L'avion

Les liaisons aériennes à l'intérieur de la Grèce sont effectuées principalement par *Olympic Airways*. Elles sont relativement abordables. Comptez que l'avion revient à environ 2,5 ou 3 fois le prix du ferry (c'est à peu près le prix du train 2e classe en France !). Attention, les prix ont brutalement augmenté de 25 à 30 % fin 2001. En été, le mieux est de réserver à Paris : *Olympic Airways*, 3, rue Auber, 75009. ☎ 01-42-65-92-42. Ⓜ Opéra et RER A : Auber. Pour les réservations : ☎ 01-44-94-58-58. En Grèce, réservations au ☎ 0801-11-44-444.
D'autres compagnies privées ont vu le jour, comme *Aegean Airlines* (qui dessert Thessalonique, Kavala, Santorin, Corfou, Ioannina, Mykonos, Lesbos, Rhodes et la Crète) : 572, av. Vouliagménos, 16451 Argyroupolis, Athènes. ☎ 21-09-98-83-50. ● www.aegeanair.com ●

Le bateau

Nombreuses liaisons en ferries entre les îles. Pas très cher en ferry pour les passagers sur le pont. Ça monte dès qu'on fait passer un véhicule. Il existe un petit livret intitulé *Greek Travel Routes (Domestic Sea Schedules)* remis à jour chaque année et disponible en principe dans les offices du tourisme de l'OTE. Pas très facile de s'y retrouver, mais avec un peu de patience, ça se déchiffre. Il est aussi possible de s'informer en consultant ● www.gtp.gr ● Ce site vous renseigne sur toutes les liaisons possibles, ainsi que sur les horaires. Indispensable si l'on veut planifier son périple à l'avance. Malheureusement, on ne peut s'y fier aveuglément quand on prépare son voyage et, chaque année, les horaires d'été ne sont disponibles en ligne qu'assez tardivement. Pour les hydrofoils et catamarans, consulter ● www.dolphins.gr ●
Les *Sea Jets* et autres *High Speeds* (catamarans récents et confortables), ainsi que les *Flying Dolphins* (hydroptères qui datent un peu et donc moins confortables) sont en gros deux fois plus rapides que les ferries, et deux fois plus chers également (une forte augmentation des tarifs a été enregistrée en 2002 et en 2003). Ils ne proposent pas non plus toutes les destinations mais grignotent petit à petit le marché des ferries. Préférez les gros bateaux réguliers qui, eux, peuvent prendre la mer même avec un vent de force 7.

Les horaires et les destinations varient selon les saisons. S'adresser aux commissariats maritimes des ports pour obtenir les infos. Vérifiez toujours votre horaire de retour. Les changements et les pannes sont malheureusement toujours possibles. '

De même, beaucoup de changements interviennent d'une année à l'autre (des compagnies qui disparaissent ou qui sont rachetées, des lignes ouvertes ou supprimées). La tragédie de l'*Express Samira* à Paros, en septembre 2000 (une centaine de morts), aura, on l'espère, servi d'électrochoc salutaire. Le gouvernement a annoncé son intention de faire le ménage, en réexaminant les permis de navigabilité (on parle de 80 ferries vieillissants, bons pour la retraite) et les concessions accordées aux compagnies de transport maritime.

Pas toujours facile de préparer son itinéraire. En général, les horaires d'été sont annoncés tardivement, une fois que les guides sont publiés... ! Et même sur le Net, l'info n'est pas toujours au rendez-vous quand on en a besoin. Quelques exemples de prix (2003) :
– Le Pirée-Égine : 9 € en *Flying Dolphin*.
– Kyllini-Zante : 7 € en ferry.
– Kyllini-Poros (Céphalonie) : 18 € en ferry.
– Volos-Skopélos : 22 € en ferry.

Attention : les fréquences et horaires que nous signalons en début ou en fin des chapitres consacrés aux îles sont donnés à titre indicatif, sur la base de ce que nous avons relevé en 2003. Et chaque année, quand les nouveaux horaires sortent, il y a des surprises... Enfin, il n'est pas inutile de savoir que, si l'on prend un ferry partant vers 4-5 h du matin, il est généralement possible d'y monter à partir de 23 h. Pratique pour éviter de payer une chambre.

Le taxi

Presque un sport national ! On en dénombrerait rien que 14 000 à Athènes. Ils restent assez bon marché (en ville, 0,26 € du kilomètre). Il arrive qu'on le pratique collectivement (le chauffeur peut prendre un passager s'il reste de la place), c'est tout bénèf' pour le chauffeur. Le problème, c'est de réussir à ne pas se faire arnaquer... Des taxis de couleur grise, nommés *agoréon*, permettent d'accomplir des trajets de ville à ville ou de village à village, et on en voit pas mal dans les campagnes.

Numéro de téléphone utile

Le ☎ 1440 permet d'avoir accès à un répondeur donnant les horaires des bateaux, des avions, des trains et des liaisons inter-villes en bus.

ATHÈNES

Pour les plans d'Athènes et de ses environs, se reporter au cahier couleur.

Malgré les célèbres monuments et les vieilles pierres qui s'y trouvent, Athènes est tout sauf une ville morte. C'est, bien au contraire, une capitale fort vivante, grouillante même... sauf à l'heure de la sieste, et encore... Mais la chaleur étouffante en été et ses immeubles tristounets peuvent décevoir le voyageur qui ne prend pas toujours le temps d'y rester. Vous nous avez compris, Athènes est une grosse ville qui n'a rien de dépaysant, mais qui ne ressemble en rien au reste de la Grèce.

UN PEU D'HISTOIRE

Athènes est bien évidemment une ville d'histoire faite de gloire et de ruine. En fait, une grosse cinquantaine d'années glorieuses lui auront suffi pour s'assurer une renommée éternelle. À l'origine, Athènes n'était qu'une cité comme les autres, ou presque, puisqu'elle bénéficiait tout de même de la protection d'Athéna, fille de Zeus. La mythologie raconte même qu'Athéna et Poséidon s'étaient disputé la ville, la déesse l'emportant après avoir fait jaillir sur l'Acropole un olivier, resté sacré. Pendant la période mycénienne, (1500-1200 av. J.-C.), on se souvient surtout du héros légendaire Thésée, célébrissime pour avoir vaincu le Minotaure et parricide involontaire à son retour de Crète (il avait, le malheureux, oublié de hisser la voile blanche qui devait signifier son succès, et son paternel, le père Égée, croyant son fils mort, se jeta dans le vide). Comme dans la plupart des villes grecques, le régime évolua graduellement vers un pouvoir aristocratique avant que le peuple puisse faire entendre sa voix. Des réformes, instituées par Dracon (pas un marrant, celui-là, l'adjectif *draconien* vient directement de lui) puis par Solon, un sage, et enfin par Clisthène, préparèrent en un siècle et demi (environ 650-500 av. J.-C.) l'avènement de la démocratie athénienne. Là, des facteurs extérieurs sont venus donner un coup de pouce. Les agressions des Perses, repoussés en 490 à Marathon puis battus à Salamine en 480 à l'occasion d'une bataille navale mémorable, vont apporter à Athènes un prestige considérable, l'exploitation de nouvelles mines d'argent au Laurion (aujourd'hui Lavrio, au sud-est de l'Attique) apportant quant à elle le nerf de la guerre. Débarrassés de toute menace extérieure, les Athéniens vont alors pouvoir se consacrer pleinement au rayonnement culturel de leur cité, sous la houlette de Périclès. C'est l'époque glorieuse que l'on connaît sous le nom de « siècle de Périclès », symbolisé par le Parthénon. Mais ce siècle ne dure en fait qu'une cinquantaine d'années, de 480 à 430 environ. Les Athéniens pêchent par orgueil : organisateurs d'une confédération basée à Délos (Cyclades), ils s'accaparent le trésor de guerre constitué pour financer les expéditions militaires, et les autres cités grincent des dents devant cet « impérialisme ». Sparte déclenche les hostilités en 431 et la guerre civile va enflammer le Péloponnèse et l'Attique pendant près de 30 ans, jusqu'à la reddition d'Athènes en 404, après des épreuves terribles (peste, famine...). Jamais Athènes ne retrouvera son importance politique. Mais elle restera, en revanche, notamment sous l'Empire romain, une capitale culturelle.

ATHÈNES

Après la mémorable période antique, on s'est acharné sur Athènes. Les Francs s'en emparent après 1204 puis c'est au tour des Catalans et des Florentins de se la disputer ensuite avant que les Ottomans, en 1456, trois ans après la prise de Constantinople, n'en prennent le contrôle. Transformé en temple de la Vierge à l'époque byzantine, le Parthénon devient une mosquée. Les Vénitiens assiègent Athènes à la fin du XVIIᵉ siècle et donnent le coup de grâce : la ville, ou plutôt ce qu'il en reste, ressemble à un champ de ruines. Dans les années 1820-1830, le jeune État grec acquiert son indépendance sur une toute petite part du territoire national, mais c'est Nauplie dans le Péloponnèse qui est tout d'abord choisie comme capitale, et non Athènes trop délabrée. Celle-ci n'est alors peuplée que de 4 000 à 5 000 habitants... Pour accueillir le nouveau roi (qui va finalement s'y installer), prestige oblige, il faut construire une nouvelle Athènes. Des architectes européens débarquent, souvent allemands. Ils modèlent un centre néo-classique presque géométrique (Acropole-Syndagma-Omonia). À partir de ce moment, la ville a progressivement pris de l'embonpoint jusqu'à envahir presque toute la région environnante : l'Attique. Le développement a été anarchique, subissant les afflux de population, notamment après 1922 quand les réfugiés d'Asie Mineure sont arrivés en masse.

UNE VILLE EN ORDRE DE MARCHE POUR LES JEUX OLYMPIQUES DE 2004 ?

Athènes est une mégalopole tentaculaire. Les Athéniens l'appellent parfois *tsimendoupoli* (la ville de ciment) et dès qu'ils le peuvent, ils la fuient, créant un véritable exode notamment fin juillet-début août !

Près d'un tiers des Grecs vivent à Athènes et en Attique (alors que la moyenne des capitales européennes est de 11 % de la population du pays) ! Le dernier recensement (2001) indique que 3 500 000 Grecs vivent en Attique (et seulement 760 000 dans les limites de la municipalité d'Athènes). La moitié de l'industrie grecque étant concentrée au Pirée et dans la région d'Eleusis, il s'ensuit une forte pollution. Athènes est en effet une cuvette, d'où une situation privilégiée (microclimat) à l'origine. Aujourd'hui, c'est une catastrophe : le *néfos,* nuage de pollution qui vient du Pirée, s'abat sur Athènes... et il y reste. Selon un rapport officiel datant de 2002, Athènes, pour l'environnement, se classerait à la 196ᵉ place sur 215 villes étudiées... Il n'empêche que c'est bien cette ville qui a été désignée pour accueillir les Jeux olympiques de 2004 ! Les Jeux ont entraîné le pays dans une nouvelle dynamique : depuis 1999, Athènes s'est transformée en un vaste chantier. Construction de nouvelles lignes de métro et de tramway, pour réduire la circulation automobile, création d'un vaste plateau piéton permettant d'aller d'un site archéologique à un autre et d'un nouvel aéroport en Attique, à Spata, avec un vrai périphérique pour contourner Athènes et accéder plus rapidement à l'aéroport, c'est fou ce qui a changé à Athènes en 5 ans. Même si ces grands travaux ont causé jusqu'au dernier moment bien des difficultés au quotidien, il faut espérer qu'ils rendront la vie un peu plus facile aux Athéniens (qui y habitent à longueur d'année) et aux visiteurs de passage. Le premier semestre 2004 s'annonçait particulièrement difficile avec une course contre la montre (olympique) pour réussir à boucler les chantiers dans les temps. Au moment où nous finissions de préparer cette édition (automne 2003), rien ne semblait gagné !

Les JO d'Athènes

Un peu d'histoire (encore !)

Athènes accueille les Jeux olympiques pour la seconde fois. Quand Pierre de Coubertin, en 1892, parla de faire renaître les Jeux olympiques, personne ne le prit vraiment au sérieux. Un riche Grec, Zappas, avait essayé avant lui et même organisé (et sponsorisé) des épreuves, entre 1859 et 1889, mais sans grand succès. En 1894, ce fut la création du Comité international olympique (CIO) et l'idée prit corps. Une idée assez modeste d'ailleurs pour cette première édition des Jeux modernes : 9 disciplines, 43 épreuves, 245 compétiteurs (rien que des hommes, comme dans l'Antiquité, quoi !) de 14 pays seulement, les délégations les plus importantes étant celles du pays organisateur, de l'Allemagne et de la France. On choisit Athènes et non Olympie et un magnifique stade en marbre en forme de U fut construit pour l'occasion. La grande nouveauté de 1896 fut l'épreuve du marathon dont la première édition mérite d'être racontée. Passons sur le fait que, selon certains historiens, la course d'un soldat partant annoncer la victoire des Athéniens à la bataille de Marathon (490 av. J.-C.) est probablement une invention tardive de la propagande athénienne...

Les Grecs tenaient particulièrement à cette épreuve, inventée par un Français, Michel Bréal, historien et linguiste de son état, qui avait pensé que c'était une bonne idée de l'ajouter au programme. Aucun sportif grec n'avait réussi à décrocher l'or dans les précédentes épreuves d'athlétisme et ils espéraient bien se rattraper. Avec 13 coureurs sur les 17 engagés, ça semblait faisable... Et surtout les Grecs étaient les seuls à s'être préparés, en organisant des sélections en mars (le 1er marathon officiel de l'histoire) et tout début avril. Lors de la seconde sélection, un certain Spyridon Louis, âgé de 23 ans, et dont on ne sait pas trop s'il était facteur, berger voire soldat ou tout à la fois, s'était classé à la cinquième place.

Les concurrents étrangers n'avaient sûrement pas lu La Fontaine, en tout cas pas le Français, Albin Lemursiaux qui, un peu après la mi-course, comptait 3 km d'avance sur le concurrent américain. Vers le km 32, Lemursiaux se fait heurter par une bicyclette, et, épuisé, abandonne. L'Américain Blake prend alors la tête et, ne doutant de rien, fait envoyer un suiveur à vélo au stade pour annoncer que c'est un Américain qui va gagner. Présomptueux ! Bientôt il coince à son tour, et Spyridon Louis, qui traînait derrière à mi-course, le rattrape, galvanisé par le verre de vin (résiné) qu'on lui a servi ! Blake s'accroche encore pendant 4 km et s'effondre enfin. Louis n'a plus de souci à se faire et il boucle la distance en un peu moins de 3 h (2 heures 58 minutes et 50 secondes), sept minutes avant son compatriote Charilaos Vassilakos. Aujourd'hui, les meilleurs courent la distance en 2 h 10 environ...

Kellner, un Hongrois, prend la troisième place, après le déclassement d'un autre Grec qui avait triché, le vilain. Le vainqueur, héros national, reçut sa branche d'olivier et sa médaille (en argent, la médaille d'or ne fut inventée que plus tard !) et retourna vaquer à ses occupations.

Depuis, le marathon a été rallongé, aux Jeux de Londres (il ne faisait que 40 km en 1896), pour atteindre les célèbres 42,195 km.

Athènes 2004

Mortifiés par leur échec précédent (les JO de 1996 sont allés à Atlanta alors qu'ils croyaient dur comme fer avoir droit à leurs Jeux du centenaire), les Grecs se sont remis au travail pour présenter un dossier qui a emporté la décision : le pays le plus ancien de la vieille Europe, berceau de l'olympisme, a donc ses Jeux qui se dérouleront du 13 au 29 août (des épreuves de football se joueront dès les 11 et 12 août, en province) suivis par les Jeux paralympiques du 17 au 28 septembre. Dire que tout aura été simple serait assez loin de la vérité : les retards sur les chantiers se sont accumulés, faisant naître des doutes sur les capacités de la Grèce à relever le défi olympique, mais, à force de crispations, de crises de nerf, les choses ont avancé. Tout a été terminé au dernier moment, comme toujours en Grèce ! Il faut dire qu'avec le choix d'Athènes, ville tentaculaire, victime d'une urbanisation quasi sauvage, rien n'était très simple... La mobilisation pour les Jeux aura eu un premier mérite, celui de faire avancer de façon spectaculaire le dossier des transports en commun. Rappelons que l'Attique compte près de 3,5 millions d'habitants et qu'on attend pour les seuls Jeux 1,2 million de spectateurs sans parler des membres de délégations...

Grâce à l'échéance 2004, l'aéroport est désormais relié au centre-ville par le métro et un train urbain ; la côte au sud du Pirée, jusqu'à Glyfada, est accessible depuis le centre en tramway et un vrai périphérique (à péage, nul n'est parfait) contourne désormais Athènes, permettant des gains de temps appréciables.

Les installations olympiques sont en effet réparties sur presque toute la région d'Attique et il était nécessaire de faire le maximum pour fluidifier la circulation. En plus des transports en commun réquisitionnés, deux voies express, réservées à la circulation des véhicules autorisés pour les Jeux, permettent de relier le principal cœur névralgique des Jeux et le Pirée.

Le *principal complexe olympique,* développé autour du plus grand stade existant à Athènes, se trouve au nord de l'agglomération, sur l'avenue Kifissias, entre les communes de Filothéi et Maroussi. Là se dérouleront l'athlétisme, le tennis, la gymnastique, toutes les épreuves de natation, plongeon et water-polo, le basket et le cyclisme sur piste. Le *centre de presse* est à proximité.

Assez proches également, le gymnase de *Galatsi* (gymnastique rythmique et tennis de table) et le site de *Goudi* (badminton et pentathlon moderne).

En Attique de l'Ouest, on trouve plusieurs « petits » sites : la boxe à *Péristéri,* l'haltérophilie à *Nikéa,* lutte et judo à *Ano Liossia* et VTT sur les pentes du *mont Parnès.*

Quatre sites s'égrènent sur la côte au sud du Pirée avec :
– le complexe de *Faliro* (stade de la Paix et de l'Amitié, stade Karaïkakis avec (en vrac) le handball, le volley-ball, le beach volley et le taekwondo) ;
– celui d'*Elliniko* (l'ancien aéroport, recyclé !) accueillera les épreuves de canoë (slalom en eaux-vives), l'escrime, le hockey, le softball, le base-ball ;
– celui d'*Agios Kosmas* (épreuves de voile) ;
– celui de *Vouliagméni* (triathlon, cyclisme contre la montre).

Enfin, beaucoup plus éloignés, au nord-est de l'Attique, les sites de *Schinias* pour l'aviron et le canoë-kayak (sprint) et au sud de l'aéroport de Spata, deux sites distincts à *Markopoulo,* pour les épreuves d'équitation et de tir.

Le centre d'Athènes n'aura pas droit à grand-chose : l'épreuve sur route du cyclisme, le tir à l'arc dans le vieux stade olympique, celui de 1896, où sera aussi jugée l'arrivée du Marathon, parti, comme il se doit, de la ville du même nom.

Le *village olympique,* surgi de terre en quelques mois à *Acharnès,* au nord-ouest d'Athènes, logera pendant les Jeux les 17 400 athlètes, auxquels succèderont des banliliesards athéniens sans doute ravis de récupérer des appartements quasi neufs...

Enfin, quatre villes de provinces sont mises à contribution pour les qualifications de football : Thessalonique, Patras, Volos et Héraklion en Crète.

Arrivée à l'aéroport

✈ **L'aéroport d'Athènes,** situé à **Spata,** à une vingtaine de km du centre d'Athènes (est de l'Attique), en service depuis 2001, est une des plus grandes infrastructures en Europe. Ultramoderne, capable d'accueillir 16 millions de passagers par an (voire davantage), l'aéroport *Eleuthérios Vénizélos* (hommage au grand homme politique grec de la première moitié du XXe siè-

ATHÈNES

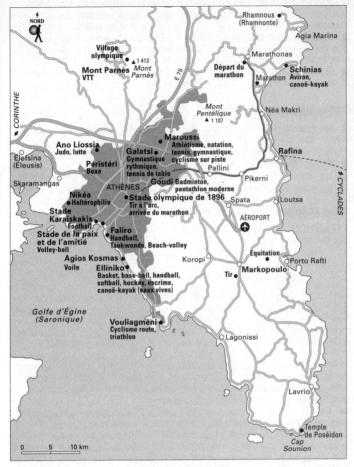

SITES OLYMPIQUES

cle) a enfin donné à Athènes une porte d'entrée internationale conforme à un grand pays touristique. Vols intérieurs et vols internationaux arrivent et partent d'un seul et unique aéroport. Il fonctionne 24 h/24.
Comme on n'arrête pas le progrès, les chariots à bagages sont désormais payants (1 €), et les cartes de paiement sont acceptées !

■ *Service information :* ☎ 21-03-53-00-00.

🛈 *Greek National Tourist Organisation (EOT) :* situé vers le milieu du hall des arrivées. ☎ 21-03-53-04-45 ou 21-03-54-51-01. Ouvert de 8 h à 22 h, tous les jours. Infos quotidiennes sur les départs des ferries (entre autres).

✉ *Bureau de poste :* dans le hall des arrivées. ☎ 21-03-53-05-62 ou 05-63. Ouvert de 7 h à 21 h, tous les jours.

■ *Consigne à bagages (Pacific Storage) :* dans le hall des arrivées, tout au fond (côté aile H). ☎ 21-03-53-01-60. Ouvert 24 h/24. Compter, selon la taille du bagage, de 3 à 6 €

environ pour 6 h, et pas beaucoup plus pour 12 h. Cartes de paiement acceptées.

■ *Guichets de change :* *Eurochange* et *American Express* (2 guichets) dans le hall des arrivées.

■ *Banques :* dans les halls arrivées et départs. Ouvert de 8 h à 20 h. Dis-

tributeurs automatiques de billets.

■ *Location de voitures :* *Budget,* dans le hall des arrivées. ☎ 21-03-53-05-53. Ouvert 24 h/24. *Avis,* dans le hall des arrivées. ☎ 21-03-53-05-78. Ouvert 24 h/24. Et bien d'autres... *(Hertz, National, Europcar et Sixt).*

Compagnies aériennes

■ *Air France :* ☎ 21-03-53-03-80 (vente des billets) et ☎ 21-03-53-11-47 (information sur les vols).
■ *Swiss :* ☎ 21-03-53-74-00.

■ *Aegean Cronus :* ☎ 21-03-53-21-01.
■ *Olympic Airways :* ☎ 21-09-36-84-24.
■ *Hellas Jet :* ☎ 21-03-53-12-19.

Pour rejoindre le centre-ville

ATTENTION ! En 2004, il faut distinguer deux périodes : en effet, la livraison des derniers chantiers (extension de la ligne 3 de métro et nouvelle ligne de train urbain), prévue pour juin 2004, va modifier significativement le réseau des transports publics au départ (et en direction) de l'aéroport. Jusqu'à cette date, c'est encore le bus qui offre le meilleur rapport qualité-temps-prix. À partir de juin 2004, il est possible (si les délais sont respectés) de rejoindre le centre-ville en prenant, depuis l'aéroport, un train électrique *(suburban railway)* puis le métro (ligne 3) au terminus de la ligne (station Doukissis Plakentias, sur la commune de Stavros). Pour ceux d'entre vous qui voyagent en Grèce au printemps 2004, nous avons donc maintenu les transports tels qu'ils existaient fin 2003 et ajouté ensuite les nouvelles infrastructures qui donneront un coup de vieux aux bus... Et, il faut le rappeler, de grosses incertitudes planaient encore fin 2003, sur la réalisation dans les temps de ce chantier, sans parler du manque d'information imputable aux autorités grecques bien incapables de fournir des informations précises (comme les prix) sur ces nouveaux moyens de transport...

➤ Le *bus E95* conduit de l'aéroport (sortie 5) à la place Syndagma, tout près de la station de métro du même nom. Il fonctionne 24 h/24, avec un départ toutes les 30 mn de 1 h du matin à 19 h, toutes les 10 mn le reste de la journée. Compter 50 mn de trajet sans embouteillage, donc beaucoup plus d'une heure en journée, parfois même deux (c'est une ligne « express » mais avec beaucoup d'arrêts !). Le prix du billet est d'environ 3 € (tarif 2003), mais il est valable pendant 24 h à partir de l'heure à laquelle il a été émis et est utilisable dans tous les transports publics sur Athènes (bus, trolleys et métro). Très pratique. Attention toutefois : ces billets (dits journaliers) ne sont valables, pendant les 24 h, QU'UNE SEULE FOIS sur le trajet Athènes (ville)-Aéroport ou l'inverse. Concrètement, si, à la fin de votre séjour, vous achetez votre billet 24 h avant de faire le trajet vers l'aéroport, vous devez, bien entendu, composter votre billet à la première utilisation, mais aussi une seconde fois quand vous prendrez le bus pour l'aéroport. Dans l'autre sens, ce n'est pas nécessaire.

➤ On peut aussi prendre le *bus express E94* (sortie 5, même tarif) qui vous emmène au terminus de la ligne 3, la station de métro *Ethniki Amyna (plan couleur d'ensemble d'Athènes, D2).* De là, prendre la ligne 3 de métro. L'avantage, outre que les rotations sont plus fréquentes, est d'arriver plus vite au centre-ville par le métro si le centre-ville est encombré, ce qui est souvent le cas. Cette ligne sera moins utile à partir de juin 2004, quand la ligne de métro 3 sera achevée.

➤ Le *train urbain (suburban railway)* passe au milieu des voies de l'autoroute *Attiki Odos* jusqu'à Stavros, station Doukissis Plakentias. De là, la ligne de train continue soit vers le Péloponnèse, en contournant Athènes par le nord-ouest, soit vers la Béotie ou l'Eubée (nord-est). Pour gagner le centre d'Athènes, il faut descendre du train et prendre la correspondance (ligne 3 du métro). En 2004, aucune station ne sera en service entre Doukissis Plakentias et Ethniki Amyna (terminus de cette ligne jusqu'en 2003), mais il est prévu par la suite de construire trois ou quatre stations qui desserviront les banlieues nord-est d'Athènes (Cholargos, Agia Paraskevi et Halandri).

➤ Le *taxi* pour le centre-ville coûte de 15 à 20 € selon la densité de circulation (tarif de jour). Attention aux arnaques ! Un Grec paiera plus facilement 15 € qu'un touriste... (voir plus loin « Les taxis : ruses et arnaques »).

Pour rejoindre les gares routières

➤ Le *bus E93 :* départ entre les sorties 5 et 6. Ce bus emmène à la gare routière, 100 odos Kifissou, via la seconde gare routière (odos Liossion). Pour les destinations desservies, voir plus loin la rubrique « Quitter Athènes ». Compter un départ toutes les 40 mn entre 6 h et 1 h du matin, un toutes les heures après 1 h. Mêmes tarifs et conditions d'utilisation que pour les lignes 94 et 95.

Pour rejoindre Le Pirée

➤ Le *bus E96* (ligne Spata-Glyfada-Le Pirée) fonctionne 24 h/24, avec un départ (de la sortie 4) toutes les 20 mn de 7 h à 21 h et toutes les 30-40 mn environ de 21 h à 7 h. Compter dans les 40 mn minimum, plus souvent 1 h. Mêmes tarifs et conditions d'utilisation que les précédents.

Pour rejoindre Rafina

Une ligne express *KTEL* (autobus orange) a été mise en service pour le port de Rafina, via Loutsa. Environ 3 €. Départs de 6 h 20 à 21 h 10, au niveau de la porte 5 des arrivées.

Transports urbains à Athènes et en Attique

Les lignes de bus et de métro figurent sur le plan d'Athènes, très bien fait (index en 3 langues, dont le français) distribué à l'office du tourisme. Il existe une carte mensuelle, vendue (tarifs 2003) au prix de 35 € (17,50 € en tarif réduit), valable sur tous les transports en commun à Athènes. Intéressant pour un long séjour. On peut aussi acheter un billet à la journée à environ 3 € utilisable dans tous les transports en commun (valable 24 h à partir du moment où il est émis). C'est le même que celui vendu pour quitter l'aéroport en bus.

Métro *(ilektrikos)*

Depuis des décennies, le métro athénien, géré par l'*ISAP,* n'avait qu'une seule ligne, longue de 25 km entre Le Pirée et Kifissia, une banlieue résidentielle du nord-est : il était impossible de s'y perdre. Mais après des années de travaux, commencés en 1992 (et qui ont par ailleurs permis d'incroyables découvertes archéologiques), 2 nouvelles lignes ont ouvert fin 1999. Ces lignes ont changé la vie des Athéniens qui ont découvert un moyen de transport rapide et d'une grande sécurité. Très pratique, en particulier quand on va, depuis le centre d'Athènes, prendre un ferry pour les îles (malheureusement, sur la ligne 1 qui va au Pirée, on emprunte encore l'ancienne ligne qui

n'a rien à voir avec les nouvelles, même si certaines rames climatisées ont été mises en service en 2003). Acheter son ticket, à l'unité ou par dix, au guichet ou au distributeur. Les tarifs (fin 2003) : 0,60 € l'unité pour 1 ou 2 zones de la ligne 1, par exemple pour aller du centre-ville au Pirée. Sur les nouvelles lignes (2 et 3), le prix du billet (fin 2003) est fixé à 0,70 € et ce billet permet de voyager aussi sur la ligne 1. Attention : si l'on voyage sur la ligne 1 puis, en prenant une correspondance, sur la ligne 2 ou la ligne 3, bien penser à se munir d'un ticket à 0,70 €. Sinon, gare à l'amende, plutôt salée. Les enfants de moins de 6 ans ne paient pas. Les tickets sont valables 90 mn. La ligne 1 est ouverte de 5 h à 0 h 30, les lignes 2 et 3 de 5 h 30 à minuit. ☎ 185 (service d'information de l'OASA, l'Agence des transports publics à Athènes). ● www.ametro.gr ●
Le métro relie les points les plus importants pour les voyageurs :

Ligne 1 (Le Pirée-Kifissia)

– station *Piréus* : Le Pirée, à 200 m des bateaux qui desservent les îles ;
– station *Thission* : à 10 mn de marche de l'Acropole, près de l'ancienne agora ;
– station *Monastiraki* : à 10 mn de marche de l'Acropole ; marché aux puces et Plaka ; désormais reliée à Syndagma, directement par la ligne 3 dont Monastiraki est pour l'instant le terminus ;
– station *Omonia* : pl. Omonia, l'une des plus animées du centre ; la ligne 2 passe également par Omonia ;
– station *Victoria* : à 5 mn des deux gares ferroviaires ;
– station *Kato Patissia* : à 10-15 mn de marche du terminal de bus B (liaisons interurbaines).

Ligne 2 (Sepolia-Dafni-A. Panagoulis)

– station *Syndagma* : la plus centrale qui soit ; la station en elle-même est une réussite, avec ses vitrines permettant de voir quelques-unes des trouvailles faites pendant les travaux ;
– station de *Métaxourgio* : proche de la gare du Péloponnèse ;
– station de *Larissa* (en grec, *Stathmos Larissis*) : dessert la gare de Larissa ;
– station d'*Attiki* : correspondance avec la ligne 1 (pratique si l'on a oublié de changer à Omonia ou si l'on veut éviter de le faire à cette station) ;
– station *A. Panagoulis* : doit ouvrir en février 2003.

Ligne 3 (Monastiraki-Ethniki Amyna-Doukissis Plakentias)

– stations *Evanghélismos* et *Ambélokipi* : desservent les principaux hôpitaux d'Athènes ;
– station *Ethniki Amyna* (terminus ligne 3, du moins tant que la ligne n'est pas prolongée, voir ci-dessous) : départ du bus express *E94* pour l'aéroport ;
– station *Doukissis Plakentias* (à Stavros) : nouveau terminus de la ligne à partir de juin 2004. Correspondance pour Spata (l'aéroport) avec le train urbain.
AVERTISSEMENT : attention aux bandes organisées de pickpockets qui sévissent dans le métro, en particulier à Omonia et Monastiraki. Ne pas tenter le diable en exposant sacs ou bananes à portée de main.

Bus et trolleys

La plupart des bus urbains gérés par l'*ETHEL* fonctionnent de 5 h à 23 h 30. On les appelle les bus bleus (même si les bus les plus récents sont davantage blancs et ne comportent que quelques bandes en bleu). Acheter les tickets dans les cabines jaunes, bleues ou blanches. Coût d'un ticket (en 2003) : 0,45 €. Attention, les contrôles sont très fréquents ! Bon à savoir : le même ticket n'est pas valable si l'on change de bus, il faut en acheter un autre. Il existe aussi une vingtaine de lignes de trolleybus, gérées par l'*ILPAP*, fonctionnant aux mêmes heures (même prix). Les vieux trolleys commencent à être remplacés par des véhicules beaucoup plus modernes.

Tramway

Un nouveau tramway doit être mis en service au printemps 2004, sans doute pas avant juin. Il est composé de deux lignes, l'une (13,5 km de longueur) reliant le centre d'Athènes (départ Léoforos Amalias, au sud du jardin national) et Elliniko (l'ancien aéroport d'Athènes, sur la côte au sud du Pirée), l'autre (15,4 km de longueur) partant de Néo Faliro (quartier sud du Pirée) pour rejoindre Voula. Ce nouveau moyen de transport aura connu bien des vicissitudes, les plus spectaculaires étant les manifestations organisées par certains maires contre le tracé retenu, ce qui n'a pas facilité les choses... Fin 2003, le pari de l'ouverture dans les temps n'était pas gagné.

Voiture

Circuler dans Athènes n'est pas chose facile. La plupart des rues sont à sens unique et, en dehors des grands axes qui traversent la ville en passant par la place Syndagma, ces rues sont plutôt étroites : il ne faut pas trop espérer pouvoir s'arrêter pour consulter son plan si l'on est égaré en pleine journée... Autrement dit, on n'arrive pas forcément où l'on veut une fois que l'on est embarqué dans le mouvement perpétuel de la circulation athénienne.

Pour le stationnement, c'est le système D. Nombreux parkings, même dans d'étroites rues de Plaka (où l'on doit parfois laisser ses clés car les véhicules étant serrés le plus possible, il faut pouvoir dégager l'accès à la sortie d'une voiture garée au fond...) dans des cours où l'on entasse les véhicules (forfait à la demi-journée, tarifs de 5 à 7 € selon le « standing » du parking, voire davantage) ou dans les parkings souterrains (forfait de 2 h généralement). Il en existe un, par exemple, place Klafthmonos *(plan couleur II, E2)*. Cher.

Attention au stationnement illégal, les contractuels sont nombreux ! Les plaques étrangères sont d'ailleurs enlevées pour être certain que les amendes (plus de 60 €) soient bien payées. Récupération au commissariat... le lendemain. Avoir une photocopie de la carte grise. Si le stationnement est particulièrement gênant (angle d'une rue), la fourrière intervient très rapidement ! À bon entendeur, salut !

Ne rien laisser d'apparent dans la voiture quand vous la quittez.

Les taxis : ruses et arnaques

On a rencontré des taxis honnêtes, même à Athènes. Cela dit, voici quelques tuyaux bien utiles à connaître. Tout d'abord, la règle du jeu : doivent être affichés sur le tableau de bord les tarifs, en grec et en anglais. Ces tarifs sont également consultables à l'aéroport. Ils indiquent, dans l'ordre (tarifs en 2003) : le coût de la prise en charge (0,75 €), celui du kilomètre (0,26 €, le double hors des limites de la cité), les surtaxes (départs de l'aéroport – 2 € – ou d'une gare routière ou portuaire – 0,70 €), le tarif de nuit (double du tarif diurne, mais normalement de minuit à 5 h du matin seulement) et ce qui est exigible pour les bagages (normalement ceux dépassant les 10 kg, mais on n'a évidemment pas de balance à disposition...). Le minimum pour une course est 1,50 €. Malgré tout, le taxi reste beaucoup moins cher qu'en France.

À l'aéroport

Si le chauffeur vous demande si c'est votre premier séjour en Grèce, cela signifie qu'il va faire un léger détour, afin de vous montrer l'Acropole, et qu'à chaque fois qu'il vous dira « regardez », il appuiera sur un bouton secret qui fera grimper le compteur de plusieurs euros...

S'il vous dit que l'hôtel où vous descendez n'est pas terrible, n'est pas bien situé, est complet, ou bien même qu'il a brûlé il y a une heure (!), c'est qu'il veut vous conduire dans un hôtel de son choix où il touchera alors une commission.

Au port

S'il vous indique que le métro démarre à 9 h, s'arrête à 22 h ou est en grève, c'est faux ! En fait, le métro est très pratique et très efficace : il fonctionne de 5 h à minuit et dessert toute la ville. De plus, il existe un réseau de bus opérant toute la nuit entre Le Pirée, la place Omonia et la place Syndagma.

Autres conseils

Le chauffeur a le droit de prendre d'autres passagers allant dans la même direction. Cela ne signifie pas que le prix de la course va être divisé par le nombre de passagers : le chauffeur, lui, encaisse simplement davantage.

Si le compteur n'est pas branché, demandez au chauffeur de le mettre en route *(Put the meter, please)*.

Réglez votre course avant de sortir du taxi et vérifiez toujours votre monnaie avant de descendre. Faites bien attention si vous demandez au chauffeur de vous emmener au bord de la mer pour déguster des fruits de mer frais : il voudra sans doute vous conduire à Mikrolimano, où certains restaurateurs lui verseront une commission. Sans que, pour autant, le poisson soit frais...

Adresses utiles

Informations touristiques

🅸 *Office du tourisme (hors plan couleur I par C3) :* 7, odos Tsokha. Ⓜ Ambélokipi (ligne 3). ☎ 21-08-70-70-00. ● www.gnto.gr ● Ouvert, en principe, du lundi au vendredi de 9 h à 16 h 30. Les horaires peuvent être modifiés. Peu pratique depuis son déménagement hors du centre-ville. Profitez de celui de l'aéroport si vous arrivez en avion.

Agences de voyages et compagnies aériennes ou maritimes

■ *Robissa Travel Bureau (plan couleur II, E6-7, 10) :* 43, odos Voulis. ☎ 21-03-21-11-88. Fax : 21-03-21-11-94. Agence de voyages officielle pour les étudiants (STA Travel).

■ *Olympic Airways (plan couleur I, A4, 1) :* agence principale au 96, odos Singrou. ☎ 21-09-26-91-11 ou 21-09-26-72-51 à 54. ● www.olympic-airways.gr ● Ouvert du lundi au samedi de 9 h 15 à 16 h 30. Autres agences plus centrales : près de Syndagma, 15, odos Filellinon, ☎ 21-09-26-75-55 ; près d'Omonia, 3, odos Kotopouli, ☎ 21-05-23-72-18/19. Pour toute information : ☎ 801-11-444-44 (en Grèce seulement, prix d'un appel local).

■ *Aegean Airlines (hors plan d'ensemble par C4) :* ☎ 21-09-98-83-50 (siège). ● www.aeganair.com ● Agence en centre-ville : 10, odos Othonos *(plan couleur II, F6, 11)*. ☎ 21-03-31-55-02 à 04. Pour les réservations : ☎ 801-11-20-000 (en Grèce seulement, prix d'un appel local).

■ *Air France :* 18, léoforos Vouliag-menis, 16675 Glyfada. ☎ 21-09-60-11-00. Ouvert de 9 h à 17 h.

■ *Héliades (siège) :* 24, léoforos Vouliagmenis, 16675 Glyfada (près d'Air France). ☎ 21-09-60-27-80. Fax : 21-09-60-27-86. Bureau dans Athènes : 23, odos Thémistokléous (près d'Omonia, *plan couleur II, E5*). ☎ 21-03-84-83-98 et 21-03-84-80-38. Fax : 21-03-81-42-64.

■ *Nouvelles Frontières/TUI (plan couleur II, F7) :* 26, léoforos Amalias, 10557 Athènes. ☎ 21-03-71-34-00. Fax : 21-03-23-75-65. ● athens@nouvelles-frontieres.gr ● Ouvert du lundi au vendredi de 9 h à 18 h 30 et le samedi de 9 h à 17 h.

■ *Superfast* et *Blue Star Ferries (plan couleur II, F7) :* 30, léoforos Amalias. ☎ 21-08-91-91-30. ● athens @superfast.com ●

■ *Anek Lines (plan couleur II, E7) :* 54, léoforos Amalias. ☎ 21-03-23-34-81. Ouvert de 8 h 30 à 18 h 30 du lundi au vendredi et de 9 h 30 à 13 h 30 les week-ends et jours fériés.

■ *Minoan Lines (plan couleur I, B4) :* 98-100 léoforos Syngrou. ☎ 21-09-20-00-20. En semaine, ouvert de 8 h 30 à 20 h et de 8 h 30 à 16 h 30 le samedi.

■ *Hellas Flying Dolphins (plan couleur I, B4) :* 98-100 léoforos Syngrou. ☎ 21-04-19-91-00.

ATHÈNES

Poste et télécommunications

✉ *Bureaux de poste :* en grec, la poste se prononce *takhidhromio.* On y fait souvent la queue, les bureaux n'étant jamais bien grands. Heureusement, les bureaux dans le centre d'Athènes sont relativement nombreux.

– Place Syndagma (et odos Mitropoléos ; *plan couleur II, F6*). Ouvert du lundi au vendredi de 7 h 30 à 20 h, le samedi de 7 h 30 à 14 h et le dimanche de 9 h à 13 h. On peut s'y faire adresser du courrier en poste restante : 10300 Syndagma, Athens, Greece.
– 100, odos Eolou *(plan couleur II, E5)*, près de la place Omonia. C'est le bureau principal d'Athènes. Ouvert du lundi au vendredi de 7 h 30 à 20 h et le samedi de 7 h 30 à 14 h. On est prié d'attendre en file, avec son numéro ! Salle climatisée.
– 33, odos Nikis, à l'angle de odos Lamakou, assez près de Syndagma *(plan couleur II, F7)*. Ouvert du lundi au vendredi de 7 h 30 à 14 h.
– 7, odos Dionissiou Aréopagitou *(plan couleur II, E7)*. Ouvert du lundi au vendredi de 7 h 30 à 14 h.

– 84, odos 28-Octovriou-Patission *(plan couleur I, B1)*, pas loin de la place Victoria. Ouvert du lundi au vendredi de 7 h 30 à 14 h.
– 60, odos Mitropoléos *(plan couleur II, E6)*. Ouvert du lundi au vendredi de 7 h 30 à 14 h.
– Place Ethnikis Andistasséos, près de la mairie *(plan couleur I, B2)*, à l'angle des rues Efpolidos et Apellou. Ouvert du lundi au vendredi de 7 h 30 à 14 h.
– 36, odos Zaïmi, à l'angle de la rue Deligianni, quartier du Musée archéologique *(plan couleur I, B1)*. Ouvert du lundi au vendredi de 7 h 30 à 14 h.
– Également, en face du guichet de vente des billets pour l'Acropole, un petit bureau de la poste ouvert en principe de 8 h à 14 h.

Pour téléphoner à l'étranger, on peut aller dans un *OTE,* organisme du téléphone grec différent de la poste. Pratique quand on n'a pas de carte puisqu'on appelle depuis des téléphones à compteur (en grec, *tiléfono me métritì*), mais soyez vigilant lorsqu'on vous rend la monnaie. Possibilité d'envoyer des fax. On peut aussi avoir l'étranger depuis les cabines à cartes (on achète celles-ci dans les kiosques), dans la rue. Évitez à tout prix d'appeler l'étranger de votre hôtel : la note serait douloureuse.

■ *OTE :* 85, odos 28-Octovriou-Patission *(plan couleur I, B1, 2)*. Ouvert 24 h/24. Prendre l'entrée qui se trouve à gauche du bâtiment, sinon c'est l'agence commerciale.

■ *Renseignements :* ☎ 131. Renseignements internationaux (en anglais, en allemand et en français) : ☎ 169. Renseignements météo (en grec) : ☎ 148 (Attique) et 149 (reste du pays) ou 21-09-62-93-16.

Représentations diplomatiques

■ *Ambassade de France (plan couleur II, F6, 12) :* 7, odos Vasilissis Sofias. ☎ 21-03-39-10-00. Fax : 21-03-39-10-09. • www.ambafrance-gr. org •

■ *Section consulaire (plan couleur II, G7, 13) :* 5-7, léoforos Vassiléos Konstandinou (en face du stade). ☎ 21-07-29-77-00. Fax : 21-07-22-52-45. • www.ambafrance-gr. org • Ouvert du lundi au vendredi de 8 h à 14 h. Permanence de 15 h à 18 h et le samedi de 9 h à 13 h pour les urgences (appeler le ☎ 693-240-13-43 en dehors des heures d'ouverture ou de permanence, jusqu'à 22 h). Si vous avez perdu vos papiers, munissez-vous d'une déclaration de perte ou de vol, établie dans le bureau de police le plus proche du lieu où les faits se sont produits, et de 2 photos. Vous aurez un laissez-passer (en cas d'absence totale de papier d'identité), après vérification en France, qui vous permettra de quitter le territoire grec. Ces démarches ne sont possibles qu'entre 8 h et 13 h. Prévoir 23 €.

■ *Consulat de Belgique (plan couleur II, F6) :* 3, odos Sekeri. ☎ 21-03-61-78-87. Fax : 21-03-60-42-89. Ouvert du lundi au vendredi de 9 h à 14 h.

■ *Consulat de Suisse (plan I, C3) :* 2, odos Iassiou. ☎ 21-07-23-03-64. Fax : 21-07-24-92-09. À côté de l'hôpital Evangelismos. Ouvert du lundi au vendredi de 10 h à 12 h.

■ *Ambassade et consulat du Canada (plan I, C3) :* 4, odos Ioanou Gennadiou. ☎ 21-07-27-34-00. Fax : 21-07-27-34-60. À côté de l'hôpital Evangelismos. Ouvert du lundi au vendredi de 8 h 30 à 12 h 30.

Urgences

■ *Secours d'urgence (EKAV) :* ☎ 166.

■ *Police :* ☎ 100.

■ *Pompiers :* ☎ 199.

■ *Police touristique :* ☎ 171.

■ *Assistance routière :* ELPA, ☎ 104. *Express Service,* ☎ 154. *Hellas Service,* ☎ 157.

■ *Pharmacies ouvertes 24 h/24 :* ☎ 107 (Athènes) et ☎ 102 (banlieue d'Athènes).

■ *Médecins de garde :* ☎ 105.

■ *Centre anti-poisons :* ☎ 21-07-79-37-77.

■ *Soins médicaux :* pour consulter un médecin français ou francophone, s'adresser au consulat.

■ En cas d'urgence, pour avoir un *hôpital,* appeler le ☎ 106.

– *Hôpital public Evangelismos (plan couleur I, C3, 3) :* 45-47, odos Ipsilantou. ☎ 21-07-20-10-00. À Kolonaki.

– *Hôpital public Ippocration (hors plan couleur II par G6) :* 114, léoforos Vasilissis Sofias. ☎ 21-07-48-37-70. Dans le quartier d'Ambélokipi, où sont regroupés de nombreux hôpitaux ou cliniques.

– *Hôpital privé Iatrico Kentro Athinon :* 5, Distomou, à Maroussi. ☎ 21-06-89-81-00/14.

– *Croix-Rouge :* 21, odos Tritis Septemvriou ; vers Omonia *(plan couleur I, B2)*. On y est pris tout de suite. Plus connu à Athènes sous le nom de *Protès Voïthiès (Premiers Soins,* l'équivalent de nos urgences). ☎ 21-05-22-55-55.

– *Centre IKA :* 64, odos Piréos ou Panagi Tsaldari *(plan couleur II, D5)*. Ouvert le matin seulement. Venir avec son formulaire E 111 pour ne pas payer les soins.

Culture

■ *Institut français d'Athènes (plan couleur II, F5, 14)* : 31, odos Sina, 106 80 Athènes. ☎ 21-03-62-43-01 à 05. Fax : 21-03-39-88-73. ● www.ifa. gr ● L'institut a récemment réorganisé ses activités, abandonnant la plus grande partie de sa mission d'enseignement, pour se recentrer sur son rôle de vitrine culturelle de la France. Programmation intéressante de spectacles et de conférences (sauf juillet-août). Riche médiathèque, ouverte du mardi au vendredi de 10 h à 19 h et le lundi de 14 h à 19 h. Cafétéria.

■ *Librairie française Kaufman (plan couleur II, E6, 15)* : 28, odos Stadiou (près de la place Klafthmonos). ☎ 21-03-22-21-60. Ouvert de 9 h à 20 h, jusqu'à 17 h les lundi et mercredi, et 15 h le samedi. Vend aussi des journaux. Excellente librairie avec parfois des bouquins introuvables en France ! 30 % plus cher qu'en France.

■ Autre *librairie française* : 60, odos Sina, en face de l'Institut français. ☎ 21-03-63-36-26. Littérature, art, B.D., etc. On y trouve aussi des périodiques français.

– *Journaux français :* dans tous les kiosques situés dans les quartiers touristiques.

– *Journaux grecs en anglais :* l'hebdo *Athens News*, le plus complet sur l'actualité en Grèce paraît le vendredi (il est consultable sur Internet à partir du mardi suivant). ● www.athensnews. gr ● et le quotidien grec *Kathimerini* qui contient un supplément de 8 pages traduit en anglais.

Divers

■ *Consignes à bagages :* Pacific Ltd *(plan couleur II, E6, 22)*, 26, odos Nikis. ☎ 21-03-24-10-07. Fax : 21-03-23-36-85. ● pacific@hol.gr ● Dans le centre, à proximité de la place Syndagma, dans une agence de voyages. Ouvert de 8 h à 20 h ; le dimanche, les jours fériés et hors saison, de 9 h à 14 h. Utile pour ceux qui veulent passer quelques jours dans les îles sans être trop chargés. 2 € la journée et par bagage, et tarif dégressif pour la semaine, voire plus. Également présent à l'aéroport.

La plupart des (petits) hôtels font aussi *left luggage*.

■ *Laveries Laundromat :* odos Angelou Géronda (dans Plaka ; *plan couleur II, E7*). Ouvert du lundi au samedi de 8 h à 16 h et le dimanche de 9 h à 14 h. Cher : dans les 8 € la machine de 6 kg. Autre *laundry* au 9, odos Psarron *(plan couleur I, B1)*, tout près de la place Karaïskaki. Pas idéalement placé. Ouvert de 8 h à 21 h en semaine, de 8 h à 17 h le samedi et de 8 h à 14 h le dimanche. On trouve également un pressing au 46, odos Didotou *(plan couleur II, F5)*, près de la place Exarchia. Ouvert du lundi au samedi de 8 h à 21 h. Beaucoup plus cher (dans les 12 €).

■ *Radio-Taxis :* Athina I, ☎ 21-09-21-79-42. Enotita, ☎ 21-06-45-90-00. Dimitra, ☎ 21-05-54-69-93. Ermis (Le Pirée), ☎ 21-04-11-52-00. Express, ☎ 21-09-93-48-12.

Location autos-motos

L'avenue Syngrou *(plan couleur I, B4)* regorge d'agences de location de voitures : au moins une trentaine. Comme celles-ci sont proches les unes des autres, il est facile d'en faire plusieurs pour comparer les tarifs proposés.

■ *Capital Rent a Car (plan couleur I, B4)* : 14, av. Syngrou. ☎ 21-09-21-88-30. Fax : 21-09-24-63-45. ● na trent@hol.gr ● Ouvert tous les jours de 8 h à 21 h. Mise à disposition de la voiture à l'aéroport d'Athènes (avec un supplément), au port du Pirée, en ville à l'hôtel, à Thessalonique et en Crète. Cartes routières gratuites. 5 % de réduction (10 % hors saison) sur présentation du *GDR* de l'année, au début de la location. Excellent accueil (en français) de Vassilis Vrochidis et de son équipe. Tarifs intéressants et grande qualité des services.

■ **Avanti Rent a Car** (plan couleur I, B4) : 50, av. Syngrou. ☎ 21-09-23-39-19 et 21-09-24-70-06. Portable : 69-32-67-44-76. Fax : 21-09-22-79-22. ● www.avanti.com.gr ● Tout près de Syndagma. Ouvert du lundi au samedi de 9 h à 18 h, et le dimanche de 9 h à 14 h. Location de voitures. 20 % de réduction annoncé pour nos lecteurs. Possibilité de laisser le véhicule dans une autre ville en s'acquittant d'une charge supplémentaire. Toutes cartes de paiement acceptées.

■ **Motorent** (plan couleur I, B4) : 1, odos Robertou Galli. ☎ 21-09-23-49-39 et 21-09-23-48-85. Fax : 21-09-23-48-85. ● www.motorent.gr ● À 200 m au sud de l'Acropole. Compagnie de location de scooters, de motos et éventuellement de voitures. 10 % de réduction pour nos lecteurs.

Banques

Attention, les banques n'ouvrent que de 8 h à 14 h (13 h 30 le vendredi) et sont fermées le week-end, sauf la **National Bank of Greece** (plan couleur II, F6, **16**) de la place Syndagma, ouverte du lundi au jeudi de 15 h 30 à 18 h 30, le vendredi de 15 h à 18 h 30, le samedi de 9 h à 15 h et le dimanche de 9 h à 13 h (pour tous ces horaires, change uniquement). ☎ 21-03-21-04-11. Les bureaux de change indépendants, pour nos lecteurs hors zone Euro, sont très nombreux ; on en trouve un peu partout, autour des places Syndagma et Omonia ou même dans Plaka, comme Change Star ouvert de 9 h à 21 h 30. À noter, sur la place Syndagma et dans tous les endroits où passent les touristes, un nombre incalculable de **distributeurs.**

■ **American Express** (plan couleur II, E6, **17**) : 7, odos Ermou. Ouvert du lundi au vendredi de 8 h 30 à 16 h 30. Pas de commission sur l'encaissement de chèques de voyage.

■ **Eurochange** (plan couleur II, F6, **18**) : 4, Karageorgi Servias. Ouvert en été du lundi au vendredi de 8 h à 20 h et les samedi et dimanche de 9 h à 20 h. Change et chèques de voyage.

Commerces

Deux chaînes de petits supermarchés se partagent le... marché ! Pratique pour l'alimentaire ou pour acheter les petites choses oubliées au pays et qui manquent parfois cruellement. Ces supérettes sont ouvertes du lundi au vendredi de 8 h à 21 h (20 h en hiver) et le samedi de 8 h à 18 h. Pour trouver des hypermarchés, il faut sortir du centre (on trouve un Carrefour sur la route de l'aéroport, par exemple).

❀ **Marinopoulos-Champion :** odos Kanari (plan couleur II, F6 ; pas loin de la place Syndagma) et odos Tritis Septemvriou (plan couleur I, B1, quartier Victoria).

❀ **Véropoulos-Spar :** odos Iraklidon (plan couleur I, A3, quartier Thissio), odos Falirou et odos Parthénonos (plan couleur I, B4, quartier Makriyanni), odos Psaron et Paléologou (plan couleur I, A1-2, quartier des gares ferroviaires) et odos Averoff (plan couleur I, B1, entre odos Acharnon et Aristotelous).

Internet

@ **Cafe4U** (plan couleur II, F5, **19**) : 44, odos Ippokratous. ☎ 21-03-61- 19-81. Ouvert 24 h/24, tous les jours. La connexion tourne autour de 3,50 €

l'heure (réductions après minuit). Cybercafé très moderne, avec écran TV et musique. Fait également snack. Très bonne ambiance. Autre café Internet, sous la même enseigne, au 24 Tritis Septemvriou *(plan couleur I, B2, 6)*, dans la galerie. Tarifs similaires. Il faut aimer surfer dans le bruit...

@ **Museum Internet Café** *(plan couleur I, B1, 4)* : 46, odos Patission, entrée odos Vassiléos Irakliou. ☎ 21-08-83-34-18. Ouvert de 9 h à 3 h du matin. À deux pas du Musée archéologique. Un café aux tarifs corrects (bon *frappé*), et, bien en rang, une trentaine d'ordinateurs. Prix minimum pour 20 mn d'utilisation : 1,50 € ; pour une heure, 4,50 €.

@ **Mocafe** *(plan couleur I, A2, 5)* : 49, odos Marni et Veranzerou. ☎ 21-05-22-77-17. Ouvert tous les jours de 9 h (10 h le dimanche) à minuit. Il vous en coûtera dans les 3-4 €

l'heure de connexion. Proche de l'AJ. Local très design, un vrai café.

@ **Internet Cafe** *(plan couleur I, B2, 7)* : 4, odos Gladstonos. ☎ 21-03-80-37-71. À proximité d'Omonia, tout près de l'hôtel Théoxenia. Ouvert de 9 h à l'aube. Pas cher du tout (dans les 3 € de l'heure).

@ **Arcade Internet Café** *(plan couleur II, F6, 20)* : 5, odos Stadiou. ☎ et fax : 21-03-21-07-01. À proximité de Syndagma. Ouvert du lundi au samedi de 9 h à 22 h et le dimanche de 12 h à 20 h. 20 PC à disposition, fax, et même les informations boursières en temps réel. Une douzaine de PC. Connexion à 1,50 € les 20 mn et à 3,50 € l'heure.

@ **Skynet Center** *(plan couleur II, E6, 21)* : 10, odos Apollonos et 30, odos Voulis. ☎ 21-03-22-75-51. Ouvert du lundi au vendredi de 9 h à 20 h 30 et le samedi de 9 h à 15 h. Pas plus sympa que ça (quelques ordis et c'est tout) mais calme.

Où dormir ?

À l'intérieur de la *National Bank of Greece,* au 2, odos Karageorgi Servias *(plan couleur II, F6),* se trouve l'**Hellenic Chamber of Hotels.** ☎ 21-03-23-71-93. Ouvert en principe du lundi au jeudi de 8 h 30 à 14 h, le vendredi de 8 h 30 à 13 h 30 et, de mai à novembre, le samedi de 9 h à 12 h 30. Possibilité de réservations d'hôtels des catégories A, B et C. Les réservations peuvent aussi se faire par correspondance : *Hellenic Chamber of Hotels,* 24, odos Stadiou, GR 105 64 Athènes. Fax : 21-03-22-54-49 et 21-03-23-69-62. ● grhotels@otenet.gr ●

Pour les JO, les particuliers ont été sollicités afin de laisser leur maison ou appartement. À la parution de ce guide, il risque bien de ne plus rester grand-chose, voici tout de même les coordonnées : *Filoxenia 2004,* 49, odos Stadiou, 10559 Athènes. ☎ 21-03-27-24-09. ● reservations@filoxenia2004. com ●

Les hôtels pour routards, ancien style, sont de moins en moins nombreux à Athènes. On les trouve principalement dans le quartier de la gare, autour de la place Omonia (mais on ne peut pas les conseiller, la plupart, dans ce quartier « chaud », servant à autre chose qu'à dormir ou bien abritant principalement les très nombreux immigrés qui ont choisi Athènes comme porte d'entrée en Europe) et à Plaka (quartier plus agréable mais bruyant jusqu'à une heure avancée de la nuit). Certains sont souvent bondés en été, voilà pourquoi nous les avons regroupés par quartiers, afin de vous éviter de trop marcher quand un hôtel est complet.

Il devient impossible de dormir sur les terrasses. Une réglementation de police ne le permet que de 23 h 30 à 6 h 30. Ce sont les hôtels « bien » de la ville qui l'ont imposé parce qu'ils jugeaient que c'était une concurrence déloyale. À noter que, selon vos talents, vous pouvez essayer de négocier les prix de votre chambre : hors saison ou même en saison si le touriste se fait rare, vous avez vos chances, du moins dans les hôtels pratiquant les prix moyens.

La situation hôtelière à Athènes n'est pas très réjouissante : ces trois dernières années, les tarifs ont énormément augmenté même si la qualité des prestations proposées a, elle aussi, progressé, En attendant, les prix s'alignent petit à petit sur ceux pratiqués dans les autres capitales européennes. D'autant plus que la haute saison dure en général de début avril à fin octobre... Il ne faut pas rêver : dormir pour pas (trop) cher à Athènes signifie dormir dans des conditions qui sont loin du luxe. En cette année olympique, les choses sont encore plus difficiles... Il n'y a guère, à Athènes, que deux AJ pratiquant des prix d'AJ à des conditions correctes ; les autres hôtels proposant la nuit à 10 € environ par personne, dont certains que nous recommandions encore récemment, sont devenus bien peu fréquentables. Les autres *Youth Hostels* (qui ne méritent plus vraiment ce terme) ont fait le choix d'élever leur standing (de moins en moins de places en dortoir sont proposées) – et leurs tarifs, bien entendu, sans que la qualité soit forcément très élevée ! Bien évidemment, tous les guides les recommandent et il faut se battre pour trouver de la place.

Pour la problématique générale de l'hébergement en Grèce en 2004, voir la rubrique « Budget » des Généralités. Petit rappel : **nous n'indiquons pas les prix des hôtels pour la période olympique** (au moment où ce guide paraît, tous les hôtels de toute façon auront fait le plein), mais ceux de la haute saison « normale », appliqués avant et après cette période exceptionnelle.

Vigilance enfin si vous avez réservé (et c'est plus que conseillé) : des lecteurs se plaignent chaque année d'avoir été « sacrifiés » parce que, entre le moment où ils avaient réservé et le jour où ils se sont présentés à l'hôtel, un groupe a effectué une réservation. Il manquait une chambre pour caser tout le monde ? Ce sont les touristes « individuels » qui trinquent... Téléphonez la veille ou le matin même de votre arrivée pour vous assurer que votre réservation tient toujours. Ça ne vous coûtera pas grand-chose et vous économisera peut-être pas mal de soucis... Et faites-vous envoyer un fax de confirmation de réservation avant votre départ, si vous avez réservé de France. Ça peut toujours être utile en cas de litige.

Nous vous rappelons que les prix indiqués s'entendent pour une chambre double, tarif haute saison. Autre rappel : les prix, dans un certain nombre de cas, sont à géométrie variable... Il arrive qu'ils varient selon la personne interrogée, dans une même journée. Un couple de lecteurs a même fait un test amusant : quand c'était la femme qui appelait pour avoir un prix, celui-ci était moins élevé que quand c'était l'homme ! Prix officiels, prix réellement pratiqués, remises spontanées selon l'inspiration du moment (et le taux de remplissage de l'établissement), tout n'est pas d'une transparence absolue. Raison de plus pour essayer de négocier, habilement bien sûr.

Entre Omonia et les gares

C'est le quartier où l'on trouve les hôtels les moins chers d'Athènes. Certains sont très rudimentaires et mal entretenus. Une règle : toujours demander à voir les chambres pour éviter les mauvaises surprises. Voici quelques adresses fréquentables.

Bon marché

🛏 *Youth Hostel Victor Hugo* (plan couleur I, A2, **30**) **:** 16, odos Victoros Ougo. ☎ 21-05-23-41-70. Fax : 21-05-23-40-15. ● athenshostel@inter land.gr ● Entre les stations de métro Omonia et Métaxourgio, un tout petit peu plus proche de cette dernière (ligne 2). Le meilleur rapport qualité-prix de la ville : dans les 12 € la nuit par personne, petit déjeuner compris. Auberge de jeunesse récente (ouverte en avril 1994), la seule à être affiliée à la IYHF, autrement dit la Fédération internationale des auberges de jeunesse. Carte des AJ nécessaire ; achat sur place possible : pour

1 nuit ou pour 1 an. Dispose de 138 lits en chambres de 2 (une dizaine seulement) ou 4 personnes, plutôt calmes (double vitrage), avec salle de bains privée. Pas le grand luxe, mais à ce prix... Les draps et les serviettes sont fournis. Armoires cadenassées et coffre gratuit à l'accueil. Consigne gratuite. Accueil sympathique. Le directeur pourra vous indiquer des adresses d'hôtels décents et pas chers dans certaines villes de province qui ne disposent pas d'AJ. On y parle le français. N'accepte pas les cartes de paiement.

🛏 *Hostel Aphrodite (plan couleur I, A1, 31)* : 12, odos Einardou. ☎ 21-08-81-05-89 et 21-08-83-92-49. Fax : 21-08-81-65-74. ● www.hostelaphrodite.com ● Dans une rue plutôt calme, entre la gare de Larissa et la place Victoria. Ⓜ Victoria. En dortoir de 8 et 4 lits, respectivement 17 et 20 € par personne (ce qui commence à faire vraiment chérot, sûr que le confort est vraiment minimal), dans les 50 € pour une chambre double (riquiqui), avec AC en plus. Petit déjeuner non compris. Petits balcons. Service de blanchisserie. Consigne gratuite. Connexion à Internet payante. Bar en sous-sol climatisé. Cartes de paiement non acceptées. Offre spéciale pour les groupes.

Prix moyens

🛏 *Hôtel Delta (plan couleur I, A2, 32)* : 27, odos Kerameon (rue parallèle à la rue Diligiani). ☎ 21-05-22-47-06 et 21-05-22-44-62. Fax : 21-05-22-40-26. Ⓜ Métaxourgio. À 100 m à droite de la gare du Péloponnèse. Chambres doubles à environ 40 € avec AC. Une trentaine de chambres tristes, bien que rajeunies avec douche et w.-c. Salle de bains juste correcte. Consigne gratuite. N'accepte pas les cartes de paiement.

Plus chic

🛏 *King Jason (plan II, D5, 71)* : 26, odos Kolonou (à l'angle d'odos Kéramikou). ☎ 21-05-23-47-21. Fax : 21-05-23-47-86. ● www.douros-hotels.com ● Compter dans les 85 € pour une chambre double. Hôtel fonctionnel, aux chambres rénovées en 2001, sans originalité particulière. Pour un standing un peu plus élevé, le même propriétaire propose le *Jason Inn* (quartier Thission) et le *Jason Hotel* (Omonia). Voilà ce qui s'appelle avoir de la suite dans les idées...

Dans le quartier de Victoria

De prix moyens à plus chic

🛏 *Hôtel Filo-Xénia (plan couleur I, B1, 36)* : 50, odos Aharnon. ☎ 21-08-82-86-11/2. Fax : 21-08-82-86-13. Ⓜ Victoria. Près des gares ferroviaires. Compter environ 50 € pour une chambre double, petit déjeuner compris. Assez bon rapport qualité-prix. Chambres avec AC et certaines avec balcon. Mobilier en bois correct et salles de bains anciennes mais propres. Choisir une chambre sur cour. *Roof garden.* Accueil sympa. Hôtel pour groupes, vendu par plusieurs tour-opérateurs.

Plus chic

🛏 *Hôtel Plaza (plan couleur I, B1, 37)* : 78, odos Acharnon. ☎ 21-08-22-51-11. Fax : 21-08-22-51-16. ● www.plaza.com.gr ● Ⓜ Victoria. À l'angle d'odos Katrivanou. Compter de 76 à 86 € pour une chambre double. Ce tarif inclut le petit déjeuner, une remise de 20 % sur présentation du *GDR*. Chambres propres avec AC, TV et petit balcon. Grande salle de restaurant. On y parle le français. Direction sympathique.

Dans le quartier d'Omonia

Bon marché

🛏 *Hôtel Appia* (plan couleur I, A2, **38**) : 21, odos Menandrou. ☎ 21-05-24-51-55. Fax : 21-05-24-35-52. • appia @otenet.gr • Ⓜ Omonia. Compter 25 € pour une chambre double avec lavabo et 35 € avec salle de bains, réduction accordée sur présentation du *GDR* incluse. Ventilo et téléphone. AC en option dans 10 des 44 chambres. TV dans quelques chambres. Propre. Déco minimale, mais très correcte pour le prix et la situation (à 5 mn de la place Omonia). Accueil charmant. Cartes de paiement acceptées.

Prix moyens

🛏 *Hôtel Odéon* (plan couleur I, A2, **39**) : 42, odos Piréos (aussi appelée Panagi Tsaldari). ☎ 21-05-23-92-00 et 21-05-23-17-25. Fax : 21-05-23-27-78. Ⓜ Omonia. Pour une chambre double avec bains, compter environ 45 €. Les chambres ont été repeintes et le mobilier est neuf. TV et AC avec supplément. Les sanitaires sont un peu vétustes, mais l'ensemble reste correct. Choisir les chambres donnant sur l'arrière. Consigne uniquement pour la journée. Accueil sympa. N'accepte pas les cartes de paiement.

🛏 *Hôtel Theoxenia* (plan couleur I, B2, **40**) : 6, odos Gladstonos. ☎ 21-03-80-02-50. Fax : 21-03-81-78-95. Ⓜ Omonia. Bien situé, près d'Omonia, dans une rue piétonne. Compter environ 45 € pour une chambre double avec TV et AC. Petit déjeuner vraiment pas extraordinaire. Charmant hôtel, soigné. Réception tout au fond d'une entrée habillée avec des vitrines remplies de livres de religion. Les chambres, insonorisées, (dont quelques triples) sont correctes et propres. Bonne petite adresse dans le quartier. Cartes de paiement refusées.

Plus chic

🛏 *Hôtel Ilion* (plan couleur I, B2, **41**) : 7, Agiou Konstandinou (et Sokratous). ☎ 21-05-23-74-11. Fax : 21-05-23-74-15. • www.hotelilion.gr • Ⓜ Omonia. À deux pas d'Omonia, hôtel moderne d'une centaine de chambres. Chambres doubles de 70 à 85 € avec petit déjeuner et réduction pour nos lecteurs inclus (prix garantis jusqu'au 15 juillet). Triples et également des « appartements » (2 chambres communicantes avec une salle de bains) pour 4 personnes de 115 à 148 € avec petit déjeuner. Les chambres ont quasiment toutes été rénovées. AC et TV. Cartes de paiement acceptées.

🛏 *Grand Hôtel* (plan couleur I, B2, **42**) : 10, odos Véranzerou. ☎ 21-05-24-31-56 à 59. Fax : 21-05-23-36-88. • grandhtl@otenet.gr • Ⓜ Omonia. Compter dans les 75 € la chambre double, avec petit dej' copieux. Henry Miller s'y installa avant guerre. Chambres spacieuses et confortables, avec AC, TV et balcon. L'hôtel manque un peu de charme et l'accueil est plutôt indifférent. Demandez une chambre au 8e étage pour jouir de la vue imprenable sur Athènes.

Dans le quartier d'Exarchia

De prix moyens à plus chic

🛏 *Hôtels Orion* et *Dryadès* (plan couleur I, B-C2, **43**) : 105, odos Emmanuel Benaki (et 4, odos Dryadon). ☎ 21-03-82-01-91 et 21-03-82-73-62. Fax : 21-03-80-51-93. • orion dryades@lycosmail.com • Juste au niveau du parc de Stréfi, dans le quartier étudiant : ne pas y aller à pied avec ses bagages, ça grimpe sec. Deux hôtels très proches. Compter de 55 à 70 € la double à l'hôtel *Dryadès* selon la saison et 20 € de moins à l'*Orion*. La clientèle y est plutôt lookée, l'hôtel étant réputé pour recevoir des mannequins venant des quatre coins du monde. Ambiance jeune et agréable. L'autre intérêt essentiel réside dans la vue exceptionnelle sur l'Acropole. Beau *roofgarden* où est installée la cuisine collective. Chambres de qualité supérieure dans l'hôtel *Dryadès* avec TV et AC, boiseries au plafond et belle salle de bains. Carrelage neuf. Prendre de préférence une chambre au 1er étage avec balcon et vue sur l'Acropole. À l'*Orion,* ventilateur dans les chambres. Connexion Internet possible. Cartes de paiement acceptées.

🛏 *Hôtel Exarchion (plan couleur I, B2, 44) :* 55, odos Themistokleous. ☎ 21-03-80-07-31. Fax : 21-03-80-32-96. Sur la place d'Exarchia. Chambres doubles dans les 60 € avec AC, sèche-cheveux et TV. Double vitrage. Hôtel moderne sans charme, au mobilier correct sans plus. Salles de bains vieillottes mais propres. Deux ordinateurs pour consulter Internet sont à votre disposition. Cartes de paiement acceptées.

Chic

🛏 *Best Western Museum Hotel (plan couleur I, B1-2, 45) :* 16, odos Bouboulinas. ☎ 21-03-80-56-11 à 13. Fax : 21-03-80-05-07. ● www.bestwestern.gr/museumhotel ● Ouvert toute l'année. Compter jusqu'à 130 € environ pour une double. Une soixantaine de chambres confortables (AC et TV) dans un immeuble récemment remis à neuf. Bien placé (proximité d'Omonia et du métro sans en avoir les inconvénients), Exarchia est à deux pas.

Dans le quartier du Thissio

De prix moyens à plus chic

🛏 *Hôtel Erechtéion (plan couleur I, A3, 46) :* 8, odos Flammarion (1re rue presque parallèle à Apostolou Pavlou). ☎ 21-03-45-96-06. Fax : 21-03-46-27-56. Ⓜ Thissio. La chambre double grimpe à 55 € environ en haute saison. Petit déjeuner à prix raisonnable. Tout près d'un quartier branché, un hôtel familial : on a l'impression de séjourner dans la salle à manger d'une famille grecque ! L'aspect extérieur ne plaide pas en sa faveur, mais la plupart des 22 chambres donnent sur l'Acropole et particulièrement sur l'Erechtéion, comme son nom l'indique. Déco vieillotte mais salles de bains tout à fait correctes. AC et TV. Propreté acceptable. Toutefois un peu bruyant (à cause de l'avenue en contrebas). Cartes de paiement non acceptées.

🛏 *Hôtel Thissio (plan couleur I, A3, 52) :* 25 odos Apostolou Pavlou et 2, odos Agias Marinas. ☎ 21-03-46-76-34. Fax : 21-03-46-27-56. Compter dans les 70 €. Hôtel qui n'est pas de toute première jeunesse et qui, avec ses briques rouges, ne fait pas très athénien. Mais depuis que l'odos Apostolou Pavlou a été rendue aux piétons, le quartier est devenu très sympa. Tenu par un vieux couple. Les chambres, avec AC, sont quelconques mais très correctes. Les triples et quadruples offrent un bon rapport qualité-prix. *Roof garden.*

Dans le quartier de Monastiraki

De bon marché à prix moyens

🛏 *Hôtel Pella Inn (plan couleur II, D6, 60) :* 104, odos Ermou. ☎ et fax : 21-03-25-05-98 et 21-03-21-22-29. ● www.pella-inn.gr ● Près de la station de métro Monastiraki. Compter environ 20 € par personne en dortoir pouvant accueillir jusqu'à 12 personnes, et un peu plus de 50 € pour les chambres doubles avec salle de bains. Certaines ont une belle vue sur le Parthénon. L'hôtel a été repeint récemment, mais reste un peu dé-

cati. Vue superbe du *roof garden* et bar-salle à manger plaisant. Petit déjeuner pas bien cher. Beaucoup de routards du monde entier. Malheureusement, pas toujours propre, et bruyant. Accepte les cartes de paiement (moyennant une commission).

De prix moyens à plus chic

🛏 **Hôtel Fivos** (*plan couleur II, D6, 61*) **:** 23, odos Athinas. ☎ 21-03-22-66-57. Fax : 21-03-21-99-91. • www. consolas.gr • Tout près de la nouvelle station de métro de Monastiraki. Ouvert toute l'année. En dortoir, 18 € par personne. Pour une double, compter dans les 55 € la nuit, petit déjeuner compris (supplément pour l'AC : 10 €). Hôtel tout en escaliers, récemment remis à neuf. Chambres simples, avec de jolis parquets. Celles donnant sur la rue ne sont pas les plus reposantes, à moins que des doubles vitrages n'aient été posés. *Roof garden* avec vue sur l'Acropole. Bon accueil.

🛏 **Hôtel Carolina** (*plan couleur II, E6, 62*) **:** 55, odos Kolokotroni. ☎ 21-03-24-35-51 et 52. Fax : 21-03-24-35-50. • www.hotelcarolina.gr • À proximité de Monastiraki. Chambres doubles à 95 €, petit déjeuner compris. Hôtel complètement rénové en 2001, chambres très agréables, arrangées avec goût et bien équipées : AC, TV, frigo et double vi-

trage... Dans un vieil immeuble classique, où l'on a gardé un vieil ascenseur assez folklorique. Rue commerçante très active le jour mais calme la nuit. Bonne ambiance, patron sympathique et jovial.

🛏 **Hôtel Evripidès** (*plan couleur II, D5, 63*) **:** 79, odos Evripidou. ☎ 21-03-21-23-01. Fax : 21-03-21-23-03. De la place Monastiraki, suivre l'odos Miaouli, puis l'odos Aristophanous. Chambres doubles dans les 60 €. Moderne, sans charme particulier, mais assez bien tenu. Une soixantaine de chambres agréables, qui auraient cependant besoin d'un petit rafraîchissement. La patronne parle le français. Évitez si possible les chambres du 6e étage car le bar est juste au-dessus ! Petit déjeuner servi sur la terrasse panoramique. Intéressant grâce à la réduction de 15 % accordée aux lecteurs du *GDR* (bien demander cette réduction dès l'arrivée). N'accepte pas les cartes de paiement.

Plus chic

🛏 **Attalos Hotel** (*plan couleur II, D6, 64*) **:** 29, odos Athinas. ☎ 21-03-21-28-01 à 03. Fax : 21-03-24-31-24. • www.attalos.gr • Tout près de la place Monastiraki. Chambres doubles à 90 € en haute saison. Petit déjeuner à 8 €. 78 chambres (dont des triples et quadruples à prix intéressant), toutes rénovées récemment, propres avec salle de bains, AC et TV. L'intérêt de l'établissement réside surtout dans son *roof garden* plutôt confortable, qui offre une vue panoramique sur Athènes. Certaines chambres sur rue (double vitrage) donnent sur l'Acropole. Accueil sympathique. Un des récep-

tionnistes parle le français. Cartes de paiement acceptées. Et, ce qui n'est pas désagréable, 10 % de réduction pour les lecteurs du *GDR* !

🛏 **Cecil Hotel** (*plan couleur II, E6, 65*) **:** 39, odos Athinas. ☎ et fax : 21-03-21-70-79 et 21-03-21-80-05. • www. cecil.gr • Ⓜ Monastiraki. Pour une chambre double en haute saison, compter 95 €, petit déjeuner compris. Dans un bâtiment néo-classique (classé), une quarantaine de chambres spacieuses et confortables, hautes de plafond et claires. Salle de bains, AC et TV. Quelques très grandes chambres pour 3 personnes. Carrelage vieillot. Quartier très animé en journée, essayez d'avoir une chambre qui donne sur l'arrière. Cartes de paiement acceptées. 10 % de remise à nos lecteurs à partir de 3 nuits.

Dans le quartier de Plaka et Syndagma

De bon marché à prix moyens

🏠 **The Student's and Traveller's Inn** (plan couleur II, E7, **66**) : 16, odos Kidathineon. ☎ 21-03-24-48-08 et 21-03-24-88-02. Fax : 21-03-21-00-65. ● students-inn@ath.forthnet.gr ● Ⓜ Akropolis. Ouvert 24 h/24. Dans une vieille demeure, en plein cœur de Plaka, ce qui se paie. Même proprio qu'à l'Hostel Aphrodite. Compter 24 € pour une nuit en chambre de 4 (sanitaires communs) et 27 € pour des sanitaires privés) ; la chambre double climatisée avec salle de bains est à 55 € et à 65 € avec. Propose également des chambres triples. Endroit connu, donc assez bondé et pas toujours impeccable. Pièces très petites. Douches chaudes toute la journée. Lavabo dans quelques chambres. Certaines possèdent un grand balcon agréable. Cuisine et salle de petit déjeuner toutes neuves. Accès Internet. Bruyant (on est en plein Plaka). Cartes de paiement refusées.

🏠 **Hôtel Tempi** (plan couleur II, E6, **67**) : 29, odos Eolou. ☎ 21-03-21-31-75. Fax : 21-03-25-41-79. ● tempi hotel@travelling.gr ● Ⓜ Monastiraki. Situé dans une rue piétonne, un hôtel à l'atmosphère chaleureuse. Compter environ 55 € pour une chambre double avec bains et 48 € sans bains. En hiver, 30 % moins cher. Chambres simples mais propres, avec ventilateur. Certaines disposent d'un balcon. Une petite cuisine a été aménagée au 1er étage pour la préparation du petit déjeuner ou d'un repas. Consigne gratuite pour les clients. Apparemment le confort, encore modeste, ne cesse de s'améliorer.

🏠 **Hôtel Kouros** (plan couleur II, E7, **68**) : 11, odos Kodrou. ☎ 21-03-22-74-31. Bien situé en plein cœur de Plaka, dans une ruelle calme. Compter environ 50-55 € en haute saison pour une chambre double avec lavabo ; w.-c. et douche à l'étage. Propreté très relative. Petit hôtel (10 chambres) de 3 étages, style pension de famille. Pas de réservation. En dépannage seulement.

🏠 **Hôtel Dioskouros** (plan couleur II, E7, **69**) : 6, odos Pittakou. ☎ 21-03-24-81-65. Fax : 21-03-21-09-07. ● www.consolas.gr ● Ⓜ Akropolis. Ouvert 24 h/24. En dortoir, 18 € par personne. Compter 45 € pour une chambre double sans le petit déjeuner. Dans une ruelle tranquille de Plaka, hôtel de 35 lits. Chambres très claires, repeintes en blanc et bleu, de 1 à 5 lits, avec téléphone. La n° 23, une double, est dotée d'un joli balcon. Sanitaires extérieurs et assez vétustes. Pas d'AC mais des ventilateurs. Frigos dans les chambres. Jardin intérieur très agréable où l'on peut prendre le petit déjeuner. Roof garden. Consigne payante à partir du 2e jour. Cartes de paiement acceptées.

Plus chic

🏠 **Hôtel Adonis** (plan couleur II, E7, **70**) : 3, odos Kodrou. ☎ 21-03-24-97-37. Fax : 21-03-23-16-02. Très bien situé, dans une rue calme et piétonne de Plaka. Ouvert toute l'année. Chambres doubles de 50 à 80 €. Chambres avec douche, balcon ou terrasse et téléphone. Peinture récente et mobilier très correct, mais salle de bains ancienne. Petit déjeuner compris, servi dans une salle à moitié en terrasse avec vue superbe sur l'Acropole et le Lycabette. Prix dégressif à partir du 3e jour. N'accepte pas les cartes de paiement.

Encore plus chic

▪ *Hôtel Plaka (plan couleur II, E6, 72)* **:** 7, Kapnikaréas et Mitropoléos. ☎ 21-03-22-20-96. Fax : 21-03-22-24-12. • www.plakahotel.gr • Ⓜ Monastiraki. En haute saison, dans une 140 € la chambre double, petit déjeuner compris. Prix intéressant de novembre à mars. Bien situé et moderne. Dispose de 67 chambres agréables avec salle de bains, AC, téléphone, TV, réfrigérateur et sèche-cheveux. Uniquement 8 chambres avec vue. Très propre. *Roof garden*

avec superbe panorama sur Plaka et l'Acropole. Salle du petit déjeuner très sympathique. Accepte les cartes de paiement. Même direction à l'*Hôtel Achilleas*, 21, odos Lekka *(plan couleur II, B2)*. ☎ 21-03-23-31-97. Mêmes tarifs et 10 % de réduction sur présentation du *GDR*. Enfin, l'*Hôtel Arion* (18, odos Agiou Dimitriou, dans Psiri, *plan couleur II, D6)* est également géré par les mêmes proprios. ☎ 21-03-22-27-06. Fraîchement remis à neuf. Tarifs similaires.

Au sud de l'Acropole (quartier de Koukaki)

Prix moyens

▪ *Marble-House Pension (plan couleur I, A4, 47)* **:** à hauteur du 35, odos Zinni. ☎ 21-09-23-40-58 et 21-09-22-64-61. Fax : 21-09-22-64-61. • www.marblehouse.gr • Ⓜ Akropolis. Au fond d'une impasse bordée de clémentiniers. Chambres doubles à 40 € sans salle de bains et à 46 € avec (ces prix incluant la remise faite sur présentation du *Guide du routard*). L'hiver, on peut louer au mois, tarifs à négocier. Dans une maison particulière, qui a gardé un joli cachet, 16 chambres confortables, régulièrement entretenues, à prix très raisonnables. Quartier calme, à 10-15 mn seulement de l'Acropole. Hôtel rénové il y a cinq ans offrant un très bon rapport qualité-prix. Beau carrelage type marbre. AC sur demande (supplément) dans 12 des 16 chambres et ventilateur à pales dans les autres. Chambres triples ou quadruples à prix intéressant. Bon ac-

cueil de Nancy et Thanos ou de leur fils Christos. Petit déjeuner non obligatoire. Une bonne adresse dans le quartier.

▪ *Tony's Hostel (plan couleur I, A4, 48)* **:** 26, odos Zacharitsa. ☎ et fax : 21-09-23-63-70 et ☎ 21-09-23-05-61. • www.hoteltony.gr • Ⓜ Akropolis. À 10 mn de l'Acropole, entre le site et l'avenue Syngrou. De 55 à 60 € pour une chambre double. Dans Koukaki, quartier agréable et où l'on peut se garer facilement. La pension propose de belles chambres, parfois avec balcon. Un peu bruyant. Ne sert pas de petit déjeuner. Consigne gratuite. *Roof garden* avec vue sur le Parthénon. Prix dégressifs si l'on reste plusieurs jours. On peut aussi y louer petits appartements et studios avec cuisine, tout neufs et de bon rapport qualité-prix. N'accepte pas les cartes de paiement.

Plus chic

▪ *Art Gallery Hotel (plan couleur I, A4, 49)* **:** 5, odos Erechthiou. ☎ 21-09-23-83-76. Fax : 21-09-23-30-25. • ecotec@otenet.gr • Ⓜ Akropolis. De 70 à 124 € pour une double, petit déjeuner inclus. Dans une maison de famille bourgeoise (la propriétaire y est née), décorée de nombreux tableaux, ce petit hôtel d'une vingtaine

de chambres possède une touche artistique indéniable. Chambres plutôt spacieuses, avec AC et TV, certaines avec vue sur l'Acropole. Petit déjeuner servi au 4ᵉ étage dans la « gallery », ancien atelier où travaillait la tante de la proprio, peintre de son état. Cartes de paiement acceptées.

Encore plus chic

🛏 *Hôtel Philippos* (plan couleur I, B4, **50**) : 3, odos Mitseon. ☎ 21-09-22-36-11/3. Fax : 21-09-22-36-15. ● www.philipposhotel.gr ● Ⓜ Akropolis. Compter de 148 à 195 € pour une chambre double. Dans un quartier plutôt agréable. Bel hôtel récent, de 50 chambres, à la décoration raffinée. Mobilier en bois de qualité. AC, TV, réfrigérateur et sèche-cheveux. Très propre. Certaines chambres ont vue sur l'Acropole. Petit patio où sont disposées quelques tables. Cartes de paiement acceptées. 10 % de réduction sur présentation du *GDR*. Ceux qui trouveraient que l'hôtel n'est pas assez luxueux pourront aller à l'hôtel *Hérodion*, 4 odos R. Galli (en remontant la rue Mitséon). Même gestion, mais prestations et tarification supérieures.

Dans le quartier de Pangrati

Bon marché

🛏 *Youth Hostel Pangrati* (plan couleur I, C4, **51**) : 75, odos Damareos (entre Pyrrou et Frinis), parallèle à l'avenue Imittou. ☎ 21-07-51-95-30. Fax : 21-07-51-06-16. ● skokin@hol. gr ● Au sud-est du stade olympique ; à 1,6 km du Syndagma (bus n°s 209 et 210, arrêt « Filolaou »). Entrée indiquée par un discret autocollant de la *Greek Youth Hostel Organization*, non affiliée à la Fédération internationale. Ouvert toute l'année. Compter 8 € la nuit par personne. Apportez éventuellement vos draps et vos serviettes, sinon vous aurez un supplément à payer. Accueil très sympa de Yannis Triandafillidou, qui parle 6 langues (dont le français). Capacité de 80 personnes environ. Dortoirs de 6 lits maximum. Plutôt *clean* bien que spartiate. Murs aux couleurs agréables, repeints récemment. Sanitaires et douches refaits en 2000. Salle de TV. Pas de petit déjeuner mais cuisine mise à disposition. Machine à laver.

Où camper dans les environs?

Pas de camping central à Athènes. En plus des 3 indiqués ci-dessous, il en existe quelques autres en Attique, plus éloignés (à Rafina, voir le chapitre « Rafina » ; vers Marathon – Ramnous Camping – et vers le cap Sounion, le camping Bacchus – voir « Dans les environs d'Athènes »). **Attention, pendant les JO, les tarifs seront, là aussi, majorés.**

⛺ *Athens Camping :* 198-200, léoforos Athinon, 12136 Peristeri ; à 7 km du centre d'Athènes, sur la route de Corinthe, côté droit. ☎ 21-05-81-41-14 (l'hiver, ☎ 21-05-81-41-01). Fax : 21-05-82-03-53. D'Athènes, bus n°s A15 ou B15 de la rue Deligeorgi, à l'angle de Leonidou (dernier bus à 23 h) à côté de la place Omonia. Ouvert toute l'année. Compter environ 18 € par nuit pour 2 personnes, une tente et une voiture. Évitez de vous installer près de la nationale, très bruyante et poussiéreuse... On y parle le français. En été, c'est l'entassement et l'accueil laisse à désirer. Sanitaires impeccables mais parfois insuffisants en fin de journée. Épicerie. Taverne-bar. Cher et peu copieux. Vente de tickets de bus. Bref, juste pratique pour ceux qui partent de cet endroit directement dans les îles.

⛺ *Camping Néa Kifissia :* 60, odos Aigiou Potamou et Dimitsanis, à Adamès, quartier de Néa Kifissia. ☎ 21-08-07-55-79 et 21-06-20-56-46. Fax : 21-08-07-55-79. Accès depuis le métro (ligne 1, terminus nord) ; ensuite, de la station, traversez la rue puis le parc, prenez le bus n° 522 (ou 523) et demandez au chauffeur de vous y arrêter. En voiture, c'est à 16 km du centre d'Athènes, accès depuis la route nationale pour Lamia-Thessalonique (c'est un peu à l'ouest de la nationale, à 700 m, après être passé sous un pont ; c'est assez mal indiqué). Ouvert toute l'année. Environ 18 € pour 2 personnes, avec tente et voiture. Camping agréable, bien équipé, avec piscine (on n'est pas loin de Kifissia, le quartier résidentiel d'Athènes). Sans doute le meilleur des campings dans les environs d'Athènes. Seul inconvénient : il est pas mal fréquenté par des groupes (pas spécialement calmes quand il s'agit, par exemple, de jeunes dont c'est le dernier soir en Grèce) et loin d'être paisible dans ces cas-là.

⚑ *Camping Varkiza Beach :* à la sortie de Vouliagmeni, en direction de Sounion, en contrebas de la route, juste après le panneau indiquant la fin du village. ☎ 21-08-97-36-14. Fax : 21-08-97-00-12. À une trentaine de kilomètres d'Athènes. Bus direct E20 (l'été seulement) ou n° A2, ou B3 depuis Akadimia. Correspondance à Glyfada avec les n°s 115 ou 116 jusqu'à l'arrêt « Camping ». Ouvert de fin mai à septembre. Compter 22 € pour 2 personnes, une tente et une voiture. Cher et pas renversant. Une centaine d'emplacements. Mini-market, bar, restaurant et discothèque (très réputés, donc très fréquentés les week-ends et tout l'été)...

Où dormir dans les environs d'Athènes ?

Si l'on veut éviter le centre d'Athènes, il existe un certain nombre de possibilités dans un rayon de 20-30 km autour de la capitale. Avec les nouveaux transports en commun, certaines de ces adresses deviennent beaucoup plus proches qu'auparavant. Voir aussi les chapitres consacrés à Rafina et au Pirée.

🛏 *Hotel Park :* 9 odos Evkalipton, 153 42 Agia Paraskevi. ☎ 21-06-00-71-15. Fax : 21-06-00-29-16. • www.theparkhotel.gr • Sur la grande voie (Messogion) qui relie Athènes à l'aéroport de Spata. L'hôtel est annoncé au niveau des n°s 502-504 (côté gauche de la route quand on vient de Spata) et se trouve un peu plus haut. Ouvert toute l'année. Compter dans les 80 € pour une chambre double. Une quarantaine de chambres très correctes, avec AC. Parking privé.

🛏 *Hotel Panthéon :* à 13 km de Spata, au 31e km de la route Athènes-Lavrio. Bien indiqué aux environs de Kératéa. ☎ et fax : 22-99-04-06-64. • h_panthe@hol.gr • Compter 84 € pour une double. Récent et propre. Chambres insonorisées au rez-de-chaussée. Tenu par un couple sympathique. 10 à 20 % pour nos lecteurs sur présentation du *GDR*

(séjours de plus d'une nuit).

🛏 *Hôtel Prima :* à Néo Faliro, 7, odos D. Faliréos. ☎ 21-04-81-25-01. Fax : 21-04-81-33-59. Ⓜ Néo-Faliro (ligne 1). Dans le quartier des sites olympiques de Faliro (le Phalère de l'antiquité). Compter environ 65 € la chambre double. Chambres sans cachet particulier mais offrant un confort correct (AC, TV). L'intérêt réside dans le quartier, sympathique, avec tavernes et petits commerces.

🛏 *Hotel Sea View :* 4, odos Xanthou et Lazaraki, 166 74 Glyfada. • www.seaview.gr • À 200 m de la mer (tourner à la station BP pour prendre odos Xanthou). Du Pirée, bus A1, A2 ou E96 (qui continue vers l'aéroport). Compter dans les 100 € la chambre double. Hôtel agréable, assez proche des plages les plus fréquentables de l'Attique.

Où manger ?

Athènes offre un grand choix d'établissements où vous restaurer : le choix est tel qu'il est même difficile de s'y retrouver. On vous propose ici une sélection de *tavernes, psistariès* (restaurants spécialisés dans les grillades) ou *mézédopolia* (spécialisés, eux, dans les *mezze* dont on peut faire un

repas complet) qui ont comme point commun d'offrir de la nourriture grecque. Il est évidemment possible de manger sur le pouce un *gyros* ou un kébab, vous en trouverez dans de nombreux endroits (par exemple autour de la place Exarchia). Si vous préférez acheter de quoi vous préparer un repas, il existe plusieurs supermarchés (voir les adresses utiles), pas dans l'hyper-centre touristique mais à proximité. Quelques commerces de détails dans Plaka, mais plus chers. Les bonnes boulangeries existent aussi, par exemple sous l'Acropole, à l'angle des rues Zitrou et Missaraliotou *(plan couleur I, B4)*, **O Takis.** Grand choix, le matin, de gâteaux (goûtez le cake cappuccino), de *pittès,* etc.
Attention, cartes de paiement le plus souvent refusées.

Dans Plaka

Espérer trouver une taverne typiquement grecque à Plaka, c'est comme chercher un strip-tease typique à Pigalle. Elles sont toutes plus ou moins touristiques. Ça va de l'usine à touristes, capable d'enfourner 5 groupes d'Américains ou de Français, jusqu'à la petite gargote, servant le populaire *souvlaki.* Entre les deux, tout établissement distillant du *bouzouki,* avec danseurs une table entre les dents, peut être considéré comme aussi typique que les restos de la place du Tertre à Montmartre. Votre choix s'effectuera donc selon vos propres critères et selon votre seuil d'irritation au racolage et à l'obséquiosité de l'accueil, selon, aussi, le juste équilibre entre touristes et Grecs, et surtout votre flair pour humer l'arnaque possible. Il reste cependant quelques tavernes qui conservent quelque chose de naturel, de sympa, et qui ne font pas systématiquement la guerre aux voisins pour se voler les clients. Comme on peut s'en douter, elles ne sont pas situées dans les rues les plus passantes ; elles auraient même tendance à chercher les coins à l'écart. Attention, certains de restos sont fermés en août. Pour manger sur le pouce, un ami plakiote (né dans le quartier) nous a assuré que les meilleurs *souvlakia* classiques (sur une petite broche) étaient ceux chez **Kostas** *(plan couleur II, E7)*, 116, odos Adrianou, pas loin de la pâtisserie *Kotsolis.*

De bon marché à prix moyens

I●I *Taverne O Platanos (plan couleur II, E7, 110)* **:** 4, odos Diogenous. ☎ 21-03-22-06-66. Situé sur une place bien sympathique. Ouvert midi et soir. Fermé le dimanche soir. Repas complet pour 12 à 15 €. Nourriture classique correcte, – encore que la qualité soit inégale de l'avis de nombreux lecteurs – et surtout le meilleur vin résiné d'Athènes. Les clients peuvent d'ailleurs y acheter du vin à un prix très intéressant (apportez vos bouteilles vides).
I●I *Scholarchio Yérani (ex-Ouzeri Kouklis ; plan couleur II, E7, 111)* **:** 14, odos Tripodon. ☎ 21-03-24-76-05. Compter dans les 10 € par personne. On vous apporte un grand plateau avec une dizaine de plats (entrées et plats de résistance) et

vous composez vous-même votre repas. Adresse très touristique, mais pas désagréable. Beaucoup d'animation, les plateaux passent et repassent...
I●I *Sissiphos (plan couleur II, E7, 112)* **:** 31, odos Mnissikléous. ☎ 21-03-24-60-43. Ouvert le soir seulement ; tous les jours de mars à octobre, du jeudi au dimanche de novembre à février. Compter dans les 10 € par personne. Toutes les tables sont en terrasse et surplombent les ruelles en pente. Des danseurs et des musiciens grecs s'y produisent chaque soir. Il y a bien sûr beaucoup de touristes. Ne pas arriver trop tôt (après 22 h). Certains lecteurs ont cependant été déçus : il faut vraiment aimer cette ambiance. Le racolage est vraiment pénible.

Prix moyens

|●| *Restaurant végétarien Eden (plan couleur II, E7, 113)* : 12, odos Lissiou et Mnissikléous. ☎ 21-03-24-88-58. Ouvert tous les jours sauf le mardi, de midi à minuit. Compter dans les 15-18 € pour un repas complet et copieux. Propose aussi un menu moins cher. Belle salle climatisée. Très populaire et très apprécié des Anglo-Saxons (faut dire qu'il n'y a pas d'adresse équivalente à Athènes et dans les environs). Goûter à la *moussaka* au soja, au *hortokéftedakia* ou aux lasagnes végétariennes.

Dispose d'une salle non-fumeurs.
|●| *Palia Taverna tou Psara (plan couleur II, E7, 114)* : 16, odos Eréchtheos et Erotokritou. ☎ 21-03-21-87-33. Ouvert tous les jours de l'année de 12 h à 1 h du matin. Compter dans les 15 € pour un repas. Taverne fondée en 1898, une des plus anciennes de Plaka. Très belle terrasse sur l'avant et sur l'arrière du restaurant, juste au pied de l'Acropole. Cuisine traditionnelle et grillades. Le vin est servi au baril. Service efficace. Musique le soir.

Plus chic

|●| *Café-restaurant Ydria (plan couleur II, E6-7, 115)* : 68, odos Adrianou et Eolou, place de l'ancienne Agora. ☎ 21-03-25-16-19. Environ 18 € par personne. Confortablement assis à la terrasse ombragée, vous pourrez déguster de délicieux plats grecs et quelques préparations originales. Goûtez, par exemple, aux tagliatelles à la sauce méditerranéenne, un régal. Un peu cher tout de même. Pour les budgets serrés, se contenter des cocktails.

Très chic

|●| *Restaurant Daphné's (plan couleur II, E7, 116)* : 4, odos Lissikratous. ☎ 21-03-22-79-71 et 21-03-22-16-24. En face de l'église Agia Katerini. Ouvert de 19 h 30 à minuit. Les vendredi et samedi, des musiciens viennent agrémenter le repas. Compter dans les 45 € pour un repas complet, boisson non comprise. En exhibant à l'entrée les signatures d'Hillary Clinton et de Madeleine Albright (mais aussi de Lionel Jospin ! *sic transit gloria mundi*...), ce restaurant ne fait pas preuve d'un grand sens de la modestie... Le cadre à lui seul vaut le coup d'œil : murs intérieurs recouverts de fresques à la manière de Pompéi, qui ont demandé à leur auteur deux années de travail. Très agréable cour intérieure. La nourriture n'est ni typique ni originale, mais c'est bon et copieux. Personnel attentionné.

À Monastiraki et Psiri

Entre la place Monastiraki et la rue Mitropoléos *(plan II, D6)*, c'est le coin des *souvlakia* et des *kébabs*. Chez *Thanassis* (« Mac Thanassis » pour les Athéniens), contentez-vous d'un *sis kébab*. En fait, Monastiraki étant hypertouristique, difficile d'espérer y trouver une cantine agréable. En revanche Psiri, un quartier d'artisans à 5 mn de Monastiraki, est devenu en quelques années un des endroits les plus fréquentés d'Athènes pour ses restos, presque tous des *mezze dopolia*. On en compte désormais des dizaines. Mode oblige, ces restos sont plus chers que dans Plaka, mais ils offrent parfois des plats plus originaux.

Prix moyens

|●| *Taverne de Psiri (plan couleur II, D6, 117) :* 12, odos Eschylou. ☎ 21-03-21-49-23. Ouvert toute l'année midi et soir. Compter dans les 12-15 € pour un repas. Bonne adresse de quartier. Jolie salle ventilée aux murs tapissés de petits cadres, de vieilles photos. Service rapide, tout le monde va choisir son plat qui mijote. Le *bifteki* parfumé aux herbes est réputé. Bon vin maison, qui accompagnera merveilleusement *spanakopitès*, *moussakas* et autres aubergines farcies.

|●| *Mezedopolio Naxos (plan couleur II, D6, 118) :* platia Christokopidou. ☎ 21-03-21-82-22. Ouvert midi et soir. Compter entre 12 et 15 € par personne, voire un peu plus si vous optez pour les produits de la mer, spécialité de la maison. Dans Psiri, mais un peu à l'écart du Psiri mondain. Agréable le soir : pas trop de passage. On mange en terrasse, en face de l'église ou dans un nouvel espace aménagé. Petit brasero où l'on prépare le poulpe *(khtapodi sta karvouna)*. Bons calamars *(soupiès* façon supion ou *thrapsalo)* et *mezze (pikilia)* qui se laissent déguster.

Plus chic

|●| *Inéas (plan couleur II, D6, 119) :* 9, odos Esopou. ☎ 21-03-21-56-14. Ouvert toute l'année. À partir de 18 h du lundi au jeudi et dès midi les vendredi, samedi et dimanche. Compter de 18 à 20 € par personne. On mange en terrasse (rue piétonne) ou en salle (climatisée). La décoration de la salle mérite la visite (pubs des années 1950 qui donnent un cachet rétro et un tantinet kitsch) jusqu'aux toilettes qui ne déparent pas avec leurs pubs *L'Oréal*. Côté assiette, des plats qui changent un peu de l'ordinaire des tavernes : les salades sont bonnes et très copieuses comme la salade *Mégalonissou*. Les autres plats manifestent tous une certaine originalité par rapport à la norme et c'est bon, ce qui justifie le prix plus élevé que la moyenne. On vous recommande la tarte au fromage de chèvre et tomates confites.

Dans le quartier de Thissio

|●| *To Stéki tou Ilia (plan couleur I, A3, 91) :* 5, odos Eptahalkou. ☎ 21-03-45-80-52. Pas vraiment d'enseigne mais c'est le seul resto de cette rue très tranquille qui surplombe la ligne de métro près de la station Thissio. Fermé le dimanche. Ouvert le soir seulement. Compter entre 12 et 15 € par personne. On mange sur les deux côtés du trottoir, face à l'église. Clientèle de fidèles qui viennent les yeux fermés – pas de carte en évidence ! C'est la taverne-*psistaria* spécialisée dans les grillades *(brizolès)* au kilo. C'est d'ailleurs pour cela qu'on y va : excellentes côtelettes d'agneau *(païdakia)*. Les gigantesques tonneaux en salle valent aussi le coup d'œil. Si c'est fermé, continuez la rue sur 400 m jusqu'à ce qu'elle devienne odos Thessalonikis, et au n° 7, vous tomberez sur l'établissement jumeau, portant le même nom (☎ 21-03-42-24-07). Fermé le lundi.

|●| *Philistron (plan couleur I, A3, 92) :* 23, odos Apostolou Pavlou et odos Pnikos. ☎ 21-03-42-28-97. Ouvert tous les jours et toute l'année, à partir de 18 h. Compter en moyenne dans les 15 € par personne. L'endroit pourrait sembler un peu chic (le mobilier récent a besoin de vieillir un peu !), mais les prix demeurent raisonnables. Compter environ 15 € pour un repas complet. Belle terrasse bien fleurie à l'étage *(roof garden)*, avec vue sur l'Acropole. Cuisine de qualité (de nombreux *mezze)*. Très bon service. Cartes de paiement acceptées.

Dans le quartier de Gazi

|●| **Kallihoron** (hors plan couleur I par A3, 93) : 31, odos Perséphonis. ☎ 21-03-47-87-59. Ouvert midi et soir. En face de l'ancienne usine à gaz rebaptisée Technopolis. Plats dans les 6-10 €. Salle assez chicos (parquet, tables et chaises en bois lourd qui veulent donner un air ancien à cette adresse récente). Également une terrasse à l'étage. Plus cher que la moyenne (mais c'est le quartier très tendance qui veut cela) mais parts très copieuses : les assiettes-salades servies contentent aisément 2 personnes à l'appétit moyen. Cartes de paiement refusées.

Autour des Halles

Les Halles d'Athènes vivent comme au temps de celles de Paris avant qu'elles n'émigrent à Rungis. Toute une population, un peu coupée du reste de la ville, y demeure. Leurs habitants mangent dans des restaurants vraiment populaires, où les seuls étrangers qui s'y aventurent sont ceux qui ont les mêmes mauvaises lectures que vous.

|●| **I Ipiros** (plan couleur II, E5-6, 121) : 4, odos Filopiménos, dans les Halles mêmes. ☎ 21-03-24-07-73. Voici la meilleure façon de s'y rendre : juste après l'odos Évripidou, remonter un peu l'odos Eolou, puis entrer à gauche dans les Halles à hauteur du n° 81. Ouvert en semaine 24 h/24. Le dimanche, fermé de 6 h à 18 h et de juillet à octobre fermé de 20 h à 10 h du matin. Cœurs sensibles, s'abstenir, car l'odeur de la viande y est assez forte. Derrière les étals de nourriture, vous découvrirez ce restaurant en angle. Impossible de vous tromper, c'est bourré de commerçants du quartier (et autant de gens ne peuvent avoir tort !). Carte affichée au mur, mais le plus simple est de montrer ce que l'on veut manger. Quelques plats vraiment goûteux, entre autres l'arni (agneau) en fricassée et évidemment, la spécialité des Halles, la patsas (soupe aux morceaux de viande).

|●| **Resto sans nom** (plan couleur II, D5, 122) : à l'angle d'odos Sokratous et d'odos Theatrou. ☎ 21-03-21-14-63. Le restaurant est en sous-sol, sous un magasin d'olives parfois appelé « le Palais de l'olive ». Ouvert seulement le midi. Compter de 7 à 10 € pour un repas. Ce resto s'appelle en fait Diporto, mais il ne porte aucune pancarte et l'entrée (marron) est à peine visible. Petite salle enfumée avec les traditionnelles barriques de retsina au mur. Plus populaire, tu meurs. Clientèle de commerçants des marchés voisins. Peu de choix, il faut se décider parmi les plats du jour qui mijotent, de la viande principalement. Vaut vraiment le coup d'œil.

|●| **I Stoa** (**Chez Vangélis** ; plan couleur II, D5, 123) : odos Evripidou. Ouvert jusqu'à 20 h tous les jours. Compter dans les 12 €. Une adresse à l'image de la rue Evripidou : populaire, fait de bric et de broc. On mange dans une sorte de passage fermé, sous une verrière en triste état. Petites tables, chaises dépareillées, déco kitschissime. Les plats vous attendent, service rapide. Une survivance du vieil Athènes qui disparaîtra sans doute avec son proprio.

Quartier de Victoria

Bon marché

|●| **Dafni** (plan couleur I, B1, 94) : 65, odos Ioulianou. ☎ 21-08-21-39-14. Ⓜ Victoria. Ouvert tous les jours, de midi à 1 h du matin. On y

mange bien pour 9 à 13 €. Le restaurant grec tel qu'on se le représente : on mange dehors, sous des treilles. Au fond, les tonneaux de *retsina* si vous avez très soif. Bonne cuisine très variée, avec des plats différents chaque jour. Là, les influences de la

nourriture américaine ou européenne ne sont pas encore arrivées. Profitez-en ! On va soi-même choisir son plat en cuisine. Goûtez absolument à la *moussaka* et au poulpe. Plats à emporter.

Entre Syndagma et Omonia

Prix moyens

|●| *Athinaïkon (plan couleur II, E5, 124)* : 2, odos Thémistokléous (et Panepistimiou). ☎ 21-03-83-84-85. Service assuré de 11 h 30 à minuit. Fermé le dimanche et en août. Repas pour 14 à 18 €. Ancienne taverne populaire, qui n'a pas changé de cadre depuis 1932, sauf l'AC bien entendu qui n'est pas d'origine. Salle avec mezzanine. Excellente atmosphère. Réputé pour ses *mezze*, brochettes d'agneau, foie de veau, *souvlaki* d'espadon, calamars, etc. N'accepte pas les cartes de paiement.

|●| *Kentrikon (plan couleur II, F6, 125)* : 3, odos Kolokotroni ; s'engager sous l'arcade, dans l'impasse qui prend en face de la place. ☎ 21-03-23-24-82. Ouvert le midi seulement jusqu'à 18 h. Fermé le dimanche. Repas complet entre 15 et 20 €. Une grande salle, plutôt quelconque, avec une clientèle d'avocats, de journalistes... de gens bien installés dans la vie. Décor de grandes gravures.

L'été, on mange en terrasse. Bonne cuisine grecque classique : agneau aux aubergines, poisson à l'athénienne, brochette de veau ou de porc *krassati*, etc.

|●| *Pétrino (plan couleur II, E5, 126)* : 32, odos Thémistokléous (à l'angle d'Akadimias). ☎ 21-03-80-41-00. Pas loin d'Omonia. Ouvert midi et soir, jusqu'à 1 h. En été, fermé le samedi soir et le dimanche. De 15 à 18 € pour un repas complet. Cadre assez sophistiqué, un peu clinquant diraient certains : décor brique, pierre et plantes vertes. Clientèle chic. L'endroit jouit d'une très bonne réputation. Quelques spécialités : *fish kébab* d'espadon, brochette de moules et bacon, poulpe sauce au vin, caille, *spetsofai*, crevettes grillées au lard, etc. La carte, en grec, bien mise en évidence sur le trottoir, est impressionnante de variété. Également présent, sous la même enseigne, au Pirée (Passa Limani) et à Glyfada.

Autour d'Exarchia

De bon marché à prix moyens

|●| *Lefka (plan couleur I, C2, 95)* : 121, odos Mavromichali. Tout en haut du quartier d'Exarchia. Ouvert de 20 h 30 à 2 h du matin. Fermé le dimanche. Compter entre 10 et 15 €. Grande terrasse dans une cour intérieure, bordée d'un côté par d'imposants tonneaux. Chaises en bois à l'ancienne. Dans l'assiette, plats classiques comme l'agneau à l'origan. Beaucoup d'habitués.

|●| *Ama Lachi (plan couleur I, B2, 96)* : 66, odos Methonis ou 69, odos Kallidromiou (deux rues parallèles :

on entre soit par le bas soit par le haut du restaurant). ☎ 21-03-84-59-78. Ouvert tous les jours, uniquement le soir, sauf en saison où c'est ouvert du vendredi au dimanche. Fermé en août. Compter autour de 15 € par personne. Situé dans une rue piétonne, sur les hauteurs du quartier branché d'Exarchia (ça grimpe). Cadre original dans une ancienne école communale. Vous entrerez soit par les salles de classe, où sont installées plusieurs tables, soit par la cour de l'établissement, où vous pourrez vous restaurer à l'ombre des treilles. Cuisine traditionnelle.

|●| *Psistaria Vergina (plan couleur I, B2, 97)* : 62, odos Valtetsiou. ☎ 21-03-60-79-92. Compter autour de 10 € par personne. Ouvert tous les jours de midi à 2 h du matin. Une des rares adresses traditionnelles du quartier, submergé de bars tous plus branchés les uns que les autres. Terrasse sympa dans la rue piétonne. Cuisine de taverne égale à elle-même. Très fréquenté le soir. Plats à emporter, *gyros*. Une clientèle principalement grecque.

|●| *Taverna Rozalia (plan couleur I, B2, 97)* : 58, odos Valtetsiou. ☎ 21-03-30-29-33. Ouvert tous les jours, midi et soir. Compter entre 10 et 15 € pour un repas complet. Dans une rue piétonne, grande terrasse ombragée. Un grand choix d'entrées. Les plats sont copieux et le service efficace. On vous conseille les boulettes de viande et les viandes grillées. Un endroit très

agréable. Une bonne adresse et un honnête rapport qualité-prix.

|●| *Ta Grévéna (plan couleur II, F5, 127)* : 78, odos Ippokratous, à l'angle de l'odos Méthonis. ☎ 21-03-64-25-92. Ouvert en semaine de 11 h 30 à minuit et le week-end de 7 h à minuit et plus. Repas entre 9 et 12 €. Une *psistaria* où il est possible de venir manger sur le pouce un *gyros* ou un *souvlaki* mais où l'on peut également s'installer (salle intérieure) pour un repas complet. Tout est cuisiné sur le gril : poulet à la broche, *brizolès* (grillades), *bifteki*... Quelques vieilles photos sur les murs pour la déco, et un bon accueil du patron qui fait de gros efforts pour vous comprendre (il parle un peu l'allemand). Parfois, si la soirée s'y prête, musique et danses traditionnelles. Bonne ambiance. Pas de prétention gastronomique, mais on y mange très correctement.

De prix moyens à plus chic

|●| *Yiantès (plan couleur I, B2, 98)* : 44, odos Valtetsiou. Ouvert tous les soirs. Compter autour de 16 € pour un repas. Ce restaurant propose une cuisine un peu plus élaborée que la moyenne des autres adresses du quartier, qui fait appel à d'intéressants mélanges de saveurs. Choix appréciable de légumes (poêlés) et de salades. Cadre agréable (cour arborée accueillant une trentaine de tables, chaises en moleskine). Ambiance musicale genre Buena Vista Social Club. Accueil cordial, et en français.

|●| *To Stéki tis Xanthis (plan couleur I, C1, 99)* : 8, odos Poulchérias, derrière la colline de Stréphi. ☎ 21-08-82-07-80. Ouvert le soir. Fermé le dimanche. Environ 12 et 15 € pour un repas. Un restaurant discret, dans une maison particulière. Grande terrasse avec vue sur les collines d'Athènes. Très fréquenté à partir de 22 h, heure à laquelle se produisent parfois des musiciens. Excellente cuisine typique de la gastronomie grecque. Essayez, notamment, le coq au vin spécial *(kokkoras krassatos)*.

Plus chic

|●| *Kallisti (plan couleur I, C2, 100)* : 137, odos Asklipìou ; vers l'avenue Alexandras. ☎ 21-06-45-31-79. Ouvert uniquement d'octobre à mai, de 20 h 30 à 1 h. Fermé le dimanche. Compter entre 24 et 30 € par personne. Pour ceux qui ont la chance de séjourner hors saison, voici une adresse hors pair. Dans un hôtel néo-classique, *Kallisti* propose une cuisine traditionnelle, renouvelée et plus élaborée, en s'inspirant des différents types de cuisine des Grecs vivant à l'étranger et dans

les îles. Pour vous donner une idée : champignons farcis aux crevettes (un délice !), poulet à la purée de noisettes et de céleris, et pour finir glace vanille et mandarine avec poudre d'amandes (profitez-en, car les desserts sophistiqués sont plutôt rares). Produits biologiques. Vins de toute la Grèce, et en particulier ceux des petits producteurs. Piano certains soirs. Préférer la salle du 1er étage. Accueil sympathique. Vraiment une très bonne adresse !

Dans Kolonaki

Kolonaki, quartier très résidentiel, au pied du Lycabette, est l'endroit branché d'Athènes, où le comble du snobisme pour un Athénien est de lire, sur la terrasse d'un café, *Libération*. Beaucoup de galeries style art brut ou *happening video*, et de boutiques aux noms français.

Prix moyens

|●| *The Food Company* (plan couleur II, F5, *128*) *:* 47, Anagnostopoulou (et Dimokritou). ☎ 21-03-63-03-73. Ouvert de 8 h 30 à minuit et le dimanche à partir de midi. Fermé en août. Compter entre 12 et 18 € par personne. Dans un ancien établissement du début du XXe siècle, la cuisine a envahi le local pour mieux nous permettre de choisir et de voir s'élaborer les bons petits plats. Évidemment, ça laisse une place restreinte aux tables qui l'entourent, mais il y a quand même une petite terrasse sur le trottoir (calme). Cuisine américano-méditerranéenne assez sympa. La patronne est américaine et sa clientèle plutôt intello. Elle a d'ailleurs ouvert un autre *Food Company* dans la librairie *Elefthéroudakis* (17, Panépistimiou), ouvert du lundi au vendredi de 9 h à 20 h et le samedi de 9 h à 17 h.

Plus chic

|●| *Rodia* (plan couleur II, G5, *129*) *:* 44, odos Aristipou. ☎ 21-07-22-98-83. Dans la rue qui mène au funiculaire pour le mont Lycabette, 300 m plus bas. Ouvert le soir à partir de 18 h jusqu'à 1 h du matin. Fermé le dimanche. On y mange pour environ 20 €. Entrée très discrète, parmi des immeubles résidentiels. Restaurant familial, le choix est assez limité : 3 ou 4 entrées et plats, et de même pour les desserts. Parmi les plats, on vous propose du veau au citron, des brochettes de poulet. Atmosphère chaleureuse, dans une courette intérieure. À conseiller pour un repas intime. Si vous êtes nombreux, il est prudent de réserver.

|●| *To Kafénio* (plan couleur II, G6, *130*) *:* 26, odos Loukianou. ☎ 21-07-22-90-56. Dans le quartier chic de Kolonaki. Ouvert de 12 h à minuit. Fermé le dimanche et au mois d'août. Compter entre 18 et 20 € par personne pour un repas avec dessert. Excellente cuisine de taverne dans un décor style brasserie, avec de bons desserts. Quelques tables également sur le trottoir. Le gérant, très sympathique, parle le français. N'accepte pas les cartes de paiement.

|●| *Restaurant 47, Maritsa's* (plan couleur II, G5-6, *131*) *:* 47, odos Voukourestiou (et Fokilidou). ☎ 21-03-63-01-32. Ouvert tous les jours de 13 h 30 à 17 h 30 et de 20 h 30 à 0 h 30 (le dimanche, de 20 h 30 à 1 h 30). Compter de 20 à 30 € par personne. Dans une rue calme de Kolonaki, sur les hauteurs d'Athènes. Cuisine de taverne dans un cadre plus chic qu'à l'accoutumée. Terrasse sur la rue piétonne, avec vue sur l'Acropole. Cartes de paiement acceptées.

Dans les quartiers sud

L'occasion de sortir des sentiers battus sans effort. Notamment, le quartier de Pangrati, au sud-est, fort peu foulé par les touristes, offre de nombreuses authentiques alternatives culinaires.

De bon marché à prix moyens

|●| *Karavitis (plan couleur II, G7, 132) :* 4, odos Pafsaniou (et Arktinou). ☎ 21-07-21-51-55. Pas loin du stade, dans le quartier de Pangrati. Ouvert tous les jours à partir de 20 h. Fermé une quinzaine de jours au mois d'août. Compter de 12 à 15 € par personne. Une des plus anciennes tavernes d'Athènes, très prisée des Athéniens. Elle a déménagé et traversé la rue. Au fond, quelques tonneaux de *retsina*. Ne manquez pas d'aller jeter un coup d'œil à ceux, bien plus nombreux, qui se trouvent à l'intérieur, de l'autre côté de la rue. Goûter au *stamnaki* (veau à la tomate cuit en pot de terre) ou au *bekri-mezze* (ragoût de viande au vin et à la cannelle).

Où boire un verre ? Où manger une glace ?

Ⓣ *Place Victoria (plan couleur I, B1) :* Ⓜ Victoria. 5 cafés autour de la bouche de métro. Notre préférence irait plutôt, on ne sait vraiment pas pourquoi, à celui appelé *La Crêperie*. Ambiance assez chouette le soir.

Ⓣ ♪ *Place Exarchia (plan couleur I, B2) :* une place en triangle, derrière l'École polytechnique. C'est le Quartier latin d'Athènes, du moins lorsqu'il était fréquenté par des étudiants. Nombreux bars et tavernes qui laissent juste un peu de place pour quelques bancs. Rendez-vous aussi des marginaux de tout poil. Le quartier est, dit-on, un bastion anar. Il doit détenir le record des murs graffités ! On y remarque aussi que l'étudiant grec a le cheveu particulièrement long. Attention, certains soirs sont très électriques. On y trouve aussi les meilleurs lieux musicaux, notamment des rébétika.

Dans le quartier du Thissio *(plan couleur I, A3)*

Un des quartiers branchés de la ville. Succession de bars au décor recherché, clientèle jeune, exclusivement grecque, qui joue au *tavli* (sorte de backgammon) en terrasse : une concentration incroyable de cafés et bars entre les rues Amphiktyonos, Niléos et Iraklidon. Ambiance assurée en soirée : on est sûr de se tenir chaud ! On vous indique un café, mais en fonction de vos goûts, on compte sur vous pour faire votre choix !

Ⓣ ♪ *Stavlos (plan couleur I, A3, 150) :* 10, Iraklidon. ☎ 21-03-45-25-02. Ouvert toute l'année. Superbe café avec une vaste cour intérieure. Belle déco rustique et raffinée des salles. Restauration. Également galerie d'art certaines semaines. Bonne musique. Seul problème : il faut réussir à trouver une place en soirée.

À Monastiraki et Plaka

Ⓣ *Café Aiolis (plan couleur II, E6, 160) :* 23, odos Éolou. ☎ 21-03-31-28-39. Ouvert de 9 h à 2 h du matin. Bar branché, donc un peu cher. Grande salle climatisée au décor sophistiqué. *Mezze* raffinés et bons plats italiens (servis à partir de 14 h) mais assez coûteux. Petite terrasse sur la rue Éolou, piétonne à cet endroit, qui accueille quelques tables.

Ⓣ *Kafenéion I Oraia Ellas (plan couleur II, E6, 161) :* 59, odos Mitropoléos ou 36, odos Pandrossou. ☎ 21-03-21-28-42. En plein cœur de Monastiraki, au 1er étage d'un centre d'artisanat traditionnel *(centre de tra-*

dition hellénique) expo-vente. Ferme tôt le soir. Déco de vieilles cartes postales d'Athènes et d'affiches pas plus récentes. Pas trop touristique, étonnant vu le quartier.

🍷 *Café Mélina (plan couleur II, E7, 162)* : 22, odos Lissiou. ☎ 21-03-24-65-01. Ouvert tous les jours de 10 h à 2 h. Cadre original, à la déco plutôt baroque, et omniprésence de Mélina Mercouri (nombreuses photos sur les murs). Très cosy. Un peu cher mais souvent plein. Plats d'*ouzeri*, yaourts, pâtisseries. Petite terrasse en pente.

🍷 *Klepsydra (plan couleur II, E7, 163)* : 9-11, odos Thrassyvoulou. Petite terrasse riquiqui dans une rue relativement peu fréquentée de Plaka, à deux pas de tout ce qui compte dans le coin. Bon *frappé*.

🍷 *Diogénis (plan couleur II, E7, 164)* : pl. Lysikratous. ☎ 21-03-22-48-45. Tout près de l'église Sainte-Catherine, au cœur de Plaka. Sur cette place fleurie et ombragée, où se dresse le monument de Lysicrate, *Diogénis* offre une terrasse idéale pour boire un verre en fin d'après-

midi. Très fréquenté par les Grecs hors saison, mais beaucoup de touristes en été. Excellents *cappuccini* et cafés frappés. Restauration également, plus cher que la moyenne.

🍷 *O Glykys (plan couleur II, E7, 171)* : 2, odos A. Géronda. ☎ 21-03-23-39-25. Un café très fréquenté par les Grecs dans une rue pas trop passante. Grand choix de *mezze* également (possibilité de manger à toute heure, prix moyens). Clientèle 25-30 ans avec pas mal d'étudiants.

🍷 *Avyssinia (plan couleur II, D6, 165)* : 7, odos Kynetou. ☎ 21-03-21-70-47. Au cœur du marché aux puces de Monastiraki (entrée de la place d'Avyssinia sur Ermou). Ouvert de 11 h à 2 h du matin en semaine et de 11 h à 20 h le week-end. Fermé le lundi et 15 jours au mois d'août. Tout petit, tout étroit. Quelques tables et chaises pour déguster un excellent *espresso*. Parfois de l'accordéon. Pour manger, c'est assez cher. Sinon, rien de particulier. Pour l'atmosphère des puces !

Vers l'Acropole

🍷 *I Dioskouri (plan couleur II, D7, 166)* : dans les escaliers de l'odos Dioskouron, en bordure de l'Agora, juste sous l'Acropole. Belle situation.

Selon les heures de la journée, le café est davantage fréquenté par les Grecs ou par les touristes. Bon *frappé*.

Entre Syndagma et Omonia

🍷 🎵 *Café Nikis (plan couleur II, F6, 167)* : 3, odos Nikis. ☎ 21-03-23-49-71. Ouvert tous les jours (sauf le dimanche matin), toute la journée et jusque tard dans la nuit. Petit café avec une petite terrasse. Bonne musique assurée, c'est le patron qui est

à la sono. Il a toutes les compilations des endroits branchés parisiens (bonne musique « ambiante »). Agréable à toutes les heures de la journée, bon café frappé et également quelques snacks.

Dans le parc national

🍷 *Kafenio O Kipos (plan couleur II, G7, 168)* : dans le parc national même, tout près de l'entrée sur odos Irodou Attikou. Ouvert aux heures

d'ouverture du parc. Un peu cher, mais pas de concurrence dans les environs.

À Kolonaki

Nos lecteurs les plus snobs apprécieront les grandes terrasses de la *place Filikis Etérias.* C'est le point d'arrimage de toute la jeunesse dorée de Kolo-

ATHÈNES

naki. Pour voir et être vu. Festival de looks branchés et fringues mode. Le problème, c'est de réussir à trouver une place à « l'heure de pointe » : quasiment impossible et, à se retrouver à touche-touche comme des sardines, tout le plaisir est gâché. Au milieu, petit jardin agréable, où les lycéens se bécotent et où les mamies donnent à manger aux pigeons... Dans un autre genre, bien plus calme et plus simple : la *place Déxaméni*, quelques mètres plus haut. Cette place tire son nom de la citerne qui était, au siècle dernier, le réservoir d'eau de la ville d'Athènes (on distribuait l'eau en voitures-citernes stationnées odos Dinokratous, près de la place Déxaméni).

Au sud de l'Acropole

♈ **Dodoni** *(plan couleur I, A-B4, 151)* : 44-46, odos Dimitrakopoulou 76. Au sud de l'Acropole, dans le quartier de Koukaki. Ouvert de 10 h à 2 h 30. Sur une rue piétonne, dans un quartier très animé. Les glaces sont bonnes, à un prix raisonnable ; également choix de gâteaux et de gaufres, le tout à prix raisonnable.

Pour nos lecteurs homos, il existe quelques bars-clubs gays à Athènes (ouverts uniquement le soir) :

🍸 **Alexander's** *(plan couleur II, F-G5, 169)* : 44, odos Anagnostopoulou. ☎ 21-09-22-17-42. Dans le quartier de Kolonaki, au pied du Lycabette.

🍸 **Granazi** *(plan couleur I, B4, 152)* : 20, odos Lebessi. ☎ 21-03-25-39-

79). Et **E... Kai (Et... Après** ; *plan couleur I, B4, 153)* : 12, odos Iossifton Rogon. ☎ 21-03-64-66-60. Tous deux sont situés à proximité l'un de l'autre, dans le quartier Makrigianni, au sud de Plaka. Proposent parfois des spectacles (se renseigner).

Où manger une bonne pâtisserie ?

|●| **Galaktozaharoplastion Kotsolis** *(plan couleur II, E7, 190)* : 112, odos Adrianou. ☎ 21-03-22-11-64. En plein Plaka. Ouvert de 9 h à 0 h 30. Affaire gérée par la même famille depuis 1906. Salle climatisée agréable (vieilles gravures sur les murs). Toutes les bonnes pâtisseries orientales sont là : *baklavas, kadaïti, galaktobouréko* ainsi que le *rizogalo* (riz au lait) saupoudré de cannelle. À consommer sur place (il y a bien d'autres douceurs en vente) ou à emporter.

|●| **Krinos** *(plan couleur II, E6, 191)* : 87, odos Eolou. À deux pas du marché. Ouvert de 8 h à 16 h les lundi,

mercredi et samedi, de 8 h à 21 h les mardi, jeudi et vendredi. On peut s'asseoir. Belles *bougatsès* (chausson fourré à la crème pâtissière et saupoudré de cannelle) à prix très raisonnables.

|●| **Stani** *(plan couleur I, B2, 180)* : 10, odos Kotopouli. ☎ 21-05-23-36-37. À deux pas d'Omonia. Ouvert de 5 h 30 à 23 h tous les jours. Fermeture de 14 h à 17 h le dimanche en été. Une pâtisserie-crémerie connue, entre autres, pour son excellent yaourt au miel. Pas donné mais copieux et excellent, comme les crèmes à la cannelle. Bon, le quartier n'est pas terrible, c'est vrai...

Les spectacles

∞| **Danses traditionnelles au théâtre Dora Stratou** *(plan couleur I, A4)* : sur la colline de Philopappou. ☎ 21-03-24-43-95 (bureaux : 8, odos Scholiou, Plaka, de 9 h à 16 h) ou 21-09-21-46-50 (au théâtre à partir de

19 h 30). Ⓜ Acropolis. Prendre le chemin du petit bois à l'angle de Dionissiou Aréopagitou et d'Apostolou Pavlou, puis tourner à gauche après l'église Agios Démétrios. De fin mai à fin septembre, tous les jours sauf le lundi, spectacle à 21 h 30. Le dimanche, spectacle à 20 h 15. Le prix est de 13 €. Tarif réduit : 8 €. C'est un spectacle folklorique de qualité, où les danses grecques sont fidèlement exécutées par une troupe de 75 artistes. Il faut dire que cette association, qui a pour but depuis 1953 de préserver le patrimoine chorégraphique de la Grèce, a patiemment reconstitué les costumes que revêtent les 75 danseurs et musiciens, costumes que portaient il y a encore une cinquantaine d'années les insulaires, lors des cérémonies de mariage ou de fêtes. Les parures avaient alors une signification à la fois sociale et culturelle. En effet, chaque détail d'une broderie ou d'un corsage pouvait indiquer le lieu d'origine de la jeune femme, si elle était mariée, quel était le métier du mari, si elle avait des enfants... La compagnie possède ainsi 2 500 costumes et parures. C'est cet héritage du patrimoine culturel grec que met en scène le théâtre Dora Stratou. Une institution unique en Europe qui propose également des cours et ateliers de danse.

∞ **Festival d'Athènes au théâtre Hérode Atticus** (plan couleur II, D7, 213) : au pied de l'Acropole, entrée sur Dionissiou Aréopagitou, à droite du chemin qui mène à l'Acropole. ☎ 21-03-23-27-71. • www.hellenicfestival.gr • De juin à septembre. Tragédies grecques, concerts classiques, jazz, ballets, opéras, avec des artistes internationaux. Programme à l'office du tourisme. Vente sur place le jour même, de 9 h à 14 h et de 18 h à 21 h. Ou à la billetterie centrale de l'Athens Festival : 39, odos Panepistimiou, de 8 h 30 à 16 h du lundi au vendredi, et de 9 h à 14 h 30 le samedi, fermé le dimanche. Achat possible à l'avance par carte de paiement : ☎ 21-03-22-14-59. Billets à tarifs variables selon le spectacle : compter de 24,50 à 45,50 € ; de 9 à 12 € pour les étudiants.

∞ **Théâtre du Lycabette** (plan couleur I, C2) : grimpez sur la colline du même nom, c'est fléché. ☎ 21-07-22-72-09. Concerts de jazz, pop et de musique traditionnelle, programme très éclectique. En juin et juillet. Tickets auprès de la billetterie de l'Athens Festival : 39, odos Panepistimiou. ☎ 21-03-22-14-59.

∞ **Festival de Vyronas :** au théâtre Vrahon, Vyronas (quartier d'Athènes proche de Pangrati). ☎ 21-07-62-57-00. En juillet. Concerts (jazz, musique latino-américaine...). Billets en vente au kiosque du festival, place Syndagma, ou dans les magasins Metropolis.

Où sortir ?

Pour connaître les programmes et les horaires, lire les journaux en vente dans les kiosques (voir plus haut la rubrique « Adresses utiles »).

Cinémas

■ **Cinémas en plein air :** Sine Pari, 22, Kydathinaion, à Plaka (plan couleur II, E7). ☎ 21-03-22-20-71. Et Thission, 7, Apostolou Pavlou (plan couleur I, A3), sur la promenade piétonne face à l'Acropole. ☎ 21-03-47- 09-80. Les films sont toujours en v.o. La place se vend autour de 7 €. Athènes et sa banlieue comptent au total une vingtaine de cinémas en plein air fonctionnant l'été.

Discothèques

En été, la plupart des boîtes athéniennes se déplacent en bord de mer, vers Glyfada, entre Alimos et Voula ou carrément dans les îles comme Mykonos.

Tout en sachant que les modes changent rapidement, vous pouvez vous ris-
quer aux adresses qui suivent. Le week-end, compter environ 15 € l'entrée
(donnant droit à une boisson). Moins cher en semaine, plus cher quand les
guest DJs qui officient sont de grosses pointures. À noter que la plupart des
discos font aussi restaurant. Mais certaines de ces boîtes sont susceptibles
de changer d'emplacement, voire de disparaître, et ce, à cause des nouveaux aménagements prévus pour les JO de 2004.

Sur la côte au sud du Pirée

♫ **Privilège :** au niveau de la plage
d'Agios Kosmas. ☎ 21-09-85-29-96.
Avec piscine ! *Mainstream, house.*
♫ **Bo Club :** 14, K. Karamanli,
Voula. Le long de la mer. ☎ 21-08-
95-96-45. *Mainstream.*
♫ **Yahoo :** à Glyfada, commune
d'Elliniko. ☎ 21-08-94-41-66. Sur
trois niveaux.

Dans Athènes

♫ **Plus Soda** *(hors plan couleur I
par A3) :* 161, odos Ermou (quartier
du Thission). ☎ 21-03-45-61-87.
Musique techno. Des DJs connus y
viennent en saison.
♫ **Lava Bore** *(plan couleur II, F7,
170) :* 25, odos Fillelinon. ☎ 21-03-
24-53-35. Proche de la place Syndagma. Ouvert de 22 h à 5 h du mat'.
Fermé le lundi. Un petit club pour les
18-25 ans. L'entrée est gratuite et les
boissons ne sont pas chères : de 4 à
6 €. La musique est très variée, en
fonction de la clientèle.

Où écouter du rébétiko ?

Voir la rubrique « Musique, danse » dans les « Généralités ». La plupart font
payer la consommation dans les 7 €.

♪ **Stoa Athanaton** *(plan couleur II,
E7) :* 19, odos Sofokléous ; dans les
Halles. ☎ 21-03-21-43-62. Fermé le
dimanche. Réservation obligatoire. Un
des lieux les plus célèbres du rébétiko. Spectacle à 23 h avec consommation ou dîner. Très authentique.
Clientèle grecque.
♪ **Aptaliko** *(plan couleur II, G7) :* 8,
odos Ironda, tout près du vieux stade
olympique. ☎ 21-07-25-86-48 (ouvert du jeudi au samedi).

♪ **Astrofengia** *(hors plan couleur I
par B1) :* 294, Patission (et Kontou),
Agios Loukas, quartier de Patissia
(au nord du parc Aréos). ☎ 21-02-01-
01-60. Ouvert du jeudi au samedi. On
y mange aussi.
♪ **Kavouras** *(plan couleur I, B2) :*
64, odos Themistokleous. ☎ 21-03-
81-02-02. Tout près de la place
d'Exarchia. Fermé le dimanche.
♪ **Rébétiki Istoria :** 181, odos Ippokratous, quartier d'Exarchia. ☎ 21-
06-42-49-37. Fermé le lundi.

Où écouter du *bouzouki* actuel ?

Spectacle en plusieurs parties autour d'un chanteur-vedette. De manière
générale, il débute par des chansons populaires à la mode et connues de
tous, interprétées par les choristes de la vedette et entonnées par toute la
salle. Puis, en seconde partie, apparaît la vedette, qui propose un type de
chansons situées entre la pop et la musique orientale, entre les effets spéciaux et les instruments anciens comme le *bouzouki*. C'est le moment pour

les jeunes filles de monter se trémousser sur les tables en exécutant de savantes danses du ventre. Ensuite, la star s'éclipse, abandonnant la scène à ses choristes et au public. Ambiance assurée ! Le spectacle commence à 23 h, avec différents prix d'entrée, selon que l'on dîne, que l'on consomme assis boissons, fruits et cacahuètes, ou que l'on reste debout !

Les boîtes sont généralement fermées en juillet et août, ou bien émigrent sur la côte, au sud du Pirée. Sinon, renseignez-vous dans les journaux ou en traînant vos guêtres derrière le cimetière du Céramique *(plan couleur I, A3, 201),* à l'angle de Iera Odos et de l'avenue Piréos où se trouvent deux des établissements les plus branchés.

Achats

Nombreux marchands d'antiquités plus ou moins récentes et de souvenirs divers dans Plaka. Même si vous possédez quelques rudiments d'anglais, parlez en français aux commerçants. On pourrait vous prendre pour un Américain... Et une telle confusion se révélerait très néfaste pour votre portefeuille. Surtout, n'hésitez pas à marchander.

❧ *Stavros Melissinos (plan couleur II, E6) :* 89, odos Pandrossou (dans les puces, près de la station de métro Monastiraki). Stavros est un monument presque national dans sa minuscule échoppe, et il écrit aussi des poèmes... Il a confectionné des sandales pour la veuve d'Onassis, G. Bush (père) et les Beatles ! Pour vous dire que son attaché de relations publiques est assez efficace. Mais ses sandales sont plus chères qu'ailleurs et pas forcément très solides.

❧ *Remember :* 79, odos Adrianou, dans Plaka. Ouvert de 9 h à 21 h 30 ; le dimanche, de 10 h à 13 h 30. Tous ceux dont la période punk, chébran, new wave, etc. n'est pas passée y trouveront leur bonheur ; choix dingue de vêtements déments et de disques très branchés. Tout ça sur 3 étages. Adresse assez allumée (apparemment le patron a reçu la visite de Raël...).

❧ *Musique :* les passionnées d'instruments iront traîner par chez Samouélian, 36, odos Ifestou, en plein Monastiraki *(plan couleur II, D6).* ☎ 22-03-21-24-33. Pas mal de disquaires du côté d'odos Astingos et d'odos Léokariou, son prolongement de l'autre côté d'Ermou.

❧ *Komboloïs :* boutique sans enseigne au 12, odos Leokariou *(plan couleur II, D6),* à côté d'un café ; également un *komboladikoi* (magasin de *komboloïs*) dans un style très différent, quartier Kolonaki, 6, odos Koumbari (en face du musée Bénaki, *plan couleur II, G6).* Pour fans uniquement.

❧ *Bijoux :* pour celles qui rêvent de porter les bijoux d'Antigone et de la Belle Hélène ! Les bijoutiers grecs se sont en effet spécialisés dans la reproduction de bijoux antiques ou byzantins, en or (14 et 18 carats) ou en argent, mais avec une facture plus moderne. Voici quelques bonnes adresses. *Leondarakis,* 6, odos Skoufou, près de Syndagma ; *Fanourakis,* 23, odos Patriarchou Ioakim, à Kolonaki ; *Zolotas,* 10, Panepistimiou, près de Syndagma. Très cher. Il a le privilège d'être habilité à copier les bijoux du Musée archéologique national ; *Lalaounis,* 6, Panepistimiou, près de Syndagma. Très cher. Voir dans la partie « Les musées » de la rubrique « À voir ». On nous a aussi recommandé *Ruby's,* 105, odos Adrianou. ☎ 21-03-22-33-12. L'atelier est au sous-sol et se visite.

❧ *Gourmandises :* Cava Matsouka *(plan couleur II, F6),* 3, odos Karageorgi Servias, à deux pas de Syndagma. Ouvert de 8 h à 20 h. Toutes les friandises bien sucrées *(pastelli, glyka* de Chios) mais aussi fruits secs et *halvas.* Nombreuses autres boutiques dans le même genre du côté du marché.

À voir

Pour s'assurer des *heures d'ouverture des sites et musées,* s'adresser à l'office du tourisme (qui publie une liste à peu près exacte des sites à Athènes et en Attique) ou acheter les journaux cités dans le paragraphe « Culture » des « Adresses utiles ». Le problème est que les horaires ne sont pas toujours reconduits tels quels d'une année à l'autre : les plaques qui indiquent normalement ces horaires à l'extérieur des sites et des musées ne sont pas forcément à jour et peuvent donc vous piéger. En 2003, la norme (nationale) était 8 h 30-15 h et, pour certains grands sites et musées, ouverture jusqu'à 19 h (dernière admission à 18 h 30). De plus, ces plaques ne mentionnent pas forcément que l'entrée est normalement gratuite pour les étudiants de la Communauté européenne (mais nos amis suisses paieront demi-tarif), ni que les enfants de moins de 18 ans ne paient pas. Quant à la gratuité des sites et musées le dimanche, elle n'est effective que hors saison, de novembre à mars (encore que la mesure ait été étendue au premier dimanche des mois de printemps). On peut se renseigner auprès du ministère de la Culture : ☎ 21-08-20-11-00 ou, mieux, consulter le site ● www.culture.gr ●

Pour les jours de fermeture, reportez-vous à la rubrique « Musées et sites archéologiques » des « Généralités ».

– Athènes a son *petit train* blanc et bleu qui propose le tour de Plaka ! Circuit prévu : Monastiraki – Thissio – Ancien théâtre d'Hérode Atticus – Plaka. Départ à l'angle des odos Eolou et Adrianou, chaque heure. Durée : 40 mn. Tarif : 5 € (2003). On peut, bien entendu, s'arrêter en cours de route et reprendre le train suivant. Fonctionne tous les jours d'avril à mi-octobre. Pour les routards très fatigués ou accompagnés d'enfants !

Les sites archéologiques

L'unification des sites archéologiques d'Athènes permet de relier à pied les plus importants sites athéniens par une large voie pédestre partant du cimetière du Céramique *(plan couleur I, A3, 201)* jusqu'à l'Olympieion *(plan couleur II, F7, 218),* les rues Apostolou Pavlou, Dionysiou Aréopagitou étant délivrées du trafic automobile. Les 4 sites concernés au premier plan sont le Céramique, l'Agora, l'Acropole et l'Olympieion. En plus de cette réalisation sont prévues la réhabilitation des principales places d'Athènes ainsi que celle de bâtiments néo-classiques sur les rues Athinas, Ermou, Eolou et Mitropoléos.

❧❧❧ *L'Acropole (plan couleur II, D-E7) :* ☎ 21-03-21-02-19. Le plus simple est de prendre le métro (ligne 1) et de descendre à la station Thissio, un peu plus bas que le site ; on y accède par un chemin dallé, à la rencontre des avenues Dionysiou Aréopagitou et Apostolou Pavlou *(plan couleur II, D7).* Autre possibilité : la ligne 2, descendre alors à la station Akropolis (quelle surprise !). De là, remonter Dionysiou Aréopagitou ou, pour les plus courageux, grimper l'odos Thrassilou et traverser le joli quartier d'Anafiotika.

Pour ceux qui viennent de Plaka, le plus court pour se rendre à l'Acropole est l'accès nord par les petites ruelles (Dioskouron ou Mnissikléous, par exemple) et les escaliers de pierre du vieux Plaka.

Eh bien ! elle a eu chaud, l'Acropole ! Figurez-vous qu'à cause de la pollution qui ronge la pierre, les Américains voulaient la recouvrir d'un dôme en plastique. Le projet a été abandonné de justesse. Le plus célèbre haut lieu de l'Antiquité, même fortement endommagé, reste bien entendu à visiter. Si possible, allez-y à l'ouverture pour ne pas trop vous dessécher au soleil et éviter de vous payer 100 m de queue pour avoir le billet. En effet, après une certaine heure, tous les cars débarquent.

Horaires et tarifs

En haute saison, ouvert tous les jours de 8 h à 19 h 30 ; le reste de l'année (octobre-avril), ouvert de 8 h 30 à 15 h. Gratuité pour tous le dimanche de novembre à mars. ☎ 21-03-21-02-19 ou 21-03-23-66-65 (musée). Plus calme si l'on y va de bonne heure ou très tard.

Pour les tarifs, il y a de quoi pousser un bon coup de gueule. Du jour au lendemain, en mars 2002, le tarif a doublé, passant de 6 à 12 €. Bon, d'accord, ce billet donne aussi accès au musée de l'Acropole, à l'ancienne Agora, à l'Agora romaine, au cimetière du Céramique, au théâtre de Dionysos, mais qu'est-ce qui a été prévu pour le visiteur de passage pour une courte durée qui n'a le temps (ou l'envie) de visiter que l'Acropole ? Rien ! Demi-tarif pour les étudiants hors Union européenne et pour les plus de 65 ans ; en principe, gratuit pour les étudiants de l'Union européenne.

Un peu d'histoire

Initialement, l'Acropole n'était que la forteresse d'un seigneur local. Ce site imprenable lui permit d'étendre son pouvoir sur toute la région. Plus tard, le roi d'Athènes fut à la fois chef politique et religieux. Il décida de consacrer l'Acropole à la célèbre déesse Athéna. Puis le pouvoir passa entre les mains de propriétaires terriens appelés *aristoi* (les meilleurs). Ce sera la naissance de l'aristocratie.

Ensuite la démocratie athénienne prit la relève mais fut durement battue par les Perses en 480 av. J.-C. Ceux-ci détruiront tous les temples de l'Acropole. Les statues et ex-voto restants seront cachés par les Grecs dans des cavités du rocher. Une chance pour les archéologues qui les ont découverts au siècle dernier. Ces pièces sont actuellement au musée de l'Acropole, dans les premières salles.

Contre les Perses, les cités grecques s'unirent dans « l'Alliance ». Gardienne du trésor de guerre de cette Alliance, Athènes connut alors une puissance et un rayonnement sans précédent. Périclès profita de cette abondance financière pour reconstruire totalement les temples de l'Acropole. Le chantier dura plus de quarante ans (de 447 à 406 av. J.-C.) Les travaux furent supervisés par Phidias, le plus grand sculpteur de l'Antiquité. Ce sont les vestiges de son architecture que l'on admire aujourd'hui. Ils ne donnent pas forcément une bonne idée de ce qu'était le site à l'époque de son édification : si l'on avait sous les yeux cet ensemble de temples, polychrome (eh oui, les Grecs connaissaient la couleur), plus d'un ferait la grimace tellement l'on est habitué à ces ruines nues. On trouverait cela surchargé, clinquant parce que l'image que nous avons du site, depuis la classe de 6e, nous a habitués à une certaine idée de dépouillement.

En 86 av. J.-C., Rome envahit la Grèce, pillant et dévastant les villes. En revanche, on ne touchera pas à l'Acropole. Au Ve siècle, les chrétiens de Byzance emporteront la célèbre statue chryséléphantine (en or et en ivoire) d'Athéna, qui, de ses 10 m de haut (12 m en comptant la base), siégeait au Parthénon. Elle disparaîtra à jamais, sans que l'on sache ce qu'elle est devenue. Il en reste juste une réplique de 95 cm au Musée national. Le temple fut transformé en église, orthodoxe tout d'abord puis catholique !

Puis, en 1456, les Turcs transformèrent le sanctuaire en place forte. Ils installèrent une mosquée, un entrepôt de poudre et une résidence pour le gardien du harem. Pour les chasser, un général vénitien, Morosini, n'hésita pas à bombarder l'Acropole et fit sauter le Parthénon.

Dernier préjudice subi, le pillage organisé à partir de 1801 par un Anglais, Lord Elgin, ambassadeur de Grande-Bretagne à Constantinople, qui déposa, avec l'accord du sultan, les plus belles pièces du Parthénon au British Museum. Les Anglais n'ont pas encore songé à rendre tout ça à la

Grèce, malgré les appels répétés de Mélina Mercouri depuis 1983 : « Rendez-nous les marbres ! » Sachez par exemple que 60 % des blocs de la frise du Parthénon sont au British Museum. De toute façon, les Français sont mal placés pour critiquer, avec tout ce que Napoléon a rapporté d'Égypte et remis au Louvre ! Les Grecs continuent à mettre la pression sur le gouvernement anglais et espèrent que tout sera réglé pour l'ouverture du nouveau musée de l'Acropole qui se situera dans le quartier de Makryianni, au sud du site. Rien de moins sûr...

Monuments les plus importants du site

– **La porte Beulé :** l'entrée du site porte le nom de l'archéologue français qui la restaura après l'avoir découverte sous des fortifications turques. Construite après la période romaine, elle est flanquée de deux tours.

– **Les Propylées :** ensemble de colonnes (c'est du moins ce qui en reste), combinant les ordres dorique et ionien qui donnaient accès au sanctuaire véritable ; cette entrée monumentale comportait plusieurs portes et impressionnait vivement les visiteurs. On y arrivait en empruntant la Voie Sacrée *(léra Odos)* qui commençait au Céramique. Comme les autres monuments du site, ils sont en marbre du mont Pentélique.

– **Le temple d'Athéna Nikê :** gracieux petit temple d'ordre ionique, sur la droite au-dessus d'une muraille. Démonté en 2003 (pour être restauré et, peut-être en 2004, remonté). C'est de cet endroit, avant que le temple soit construit, que le vieux père Égée se précipita dans le vide quand il crut que son fils Thésée était mort en Crète, victime du Minotaure, donnant par là-même son nom à la mer Égée. On aperçoit le temple, dédié à Athéna Victorieuse *(Nikê* signifie « victoire ») en pénétrant dans les Propylées. À l'intérieur, les archéologues découvrirent un temple plus petit, saccagé par les Perses. On peut voir de jolis reliefs provenant de ce temple au musée de l'Acropole (notamment *Nikê* déliant sa sandale).

– **Le Parthénon** *(plan couleur II, E7, 210)* **:** la première, chronologiquement, des constructions lancées par Périclès datant de 447 à 432 av. J.-C. sur la partie la plus élevée du rocher. Il est bâti sur un soubassement qui est plus grand que la longueur du temple. En effet, c'est le soubassement du temple précédent qui fut détruit par les Perses.

Que n'a-t-on pas écrit sur cette merveille des merveilles ! Il a fallu une dizaine d'années pour le construire. Il est l'œuvre des architectes Ictinos et Callicratès, sous la « surveillance » de Phidias.

À remarquer que l'assise du Parthénon n'est pas horizontale mais légèrement bombée afin de rendre plus élancé l'ensemble des colonnades. En effet, les axes verticaux des colonnes ont été inclinés vers l'intérieur pour donner plus de robustesse à l'édifice, certes, mais aussi pour éviter que ces colonnes ne donnent l'illusion de « pousser au vide ». Apprenez encore qu'elles sont galbées afin de ne pas paraître étranglées en leur milieu et que les colonnes d'angle qui, autrement, sembleraient plus menues que les autres, en raison de leur isolement, ont un diamètre légèrement renforcé.

La renommée du Parthénon vient aussi de la grande richesse sculpturale du monument, et pourtant, on n'a conservé qu'une petite partie des frises du temple (et, on le sait, il faut aller au British Museum de Londres pour voir la plus grande partie de ce qui a été conservé. On a espéré que pour les JO les Britanniques feraient un geste mais...).

Là aussi, on s'est livré à quelques petits travaux récents pour tenter de redonner au temple l'allure qu'il avait avant l'explosion de 1687.

– **L'Érechthéion** *(plan couleur II, D7, 211)* **:** temple sur la gauche en se dirigeant vers le Parthénon. On aperçoit tout d'abord un petit sanctuaire avec les célèbres caryatides (colonnes en forme de femmes). À cause de la pollution, elles ont été remplacées en 1979 par des moulages. Les originales sont sous vitre au musée de l'Acropole (en fait, il n'en reste plus que cinq, puisque la 6ᵉ a été emportée par Lord Elgin). L'Érechthéion était, pour les Grecs, l'endroit le plus sacré de l'Acropole (car selon la tradition, c'est là que Poséidon avait planté son trident à côté lors de sa dispute avec Athéna) et il avait à leurs yeux beaucoup plus d'importance que le Parthénon, qui, pour les Grecs de l'époque classique, était une réalisation beaucoup trop récente. Il était destiné à Athéna Polias, la protectrice d'Athènes, et à Poséidon, le dieu de la Mer, auquel on avait fini par identifier Érechtée, un héros mythique de la ville d'Athènes. Leur cohabitation était difficile et les disputes fréquentes. On peut compléter la visite en allant jusqu'à l'extrémité du site, là où flotte le drapeau grec. En 1941, deux jeunes résistants grecs, Gléeos et Sandas, enlevèrent le drapeau nazi que l'occupant avait installé.

Sous l'Acropole, versant sud, on peut voir le ***théâtre de Dionysos*** *(plan couleur II, E7, 212),* le plus ancien des théâtres connus (Vᵉ siècle av. J.-C.) où l'on donna les chefs-d'œuvre d'Eschyle, Sophocle, Euripide et Aristophane. Il pouvait accueillir environ 1 700 spectateurs. Il est malheureusement très mal conservé. Le billet à 12 € permet de le visiter. Un peu plus à l'ouest, l'***Odéon d'Hérode Atticus*** *(Irodion,* en grec *; plan couleur II, D7, 213),* d'époque romaine, est par contre toujours utilisé pour les spectacles du Festival d'Athènes.

– ***Le musée de l'Acropole*** *(plan couleur II, E7, 214) :* ouvert le lundi de 11 h à 18 h 30, du mardi au dimanche 8 h à 18 h 30 (haute saison). Le ticket d'entrée au site donne droit à l'entrée au musée. Situé derrière le Parthénon, en attendant l'ouverture d'un nouveau musée, sans cesse retardée à cause de querelles homériques, dans le quartier de Makriyianni, au sud de l'Acropole. Annoncé pour 2004, il ne verra sans doute pas le jour avant 2005 ou 2006 ; il rassemble donc ce que Lord Elgin a bien voulu laisser.

Il propose quand même de remarquables sculptures, en particulier :

Salle II : le *Moschophore* (570 av. J.-C.). Statue d'un jeune paysan livrant un veau porté sur ses épaules. Le visage est empreint d'une très grande douceur (ce sourire...!).

Salle IV : la première partie de la salle contient plusieurs cavaliers de la période archaïque, dont celui dit de « Rampin » dont la tête est au Louvre... Dans la seconde partie, des *korês* dont la *Péplophore,* au visage rayonnant et au modelé d'une rare finesse. Beaucoup de ces statues de femmes au sourire énigmatique conservent des traces de la peinture initiale.

Salle VI : le célèbre relief d'*Athéna pensive* (voire mélancolique), la tête posée sur sa lance.

Salle VII : où l'on retrouve de nombreuses sculptures du Parthénon, notamment le groupe plein de tendresse de Cécrops et de sa fille (fronton ouest), le centaure d'une métope tentant d'enlever une femme lapithe, la tête d'Iris, etc. Il est probable que Phidias n'exécuta pas toutes ces œuvres et que beaucoup sont le fruit du travail de ses élèves. Elles portent cependant toutes la marque de son génie.

Salle VIII : on admirera les plus beaux fragments des frises du Parthénon. On reste fasciné devant la vie, le rythme des scènes, la précision du détail... En particulier, les jeunes gens menant les bœufs au sacrifice, les porteurs d'amphores (frise nord), les cavaliers, les dieux (Poséidon, Apollon, Artémis sur la frise est), etc.

On retrouve aussi les frises de l'Érechthéion, œuvres peut-être plus mineures (mouvements et vêtements plus lourds).

Pour finir, avant de quitter la salle, attardez-vous sur les sculptures que nous préférons, celles du temple d'Athéna Niké et notamment Niké dénouant sa sandale (en grec : Niké Sandalizoussa) : son vêtement (peut-être mouillé) lui colle au corps, dévoilant chaque détail de sa beauté (le concours du T-shirt mouillé de l'époque ?).

Salle IX : là sont exposées les *caryatides de l'Érechthéion,* gravement endommagées par la pollution. Noter les différences entre chacune d'elles.

L'une, la pauvre, porte sur la cuisse gauche, le nom d'un certain Renoux. Quel indélicat !

🦅🦅 **L'Agora** (plan couleur II, D6, 215) : entrée principale, 24 odos Adrianou. ☎ 21-03-21-01-85. Ouvert du lundi au dimanche de 8 h à 19 h. Entrée : 4 € ; réductions. Fait partie du billet groupé à 12 € (voir plus haut le texte sur l'Acropole). Situé au pied de l'Acropole, le centre de la vie publique de la cité antique intéressera surtout les amateurs de vieilles pierres. On venait à l'Agora pour faire des affaires commerciales mais aussi pour échanger les nouvelles, commenter l'actualité politique. On trouvait tout sur l'Agora : services publics, sièges de l'administration de la cité antique, sanctuaires publics. Il est difficile d'imaginer aujourd'hui quelle activité s'y concentrait. Très joli au printemps quand l'Agora est en fleurs. Ne pas manquer le *portique des Géants* ainsi que le *temple d'Héphaistos* (bien conservé et caisson visible), appelé aussi *Théséion* en raison des frises (métopes nord et sud) représentant les exploits de Thésée alors que d'autres (façade) illustrent les combats d'Héraklès (Hercule). Du temple, jolie vue sur le reste du site. Sur le chemin menant à ce temple, voir les bases des colossales statues du porche de l'Odéon d'Agrippa. Le grand bâtiment, tout neuf ou presque, est la reconstitution du portique d'Attale qui abrite un important musée (ouvert aux mêmes heures que l'Agora, sauf le lundi où il n'ouvre qu'à 11 h). On peut notamment y voir la pièce grecque (époque classique) reprise sur les pièces grèques d'un euro. Attention à ne pas confondre la grande Agora grecque et la petite **Agora romaine** – ou Forum –, largement postérieure (entrée au niveau de la tour des Vents dans Plaka, *plan couleur II, E7, 216*) ; entrée : 2 €. Fait partie du billet à 12 € (voir plus haut texte sur l'Acropole). Ouvert de 8 h à 19 h, 15 h hors saison). Le principal intérêt en est l'horloge de Kyrristos, connue sous le nom de tour des Vents, qu'on voit assez bien de l'extérieur.

🦅 Un peu plus au sud *(plan couleur I, A4)*, vous pouvez toujours monter sur la **colline de Philopappou** (moins pour le monument funéraire de ce prince syrien que pour la vue sur l'Attique jusqu'au Pirée). En redescendant par le côté ouest, vous apercevrez des vestiges d'habitations. Enfin, de l'autre côté de la route, après la chouette chapelle *Agios Dimitrios Lombardiaris,* qui rappelle les églises de montagne, se trouve la **colline des Nymphes** avec l'observatoire de la **Pnyx** (lieu de réunion de l'Assemblée du peuple, l'*ekklisia,* du VIe au IVe siècle av. J.-C.). Vous pourrez finir votre balade par l'**Aréopage** *(plan couleur II, D6-7, 217),* juste en face de l'Acropole, où se réunissait le tribunal qui jugea, entre autres, Oreste. Attention, marches très glissantes. Accès libre à tous ces sites.

🦅 **La porte d'Hadrien et l'Olympieion** *(plan couleur II, F7, 218) :* situés en bas d'Amalias, à l'angle d'Olgas. ☎ 21-09-22-63-30. Site ouvert de 8 h à 19 h (15 h hors saison). Entrée : 2 € ; réductions. Fait partie du billet groupé à 12 € (voir plus haut le texte sur l'Acropole). La porte date du IIe siècle ; elle séparait la ville grecque de la ville romaine. L'Olympieion était un temple monumental (diamètre des colonnes : 2,38 m !), dédié à Zeus, dont il ne subsiste qu'un alignement impeccable de quinze colonnes sur les 104 que comptait le temple complet, chacune atteignant la hauteur respectable de 17,25 m. Commencés en 515 av. J.-C., les travaux s'achevèrent en 131 apr. J.-C. sous la direction d'Hadrien. On peut dire qu'ils prenaient leur temps : il aura fallu sept siècles, avec de nombreuses interruptions, pour en venir à bout. Comme beaucoup de monuments de ce type, l'Olympieion servit de carrière au Moyen Âge.

🦅🦅 **Le cimetière du Céramique** *(plan couleur I, A3, 201) :* 148, odos Ermou. ☎ 21-03-46-35-52. Ouvert de 9 h à 19 h (15 h hors saison). Entrée : 2 € ; gratuit pour les étudiants de l'UE et les enfants. Fait partie du billet groupé à 12 € (voir plus haut le texte sur l'Acropole). Fermé en 2003 à cause des travaux Odos Ermou. Pour ceux qui apprécient les promenades au Père-Lachaise. Dans un site envahi par la végétation, pierres tombales des riches citoyens athéniens. Une manière pour les familles de continuer à rivaliser par l'intermédiaire de leurs morts. Consacrez la visite uniquement aux stèles, c'est-à-dire à gauche en entrant ; le reste du site est moins intéressant. Vous pouvez également jeter un coup d'œil au petit musée.

Les quartiers

🏃 *La place Syndagma* *(plan couleur II, F6)* **:** la grande place d'Athènes, située sous le Parlement. Au passage, vous ne manquerez pas de voir le Vieux Palais, construit pour le premier roi de Grèce, Othon, dans les années 1830, et les *evzones* de la garde, ces populaires soldats « à la belle ceinture » (traduction littérale), portant fièrement leur fustanelle. La nuit, en rentrant de Plaka, allez voir la relève de la garde à 2 ou 3 h. Ambiance un peu irréelle. Une autre relève a lieu vers 11 h.

🏃🏃 *Plaka* *(plan couleur II, E7)* **:** l'endroit le plus animé et le plus intéressant d'Athènes. Visite presque obligatoire le soir de préférence ou alors le matin. Mais ne croyez surtout pas que c'est le petit coin ultra typique « où l'on voit vraiment vivre les Grecs ». Il y a là certainement plus d'étrangers que de Grecs, et les odeurs de vieille graisse envahissent les charmantes ruelles. Et ne vous faites pas d'illusions, la guitare électrique remplace bien souvent le *bouzouki*. Bien sûr, des danseurs appointés exécutent encore le *sirtaki,* cette danse qui n'a jamais appartenu au folklore traditionnel grec... Mais Plaka est encore, par endroits, ce petit village planté comme ci comme ça. Chaque époque est venue construire ses fantaisies de pierre et de brique, sans trop se soucier de conformité. Chaque provincial ou émigré a apporté ses goûts, son architecture. C'est un merveilleux creuset de styles ! Se balader dans Plaka en pensant que la ville est tout autour, ça donne envie de siffloter. En l'air, c'est le ciel bleu et, de temps en temps, au hasard d'une ruelle, le Parthénon. On peut arbitrairement diviser Plaka en deux : le *bas,* en gros autour des rues Kydathinéon et Adrianou qui traversent tout le quartier, qui serait le produit monstrueux des amours de Pigalle et du Quartier latin complètement défiguré par les « marchands du Temple » et le tourisme agressif ; le *haut,* autour des rues Tripodon, Épiménidou ou Bacchou, au-dessus des derniers restos installés sur la pente, qui prend le soir des teintes extraordinaires et qui a un charme... (on n'en dit pas plus, ça prendrait trois pages ; signalons tout de même l'existence d'un quartier dans le quartier, à savoir celui d'**Anafiotika** [*(plan couleur II, E7, 219)*], construit au XIXᵉ siècle par des maçons de l'île d'Anafi : murs passés à la chaux, géraniums, ruelles étroites, on se croirait presque dans les îles !). Aux escaliers de la rue Lissiou, vous pourrez rencontrer un maximum de jeunes (et de touristes !). En flânant, à l'extrémité de Plaka côté sud, vous tomberez immanquablement sur le *monument de Lysicrate,* appelé aussi par les Grecs la *lanterne de Diogène* (*plan couleur II, E7*; près de la rue du même nom), riche citoyen qui fêta ainsi sa victoire aux concours théâtraux de 335 av. J.-C. Le monument a appartenu à la France (acquisition faite en 1669). À côté se trouvait un couvent de capucins où Lord Byron vint mettre un peu d'animation en 1810-1811. La visite de Plaka dans la fraîcheur du matin, vers 7 h ou 8 h, quand les lampions sont éteints, vous livrera un autre aspect enchanteur. Un certain nombre de vieilles maisons sont en réfection ou ont déjà été rénovées : voir par exemple, au 18 de la rue Thrasyllou, la magnifique demeure à la façade ocre et à l'escalier en marbre appartenant au ministère de la Culture grec. Il y en a bien d'autres...

🏃 *Monastiraki* *(plan couleur I, A-B3)* **:** autour de la station de métro récemment rénovée, le bazar d'Athènes, prolongement de Plaka. Par définition, on y trouve tout et n'importe quoi.

🏃 *Les puces d'Athènes* *(plan couleur II, D6)* **:** pl. Avyssinias et autour de l'église Agios Philippos. Entre les stations de métro Thissio et Monastiraki, quand on descend l'odos Ermou sur la gauche. Tous les matins, entre l'aube et midi.

Ici, les Grecs s'activent et gèrent leurs affaires, comme au temps de l'ancienne agora, au même endroit où se tenaient, dans l'Antiquité, les petits commerces. Même si, depuis des lustres, les bidons d'huile d'olive ont remplacé les amphores, l'agitation collective, les odeurs, le langage de Socrate sont toujours aussi vivaces. À deux pas de Monastiraki, c'est le rendez-vous des revendeurs, des tsiganes, colporteurs, brocanteurs, avec les « rabatteurs », ceux qui quadrillent chaque jour la ville, la banlieue et les provinces, dans leurs *métaforas* (triporteurs à moteur).

Le jeu consiste, pour l'amateur, à les attendre, au fur et à mesure de leur arrivée, chargés jusqu'aux jantes. Ils débouchent tous de la rue Ermou. Et il est d'usage, et même recommandé, de les prendre d'assaut dès qu'ils s'engagent sur la place. Les habitués ne s'en privent pas. Ils attrapent un montant quelconque du véhicule et ne le lâchent plus jusqu'à son arrêt définitif, étant alors aux premières loges pour plonger le nez dans le butin. Cela peut aller du débarras du grenier athénien au déménagement complet des maisons du Magne ou de l'Épire, où s'entasse pêle-mêle toute une vie de paysan : la baratte, le seau en bois, le fusil, les *komboloï*, le narghilé... Les *kilims* épirotes, crétois, les coffres sculptés, les fixés sous verres, les icônes et les lampes à huile... rien que de la première main ! À emporter de suite mais en marchandant, et en grec *only* ! Alors, un petit conseil, emmenez un ami avec vous.

Le dimanche matin (et dans une moindre mesure le samedi matin) les trottoirs des rues environnant Monastiraki (Adrianou, Ifestou) et les abords de la station de métro Thissio sont envahis par les revendeurs de petites bricoles.

🏃 ***Psiri*** *(plan couleur II, D6)* : vieux quartier populaire autour des rues Miaouli et Evripidou. Centre de tous les artisanats et petits commerces. Ce quartier est récemment devenu à la mode : il s'y concentre un grand nombre de restaurants, souvent des *mézédopolia* ou *ouzeria* qui donnent un tout autre cachet au quartier le soir, quand les artisans ont fermé boutique. Plusieurs brocanteurs et antiquaires se sont également installés dans Psiri.

🏃 ***Gazi*** *(hors plan couleur I par A2-3)* : quartier à la mode où vibrionnent artistes et intellos branchés ainsi que les fêtards (boîtes à gogo). Un peu à l'écart du centre historique.. Bus 049 au départ d'Omonia. Quand la station de métro Votanikos sera ouverte (2006), Gazi sera facilement accessible. Jusque-là, il faudra passer par des quartiers pas jojo si vous y allez à pied, soit en descendant l'avenue Piréos depuis Omonia, soit une rue depuis la place Karaïskaki. Le quartier tient son nom de l'usine à gaz retapée par la précédente municipalité dans une opération pré-électorale assez coûteuse (genre comment recycler le patrimoine industriel) et rebaptisée ***Technopolis***. La radio de la ville (Athina 98.4 FM) émet de là, et en juin chaque année s'y déroule le Festival de jazz d'Athènes (intéressant). Un petit *musée Maria Callas* y est installé (voir plus loin la rubrique « Les musées »). L'animation du quartier est assurée par les nombreux cafés, restos et boîtes qui se sont ouverts odos Perséphonis ou Iéra Odos et de l'autre côté de Piréos, sur odos Ierofandon et Iraklidon. Souvent bien chers...

🏃🏃 ***Les Halles*** *(plan couleur II, E5)* : av. Athinas (entre la place Omonia et la rue Ermou). Vous ne pouvez pas les manquer, c'est un bâtiment blanc cassé, récemment rénové, qui ressemble à une gare du début du siècle. Sous une gigantesque construction s'étend la halle au poisson et la halle à la viande ; un étalage fellinien de tout gabarit. On se demande d'ailleurs comment la viande reste consommable après être restée toute la journée dehors, sous une chaleur accablante. Les centaines d'ampoules électriques accentuent le côté féerique. Y aller le matin pour l'ambiance, quand les clients crient et que les commerçants s'invectivent. Plus on avance dans la journée, plus les odeurs deviennent insistantes !

Le marché aux fruits qui se trouve juste là, en contrebas des Halles, est le moins cher d'Athènes. Ouvert tous les matins sauf le dimanche.

Le quartier autour des Halles mérite aussi un peu d'attention. Pas tellement du côté odos Eolou, rue piétonne très animée mais où les magasins modernes gagnent du terrain (voir quand même ces incroyables kiosques religieux face à l'église Agiou Markou). Mais il faut descendre odos Evripidou *(plan II, D5)* en milieu de matinée (la même rue n'a guère d'intérêt l'après-midi, on ne voit plus alors que les hôtels borgnes!) pour ses odeurs mélangées (épices à foison, la vitrine du magasin Elixirion, au n° 39, est à elle seule tout un programme), ses populations de toutes origines (on est en plein quartier indien), son animation intense... Côté odos *Sokratous,* perpendiculaire, les magasins en gros d'huile d'olive ou de fruits secs valent le coup d'œil et laissent dans les narines d'impérissables senteurs. Plus bas sur Evripidou, de quoi casser la croûte à tarif imbattable dans le centre d'Athènes *(tyropittès, pittès* aux légumes) et tout d'un coup, au n° 76, une boutique où l'on ne vend que de l'ouzo!

En remontant odos Athinas, vers le marché aux fruits, beaucoup de misère : alignement de femmes des pays de l'Est vendant cigarettes de contrebande et mouchoirs en papiers, immigrés attendant des jours meilleurs...

❦ *Le mont Lycabette (Likavitos;* plan couleur II, G5) : ☎ 21-07-22-70-65. Bus n° 60 de la place Kolonaki (toutes les 30 mn), dans le quartier résidentiel près de Syndagma, derrière l'ambassade de France ; à l'arrêt Likavitos, rue Kléoménous, monter les quelques marches qui restent et prendre le funiculaire souterrain pour le sommet ; il fonctionne jusqu'à 3 h du mat en été tous les jours ; entrée odos Aristippou, en face du n° 18. 4 € en 2003. Les sportifs monteront à pied.

Hyper-touristique, mais belle vue jusqu'à la mer. Ne pas manquer d'y grimper, si possible en fin d'après-midi ou la nuit. Le jour, il fait trop chaud et il y a des dizaines de marches. On découvre tout Athènes illuminé : c'est magnifique. Le Lycabette en lui-même est en revanche décevant. Le restaurant du sommet est inabordable (même le café y est hors de prix). On peut redescendre à pied dans le quartier chic de *Kolonaki (plan couleur II, G6),* et flâner devant ses boutiques de luxe et ses galeries d'art. On peut y voir aussi de belles maisons néo-classiques comme celle du 3 de l'odos Alopékis qui accueille une galerie *(Stavros Mihalarias Art).*

Un petit *marché* se tient le vendredi matin, au printemps et en été, sur la rue Xenokratous.

❦❦ *Le Jardin national (*plan couleur II, F7) : entrée principale léoforos Amalias, tout près de la place Syndagma. Une oasis de fraîcheur, une débauche de plantes luxuriantes sur 158000 m². Pour se reposer. Malheureusement, on ne peut pas rester longtemps allongé sur les gazons moquettes. Ne comptez pas y passer la nuit : on ferme les portes du jardin quand la nuit tombe pour les rouvrir quand le soleil se lève.

Dans ce parc, un petit jardin botanique (joli bâtiment) ouvert du mardi au dimanche de 9 h à 15 h. On y trouve aussi un café, très discret, situé à l'arrière du jardin, le long de la rue Irodou Attikou, où se trouve le bâtiment de la présidence grecque.

❦ Notez, de l'autre côté de l'avenue Vassiléos Konstandinou, le *stade* en forme de U *(plan couleur I, C3, 202),* construit en 1895 pour les premiers Jeux olympiques organisés par Pierre de Coubertin. C'est ici que se jugera l'arrivée du marathon des JO de 2004.

Les musées

❦❦❦ *Le Musée archéologique national (*plan couleur I, B1, 203) : 44, odos Patission. ☎ 01-08-21-77-17. En haute saison, ouvert de 8 h (12 h 30 le lundi) à 19 h ; le reste de l'année, de 8 h à 17 h (12 h 30 le lundi) ; les samedi, dimanche et jours fériés, de 8 h 30 à 15 h. Mieux vaut se renseigner auprès de l'office du tourisme. Attention : ce musée, qui doit en principe rouvrir le 30 avril 2004 (mais la date n'était pas confirmée fin 2003), était fermé depuis octobre 2002. Nous n'avons évidemment pas pu le revisiter et les informations sur les modifications sont celles qui ont été fournies, courant 2003, par une archéologue du musée. Bien entendu, les choses ont pu évoluer sans que nous soyons mis au courant...

Entrée chère : il était question, en 2003, de fixer le prix du billet à 10 € ; réductions. En principe, gratuit pour les étudiants de l'UE munis de leur carte (on dit bien en principe...).

Magnifiques collections de sculptures, céramiques et poteries de la Grèce antique. L'ordonnancement du musée, dans ses grandes lignes, ne devrait pas avoir changé. C'est en tout cas ce qui a été dit et nous vous le répétons, sous réserve... La principale nouveauté doit être la climatisation, qui rendra sa visite plus agréable. Le musée aura également été repeint. Malheureusement, les objets sont toujours un peu trop entassés dans les vitrines. À voir de toute façon. Consigne obligatoire pour les sacs (attention, ne laissez aucun objet de valeur, ni papiers, ni billets d'avion). Photographie avec flash payante. Il faut une autorisation pour utiliser un pied. Le personnel, nombreux, veille et ne laisse rien passer.

⚜ *Boutique de moulages et de copies* où l'on peut acheter des moulages d'œuvres provenant de tous les musées de Grèce, ainsi que des copies de fresques et d'icônes. Ouvert du mardi au vendredi de 8 h 30 à 15 h 30 et le samedi de 9 h à 14 h.

🍴 Il y a une *cafétéria* au sous-sol du musée, dans un petit patio ombragé. On y accède par un escalier depuis la salle 19. Pas grand-chose pour se restaurer, mais très agréable pour boire un verre. Les tarifs sont malheureusement prohibitifs.

Voici quelques œuvres particulièrement intéressantes (impossible de donner une vison exhaustive des richesses de ce musée) :

Rez-de-chaussée

– **Salle 4** (salle face à l'entrée) *:* le célèbre *masque d'Agamemnon* n'est pas dans la vitrine de face mais dans celle de gauche en entrant (n° 624). Cette découverte, faite à Mycènes par Schliemann, l'« épicier » allemand milliardaire épris d'antiquités, est en fait le masque mortuaire d'un roi enterré plusieurs siècles plus tard. Il ne faut pas manquer non plus la vitrine avec les trois autres masques côte à côte : puisque le n° 624 n'est finalement pas celui d'Agamemnon, les autres le valent bien. Dans cette salle, la profusion de bijoux en or est ahurissante.

– **Salle 21** (au fond de la salle 4) *:* le cheval et le jockey de l'Artémision. Superbe œuvre en bronze. L'enfant semble petit sur le cheval gigantesque, en train de galoper. Sur son visage, on décèle la tension due à l'effort. La tête de l'animal est, elle aussi, particulièrement réaliste.

– **Salle 13 :** superbes *kouroï* (adolescents nus), dont le *kouros* de Kroisos. Ces statues sont révélatrices de la vénération que portaient les Grecs à la beauté masculine. En appelant Kouros un de ses parfums, Yves Saint Laurent a certainement voulu s'adresser à une catégorie d'hommes particulièrement sensibles au charme masculin. Enfin, un couturier cultivé ! Le visage, légèrement souriant, est figé. Au fur et à mesure des siècles, le corps atteint une perfection plastique. À noter, le pied gauche toujours en avant, pour rompre la symétrie et entamer un début de mouvement.

– **Les salles 11 et 8** présentent d'autres *kouroï :* en parcourant les salles dans ce sens, on peut remarquer que plus on remonte dans le temps, plus les *kouroï* sont massifs et hiératiques.

– **Salle 7 :** magnifique amphore funéraire représentative du style géométrique.

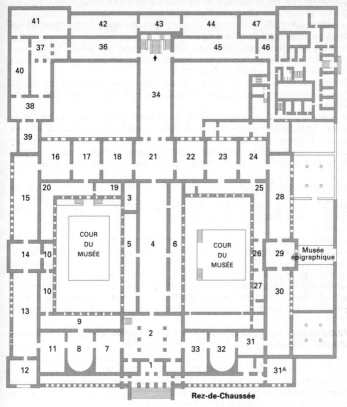

Rez-de-Chaussée

LE MUSÉE ARCHÉOLOGIQUE

1 Entrée principale	**22** Salle d'Épidaure (sculptures
2, 3 Hall d'entrée (billets, catalogues,	du IVe siècle av. J.-C.)
souvenirs, etc.)	**23, 24** Monuments funéraires du
4 Salle mycénienne	IVe siècle av. J.-C.
5 Salle néolithique	**25 à 27** Reliefs votifs du IVe siècle
6 Art des Cyclades	av. J.-C.
7 à 13 Sculpture d'époque archaïque	**27** Derniers monuments funérai-
14, 15 Sculpture du début du	res attiques et sculptures du
Ve siècle av. J.-C.	IVe siècle av. J.-C.
16 à 20 Sculpture classique du	**29, 30** Sculpture hellénistique
Ve siècle av. J.-C.	**32** Collection Stathatos
Jardin Sarcophages, statues	**34** Téménos (reliefs votifs)
colossales, etc.	**36** Collection Carapanos
21 Hall du Diadumène (copies ro-	**37** Petits bronzes
maines d'œuvres classiques,	**38, 39** Sculpture d'époque romaine,
le Jockey, etc.)	grands bronzes

– **Salle 15 :** le *Poséidon* de l'Artémision, magnifique statue de bronze qui représente le dieu brandissant son trident. La majesté du corps montre toute
sa puissance. Le visage serein évoque la confiance en soi et l'instinct de su-
périorité. À noter, l'exactitude du mouvement : légèrement déséquilibrés

par l'effort, les doigts du pied gauche se soulèvent tandis que les doigts du pied droit supportent le corps tout entier.

– *Salles 38 et 39 :* salles des bronzes, fermées après le tremblement de terre de 1999 mais rouvertes en 2004.

– *Salle 28 :* deux chefs-d'œuvre voisins. La statue en bronze, de petit format, d'un éphèbe, trouvée en baie de Marathon et attribuée à Praxitèle (vers 325-300 av. J.-C.), et l'éphèbe d'Anticythère.

– *Salle 30* (au fond de la salle) *:* gigantesque tête de Zeus avec, à côté, un bras. Par la taille de ces fragments, on estime que la statue mesurait plus de 7 m.

– *Salle 6 :* quelques petites idoles en marbre représentant un joueur de harpe tandis qu'un autre s'essaie à la flûte. L'artiste a stylisé les personnages. Cette simplification des visages procède de la même démarche que celle de Picasso qui ne s'intéressait qu'à quelques traits pour les rendre plus forts. Ces œuvres d'« art moderne » datent de... 2800 à 2200 av. J.-C.

1er étage

Les fresques de Santorin sont désormais visibles à Santorin, sauf les suivantes : le *Printemps*, les *Boxeurs* et les *Antilopes*, qu'on voit dans la **salle 48.**

– *Salle 49 (salle des Vases) :* ces poteries accompagnaient souvent les morts dans la tombe. Dans la période la plus ancienne, les dessins sont géométriques. Puis, à Corinthe, on commence à peindre des personnages en noir sur fond rouge. Plus tard, Exekias, un célèbre potier athénien, imagine de tracer ses personnages en rouge sur fond noir afin d'améliorer la précision des traits. Enfin, dans la période la plus récente, les figures sont dessinées sur fond blanc. Là, toute l'œuvre repose sur la précision du dessin et la finesse du trait.

¶ Le Musée byzantin et chrétien *(plan couleur II, G6, 220) :* 22, léoforos Vasilissis Sofias. ☎ 21-07-23-15-70. Dans la grande avenue qui part de Syndagma et qui longe le Parlement sur sa gauche. Ouvert de 8 h 30 à 15 h. Fermé le lundi. Entrée : 4 € ; gratuit pour les étudiants.

Le musée occupe une villa réalisée dans les années 1840 pour Sophie de Marbois-Lebrun, la duchesse de Plaisance, native des jeunes États-Unis et qui préféra venir s'installer en Grèce !

– *Grand pavillon du fond :* collections de stèles funéraires (IVe siècle). Belle frise d'animaux, chapiteaux, ambons (chaires primitives), reconstitution d'un chœur byzantin. Superbe iconostase avec bois sculpté doré, orfèvrerie religieuse, croix marquetée, tabernacle en argent repoussé ou en ivoire et nacre, fragments de fresques, icônes.

– *1er étage :* magnifiques portes d'iconostases marquetées de nacre (avec figures peintes du XVe siècle). Icônes très anciennes (certaines doubles ou en relief), bijoux. Fresques murales *(La Mort de la Vierge),* petits bronzes, icônes en argent repoussé ou en vermeil.

– *Dans le bâtiment annexe,* en sortant de l'édifice principal, à gauche, expositions temporaires souvent plus intéressantes que le fonds permanent.

¶¶¶ Le musée Bénaki *(plan couleur II, G6, 221) :* 1, odos Koumbari, à l'angle de Vassilissis Sofias. ☎ 21-03-61-16-17. À deux pas de Syndagma. Ouvert en haute saison les lundi, mercredi, vendredi et samedi de 9 h à 17 h, le jeudi de 9 h à minuit et le dimanche de 9 h à 15 h. Fermé le mardi. Entrée : 6 € ; réductions ; entrée libre le jeudi.

Installé dans un ancien hôtel particulier ayant appartenu à Antonis Benaki, un riche Cairote d'origine grecque qui passa une grande partie de sa vie à collectionner les œuvres d'art et fit don de sa collection à l'État grec. Le bâtiment est typique de l'architecture néo-classique à Athènes. Le musée a rouvert ses portes en juin 2000 (il était en rénovation depuis 10 ans...). Sa surface a plus que doublé, grâce notamment à l'adjonction d'une nouvelle aile. Il propose un vaste panorama de l'hellénisme depuis ses origines (l'âge du bronze) jusqu'à la Grèce contemporaine. L'esprit du musée a quelque peu changé puisqu'on ne peut plus y voir que des objets relevant de la culture grecque. La collection d'art islamique ou les porcelaines chinoises, qui avaient fait la réputation du musée Bénaki, ne sont plus exposées (il est prévu qu'elles soient à nouveau visibles dans d'autres musées).

– *Rez-de-chaussée :* armes en bronze, bijoux, poterie « géométrique », délicats petits bronzes, rares casques de la période archaïque (VIᵉ siècle av. J.-C.), figurines de terre cuite, remarquables bijoux en or (IIIᵉ siècle av. J.-C.). Notamment les couronnes de laurier et ceintures, d'une grande finesse d'exécution. Admirables tissus coptes (du VIIᵉ siècle av. J.-C. au VIIIᵉ siècle apr. J.-C.) préservés grâce au climat sec de l'Égypte. Noter en particulier le geste gracieux de la femme se regardant dans un miroir. Peignes en ivoire, peintures funéraires du Fayoum, meubles sculptés, icônes, très belle porte sculptée de sanctuaire venant d'Épire et figurant l'Annonciation (prodigieux travail de ciselage).

– La nouvelle aile abrite les œuvres de la période chrétienne et byzantine, dont une mosaïque représentant la Vierge (seul fragment sauvé des décorations murales d'un monastère de Constantinople) datant du Xᵉ siècle et deux icônes du Gréco, réalisées dans sa jeunesse.

– *1ᵉʳ étage :* essentiellement consacré à la Grèce sous l'occupation turque ou vénitienne. L'art religieux est encore fortement présent mais également l'art profane, avec de nombreux vêtements (habits de mariée, broderies...). Ne pas manquer le tissu brodé en provenance de Rhodes destiné à éviter que des regards indiscrets ne s'égarent vers le lit de la mariée... Deux salles de réceptions provenant de maisons seigneuriales de Kozani (en Macédoine) et datant du XVIIIᵉ siècle ont été reconstituées. Nombreuses aquarelles représentent des vues d'Athènes par des artistes étrangers.

– *2ᵉ et 3ᵉ étages :* consacrés à la Grèce soulevée contre les Turcs puis devenue indépendante. Nombreux objets ayant appartenu à des combattants (pour l'essentiel des armes mais aussi, par exemple, la lunette de l'héroïne de Spetsès, Laskarina Bouboulina, qu'elle utilisa sur son bateau, l'*Agamemnon,* pendant le siège de Nauplie en 1822-1823). Photo de Vénizélos avec un général français en 1918 et caricature du même Vénizélos, en foustanelle, terrassant le tigre bulgare ! Des documents concernant de grandes figures de la littérature grecque contemporaine (Séféris, Élytis) complètent le panorama en le prolongeant jusqu'au XXᵉ siècle.

|●| *Muséum-Resto* ouvert aux horaires du musée (à noter, le jeudi, un buffet copieux, de 20 h 30 à minuit, pour 25 € par personne au minimum). Clientèle pas vraiment routard mais la terrasse est sympa et les prix pas excessifs.

🐾🐾🐾 **Le musée des Cyclades et de l'Art grec ancien (fondation Goulandris** ; *plan couleur II, G6, 222) :* 4, odos Néofitou Douka. ☎ 21-07-22-83-21. ● www.cycladic-m.gr ● Ouvert de 10 h à 16 h (15 h le samedi). Fermé le mardi et le dimanche. Entrée : 3,50 € du lundi au vendredi, 1,80 € le samedi ; réductions.

Abrité dans un très bel édifice de verre et de marbre blanc. Remarquable musée né de la passion d'un amoureux de l'art des Cyclades. Indispensable complément au musée Bénaki. Demander le petit fascicule en français (à côté des vitrines, certaines explications sont également traduites en français).

– Une nouvelle aile (palais Stathatos, un bel exemple d'architecture néoclassique datant de 1895), relié au bâtiment principal par une galerie intérieure, accueille les expos temporaires.

– *Rez-de-chaussée :* introduction à l'art cycladique au IIIᵉ millénaire av. J.-C., période particulièrement riche et féconde sur le plan artistique. En effet les Cyclades représentaient à l'époque, de par leur situation géographique, un pont naturel pour les courants d'influences évoluant d'est en ouest.

– *1er étage* : l'étage-phare du musée avec la collection cycladique riche de 230 œuvres. Dans une douce pénombre, objets superbement mis en valeur. Les sculptures des Cyclades (Syros, Amorgos et les Petites Cyclades), un peu abusivement appelées « idoles », présentent des formes modernes étonnantes. Ceux qui pensaient qu'il s'agissait toujours d'œuvres de dimensions réduites seront surpris de voir une pièce de 1,40 m de haut ! On pense tout à la fois à Modigliani ou, mieux, à Brancusi ; et on distingue, en gros, trois périodes : les figures dites « schématiques » (corps humain au modelé très rudimentaire), les figurines féminines en forme de « violon », enfin celles dites « type de Plastiras ». Ces dernières restent pour beaucoup un mystère. Têtes modiglianesques et figures aux bras croisés n'ont pas toujours pas livré leur secret. Ayant été retrouvées en grande majorité dans des tombes (donc couchées), celles-ci devaient faire l'objet d'un usage spécifiquement funéraire, selon les conclusions des archéologues. Cependant, certains fragments ont aussi été découverts dans des habitations. De même, pas de réponse à la symbolique des « bras croisés » : prudence technique, méthode d'exécution simplificatrice ou signification religieuse ? De même, pourquoi n'a-t-on pas représenté les oreilles dans la majorité des statues ? Quant aux statuettes mêmes, étaient-elles des représentations d'ancêtres vénérés, des concubines destinées à satisfaire le trépassé pendant son voyage, des substituts de sacrifices humains ? Les hypothèses sont variées. Nombreuses poteries et lames en bronze. Plats et vaisselle là aussi étonnamment design ! Voir en particulier cette étonnante pièce en marbre, d'un seul bloc, comportant une rangée de pigeons.

– *2e étage* : art grec ancien. Bas-reliefs figurant des banquets, verrerie phénicienne (IIIe siècle av. J.-C.), ravissants tanagras, vaisselle de table en bronze d'Askos (IIe siècle av. J.-C.), amphores et cratères décorés, objets en bronze du Luristan (où c'est, ça ?), etc. On vous laisse chercher le satyre !

– *3e étage* : collection numismatique ou expos temporaires.

– *4e étage* : collection Politis : terres cuites, poteries, figures, *kylix* (calice) en bronze, armes et casques, cratères joliment décorés. Intéressant mais après le 1er étage, difficile de soutenir la comparaison.

🎥🎨 *Le musée grec d'Art populaire (Greek Folk Art Museum ; plan couleur II, E7, 223)* : 17, odos Kydathinéon. À Plaka. ☎ 21-03-22-90-31. Ouvert de 8 h 30 à 15 h, du moins en principe car en 2003 c'est plutôt l'horaire 10 h-14 h qui a été appliqué. Fermé le lundi. Entrée : 2 € ; réductions.
Un musée devant lequel on ne fait le plus souvent que passer, à tort. Il est plus intéressant que ne le laisse penser le rez-de-chaussée, qui n'a que de grandes pièces de broderie à présenter. Au 1er étage, intéressantes sections sur le théâtre d'ombres *(Karaghiozis)* et sur les carnavals traditionnels de Grèce du Nord, héritiers de cultes dionysiaques. Également une chambre magnifiquement peinte à Lesbos par Théophilos (peintre naïf), datant des années 1924-30 et sauvée de la destruction par un « déménagement » opportun de toute la pièce ! Au 2e étage, le travail de l'argent est mis en valeur. Au 3e, riche collection de costumes traditionnels (mise en évidence des différences par régions, groupes d'îles, etc.).

Dépendent de ce même musée les trois annexes suivantes, dans Plaka :

🎨 *Mosquée Tsizdaraki (collection Kyriazopoulos ; plan couleur II, D6, 224)* : pl. Monastiraki. Ouvert tous les jours, sauf le mardi, de 9 h à 14 h 30. Entrée : 2 €. Dans une vieille mosquée (1759), joliment restaurée face à la station de métro de Monastiraki. Pour les amateurs de céramiques. Œuvres de grands artistes du XXe siècle et poteries traditionnelles (Grèce continentale et îles) se côtoient sur deux niveaux.

🎨 *Les bains d'Aéridon (plan couleur II, E7, 225)* : 8, odos Kyrristou, près de tour des Vents. Ouvert le dimanche et le mercredi (ceci peut avoir changé). Entrée libre (sauf en période d'exposition temporaire). Ces anciens bains publics turcs sont les seuls à Athènes à avoir été sauvés et (joliment) restaurés. Rien de très extraordinaire mais un lieu agréable (et frais) où est plutôt bien expliquée, en grec et en anglais, l'importance qu'avaient les bains autrefois, pendant la période d'occupation ottomane. Petite salle vidéo.

🎨 *Collection des Arts et Métiers traditionnels* (plan couleur II, D7, **226**) : 22, odos Panou. Ouvert du mardi au samedi de 9 h à 14 h. Accueille également des expos temporaires.

🎨🎨 *Le musée des Instruments de musique populaire grecque* (plan couleur II, E6-7, **227**) : 1-3, odos Diogénous, pl. Aéridès. ☎ 21-03-25-01-98. Près de la tour des Vents. Ouvert de 10 h à 14 h ; le mercredi, de 12 h à 18 h. Fermé le lundi. Entrée gratuite. Boutique.

Cet intéressant petit musée présente, sur trois niveaux, les quatre grandes familles d'instruments de la musique traditionnelle grecque. Il s'agit de la collection d'un chercheur, Fivos Anoyanakis. On peut écouter le son des instruments grâce à des casques disposés près des vitrines d'exposition. *Gaïdas* et *tsambounés* vous feront immanquablement penser aux binious et bombardes bretons, les *zournadès* sont d'intéressants représentants de la famille des hautbois, au son très aigu.

À l'étage, belle collection de « chordophones », du baglamas au bouzouki en passant par la *lyra* crétoise et leurs nombreuses déclinaisons, sans oublier leurs cousins orientaux.

Le musée organise des concerts en saison et des cours d'instruments traditionnels.

🎨 *Musée Canellopoulos* (plan couleur II, D7, **228**) : 12, odos Theorias et Panos. ☎ 21-03-21-23-13. Ouvert de 8 h 30 à 15 h ; fermé le lundi. Entrée : 2 € ; réductions. Fermé le lundi.

Beaucoup moins riche que le musée Bénaki (et présentation tellement dense que cela finit par en être étouffant), mais principe assez proche : sur trois niveaux sont présentées des œuvres témoins de l'hellénisme, de l'Antiquité (figurines cycladiques, vases, statuettes, etc.) à la période byzantine (école crétoise bien représentée, icônes et croix à la pelle). À l'entresol, une belle mise au tombeau de Tzanès et des lettres de patriarches avec des signatures incroyables. Voir aussi au sous-sol, un tableau du peintre naïf Théophilos.

🎨🎨 *Musée Frissiras* (plan couleur II, E7, **229**) : 3 et 7, odos Monis Astériou. ☎ 21-03-23-46-78. ● www.frissirasmuseum.com ● Ouvert du mercredi au vendredi de 11 h à 19 h et le week-end de 11 h à 15 h. Entrée : 6 € ; réductions.

En plein Plaka, dans deux bâtiments rénovés (l'un, néo-classique, date de 1860, l'autre, d'esthétique « Art nouveau », de 1904), un musée consacré à la peinture contemporaine grecque et européenne. Au n° 3 sont organisées les expos temporaires. Au n° 7 se trouve la collection proprement dite, immense (3 000 œuvres) et l'espace ne suffit pas : aussi, on procède par roulement, et une seule visite ne permet guère que de voir le tiers des œuvres, remplacé chaque mois de septembre par un deuxième tiers, et ainsi de suite. Très belle muséographie. Au sous-sol, cafétéria.

🎨🎨 *Le musée des Bijoux Ilias Lalaounis* (plan couleur II, E7, **230**) : 12, odos Kallisperi (à l'angle de l'odos Karyatidon). ☎ 21-09-22-10-44. Ouvert du lundi au samedi de 9 h à 16 h (21 h le mercredi) ; le dimanche, de 11 h à 16 h. Gratuit le mercredi de 15 h à 21 h et le samedi de 9 h à 11 h. Fermé le mardi. Entrée : 3 € ; demi-tarif pour les étudiants.

Musée original, ouvert en 1994, exposant des créations d'un orfèvre contemporain qui s'est inspiré de l'art grec ancien et de douze autres civilisations, depuis la préhistoire. Il comprend, sur trois niveaux, 3 000 bijoux et microsculptures regroupés en 45 collections. Ne manquez pas, au premier étage, le « trésor de Priam », inspiré par la découverte de Schliemann sur le site de

Troie. Le vrai trésor avait disparu du musée de Berlin durant la Seconde Guerre mondiale. Dix ans avant qu'on ne le retrouve au musée Pouchkine de Moscou, Lalaounis s'inspira des croquis de Schliemann pour créer cette collection ! Mais les autres collections ne sont pas moins intéressantes (art pariétal, art cycladique, etc.). Lalaounis a puisé son inspiration un peu partout, en Grèce avant tout mais aussi chez les Celtes ou les Amérindiens, et également dans la nature (collection Mikrokosmos [bien avant le film] et surprenante collection ADN, la plus récente, réalisée à l'âge de 80 ans). Dans le hall, possibilité de voir travailler un orfèvre. Au 1er étage, salle de vidéo en français (à demander par interphone). Petite cafétéria dans un patio et boutique, évidemment ! Une autre au 6, Panépistimiou, près de Syndagma.

¶ *Musée de la Poterie traditionnelle* (plan couleur I, A3, **204**) **:** 4-6, odos Melidoni. ☎ 21-03-31-84-91. Ⓜ Thissio. Tout près du cimetière du Céramique et face à la synagogue. Ouvert les lundi, mardi, jeudi et vendredi de 9 h à 15 h, le mercredi de 12 h à 20 h et le dimanche de 10 h à 14 h. Fermé le samedi. Entrée : 3 €. Installé dans une belle demeure bourgeoise du XIXe siècle, le musée présente le travail des potiers dans la Grèce des XIXe et XXe siècles. Matériel, techniques, coutumes et usages relatifs aux cruches, aux vases plutôt bien expliqués (grec et anglais). Petite cafétéria, boutique.

¶ *Musée Maria Callas* (hors plan couleur I par A3, **205**) **:** quartier de Gazi, dans l'ancienne usine à gaz rebaptisée Technopolis, odos Piréos. ☎ 21-03-46-09-81. Ouvert du lundi au vendredi de 10 h à 17 h. S'il n'y a personne, se rendre au bâtiment D4 pour demander à ce qu'on vous ouvre. Entrée libre. Il s'agit de la collection que la municipalité d'Athènes a pu acheter à la vente aux enchères organisée à Paris en 2000. Des lettres à ses parents, des photos persos d'avant 1959, quelques habits et guère plus. Pas très passionnant mais les fans de la diva y trouveront certainement de l'intérêt.

➤ DANS LES ENVIRONS D'ATHÈNES

Les monastères

¶¶ *Le monastère de Dafni :* à 10 km à l'ouest d'Athènes, sur la route de Corinthe. ☎ 21-05-81-15-58. Pour y aller, bus A16 de la place Eleíthérias (aussi appelée place Koumoundourou, sur léoforos Piréos qui part d'Omonia). Arrêt à l'hôpital psychiatrique « Psychiatrio ». Le monastère est juste de l'autre côté de l'artère. Très mal signalé, quitter la voie rapide à la hauteur d'un parc public avec jeux d'enfants sur la gauche quand on vient d'Athènes. Durée du trajet : 45 mn. Ouvert de 8 h à 14 h 30. Fermé le lundi. Entrée : 3 € ; réductions.

Très belles mosaïques. Pour les passionnés, Malraux a écrit deux pages superbes, dans les *Antimémoires,* sur le Christ Pantocrator qui, entouré de ses 16 prophètes, orne le centre de la principale coupole de l'église. « Maître de l'Univers », il vous regarde de haut, le regard comme un peu perdu dans le lointain.

Le monastère a été assez fortement endommagé par le tremblement de terre de septembre 1999 ; il était toujours fermé en 2003. Impossible de savoir s'il rouvrira prochainement.

¶¶ *Le monastère de Kaissariani :* à 10 km à l'est d'Athènes, dans un vallon boisé du mont Hymette. ☎ 21-07-23-66-19. Bus n° 224 sur l'avenue Vasilissis Sofias ou, à Athènes encore, sortir par la rue Filolaou (plan couleur I, C4). Après le terminus au rond-point, grimper à pied 2 km. Ouvert du mardi au dimanche de 8 h 30 à 15 h. Entrée : 2 € ; réductions. Le parc autour du monastère est en accès libre (sentiers pour randos digestives).

Les Athéniens viennent au monastère pour remplir leurs bidons à la fontaine qui est, paraît-il, curative ; autrefois, on croyait même qu'elle apportait la fécondité. On la trouve à l'extérieur du monastère, sur le mur d'enceinte à l'opposé de l'entrée. Le contraste entre le versant côté Athènes, urbanisé à l'infini, et le versant opposé, côté campagne, est étonnant. Le programme de reforestation de ce coin d'Attique est une réussite ; respectez bien cet espace vert, rare dans le secteur. Éviter d'y aller le dimanche, beaucoup d'Athéniens viennent pique-niquer dans le bois à côté, d'où embouteillages, etc. 800 m plus haut que le monastère, petit café de style montagnard.

Les musées

◀ *La fondation Yannis Tsarouchis :* 28, odos Ploutarhou, à *Maroussi,* à 10 km au nord d'Athènes. ☎ 21-08-06-26-36. Prendre l'avenue Vassilis Sofias, puis l'avenue Kifissias jusqu'à Maroussi. Accès en métro : direction Kifissia, station Maroussi (marquée Amaroussiou) ou la suivante (Kat). Du métro, prendre la rue Périkléous derrière la place ; c'est la 6e rue à droite. Ouvert de 9 h à 14 h. Fermé les lundi et mardi. Entrée : 1,50 € ; réductions ; gratuit le dimanche en principe.
C'est la maison (assez tristounette car en mauvais état), l'atelier et les œuvres d'un des plus grands peintres grecs contemporains. Proche de Matisse à ses débuts, s'initiant également à différents styles de grands peintres reconnus (Vermeer, Hopper), il affirme par la suite sa tendance homosexuelle par le choix de ses sujets (nus masculins, marins et militaires). Huiles, gouaches, dessins pour des mises en scène (pièces, ballets)

◀ *Le musée Spathario du théâtre d'ombres :* rues Vassilissas Sofias et Dimitriou Ralli, pl. Kastalias, en plein centre de Maroussi. ☎ 21-06-12-72-45. Ouvert de 10 h à 13 h (fermé les samedi et dimanche, sauf en été où les visites se font le dimanche entre 10 h 30 et 13 h 30). Préférable de téléphoner, les horaires peuvent varier. Entrée libre.
Spatharis a été l'un des plus grands animateurs du théâtre d'ombres, le *Karaguiozis,* du nom de son principal héros, sorte de guignol grec qui, durant tout le XXe siècle, a fait rire des générations d'enfants (et d'adultes). C'est sa fille qui s'occupe de ce musée où sont exposés les figurines (incroyable, le nombre de personnages créés – même Hitler et Mussolini ont été passés à la moulinette Karaguiozis) et tout le matériel utilisé par Spatharis durant sa longue carrière. Si vous passez en même temps que des scolaires, vous pourrez mesurer à quel point Karaguiozis et ses compères sont populaires auprès des jeunes enfants grecs.

◀ *Le musée Vorrès :* 1, parodos Diadochou Konstandinou, à *Péania,* à 18 km à l'est d'Athènes. ☎ 21-06-64-25-20 et 21-06-64-47-71. Prendre la route de Lavrio (en passant par l'avenue Mésogion et le quartier d'Agia Paraskévi). Juste avant le village de Péania, à la fourche, suivre le panneau fléché. Bus A5 depuis l'avenue Akadémias jusqu'à Mésogiou, correspondance avec le bus n° 308. Plus simple encore : prendre le métro (ligne 3) jusqu'au terminus (Ethniki Amyna) et prendre le bus n° 308. Ouvert uniquement le week-end de 10 h à 14 h (pour les autres jours, téléphoner). Entrée : 4,45 € ; réductions.
La collection privée de peintures et de sculptures d'artistes grecs contemporains intéressera les amateurs d'art moderne. Également deux maisons traditionnelles présentant, par contraste, la vie d'antan.

Les sites archéologiques

Attention : les horaires sont toujours susceptibles de modifications...

◀ *Elefsina (Éleusis en grec ancien) :* 1, Iera Odos. ☎ 21-05-54-34-70. C'est à 23 km à l'ouest d'Athènes si l'on prend la vieille route de Corinthe, depuis le centre d'Athènes, mais beaucoup plus rapide par le nouveau périphérique qui rejoint la côte à Eleusis. Bus A16 depuis la place Eleftherías (appelée aussi Koumoundourou, *plan couleur II, D5*). Ouvert de 8 h 30 à 15 h. Fermé le lundi. Entrée (site et musée) : 3 € ; réductions.

Au cœur de la ville et des raffineries subsistent encore les vestiges du sanctuaire des mystères d'Eleusis ! Haut lieu religieux de l'Antiquité, depuis le VIᵉ siècle av. J.-C. jusqu'au IIᵉ siècle apr. J.-C. L'origine de ce culte remonte à l'histoire de Déméter partie chercher sa fille Coré (Perséphone), enlevée par le dieu des Enfers. À travers cette légende évoquant les cycles de la végétation était symboliquement abordée la problématique et de la mort et de la renaissance. L'initiation, ouverte à tous (esclaves et femmes compris), consistait à mettre en action cette légende, afin de provoquer un sentiment de terreur suivi par l'apaisement procuré par le salut et la renaissance. À voir : vestiges du sanctuaire, des grands et petits propylées, d'un arc de triomphe, du télestérion (salle d'initiation), de l'Acropole. Dans le musée il reste quelques moulages mais, comme c'est presque toujours le cas pour les sites archéologiques, les plus belles pièces se trouvent au Musée national d'Athènes.

🏃 *Vravrona (Brauron en grec ancien)* : à 35 km à l'est d'Athènes. ☎ 22-99-02-70-20. Prendre la route de Rafina. Situé au sud du village, à 1 km des habitations. Bus A5 depuis l'av. Akadímias (correspondance à la sortie de la station de métro Ethinki Amynas avec les bus nᵒˢ 304 ou 316), mais il faudra marcher pour accéder à l'entrée. Ouvert, en principe, de 8 h à 19 h en été (sauf le lundi matin). Hors saison, ouvert de 8 h 30 à 15 h sauf le lundi. Entrée : 3 € ; réductions.

Petit site sympathique, perdu au milieu des collines couvertes de vignes. Il faut dire qu'il est très mal indiqué : on passe devant sans s'apercevoir de son existence ! C'est un des plus vénérables lieux de culte d'Artémis en Attique, datant de l'époque archaïque où, selon la légende, Iphigénie – au lieu d'être sacrifiée – aurait fini ses jours comme prêtresse ! À voir : portique, fondations d'un temple et d'un sanctuaire, chapelle du XVᵉ siècle. Petit musée à quelques centaines de mètres.

🏃 *Amphiaraio* : à 42 km au nord d'Athènes. ☎ 22-95-06-21-44. Prendre la route nationale (Ethniki Odos) en direction de Lamia, puis sortir à Markopoulo. Pas vraiment bien indiqué. Ouvrez l'œil ! On peut aussi y aller depuis Marathon en remontant vers le nord via Grammatiko et Kalamos. Accès en bus depuis le parc Aréos. Ouvert en principe de 8 h 30 à 14 h 30. Fermé le lundi. En été, doit ouvrir jusqu'à 19 h (fermé, en revanche, le lundi matin). Entrée : 2 € ; réductions.

Site très agréable au fond d'un vallon boisé. C'est le sanctuaire d'Amphiaraios, un des sept chefs qui assiégèrent Thèbes. Au IVᵉ siècle av. J.-C., le culte de ce héros aux pouvoirs divinatoires s'installa ici, auprès d'une source réputée pour ses vertus curatives, lui octroyant la fonction de dieu guérisseur. À voir : vestiges de temple dorique, autel, installations pour la cure (portique à incubation où les fidèles passaient la nuit), théâtre avec fauteuils d'orchestre étonnamment bien conservés, thermes.

🏃 *Le tumulus de Marathon* : à 40 km au nord-est d'Athènes, un lieu historique présentant assez peu d'intérêt (on ne voit guère qu'un monticule). Accès en bus depuis le parc Aréos. ☎ 22-95-05-54-62. En principe, ouvert de 8 h 30 à 15 h. Fermé le lundi. Entrée : 3 € ; réductions.

En 490 av. J.-C., 10 000 Athéniens l'emportèrent sur 30 000 Perses, ne laissant sur le champ de bataille que 192 morts enterrés sous le tumulus. Pour annoncer la victoire, un soldat court à Athènes si vite qu'il en mourut (ça, c'est du moins ce que rapporte la tradition). La ligne bleue visible sur l'asphalte représente le parcours de l'épreuve du marathon moderne. Bref, si vous êtes perdu et que vous regagnez Athènes, respirez et... courez ! Toutefois, le peu qu'il y a à voir est visible de l'extérieur !

🐾 *Rhamnonte :* à 50 km au nord-est d'Athènes. ☎ 22-94-06-34-77. Prendre la route de Marathon, c'est à 10 km plus loin, direction Kato Souli. Difficile à trouver. Ouvert tous les jours, sauf le lundi matin, de 8 h 30 à 18 h (15 h hors saison). Entrée : 2 €.
Petit site hors des sentiers battus, dominant la mer. À voir : belle forteresse antique du IVᵉ siècle av. J.-C., bien conservée ; voie sacrée bordée de tombeaux ; vestiges des temples du sanctuaire de Némésis, la déesse de la Vengeance.

🎥🎥 *Le cap Sounion :* à 70 km d'Athènes. Longez la côte, si vous n'êtes pas trop pressé, en stop à partir du Pirée : résultat non garanti. Les bus orange du *KTEL* d'Attique partent de la place d'Égypte, parc Aréos (Pédios Aréos en grec), près du Musée national *(plan couleur I, B1)*. Une quinzaine de bus par jour : départs de 6 h 30 à 19 h. Retour de 7 h 30 à 21 h 30 toutes les heures environ, soit par la côte ouest, soit par l'intérieur. Site ouvert tous les jours, de 10 h au coucher du soleil. ☎ 22-92-03-93-63. Entrée : 4 € ; réductions. Les plages sont merveilleuses mais très fréquentées. L'eau limpide donne envie de s'arrêter tous les kilomètres pour piquer une tête.

🎥🎥 *Le temple de Poséidon* se dresse majestueusement à l'extrême pointe du cap. Ne pas se faire d'illusions, le coin est très touristique. Certains peuvent être déçus, car le temple n'est qu'une ruine et vaut surtout pour son emplacement exceptionnel. Malheureusement, à cause d'un incendie qui a ravagé toute la colline, il se dresse dans un site sacrément dégradé !
Deux choses à observer toutefois : les colonnes sont plus fines en haut qu'en bas (0,79 m de diamètre en haut pour 1 m en bas). Cette technique permet d'accentuer l'effet de perspective et de les voir plus hautes qu'elles ne sont (en fait, elles ne mesurent que 6,10 m de haut). Enfin, le pilastre d'angle (celui de droite) est maculé de graffiti, dont celui de Lord Byron. Comme quoi on peut être poète et vandale à la fois.
Pas une boutique, donc prévoir des provisions si l'on veut y rester un peu. Merveilleux coucher de soleil du haut du temple.

🍽 Hors saison, la *cafétéria* près du site est l'endroit le plus agréable pour admirer le temple : terrasse ombragée, vue imprenable. Nourriture correcte mais prix élevés.

⚑ Si l'on veut absolument rester dans le coin, possibilité d'aller planter la tente au *camping Bacchus,* à 5 km du site archéologique, dans la direction de Lavrio. ☎ et fax : 22-92-03-95-72. ● campingbacchus@hotmail.com ● Dans les 16 € pour 2 personnes avec tente et voiture. Ambiance conviviale et resto correct. 10 à 20 % de réduction selon la saison sur présentation du dépliant de la chaîne *Sunshine* dont le camping fait partie.

Les plages

Est-ce bien utile de vouloir aller à la plage en Attique ? Plages pour la plupart payantes, bondées et, en prime, embouteillages à prévoir... Si vous êtes tenté, rendez-vous sur la côte au sud du Pirée, à *Voula, Vouliagméni* (bus au départ de Syndagma) ou *Varkiza* (quelques criques sympas). Sur la côte est de l'Attique, vous pouvez essayer du côté de *Loutsa,* près de Rafina ou de *Schinias,* près de Marathon. La plage de Schinias, appelée aussi plage de Marathon, bordée de pins, vaut le coup si l'on aime la planche à voile ou si on plante la tente au *camping Ramnous* qui est pas mal et finalement pas si loin de l'aéroport. ☎ 22-94-05-58-55. ● ramnous@otenet.gr ● Ouvert de mai à octobre. Compter 18 € pour deux avec voiture et tente. 10 à 20 % de réduction sur présentation du dépliant de la chaîne Sunshine, dont le camping fait partie. Mais la construction d'un site olympique, à 1 km seulement, a pas mal modifié l'allure du coin, même si la plage de Schinias reste la plus belle de toute l'Attique.

QUITTER ATHÈNES

En voiture

➤ **Vers le nord :** pour gagner la route nationale de Lamia-Thessalonique, remonter sur plusieurs kilomètres l'odos Acharnon depuis Omonia.

➤ **Vers le sud :** pour rejoindre la nationale vers Corinthe, prendre l'odos Athinon, également depuis Omonia.

De l'aéroport, prendre Attiki Odos (à péage), c'est tout simple. Continuer vers le nord ou vers le Péloponnèse, via Elefsina.

En bus pour l'aéroport de Spata

Pour les détails sur les nouveaux moyens de transport mis en service en 2004, voir le début du chapitre « Athènes » (« Transports urbains à Athènes et en Attique »).

➤ Bus E95 de la place Syndagma : départ sur l'avenue Amalias, à côté du Jardin national *(plan couleur I, B3)*. Départs toutes les 10 mn de 5 h 15 à 7 h 25, toutes les 20 mn de 7 h 25 à 2 h 40 du matin et toutes les 30 mn le reste de la nuit. Compter 50 mn de trajet s'il n'y a pas d'embouteillages et jusqu'au double en cas de gros trafic.

➤ Bus E94 de la station de métro Ethniki Amyna *(terminus de la ligne 3, plan couleur d'ensemble, D2)*. Départs toutes les 10 mn environ de 5 h 30 à 20 h 10, toutes les 20 mn de 20 h 10 à 2 h 55 du matin et toutes les 30 mn le reste de la nuit. Compter une grosse demi-heure de trajet s'il n'y a pas d'embouteillages. Prix du billet (valable dans les tous les transports en commun athéniens pendant 24 h à partir de l'heure d'émission) : environ 3 €.

➤ En train urbain : à partir de juin 2004 (en principe), correspondance au terminus de la ligne 3 du métro (station Doukissis Plakentias, à Stavros).

En bus interurbain

– *Renseignements (enregistrés) :* ☎ 1440.

Entre les gares routières A et B, de nombreux taxis jaunes proposent le trajet pour un prix encore raisonnable.

🚌 **Terminal A** *(plan couleur d'ensemble, B2)* **:** 100, odos Kifissou. ☎ 21-05-12-49-10 et 11. Pour atteindre cette gare routière, prendre le bus n° 051 à l'angle de la rue Menandrou et de la rue Zinonos, près de la place Omonia. Toutes les 15 mn, de 5 h à minuit. Descendre au terminus. La plus agréable des deux gares routières (salle climatisée, cafétérias), bien que située dans un quartier peu engageant.

➤ Départs **pour le Péloponnèse** (Corinthe, Patras, Pyrgos, Olympie, Nauplie, Épidaure, Kalamata, Tripolis, Sparte), **les îles Ioniennes** (Céphalonie, Zakinthos, Corfou, Kefkada), **l'Épire** (Igouménitsa, Ioannina, Parga), **la Grèce du Nord** (Thessalonique, Kavalla).

🚌 **Terminal B** *(plan couleur d'ensemble, C2) :* 260, odos Liossion (en face la station est dans une rue qui prend à hauteur du 260, odos Liossion). ☎ 21-08-31-71-53 (sauf le week-end). Pour rejoindre cette gare routière, prendre le bus n° 024 sur la rue Panepistimiou ou sur l'avenue Amalias. Toutes les 20 mn, de 5 h à minuit. Attention, le bus 24, qui passe aussi à ces arrêts, conduit tout à fait ailleurs !

➤ Départs **pour la Grèce centrale** (Delphes, Galaxidi, Trikala – les Météores –, Thèbes, Livadia, Agios Konstandinos, Larissa), l'Eubée (Halkida et Kimi), **Volos** et la région du **mont Olympe** (Katerini).

🚌 **Bus du KTEL de l'Attique** (bus orange) : 28, rue Mavromatéon, près de Pédios Aréos (ou Parc Aréos : *plan couleur I, B1*). Du centre d'Athènes, ligne 1 du métro direction Kifissia, jusqu'à Victoria, ou *trolleybus* jaune n°s 2, 4 ou 9.

➤ Nombreux bus **pour le cap Sounion, Marathon, Rafina** (le port qui dessert Andros et Tinos, compter plus d'une heure de trajet), **Skala Oropou, Lavrio,** ainsi que pour **Thessalonique** (pour cette dernière destination, 6 bus par jour en semaine et 9 le week-end, de 8 h à 22 h 30). ☎ 21-08-23-01-79 (Sounion) et 21-08-21-08-72 (Rafina, Marathon).

Fréquence des bus

Au départ d'Athènes	Terminal	Fréquence journalière	Durée	Prix (en 2003)
CÉPHALONIE (Argostoli)	A	3	8 h	26,30 €
CORFOU (Kerkyra)	A	4	11 h	28 €
CORINTHE (Korinthos)	A	30	1 h 30	5,70 €
DELPHES	B	6	3 h	10,20 €
ÉPIDAURE (Épidavros)	A	2	2 h 30	7,15 €
GYTHION	A	6	4 h 30	15,10 €
IGOUMÉNITSA	A	5	8 h 30	28,45 €
IOANNINA	A	9	7 h	24,85 €
KALAMATA	A	13	4 h 30	14,30 €
KIMI (Eubée)	B	6	3 h 30	10,15 €
MONEMVASSIA	A	3	7 h	18,65 €
MYCÈNES (Mikinai)	A	15	2 h 30	7,05 €
NAUPLIE	A	15	2 h 30	8,50 €
OLYMPIE	A	2	5 h 30	19,05 €
PATRAS	A	30	3 h	12,25 €
PRÉVÉZA	A	5	6 h	25,15 €
PYLOS	A	2	5 h 30	17,45 €
SPARTE	A	11	4 h	12,65 €
THESSALONIQUE	A	12	7 h 30	28 €
TRIKALA	B	8	8 h 30	18 €
VOLOS	B	13	5 h	17,75 €
ZANTE	A	4	7 h	22,70 €

En train

– *Renseignements :* ☎ 1440.

En fait, pour quitter Athènes en train, il est préférable de partir du Pirée, quand c'est possible : on évite ainsi la cohue et la bousculade d'Athènes, et on peut voyager assis (tous les trains vers le Péloponnèse partent du Pirée environ 30 mn avant de passer à Athènes ; mais pour les autres destinations, seulement 1 train sur 4 part du Pirée, se renseigner avant). De même, si vous ne voulez pas vous arrêter à Athènes en revenant des îles et partir en train vers Thessalonique, prenez-le à la gare de Larissa au Pirée. Toutefois cela va changer avec la mise en service, pour les JO, d'une nouvelle gare à Acharnès, d'où seront distribués les trains vers Korinthe et Halkida (Eubée). Là encore, il n'était pas possible de savoir grand-chose de précis à l'automne 2003. Les chemins de fer helléniques font des efforts pour moderniser leurs machines : les trains *InterCity Express* et *InterCity* permettent de rallier les principales destinations en des temps raisonnables, même si ce n'est pas le TGV.

🚃 **Gare de Larissa** (plan couleur I, A1) : ☎ 21-05-29-88-37. Trolley n° 1, sur la rue Panepistimiou, de 5 h à minuit, environ toutes les 10 mn. Également bus B5 de léoforos Alexandras ou métro (ligne 2, descendre à la station *Stathmos Larissis*). Trains pour le nord d'Athènes exclusivement.

➤ **Pour Halkida (Eubée) :** 16 trains quotidiens de 4 h à 23 h environ. Durée : 1 h 30.

➤ *Pour Volos :* 3 trains directs (sinon, passer par Larissa, correspondance) par jour de 11 h à 16 h environ. Durée du trajet : 4 h 50 en *InterCity*, 6 h 50 par Larissa.

➤ *Pour Thessalonique :* une dizaine de trains par jour, de 7 h à minuit environ. Durée du trajet : 5 h en *InterCity Express*, 5 h 30 en *InterCity*, 7 h en train classique.

➤ *Pour Kalambaka et les Météores :* la ligne a été rouverte, un train direct par jour. Durée du trajet : 4 h.

🚆 *Gare du Péloponnèse (plan couleur I, A1) :* accès par l'odos Konstandinoupoléos. ☎ 21-05-13-16-01. Bus n° 057 sur la rue Panepistimiou, trolley n° 1 ou métro ligne 2 (arrêt gare de Larissa, puis passage par une passerelle qui relie les deux gares) : de 5 h 30 à 23 h 30, toutes les 15 mn. Métro : ligne 2, descendre à la station *Metaxourgio*. Trains pour le Péloponnèse.

➤ *Pour Corinthe :* une douzaine de départs par jour de 6 h 30 à 23 h environ. Durée du trajet : entre 1 h 30 et 1 h 50.

➤ *Pour Mycènes :* 5 départs de 7 h 30 à 23 h environ. Durée du trajet : 3 h.

➤ *Pour Nauplie (via Argos) :* 2 départs à 7 h et 16 h environ. Durée du trajet : 3 h.

➤ *Pour Kalamata (via Tripoli) :* 2 départs à 6 h 30 et 14 h 30 environ. Durée du trajet : 6 h 15. Via Patras, c'est beaucoup plus long.

➤ *Pour Patras :* 8 départs de 6 h 30 à 22 h 30 environ. Durée du trajet : 3 h 30 en *InterCity*, 4 h 10 en train classique.

➤ *Pour Pyrgos et Olympie (via Patras) :* 7 départs de 6 h 30 à 22 h 30. Durée du trajet : 6 h 20 pour Pyrgos. Deux trains continuent jusqu'au terminus d'Olympie ; sinon correspondance à Pyrgos.

– *Bureau des réservations (couchettes et places assises) :* 1, odos Karolou (près d'Omonia). ☎ 21-05-29-77-77. Ouvert de 8 h à 15 h. On a tout intérêt à réserver sitôt arrivé à Athènes, les trains étant généralement bondés.

En bateau

Départs du jour et du lendemain affichés à l'office du tourisme.

➤ *Depuis Le Pirée :* voir plus loin le chapitre « Le Pirée ».

➤ *Depuis Lavrio :* bateaux pour Kéa et Kythnos. Renseignements à la capitainerie : ☎ 22-92-02-52-49. Liaisons nombreuses pour Kéa, de 2 à 4 par jour en été. Certains ferries continuent sur Kythnos. Lavrio est promis à un avenir plus brillant, devant accueillir à terme une partie du trafic du Pirée, peut-être dès 2004.

➤ *Depuis Rafina :* voir chapitre « Rafina ».

En stop

Pas facile facile...

➤ *Vers le Péloponnèse :* prendre le bus n° A15 ou B15 d'odos Deligiorgi (faire du stop à la hauteur de l'*Athens Camping*) ou bien le bus A16 de la place Elefthérias (faire du stop à partir du monastère de Daphni).

➤ *Vers le nord :* prendre le métro jusqu'au terminus, Kifissia. À Kifissia, bus pour Néa Kifissia et s'arrêter au carrefour indiquant National Road. Après 2 km, on trouve la National Road vers Lamia et Thessalonique.

RAFINA

10 000 hab.

Petite ville à 28 km d'Athènes, très fréquentée l'été (résidences secondaires des Athéniens). Rafina est un petit port à taille humaine (rien à voir avec

Le Pirée), le 2e port d'Athènes, mais avec l'ouverture du nouvel aéroport à Spata, Rafina est devenu stratégiquement intéressant, du moins pour certaines Cyclades ou pour ceux qui souhaitent passer en Eubée.

Comment y aller?

➤ **En bus** depuis odos Mavromatéon, en face du n° 29, à côté de Pédios Aréos (bus orange du KTEL d'Attique).
➤ **En voiture** d'Athènes, compter au minimum 1 h à cause des embouteillages.
Vous y trouverez des connexions journalières pour les principales îles des Cyclades (Tinos, Mykonos, Paros, Andros, Syros, et, en nombre moins important, Ios, Santorin) ainsi que pour l'île d'Eubée (sur Marmari).

Adresses utiles

Pas d'office du tourisme à Rafina, il est donc préférable de prendre tous les renseignements à l'office d'Athènes.
🛥 *Capitainerie du Port :* ☎ 22-94-02-23-00 et 22-94-28-88-88.
Toutes les agences sont sur la marina, proches les unes des autres. Plusieurs compagnies se partagent le marché : en ce qui concerne les horaires, difficile de vous donner des indications très précises, car le nombre de départs est légèrement différent chaque jour. Les premiers bateaux partent à 7 h 40 et les derniers vers 23 h. Une bonne dizaine de liaisons journalières vers les Cyclades et 6 à 8 vers l'île d'Eubée (Evia). Pour plus de détails, se reporter au *GDR* « Îles Greques ».

■ *Karystia Shipping* (pour l'Eubée) : agence *Dimitrakis*, ☎ 22-94-02-67-01. Ligne Rafina-Marmari.

■ *Distributeurs de billets :* sur la partie neuve du port.

Où dormir?

Peu de possibilités à Rafina même. Si tout est plein, continuer sur Mati, un peu plus au nord.

⚠ *Camping Kokkino Limanaki :* à 1,5 km du centre-ville de Rafina, sur la route côtière entre Rafina et Mati, au-dessus d'une jolie plage aux falaises ocre. ☎ 22-94-03-16-04. Fax : 22-94-03-16-03. À Athènes : ☎ 21-05-23-39-99. Fax : 21-05-23-55-93. ● www.athenscamping.gr ● Ouvert, en principe, de début mai à octobre. Correct mais cher : environ 18 € pour 2 adultes avec une voiture et une petite tente. 65 emplacements environ. Ombragé. Un point noir : le camping est très bruyant (le resto, *Balkoni*, par ailleurs pas mauvais du tout, est très fréquenté par des clients venant de l'extérieur, et ce, jusqu'à 2 h du matin...). Location de bungalows (très

sommaires) également. Le patron, accueillant et disponible, parle le français. Plage très agréable et ventée, ce qui rend les grosses chaleurs plus supportables.

🛏 *Koralli :* sur la place principale. ☎ 22-94-02-24-77. Dans les 50 € la nuit en chambre double. Quelques chambres ont la climatisation. Rien de bien extraordinaire, mais utile si l'on a un bateau à prendre tôt le matin.

🛏 *Avra :* dans le prolongement de la marina. ☎ 22-92-02-27-80. Compter 80 € pour la chambre double sans AC et près de 100 € avec AC, petit déjeuner compris. Était en réfection lors de notre passage.

Où manger ?

|●| *Meteora :* 10, Vassileos Georgiou (rue parallèle à la place principale). ☎ 22-92-02-26-07. Ouvert tous les jours, de 8 h à minuit. Fermé en novembre. Pour un repas complet, compter environ 9 €. Ici, on travaille en famille, la mère, le père et le fils. L'adresse à l'ancienne. Cuisine simple et traditionnelle. Farcis à la viande, moussaka, aubergines « spécial ».

LE PIRÉE (PIREAS)   190 000 hab.

> **Pour l'embarquement pour les îles, se reporter au cahier couleur.**

Port d'Athènes. C'est du Pirée que partent la grande majorité des bateaux qui desservent les îles. Le Pirée se divise en deux parties d'importance inégale : le premier port (à côté du terminus de métro) qui se subdivise en plusieurs quais (*akti* en grec). En sortant du métro, on a devant soi, légèrement sur la droite l'Akti Kondyli ; en prenant à gauche, c'est l'Akti Posidonos et en continuant on arrive sur l'Akti Miaouli. Les portes d'embarquement se succèdent depuis l'Akti Kondyli jusqu'à l'Akti Miaouli. On peut avoir à marcher pas mal (ou pire, à courir si le bateau est sur le point de partir) pour rejoindre son ferry. Un nouveau quai, extension du port principal, a été aménagé en 2003 (Akti Vassiliadi), tout au bout sur la droite, à un bon kilomètre du métro. Le second port, à l'opposé du premier — la marina — bordé de cafés, restos, très animés le soir, où la jeunesse grecque se retrouve. Dans la *marina de Zéa* sont amarrés les yachts des fameux armateurs grecs. En 2003, les *Flying Dolphins* ne partaient plus de ce port, mais avec les importantes modifications prévues en 2004 il pourrait éventuellement reprendre du service. Pour aller à la marina, bus n° 904 (en face de la station de métro) ou trolleybus jaune n° 20 (près de la station de métro). Toutes les 15 mn de 5 h à 1 h. À pied, compter 20 à 25 mn.

Comment y aller ?

➤ En prenant le métro (ligne 1) de la place Omonia, de Monastiraki, de Victoria ou de Thissio toutes les 10 mn, de 5 h à minuit. C'est le plus simple. De Syndagma, bus n° 40 de 5 h à minuit également et d'Omonia bus n° 49. De l'aéroport, bus E96. Environ 45 mn de trajet. Arrêt « Harbour ».

Adresses utiles

✉ *Bureau de poste :* à l'angle des rues Filonos et Tsamadou. Ouvert du lundi au vendredi de 7 h 30 à 20 h ; le samedi de 7 h 30 à 14 h et le dimanche de 9 h à 13 h (pour l'envoi des lettres seulement).

■ Nombreuses *banques* avec distributeurs regroupées, pour la plupart, sur l'Akti Miaouli. Ouvert du lundi au vendredi de 8 h à 14 h (13 h 30 le vendredi).
■ *Presse internationale :* Librairie

Telstar, 57, Akti Miaouli (sur le port). Quelques journaux et magazines français, ainsi qu'un petit rayon de livres de poche français. De nombreux kiosques également sur les quais.

Où dormir ?

Prix moyens

♠ Hôtel Elektra : 12, odos Navarinou. ☎ 21-04-11-27-30. Très central. Pas loin de la gare et du métro. Chambres doubles à 50 € avec TV et AC, mais sans petit déjeuner. Chambres assez spacieuses, claires et propres. Mobilier correct. Essayez d'éviter le côté rue (très passante et bruyante). Pas de consigne. Cartes de paiement acceptées.

Plus chic

♠ Lilia Hotel : 131, odos Zeas. ☎ 21-04-17-91-08. Fax : 21-04-11-43-11. ● www.liliahotel.gr ● Juste au-dessus de la marina Zéa. Compter (sauf pendant la période olympique) dans les 70-80 € pour une chambre double avec petit déjeuner servi dans une salle agréable. Dans un quartier sympathique du Pirée, à 50 m de la marina Zéa, mais à 1 km du quai d'embarquement des ferries (transfert gratuit organisé par l'hôtel jusqu'aux différents ports). Petit et familial, l'hôtel comprend 20 chambres au joli mobilier clair, avec TV et salle de bains ancienne mais tout à fait correcte et propre. Balcon fleuri. Cartes de paiement acceptées. Réduction de 5 % accordée à nos lecteurs (paiement cash).
♠ Hôtel Triton : 8, odos Tsamadou. ☎ 21-04-17-34-57/8. Fax : 21-04-17-78-88. Chambres doubles à environ 80 €. Hôtel complètement rénové, chambres fonctionnelles avec, AC et TV. Salle de bains avec une grande douche, très propre. Réserver si possible, car souvent complet. Accueil sympa. Consigne gratuite. Cartes de paiement acceptées.
♠ Hôtel Anemoni : 65-67, odos Evripidou. ☎ 21-04-11-17-68. Fax : 21-04-11-17-43. ● www.anemoni.gr ● Assez proche du port, mais sans les nuisances. Compter dans les 100 € pour une double. Une cinquantaine de chambres, plutôt confortables. AC, TV. Bon rapport qualité-prix. Parking souterrain. Cartes de paiement acceptées.
♠ Hôtel Noufara : 45, av. Iroon Politechniou (entre le port et la marina Zéa). ☎ 21-04-11-55-41. Fax : 21-04-13-42-92. Compter un bon 90 € pour une chambre double avec petit déjeuner. Belle entrée en marbre. Petit hôtel propret, d'une cinquantaine de chambres assez chic, toutes avec de jolies salles de bains, frigo, TV et AC. Grands balcons. Cartes de paiement acceptées.

Où manger ?

Quelques gargotes au port, ça va de soi. Sinon, les *tavernes de la marina de Zéa*. En particulier, 3 ou 4 restos populaires au carrefour des rues Sotiros Dios et Ralli. Choisir suivant son intuition. L'un d'eux, très grec, avec néons blafards et TV tonitruante, propose une cuisine correcte à prix parfois un peu élevés. Les restos de poisson de Microlimano sont beaucoup plus chers, mais l'ambiance petit port de plaisance est agréable.

|●| Ennia Adelfoi : 48, odos Sotiriou. ☎ 21-04-11-52-73. Pas très loin de la marina Zéa. Au niveau de l'avenue Lambraki et à l'angle de Ralli. Ouvert tous les jours, midi et soir. On y mange pour 10 € par personne. Dans une grande salle impersonnelle (sans aucune déco particulière), caractéristique des authentiques tavernes. Cuisine dans la salle, ce qui facilite le choix! Terrasse sympa. Plats à emporter. Peu touristique.

l●l *Café-Restaurant + Ousia :* 5, odos Paléologlou (pl. Terpsithéas). ☎ 21-04-22-20-05. Remonter la rue qui part du port en face de la porte E. Compter dans les 12-15 €. Sous ce nom mystérieux se cache un petit restaurant crétois qui propose nombre de spécialités de la grande île. C'est la cantine de pas mal d'employés du coin. Terrasse sur estrade. Service rapide.

l●l *Vassilenas :* 72, odos Etolikou. ☎ 21-04-61-24-57. Un peu excentré. De l'Akti Kondyli, proche de la station de métro, prendre à droite l'odos Etolikou et la remonter en traversant le quartier des entrepôts. Ouvert à partir de 19 h. Fermé le dimanche et en août. Compter environ 17 € par personne pour le repas, vin résiné compris. L'été, on mange sur la terrasse. Ambiance des tavernes 1950, succession de 16 à 18 assiettes de *mezze!* Bonne réputation.

À voir

🏛 *Le Musée archéologique :* 31, Har. Trikoupi. ☎ 21-04-52-15-98. Ouvert de 8 h 30 à 15 h. Fermé le lundi. Entrée : 3 € ; réductions. Bas-reliefs, stèles funéraires, marbres, mais surtout quatre grandes statues de bronze découvertes au Pirée.

QUITTER LE PIRÉE

En train

🚆 *Gare du Péloponnèse :* à droite, à quelques mètres en sortant de la station de métro. A l'air désaffectée mais elle fonctionne! Comme son nom l'indique, les gares desservies sont uniquement celles du Péloponnèse. Tous les trains passent par Athènes (compter 25 à 30 mn de trajet, soit davantage qu'en métro!).

🚆 *Gare du Nord de Larissa :* en face de la station de métro, mais de l'autre côté du bassin portuaire. Il faut marcher... Gares desservies : Halkida (Eubée), Larissa, Volos, Thessalonique...

En bateau

En principe, cela devrait être la seule raison ou presque de venir au Pirée... Si possible, en été, éviter les vendredi et samedi soir, et en particulier les week-ends de fin juillet ou début août : c'est de la pure folie, on a l'impression que tout Athènes embarque pour les îles. Éviter aussi de s'y rendre en plein milieu de journée pour un ferry : une première fournée de bateaux part tôt, entre 7 h 30 et 8 h 30, et ensuite il faut attendre l'après-midi, à partir de 15 h ou 16 h pour avoir la deuxième fournée de départs. En revanche, des bateaux rapides (qui font parfois 2 rotations dans la journée) peuvent vous éviter d'attendre jusqu'au soir.

🛥 Il existe *2 ports (plan couleur embarquement pour les îles) :* le **port principal,** gigantesque, dont les différents quais se trouvent autour de la place Karaiskaki (à 200 m à gauche en sortant de la station de métro) et qui propose des départs en ferries et en *Flying Dolphin.* Attention : ce port est immense ; ne pas prévoir d'arriver à la dernière minute, en particulier si vous êtes à pied. Trouver le bon ferry et y accéder peut prendre un peu de temps. Et la **marina Zéa,** qui se trouve à l'opposé du port principal, de l'autre côté de la presqu'île que forme Le Pirée (bus n° 904 depuis la place Karaiskaki, à la sortie du métro, environ 10 mn de trajet), et qui propose uniquement des départs en *Flying Dolphin,* et encore pas tous. De Zéa partent la plupart des *Flying Dolphins* pour Poros, Hydra, Spetsès, Monemvassia et Cythère (mais

en 2002, certains bateaux pour la ligne du Péloponnèse ne partaient pas de Zéa ; se renseigner dans une agence).
Munissez-vous du plan d'Athènes et du Pirée offert par l'office du tourisme ; il permet de mieux visualiser cette multitude de quais d'embarquement. Les agences qui vendent les billets sont toutes à proximité de la station de métro, des guérites sont également disposées tout près des points d'embarquement.

Comment se rendre aux différents ports ?

Depuis l'avenue Athinon, qui part du centre d'Athènes *(plan couleur I, A3)* :
➤ *Pour le port principal :* allez tout droit, direction « Central port, station » ; arrivé en bord de mer, tournez à gauche et repérez-vous en fonction de votre île de destination (les départs sont regroupés par portes d'embarquement). Pour les îles Argo-Saroniques, les départs se font vers la porte Δ, devant la place Karaïskaki.
➤ *Pour la marina Zéa :* tournez à gauche, direction « Dimarkio, center ». Au bout de l'avenue Lambraki, longez le bord de mer par la droite, c'est à 1 km. Indiqué par un petit panneau pas très apparent.
Attention, il n'y a pas de parking et certaines rues sont munies d'horodateurs. Il est particulièrement difficile de se garer au Pirée.

Renseignements

– Le Pirée-Rafina-Lavrio : ☎ 143.
– Port du Pirée : ☎ 21-04-59-32-23 et 21-04-59-39-11.
– Marina Zéa : ☎ 21-04-13-82-31.
– Tous les départs du jour et du lendemain sont indiqués dans le supplément (Kathimérini) du *Herald Tribune*. L'office du tourisme d'Athènes (4, odos Amerikis ou à l'aéroport) édite quotidiennement des feuilles avec les horaires de départ et les affiches en vitrine.
– Agences et compagnies maritimes : inutile de se fatiguer, toutes les agences pratiquent les mêmes prix pour les ferries. Mieux vaut tout de même passer par les agences centrales.

En bus

Pour l'aéroport de Spata, bus E96 qui part du port.
Pour rejoindre les gares routières à Athènes, prendre le bus n° 420 en face de la station de métro.

ÉGINE
11 600 hab.

L'île la plus proche d'Athènes. Les touristes y viennent surtout pour voir le temple d'Aphéa. Ceux qui ont du mal à supporter la fournaise de la capitale ou qui, pour une raison ou une autre, seraient coincés à Athènes, apprécieront son charme. Inconvénient : c'est une des îles les plus fréquentées, principalement par les Athéniens... Comme c'est une île déjà plus peuplée que la moyenne (presque 12 000 habitants pour 100 km^2), vous ne serez pas tout seul.
On vous conseille de louer un vélo ou une mobylette pour visiter l'île ; c'est plus sympa. Location à l'heure ou à la journée. Le plus simple est de partir vers le nord, de longer la mer jusqu'à Souvala et de poursuivre jusqu'au temple d'Aphéa. Puis descendre jusqu'à Agia Marina. De là, emprunter la route qui s'enfonce dans les terres pour rejoindre le port d'Égine. Bus fréquents pour les flemmards.
Égine est la capitale grecque de la pistache (n'oubliez pas d'en acheter !).

UN PEU D'HISTOIRE

Dans l'Antiquité, Égine fut la grande rivale d'Athènes. On y frappa les premières monnaies grecques. Sa flotte était puissante. Égine s'allia aux Perses et vainquit Athènes. Plus tard, elle s'unit avec Sparte mais Athènes sortit victorieuse. Les habitants de l'île furent alors déportés et remplacés par des colons athéniens.

Comment y aller ?

➤ **Du Pirée :** le trajet en bateau classique dure 1 h 30 (1 h 10 pour Souvala). Un départ pour Égine toutes les heures environ de 7 h 30 à 20 h 30. Pour Souvala, une demi-douzaine de rotations par journée. Si vous êtes en fonds, prenez le *Flying Dolphin* qui part bien du Pirée, à côté du débarcadère des ferries pour les îles et de l'arrêt du bus bleu qui relie Le Pirée à l'aéroport. Les liaisons maritimes fonctionnent tous les jours pendant toute l'année. En juillet et août, au moins un départ par heure de 7 h à 20 h et même plus tard le dimanche soir. Trajet en 35-40 mn. Réservations : ☎ 21-04-19-92-00. Compter dans les 9 € l'aller pour 1 personne en *Flying Dolphin*.

LE PORT D'ÉGINE

Pas la peine de chercher midi à quatorze heures, le port d'Égine est l'un des endroits les plus agréables de l'île, bien que très fréquenté. Ne manquez pas l'adorable petite chapelle (Agios Nikolaos) construite au bout du quai.
Éviter de se baigner sur la petite plage près du port. Coins sympas plus loin, notamment au nord du port en face de l'hôtel *Plaza* ou dans une jolie baie qui se trouve 500 m plus loin en contrebas de la route qui longe la mer, de l'autre côté de la colline dominée par une colonne grecque, l'unique survivante d'un temple dorique dédié à Apollon.

Adresses utiles

🛈 **Tourist office : Trust** en face du débarcadère des *Flying Dolphins*, au-dessus du snack *Tropics*, au 1er étage. ☎ 22-97-02-70-10. Ouvert jusqu'à 22 h, même le dimanche. Ne pas avoir une confiance aveugle dans les adresses qu'ils proposent pour se loger. Deux autres *tourist offices* à Égine, qui sont également des agences de voyages à but lucratif.

🛈 **Tourist police :** odos Leonardos Lada ; maison au fond d'une cour, à gauche. ☎ 22-97-02-77-77. Renseignements honnêtes et désintéressés.

✉ **Poste :** à gauche du débarcadère des bateaux, s'engager dans la rue qui mène à la place Ethnegersias.

Ouvert du lundi au vendredi de 7 h 30 à 14 h.

■ **OTE** *(téléphone, télégrammes) :* odos Aiakou. Ouvert jusqu'à 22 h.

■ **Banques :** 4 sur le port. Ouvertes du lundi au jeudi de 8 h à 14 h et le vendredi de 8 h à 13 h 30. Change. Distributeur automatique de billets dans chacune d'elles.

■ **Location de mobylettes :** *Stratas*, entre l'hôtel *Plaza* et l'hôtel *Togias*, au nord du port. Engins neufs. Un peu cher.

@ **Avra Cafe :** à côté de l'hôtel *Plaza*, sur le port. 5 ordinateurs, connexions rapides et cadre sympa.

Où dormir ?

Évitez les week-ends, ainsi que le mois d'août lorsque les rues sont bondées d'Athéniens qui souhaitent échapper à la fournaise de la capitale.

ÉGINE

Prix moyens

🛏 *Hôtel Miranda :* à 200 m au sud du port, au début d'une rue qui prend dans les terres et à 50 m de la mer. ☎ 22-97-02-22-66. Fax : 22-97-02-78-21. Ouvert de mai à octobre. Environ 55 € pour une chambre double avec petit déjeuner. Tarifs dégressifs en fonction de la durée du séjour. On aime bien son atmosphère vieillotte qui rappelle l'hôtellerie bourgeoise du début du siècle. Patron francophone. On y accède par une grande allée qui traverse un jardin. Très calme. La chambre n° 21 dispose d'une terrasse privée.

🛏 *Hôtel Marmarinos :* 24, odos Leonardos Lada (la rue de la *tourist police*). ☎ 22-97-02-35-10. Ouvert toute l'année. En haute saison, autour de 45 € la nuit en chambre double. Tarif dégressif. Certaines chambres possèdent un balcon. Propre, sympa, accueillant et très calme car à l'écart de l'agitation du port.

🛏 *Hôtel Artémis :* en face de l'hôtel *Marmarinos.* ☎ 22-97-02-51-95. Ouvert de février à novembre. Même genre mais légèrement plus cher. Un peu plus de 45 € la nuit en chambre double ; réductions pour les séjours de plusieurs nuits.

🛏 *Hôtel Plaza :* 4, odos Kazantzaki. ☎ 22-97-02-56-00. Au nord du port. L'hôtel face à la mer le moins cher. Chambres doubles à 40 € et à 55 € avec la climatisation. Assez bien tenu. Chambres moins chères dans l'annexe. Possède également, pas très loin, des chambres dans un immeuble calme, avec vue sur la mer.

ÉGINE

ÉGINE

Plus chic

⌂ *Eginitiko Archondiko :* 1, odos Thomaïdou et Agiou Nikolaou. ☎ 22-97-02-67-16 ou ☎ et fax : 22-97-02-49-68. L'adresse de charme de l'île, en retrait du port, près de la tour de Marcellus (du port, remonter l'odos Aiakou). Facile à trouver avec sa façade ocre. En haute saison, dans les 70 € la chambre double avec petit déjeuner. Le bâtiment date du début du XIXe siècle et s'enorgueillit d'avoir eu dans ses murs quelques grands noms de l'histoire grecque. Les peintures dans le salon ont été réalisées par des artistes vénitiens. Une douzaine de chambres claires et propres, avec salle de bains. Terrasse où prendre le soleil. Petit déjeuner sur le *roofgarden*.

⌂ *Hôtel Nafsika :* à 1 km du débarcadère sur la gauche, dans la direction opposée à celle du bourg. Attention, on ne voit pas l'hôtel de la route, il la domine sur la droite, derrière son mur de pierre. ☎ 22-97-02-22-33. Fax : 22-97-02-24-77. Dans les 80 € en haute saison. On ne se croirait pas dans un hôtel : les chambres sont dispersées dans de nombreux petits bâtiments entourés de jardins, toutes ont des terrasses, la plupart avec vue sur mer. Sympathique et confortable. Le petit déjeuner est servi sur la terrasse : vue sur mer imprenable. Accueil francophone. Adresse très courue (vendue par *Héliades*) ; réserver tôt en haute saison.

Où manger ?

Bon marché

|●| D'abord, pour l'apéro, il faut aller derrière le marché au poisson *(psaragora)*. Là, sur une ruelle perpendiculaire au marché, deux ou trois minuscules *échoppes* proposent des crevettes grillées et du poulpe arrosés d'une excellente *retsina* ou d'un petit *ouzo*. Suffisant pour un repas.

|●| *Snack Tropics :* face au débarcadère. Bons croissants chauds aux légumes et sandwichs variés.

|●| *Restaurant Lekkas :* sur les quais, au nord du port, tout à côté de l'hôtel *Areti*. Ouvert toute l'année. Le resto le moins cher donnant sur la mer. Surtout du poulet-frites cuit à la broche. Pour manger vite et pas cher.

– *Boulangerie :* sur les quais, au sud du port, face à la mer. À 50 m au sud du marché au poisson. Pain excellent quand il sort tout chaud du four. Goûter à la *tyropita* (chausson au fromage). Également rue Aphaias, grand choix de biscuits maison.

– *Épicerie :* sur les quais, face à la mer, près de la police du port.

– *Marché aux fruits* présentés par les bateaux à quai. Grand choix et bonne qualité : pêches, melons, pastèques.

Prix moyens

|●| *To Spiti tou Psara (O Pélaïsos) :* sur les quais, près du marché au poisson et ça tombe bien puisque, en v.f., cela donne *La Maison du Pêcheur*. ☎ 22-97-02-38-97. Repas à 10 € par personne. Tables face à la mer. Prix raisonnables : le poulpe n'est pas très cher, de même que l'espadon *(xifias)* en tranche ou en brochette. Très fréquenté par les Grecs.

|●| *Maridaki :* à proximité de *La Maison du Pêcheur*, avant l'église. Grand choix de poissons (rougets, mulets, petite friture). Repas pour 10 € par personne environ. Accueil un peu froid.

|●| *Babbys :* au sud du port, face à la plage Begal, au coin du terrain de football. ☎ 22-97-02-59-46. Entre 10 et 12 € par personne. Grand choix de poissons également (gratin *saganaki* de gambas à essayer). Le patron parle le français.

Où boire un verre ?

🍸 *Av Li :* odos Irioti, dans la ruelle parallèle au port. Ouvert de 9 h à 4 h du matin. Sur une terrasse ombragée, un petit bar sympa qui propose, selon les heures, petits déjeuners, plats variés et une ambiance bar de nuit avec un étonnant choix d'alcools. Prix doux.

SOUVALA

Joli port à quelques kilomètres au nord du port d'Égine. Suivre la route côtière.

Où dormir ? Où manger ?

🏠 |●| *Ephi Hotel ;* pas loin du centre, en direction d'Égine. ☎ 22-97-05-22-14. Fax : 22-97-05-30-65. ● info@hotelephi.gr ● Chambres rénovées, spacieuses et avec balcon. AC avec supplément. Calme. Restaurant sur place.

|●| *Fish Tavern Grill « O Vassili » :* face au port, à gauche. Jolie terrasse avec des petites tables bleues. Vrais *souvlakia* avec tomates et poivrons, et cochon de lait succulent.

ÉGINE

LE TEMPLE D'APHÉA

Au nord-est de l'île, à 13 km d'Égine et 1,5 km avant d'arriver à Agia Marina. Le bus Égine-Agia Marina s'y arrête. Ouvert l'été de 8 h 15 à 19 h en été. Entrée : 4 € ; réduction étudiants.
Construit en 448 av. J.-C., il est de style dorique. Perché sur une colline et isolé, il offre un joli panorama sur la mer en contrebas. Ce temple composait l'un des sommets du « triangle sacré », avec le Parthénon et le cap Sounion. Ce triangle, composé de monuments proches de la perfection architecturale, était particulièrement vénéré dans l'Antiquité. Avec 24 colonnes sur 34 encore debout, ce temple est plutôt bien conservé. Musée archéologique sur le site même mais ouvert un quart d'heure toutes les heures, et encore, seulement le matin...
Possibilité de rejoindre la plage en traversant la pinède. Très belle vue. Sur la route, ne pas rater le *monastère Agios Nektarios* (Saint-Nectaire !), situé au bord de la route entre Égine et Aphaia. Construit au début du siècle, il est joliment restauré et semble dater d'hier. En revanche, sur le flanc de la colline derrière (direction Souvala), beaucoup plus discrètes sont les ruines qu'on pourrait ne pas voir tant elles se confondent avec la roche : il s'agit d'un ancien village, *Paléochora,* capitale de l'île du IXe au XIXe siècle et dont ne subsiste qu'une vingtaine d'églises et de chapelles ruinées sur un total, paraît-il, de plus de 100... L'emplacement du village permettait d'échapper aux raids des pirates. De la route, un chemin mène aux ruines. À faire le matin, quand le versant de la colline est encore à l'ombre.

AGIA MARINA

De l'autre côté de l'île par rapport au port. Des bateaux partent directement du Pirée (45 mn) ou du port d'Égine. Il y a aussi un bus qui fait Égine-Agia Marina. Très construit, pas toujours avec bonheur. Lieu de prédilection des agences de voyages scandinaves. La rue principale est bourrée de bars et de restos chic. Usine à touristes et rente pluri-annuelle des bétonneurs. Autant dire qu'on n'a pas aimé...

ÉGINE

PERDIKA

Au sud-ouest de l'île. Dans un cul-de-sac, ce port est le deuxième site le plus sympa de l'île, loin des lieux à visiter mais beaucoup plus tranquille qu'Égine.

Où dormir ? Où manger ?

🛏 **Venetia :** un peu avant d'arriver dans le village, sur la droite. ☎ 22-97-06-12-19 ou 22-97-06-14-43. Fax : 22-97-06-10-83. S'il n'y a personne, se renseigner auprès de la taverne *Antonis,* au village de Perdika. 50 à 55 € la chambre double. Tranquille et tout neuf. Chambres claires et confortables, avec AC, TV et petit ré-frigérateur. Piscine.

|●| Quelques **tavernes** les pieds dans l'eau, toutes spécialisées dans le poisson, parmi lesquelles on peut recommander **To Proréon** (☎ 02-97-06-15-77) qui a une superbe devan-ture de fleurs et de cactus, et un petit *supermarché.*

À voir dans les environs

🦎 Avant d'arriver à Perdika, passer par le petit village de **Marathonas,** à 5 km d'Égine. Jolies plages de sable tout le long de la baie. Excellentes tavernes sous les tamaris, les pieds dans l'eau.

L'ÎLE D'ANGISTRI

À partir du Pirée, on peut aussi prendre un ferry qui dessert Égine, puis Angistri (2 h de trajet, 30 mn d'Égine). Des petits ferries partent de Skala et Milos et les catamarans y vont aussi. Cette petite île commence à être fré-quentée par les touristes, mais on est loin de l'invasion. Idéal pour se repo-ser quelques jours.
Un minibus fait la navette Milos-Skala. La route longe la mer. Si vous vous ennuyez, vous pouvez aussi y aller à pied. On ne peut pas faire le tour complet de l'île, mais, en louant une mob, possibilité de faire quand même de jolies balades à l'intérieur. Très peu de plages, autant le savoir.

Où dormir ? Où manger ?

🛏 À Skala, les *hôtels* sont souvent complets ; allez à Milos (2 km plus loin), hameau plus nonchalant, où il y a toujours de la place. En général, les chambres sont tout à fait cor-rectes. Réductions si vous y restez la semaine.
|●| À Milos, le **restaurant-bar Le Château** (Castle) surplombe l'île. Vue superbe sur la mer et Égine.

Mini-discothèque et cocktails à prix abordables.
|●| Les *restaurants* de Skala sont plus chers. Une adresse sympa tout de même : **Agistri Club** dont le pro-priétaire, Bryan Robinson, est une haute figure de l'île. ☎ 22-97-09-12-42. ● www.agistriclub.com ● L'éta-blissement (qui fait également hôtel, doubles de 45 à 65 € environ) do-mine l'île, belle vue sur les environs.

Pour les îles de Poros, Hydra et Spetsès, se reporter à l'index.

LE PÉLOPONNÈSE

•••

Presqu'île ainsi nommée en l'honneur de Pélops, un roi légendaire, devenue
« île » (à moins de 25 m du continent !) en 1893, une fois le canal de Corinthe
achevé, le Péloponnèse se caractérise par un relief tourmenté, fait de golfes
profonds, de rares plaines, de sauvages montagnes qui furent témoins d'une
grande partie de l'histoire grecque. C'est dans le Péloponnèse que se
concentrent la plupart des sites antiques les plus visités, à l'exception de
Delphes ; c'est aussi le Péloponnèse qui attira, au Moyen Âge, nos compatriotes, les Francs, qui en firent la conquête pour prendre le titre de princes de
Morée (ancien nom de la région). Évidemment, les Turcs et les Vénitiens ne
furent pas en reste. Mais pour les Grecs, le Péloponnèse, c'est surtout la
région qui se souleva la première contre l'occupant turc en 1821 (plusieurs
villes se disputent d'ailleurs l'honneur d'avoir lancé le soulèvement).

Le Péloponnèse est l'une des régions économiquement les plus actives de
Grèce : l'agriculture y emploie beaucoup de bras, le tourisme aussi, ce qui
fait de cette région l'une des moins touchées par le chômage. Pendant qu'on
est dans les chiffres, apprenez au passage qu'on s'est amusé (enfin, pas
nous) à y dénombrer 40 millions d'oliviers et 9 millions d'orangers : à comparer avec les 1 200 000 Grecs qui y vivent !

Le Péloponnèse a une superficie guère plus étendue que celle de trois gros
départements français, mais le relief étant extrêmement montagneux, les
moyennes kilométriques ne sont guère élevées. Nous avons parcouru les
routes de la région dans le sens des aiguilles d'une montre : au programme,
sept départements (ou *nomes* en grec) : la *Corinthie* tout d'abord, puis
l'*Argolide* (des quatre « pis » qui figurent une sorte de mamelle de vache,
c'est le plus oriental) avec Mycènes et Épidaure. Au sud de Nauplie, la côte
est jusqu'à Léonidion fait partie de l'*Arcadie*, puis on passe en *Laconie* avec
ses deux « pis » (Monemvassia et le Magne). On poursuit vers l'ouest et la
Messénie, quatrième et dernier « pis » avant de remonter, soit par la côte,
soit par un crochet dans l'ouest de l'Arcadie montagneuse, sur l'*Élide*, autour
d'Olympie et enfin l'*Achaïe* (Patras). Difficile de faire un choix : le *Routard* a
plutôt préféré les deux pis à l'ouest mais c'est une question de goût... Ah ! là,
là, que c'est cornélien tout ça !

En tout cas, si les paysages et les villages sont généralement superbes, les
grandes villes du Péloponnèse comme Patras, Kalamata et Tripoli sont sans
grand intérêt. Même si cette dernière est un important carrefour routier pour
les bus, on en partira au plus vite.

Plusieurs îles sont facilement accessibles depuis le Péloponnèse : les *îles
Saroniques* que nous traitons dans ce chapitre, soit *Poros*, *Hydra* et *Spetsès*
(Égine étant rattachée au chapitre Athènes). Avec les hydrofoils, il est possible
de s'y rendre à la journée. Tout au sud, la toute petite *Élafonissos* et *Cythère*,
pour laquelle on embarque à Néapoli (ferry) ou d'un des ports desservis par
hydrofoil (ligne Athènes-Cythère via les Saroniques et la côte est du Péloponnèse). Tout à l'ouest enfin, *Zante* et *Céphalonie*, accessibles en ferry depuis
Kyllini ou Patras et donc également traitées dans le chapitre Péloponnèse.

CORINTHE (KORINTHOS)   33 000 hab.

•••

Venant d'Athènes, après 80 km plutôt stressants, votre première étape.
Hum ! Ce ne sera probablement pas la plus transcendante... On peut se lais-

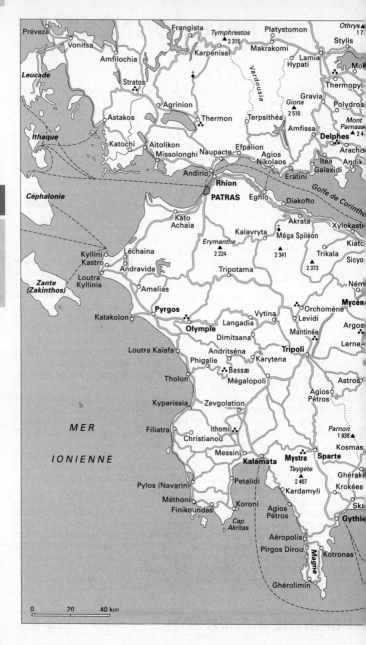

LE PÉLOPONNÈSE

Préveza
Vonitsa
Amfilochia
Frangista
Karpénissi
Tymphrestos ▲ 2 315
Platystomon
Makrakomi
Othrys ▲ 17
Stylis
Mo
Lamia
Hypati
Thermopyl

Stratos
Agrinion
Thermon
Terpsithéa
Vardousia
Giona ▲ 2 510
Gravia
Amfissa
Polydros
Mont *Parnass* ▲ 24

Astakos
Katochi
Ithaque
Leucade

Aitolikon
Missolonghi
Naupacte
Efpalion
Agios Nikolaos
Delphes
Aracho
Itéa
Galaxidi
Andik

Céphalonie
Andirio
Rhion
PATRAS
Eghio
Eratini
Diakofto
Golfe de Corinthe

Kato Achaïa
Kalavryta
Akrata
Méga Spiléon
Xylokast
Kiat

Kyllini
Kastro
Léchaina
Andravida
Erymanthe ▲ 2 224
2 341
Trikala
2 373
Sicyo

Zante (Zakinthos)
Loutra Kyllinis
Amalias
Tripotama
Ném
Mycèn

Katakolon
Pyrgos
Olympie
Langadia
Dimitsana
Vytina
Orchomène
Levidi
Mantinée
Tripoli
Argos
Lerne

Loutra Kaïafa
Andritséna
Phigalie
♣ Bassæ
Karytena
Astros

Tholon
Mégalopoli
Agios Pétros

Kyparissia
Zevgolation
Parnon ▲ 1 839

Filiatra
Ithomi ♣
Christianou
Kosmas

MER
IONIENNE

Messini
Kalamata
Mystra
Sparte
Taygète ▲ 2 407
Ghérak
Krokées
Ska

Pylos (Navarin)
Petalidi
Méthoni
Finikoundas
Koroni
Agios Pétros
Kardamyli
Gythi

Cap Akritas
Aéropolis
Pirgos Dirou
Kotronas
Magne

Ghérolimin

0   20   40 km

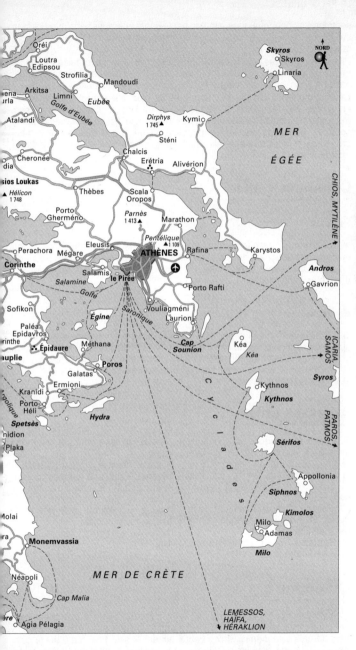

LE PÉLOPONNÈSE

ser impressionner quelques minutes par le canal et essuyer quelques larmes sur ce qui reste de l'antique Corinthe, mais les moments de plaisir seront rares.

Plusieurs curiosités pour les passionnés d'archéologie : la fontaine Pirène (la mieux conservée du monde grec !), les ruines du temple de Poséidon, le Parnasse à l'horizon, la montagne et l'Acrocorinthe majestueuse.

La ville, moderne, n'a aucun charme, et, de plus, elle est affligée de temps en temps de tremblements, tel le brave Parkinson. On ne sait si ceci explique cela, mais l'accueil n'y est pas très sympa. Ça ne vaut même pas le coup d'y passer la soirée. De plus, on dit en Grèce qu'elle est la plus bruyante des villes du pays ! Allez plutôt dormir dans les environs d'Épidaure (voir plus loin).

Comment y aller ?

En bus

➤ **D'Athènes :** les bus partent toutes les demi-heures, ou toutes les 15 mn en certaines périodes, de la station située 100, odos Kifissou. Une heure de trajet. Pour le canal, préciser bien « Isthmos », sinon le bus vous dépose 8 km plus loin, en ville.

En train

➤ **D'Athènes :** 6 trains par jour. ATTENTION, si vous arrivez en train et que vous souhaitez voir le canal (la seule chose effectivement intéressante), arrêtez-vous à Isthmos, la station juste avant Korinthos. Du train, on a une vue plongeante sur le canal : sortez vos appareils photo. Le canal est à 100 m. La durée du trajet varie de 1 h 30 à 2 h.

Adresses utiles

🛈 **Police touristique :** 51, odos Ermou. ☎ 27-41-02-32-82. Sur la place centrale. Au 1er étage des locaux de la police. Ouvert du lundi au vendredi de 8 h à 14 h. Brochures à disposition.

✉ **Poste :** 17, odos Koliatsou. 50 m après la police touristique, entre deux stations-service.

■ **Banques :** une demi-douzaine, avec distributeur, sur l'odos Ethnikis

Antistassis, l'axe principal qui mène au port.

@ **Café Internet Stretto :** 12, odos Pilarinou. Dans une rue piétonne parallèle au quai, au milieu d'autres cafés aux terrasses agréables. 3 € de l'heure. Le **Virtual Internet Café** dans la rue principale, juste à côté de l'hôtel *Aktis,* n'est pas ouvert l'après-midi.

Où dormir ?

On l'aura compris, passer une nuit à Corinthe même n'est pas obligatoire. On peut très facilement visiter le site archéologique sans même mettre le pied dans la ville même. Si l'on veut vraiment passer une nuit dans le coin, mieux vaut opter pour les pensions de l'ancienne Corinthe (cadre plus bucolique) ou de Loutraki. Deux adresses centrales tout de même si vous ne trouvez pas ailleurs.

De bon marché à prix moyens

🏠 *Hôtel Akti :* en face du port, à l'intersection d'odos Ethnikis Antistassis et de Damaskinou. ☎ 27-41-02-33-37. À partir de 30 € la chambre double sans salle de bains mais avec vue sur le port. Les chambres situées à l'arrière en sont équipées, mais donnent sur un mur et sont un peu plus chères. Confort rudimentaire, mais fait l'affaire pour une nuit.

De prix moyens à plus chic

🏠 *Hôtel Ephira :* 52, odos Ethnikis Antistassis, avant la place centrale sur l'axe principal qui descend vers le port. ☎ 27-41-02-40-21 et 27-41-02-24-34. Fax : 27-41-02-45-14. Proche de la station de bus pour l'Argolide. De 65 à 80 € la chambre double, selon la saison, petit déjeuner non compris. Hôtel moderne de 45 chambres. Le hall d'entrée en jette, le reste est plus quelconque, mais les chambres ont été récemment refaites. Salle de bains correctes, TV et AC. Plus calme sur l'arrière. Environnement pas vraiment agréable.

Où dormir dans les environs?

Campings

⛺ *Blue Dolphin :* à 6 km de Corinthe sur la route de Lecheon, à l'ouest. ☎ 27-41-02-57-66 et 67. Fax : 27-41-08-59-59. ● www.camping-blue-dolphin.gr ● Ouvert d'avril à octobre. Compter dans les 20 € pour 2 personnes avec voiture et tente. Le mieux, à condition d'avoir son véhicule. Accueil très sympa. On y parle le français. Plage correcte, mais située à 500 m d'une usine. Épicerie et petite taverne. Bus toutes les demi-heures. Réduction de 10 à 20 % sur présentation du dépliant de la chaîne *Sunshine* à laquelle appartient ce camping.

⛺ *Isthmia Beach :* à 5 km de la route nationale du canal de Corinthe. ☎ 27-41-03-77-20. Fax : 27-41-03-77-10. ● www.isthmiacamping.gr ● Direction Épidaure, prendre à gauche après Isthmia et avant Loutro Elenis (à côté du *Kalamaki Beach*). Ouvert d'avril à mi-octobre. Dans les 16 € en été, et 13 € hors saison. Accueil sympa. Très bien entretenu. Emplacements ombragés par des orangers, le long d'une plage de sable et de galets. Location de tentes ou de caravanes. En été, offre des possibilités d'excursion à la journée, notamment en bateau, dans les différents sites des alentours. Belle vue... sur la grosse raffinerie en face! Réduction de 10 à 20 % (selon la saison) sur présentation du dépliant de la chaîne *Harmonie* à laquelle appartient ce camping.

Prix moyens

🏠 *Pension-taverne Shadow* (chez *Chris Marinis) :* dans l'ancienne Corinthe. ☎ et fax : 27-41-03-14-81. En arrivant dans le village entourant le site de l'ancienne Corinthe, c'est juste après le cimetière, sur la droite quand on vient de Corinthe. Chambres doubles dans les 40 à 50 €. Une des rares adresses sympas du coin. Moderne, offrant d'agréables chambres (avec douche et w.-c. ainsi que l'AC) avec superbe vue sur l'Acrocorinthe. Petit déjeuner copieux, mais non compris (5 €). Excellent rapport qualité-prix. Resto fermé pour l'instant. Conseillé de réserver.

🏠 *Marinos Rooms :* également dans l'ancienne Corinthe. ☎ 27-41-03-12-09. Fax : 27-41-03-19-94. Présente aussi un très bon rapport qualité-prix hors saison (à partir de 30 € et jusqu'à 50 € en saison sans le petit dej'). Grande bâtisse, un peu style chalet de montagne au milieu des pins. Très convivial. Possède aussi un bon resto traditionnel.

Plus chic

🛏 *Framissima King Saron :* à Isthmia, à 8 km de Corinthe. ☎ 27-41-03-72-73. Fax : 27-41-03-75-04. Ouvert d'avril à octobre. Compter environ entre 600 € et 900 € par personne la semaine en demi-pension, vol A/R et transferts inclus (départs de Paris, Toulouse, Nantes et Marseille). Également ouvert aux touristes de passage selon disponibilité. De 31 à 65 € par personne la nuit en demi-pension. Grand hôtel (300 lits environ) dans un grand parc ombragé, planté de pins parasols, de lauriers-roses et de tamaris. Chambres avec salle de bains, TV, téléphone, AC et sèche-cheveux. Nombreux services et activités. Vendu par *FRAM*.

Beaucoup plus chic

🛏 *Kalamaki Beach Hotel :* à 6 km du canal, sur la route d'Épidaure. ☎ 27-41-03-76-53. Fax : 27-41-03-76-52. ● www.kalamakibeach.gr ● Ouvert d'avril à octobre. De 86 à 200 € la double, selon la saison et le type de chambre. Grand hôtel de catégorie A et pourtant familial, genre hôtel-club. Chambres agréables avec AC et balcon. Vue sur la mer. Grande piscine en bord de mer et bassin pour les enfants. Activités pour les 2-15 ans. Sympathique jardin avec une petite chapelle.

Où manger ?

À Corinthe même, difficile de trouver de bons petits restos au milieu des bars, fast-foods et cafétérias. Évitez aussi les restos près du canal. Pièges à touristes chers et pas copieux. Préférer ceux sur le front de mer à Loutraki (voir « Dans les environs de Corinthe »).

À voir

🍴 *Le canal :* à 6 km à l'est de la ville neuve. Quand on arrive d'Athènes, penser à quitter l'autoroute (sortie Loutraki), sinon on ne peut pas s'arrêter et on ne voit rien. Parking à proximité. Le canal est long de plus de 6 km et large de 24,6 m. La colline semble avoir été coupée au rasoir sur une hauteur de 70 m. Autrefois, on transportait les bateaux sur des chariots du golfe de Corinthe au golfe Saronique. On aperçoit encore des traces du *diolkos,* ce chemin pavé sur lequel on hissait les bateaux, à l'embouchure ouest du canal.
Comme ce n'était pas pratique, Néron, après beaucoup d'autres, pensa qu'il fallait creuser un canal. Il donna même le premier coup de pioche, en 67, avec une pelle en or (avec le manche certainement fait en os de chrétien !). 6 000 esclaves juifs lui donnèrent un coup de main. Le projet n'aboutit pas, stoppé par la mort de Néron. Il fallut attendre 1882 pour que le canal soit inauguré.
Vous aurez peut-être l'occasion de voir passer un gros bateau de croisière tiré par un remorqueur à l'aide de câbles. Impressionnant.

🍴🍴 *L'ancienne Corinthe :* à 7 km au sud-ouest de la ville moderne. Pour y aller de la ville moderne, bus toutes les heures à l'angle des rues Koliatsou et Kolokotroni, dans le centre. Le village est hyper touristique et ressemble plutôt à un immense Prisunic à souvenirs. Mais les vestiges de la ville gréco-romaine valent le détour. Il peut d'ailleurs se révéler utile d'acquérir un des livres en vente au guichet (par exemple, *Corinthe antique,* de N. Papahatzis), pour mieux comprendre ces vestiges et s'imprégner de ces ruines. Ouvert de 8 h à 19 h l'été, de 8 h à 17 h hors saison. Entrée : 6 € ; gratuit pour les étudiants de l'UE. Un seul billet pour le site et le musée.

La grande agora est le centre névralgique du site autour de laquelle sont disséminés de petits temples romains, de longs portiques, la rue commerçante et ses boutiques, les toilettes publiques et la superbe fontaine. La ruine la plus imposante reste le *temple d'Apollon* de style dorique archaïque (milieu du VIe siècle av. J.-C.). Le musée du site est moyennement intéressant.

N'hésitez pas à monter à l'*Acrocorinthe*. Le site est ouvert du mardi au dimanche de 8 h à 15 h (et en principe jusqu'à 19 h en haute saison). Accès libre. La route y conduisant part à côté du site : 3 km, et ça grimpe fort puisque le site se trouve à 575 m d'altitude. Vous y verrez les restes d'une forteresse très style *Désert des Tartares* et bénéficierez d'un joli panorama sur le golfe. L'Acrocorinthe abritait à l'origine un temple voué au culte d'Aphrodite : là, mille prêtresses entourées de danseuses se livraient à la prostitution sacrée... Il fallait pouvoir « tenir la route » pour aller honorer ces prêtresses après des kilomètres de grimpette !

Corinthe, qui s'allia avec Sparte pour vaincre Athènes lors de la guerre du Péloponnèse (Ve siècle av. J.-C.), était autrefois une ville riche car elle contrôlait l'isthme qui séparait le Péloponnèse du reste de la Grèce. Qui dit richesse dit évidemment péché, et la cité avait acquis la réputation d'être une ville de débauche. Ce n'est pas étonnant que saint Paul se soit arrêté à Corinthe pour essayer de remettre les habitants sur le droit chemin. Il ne fut pas très écouté.

Au Moyen Âge, la citadelle fut évidemment assiégée par nos amis les Francs. Quand la partie fut perdue pour les Grecs, en 1210, leur chef, Léon Sgouros se donna la mort en se jetant dans le vide à cheval !

➤ DANS LES ENVIRONS DE CORINTHE

🏃 **Loutraki :** à 5 km du canal de Corinthe et à 6 km de Corinthe (ne pas repasser par la nationale mais prendre la routière côtière et passer par ce curieux pont qui s'abaisse dans l'eau pour laisser la voie libre aux bateaux). Bus toutes les 30 mn depuis le centre de Corinthe, de 5 h 30 à 22 h 30. En venant d'Athènes, prendre directement la sortie Loutraki sans passer par Corinthe. Également, bus de Loutraki pour Athènes toutes les 2 h à partir du bureau KTEL sur la place centrale.

Bien que d'apparence plus moderne et pas mal bétonnée, cette ville d'eaux (thermes à 31 °C et eau minérale en bouteille et au robinet !), très fréquentée par les Grecs, est plus agréable que Corinthe. Longue plage de gravier (devant les immeubles), grande promenade en bord de mer avec de nombreuses terrasses de café, très agréables vers l'extrémité nord du remblai où les monts Gérania tombent littéralement dans la mer.

Où dormir ? Où manger à Loutraki ?

🛏 **Le Petit France :** 3, odos Markou Botsari. ☎ 27-44-02-24-01 et 69-77-66-06-20 (portable). ● www.geocities.com/lepetitfrance ● Dans le centre-ville, la rue en face de l'OTE. Ouvert de février à fin novembre. Chambre de 30 à 35 € selon l'étage. AC en supplément. Dans le centre, mais avec la plage pas loin, une gen- tille pension tenue par un couple franco-grec charmant. Atmosphère familiale bien reposante. Une vingtaine de chambres plaisantes, au calme. Prix très raisonnables. Au sous-sol, appartements pour grandes familles ou petits groupes. Petit déjeuner copieux et peu cher servi en terrasse. Une excellente adresse. Le patron est aussi le président du club de parapente local et il propose des séjours d'une semaine avec stage de parapente. Avis aux amateurs ! Réduction sur présentation du *GDR*

pendant la période des JO (où les prix indiqués ci-dessus seront majorés).

|●| Foule de restos sur le front de mer.

🗡🗡 *Héraion de Pérachora :* de Pérachora (village très typique en terrasses avec ses vieux qui regardent le temps s'écouler à l'ombre des jolies églises – choc garanti si vous venez directement d'Athènes !), à 10 km au nord de Loutraki, prendre la nouvelle route sur la gauche juste avant l'entrée du village (le site n'est pas indiqué à cet endroit) puis continuer vers les ruines d'un sanctuaire consacré à Héra, l'*Héraion*, une douzaine de kilomètres plus loin. On l'atteint après avoir traversé des paysages superbes (malgré le gros incendie de juillet 1998). Site au bout du monde, avec une minuscule crique, qui fut un port antique, dominée par une petite église qui a elle aussi brûlé. Le lac de Vouliagméni *(Limni Vouliagménis),* sur le chemin, est original : en fait, il s'agit d'eau de mer, le lac n'étant pas complètement fermé. Amusant de se baigner dans le chenal. Petites plages. Le camping *(Limni Héraiou)* est cher, bruyant et pas très sympa. Deux ou trois tavernes, les pieds dans l'eau.

➤ Plusieurs pistes vers le nord du cap, notamment la baie de Milokopis (accès par piste). Paysages de toute beauté.

➤ Possibilité de rentrer sur l'Attique et Athènes en suivant la côte nord, par Schinos, Psatha et Porto Germeno, puis, dans les terres, Vilia, d'où l'on peut continuer sur Thèbes (Thiva) ou Éleusis. Vilia mérite un arrêt repas le soir.

QUITTER CORINTHE

En bus

🚌 *Trois gares de bus,* la plus importante étant située 4, odos Dimokratias, en face de la gare ferroviaire. ☎ 27-41-07-54-24 et 27-41-02-44-81.
➤ *Pour Athènes :* environ toutes les demi-heures de 5 h 30 à 21 h 30. Compter dans les 6 €.
➤ *Pour Loutraki :* toutes les demi-heures.
➤ *Pour Némée :* 7 bus par jour.
🚌 La seconde *gare routière,* dans un café-pâtisserie, près de l'hôtel *Ephyra,* odos Ethnikis Antistassis, dessert l'*Argolide* (Nauplie, Mycènes, Argos). ☎ 27-41-02-44-03.
🚌 À l'angle de l'odos Koliatsou et de l'odos Kolokotroni, derrière le palais de justice sur la place principale, bus pour l'ancienne Corinthe toutes les heures de 7 h 10 à 21 h 10.

En train

🚆 *Gare* située à l'est de la ville. ☎ 27-41-02-25-23.
➤ *Pour Athènes :* une quinzaine de trains par jour, dont 5 *InterCity.* Entre 1 h 30 et 1 h 50 de trajet (de 2,60 à 5,20 €).
➤ *Pour Patras :* 8 trains par jour, dont 5 *InterCity.* Entre 2 h et 2 h 20 de trajet.
➤ *Pour Kalamata (via Tripoli) :* 2 trains par jour. Environ 4 h 30 de trajet jusqu'à Kalamata.

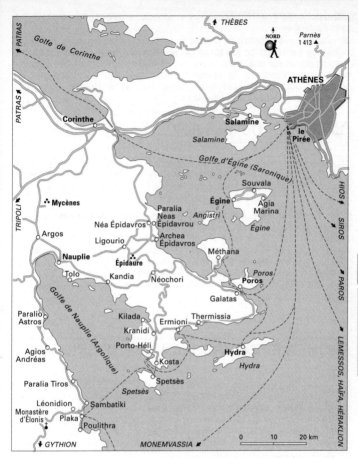

ARGOLIDE ET GOLPHE ARGO-SARONIQUE

En voiture

Corinthe n'est pas loin de remporter la palme de la ville la plus mal signalisée du pays... Pour gagner la route de l'Argolide (Épidaure), reprendre tout
d'abord la direction Athènes et la quitter, direction Isthmia. Si vous filez sur
Patras, vous pouvez choisir entre la vieille route nationale qui longe le littoral
(presque entièrement construit) et la « nouvelle » route nationale, à péage,
en retrait de la côte.

NÉA ÉPIDAVROS (NOUVELLE ÉPIDAURE)

La région d'Épidaure est la première étape importante dans le Péloponnèse.
Une fois éloigné de Corinthe, on respire un grand coup : plus de raffinerie et,
à la place, la bonne odeur des pinèdes. La route rejoint la mer quand on
s'approche d'Épidaure. Attention : le *site archéologique* d'Épidaure est dis-

tinct des localités de Néa Épidavros et Archéa Épidavros, qui sont des stations balnéaires.

Le village de Néa Épidavros, à 2 km de la route, sur les hauteurs, n'a aucun intérêt. La petite station balnéaire qui en dépend, *Paralia Néas Épidavrou,* que l'on atteint par une route étroite au milieu des orangers et des mandariniers, est très tranquille, du moins en semaine car, dès le vendredi soir, les Athéniens débarquent avec leur bateau pour le week-end. Plage très moyenne car pas toujours entretenue.

Où dormir ? Où manger ?

Seulement deux petits hôtels et deux campings. Quand on vient de Corinthe, à l'intersection indiquant Néa Epidavros, prendre la première à droite qui descend pour aller aux campings ; la deuxième à droite monte vers la ville.

⚔ |●| *Camping Néa Épidavros :* ☎ 27-53-03-12-58. Ouvert de mai à octobre. Environ 14 € pour 2 personnes, une tente et une voiture. Bar, self, mini-marché, piscine et taverne. Semble se dégrader quelque peu à l'instar de l'accueil, surtout en fin de saison...

⚔ |●| *Camping Diamandis :* ☎ 27-53-03-11-81. Fax : 27-53-03-16-26. Ouvert d'avril à septembre. Autour de 16 € pour 2 personnes, une tente et une voiture. Pas loin de la plage. Tout confort, restaurant, bar, mini-marché, piscine. Bien ombragé.

ARCHÉA ÉPIDAVROS (ANCIENNE ÉPIDAURE)

6 km après Néa Épidavros, on arrive en vue d'Archéa Épidavros. Comme si les choses n'étaient déjà pas assez compliquées comme ça, voilà qu'on a rebaptisé *Paléa Épidavros* (la vieille Épidaure) en *Archéa Épidavros* (l'ancienne Épidaure). Tout le monde aura saisi la nuance. Les gens continuent d'ailleurs à parler de Paléa Epidavros. Le paradoxe, c'est que l'ancienne Épidaure a une allure beaucoup plus moderne que la nouvelle Épidaure ! Cette station balnéaire, à une quinzaine de kilomètres du site, s'est pas mal développée mais a su garder son caractère. Un charmant port, une demi-douzaine de plages toutes différentes, en font un lieu très prisé et très agréable. En bus, si vous venez d'Athènes, descendez à Isthmos (canal de Corinthe) mais les bus qui relient Isthmos et Archéa Épidavros ne sont pas très nombreux. Mieux vaut passer par Nauplie, même si c'est plus cher ou aller à Épidaure (le site) et redescendre ensuite sur la station balnéaire.

Adresses utiles

🛈 *Office du tourisme :* sur le port, installé dans un kiosque tout neuf. ☎ 27-53-04-20-20. Fermé à l'heure de la sieste. On vous y donnera une belle brochure sur la station et toutes les informations nécessaires. Accueil souriant.

✉ *Poste :* rue principale. Ouvert du lundi au vendredi de 7 h 30 à 14 h. ■ *Journaux français :* dans le magasin *Souvenir Epidavros* dans une petite rue derrière le port en face de l'énorme enseigne *Zeus.*

Où dormir?

Sur le port

La plupart des hôtels cités ci-dessous possèdent de larges vérandas donnant sur le port derrière une esplanade de palmiers ou sont directement les pieds dans l'eau (chez *Mike* et *Posidon*). Ils font aussi restaurant. Hôtels relativement chers mais bien tenus.

Prix moyens

🛏 **Appartements Pagidas :** à 300 m du port, avec vue sur la mer. ☎ et fax : 27-53-04-16-50 (magasin) ou ☎ 27-53-04-14-50 (domicile). S'adresser à Kostas et Josée Pagidas au magasin d'artisanat *Cloé* situé en plein centre d'Archéa Épidavros. Studio pour 2 de 31 à 48 € selon la saison, appartements pour 4 de 40 à 58 €. Appartements bien équipés (mobilier récent, TV, cuisine). Studio et appartements spacieux avec vue sur la mer. Également un appartement pour 5 à 7 personnes. Machine à laver à disposition. Excellent accueil en français (Josée est une compatriote, originaire du Gard). Prix dégressifs en fonction de la durée du séjour. Attention, en saison, la location à la semaine est souhaitée.

🛏 **Hôtel Aktis :** donne directement sur le port (vue superbe). ☎ 27-53-04-14-07. Fax : 27-53-04-15-06. ● www.hotelaktis.gr ● Ouvert toute l'année. Chambres doubles à 50 € en saison, petit déjeuner non compris. Hôtel sympa tenu par un couple très gentil ayant vécu au Canada et, de ce fait, francophone. Chambres confortables récemment rénovées, avec petit balcon. Éviter les chambres à l'arrière sans vue et au même prix. Façade toute blanche et terrasse fleurie. Un poste Internet à disposition. Resto avec terrasse animée sur le port.

Plus chic

🛏 **Hôtel Mike :** sur le port, près de l'église, au bord de l'eau. ☎ 27-53-04-12-13. Fax : 27-53-04-10-52. ● www.mike-epidavros.com ● Compter 50 € pour une chambre double en saison, petit déjeuner inclus. Propose aussi la demi-pension (avec menu type) pour 35 € par personne. Accueil variable mais francophone. Chambres climatisées propres (celles dont le numéro se termine par 1, 2 ou 3 donnent directement sur la mer). Quelques-unes pour famille. Au resto, bonne cuisine en général (surtout le poisson). Réserver à l'avance pour l'été. A également ouvert un autre établissement à 3 km.

🛏 **Posidon Hotel :** ☎ 27-53-04-12-11 ou 27-53-04-13-28. Fax : 27-53-04-17-70. Magnifiquement situé tout au bord de l'eau avec un accès direct à la mer. Chambres doubles à 55 € avec petit déjeuner, moins cher hors saison. Grands balcons. Propose aussi des appartements. Cependant, parfois bruyant durant la grosse animation d'été.

🛏 **Hôtel Christina :** près du port. ☎ 27-53-04-14-51. Fax : 27-53-04-16-55. ● www.christinahotel.gr ● Ouvert de mi-février à début novembre. Environ 60 € pour une chambre double en saison. Copieux petit déjeuner non compris. Chambres impeccables. Un des patrons parle le français (il a habité le Québec). Pour 6 nuits consécutives, la 7e est gratuite.

🛏 **Verdélis Inn :** un peu en retrait, donne aussi sur le port. ☎ 27-53-04-13-32. Fax : 27-53-04-16-63. Dans les 70 € la chambre double, petit déjeuner inclus. Plutôt récent mais sans charme particulier et service absent. Grande terrasse. Devant l'entrée, deux vestiges de murs antiques. Grand confort, même si les salles de bains sont un peu étriquées ;

AC. Le patron parle le français. Comme les autres hôtels, fait aussi resto.

🛏 **Appartements Marialena :** en retrait du port, sur la rue menant à la nationale, direction Corinthe. ☎ 27-53-04-10-90 et 27-53-04-11-38. Fax : 27-53-04-16-38. La chambre double est à 70 € environ en haute saison. Prix négociables hors saison, surtout si l'on réserve à l'avance. Une dizaine de luxueux appartements avec chambre, living, salle de bains, minibar, balcon. Possibilité de ne louer que pour une nuit. Cher, même si pour 4 personnes le rapport qualité-prix devient plus intéressant. Accueil chaleureux, même s'il est parfois difficile de se faire comprendre si l'on ne parle pas le grec.

Vers les plages

Dans le secteur des plages, de l'autre côté du promontoire où se trouve le théâtre, à 2-3 km du port, quelques autres hôtels et les campings.

Campings

Les 4 campings sont situés au sud d'Archéa Épidavros et donnent tous sur une plage : ils offrent des prestations assez comparables. Ils sont aussi pas mal fréquentés l'été. Pour les routards à pied, seul le premier des quatre campings est facilement accessible, et encore il faut marcher un peu. Pour y parvenir, il ne faut pas longer la plage mais prendre sur la gauche à la sortie sud du bourg.

⛺ **Camping Nicolas I :** le plus proche du port (indiqué depuis la route de Nauplie), au niveau de la plage Spilia. ☎ 27-53-04-12-97. • http://nicolasgikas.gr • Ouvert d'avril à octobre. Environ 18 € pour 2 personnes, une tente et une voiture. Bien ombragé. Très beau cadre naturel, végétation luxuriante, sans béton à l'horizon, au bord de la mer. Accueil correct. Entassé en saison. Taverne voisine, mais cuisine moyenne. Camping *Sunshine*. Réduction de 10 à 20 % sur présentation du dépliant de la chaîne et pour les détenteurs du gentil guide que vous êtes en train de lire.

⛺ **Camping Nicolas II :** situé plus loin sur la plage de Yaliassi, à environ 3 km du port. ☎ 27-53-04-14-45. Ouvert de juin à septembre. Même direction que le précédent et tarifs comparables, juste un peu plus cher à cause de la piscine. Accueil inégal. Plus vaste, bien équipé. Propre et tranquille. Emplacements situés en terrasses. Piscine. Chambres à louer également. Camping *Sunshine*; réduction de 10 à 20 % sur présentation du dépliant de la chaîne.

⛺ **Camping Békas :** plage de Yaliassi. ☎ 27-53-04-15-24. Fax : 27-53-04-13-94. • www.bekas.gr • Ouvert du 25 mars au 25 octobre. En été, 17 € pour 2 personnes, une tente et une voiture. Accueil très souriant et francophone. Bien équipé, avec supermarché, machines à laver, gril, restaurant. Sanitaires très bien tenus. Également des appartements (voir le site • www.gialasi.com •). Oranges à volonté au mois de mai, il n'y a qu'à tendre le bras ! Cartes de paiement acceptées.

⛺ **Camping Verdélis :** plage de Yaliassi, près du camping *Békas*. ☎ 27-53-04-14-25. Fax : 27-53-04-16-33. • www.verdeliscamping.gr • Environ 18 € pour 2 personnes, une tente et une voiture en saison. Propre et très bien équipé : mini-marché, restaurant, machines à laver, aire de jeux. Un peu près de la route. Accueil sympa.

De prix moyens à plus chic

🛏 **Hôtel Mouria :** assez proche du camping *Nicolas I* (d'ailleurs, c'est la même direction). ☎ 27-53-04-12-18. Fax : 27-53-04-14-92. • http://nicolasgikas.gr • Bien indiqué depuis la route de Nauplie. Entrée par le parking derrière l'hôtel. Ouvert d'avril à octobre. Chambres doubles avec salle de bains et AC à 50 €, petit déjeuner inclus. Petite plage devant la

terrasse du restaurant, très agréable. Ils possèdent aussi 8 appartements neufs et équipés à proximité. Réductions aux lecteurs du *GDR*.

Plus chic

🏠 *Hôtel Hellas :* plage (quasi privée avec transats) de Yaliassi, il faut contourner le camping *Verdelis* pour le trouver. ☎ 27-53-04-12-26 et 27-53-04-10-39. Fax : 27-53-04-72-26. Chambre double à 60 € au mois

d'août (petit déjeuner non compris), tarifs beaucoup plus intéressants hors saison. Tout neuf. Un peu style « nouveau riche ». Chambres tout confort impeccables, avec AC.

Où manger ?

|●| Pour manger sur le pouce, bonnes portions de *gyros* à **The Corner,** à l'entrée du port.
|●| *Ambeloessa :* près du *Posidon Hotel.* Ouvert toute l'année. Environ 10 € pour un repas. Restaurant de spécialités grecques plutôt bon marché. Goûter entre autres les *mélitzanès imam* (aubergines).
|●| *Egéo :* ☎ 27-53-04-13-81. Bonne vieille taverne familiale, bon marché. À proximité de l'*Ambeloessa,* mais moins bien situé à l'angle de la rue, il possède quand même quelques

tables sur la terrasse du port. Environ 10 € pour un repas. Carte classique.
|●| *To Périvoli :* sur la rue intérieure, direction les plages, 100 m à gauche après la poste. ☎ 27-53-04-15-00. Ouvert de 18 h à 2 h ou 3 h du matin selon l'affluence. Compter dans les 10 € au minimum le repas. Cadre très agréable (jardin d'orangers). Dans le resto, vieilles photos familiales. Patron francophone. Large choix aussi bien de poisson (mulet, daurade) que de viande, à des prix très corrects.

À voir

🎭 Pour mériter sa « nouvelle » appellation, Archéa Épidavros a quelques antiquités à montrer, parmi lesquelles un joli petit *théâtre* qu'on a mis au jour en 1971 en le débarrassant des 6 m de terre qui le recouvraient. Rien à voir, évidemment, avec son fameux grand frère. Aujourd'hui, il sert à l'occasion de lieu de concerts l'été (notamment lors du festival « Juillet musical »). Accès par un sentier depuis la plage de Nissi (ou en voiture depuis la route qui mène à la plage de Yaliassi). Plus loin, entre les plages de Spilia et de Platanos, *ruines immergées* d'une cité antique.

Baignades

🏊 Archéa Épidavros offre un grand choix de plages. Quand on est face à la mer, à gauche de la jetée après l'église Agios Nikolaos, *plage de Vagiona,* quelconque. Mais, une crique plus loin, *plage de Kalamaki,* croquignolette (et l'on peut encore continuer à pied pour trouver des criques plus tranquilles). À droite, *plage de Nissi.* De l'autre côté de la péninsule rocheuse, grande *baie d'Agios Vlassis,* riche en plages qui se succèdent, de *Spilia* à celle de *Yaliassi (Golden Beach)* et ses nombreux campings. Tout au bout de la route, crique de *Panaghista.* Accès par une petite route qui traverse les plantations d'orangers.

QUITTER ARCHÉA ÉPIDAVROS

En bus

🚌 La **station de bus,** en face du mini-market *Amalthia,* est fermée, mais les bus s'arrêtent toujours en face et les tickets s'achètent directement auprès du conducteur. Le problème est que les horaires ne sont affichés nulle part. Le mieux est sans doute de demander conseil aux commerçants alentour.

➤ **Pour le site d'Épidaure :** 3 bus par jour, plus les bus spéciaux les vendredi et samedi pour le spectacle (départ à 20 h). On conseille le premier bus à 7 h 20. Oui, c'est tôt mais c'est le seul moyen en saison de visiter le site à peu près tranquillement.

➤ **Pour Nauplie :** 4 bus par jour (c'est le même autocar).

➤ **Pour Athènes :** 2 bus par jour.

➤ **Pour Galatas-Poros :** 2 bus par jour (du théâtre ou de Ligourio).

➤ **Pour Kranidi-Porto-Héli :** 2 bus par jour (du théâtre ou de Ligourio).

LIGOURIO (ASKLIPIO) 2 500 hab.

D'Archéa Épidavros, prendre à droite, juste après être passé sous le pont : une bonne route permet de monter assez vite au site et à Ligourio. Petit village sans charme, à 2,5 km du site archéologique. Quelques hôtels bon marché. Pratique quand on n'a pas de voiture. On a rebaptisé Ligourio en *Asklipio :* décidément, c'est une manie dans le coin !

Comment y aller ?

En bus

➤ **De Corinthe :** plusieurs bus vers Nauplie.

➤ **De Nauplie :** 6 bus par jour. Aller-retour possible dans la journée. Demander un billet pour Asklipio. Bus spéciaux les soirs de représentation à 19 h 30.

Où dormir ?

De bon marché à prix moyens

🏠 **Hôtel Koronis :** rue principale, face à la place Ath. Diakos. ☎ 27-53-02-22-67 et 27-53-02-24-50. Ouvert toute l'année. Chambres doubles dans les 35 à 45 €. Petit hôtel pour routards, assez bien tenu, offrant un confort spartiate. Chambres avec lavabo et bientôt avec salles de bains correctes.

🏠 **Hôtel Alkion :** à mi-chemin entre le village et le site, à la bifurcation pour Porto-Héli. ☎ 27-53-02-20-02.

Fax : 27-53-02-25-52. Compter dans les 35 € en saison. Chambres correctes, à la campagne, si l'on oublie la route devant. Sans doute le meilleur rapport qualité-prix.

🏠 **Hôtel Avato :** en face de l'hôtel *Alkion.* ☎ 27-53-02-21-78 et 27-53-02-20-59. Compter 50 € pour une chambre double, petit déjeuner non compris. 16 chambres très propres, modernes, bien insonorisées.

Où manger ?

Nombreuses *psistariès* sur la rue principale, très fréquentées après les représentations. Spécialité d'agneau à la broche.

|●| **Taverna Leonidas :** rue principale. ☎ 27-53-02-21-15. Compter 10 € pour un repas. Grande salle avec une cheminée. Plats sans grande invention mais honnêtes. Bon accueil.

|●| **O Moustakias :** rue principale. ☎ 27-53-02-28-94. Même genre que chez *Leonidas* en un tout petit peu plus cher. Nourriture roborative et abondante. On y vient pour manger de bonnes grillades ou des *souvlakia*. Terrasse aérée.

|●| **Coffee-Shop and Pastry :** dans la rue d'Agia Trias qui monte en face de l'hôtel *Koronis*. Fermé pour la sieste. Le vieux café typique de la Grèce des années 1960, avant le développement touristique. C'est le rendez-vous des joueurs de cartes. Idéal pour déguster l'*ouzo* le soir, accompagné de petites douceurs et de gâteaux, ou pour prendre un bon petit déjeuner. Vicky, la vieille patronne sympa, donne toutes sortes d'informations (horaires de bus...).

QUITTER LIGOURIO

Les tickets de bus se prennent au *café-ouzeri Katsaros* (☎ 27-53-02-25-11), dans la rue principale, à deux maisons de la *Taverna Leonidas*.

➤ **Pour Nauplie :** environ 8 départs par jour de 6 h 30 à 18 h.
➤ **Pour Athènes :** 2 bus tous les jours le matin. Le samedi, 1 bus supplémentaire à 17 h. Dans les 8 €.
➤ **Pour Corinthe :** 2 bus le matin et 1 l'après-midi.

LE SITE ARCHÉOLOGIQUE D'ÉPIDAURE (ÉPIDAVROS)

C'est évidemment un des lieux les plus visités de la Grèce (si on en doutait, il suffit de voir le parking géant qui a été aménagé devant le site). Mais, pour une fois, les touristes ont raison. Ils y viennent pour le théâtre, bien sûr, mais aussi pour l'exceptionnelle douceur de la nature. Ce n'est pas un hasard si *Asklipios* (*Esculape* pour les Romains), fils d'Apollon et dieu de la Médecine, y ouvrit son premier cabinet de consultation.

Sur le site, poste ouverte de 9 h à 16 h, sauf le dimanche, jour de représentation au théâtre, où elle ferme plus tard. Elle fait le change et prend les chèques de voyage.

À voir

Le site et le musée sont ouverts tous les jours en été de 8 h à 19 h (sinon, fermeture à 17 h en basse saison). ☎ 27-53-02-20-09. Entrée : 6 € ; réductions. Un conseil valable pour tous les sites archéologiques : pointez-vous à 7 h 55 pour profiter de l'endroit tout seul (enfin presque, car vous n'êtes pas tout seul à voyager avec le *GDR* sous le bras...). C'est une impression grandiose de se balader tranquille dans un site exceptionnel, au milieu d'une nature qui vient de se réveiller. Bien sûr, ce privilège ne dure que peu de temps. Les dizaines de cars déversent rapidement leurs cargaisons de visiteurs. Amis routards, vous pouvez laisser vos sacs à dos gratuitement aux guichets. Pour commencer, un robinet d'eau potable se trouve sur le chemin (côté droit) qui mène au site.

♣♣♣ *Le théâtre :* il est superbe. Rien à dire d'autre. Pratiquement intact, il s'ouvre directement sur le paysage dont nulle HLM ne vient altérer la beauté (oui, c'est un peu pompeux mais il y a de quoi). En 1829, les membres français de l'expédition scientifique de Morée, chargés d'inventorier le patrimoine archéologique grec, ont retrouvé ce théâtre qui avait presque totalement disparu sous une couverture de pins et d'oliviers ! C'est sans aucun doute cette protection naturelle qui lui a permis de se conserver aussi bien. Considéré comme le plus parfait de l'Antiquité, il présente une harmonie architecturale sans pareille et une acoustique extraordinaire. Et pourtant, il a été construit en deux temps, à deux siècles d'intervalle. D'abord par Polyclète le jeune au IVe siècle av. J.-C. Puis, les 21 rangées supérieures ont été ajoutées à la période hellénistique, ce qui a permis d'en doubler la capacité, la portant à 12 000 places. Les guides demandent généralement à leurs « clients » de se disperser sur les gradins et font leur bla-bla-bla d'un point situé au centre même de la scène. À n'importe quel endroit, jusqu'en haut du théâtre, la voix parvient avec une clarté stupéfiante.

Les architectes connaissent l'importance du « nombre d'or » (1,619). C'est une proportion, généralement entre la largeur d'un bâtiment et sa hauteur, qui donne la meilleure harmonie pour l'œil. Eh bien, les anciens Grecs avaient découvert ce chiffre magique. Ainsi, le trouve-t-on en divisant le nombre de gradins inférieurs par le nombre de gradins supérieurs (34 et 21). À vos calculettes ! Belle réussite d'une construction à l'acoustique parfaite, alliée à une esthétisme fort bien pensé.

Les théâtres grecs se divisaient en 3 parties : d'abord les gradins *(cavea)* ; ensuite, une surface circulaire *(orchestra)* où se tenait le chœur. Enfin, une troisième partie dont on n'aperçoit que les fondations : c'est le *proskénion,* bâtiment rectangulaire derrière l'aire circulaire et face aux gradins. C'est sur celui-ci que jouaient les acteurs, du moins à l'origine car ensuite on sait qu'ils se mêlaient au chœur. Les représentations antiques étaient bien différentes du théâtre actuel : le chœur avait une place prépondérante par rapport aux acteurs (un ou deux seulement). Au cours des siècles, l'importance du chœur diminua peu à peu. Les artistes étaient tous masculins ; aucune femme sur scène. Le spectacle était payant, mais une indemnité spéciale était versée aux plus pauvres pour qu'ils puissent venir. Et les spectacles n'étaient pas du vol : on enchaînait allégrement trois tragédies et un drame satyrique, le tout durant pas moins de 6 h !

Ceux qui veulent avoir une vue d'ensemble du site archéologique peuvent faire la grimpette du mont Kynortion, en contournant, bien sûr, le grillage. Ils trouveront peut-être les ruines d'un temple consacré à Apollon où les pèlerins venaient probablement faire des sacrifices pour s'attirer les faveurs du dieu.

♣ *Le musée :* petit et pas très passionnant. Quelques pièces méritent cependant que l'on s'y attarde. À l'entrée, une vitrine renferme quelques instruments chirurgicaux. Sur une étagère se trouvent des palmettes et autres pièces en terre cuite destinées à la décoration des toitures des temples. Elles ont la particularité d'avoir conservé leur peinture et donnent une idée de ce à quoi pouvait ressembler un temple à l'époque, entièrement peint. Les élévations des propylées (entrée monumentale) de styles corinthien et ionique et d'un temple de style dorique au fond du musée, ainsi que les intéressantes reconstitutions de dallage et d'un plafond à caissons (souvent repris en France, dans le style Renaissance) complèteront ce tour de l'architecture grecque. Plusieurs statues, notamment le célèbre « caducée » : Asklipios était représenté par un vieillard tenant un bâton autour duquel s'enroulait le serpent magique. C'est toujours le symbole des médecins.

🏃 **Le sanctuaire d'Asklipios :** à 500 m du théâtre. Tout le monde se jette sur le théâtre, et on risque de passer à côté de ces ruines très étendues mais mal mises en valeur (on commence des reconstitutions, panneaux explicatifs). Les ruines ne sont pas fabuleuses car le site est vraiment dévasté (tout le monde s'est servi en blocs de marbre pendant des siècles...), ce qui ne permet absolument pas de se représenter ce que cela a été mais l'endroit est de toute première importance puisque ce fut le premier hôpital de l'Antiquité. En effet, Asklipios (Esculape), selon la légende fils d'Apollon né sur les hauteurs du mont Kynortion, avait reçu le pouvoir de ressusciter les humains. Pas très satisfait de voir un homme concurrencer les dieux, Hadès, le dieu des Enfers, souffla à Zeus l'idée d'éliminer Asklipios, ce qui fut fait en un éclair. Une fois foudroyé, Asklipios n'en continua pas moins à attirer du monde, cette fois des vivants. Bien sûr, on soignait d'une façon bien particulière. D'abord, on égorgeait des animaux pour les offrir aux dieux. Les malades s'assoupissaient dans le dortoir sacré *(abaton),* s'enroulant dans la peau de l'animal sacrifié. Là, Asklipios leur apparaissait en songe et leur indiquait, sous forme cryptée, le traitement à suivre, ce que les prêtres traduisaient ensuite en une sorte de prescription. Les plus chanceux étaient, paraît-il, guéris dès leur réveil (on n'a donc rien inventé à Lourdes !). Là, deux bâtiments deviennent intéressants : le stade (on soigne le corps par des exercices physiques) et le théâtre (on soigne le corps par le divertissement).

■ **Le Festival de théâtre :** en juillet et août, les vendredi et samedi à 21 h (en septembre, à 20 h 30). Des bus partent ces soirs-là de différentes villes (Athènes à 17 h, Argos et Tolo à 19 h, Nauplie à 19 h 30 et Archéa Épidavros à 20 h) et vous reconduisent après le spectacle. Représentations de pièces antiques vraiment étonnantes, pas toujours faciles à comprendre même si c'est un jeu de mime. Plusieurs tarifs, de 14 à 35 € la place ; réduction de 50 % pour les étudiants et les 6-18 ans (mais ils n'ont pas les meilleures places). Attention, les talons sont interdits !
Réservations :
– *À Athènes :* Athens Festival Box Office, 39, odos Panépistimiou. ☎ 21-03-22-14-59. Bureau ouvert du lundi au vendredi de 8 h 30 à 16 h et le samedi de 9 h à 14 h 30. On peut réserver 3 semaines à l'avance.
– *À l'entrée du site :* ☎ 27-53-02-20-26. Ouvert du lundi au jeudi de 9 h à 14 h et de 17 h à 20 h, ainsi que les vendredi et samedi de 9 h 30 à 21 h 30. On peut aussi consulter le site ● www.hellenicfestival.gr ●

QUITTER LE SITE D'ÉPIDAURE

🚌 Du parking partent les bus *KTEL.*
➤ **Pour Nauplie :** 4 par jour de 12 h à 18 h.
➤ **Pour Archéa Épidavros :** 3 par jour à 10 h 30, 13 h et 15 h (hors saison, le dernier bus part plus tôt).
➤ **Pour Galatas-Poros :** 2 par jour à 11 h 45 et 14 h 45.

GALATAS

De Ligourio, pour faire le tour de l'Argolide, prendre la direction Galatas-Poros. Après Trachia, bifurcation à droite, emprunter la route de Porto-Héli, à gauche, celle qui conduit vers la côte est de l'Argolide avec de superbes points de vue sur les îles du golfe Saronique depuis Dryopi. La route descend ensuite vers la mer et la rejoint à Galatas. Ne pas être trop pressé : le trajet Ligourio-Galatas est très « virageux » et la route est mauvaise entre Dryopi et Kaloni. On a construit une route côtière Archéa Épidavros-Dryopi, qui doit être désormais ouverte à la circulation. Avant Galatas, un détour possible par la presqu'île de Méthana, avec, pour principale curiosité, un volcan du côté de Kaiméni Chara.

Galatas est un petit village dans un joli site abrité face à l'île de Poros, à laquelle il est relié grâce à de nombreux caïques. Pas de charme particulier : c'est même assez tristounet en comparaison de Poros mais c'est un peu moins cher parce qu'on est sur le continent. Quelques banques avec distributeur à proximité du débarcadère.

Où dormir ? Où manger ?

⚕ |●| *Camping Kyrangélo :* ☎ 22-98-02-45-20 et 22-98-02-45-21. À 1 km du centre de Galatas, en arrivant d'Épidaure. Environ 14 € pour 2 personnes, une tente et une voiture. Douche chaude, snack-bar, possibilité de faire laver son linge. Ce n'est pas le grand luxe et il n'est pas toujours bien propre et très entretenu (c'est même un peu la jungle hors saison), mais c'est le seul camping du secteur.

🛏 *Hôtel Galatias :* sur le quai, en plein centre de Galatas. ☎ 22-98-02-22-27. De 40 à 50 € la chambre

double selon la saison. Propre. Chambres avec vue sur le port et l'île de Poros.

🛏 *Hôtel Papassotiriou :* à côté du précédent, reconnaissable à sa façade rose saumon. ☎ 22-98-02-28-41. À partir de 45 € la chambre double avec AC. Hôtel sans prétentions particulières mais tout à fait correct et à prix raisonnables. Bon accueil.

|●| Poussez plus loin sur le quai, vers le supermarché, pour avoir de bons *souvlakia* et du cochon grillé sous vos yeux.

➤ *DANS LES ENVIRONS DE GALATAS*

🌿 *Trézène :* à moins de 10 km de Galatas, à proximité du village moderne de Trizina, un petit site antique où survit, pour les hellénistes distingués, le souvenir de Phèdre et d'Hippolyte. Balade à faire en direction des petites gorges et d'un pont naturel appelé le Pont du Diable.

QUITTER GALATAS

🚌 Les horaires des bus sont affichés entre deux cafés en face de l'embarcadère pour Poros. ☎ 22-98-02-24-80.
➤ *Pour Nauplie, via Épidaure* (théâtre) : 3 bus par jour de 8 h à 16 h 45.
➤ *Pour Méthana :* 5 bus par jour de 6 h à 16 h.
Attention, très peu de bus le week-end.

POROS
3 600 hab.

Poros, qui fait partie des îles Saroniques, est l'escale après Égine sur la ligne maritime qui rejoint Hydra. C'est la plus facile à visiter, on peut aisément se la programmer en extra quand on fait le tour du Péloponnèse. Elle se compose, en fait, de deux îles (une toute petite, Sphèria, presque entièrement occupée par Poros-ville, et Kalavria, plus grande, au nord) reliées entre elles par un pont traversant un chenal. Située à une centaine de mètres du Péloponnèse, d'où navettes fréquentes en caïque depuis Galatas. La ville principale est étagée au-dessus du port, avec ses maisons blanches se détachant entre mer et ciel. En définitive, l'île de Poros n'offre au visiteur rien d'autre que le charme insulaire de cette ville et de jolies balades dans l'amalgame des architectures cycladique et néoclassique, et cela suffit pour y justifier un séjour. Île décevante, en revanche, côté plages.

Comment y aller?

➤ **Du Pirée :** liaison assurée par *Saronikos Ferries,* ☎ 22-98-02-47-67. En été, 5 liaisons (3 hors saison) en bateau par jour (durée : 2 h 30). Sinon, les *Flying Dolphins* effectuent en été une bonne demi-douzaine de traversées dans la journée (durée : 1 h).
➤ **De Galatas :** le bac qui relie Galatas à Poros part toutes les 30 mn de 6 h 30 (7 h le dimanche) à 22 h 30 (22 h hors saison). Tarif passager : 0,35 € l'aller et 3,20 € pour 2 personnes et une voiture. Des barques font également la navette pour un chouia plus cher.

Adresses utiles

■ **Police touristique :** odos Agiou Nikolaou. ☎ 22-98-02-24-62. À 100 m à droite du débarcadère des bateaux, derrière la taverne *Poseidon.*
✉ **Poste :** sur la place avec un petit monument cylindrique, avec tridents et serpents. Ouvert du lundi au vendredi de 7 h 30 à 14 h.
■ **OTE** (*téléphone, télégrammes*) : sur le quai, côté gauche en arrivant au débarcadère.

■ **Banques :** *Alpha Bank* et *Banque nationale,* avec distributeur (sur le port).
■ Plusieurs **loueurs de vélos et de scooters :** le long du quai. *Chez Kostas :* sur les quais. ☎ 22-98-02-35-65. Pas trop cher, matériel en bon état.
■ **Journaux français et Internet :** dans une petite échoppe *Mastropétros Grigoris* sur le quai après la *National Bank of Greece.*

Où dormir?

Prix moyens

🏠 **Hôtel-pension White Cat (Aspros Gatos** en grec) **:** à 1 km du port, sur la route de Néorio après le pont, près de la taverne du même nom, qu'Andreas, le patron, tient de son grand-père qui l'avait inaugurée il y a une centaine d'années. ☎ et fax : 22-98-02-56-50. Chambres doubles de 30 à 50 €. Grande bâtisse blanche aux volets bleus, en bord de mer. Les chambres disposent d'un balcon. Restaurant au rez-de-chaussée avec les tables les pieds dans l'eau. À

proximité, location de planches à voile et ski nautique.
🏠 **Hôtel Théano :** après le pont, sur la route de Néorio, derrière le restaurant *Spiros.* ☎ 22-98-02-25-67. Chambres doubles de 40 à 50 € en haute saison. Même genre que le précédent. Entièrement rénové il y a peu. Chambres climatisées avec réfrigérateur à disposition. Les mêmes propriétaires disposent également d'appartements sur la plage d'Askéli.
🏠 **Chambres Georgia Mellou :** 10,

odos Kolokotronis. ☎ 22-98-02-23-09. Chambres à louer en plein centre de Poros-ville, sur les hauteurs à quelques minutes du port, près de la place de l'église Agios Géorgios. Monter l'odos Mitropoléos depuis le port, c'est à côté de la taverne *Garden*. De 35 à 40 € la chambre double. Du nom de la charmante pe-tite dame qui s'en occupe. Chaque chambre dispose d'un balcon donnant soit sur la ruelle, soit sur le port avec une vue imprenable sur Galatas, la côte du Péloponnèse et le village. Très bon rapport qualité-prix. Dans le couloir, frigo à disposition des locataires.

Où dormir dans les environs ?

🛏 *Villa Mimosa* : 7, odos Monastiriou, près de la plage de Kanali. ☎ 22-98-02-46-59. Hors saison à Athènes : ☎ 21-06-74-43-64. ● villaporos@yahoo.com ● Ouvert d'avril à octobre. Compter de 40 à 50 € pour 2 et de 60 à 70 € pour 3 ou 4 personnes. Dans une villa où résident les propriétaires, studios et appartements confortables avec AC. Très joli jardin avec accès direct à la plage. Très bon accueil de la famille Lykiardopoulos. Cartes de paiement refusées. 10 % de réduction sur présentation du *GDR*.

🛏 *Panorama Apartments* : en arrivant à la plage d'Askéli, à 2 km de Poros, monter les escaliers à gauche, à flanc de colline. ☎ 69-72-16-96-77 (portable). Fax : 22-98-02-34-11. En haute saison, 45 € la nuit en studio et 65 € l'appartement pour 4. Studios et appartements avec des chambres spacieuses. Salles de bains, AC, TV, balcon, kitchenette. Le proprio, Christian Souliotis, pourra vous renseigner sur l'île en anglais et en... suédois. Réduction de 10 % pour nos lecteurs sur présentation du *GDR*.

🛏 *Simeon Apartments* : Néorion. ☎ 22-98-02-25-14. ● www.simeon. gr ● Ouvert toute l'année. Compter de 50 à 70 € selon la saison, la durée du séjour et la vue. Appartements pour 2 à 4 personnes. Club nautique à proximité.

Où manger ?

🍴 *Taverna Poséidon (anciennement Sfèria)* : sur le port mais du côté le plus calme (côté baie de Néorio), entre le collège-lycée et le cinéma, à l'écart de l'agitation. ☎ 22-98-02-30-33. Ouvert midi et soir. Compter dans les 10 € par personne en moyenne. Propre. Assez large choix de plats, bonne moussaka et poisson.

🍴 *Taverna Karavolos* : dans une ruelle perpendiculaire au port (prendre au niveau du cinéma et monter). ☎ 22-98-02-61-58. Dans les 10 € le repas. Petite terrasse tranquille. Spécialité de la maison : les escargots, d'où l'enseigne. Carte assez variée, service diligent (les escargots ne sont que dans l'assiette).

NÉORION

Poursuivre la route après l'hôtel *Poros*. On peut y aller à bicyclette ou... en taxi ! Bus également mais seulement le matin. Plage de *Love Bay* en contrebas de la route, avec de l'ombre, plus sympa que la suivante *(Mégalo Néorio)*.

Le goudron s'arrête pour laisser la place à une piste. Là, les touristes n'y vont plus, et c'est dommage ; belle balade (possible en deux-roues). Pas de village au bout, donc ni eau, ni provisions, ni plage malheureusement (les deux principales criques du secteur sont occupées par des élevages de poissons et sont sales). La piste fait le tour de l'île par le nord-ouest au milieu des pins et finit par rejoindre l'asphalte pour redescendre sur Poros-ville.

LE MONASTÈRE DE ZOODOCHOS PIGIS

Au nord-est du port. Accès en bus (toutes les 30 mn), à vélo ou à moto. Dans un joli site, il domine la mer en contrebas. Ouvert de 7 h à 19 h (en été, fermeture de 14 h à 16 h 30). Les shorts sont interdits pour les hommes, ainsi que les pantalons pour les femmes. Les filles qui portent des shorts risquent l'excommunication, rien que ça.

À voir. À faire

🦟 Le **temple de Poséidon,** situé dans la montagne, à cinq bons kilomètres du port, est très ruiné. Comme souvent, on est venu, de la ville ou même d'Hydra, se servir en marbre, et ce, pendant des siècles... Accès libre. Seule la **vue sur le golfe** mérite une halte. Un endroit historique toutefois : Démosthène, célèbre orateur athénien (auteur des *Philippiques*), fuyant les Macédoniens qu'il combattait depuis des années par ses discours véhéments, s'y réfugia. Rattrapé, il s'empoisonna. Les amateurs iront voir le résultat des fouilles au **Musée archéologique** de Poros (sur le port, ouvert de 9 h à 16 h sauf le lundi). Entrée libre.

QUITTER POROS

➢ **En ferry, à destination du Pirée :** *Saronikos Ferries,* 5 départs par jour en saison. 1 ou 2 ferries continuent sur Hydra et Spetsès.
➢ **En Flying Dolphin, à destination du Pirée :** une dizaine de départs par jour de 8 h à 20 h environ (21 h le dimanche). Information à l'agence *Marinos Tours :* ☎ 22-98-02-29-77.

ERMIONI   3 000 hab.

Après Galatas, la route s'éloigne de la mer pour la retrouver rapidement (côte sud). Petites plages très sympas en contrebas de la route avant Métochi. Après Thermissia, un camping sympa.

🏕 |●| **Camping Hydra's Wave :** ☎ 27-54-04-10-95. ● www.camping.gr/hydras-wave ● Tout près de la mer. Ouvert de mai à octobre. Compter 16 € pour 2 personnes, une tente et une voiture. Bon accueil. On peut manger sur place, dans un petit bar-restaurant. Supermarché. Très calme.

On arrive ensuite à Ermioni. Adorable petit port de pêche, qui occupe un promontoire terminé par une pinède. Les grands hôtels sont situés à une distance respectable, et Ermioni a su rester elle-même. Beaucoup de charme au soleil couchant. Pas trop de monde par ici, même l'été. Pas vraiment de plage mais baignade extra depuis les rochers sur la presqu'île au sud du village. Belles plages au sud-ouest *(Sendoni, Pétrothalassa)*. Le village possède deux ports, de chaque côté de la presqu'île : Limani et Mandrakia, le premier plus populaire, le second un poil plus touristique, chacun avec son style propre. Ermioni est aussi le berceau familial de Mélina Mercouri.

Comment y aller ?

➤ **De Corinthe :** bus jusqu'à Kranidi, puis correspondance, une fois par jour vers 19 h. Durée du trajet : 4 h.

➤ **De Nauplie :** 3 bus par jour à 10 h, 14 h (mais attente à Kranidi) et 17 h.

➤ **Du Pirée :** en été, *Flying Dolphin* en moyenne 3 fois par jour du lundi au jeudi et 5 fois par jour le week-end.

Adresses utiles

✉ **Poste :** rue principale, sur la droite quand on arrive d'Ermioni par le nord-est (en provenance d'Épidaure).

■ **Banques :** *Agrotiki Trapéza,* en face du débarcadère, et *Banque nationale,* vers l'entrée d'Ermioni quand on vient du nord-est, toutes deux avec distributeur.

■ **Marché :** sur le port, le jeudi matin. Poissons, légumes, fruits... et chaussures pas chères.

■ **Journaux français :** du port, prendre la ruelle face au monument aux Morts, puis c'est tout au bout, à droite.

■ **Représentant Nouvelles Frontières :** *Tourist Office,* sur le port. ☎ 27-54-03-15-14 et 27-54-03-18-80. Fax : 27-54-03-18-81. Location de voitures.

Où dormir ?

⚓ **Hôtel Akti (AKTH en grec) :** au sud du port (Limani), à deux pas de la pinède. ☎ et fax : 27-54-03-12-41. ● hotelakti@yahoo.com ● Chambres doubles de 30 à 40 €. Bâtisse typiquement grecque avec balcon. Très calme et à proximité de l'endroit où l'on peut se baigner. Le patron, Kostas, toujours aussi dynamique, est vraiment très, très accueillant. De plus, il parle le français et vraiment bien. Le matin, on prend le petit déjeuner sur une table face à la mer. Les fauchés peuvent dormir sur la terrasse à meilleur prix. Réduction pour nos lecteurs, sur présentation du *GDR,* sur les prix affichés dans les chambres. Kostas vous renseignera sur les plages. Derrière, il possède une petite maison avec quelques chambres meublées de bric et de broc (mais ça donne un côté chaleureux) et une cuisine ; on mange dans un petit jardin sous la treille. L'ensemble est remarquablement tenu. En prime, soirées paisibles garanties. Évitez d'y arriver de 15 h à 17 h : cela dérange la sieste de Kostas, qui ensuite a du mal à se rendormir !

⚓ **Hôtel Ermioni :** sur le port, au-dessus du restaurant *Spyrandréas.* ☎ 27-54-03-18-85 ou 27-54-03-12-19. Compter dans les 30 € la chambre double sans le petit déjeuner. Accueil indifférent. Chambres bon marché dans le premier bâtiment (vieillot, mais bien tenu). Dans le bâtiment de derrière, chambres plus modernes (avec salle de bains) mais plus chères ! En cas de besoin si *Akti* est plein.

⚓ **Hôtel-club Lena Mary** (*hôtel-club Paladien de Nouvelles Frontières*) : Ermioni-Argolide. ☎ 27-54-03-14-50 ou 27-54-03-14-51. Ouvert d'avril à octobre. À partir de 599 € par personne la semaine en demi-pension, avion et transfert compris. Séjour seul à partir de 300 € environ. Dans un domaine boisé de 5 ha avec accès direct aux deux plages qui bordent l'hôtel, entre les îles d'Hydra et Spetsès. Hôtel surplombant la mer, très confortable. Activités multiples : tous les sports nautiques, tennis, tir à l'arc, water-polo, volley... Possibilité d'excursions à partir de l'hôtel, pour découvrir l'Argolide, Mycènes, Épidaure... Mini-club pour les enfants à partir de 3 ans.

Où manger ?

|●| **O Tassos :** sur le port de Mandrakia, au sud de la ville. Les pieds dans l'eau. ☎ 27-54-03-15-51. 8 à 10 € pour un repas. Bons petits plats classiques : moussaka, poulpe, boulettes, steak, fromage frit, etc. Une bonne adresse où le jeune patron est très attentionné. Voir également ses menus. Très animé.

|●| **Tzieris :** sur le port de Mandrakia, là où il y a les restos plus touristiques. ☎ 27-54-03-18-46. Trois jolies terrasses qui dominent les flots. Produits de la mer frais, légumes farcis, viandes... Bonne cuisine, service sympathique et cadre extra. Prix raisonnables.

|●| **Paradosiako :** sur le port (Limani), devant les bateaux. Populaire pour ses *souvlakia* et viandes grillées à la braise. Chouette terrasse. Prix modérés.

|●| **Bisti** *(en grec)* **:** à 100 m au sud de l'hôtel *Akti,* face à une chapelle donnant sur la mer, dans le virage en bord de pinède. Prix très serrés : 7 à 9 € pour un repas. On mange dehors sous la pinède. Un peu isolé, donc très calme. Tenu par une mère de famille. Choix limité mais cuisine de qualité. On peut voir les plats en salle et choisir directement.

|●| **O Dromos ton Agion :** en dehors de la ville. ☎ 27-54-03-21-45. Sortir par le port de Mandrakia et longer la mer. C'est sur la droite à environ 3 km. Ouvert tous les soirs (et le midi en saison). Taverne familiale très appréciée des locaux pour la qualité de sa cuisine traditionnelle. Essayer le *keratakia* (poivrons au fromage), les aubergines au four ou encore les excellents calamars et poulpes. Cuisine d'excellente qualité. Extra pour un petit festin le soir, malgré l'éloignement.

Où manger une bonne pâtisserie ?

|●| **Pâtisserie :** dans une ruelle perpendiculaire au port (Limani) en face du quai. La petite boutique se trouve à 20 m sur la gauche. Délicieux gâteaux.

Où boire un verre ?

♈ ♪ **Mylos :** depuis le port (Limani), c'est le moulin qui se situe sur la colline, juste en face, de l'autre côté de la baie. Une adresse récente dont on espère qu'elle tiendra le coup. Pour écouter de l'opéra au coucher du soleil, vraiment extra. Terrasse dominant tout Ermioni, les collines et la mer.

♈ **Café-pâtisserie Erodios :** sur le port de Mandrakia, à côté de *O Tassos.* Bons cafés frappés.

➤ *DANS LES ENVIRONS D'ERMIONI*

➤ Le tour complet de la presqu'île par Porto-Héli n'est absolument pas nécessaire. Jolie baie mais beaucoup de monde (nombreux plaisanciers qui débarquent le soir), de grands hôtels et beaucoup de bruit en prime. Peut cependant intéresser les amateurs de sports nautiques : infrastructures plutôt bonnes.

En revanche, à 3 km de Porto-Héli, un camping sympa, à **Kosta.** L'embarcadère pour Spetsès est à deux pas ; le logement sur cette île étant cher, il peut être intéressant de se baser à Kosta, surtout que l'aller-retour en ferry ne coûte qu'un euro (possibilité aussi de *taxi-boat* un petit peu plus cher).

LE PÉLOPONNÈSE

⚐ **Costa Camping :** à Kosta, à 500 m de l'embarcadère. ☎ 27-54-05-75-71. Fax : 27-54-05-75-72. Ouvert de mai à octobre. Compter de 13 à 16 € pour 2 personnes, une tente et une voiture. Camping les pieds dans l'eau, avec bar, mini-market et une très belle crique privée avec vue sur Spetsès. De l'ombre. Sanitaires très corrects. Camping membre de la chaîne *Harmonie;* réduction de 10 à 20 % sur présentation du dépliant de la chaîne.

➤ Pour remonter, on peut passer par Kranidi, le chef-lieu du canton. Un petit village vaut toutefois le détour, à 3 km au nord-ouest de Kranidi.

🍴 **Kilada :** ce village de pêcheurs, sans le moindre hôtel, est en revanche riche en *psarotavernès,* où l'on peut faire un succulent repas de poisson et de crustacés fraîchement débarqués. Très sympa vers le 10 août lorsqu'est célébrée la fête du poisson. En arrivant, sur la gauche, l'un des derniers chantiers navals artisanaux de Grèce. Quelques plages en direction du cap Thyni à l'ouest de Kilada. Le trou béant dans la roche en face de Kilada est l'entrée de la grotte de Franchthi où l'on a exhumé parmi les plus vieilles traces d'activité humaine en Grèce. Ce site a servi d'habitation pendant près de 30 000 ans quasiment sans discontinuer. Prêt à relever le défi, M. Bouygues ?

⚐ **Camping Relax :** juste après le chantier naval. ☎ 27-54-06-12-05. Fax : 27-54-06-13-53. Prix très raisonnables, dans les 16 € pour 2 personnes, une tente et une voiture. Bien tenu, accueil sympa, au calme, grande piscine, mini-market et taverne.

QUITTER ERMIONI

En bus

🚌 Les bus s'arrêtent sur la placette où se trouve le monument aux morts.
➤ **Pour Nauplie ou Athènes :** à 9 h 30 devant le port ; changement à Kranidi et arrivée (après un autre changement) à 12 h.
➤ **Pour Kranidi :** 4 bus par jour de 5 h à 11 h 30.

En bateau

🚢 *Hellas Flying Dolphin :* tickets à acheter dans la même agence que le représentant *Nouvelles Frontières.* ☎ 27-54-03-24-08.
➤ **Pour Hydra, Poros et Le Pirée :** en été, 3 liaisons quotidiennes du lundi au jeudi en hydroglisseur ; 5 liaisons les vendredi, samedi et dimanche. Compter 6 € pour Hydra et 18 € pour Le Pirée.

HYDRA
2 400 hab.
....

Le plus beau port de toutes les îles grecques, mais aussi un des plus fréquentés. Les hôtels sont souvent pleins, même en basse saison et l'accueil n'est pas le meilleur qui soit... Pas de voitures sur l'île, pas de mobylettes non plus (à part le camion de poubelles, il n'y a que les charrettes à bras qui roulent sur l'île et des ânes), cela n'empêche pas Hydra d'être inondée de touristes en été. Mélange de Saint-Trop' et de Portofino mais un sacré charme quand même, surtout le soir, quand les touristes venus faire le tour des Saroniques en une journée sont repartis.

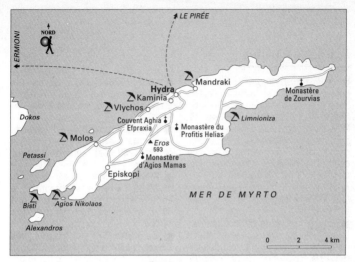

L'ÎLE D'HYDRA

De ce repaire de corsaires il n'y a guère plus d'un siècle (si !), l'essor touristique a fait une station balnéaire à la mode. Et s'il est vrai que son port a un charme typiquement méditerranéen, on remarquera que les maisons sont plus hautes et plus belles que sur les autres îles grecques, l'île ayant un riche passé dans tous les sens de l'adjectif. Évidemment, tout cela se paie et Hydra compte parmi les destinations les plus chères pour l'hébergement.
Si on loge assez loin du port, deux solutions : l'âne ou les *taxi-boats* (☎ 22-98-05-36-90), ces derniers pouvant vous emmener en divers points de l'île. Cher, les tarifs sont affichés sur le port : dans les 6 € pour Kaminia par exemple et 8 € pour Vlikhos. Pour payer moins, se regrouper à 8 (le prix est forfaitaire).
Pour les Grecs, cette île est, avec Spetsès, liée à leur histoire contemporaine : les Hydriotes, pendant l'occupation turque, avaient développé une flotte marchande importante qui avait enrichi quelques familles d'armateurs. Quand l'heure de la guerre d'indépendance sonna, ces mêmes armateurs se lancèrent dans la bataille, armant de nombreux vaisseaux sur leurs fonds propres. Leurs buts n'étaient pas uniquement désintéressés ou patriotiques, ils espéraient bien en retirer quelques miettes de pouvoir... Qu'importe, ils ont contribué à la libération de la Grèce et les noms de Miaoulis, Koundouriotis ou Tobazis sont encore très connus aujourd'hui en Grèce. Leurs demeures ont en général été restaurées et ne figurent pas parmi les plus modestes de l'île...
À cette époque glorieuse, Hydra a compté jusqu'à 20 000 habitants et l'île avait de l'eau (d'où son nom). Aujourd'hui, les nombreux puits que l'on peut voir sont asséchés, et l'eau doit être apportée de l'extérieur en bateau-citerne.

Comment y aller ?

➢ *Du Pirée :* une dizaine de départs d'hydrofoils entre 8 h et 20 h 30 l'été. Compter de 1 h à 1 h 30 selon que le trajet est direct ou non. Central téléphonique de réservations : ☎ 21-04-19-92-00. En ferry *(Saronikos Ferries)*, Hydra est à 3 h 15 du Pirée (ligne Le Pirée-Égine-Poros-Méthana).

> ➤ *D'Ermioni :* le plus proche (35 mn de trajet). 3 départs d'hydrofoils par jour du lundi au jeudi, 4 le week-end. ☎ 27-54-03-24-08.

Adresses utiles

ℹ️ *Police touristique :* sur le quai, prendre la ruelle juste après l'église avec la grosse horloge et suivre la direction de l'*OTE*. ☎ 22-98-05-22-05. Rien d'extraordinaire à en attendre.

✉ *Poste :* à proximité de odos Ikonomou. Prendre la ruelle à gauche de la *National Bank.* Ouvert du lundi au vendredi de 7 h 30 à 14 h 30.

■ *Banques :* il y en a 3 sur le quai, face à la mer, toutes avec distributeur automatique.

■ *Flying Dolphins Office :* sur les quais, côté gauche quand on arrive de la mer. À l'étage, pas loin des bureaux de *Hellas Ferries.* ☎ 22-98-05-38-12.

■ *Journaux français :* sur le port, à l'angle de l'*Alpha Bank.*

@ *Café Internet :* Flamingo, dans la rue qui se prend à l'angle de l'*Alpha Bank*, à gauche du port. ☎ 22-98-05-34-85.

■ *Laverie automatique :* Yachting Center, sur le port. Également douches et accès Internet, sans doute pour patienter.

■ *Plongée :* Hydra Divers. ☎ 22-98-05-39-00. ● www.divingteam.gr Forfait découverte de la plongée à 60 €, équipement compris. Patron sympa.

■ *Boutique En Compagnie des Chats :* remonter l'odos Miaouli jusqu'à la taverne *Stéki.* ☎ 22-98-05-39-03. Tenue par Caroline et Alain, un couple de Français. Ils sauront vous donner les bons plans à Hydra.

Où dormir ?

Le camping sauvage est strictement interdit et il n'y a pas de camping sur l'île. On ne vous le répétera pas deux fois. À vos risques et périls...
Les *pensions* abondent mais sont souvent complètes ; tâchez d'arriver tôt ! Consulter ● www.hydradirect.com ● Attention, Hydra se paie cher, plus cher en tout cas que les autres îles Saroniques.

Face au port

Évidemment l'endroit idéal, face à la mer. Dommage que le pope s'énerve sur sa cloche à des heures trop matinales. Comme s'il voulait chasser le diable et sa copine la luxure, qui remportent de plus en plus de succès en ces lieux.

Bon marché

🛏 *Pension Erofili :* à 2 mn du port, en face de *Bratséra.* ☎ 22-98-05-40-49 et 69-77-68-84-87 (portable). Fax : 22-98-05 40-49. ● info@pensio nerofili.gr ● Très propre, eau chaude

en permanence. Une douzaine de chambres avec AC et frigo, de 40 à 60 € selon la période. Salles de bains individuelles. Petit patio fleuri.

Vers l'intérieur

Si les pensions face à la mer sont complètes, remonter la rue Miaouli qui grimpe en haut du village, en partant de la grosse horloge. Là, quelques pensions très agréables loin du vacarme du port. Et puis des fleurs partout.

Bon marché

🛌 **Alkionidès Pension :** ☎ et fax : 22-98-05-40-55. ● www.hydradirect. com● Demander le chemin à la halle aux fruits. Situé dans une impasse, au calme. Ouvert toute l'année. Compter, en gros, 55 €. Chambres spacieuses, très propres. AC et réfrigérateur. Courette intérieure ombragée.

🛌 **Pension Anna Kavalierou :** 12, odos Miaouli. ☎ 22-98-05-30-66. Chambres doubles dans les 50-60 €. Accueil sympa, fort bien tenu et prix modérés pour l'île. Douches en bas et quelques chambres à l'étage. En outre, Anna confectionne de très bons gâteaux qu'elle offre à l'arrivée et au départ.

Plus chic

🛌 **Hôtel Angelica :** 42, odos Miaouli. ☎ 22-98-05-32-02. Fax : 22-98-05-36-98. ● www.angelica.gr ● Dans un quartier tranquille. Ouvert toute l'année. 95 € la chambre double en haute saison et 90 € hors saison, petit déjeuner inclus. Un havre de paix, à l'écart du passage incessant des touristes sur le port. Chambres claires et agréables. Maison toute blanche avec un patio ombragé. Accueil frisquet.

🛌 **Mistral :** à l'arrière du village. ☎ 22-98-05-25-09 et 22-98-05-34-11. Fax : 22-98-05-34-12. À Athènes, hors saison, ☎ 21-09-68-02-33. ● mistral1

@compulink.gr ● Ouvert de début mars à fin octobre. De 99 à 110 € la chambre double standard en haute saison, petit déjeuner compris. Grande bâtisse en pierre apparente, récemment rénovée. Intérieur tout neuf, avec climatisation et TV satellite. Très bien tenu. Bon petit déjeuner en terrasse. Sur le port (côté gauche en venant de la mer), un *tourist office (Saitis Tours)* effectue les réservations. Cartes de paiement acceptées. 15 % de réduction sur présentation du *GDR,* pour un séjour de plus de 4 nuits, sauf de juillet à septembre.

Bien plus chic

🛌 **Orloff :** 9, odos Rafalia ; en haut d'odos Votsi. ☎ 22-98-05-25-64 ; hors saison : ☎ 21-05-22-61-52. Fax : 22-98-05-35-32. ● www.orloff.gr ● Prendre la rue près de la grosse horloge, qui grimpe dans le village, longer le jardin public sur la droite ; tout droit jusqu'à la pharmacie, puis prendre à droite ; à 20 m, une minuscule pancarte rouge indique l'entrée de cette

splendide demeure datant du XVIIIe siècle. Ouvert de mars à octobre. De 130 à 160 € pour une double standard (petit déjeuner compris). Ajouter 20 € pour une chambre supérieure. 10 chambres meublées à l'ancienne et avec salle de bains privée. Tout confort, évidemment. Chaque chambre a son caractère. Patio intérieur. Cartes de paiement acceptées.

Où dormir dans les environs ?

Quitter le port par le petit chemin du bord de mer à gauche et aller jusqu'au village de *Kaminia* (15 mn à pied). Tout le long, de jolies maisons dans d'adorables petites criques. Ici encore, quelques pensions. Calme et peu de touristes. Ça change. Du port d'Hydra, on peut aussi y aller en bateau (5 mn). Si l'on continue le chemin, on arrive à *Vlychos* où, là aussi, on peut trouver à louer.

Où manger ?

Bon marché

|●| **To Saloni tou Kebab :** dans une ruelle près du port (odos Miaouli), face à l'entrée de l'hôtel *Sophia*. Pour manger sur le pouce. Quelques tables dehors tout de même. *Souvlakia* arrosé de *retsina*.

|●| **Taverna Barbadimas :** à proximité de l'hôtel *Bratséra*. ☎ 22-98-05-29-67. Compter 8 € par personne. Petite taverne typique et pas chère, facilement reconnaissable à sa façade ocre et bleu. Spécialité d'escargots.

– **Marché aux fruits :** tous les matins. Du port, prenez la ruelle la plus proche de la *National Bank of Greece*. Pêches, raisins et brugnons (entre autres, car il s'agit en fait du marché d'Hydra, fermé par des grilles).
– **Boulangerie II Forno :** à côté du bar *The Pirate*. Tyropittès, spanako-pittès (feuilleté aux épinards) et autres *bougatsès* (gâteaux à la crème) à des prix tout à fait compétitifs.

Prix moyens

Les restaurants ne sont guère abordables sur le port même, mieux vaut s'en éloigner, les prix diminuent alors sensiblement. Évitez les menus tout compris où, tout compte fait, on paie cher pour pas grand-chose.

|●| **Léonida's Taverna :** à Kala Pigadia, sur les hauteurs. ☎ 22-98-05-30-97. Ouvert le soir. Compter dans les 10 € par personne. Bon, bien sûr, il y a des contraintes : il faut appeler la veille, au pire le matin, pour vous mettre d'accord, en anglais, sur ce que vous souhaitez manger puis il faudra demander 10 fois le chemin avant d'y arriver... Mais après ! On trouve ici à la fois l'hospitalité et la cuisine grecques comme on se les imagine. Sophia et Léonidas sont extraordinairement gentils : vous n'avez pas l'impression de manger au restaurant mais plutôt en famille. Léonidas connaît 120 façons de cuisiner le poulet. Nombreux *mezze* et parts copieuses. Une adresse rare. Bon accueil aux lecteurs du *GDR*.

|●| **Taverne Gitoniko** *(chez Christina et Manolis)* **:** tout près de la taverne *Barbadimas*. ☎ 22-98-05-36-15. Ouvert midi et soir de février à novembre. Compter dans les 12 € par personne, davantage si vous optez pour du poisson. Cuisine familiale, parts copieuses. On mange dans la cour intérieure ou sur la terrasse ombragée. Pas de mauvaise surprise : vous choisissez votre plat avant de vous installer. Essayer le *saganaki* (gratin à base de féta).

|●| **Taverne Stéki :** 1re rue à droite de celle de la poste (odos Miaouli) ; monter un peu ; les tables sont sur une terrasse surplombant la rue. Fermé en novembre et décembre. S'est malheureusement mis à la mode des menus tout faits : compter de 12 à 15 €. Préférez la carte, vous vous en tirerez pour 3 € de moins. Cuisine grecque relativement abordable. Fûts de *retsina* aux murs. Représentations naïves de bateaux peintes directement sur les murs.

|●| **I Xéri Ilia** *(L'Olive Sèche)* **:** prendre la ruelle à gauche de la banque qui fait l'angle sur le port et c'est (presque) tout droit... ☎ 22-98-05-28-86. Ouvert de mars à octobre, tous les jours (le week-end le reste de l'année). Environ 10 € par personne. La cuisine de cet établissement mondialement connu (oui, c'est ce qu'il annonce modestement en anglais) n'a rien de renversant, mais la place, très ombragée, est bien agréable. Choix assez large de plats classiques.

Où manger dans les environs?

|●| **Kodylenias Taverna :** à Kaminia. ☎ 22-98-05-35-20. Ouvert midi et soir de mars à octobre. Compter au minimum 12 €. Taverne sympathique où l'on vous recommande la salade du pêcheur. Prix moyens.

|●| **To Iliovassiléma :** à Vlychos, à une petite demi-heure à pied d'Hydra, après Kaminia. ☎ 22-98-05-24-96. Compter dans les 12 € par personne. Le principal intérêt du resto est d'être à proximité de la plage principale de l'île. Service assez spartiate.

Où boire un verre?

♈ ♪ **The Pirate :** sur les quais, après l'horloge. Bonne musique, mais plus touristique. Une orgie de cocktails explosifs (tequila, liqueur de café et soda). Rien de grec évidemment, mais pas mauvais. Nombreux cocktails de fruits également.

Où sortir?

♫ **Disco Heaven :** tout au bout du quai, vers le sud. Ouvert uniquement en haute saison. Les sportifs sont avantagés car la discothèque se tient dans une maison, en haut de la colline. Évidemment, de la terrasse, vue splendide sur le port et la mer. Un paysage digne des dieux.

À voir

🗡 **Le musée d'Hydra :** sur la partie gauche du port (quand on est dos à la mer), dans une énorme demeure en pierre. ☎ 22-98-05-23-55. Ouvert de 10 h à 15 h 30. Fermé le lundi. Entrée : 3 €. Pour les fans d'histoire maritime ou militaire. Le musée fait revivre le glorieux passé militaire d'Hydra au moment de la révolution d'indépendance.

Les plages

⤢ À gauche du port en regardant la mer, on peut se baigner après le *Yachting Club House*. À droite, *Mandraki Beach* est loin mais agréable. Resto sur place. On peut nager à côté de **Lagoudéra** (rochers, mais eau bien claire).

⤢ Possibilité aussi d'aller à **Kaminia** à partir d'Hydra, en caïque ou à pied. En arrivant, prendre le chemin qui monte à droite en regardant le village : une première petite crique extra en contrebas, mais mieux vaut continuer jusqu'à Kaminia (15 mn à pied). Tavernes et quelques chambres. Vraiment bien et assez calme. Plus loin, **Vlychos** offre aussi une plage, également desservie par caïque. Pour les plages plus éloignées, reste le bateau-taxi si l'on est en fonds.

Randonnées pédestres

➤ **Le monastère du Profitis Elias :** à 500 m d'altitude. Ce monastère, situé dans une pinède, fut fondé au début du XIXe siècle ; la vue y est fort belle. Partez très tôt le matin à cause de la chaleur et pensez à emporter votre provision d'eau. La montée dure 1 h et est plutôt difficile. Que les filles prévoient une robe, pas trop décolletée, et que les garçons soient en pantalon et non en short... Fermé pour la sieste. Pour prendre le sentier, on part des hauteurs d'Hydra (quartier de Kala Pigadia).

➤ Une **excursion dans la partie occidentale** de l'île vous amènera, en sortant d'Hydra par le coquet *faubourg de Kaminia,* dans les parages du hameau d'*Episkopi.* Chemin faisant, vous passerez à proximité d'un pont en dos d'âne, puis par *Vlychos* avec sa chapelle plantée sur un écueil rouge où se brisent les vagues. Ensuite une autre anse d'où un sentier monte dans les rochers puis atteint l'*anse de Molos* et d'où part aussi un autre sentier vers la *chapelle d'Episkopi (Agios Kyprianos).* D'Episkopi, vous reviendrez vers Hydra en passant près de la *chapelle Agia Marina,* toute blanche parmi les pins, et du *monastère* abandonné et en ruine d'*Agia Irini.*
ATTENTION : l'ombre n'étant pas ce qui est le plus répandu à Hydra, il est plus que recommandé d'être très prudent en été et de ne pas s'aventurer en pleine chaleur sur ces sentiers.

QUITTER HYDRA

En ferry ou en *Flying Dolphin* à destination du Pirée ou de Zéa. Nombreuses rotations d'hydrofoils en été. Possibilité de continuer sur Spetsès sans repasser par Ermioni.

SPETSÈS
3 500 hab.

SPETSÈS

Celle que l'on surnomme l'île aux Jasmins embaume tout particulièrement le soir, quand les femmes arrosent leur jardin.
Spetsès est bizarrement très fréquentée par les Anglais. Le port est moins charmant qu'à Hydra (un ou deux hôtels en béton, un peu trop visibles), mais on trouve de belles maisons d'armateurs, et les rues étonnent par leurs galets noirs et blancs formant des motifs marins (poissons, algues, ancres, etc.). Michel Déon, écrivain, a longtemps partagé son temps entre Spetsès et l'Irlande, mais il a fui devant l'invasion touristique. Pourtant l'île est en dehors de la majorité des circuits faisant découvrir les Saroniques en une journée au départ d'Athènes.
L'île, très verdoyante, offrant de belles criques, est superbe mais assez chère. Même les tarifs chez l'habitant sont plus élevés qu'ailleurs. Un gros incendie a ravagé Spetsès en août 2000, avec récidive en août 2001. Heureusement l'île n'a pas été trop défigurée.
Il n'y a pas d'eau sur Spetsès : elle est quotidiennement apportée par bateau. Résultat, les maisons s'agglutinent toutes autour du port. Voilà pourquoi vous serez surpris, lors de votre balade autour de l'île, de constater que tout le reste est quasiment désert et que l'on trouve de merveilleuses petites criques, désertes elles aussi.
Pas de location de voitures sur place mais il est possible de louer des vélos ou des vélomoteurs, à la journée (attention à l'état des mob). On déconseille d'en louer pour un jour entier car il est possible d'effectuer le tour de l'île en 2 h (28 km). Les fauchés peuvent prendre une mob à 2 places.
Grande fête le premier dimanche qui suit le 8 septembre, pour commémorer le combat naval qui s'est déroulé devant Spetsès le 8 septembre 1822.

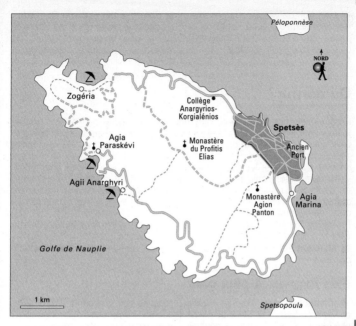

L'ÎLE DE SPETSÈS

Comment y aller?

➤ **Du Pirée :** compter 5 h en bateau ou entre 1 h 40 et 2 h 30 en hydro-glisseur *Hellas Flying Dolphin* selon le nombre d'escales. Une demi-dou-zaine de départs par jour, davantage encore les vendredi, samedi et dimanche. Réservations : ☎ 21-04-19-92-00.

➤ **De Kosta** *(à côté de Porto-Héli) :* la traversée la plus courte. Attention, il y a bien un petit ferry mais on ne passe pas sa voiture (les véhicules ne sont autorisés sur l'île que pour les résidents et les livraisons). Parking surveillé à Kostas (environ 3 € par jour). En été, 6 rotations par jour du lundi au ven-dredi, de 6 h 45 à 17 h, 4 les samedi et dimanche, de 8 h à 17 h. Pas bien cher. ☎ 22-98-07-22-45. Également une navette (1,50 €).

Adresses utiles

■ **Police touristique :** ☎ 22-98-07-37-44. Sur le chemin du musée de Spetsès (le musée Mexis, distinct du musée Bouboulina). Du débarca-dère, le musée est plus ou moins bien indiqué ; suivre les pancartes en partant dans les rues intérieures, à gauche du débarcadère.

✉ **Poste :** dans une rue parallèle à la mer, à gauche du débarcadère quand on arrive à Spetsès. Ouvert du lundi au vendredi de 7 h 30 à 14 h.

■ **Banques :** sur le port, à gauche et à droite de l'église. Distributeurs au-tomatiques de billets.

■ **Presse internationale :** dans la rue parallèle à la mer qui part sur la gauche derrière les agences (quand on est dos à la mer).

■ **Location de scooters :** chez *Kostas Delaportas,* en plein centre, au début d'une rue (odos Votassi) qui s'éloigne du port. ☎ 22-98-07-20-88. De 14 à 20 € la journée.

■ *Location de vélos :* chez *Anargyros Skarmoutsos,* à proximité de la poste. ☎ 22-98-07-41-43 (magasin) ou 22-98-07-22-09 (domicile).

@ *Café Internet Delfinia Net Café :* en direction de la plage de Spetsès, sur la gauche du débarcadère du ferry. 5 ordinateurs à disposition et quelques tables de billard.

Où dormir ?

Pratiquement pas de pensions bon marché. De plus, les pancartes « Rooms to let » sont bien rares. En fait, il faut passer par les trois *tourist offices* sur le port, qui ont le quasi-monopole des chambres chez l'habitant. Ne vous faites pas d'illusions, ce sont des agences de voyages déguisées, qui empêchent les Grecs d'apposer les dites pancartes. Évidemment, c'est plus cher qu'ailleurs, commission oblige. On en trouve quand même, en allant se promener en direction du musée, à l'arrière du vieux port. Vous pouvez également demander au *musée Bouboulina,* les jeunes guides ont souvent de la famille qui a des chambres à louer.
Parmi les *tourist offices* situés sur le débarcadère, on vous indique le suivant :
■ *Meledon Tourist :* ☎ 22-98-07-44-97. Fax : 22-98-07-41-67. ● www.meledon.gr ●

Prix moyens à plus chic

🛏 *Chambres :* chez *Matoula Kochila* et *Dimitrios Litsas.* ☎ 22-98-07-45-71 et 22-98-07-27-40. Chambres doubles dans les 40 à 45 € avec ventilateur au plafond et réfrigérateur, et meublées avec beaucoup de goût (déco dans les tons pastel).

🛏 *Villa Marina :* en direction du vieux port, derrière la plage d'Agia Marina. ☎ 22-98-07-32-71. Compter 60 € environ la chambre double. Tenu par les anciens propriétaires de l'hôtel *Saronikos,* cet établissement propose des chambres à prix abordables. Petite cuisine à disposition. Bon accueil.

🛏 *Villa Christina :* à 5 mn du port, sur l'odos Votassi. ☎ 22-98-07-22-18. Compter 70 € la nuit en été. Maison traditionnelle entourée d'un jardin ombragé. Propose une dizaine de chambres pleines de charme. Dans un anglais parfait, la patronne saura vous guider dans le choix de vos activités sur l'île. Très propre.

Chic

🛏 *Hôtel Posidonio :* à droite du port quand on arrive en bateau. ☎ 22-98-07-20-06. Fax : 22-98-07-22-08. Ouvert d'avril à octobre. Dans les 90 € la chambre double avec petit déjeuner en haute saison. Une énorme bâtisse du début du XXᵉ siècle, à la façade décatie par la mer et les embruns. L'hôtel a été fondé par un Grec parti faire fortune aux États-Unis et revenu faire le mécène dans son île. Les grands salons et les vastes chambres rappellent la splendeur passée. Délicieusement rétro. Jardin-terrasse face à la mer. La propreté laisse parfois à désirer.

Où manger ?

Sur le port, on le dit tout net, bien rares sont les adresses qui se détachent du lot. Rien à dire, si ce n'est que tout est moyen pour un prix à peine honnête. Dommage, car l'île est réputée pour sa spécialité, le *poisson à la spetsiote,* préparé avec de l'oignon et de l'ail.

|●| Pour manger sur le pouce, pas mal de choix à la croissanterie **Roussos** *(tyropittès, milopittès...)* en plein centre du port, à côté de l'église.

|●| **Kokatou :** à côté du bar *Socratès*. Spécialité de *gyros* à manger sur le pouce ou dans la petite salle intérieure.

Prix moyens

|●| **Taverna Lazaros :** remonter l'odos Votassi sur 500 m. ☎ 22-98-07-26-00. Ouvert le soir, de Pâques à octobre. Compter autour de 10 €. Sans doute la dernière taverne typique de l'île qui propose qualité et tradition (essayer, par exemple, le chevreau sauce au citron). *Retsina* maison. Bon accueil.

|●| **Restaurant Stélios :** à gauche du débarcadère, sur le port. ☎ 22-98-07-37-48. Ouvert de Pâques à octobre. Compter autour de 15 €. Rien

de très original mais les plats classiques, genre moussaka, sont à la hauteur et à prix raisonnables.

|●| **Taverna Patralis :** Kounopitsa, le long de la plage, à 1 bon km du port direction Lagonéri. Ouvert de janvier à octobre. Restaurant de poisson, très réputé, proposant, entre autres, le poisson à la spetsiote.

|●| **Taverna Exedra :** au vieux port. ☎ 22-98-07-34-97. Ouvert de mars à octobre. Poisson à la spetsiote et autres produits de la mer. Pas donné.

Où boire un verre ?

🍸 **Socratès :** sur le port. *Happy hours* le soir. L'Union Jack y flotte et les sujets de Sa Majesté viennent y

siroter des cocktails à prix très raisonnables. Pourquoi pas vous ?

À voir. À faire

🔏 **Le musée Bouboulina :** odos Kiriakou, en plein centre de Spetsès-ville, derrière le port, dans une grande maison seigneuriale. ☎ 22-98-07-24-16. Visites guidées (30 mn environ) de 9 h 45 à 13 h 30 et de 16 h 15 à 20 h. Entrée : 4 € ; réductions.
Musée à la gloire de l'héroïne locale, Laskarina Bouboulina (1771-1825). Deux fois veuve de marin, à la tête d'une belle petite fortune personnelle, elle se lança en guerrière dans la guerre contre les Turcs, au commandement de son navire, l'*Agamemnon*. Victime de la vendetta, elle ne connut pas la Grèce devenue indépendante.

🔏 On vous conseille de vous rendre au **vieux port** *(palio limani),* situé à droite de Spetsès quand on regarde la mer. 15 à 20 mn de marche minimum. Beaucoup moins de touristes mais le quartier est encore actif et beaucoup plus populaire que le centre de Spetsès-ville. Pas mal de petits restos sympas mais pas donnés, un petit chantier de construction navale très artisanal, une petite baie... Un bien joli coin. Si vous êtes fatigué, allez-y en calèche.
Du vieux port, un chemin mène vers le phare et un autre vers l'église de la *Panagia tis Armatas,* liée à un épisode de l'histoire de l'île. On raconte que la Vierge inspira aux femmes restées sur l'île (leurs maris combattaient les Turcs en mer) l'idée de couronner les buissons de fez rouges pour faire croire que les hommes attendaient de pied ferme. Et ça a marché...

➢ **Balade :** il suffit de marcher une demi-heure en allant sur la droite quand on arrive au port pour sortir du trafic de touristes. Dépasser les énormes bâtiments du collège Anargyrios-Korgialénios. On parvient alors à la solitude au milieu des collines et des rochers. Même en août.

⩘ **Plages :** à Spetsès même, plage familiale d'**Agia Marina.** Deux autres plages se distinguent du lot : la plus belle, celle d'**Agii Anarghyri** (voir ci-dessous), et l'autre, *Zogéria,* est à 8 km au nord-ouest de Spetsès-ville. Accès par une route puis par une piste. Taverne sur place fréquentée naguère par Mélina Mercouri et Jules Dassin. Sur le chemin, d'autres plages, desservies par le bus qui part devant l'hôtel *Posidonio* (une quinzaine par jour en été, de 9 h à minuit).

AGII ANARGHYRI

Sur la façade ouest de l'île, à 13 km de Spetsès-ville. Paysage superbe, plage de galets. Desservi 2 fois par jour en été par un bus qui part de la plage d'Agia Marina (à 11 h et 12 h 30, retour à 15 h 30 et 17 h).
Ne pas manquer la grotte marine située à droite de la plage. Il faut prendre un petit escalier puis se faufiler par un petit trou. Possibilité de revenir à la nage. Pendant la guerre d'Indépendance, femmes et enfants spetsiotes venaient se réfugier là pour échapper aux pillages.

Où manger ?

|●| **Taverne Tassos :** à proximité de la plage. ☎ 22-98-07-30-18. Compter autour de 10 €. Cuisine copieuse et goûteuse (essayer le poulet grillé arrosé de citron vert). Le patron vous accueillera avec bonne humeur.

QUITTER SPETSÈS

➢ **Pour Le Pirée ou Zéa :** en *Flying Dolphin,* entre 6 et 10 départs par jour. De 1 h 45 à 2 h 30 de trajet selon le nombre d'escales. ☎ 22-98-07-31-41 *(Bardakos Travel)* ou 21-04-19-92-00 (central de réservations).
➢ **Pour Kosta :** 4 ferries par jour, de 7 h 20 à 16 h 30 (horaires légèrement décalés le dimanche) et la navette.

LA ROUTE ERMIONI-NAUPLIE

On peut repasser par Épidaure ou bien, à Néochori, une quinzaine de kilomètres avant le site archéologique, bifurquer à gauche pour descendre plus vite sur la mer via Karnézéika. C'est une route de montagne entièrement asphaltée, très sinueuse. Paysages vraiment sauvages. Jusqu'à Tolo, possibilité de se baigner, notamment à *Kandia* (plage bien sympathique avec douche et cabine) ou encore à *Iria.*
Au niveau du village de Didyma, à gauche au pied des falaises au bout d'un chemin de pierre se trouvent deux effondrements appelés *Big Cave* et *Small Cave* (petit panneau indiquant une chapelle byzantine et les deux « caves »). *Big Cave* est un gigantesque effondrement circulaire, sans autre intérêt que son aspect impressionnant et ses dimensions. À droite, sur le chemin allant à la falaise et bien caché dans la végétation, on trouve *Small Cave,* autre effondrement dans lequel un ermite est allé installer deux chapelles byzantines creusées dans le roc. On y accède par un escalier taillé dans la pierre. Le site est très joli et facile d'accès (entrée libre). Petite halte sympathique et ombragée.

Où dormir ? Où manger en chemin ?

⚕ |●| **Camping Lefka Beach :** entre Kandia et Vivari. ☎ 27-52-09-23-34. Ouvert toute l'année. Dans les 15 € pour 2 personnes, une tente et une voiture. Entrée fermée à partir de minuit. Camping en terrasses, en bord de mer, avec une petite crique privée. Le soir, la vue sur le golfe et sur le rocher de Vivari depuis la terrasse de la taverne est vraiment splendide. Sanitaires pas toujours très propres, insuffisants parfois, et douches payantes. Patron sympa. Taverne accueillante.

△ *Camping Triton II :* à Plaka Drépanou. ☎ 27-52-09-22-28. Fax : 27-52-09-25-10. • tritorii@otenet.gr • Ouvert à l'année. Un peu plus cher que la moyenne : 20 € en haute saison (juillet et août) pour 2 personnes, une tente et une voiture. 3 € de moins le reste de l'année. Accueil sympathique. On y parle, entre autres, le français. Camping très bien équipé et propre, ce qui peut justifier le surcoût.

|●| *O Kostas :* à Kandia, donne sur la jolie plage. ☎ 27-52-09-44-83. Ouvert midi et soir et seulement de juin à août. Très bien et pas ruineux : compter dans les 10 € par personne pour un repas. On va choisir ses plats en cuisine. Carte classique, ambiance familiale.

△ *Iria Beach Camping :* plage d'Iria, à 22 km de Nauplie. ☎ 27-52-09-42-54. Fax : 27-52-09-42-53. • www.iriabeach.com • Ouvert toute l'année. Compter 15 €, en été, pour 2 avec voiture et tente. Camping ombragé avec sanitaires corrects. Mini-market. Patron sympa. Location de tentes et de caravanes à la semaine.

△ *Camping Poséidon :* sur la plage d'Iria. ☎ 27-52-09-43-41. Apprécié des Athéniens en week-end. Ouvert d'avril à octobre. Tenu par un jeune Polonais, camping agréable les pieds dans l'eau et vraiment pas cher, entre 13 et 16 € pour 2 personnes, une tente et une voiture. Vaste et ombragé. Mais attention, la plaine d'Iria est un peu isolée et n'a rien d'autre à offrir que sa longue plage et deux tavernes sur le petit port (à l'extrémité sud de la plage).

🛏 *Chambres chez Tassia Bouzala :* à Vivari. ☎ 27-52-09-23-59. Grande bâtisse avec un palmier devant. Chambres et appartements à prix très doux. Impeccable. Bon accueil, en grec.

TOLO

Plage (beau sable au début de la station, puis gris et sale) dont on vous rebattra les oreilles, mais qui ne mérite vraiment pas le déplacement. On a compté une quarantaine d'hôtels pour 1 400 habitants permanents, donc, en saison, prévoir une grosse affluence. Dommage, car ce site entouré de reliefs et bien situé au fond de la baie d'Argolide, où trônent quelques îlots, avait tout pour plaire. Pour les campeurs non motorisés, c'est ce qu'il y a de plus proche de Nauplie (un bus par heure environ). On vous donne quand même quelques adresses, surtout intéressantes hors saison.

Où dormir ? Où manger ?

△ |●| *Camping Sunset :* ☎ 27-52-05-95-66. Fax : 27-52-05-91-95. Plage de Tolo pas très loin. Ouvert d'avril à octobre. Dans les 18 € pour 2, une voiture et une tente. Très propre. Le patron parle le français et est très sympa. Assez tranquille (s'il n'y a pas trop de groupes !) et très ombragé. Cuisines à disposition des campeurs. Petite épicerie, bar, machines à laver. Il est également possible de dormir dans des petits bungalows récents (de 20 à 25 €).

🛏 *Katérina Hotel :* 5, odos Kolokotroni. ☎ 27-52-05-91-49. Tout neuf, un peu en retrait de la côte, dans une ruelle montant vers la montagne. Dans les 40 € la chambre double en haute saison, petit déjeuner inclus. Chambres avec balcon, AC, frigo et vue sur la mer. Salles de bains privées avec w.-c. Prix très raisonnables pour le confort. Parking privé. Accueil très chaleureux. 15 % de réduction sur présentation du *Guide du routard*.

|●| *Taverne Le Tavernier, chez Gilles :* resto tenu par un Français marié à une Grecque. Beau cadre, plats plus recherchés que la moyenne. Prix encore corrects : compter 10 à 14 € par personne.

À voir

🐾 À voir quand même pour vous réconcilier avec la nature : entre Tolo et le camping *Kastraki,* un bel éperon rocheux surmonté du *site mycénien d'Assini.* Très peu fréquenté, il offre une très belle vue sur le sud du golfe d'Argolide.

NAUPLIE (NAFPLIO) 12 600 hab.

À 30 km du site archéologique d'Épidaure et à 56 km de Corinthe. Nauplie fut la première ville libérée de l'occupation turque en 1822, et la première capitale de l'État grec, en 1828, avant Athènes (qui n'était alors qu'un gros bourg de 5 000 habitants). En 1834, Athènes, en vertu de son passé, retrouva son statut de capitale et Nauplie redevint une petite sous-préfecture tranquille...

Ce petit port, au fond du golfe d'Argolide, reçoit beaucoup de visiteurs, et à juste titre. La vieille ville a plein de charme avec son air italien et elle offre une harmonieuse unité de style et de ton. Partez le soir à la découverte de ses ruelles chaudement colorées par le soleil couchant. La ville offre, en outre, grâce au vieux fort vénitien à l'entrée du port, une des cartes postales les plus célèbres de Grèce. Ça tombe bien, car pour les Grecs, il paraît que c'est par excellence la ville de l'amour...

Comment y aller ?

En bus

➤ *D'Athènes :* départs toutes les heures de 7 h 30 à 20 h 30 depuis la gare routière d'odos Kifissou. ☎ 21-05-13-45-88.

En train

🚆 Le train s'arrête à Nauplie. Pas de gare en dur, deux pauvres wagons en bout de ligne au milieu d'un terrain vague en font office... Misère des chemins de fer helléniques... ☎ 27-52-02-64-00. Fermé en dehors des heures d'arrivée ou de départ.

➤ *D'Athènes, via Argos :* en principe 2 trains directs par jour, 1 le matin, 1 l'après-midi. 3 h de trajet.

Adresses utiles

🛈 *Office du tourisme municipal (hors plan par B2) :* odos 25-Martiou. ☎ 27-52-02-44-44. Près de la station de bus et de la caserne des pompiers. Ouvert de 9 h à 13 h et de 16 h à 20 h. Accueil indifférent pour ne pas dire pire. Brochures à disposition.

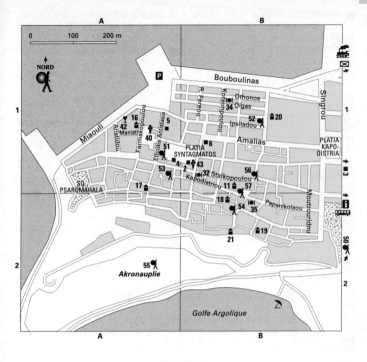

NAUPLIE

■ *Police touristique :* 14, odos Pavlos Koundourioti. ☎ 27-52-02-81-31.

✉ *Poste* (hors plan par B1) : 49, léoforos Argous. À environ 400 m du début de la rue (quand on vient du centre).

■ *Credit Bank* (hors plan par B1, 3) : dispose d'un distributeur pour carte de paiement à l'extérieur. Dans le centre, 2 autres banques avec distributeur (*Emboriki Trapéza* et *Alpha Bank*) au bout de l'avenue Amalias, côté place Syndagma (plan B1, 6).

■ *Banque nationale de Grèce* (plan A1, 4) : pl. Syndagma. Ouvert du lundi au jeudi de 8 h à 14 h et le vendredi de 8 h à 13 h. Distributeur automatique de billets.

■ *Agence consulaire de France* (plan A1, 5) : 5, Ethnikis Antistassis.

M. Antoine Angélonidis : ☎ 27-52-06-17-48 et 69-45-97-02-48 (portable). Fax : 27-52-02-46-19.

■ *Journaux étrangers :* au magasin *Odyssey* (plan B1, 2), sur la place du musée (place Syndagma), près de la *Banque nationale de Grèce*.

🚌 *Station de bus* (hors plan par B2) : odos 25-Martiou.

■ *Motortraffic* (anciennement **Moto Sakis**; hors plan par B2) : 15, Sidirias Mérarchias. ☎ 27-52-02-27-02. Une adresse correcte, mais bien se mettre d'accord sur les prix avant la location.

■ *Moto Rent :* 8, Polyzoïdou. ☎ 27-52-02-14-07. Prix très intéressant pour 2 ou 3 jours de location.

@ *Café Internet* (plan B1) : sur la place Kopodistria.

Où dormir ?

Pas de camping à Nauplie même (ceux de Tolo et de Drépano sont tout de même assez proches).

La plupart des adresses ci-dessous se situent dans un périmètre assez restreint. Pas beaucoup de facilités pour se garer à proximité des hôtels. Penser à réserver, Nauplie est l'une des villes les plus visitées de Grèce.

De bon marché à prix moyens

🏠 *Chambres Dimitris Békas* (plan B2, 21) : 26, odos Efthimiopoulou. ☎ et fax : 27-52-02-45-94 et 27-52-02-75-49. Sur les hauteurs, sous Acronauplie, avec très belle vue sur la ville. Chambres doubles à partir de 20 € environ. Pour quelques euros de plus, on a un balcon bien agréable. Pas le grand luxe, mais des chambres correctes, propres et vraiment très bon marché. Salles de bains (pour 2 chambres) moyennement entretenues. Grande terrasse commune.

🏠 *Pension Acronafplia* (plan B1, 11) : 6, Agiou Spiridonos et 43, odos Papanikolaou. ☎ 27-52-02-44 81 et 27-52-02-40-76. ☎ 69-44-59-36-80 (portable). Fax : 27-52-02-40-76. • www. pension-acronafplia.com • Dans la vieille ville, sur une petite place qui sépare Papanikolaou et Kapodistriou. Chambres doubles de 25 à 75 € selon le standing recherché. Le patron, qui fait tourner efficacement son affaire, dispose en fait de plusieurs maisons assez proches les unes des autres dans la vieille ville, abritant des chambres de toutes tailles, avec ou sans salle de bains, parfois un balcon, jusqu'à l'appartement pour 8 personnes. Reste encore d'un assez bon rapport qualité-prix pour Nauplie, mais l'offre est tellement variable qu'il faut faire bien attention (le patron ne fait pas trop de sentiments et certaines chambres ne sont vraiment pas terribles).

De prix moyens à plus chic

🏠 *Marianna Pension* (plan B2, 19) : 9, odos Potamianou. ☎ 27-52-02-42-56. Fax : 27-52-09-93-65. • www. pensionmarianna.gr • Chambres doubles dans les 65 € en haute saison, petit déjeuner inclus. Une pension récente, très appréciée de nos lecteurs, sur les hauteurs, au pied de la forteresse. Chambres avec bains, AC et TV. Très propre et excellent accueil des trois frères qui s'en occupent. Bon petit déjeuner servi sur la terrasse avec confiture préparée par maman et jus de fruits du verger familial certifié bio. On peut se garer juste à côté vers l'hôtel *Xénia* qui domine sur la plage Arvanitia. Cartes de paiement acceptées.

🛏 *Pension Omorphi Poli (plan B1, 20)* : 5, odos Sofroni. ☎ 27-52-02-15-65. Fax : 27-52-02-90-14. ● www.omorfipoli-pension.com ● De juin à octobre, 75 € la chambre double, petit déjeuner inclus. Dans une jolie maison rose de style néoclassique, bien tenue et accueil sympa. Chambres claires et spacieuses, avec salle de bains, TV, AC et réfrigérateur. Quartier tranquille. Cartes de paiement refusées.

🛏 *Hôtel King Othon (plan A1, 16)* : 4, odos Farmakopoulou. ☎ et fax : 27-52-02-75-95. Superbement situé, au cœur de la vieille ville et de l'animation. Compter dans les 75 € avec le petit déjeuner ; prix intéressants hors saison. Un tantinet bruyant le soir. On adore quand même cette bâtisse du début du XXe siècle, qui rappelle le charme discret des vieux hôtels de la bourgeoisie grecque. Dommage que l'accueil ne soit pas toujours à la hauteur. Dans le hall d'entrée, un joli escalier en spirale. Un côté rétro vraiment sympa. On prend le petit déjeuner dans un jardin ombragé. Rapport qualité-prix plutôt bon. Cartes de paiement acceptées.

🛏 *Hôtel Léto (plan A1, 17)* : 28, odos Zigomala. ☎ 27-52-02-80-93. Fax : 27-52-02-95-88. ● www.letoho tel.gr ● En haut des marches de Farmakopoulou. En voiture, monter jusqu'à une petite place cul-de-sac située sous Akronauplie et continuer à pied, c'est tout prêt. Chambres doubles de 40 à 70 € environ, selon le standing : sans ou avec AC, balcon et petit déjeuner, mais toujours avec salle de bains. Grande demeure un petit peu dans le style local. Surplombant la ville, calme quasiment garanti avec chants des oiseaux en prime. Bon accueil. Cartes de paiement acceptées.

🛏 *Hôtel Byron (plan B2, 18)* : 2, odos Platonos, dans la vieille ville. ☎ 27-52-02-23-51. Fax : 27-52-02-63-38. ● www.byronhotel.gr ● Accès par un petit escalier à gauche au début de Kapodistriou en venant de la ville nouvelle. Chambres doubles sans petit déjeuner et avec AC à partir de 55 €, à 60 € avec la vue et jusqu'à 80 € pour bénéficier du meilleur standing. Deux maisons distinctes. L'une, grande bâtisse rose aux volets bleus, offre des chambres classiques et assez chic, certaines avec balcon et belle vue sur les toits de tuile, le port et la baie. L'autre, plus petite et jaune, cache à l'abri de ses volets verts 4 belles chambres douillettes, plus grandes, au mobilier simple et élégant et aux poutres apparentes. Celle du haut dispose d'une délicieuse petite terrasse, et l'autre d'un balcon. Très romantique : c'est l'adresse de charme de Nauplie. Un peu plus cher que dans la grande maison, mais cela vaut vraiment le coût. Une tarification originale, variant selon les prestations offertes. Réservation indispensable. Cartes de paiement acceptées.

Où manger ?

Trop touristique, Nauplie n'est pas une étape gastronomique...

🍽 Pour manger d'excellents sandwichs, un *fast-food* (descendre vers le port, remonter l'odos Syngrou, et c'est à droite en face du jardin), entre une salle de jeux et la pizzeria *Carreras*.

Bon marché à prix moyens

🍽 De nombreux restos sur l'odos Staïkopoulou qui longe la place Syn- dagma, où l'on mange dans la rue, comme à la *Taverna Vassilis (plan*

B1, 32) ou au ***Resto-grill du 1er Parlement.*** Pas une cuisine exceptionnelle mais cadre agréable. Également, *O Noulis,* odos Moustzowridon, à 100 m de la station de bus et *O Kanaris,* odos Bouboulinas face au port.

|●| ***Taverna To Omorpho Tavernaki*** *(plan B1, 34)* : à l'angle de l'odos Vassilissas Olgas et de l'odos Kotsonopoulou. ☎ 27-52-02-59-44. Compter de 10 à 13 € par personne. On mange dans la rue. Très couru le soir (réservation conseillée en saison). Nourriture correcte mais pas abondante ; certains de nos lecteurs ont été déçus. Goûter le *politiko souvlaki* avec sa sauce à l'ail et au yaourt.

|●| ***Restaurant Karima*** *(plan B2, 35)* : 32, odos Papanikolaou. 10 à 12 € le repas par personne. Carte riche et cuisine très correcte, ce que confirme le joli poème d'un lecteur que le patron a accroché au mur. Bon accueil. Ne pas confondre avec une adresse proche qui affiche un grand panneau *Guide du routard,* mais qui ne se trouve pas dans le *GDR.* Fait aussi les petits déjeuners.

Où manger une bonne glace ? Où boire un verre ?

♥ ***Antica Gelateria di Roma*** *(plan A1, 40)* : 3, odos Farmakopoulou ; entre Syndagma et l'hôtel *King Othon.* ☎ 27-52-02-35-20. Tenu par Marcello, un excellent glacier italien.

♥ ***Dodoni*** *(plan B1, 43)* : pl. Syndagma. Ouvert tous les jours de 9 h à minuit, voire plus tard le week-end. Pour le plaisir de regarder le passage des uns et des autres sur la place centrale de Nauplie en dégustant une bonne glace pas bien chère. Grand choix de parfums.

♟ ***Kafénion Aktaion*** *(plan A1, 42)* : le long de la mer, à côté de l'hôtel *Agamemnon.* Un café dont les tables donnent directement sur la baie (pas de route), face à l'îlot fortifié de Bourtzi. Idéal pour le petit déjeuner ou pour un café frappé. Pas bien loin, ***Napoli di Romania*** n'est pas mal non plus.

♟ Sinon, choix entre les nombreux grands *cafés* et leurs terrasses sur le port et la place Syndagma.

À voir. À faire

🗡 ***Akronauplie*** *(plan A2, 55)* : la vieille forteresse, à laquelle la ville s'adosse. Accès libre, à pied ou en voiture. Ruines de fortifications des époques vénitienne et turque. Malheureusement enlaidie par les hôtels *Xénia* qui n'ont pas trouvé mieux que de s'implanter en plein site historique.
Une promenade dallée permet de faire le tour du promontoire, sous la falaise couverte de figuiers de Barbarie. Balade sympa : on revient sur le port avec l'îlot Bourtzi sous les yeux.

🗡🗡 ***Le fort Palamède*** *(hors plan par B2, 50)* : ouvert de 8 h à 19 h l'été, jusqu'à 15 h en basse saison. ☎ 27-52-02-80-36. Fermé les jours fériés. Entrée : 4 € ; demi-tarif pour les étudiants.
La citadelle, qui culmine à 216 m, fut construite en grande partie par les Vénitiens, de 1690 à 1711, sous la conduite de l'ingénieur militaire français Lassalle, à partir de vestiges de fortifications franques du XIIIᵉ siècle. Proclamé imprenable, le fort Palamède tombe dans les mains des Turcs dès 1715 : l'explication en est que Lassalle était entre-temps passé à l'ennemi et avait livré les plans ! En 1822, rebelote mais dans le sens contraire : ce sont les Grecs qui s'en emparent.
La citadelle domine de façon très impressionnante la baie de Nauplie. Vue superbe sur le golfe d'Argolide. Si le cœur vous en dit, on peut y accéder, de la place Arvanitia, par un escalier de 857 marches (vérifiez ! les chiffres dif-

fèrent : tout dépend d'où l'on part). Les riches fainéants iront par la route en voiture (3 km environ ; en sortant de Nauplie vers Tolo, prendre la route à droite en haut de la côte) et les pauvres à pied. De toute façon, en haut, pour voir, tout le monde paie !

🏃 **Le Musée archéologique** *(plan A1, 51)* **:** pl. Syndagma. ☎ 27-52-02-75-02. Ouvert de 8 h 30 à 15 h. Fermé le lundi et les jours fériés (fermé en 2003 pour travaux). Entrée : 2 €.
Situé dans une vieille bâtisse vénitienne du XVIIIᵉ siècle (ancienne caserne). Intéressant. On y trouve une collection d'idoles en terre cuite venant de Mycènes, et la plus ancienne cuirasse découverte en Grèce (XVᵉ siècle av. J.-C.), provenant d'une nécropole mycénienne près d'Argos. Également des vases à motifs floraux ou ornés de poulpes.

🏃 **Le musée d'Art populaire** *(plan B1, 52)* **:** 1, odos Vassilia Alexandrou. ☎ 27-52-02-89-47. Rue près du port de commerce, parallèle à Bouboulinas. Ouvert de 9 h à 14 h 30. Fermé le mardi, les jours fériés, le 6 janvier et en février. Intéressant pour ses costumes, tissages et outils de travail. Horaires de la boutique du musée : 9 h-14 h et 18 h-22 h.

🏃 **La mosquée Vouleftiko** *(plan A1, 53)* **:** à l'angle de la place Syndagma (côté odos Staikopoulou). Donne sur une belle cour à arcades (ancien caravansérail). C'est là qu'a siégé, en 1828, le premier Parlement grec (*vouli,* en grec, d'où son nom).

🏃 **L'église des Francs** *(catholique ; plan B2, 54)* **:** accès par un escalier donnant sur odos Papanikolaou. Joli porche d'entrée à arches sur colonnes. Ancienne mosquée au bel appareillage de pierre. Noter le minaret tronqué sur le côté. Intérieur immaculé aux élégantes proportions. On y voit encore le mihrab (niche orientée vers La Mecque). Petite crypte. Dans l'église même, *mémorial* consacré aux 280 Philhellènes morts pour la Grèce entre 1821 et 1827.

🏃 **L'église Agiou Spiridonos** *(plan B1-2, 57)* **:** en soi, elle n'a rien de plus qu'une autre église mais c'est là qu'a été assassiné, en octobre 1831, Jean Antoine Capo d'Istria, le premier chef d'État de la Grèce indépendante. Sur un mur de l'église, on voit encore la marque faite par la balle des assassins.

🏃 **Le musée du Komboloï** *(plan B1, 56)* **:** 25, odos Staïkopoulou. ☎ et fax : 27-52-02-16-18. ● www.cs-net.gr/komboloi/index.htm ● Ouvert d'avril à octobre, de 10 h à 14 h et de 17 h 30 à 21 h. Vous pensiez que tous les *komboloï* étaient identiques. Eh bien non ! Il existe beaucoup de types de chapelets. La preuve dans ce musée qui vend également des *komboloï* modernes.

Baignades

– Pas de belles plages à Nauplie même. Mais c'est super de se baigner dans la baie, dominée par la citadelle qui se trouve derrière la ville. De la gare routière, prendre le chemin pour la citadelle, continuer vers la plage *Arvanitia,* aménagée (mais gratuite). Bétonnée, très fréquentée et bruyante mais bien agréable quand on a souffert dans les marches de Palamède. Café et resto sur place. Reste ouverte (et très active) la nuit.

🏊 **Karathona Beach :** belle plage à 6 km par la route au sud de Nauplie. Prendre le bus à partir du terminus (bus toutes les heures jusqu'à 13 h). Revenir à pied par un large sentier qui longe la mer, compter un peu plus de 4 km. Sur place, un centre de sports nautiques ouvert de 10 h à 17 h (☎ 27-52-02-72-01).

➤ *DANS LES ENVIRONS DE NAUPLIE*

🏃‍♂️ *Tirynthe :* à 3 km au nord de Nauplie, sur la route d'Argos. ☎ 27-52-02-26-57. Y aller soit à pied, soit par le bus d'Argos, toutes les 30 mn. Demander l'arrêt au chauffeur. Ouvert tous les jours en été de 8 h à 15 h. Entrée : 3 € ; demi-tarif pour les étudiants ; réductions.

Peu d'efforts à faire pour trouver ces vestiges colossaux. Ils sont sur le bord de la route à droite. Ça vaut le coup d'y passer une demi-heure.

Cet ouvrage militaire surprend avec ses murs composés de blocs de pierre énormes pesant parfois plus de 10 t chacun et ajustés sur une épaisseur de 7 à 8 m ! Rien d'étonnant que tout soit encore en place, parce que, pour déménager les cailloux, ça ne devait pas être facile. La légende attribue aux Cyclopes la construction des remparts, d'où le terme architectural « mur cyclopéen ».

C'est en fait aux Mycéniens (environ 1600-1100 av. J.-C.) que l'on doit ces édifices militaires énormes. Pour vous en rendre compte et aiguiser l'œil de l'archéologue qui sommeille en vous, remarquez la similarité frappante avec le site de Mycènes : murs cyclopéens sur un promontoire rocheux, rampe d'accès, porte monumentale, palais *(mégaron)* avec sa grande cour et sa salle du trône, tombes coniques monumentales (dites *tholos*) aux alentours, poternes, citernes souterraines et galeries construites avec voûtes à encorbellement d'où jaillissaient des sources (en cas de siège) ; ça tient du prodige ! Et ici, par rapport à Mycènes, il y a bien moins de monde...

QUITTER NAUPLIE

En bus

Attention, ces horaires sont susceptibles de modifications.

🚌 *Station de bus* (hors plan par B2) : odos 25-Martiou. ☎ 27-52-02-73-23 et 27-52-02-74-23.

➤ *Pour Athènes :* toutes les heures de 5 h à 20 h. Trajet en 3 h.

➤ *Pour Argos :* une trentaine de bus jusqu'à 21 h 30.

➤ *Pour Tolo :* 1 bus par heure de 7 h à 20 h 30.

➤ *Pour Épidaure :* 4 par jour (3 à partir de septembre). De 10 h 15 à 17 h 30 (bus spéciaux pour le spectacle les vendredi et samedi à 19 h 30). Demandez « Theatro » pour aller jusqu'au site archéologique.

➤ *Pour Mycènes :* 3 bus quotidiens, à 10 h, 12 h et 14 h. Les bus vont jusqu'au site.

➤ *Pour Patras :* prendre le bus d'Athènes et changer au canal de Corinthe, et non à Corinthe même.

➤ *Pour Galatas (et Poros) :* 2 bus par jour (5 h 30 et 14 h) et, de Galatas, on peut aller facilement à Poros.

➤ *Pour Kranidi-Ermioni-Porto-Héli :* 4 bus en saison, de 5 h 30 à 17 h. Arrêt de 1 h 30 à Kranidi à partir de midi. Un conseil, descendre du bus avant Kranidi et faire le reste en stop.

➤ *Pour Tripoli :* 4 bus par jour de 8 h 30 à 16 h 30 (3 le week-end). De Tripoli, de nombreuses correspondances pour tout le Péloponnèse.

En train

➤ *Pour Argos :* 3 liaisons quotidiennes (dont 2 continuent sur Athènes).

ARGOS

23 000 hab.

Ville à traverser rapidement car présentant peu d'intérêt, sauf peut-être pour les mordus d'archéo. Les constructions modernes viennent jusqu'au pied du site. Argos a été une très belle ville, paraît-il... Difficile à croire quand on voit comment elle a été défigurée. Circulation assez difficile.

Adresses utiles

✉ **Poste :** odos Kallergi (la rue des bus pour Mycènes). Ouvert du lundi au vendredi de 7 h 30 à 14 h.

■ **Banques :** une demi-douzaine (avec distributeur automatique de billets) dans le secteur de la place d'Agiou Pétrou, en plein centre-ville.

Où dormir ?

🛏 **Mycenae Hotel :** 10, pl. Agiou Pétrou. ☎ 27-51-06-87-54. Fax : 27-51-06-83-32. On ne peut plus central. Chambres doubles à partir de 40 € avec petit déjeuner. Chambres correctes, sans charme particulier. TV et AC. Hôtel pas mal fréquenté hors saison par une clientèle de représentants de commerce (Argos est une cité très active sur le plan commercial).

Où manger ?

Vraiment pas grand-chose à se mettre sous la dent.

|●| **Café-Restaurant Rétro :** rien de spécial mais situé sur la place centrale. Prix dans la norme.
|●| Pour manger sur le pouce, à côté de la gare des bus, on trouve de bons *gyros* à **Gyro tou Kosmou.**
– **Marché** le mercredi matin et le samedi matin.

À voir

🏛 **Le musée :** odos Vassilissas Olgas. ☎ 27-51-06-88-19. Ouvert de 9 h à 15 h 30 ; les dimanche et jours fériés, de 10 h à 15 h. Fermé le lundi. Entrée : 2 € ; réductions. Billet groupé à 3 € permettant de visiter également l'héraion, le théâtre et l'agora.
Après l'armure de Nauplie, admirez le plus beau casque homérique jamais retrouvé. Quelques vases à figures géométriques intéressants, une amphore d'un mètre représentant Ulysse et Ajax luttant l'un contre l'autre, ainsi que des mosaïques romaines représentant les mois et les saisons.

🏛 **Le kastro d'Argos (Larissa) :** entrée libre. Ouvert de 8 h 30 à 15 h sauf le lundi. Ancien château fort franc. Magnifique vue sur la ville et la plaine alentour, lorsqu'on y monte. La route qui y mène se prend sur la sortie pour Corinthe. Voir l'ancien couvent **Panagia tou Vrahou** où fonctionnait une « école secrète » pendant l'occupation turque.

🏛 Dans le quartier du théâtre, à la sortie de la ville, direction Tripoli, des fouilles menées par l'École française d'archéologie ont révélé des ruines de thermes romains, et un **théâtre** plus grand que celui d'Épidaure. On estime qu'il pouvait accueillir jusqu'à 20 000 spectateurs, ce qui en fait un des plus grands de la Grèce antique.

LE PÉLOPONNÈSE

QUITTER ARGOS

En bus

🚌 *Gare routière :* odos Capodistria. ☎ 27-51-06-73-24 et 27-51-06-63-00. Au centre de la ville, à proximité de la place de l'église. Salle climatisée. Demander d'où partent les bus selon leur destination.

➤ *Pour Nauplie :* bus très fréquents de 7 h à 21 h.

➤ *Pour Mycènes :* 5 bus par jour, de 7 h 30 à 18 h 30.

➤ *Pour Athènes :* une quinzaine de bus par jour de 5 h 30 à 20 h 30.

➤ *Pour Némée :* 2 bus par jour à 6 h 30 et 13 h.

➤ *Pour Tripoli :* 4 bus par jour (3 seulement le week-end), de 8 h 45 à 16 h 45. De Tripoli, connexions pour le reste du Péloponnèse.

➤ *Pour Léonidio :* 3 bus par jour en semaine, de 9 h 45 à 17 h 45. Les départs se font en principe d'une autre petite gare routière, odos Phidonos, une rue à sens unique qui part du centre-ville, direction Nauplie.

En train

🚆 *Gare ferroviaire :* au sud-est de la ville, à proximité de la route de Nauplie. ☎ 27-51-06-72-12.

➤ *Pour Athènes :* 5 trains par jour. Compter 3,50 € environ.

➤ *Pour Tripoli et Kalamata :* 2 trains par jour. Kalamata est à plus de 3 h 30. Paysages superbes.

➤ *Pour Nauplie :* 3 trains par jour (1 le matin, 2 l'après-midi).

MYCÈNES

À 13 km au nord d'Argos. Si vous venez de Corinthe, prenez la route passant par *Solomos* et *Chiliomodi* plutôt que la nouvelle autoroute pour Tripoli sur laquelle vous guetterez vainement la sortie Mycènes. Si vous venez d'Argos, suivez comme vous le pouvez la direction de Corinthe. C'est très mal indiqué. Si vous vous perdez, arrangez-vous pour tomber sur le site d'*Iréo*, qui ne demande en fait qu'un petit détour (ouvert de 8 h 30 à 15 h) et qui n'est pratiquement pas visité. Il s'agit d'un grand sanctuaire consacré à Héra (Heraion d'Argos).

Le village même de Mycènes est minuscule : l'hiver, quand tous les touristes sont partis, il reste 450 habitants. Il n'y a rien d'authentique à chercher dans cette rue unique que l'on traverse pour gagner le site : plus encore qu'à Olympie ou à Delphes, on ressent combien tout est artificiel. Mais, là encore, les anciens avaient eu la bonne idée de construire leur ville à la campagne, ce qui rend la promenade pittoresque.

Mycènes n'a rien à voir avec les autres grands sites que sont Delphes, Olympie ou Épidaure : ces trois-là étaient des lieux de culte et de rassemblement pour les Grecs de l'Antiquité classique. Mycènes, en revanche, illustre une page plus sombre de la civilisation grecque. Il ne s'agit d'ailleurs pas de la même ère culturelle ni chronologique : ces ruines, appartenant à la civilisation dite mycénienne (voir le chapitre « Généralités »), au même titre que les sites de Tirynthe et de Pylos, datent principalement du XVIIe au XIIe siècle av. J.-C. ; au bas mot, plus de sept siècles les séparent de l'Acropole d'Athènes.

La civilisation mycénienne fait penser aux guerres, aux rapines, en un mot au sang ; mais c'est aussi, pour la Grèce continentale, celle de la première ouverture au commerce méditerranéen, de la première véritable civilisation organisée, avec apparition de l'écriture, de la maîtrise de la métallurgie, etc. C'est aussi là que s'élabora, selon *L'Iliade* d'Homère, l'expédition contre Troie, là que Clytemnestre fit assassiner son royal époux par son amant Égisthe, parce qu'il avait sacrifié sa propre fille, Iphigénie, afin de bénéficier de vents favorables pour la flotte grecque qui s'en allait vers Troie, et qu'Oreste, sous l'influence de sa sœur Électre, tua sa mère, estimant que ce n'était pas une raison suffisante. On frémit d'ailleurs à l'évocation de tous les crimes et scandales qui agitèrent la famille des Atrides qui n'en finissait pas de payer la malédiction initiale provoquée par Atrée, lequel avait eu la mauvaise idée de servir au repas quelques morceaux des fils de son propre frère qu'il ne portait pas dans son cœur !

Mais réduire les Mycéniens à des monstres sanglants reviendrait à cacher une tout autre réalité : ce sont, outre des peintres et des orfèvres hors pair, de remarquables architectes et constructeurs, autant dans le domaine militaire, palatial que funéraire. Et Mycènes possède parmi les plus beaux exemples de chacun de ces arts.

N'oubliez pas de venir de bonne heure si vous voulez vous remémorer dans de bonnes conditions cette époque historique faste et en découvrir les beaux restes, tranquillement.

En haute saison, pas d'illusions, il y a du monde et ça gâche un peu le plaisir. Plus de 600 000 touristes par an, ça ne passe pas inaperçu. Le problème, ici, est que, contrairement à Delphes ou Olympie, il n'y a pas énormément de place pour que tout ce monde s'étale...

– Les possesseurs de la carte *Inter-Rail* seront contents : il y a une **gare** (à Fichti, à 3 km du site archéologique, quand même !). Navette (en principe) entre la gare et Mycènes même.

L'HISTOIRE ÉDIFIANTE DE HEINRICH SCHLIEMANN (1822-1890)

Il était une fois un certain Heinrich qui naquit en Allemagne d'un père pasteur. Tout jeune, il tomba amoureux de Minna, sa petite voisine. Un jour, il reçut un livre illustré sur la mythologie grecque. Avec Minna, ils se firent le serment de se marier, puis d'explorer ensemble ces sites antiques.

Pour cela, il fallait d'abord faire fortune. Le voici commis dans une épicerie, puis matelot, mais son bateau échoue au large d'Amsterdam. Là, il travaille pour un riche négociant. Il profite de ses nuits pour apprendre sept langues. En quelques années, il bourlingue dans tous les coins de la planète ou presque (Russie, États-Unis) et bâtit une fortune colossale dans le commerce de l'indigo, puis se lance dans l'immobilier. Il revient alors au pays pour épouser sa belle Minna. Bien sûr, celle-ci venait juste de se marier... Qu'à cela ne tienne, on le voit en Inde, en Chine, au Japon et bientôt à Paris où il suit des cours à la Sorbonne.

Il vend alors ses commerces et peut enfin se lancer dans l'archéologie. Il s'installe à Athènes, se marie avec une jeune Grecque, Sophia, de 31 ans sa cadette. En 1871, il part avec sa femme à la découverte de Troie (*Hissarlik* en Turquie). Le moteur de ses recherches est simple : *L'Iliade* est une trop belle histoire pour ne pas être vraie. Il suivra pas à pas les textes anciens d'Homère et de Pausanias. Sept séries de fouilles étalées sur 20 ans lui permettront de mettre au jour le site de Troie, avec des épisodes rocambolesques comme, en 1873, la sortie du territoire turc du « trésor de Priam », dissimulé sous les jupes de sa femme. En 1874, il s'attaque à Mycènes et découvre deux ans plus tard ce qu'il croit être les masques d'or d'Agamemnon et d'autres personnages de la tragédie des Atrides. Il se trompe, comme il s'était trompé sur les datations à Troie, mais il n'est pas à cela près. Si la communauté scientifique de l'époque est plus que réservée face à cet autodidacte fanfaron et volontiers mythomane, il passe très bien auprès du grand public. Il meurt à Naples en 1890 et son corps est ramené en Grèce pour être inhumé dans un mausolée au cimetière d'Athènes.

Adresse utile

✉ *Poste :* sur le site. Ouvert du lundi au samedi de 9 h à 16 h.

Où dormir ?

Campings

⚐ |●| *Camping Atréus :* à l'entrée du village sur la gauche. ☎ 27-51-07-62-21 et 27-51-07-67-35 (hors saison). Fax : 27-51-07-67-60. Ouvert toute l'année, souvent complet. Dans les 16 € pour 2 personnes, une tente et une voiture. À notre avis, l'un des campings les plus sympas de Grèce. L'accueil est formidable. Nouveau bloc sanitaire tout pimpant. Belle piscine. Bonne cuisine (c'est la maman qui est aux fourneaux). Pandelis, le fiston, s'occupe du reste. Ils ont 2 ou 3 tentes à louer. Nos lecteurs sont particulièrement bien accueillis (ils y affluent, d'ailleurs, en masse). On ne va pas s'en plaindre. Camping *Sunshine,* réduction de 10 à 20 % selon la saison, sur présentation du dépliant de la chaîne. Cartes de paiement acceptées.

⚐ *Camping Mycenae :* dans le centre du village, sur la rue principale. ☎ 27-51-07-61-21. Fax : 27-51-07-62-47. Tarifs comparables au précédent. Petit. Ombragé par des bambous. Beaucoup moins de charme que le précédent. Patron sympa quand même.

De bon marché à prix moyens

⬙ *La Belle Hélène :* dans la rue principale. ☎ 27-51-07-62-25 et 27-51-07-64-34. Fax : 27-51-07-61-79. Compter dans les 35 € pour une chambre double sans petit déjeuner et 45 € avec. Dommage qu'ils aient construit cet auvent bétonné qui cache le ravissant hôtel où résidait le brave Schliemann en 1862 (voir plus haut). Cependant, l'intérieur conserve tout son charme. Plein de souvenirs, photos jaunies, gravures, lettres de personnalités (Himmler et Goebbels en tête !). Demandez la chambre n° 3. Non seulement parce que le maître y vivait mais aussi parce que la vue y est la plus belle. Douches à l'étage. Un des moins chers du village. Accueil peu aimable. Fait aussi restaurant.

⬙ *Hôtel Klitemnistra :* pas loin du précédent. ☎ 27-51-07-64-51. Fax : 27-51-07-67-31. Fort belles chambres de 35 à 45 € selon qu'elles sont climatisées ou non, petit déjeuner compris. Accueil sympa. Le fils de la maison parle l'anglais. Bon rapport qualité-prix.

⬙ *Chambres Pandélis :* à l'entrée du village à gauche. ☎ 27-51-07-63-60. Fax : 27-51-07-68-70. Compter 30 € pour une chambre double simple, 40 € pour avoir l'air conditionné (ce qui fait plutôt cher la clim'). Le patron propose des chambres impeccables avec salle de bains, et balcon pour certaines. Vue agréable sur l'avant. Accueil très sympa.

⬙ *Dassis Rent-Rooms :* dans la rue principale, en face du *Camping Mycenae.* ☎ 27-51-07-63-85 et 27-51-07-64-16. Fax : 27-51-07-61-24. Compter de 30 à 40 € pour une chambre double, petit déjeuner inclus. Bâtisse moderne. Chambres avec salle de bains. Celles de derrière possèdent un balcon bien agréable sur la campagne. Propreté moyenne. La patronne, Marion, est d'origine canadienne. Accueil aimable. Petite boutique au rez-de-chaussée.

Plus chic

🛏 |●| *Hôtel Petite Planète :* à la sortie du village, en allant vers le site. ☎ 27-51-07-62-40. Fax : 27-51-07-66-10. Chambres doubles de 65 à 80 € en haute saison, petit déjeuner non compris (on peut s'en passer). Construction récente pas vraiment laide. Panorama merveilleux sur toute la vallée. Chambres confortables avec terrasse et salle de bains. Un peu de laisser-aller dans l'entretien, dommage. Restaurant dont la terrasse domine aussi la vallée. Piscine. Conseillé de réserver en été à cause des groupes.

Où manger ?

|●| *Restaurant-taverne Mikinaïko :* rue principale. ☎ 27-51-07-62-45. Dans les 10 € le repas. Grande salle nue manquant d'intimité, mais cuisine globalement honnête. Également quelques chambres à louer.

|●| *Restaurant Electra :* rue principale. ☎ 27-51-07-64-47. Fermé hors saison. Grande salle agréable. Bonne cuisine traditionnelle, dans les mêmes prix que le *Mikinaïko.* Tout à côté, quelques chambres récentes très confortables, un poil plus chères que *Dassis.*

À voir

Le site est à 2 km du village. ☎ 27-51-07-65-85. Ouvert tous les jours de 8 h à 19 h d'avril à octobre ; hors saison, les horaires changent (8 h-17 h normalement). Fermé les jours fériés, le 1er mai et le 26 décembre. Entrée : 6 € ; gratuit pour les étudiants de l'Union européenne. Poste sur le parking, ouverte de 9 h à 16 h environ. Prévoir 2 h de visite (pour ceux qui craignent vraiment le soleil, éviter d'y aller à midi : il n'y a aucun coin ombragé). En fait, il existe deux sites, à 300 m l'un de l'autre. Le ticket d'entrée est valable pour les deux. Bien le garder. Le bus local s'arrête au site. Se munir d'une bonne paire de chaussures.

🚶🚶🚶 *Le trésor d'Atrée :* sur la gauche de la route, à la hauteur du premier parking, c'est le premier site à découvrir. Relativement spectaculaire, c'est un chef-d'œuvre d'architecture. Il s'agit d'un tombeau royal datant de l'apogée de la civilisation, vers 1300 av. J.-C. On y accède par une allée (en grec, *dromos*) et une porte monumentale dont le linteau inférieur pèse dans les... 120 tonnes, ce qui explique le triangle vide au-dessus (à l'origine caché par une dalle d'une roche plus légère et sculptée, comme pour la porte des Lionnes) pour soulager le linteau. La salle intérieure, bâtie en forme de ruche de 14,50 m de diamètre sur 13,20 m de hauteur, stupéfie par ses proportions et l'audace de sa construction. Les pierres de la voûte sont disposées en 33 rangées superposées, formant des cercles concentriques qui se rétrécissent au fur et à mesure qu'on arrive à la clef de voûte. Assemblage admirable des pierres entre elles. Certainement la construction la plus intéressante du site et peut-être de toute la Grèce pré-classique. Sur la droite, une petite pièce sombre, dont l'entrée possède également le triangle de décharge, qui pouvait être une salle funéraire ou renfermer le trésor. Alors, n'oubliez pas votre lampe de poche si vous voulez le trouver !

🚶🚶🚶 *La porte des Lionnes :* très célèbre, elle est située dans le deuxième site, le plus important, à 300 m du précédent. Robinet d'eau à 50 m après le contrôle des billets, sur la gauche. Cette porte commandait l'entrée de la ville (on peut encore voir les traces du pivot et du système de fermeture de la porte creusées dans le linteau). Elle est surmontée du même triangle de décharge que l'édifice précédent, celui-ci ayant conservé sa sculpture, l'une des plus connues au monde. On se demande d'ailleurs, vu toutes les guerres qui ont ravagé le site, comment ces lionnes ont réussi à survivre. Cela est en partie dû au fait qu'elles n'avaient pas de valeur intrinsèque : en effet, les têtes des deux lionnes qui étaient en bronze ont, elles, bien disparu ! Cette porte est entourée de remparts dont les blocs de pierre sont absolument énormes. Certains guides ont l'habitude de comparer ces énormes blocs aux murs incas. Foutaises racoleuses ! Il est quand même nécessaire de rappeler que Mycènes fut construit durant le IIᵉ millénaire av. J.-C. alors que l'Empire inca date du XVᵉ siècle de notre ère.

Juste après avoir franchi la porte, sur la gauche... la loge de la concierge.

🏹🏹🏹 **Le cercle royal et ses tombes :** à une vingtaine de mètres après la porte des Lionnes, sur la droite. Les six fosses tombales sont entourées d'un double dallage vertical qui constituait une galerie couverte. Ces tombes royales sont plus anciennes que celles du trésor d'Atrée et datent du tout début de la civilisation mycénienne (XVIIᵉ siècle av. J.-C.). Le trésor funéraire, qu'on découvrit dans les sépultures et que Schliemann s'était empressé d'attribuer, au moins en partie, à Agamemnon, est cependant remarquablement riche. Il est exposé au Musée archéologique d'Athènes (masques funéraires en or, épées ouvragées, poignards de bronze incrustés d'or et d'argent, etc.), malheureusement fermé en 2003. Derrière le cercle se trouvaient les maisons d'un quartier d'habitation.

🏹🏹🏹 **Le palais :** en haut de la colline en grimpant la rampe pavée, dite voie royale. Bien que très endommagé et peu spectaculaire, on peut distinguer d'abord la grande cour pavée, puis une petite cour carrée précédant le vestibule du bâtiment principal, le *mégaron,* où était dressé le trône, en face du foyer circulaire, au centre, toujours visible. De cette vaste plate-forme, chouette panorama sur la vallée escarpée et le premier mur d'enceinte en contrebas.

🏹 **La citerne :** en continuant vers l'est, à l'extrémité de la citadelle se trouve, insérée dans le rempart, l'entrée d'un escalier souterrain qui menait à une citerne secrète alimentée par une source à 12 m de profondeur et qui servait en cas de siège. La voûte en encorbellement est remarquable. Près de là, également percée dans la muraille, se trouve une poterne.

🏹🏹 **Le tombeau de Clytemnestre :** en contrebas de la porte des Lionnes, dans la ville basse, sur la droite après le guichet. À ne pas manquer. Fort bel appareillage de blocs de pierre en forme de ruche (ou *tholos* comme le trésor d'Atrée), forme réservée aux sépultures royales. Date de 1300 av. J.-C. À 50 m, le *tombeau d'Égisthe,* dont la coupole s'est effondrée. Appareillage de pierre sèche beaucoup plus rudimentaire. Entrée surmontée de trois énormes linteaux.

🏹🏹 **Musée :** tout récent (ouvert en août 2002).

➤ DANS LES ENVIRONS DE MYCÈNES

🏹🏹 **Néméa (Némée) :** à 15 km au nord de Mycènes. En remontant sur Corinthe par la vieille route, passer par-dessus l'autoroute et Némée se trouve quelques kilomètres plus loin. Desservi également par le train (ligne Athènes-Argos). Ouvert tous les jours de 8 h à 19 h en été (15 h hors saison). Le musée est fermé le lundi matin. On paie 3 € pour le musée et pour le site. Si l'on visite le stade en plus, prendre le billet groupé à 4 €. Site archéologique (au milieu des vignes) et musée superbes. Très peu fréquentés.

MYCÈNES

On vient y voir le temple de Zeus et le stade. Les jeux organisés à Némée dans l'Antiquité, en alternance avec ceux de Delphes et d'Olympie, étaient renommés. En 1996, on les a fait revivre : 700 athlètes en tuniques blanches y ont participé, sous le regard attentif des *hellanodices,* les juges, en tuniques noires. C'est à Némée aussi que ce brave Héraklès (Hercule) a réalisé un de ses travaux, consistant à tuer un lion qui terrorisait la région.

QUITTER MYCÈNES

En bus

➤ *Pour Athènes (130 km) :* toutes les heures, au départ de Fichti.
➤ *Pour Nauplie et Argos :* environ 5 bus par jour. Départs du site archéologique à 11 h, 13 h, 15 h et 19 h.
➤ *Pour Tripoli (via Argos) :* 4 bus par jour, de 8 h 30 à 16 h 30.

En train

🚃 La *gare* est à 2 km du village, à l'entrée de Fichti. Elle a l'air complètement désaffectée et pourtant les trains passent (et même s'arrêtent !).
➤ *Pour Athènes :* 5 trains par jour.
➤ *Pour Nauplie :* 2 trains par jour.
➤ *Pour Argos-Tripoli-Kalamata :* 2 trains par jour. À vérifier sur place.

LA ROUTE DE MYCÈNES À LÉONIDION

Retraversons Argos vite fait. 10 km après, on aborde Lerne. Tiens, tiens, de vieilles réminiscences scolaires reviennent à la surface. Ah ! mais c'est bien sûr ! Lerne, l'hydre de Lerne ! Encore un des travaux de ce Stakhanov d'Hercule. L'hydre était un dragon à corps de serpent avec neuf têtes, qui habitait dans un marais et dont les têtes repoussaient chaque fois que quelqu'un les coupait.
Là, on fait un petit point, parce que ça nous semble intéressant de voir comment se construit un mythe. Les archéologues pensent que l'origine de l'hydre de Lerne découle du long combat mené par les paysans pour assécher les marais et empêcher que les eaux de printemps ne détruisent leurs travaux d'endiguement. Les terres risquaient sans cesse d'être reprises, et cela explique l'image des têtes qui repoussaient après qu'elles eurent été coupées.
À notre avis, les ruines de Lerne (en principe 2 € l'entrée, ouvert de 8 h 30 à 15 h, mais en 2003 l'entrée semblait libre) n'ont pas d'intérêt pour le grand public, car elles se réduisent aux fondations. Il s'agit cependant d'un site très important de la préhistoire grecque qui éclaire les chercheurs sur des périodes méconnues, avec notamment un palais et des fortifications du IIIe millénaire av. J.-C., et au fond de la première tranchée, sans doute les fondations d'une des premières habitations du pays.
Laissons maintenant la route de Tripoli et prenons à gauche pour Léonidion. Les auto-stoppeurs vont souffrir car la route est peu fréquentée. Elle suit une côte rocheuse très découpée, à 100 m au-dessus du niveau de la mer. Grande beauté du paysage, en particulier entre Agios Andréas et Léonidion. Quelques criques mignonnes et isolées.

PARALIO ASTROS

Petite station balnéaire familiale, avec une belle plage. Port de pêche sympathique, nombreuses terrasses de café et quelques hôtels. Pas mal d'animation le soir. Sur le haut de la colline dominant le village, les ruines d'un château avec un beau panorama sur la baie.

Où dormir? Où boire un verre?

🛏 Nombreuses *chambres chez l'habitant.* À l'entrée, 2 petits *hôtels* (mais plus agréable de loger dans la ville haute ou sur le port).

🍷 ♪ *Eros Café :* ouvert d'avril à octobre. Un café sympa recommandé par des lecteurs, avec de la bonne musique.

Où dormir? Où manger dans les environs?

🏕 *Camping Repodina (Arcadia) :* à Agios Andréas, à 4 km au sud du village. ☎ 27-55-03-12-82. Jolie plage privée et cadre agréable en terrasses. Juste au-dessous de la route. Sanitaires propres. Self pas cher. Mini-marché. Patron parlant le français.

🏕 *Camping Zaritsi :* à environ 10 km du précédent vers le sud, juste avant d'arriver à Paralia Tiros. ☎ 27-57-04-14-29 et 27-57-04-10-74. Séparé de la route : on y descend par une piste de 700 m. Environ 17 € pour 2 personnes, une tente et une voiture. Tout

confort, bar, mini-marché, sanitaires impeccables. Bonne taverne. Les pieds dans l'eau (belle plage de galets) dans un site superbe et préservé. On y parle le français. Camping *Harmonie,* réduction de 10 à 20 % sur présentation du dépliant de la chaîne.

🍴 *Chez Maria :* à Agios Andréas en face de l'église. On mange dans le jardin. Peu de choix, mais bons petits plats à prix modiques. Adresse on ne peut plus typique, squattée par de vieux Grecs autour d'une bonne bouteille.

PARALIA TIROS

Officiellement devenu *Paralia Tirosapounakaïka* ! Port tranquille avec quelques hôtels et beaucoup de chambres à louer, le tout sans prétention et les pieds dans l'eau. Tourisme familial. Grande plage de galets, entourée de chaque côté par des collines. Soirées calmes si vous devez y passer une nuit, sauf pour ceux qui font une fixation sur le clapotis de l'eau.

◼ *Distributeur automatique de billets :* près de l'église, avant d'arriver sur le front de mer.

– *Fête :* le 17 juillet (Agia Marina).

⌐ Très belle *plage de Ligéria,* à 15 mn à pied de l'autre côté de la colline aux 3 moulins à vent.

Où dormir? Où manger?

🛏 *Hôtel Apollo :* l'un des derniers sur le quai, au sud du village. ☎ 27-57-04-12-68 et 27-57-04-13-93. Assez récent et propre. Chambres avec salle de bains autour de 35 à 40 €. Cuisine commune. Grands balcons avec vue sur la mer et les collines au loin. Le patron est un bon Méditerranéen jovial et dynamique.

🍴 *Restaurant Bar Mithos :* le long de la mer, avec une terrasse de chaque côté de la rue. N'ouvre qu'en saison. Compter 8 € pour un repas. Quelques plats du jour et les habituelles salades.

🍴 *Café O Elatos :* au n° 44, à côté du précédent. On y mange des pâtisseries orientales. C'est aussi l'arrêt de bus et le guichet pour les billets.

I●I *Café Kynouria :* sur le front de mer à côté du *Club Karnagio,* bons petits déjeuners.

Y *Club Karnagio :* sur le quai, sympathique bar en forme de cale de bateau ouverte vers la mer.

SAMPATIKI

Petit port-plage tranquille (et « sampathique ») en contrebas de la falaise, quelques kilomètres au nord de Léonidion. Une taverne au niveau du croisement avec la route principale, un parking en descendant (la circulation est difficile dans les ruelles du bas) et une adresse où dormir :

📧 *Stathopoulos Studios :* ☎ 27-57-06-12-73 et 27-57-06-13-45. Pour l'été, central téléphonique de réservation à Athènes : ☎ et fax : 21-05-61-09-87. À 50 m de la mer, 14 appartements conçus pour des familles de 2 à 5 personnes. De 30 à 70 € suivant le nombre de personnes. Balcon, salle de bains, cuisine équipée, TV satellite, AC (avec supplément), le tout bien tenu. Accueil gentil, ce qui ne gâte rien.

LÉONIDION
4 000 hab.

De hautes montagnes abruptes, aux roches tombant en falaises et que domine le mont Parnonas, enserrent un bout de plaine baigné de soleil. La petite cité semble sommeiller ainsi depuis des siècles et subit modérément l'invasion touristique. La balade dans la ville, pourtant d'architecture quelconque, est agréable. Presque pas d'hôtels, peu de chambres à louer, pas d'office du tourisme ! La raison en est simple : ce sont les habitants qui ne veulent pas du tourisme, car ils sont... riches. En effet, chaque pouce de cette plaine est cultivé. On y cultive en particulier une bonne partie des aubergines que l'on trouve en Grèce (il y a même une fête de l'Aubergine fin août). En outre, Léonidion, centre d'une région de grande émigration, reçoit aussi de l'argent des communautés grecques de l'étranger pour que leur cité préserve son caractère. L'autre particularité du coin, c'est qu'on y a longtemps parlé un dialecte, d'origine dorienne paraît-il, ce qui nous ramène très très loin en arrière...
Léonidion n'étant pas en bord de mer, sa station balnéaire est *Plaka* (voir plus loin).
Les fêtes de Pâques ont un éclat particulier à Léonidion : à ne pas manquer si vous passez par là à cette époque.

Adresses utiles

✉ *Bureau de poste :* pl. du 25-Mars.
■ *Distributeurs automatiques :* au moins deux dans la rue principale.

■ *Journaux français :* au bout de la rue principale, là où elle est la plus étroite.

Où dormir ? Où manger ?

📧 *Hôtel Alexakis (To Neon) :* odos Agias Aikaterinis. ☎ 27-57-02-23-83. Une ruelle du centre, perpendiculaire à la rue principale, sur la gauche quand on vient du nord. Tout au bout, coin calme. Compter aux alentours de 30 € la chambre double. Hôtel tout simple proposant des chambres rustiques mais correctes (avec ou sans douche) à prix modérés. Bon accueil.

|●| *Kafé Aigli :* devant la mairie. Terrasse abritée sous un auvent et des orangers. Petits déjeuners, en-cas (sandwichs et salades) et boissons en tout genre.

QUITTER LÉONIDION

Renseignez-vous car le stop est difficile.

🚌 *Station de bus :* au tout début de la route vers Plaka, une rue perpendiculaire à la rue principale. Attention : horaires et destinations irréguliers (affichage sur la porte du café de la station).

➤ *Pour Plaka :* une dizaine de bus par jour, entre 9 h et 13 h.

➤ *Pour Athènes (via Argos-Corinthe) :* 3 bus par jour, à 5 h 30, 8 h 15 et 16 h 30.

➤ *Pour Tripoli :* 2 bus à 5 h 30 et 13 h 30.

➤ *Pour Poulithra :* 4 bus par jour, de 4 h 30 à 20 h 15 (2 de ces bus continuent jusqu'à *Pighadi* et *Peleta,* sauf les samedi et dimanche).

➤ *Pour Monemvassia :* à éviter en bus car c'est la galère (changements à Tripoli, puis à Sparte et enfin à Molai). En plus, bien se renseigner car les dessertes sont irrégulières.

PLAKA

Petit port de charme, malgré le bétonnage de ces dernières années, à 4 km au sud de Léonidion. Une dizaine de bus assurent la liaison depuis Léonidion, surtout dans la matinée. Les malchanceux et les sportifs iront à pied (la route descend !). À gauche en arrivant sur le port, longue et belle plage de petits galets et de sable gris, très fréquentée en juillet et août.

Où dormir ? Où manger ?

– Le camping est interdit.

🛏 Quelques *chambres chez l'habitant* mais impossible de trouver une place en été si vous n'avez pas réservé ! Si vous êtes chanceux, vous trouverez une chambre double dans les 30 €.

🛏 *Hôtel Dionysos :* sur le port, immanquable avec sa façade bleu pétard. ☎ 27-57-02-34-55 et 27-57-02-23-79. Chambres doubles à 45 € sans petit dej', mais qui peut se négocier à moins. Récent. Chambres un peu plus chères que la moyenne mais impeccables et confortables, avec balcon et AC. Celles sur l'arrière n'ont pas une vue terrible. Accueil pas des plus sympathiques. Réserver en été.

|●| *Taverna Dolfins (Delphinia) :* c'est la taverne à étage avec vue sur le port. ☎ 27-57-02-30-36. Ouvert toute l'année. Plats classiques et bon poisson (frais, le beau-frère du patron est pêcheur). Évidemment, plats à base d'aubergine. Prix classiques également.

|●| *Taverna tou Psara (La Taverne du Pêcheur) :* sur le port, une taverne tenue par une famille de pêcheurs qui propose une cuisine à base de poisson grillé, excellente et à prix modérés.

POULITHRA

À 5 km au sud de Plaka, village qui s'étend en bord de mer et jusqu'au flanc de la montagne. Longue plage de sable et galets agréable avec vue sur l'île de Spetsès. Tourisme familial, essentiellement grec. Mois d'août particulièrement chargé. Un mini-market, un marchand de journaux (grecs), pas de banque.

Où dormir ?

🛏 Nombreuses **chambres chez l'habitant** et **studios** en front de mer ou un peu en retrait du village comme les appartements **House Katerina**. ☎ 27-57-05-13-43. Vraiment pas chers (de 20 à 30 € selon la saison). Au milieu d'un verger, en face de l'hôtel *Kentavros*.

🛏 **Chez Nikos Kontoroupis :** sur la route, face à la mer. ☎ 27-57-05-12-50. Chambres doubles à 30 € en été. Attention, aucun signe ne permet de le reconnaître : dans un petit immeuble blanc-bleu qui fait presque hôtel avec ses trois étages, ses persiennes et son ascenseur. Information au 3e étage. En fait, chambres très simples (ni AC ni ventilo, pas de petit dej') mais impeccables. Tenu par un couple âgé sympathique, très heureux si on lui parle deux mots de grec.

🛏 **Alexandraki :** dans une petite rue derrière *Chez Kontoroupis*. ☎ 27-57-05-14-84. Tenu par un jeune couple charmant qui loue 3 appartements neufs et agréables (environ 35 à 40 €) et très bien équipés avec de larges terrasses. Elle parle bien l'anglais et lui peut vous renseigner si vous voulez faire un peu de plongée.

🛏 **Hôtel Kentavros :** un peu en retrait par rapport à la route. ☎ 27-57-05-12-14. Ouvert seulement en été. En pleine saison, 42 € pour une chambre double avec salle de bains et ventilateur, mais sans petit dej'. Quelques chambres triples. Tenu par une jeune Grecque sympa ne parlant pas l'anglais.

🛏 **Hôtel Acrogiali :** sur le front de mer. ☎ 27-57-05-12-62. Fax : 27-57-05-15-01. Ouvert en principe toute l'année. Appartements de 40 à 75 € selon la saison. Adresse récente mais de charme. La discrète et sympathique famille Koliopoulos (qui ne parle pas l'anglais) a fait construire cette belle bâtisse en pierre et en bois avec beaucoup de goût, dans le style de l'architecture traditionnelle locale. Appartements très propres et bien équipés. Une très bonne adresse.

Où manger ? Où boire un verre ?

🍴 **Zavalis Taverna :** sur le bord de mer, avec une terrasse et quelques tables en contrebas, directement sur le sable. Prix corrects : environ 12 € pour un repas complet. Excellent assortiment de *mezze* pour 2. Service efficace.

🍴 **Taverna Meraklis :** en allant au port. ☎ 27-57-05-14-80. Ouvert tous les jours de mai à fin septembre et le week-end hors saison. Bon poisson. Prix modérés.

🍸 🎵 **Bar Aloni :** sur la gauche en arrivant au village. Ouvert le soir. Parasols en paille, éclairage de couleur, vue sur la mer, musique et bons cocktails pour environ 5 €, bref, de quoi passer un moment agréable !

Baignades

⊿ Si l'on veut s'aventurer plus au sud, à partir de Poulithra, pousser jusqu'à *Pighadi*, puis, après une douzaine de kilomètres (dont 7 de piste assez difficile), on rejoint la côte avec la **plage de Fokianos** et ses galets blancs, considérée comme une des plus belles plages du Péloponnèse. Quelques tentes et voiliers, mais on a de la place ! Depuis Léonidion, compter quand même 33 km.

➤ Ceux qui aiment vraiment les pistes peuvent descendre sur Liménas Ghéraka, via Kounoupia, Mari, Krémasti et Lambokambos (ici bifurcation pour Kyparissi). Se munir d'une bonne carte. À **Liméni Ghéraka,** au nord-est de Monemvassia, charmant petit port au fond d'un fjord (voir « Dans les environs de Monemvassia »).

LA ROUTE DE LÉONIDION À KOSMAS

De Léonidion, bus pour Kosmas à 13 h 45 mais pas tous les jours. Traversée de Léonidion assez difficile pour les véhicules genre camping-cars (sur une maison, on peut lire l'inscription, en grec : « Attention au balcon ! »). Si on est à court d'essence, faire le plein : la prochaine station est à Ghéraki, soit à une cinquantaine de kilomètres.
La route suit une gorge et soudain, après 10 km passés à serpenter, peu avant un pont étroit, une apparition dans les airs : le **monastère d'Élonis,** comme encastré dans la falaise. Il peut consoler les routards qui n'ont pas vu ceux du mont Athos ou des Météores. Pour y accéder, une petite route sur la gauche, 5 km plus loin. Très étroit. Mérite vraiment une visite, notamment pour son icône de la Vierge attribuée à saint Luc. Peu de monde. Tenue correcte exigée.

KOSMAS   700 hab.

À 30 km de Léonidion. Avant d'y arriver, la route ne grimpe plus mais musarde dans un paysage de rocaille, de petits champs et de conifères. Asphalte assez bon.
Kosmas est un petit village de montagne (avec neige en hiver), à 1 150 m d'altitude, dont les maisons sont incrustées dans la roche. Ici, sur les toits, la lauze domine, même si la tuile gagne progressivement du terrain. Au centre, une place ombragée par l'église et quelques platanes centenaires, vraiment très agréable par grande chaleur. Au chevet de l'église, une jolie fontaine de marbre ornée de gueules de lion. Trois ou quatre tavernes se côtoient, avec leurs tables dehors. Dans ce cadre rustique et enchanteur, l'*ouzo* prend un goût d'éternité.

Où dormir ? Où manger ?

🛏 *Hôtel To Balkoni tis Kynourias :* chez Argyris Rorris, sur la place du village aux 8 platanes. ☎ 27-57-03-14-21, et à Athènes, l'hiver, ☎ 21-06-71-13-86. Ouvert de juin à novembre. Chambres correctes avec salles de bains communes à prix modique : 30 € environ sans petit dej'. 3 des 10 chambres donnent sur la belle place.
🍽 *Café-restaurant O Maléatis Apol-*

Ion (Madari) : petite enseigne jaune et vert à côté de l'hôtel *To Balkoni.* Ouvert toute l'année. ☎ 27-57-03-14-94. Dans ce décor vieillot et chaleureux, possibilité de goûter une bonne cuisine de terroir à prix très modérés (autour de 10 €). Accueil sympa. Sur le pouce, délicieuse soupe maison, salade grecque ou omelette. Ne pas manquer le *melomaka-*

rona pour le dessert. Fait aussi hôtel.
|●| **O Navarchos :** à l'extrémité
droite de la place. ☎ 27-57-03-14-89.

Bonne cuisine traditionnelle à prix
modérés : 8 à 10 € par personne.

➤ DANS LES ENVIRONS DE KOSMAS

Le mont Parnonas : de Kosmas, une route forestière permet d'aller flâner sur les pentes du mont Parnonas, idéal pour découvrir un autre aspect de la Grèce. De Kosmas, suivre la direction *Platanaki* et *Polidrosso*. Une route goudronnée de 18 km puis une piste en mauvais état de 15 km (compter 1 h 15 pour le second tronçon) traversent d'immenses forêts de pins et de châtaigniers. Nombreuses fontaines en cours de route. Bucolique, mais avec de bons amortisseurs ! La route, si on la suit jusqu'au bout, rejoint **Kastanitsa** (accessible également depuis Agios Andréas) mais on peut la quitter au 26ᵉ km, sur la gauche, pour rejoindre, 5 km plus loin, le village de **Polidrosso** (ce qui signifie « Très frais »), aussi appelé **Tzitzina**. Ce village de moyenne montagne n'est habité que l'été. Difficile d'y circuler en voiture, donc mieux vaut se garer et le découvrir à pied. En contrebas de la première place, une agréable *taverne* où l'on mange bien. Peu de choix mais portions géantes et prix modiques (plats autour de 5 €). Dépaysement garanti. Pour éviter de revenir par le même itinéraire, possibilité de rejoindre, par une bonne route forestière, l'axe Tripoli-Sparte.

GHÉRAKI
1 500 hab.

À 18 km de Kosmas. La route a été entièrement refaite. Peu après le village, chouette panorama avec aire de pique-nique. Ghéraki est une petite bourgade tranquille, perchée sur un promontoire. Avis aux routards en camping-car : très difficile de traverser le village avec vos gros engins.

À voir

L'église Évangélistria : minuscule, datant du XIᵉ siècle avec des fresques (aussi belles qu'à Mystra) des XIIᵉ et XIIIᵉ siècles. Pour visiter cette église, comme les nombreuses autres de Ghéraki, demander au gardien, dans la petite cahute juste à côté de la poste.

➤ DANS LES ENVIRONS DE GHÉRAKI

À 4 km au loin, une colline avec un **château franc** en ruine. Il faut d'abord aller dans le village s'assurer auprès du gardien que c'est ouvert, pour ensuite prendre la direction d'Agios Dimitrios. Le château était le fief d'un proche des Villehardouin, Guy de Nivelet. De Ghéraki, on communiquait par feux avec Monemvassia et Mystra. Très vite, la place forte fut conquise par les Byzantins. Sa visite se révèle intéressante. Sur le chemin du château, ne manquez pas l'*église Agia Paraskévi* du XIIᵉ siècle et, à l'intérieur de l'enceinte, *Agios Géorgios* qui possède encore quelques belles fresques. C'est, en outre, la mieux conservée.

UN PEU D'HISTOIRE

Vous allez rencontrer plus d'une fois le nom de Villehardouin et voir plus d'une fois aussi les ruines d'un château franc. Vous n'êtes pas en effet les premiers Hexagonaux dans le coin... Cela mérite quelques explications.

En route pour une croisade, les chevaliers francs (c'est-à-dire français et italiens pour la plupart) se détournèrent de leur objectif, Jérusalem, pour aller se mêler des affaires intérieures byzantines. Au passage, ils prirent (et pillèrent) Constantinople et créèrent un « Empire latin ». C'était en 1204. Et voilà comment ces Francs se retrouvèrent à se partager la Grèce puis à construire des places fortes pour se défendre. Le Péloponnèse tomba dans l'escarcelle de la famille des Villehardouin, originaire de Champagne. Il y eut en fait quatre Villehardouin princes de Morée (le nom qu'on donnait alors au Péloponnèse), dont le plus connu, Guillaume II (1218-1278), né et mort à Kalamata. Après sa mort, les Byzantins réussirent à reconquérir petit à petit le Péloponnèse.

LA ROUTE DE GHÉRAKI À MONEMVASSIA

Possibilité de continuer (en se rallongeant, mais joli paysage) vers Agios Dimitrios, puis Niata et Apidia (sur cette route, de l'essence à Apidia et Niata), et de rejoindre la route de Monemvassia, entre Vlachiotis et Molai. De Niata, une piste continue vers la côte en direction de Kyparissi et Liméni Ghéraka. Beau, mais qu'est-ce qu'on mange comme poussière !

MONEMVASSIA   900 hab.

À 62 km au sud-est de Ghéraki. L'une des plus belles étapes de votre voyage. Malheureusement, les auto-stoppeurs et les routards en bus souffriront dur.

Le village se divise, en fait, en deux parties : une petite ville moderne au bord de la mer *(Géfira),* où se trouvent l'essentiel des hôtels et des tavernes ; en face, un village médiéval, caché derrière un promontoire rocheux, enserré dans des remparts vénitiens plongeant dans la mer, et relié à la terre ferme par une longue digue. Pour visiter, on utilise le service de bus ou on se gare sur une file le long de la route sur la digue. Les camping-cars, pas très appréciés dans le secteur, resteront sagement garés sur le port.

Pourquoi cet endroit a-t-il pu rester absolument intact, sans hôtels horribles ou publicités criardes ? Tout simplement parce qu'il n'y a aucune plage sur le rocher. Les architectes ont donc préféré construire dans la ville moderne, face à la plage. Depuis, bien sûr, le site est entièrement classé et les rénovations sont contrôlées (sans aucune faute de goût) par le ministère de la Culture. Autre chance, les ruelles de la vieille ville sont trop étroites pour laisser passer les voitures. Un endroit vraiment béni et protégé par les dieux grecs. Grands parkings neufs.

UN PEU D'HISTOIRE

Une histoire bien mouvementée. Guillaume de Villehardouin, en 1249, dut assiéger pendant trois ans cette place forte byzantine pour la conquérir. Monemvassia passera ensuite entre les mains du pape, des Vénitiens et des Turcs jusqu'en 1821. C'est aussi le lieu de naissance du grand poète Yannis Ritsos (1909-1990).

Comment y aller?

En bus

➤ *D'Athènes :* 3 bus par jour de 6 h 30 à 17 h.
➤ *De Sparte :* 3 liaisons par jour de 4 h 15 à 14 h 30. Durée : 2 h environ.
➤ *De Gythion :* 1 bus par jour (en été).
➤ *De Néapolis :* 1 bus par jour.

En bateau

Pas de liaison en *Flying Dolphin* en 2003. Renseignements à Athènes :
☎ 21-04-19-92-00.

Adresses utiles

✉ *Poste :* à côté de la banque. Ouvert de 7 h 30 à 14 h.
■ *National Bank of Greece :* à Géfira. Ouvert du lundi au vendredi de 9 h à 13 h 30. Distributeur automatique.
– Un autre distributeur automatique de billets dans la rue qui part vers le sud.

■ *Journaux français :* au supermarché *Lekakis,* dans la rue montant au-dessus de la poste.
– Un *petit bus* assure la liaison entre la ville nouvelle (Géfira) et la ville médiévale. Environ toutes les 20 mn de 8 h à minuit. Départ juste avant la digue à l'abribus à gauche de la route.

Où dormir?

Le nombre d'hôtels et d'immeubles proposant des chambres ne cesse d'augmenter... Nous avons trouvé l'absentéisme à la réception des hôtels de cette ville particulièrement important : beaucoup s'attendent à ce que vous réserviez à l'avance en saison.

Dans la ville moderne

Bon marché

🛏 Très nombreuses *chambres chez l'habitant,* notamment à la sortie sud de la ville, en allant vers le camping *Paradise.* Par exemple, chez *Chrissoula Charami,* dans une maison blanche entre la *Pension Petrino* et la *Taverne Cochilia.* ☎ 27-32-06-10-81. De 25 à 35 € selon la saison. Chambres bien tenues et décorées. Ou chez *Charalambos Bilias,* devant la mer (☎ 27-32-06-12-13), dont le frère tient un resto rue de la Harpe à Paris !

🛏 *Chez Nikolaos Kritikos :* à l'entrée de Monemvassia en venant de Sikéa-Molai (l'entrée principale). ☎ 27-32-06-14-39 et 27-32-07-12-46. Juste après le supermarché, sur la droite, dans un petit immeuble moderne. Chambres pour tous les goûts autour de 30 € ; cuisine et salles de bains communes. Proprios ne parlant guère l'anglais, mais leurs enfants, tout à fait charmants, viendront à leur secours s'ils sont là.

Prix moyens

🛏 ***Pension, chez Anastasios Sofos :*** dans la petite rue de la *National Bank of Greece* (au n° 72, à environ 10 m). ☎ 27-32-06-12-02. Chambres doubles de 25 à 45 € environ suivant la saison. Maison toute blanche avec balcon tout autour. Chambres avec AC, petite salle de bains et frigo, propre et bon marché pour Monemvas-

sia. Pas de petit dej'.
🛏 ***Belessis House :*** ☎ et fax : 27-32-06-12-17. Prix très variables selon la saison et le standing : environ de 30 à 50 €. Chambres et appartements en pierre avec parquet, joliment décorés de vieux meubles et avec vue sur la mer. Petite plage à 20 m. Cour intérieure agréable.

Plus chic

🛏 ***Hôtel Minoa :*** rue principale, en plein carrefour. ☎ 27-32-06-12-24 et 27-32-06-12-09. Fax : 27-32-06-10-40. Les prix ont grimpé : 50 € la double en été, sans climatisation ni petit dej'. Certaines chambres disposent de grands balcons donnant sur le port et la citadelle. Propre et confortable. Parfois bruyant le soir, le trafic et le *Rock Café* juste en face conjuguant leurs décibels.
🛏 ***Hôtel Chrissais :*** 1 km avant Monemvassia en venant de Molai, sur la gauche. ☎ et fax : 27-32-06-18-97 et 27-32-06-18-98. Compter dans les 45 € hors saison, mais les prix montent jusqu'à 75 € en pleine saison, petit dej' compris. Dans une grande maison surplombant la mer,

d'agréables chambres meublées en pin. Balcons, vue imprenable sur le rocher de Monemvassia et petite piscine. Très propre. Accueil souriant mais uniquement en grec. Une bonne adresse.
🛏 ***Villa Diamanti :*** à l'entrée du bourg en venant de Sikéa-Molai, sur la gauche, en face du supermarché. ☎ 27-32-06-11-96 et 27-32-06-15-34. Dans les 60 € la double en haute saison. Impossible de la manquer. Superbe maison en retrait de la route et les pieds dans l'eau. Petit jardin agréable. Chambres très confortables (AC, frigo et TV), intérieur de charme. Cuisine à disposition pour le petit dej'.

Dans le village médiéval

Pas d'hôtels bon marché mais, si vous êtes quelque peu en fonds, voici trois adresses exceptionnelles (en été, il faut réserver ou arriver tôt).

🛏 ***Hôtel Malvasia :*** la réception se situe une centaine de mètres après l'entrée dans la cité fortifiée, sur la gauche. ☎ 27-32-06-13-23. Si l'on appelle de l'étranger, composer le ☎ 27-32-06-11-60. Fax : 27-32-06-17-22. En principe, ouvert toute l'année. Chambres doubles standard de 50 à 80 € avec petit dej'. Il s'agit en fait de 3 demeures en trois endroits différents de la vieille cité, toutes dans le même style (vieilles bâtisses médiévales restaurées avec goût). Si vous êtes 2 (et si on vous loge dans la « maison mère » de l'hôtel), demandez la chambre n° 8, elle a une

terrasse. À 4, demandez la chambre n° 12 qui a deux pièces, avec une kitchenette et un petit coin salon. Petit dej', climatisation et, pour certains, vue sur la mer comprise. Réserver, même en basse saison.
🛏 ***Hôtel Byzantino :*** en face du campanile de l'église Christos Elkoménos. ☎ 27-32-06-12-54. Fax : 27-32-06-13-31. Réservation hyper-conseillée. Guichet d'information quelques mètres après l'entrée dans la vieille ville, sur la gauche. Chambres doubles de 50 à 120 €, voire davantage, selon l'aménagement et la saison. Dans de vieilles maisons médié-

vales, une vingtaine de chambres rénovées avec beaucoup de goût. Certaines chambres disposent d'une mezzanine (avec 2 grands lits), d'une cuisine, voire d'un jacuzzi ou d'une cheminée. Préférez celles sur les remparts, avec vue sur la mer et petite terrasse.

Où camper dans les environs ?

⛺ *Camping Paradise :* à 3,5 km au sud, isolé. ☎ 27-32-06-11-23. Fax : 27-32-06-16-80. ● paradise@otenet.gr ● Ouvert du 1ᵉʳ mars à fin novembre. Compter dans les 18 € pour 2 personnes avec une tente et une voiture. Donne directement sur une plage de galets. Restaurant. Assez cher, mais c'est le seul camping des environs. Cuisine à disposition. Sanitaires modernes pas toujours bien propres. Français parlé.

Où manger ?

Dans la ville moderne

|●| *To Limanaki :* sur le port. Autour de 10 €. Terrasse romantique devant les bateaux, plats traditionnels (aubergines farcies, pâtes aux calamars) que l'on choisit en cuisine et arrose d'un bon vin blanc local, pour un prix raisonnable. Bon accueil.

|●| *To Votsalo* (anciennement Nikolos) *:* à 100 m du centre, en longeant le port. ☎ 27-32-06-14-86. Prix corrects : autour de 10 € pour un repas. Un peu à l'écart de l'activité du centre, donc plus tranquille. On mange néanmoins tout près du clapotis de l'eau.

|●| *Taverne Pipinellis :* à 2 km de Monemvassia sur la route de Nomia vers le sud. ☎ 27-32-06-10-44. À partir de 10 € par personne. Cadre rustico-moderne et ambiance familiale. Bon rapport qualité-prix.

|●| *Aktéon :* sur le port. ☎ 27-32-06-17-97. Compter 10 € par personne. Cuisine familiale, bon marché. Accueil très chaleureux de Maria Saloustrou qui, par ailleurs, peut vous rendre de nombreux services.

Dans le village médiéval

|●| *To Kanoni :* à côté de la place, en face de *Byzantino.* ☎ 27-32-06-13-87. Ouvert de mars à novembre, tous les jours ; le reste de l'année, le week-end. Plutôt cher par rapport à la moyenne : compter dans les 12-15 €. Différentes salles et terrasses croquignolettes. Bonne cuisine de taverne et personnel sympathique.

|●| *Ta Matoula :* en contrebas de la ruelle principale. ☎ 27-32-06-16-60. Ouvert toute l'année. Environ 12-15 € par personne. Fort belle terrasse et jardin intérieur. On mange sous un superbe figuier. Cuisine correcte mais de qualité irrégulière selon certains lecteurs. Fréquentée par les Grecs, ce qui est bon signe. Ne manquez pas, en contrebas (descendre la ruelle), la terrasse surplombant la mer.

Où boire un verre ?

🍸 ♪ *Chez Angelo :* dans la ruelle principale. On y parle le français. Très sympa. *Milk-shakes* et cocktails délicieux. Très bon jazz le soir, musique classique le matin. Un peu cher.

LE PÉLOPONNÈSE

À voir

🎭🎭 La découverte du village est merveilleuse de bonne heure, quand les artisans ou les ouvriers qui restaurent en permanence la vieille ville ne sont pas encore au travail et que les touristes dorment toujours. Toutefois, n'oubliez pas qu'une balade nocturne dans cet enchevêtrement de ruelles, à la lueur des réverbères ou de la lune, sera un grand souvenir de votre voyage. Se munir d'une lampe de poche et avoir des chaussures avec une bonne semelle.

On pénètre dans la *ville fortifiée* (*kato poli,* la ville basse) par l'unique entrée (*moni emvassia,* en grec), en chicane et voûtée. La chicane empêchait les coups de bélier sur la deuxième porte (aucun recul possible). La grande ruelle débouche sur la place principale bordée par l'*église Christos Elkoménos,* avec son campanile isolé comme on en trouve beaucoup en Vénétie. Portail de 1697 (deuxième occupation vénitienne). Plus loin, l'*église Agios Nikolaos.* On descend ensuite par une ruelle tortueuse, et parfois voûtée même au Moyen Âge, pour atteindre l'*église Panagia Chrysafitissa* et sa façade vénitienne. L'ancienne mosquée, sur la place de l'église Christos Elkoménos, abrite depuis 1999 une petite collection archéologique sans prétention, mais qui montre, par la variété des objets, la vieille vocation de carrefour commercial méditerranéen de la ville.

Les courageux emprunteront le raidillon qui mène à la *citadelle* (*ano poli,* la ville haute), surmontée par l'église byzantine *Agia Sofia.* Belles fresques. Ce n'était pas seulement une place forte mais une véritable ville, dont les ruines, très abîmées, ne permettent pas de se faire une idée exacte. Néanmoins magnifique. Au soleil couchant, romantique promenade parmi les ruines du château noyées dans une abondante végétation.

En bas de la citadelle, à l'endroit appelé Portello, un escalier conduit des remparts vers la mer. Une plate-forme en béton sert de plage. Douche gratos.

Fête

Chaque année, le 23 juillet, on célèbre la libération de la ville en 1821 après un terrible siège de quatre mois. Monemvassia fut la première place forte du Péloponnèse à se libérer des Turcs. Danses et repas champêtre devant l'église Panagia Chrysafitissa.

Baignades

– Petit promontoire en contrebas de la route qui mène à la vieille ville. Eau limpide.

🏊 *Pori Beach :* à 3 km environ au nord mais pas beaucoup d'ombre. Située sur la route de Gythion. Belle plage de sable paisible. Peu de touristes. Mieux que la plage de Monemvassia.

🏊 *Plage de Xiphias :* à 6 km au sud de Monemvassia. Prendre la direction du camping *Paradise* et le dépasser. C'est juste au niveau d'un hôtel. Du sable, de petites falaises ocre et, à proximité, une taverne (avec douche près de la route et chambres à louer), *Ta Ambélakia,* ☎ 27-32-06-62-13.

➤ *DANS LES ENVIRONS DE MONEMVASSIA*

🍴 *Liméni Ghéraka :* à 19 km au nord de Monemvassia, petit port de pêche qui a gardé tout son charme. Les hôtels et le béton n'ont pas encore fait main basse sur ce fjord aux eaux limpides que se partagent les locaux et quelques yachts étrangers. Très tranquille hors saison.

🍴 Quelques *psarotavernès* le long du quai comme **Avra,** avec sa terrasse surélevée. Bon poisson pour environ 12 € le repas.

🛏 Un seul endroit pour dormir : chez **Anastassios Sofos.** ☎ 27-32-02-39-35. Pas cher (environ 35 €), mais attention, il ne possède que 2 appartements.

QUITTER MONEMVASSIA

En bus

🚌 Demandez les horaires à l'agence *Malvasia* en face de l'arrêt de bus. Ouvert de 8 h 15 à 14 h 15 et de 18 h à 21 h ; le dimanche, de 12 h 15 à 14 h 15. ☎ 27-32-06-17-52. Fax : 27-32-06-14-32.
➢ **Pour Athènes :** 3 bus quotidiens à 4 h 10, 7 h 15 et 14 h 15.
➢ **Pour Molai** et correspondance **pour Sparte, Tripoli et Néapoli :** 2 bus minimum par jour.

En bateau *(Flying Dolphin)*

Pas de liaison pour Le Pirée en 2003.

LA ROUTE DE MONEMVASSIA À NÉAPOLI VIA NOMIA

Cette route est goudronnée dans toute sa partie montagneuse. Elle vaut le détour, car les points de vue sont superbes. Peu après Nomia, dans un virage, de l'eau fraîche coule du rocher : on peut presque se doucher. Attention, route étroite, notamment quand on redescend à partir de Kryovrissi.

NÉAPOLI   2 500 hab.

On va plus à Néapoli pour s'embarquer pour Cythère ou pour Élafonissos que pour Néapoli même... Pourtant, cette bourgade pas plus sympathique que cela il y a quelques années s'est refait une santé. Longue plage de sable gris, avec douches. Le soir, en été, le front de mer est interdit aux voitures, et tout le monde fait « volta ».

Adresses utiles

✉ **Poste :** sur la dernière perpendiculaire au front de mer, avant le petit pont.
◼ **Banque :** deux distributeurs automatiques sur le front de mer.
◼ **Journaux français :** à droite sur la petite place qui fait face à l'embarcadère.

LE PÉLOPONNÈSE

Où dormir ?

Prix moyens

🛏 *Hôtel Aïvali :* face à la mer, avant le petit pont. ☎ 27-34-02-22-87, 27-34-02-25-61 et 27-34-02-27-77. Entre 30 et 45 € environ, selon la saison, la double sans le petit dej'. Chambres correctes mais tristes. AC.

Chic

🛏 *Hôtel Limira Mare :* face à la mer. ☎ 27-34-02-22-36 et 27-34-02-22-08. Fax : 27-34-02-29-56. • www.limira-mare.gr • Ouvert d'avril à fin octobre. Dans les 80 € avec petit dej' en été, donc un peu moins cher que la plupart des hôtels de cette catégorie ; les prix sont intéressants hors saison : 60 €, toujours avec petit dej'. Grand hôtel de catégorie B assez luxueux. Chambres spacieuses et claires sur le front de mer, avec AC, balcon et service de chambre efficace. La responsable de la réception parle un excellent français, a un grand sens du service et tient à faire connaître sa région (documents touristiques disponibles).

Où manger ?

🍴 *Psitopolio O Vias (O BOIAΣ en grec) :* sur la promenade, entre le port et le petit pont. ☎ 27-34-02-26-54. Ouvert seulement le soir. Compter dans les 10 €. On y vient pour manger une excellente viande grillée, des *souvlakía* petits ou grands, des *gyros,* du poulet à la broche... Beaucoup de Grecs. Service diligent sous la houlette du maître des lieux, Kostas Lekkas. Possibilité d'emporter.

🍴 *Kapileio :* le dernier du front de mer, face au terrain de basket. Les classiques, plus quelques plats du jour entre 5 et 6 € sortant de l'ordinaire : moussaka végétarienne *(siciliana),* calamars au vin rouge, escar- gots à la sauce tomate *(salingaria),* lapin, porc au curry... à aller choisir en cuisine car on ne parle que le grec. Accueil gentil et service efficace.

🍴 *To Konaki tou Zacharia :* ☎ 27-34-02-35-31. Petit restaurant familial, sur le quai, juste après le pont. Prix corrects (repas à moins de 10 €). Le fils est serveur, parle bien l'anglais et est très diligent. Situation très agréable, au-dessus des flots.

🍴 Beaucoup de *café-ouzeria* sur le front de mer : le poulpe est sur le gril presque toute la journée pour la préparation du *ktapodi.*

➤ DANS LES ENVIRONS DE NÉAPOLI

🏖 *Vinglafia Pounda :* à 13 km au nord-ouest de Néapoli. Belle plage de sable blanc, immense et fréquentée, notamment par les camping-cars. Eau très claire, peu de fond. Beaucoup de vent en septembre. C'est de là que part le bac pour Élafonissos (voir plus loin).

🚶 *Agios Nikolaos :* village que l'on atteint par une bonne route et d'où l'on a, notamment au coucher du soleil, une belle vue sur Cythère. Pas de possibilité de logement.

Pour ceux qui cherchent à tout prix à faire les extrémités des « pis » du Péloponnèse, suivre la direction *Profitis Ilias,* un tout petit port sympa. La piste continue encore jusqu'à *Agia Marina.* Ensuite, c'est par un sentier qu'on atteint le *cap Maléas.*

🚶 *Vélanidia* est chouette : maisons blanches, toits de tuile, le tout dans une grande unité. Pour y aller, 12 km d'une route très « virageuse ». Accès à la

PARTIE ORIENTALE DU PÉLOPONNÈSE

mer (belle plage de sable pas toujours propre) par 2 km d'une route parfois abrupte. Là, *taverne* pas désagréable et bon marché.

🛏 Pour ceux qui voudraient séjourner sur place, ***Rooms to rent Petros,*** 200 m après la taverne. ☎ 27-34-05-12-25. Autour de 40-45 € la chambre double en saison. Deux salles de bains et une cuisine pour 3 chambres. Récent et propre.

⛵ En continuant encore après la pension, on parvient à une crique de sable, tranquille et propre. Eau très claire.

QUITTER NÉAPOLI

En bus

➢ ***Pour Pounda (Vinglafia) :*** port d'embarquement pour Élafonissos. 4 bus par jour du lundi au vendredi, de 7 h à 16 h.
➢ ***Pour Sparte :*** 4 bus par jour.
➢ ***Pour Agios Nikolaos :*** 4 bus par jour de 6 h à 12 h 30.

En bateau

➤ **Pour Cythère :** les renseignements sur la traversée pour Cythère peuvent être obtenus à la capitainerie : ☎ 27-34-02-22-28. Compétents, serviables, et parlent bien l'anglais. Il faut réserver.

ÉLAFONISSOS

700 hab.

Une petite île facile d'accès (10 mn de traversée seulement) depuis *Pounda,* le port de Vinglafia, à 13 km au nord-ouest de Néapoli. Cette île de 20 km, distante de 300 m du continent, ne compte que 700 habitants permanents. Le comité du tourisme du département (Laconie) a décidé de faire connaître Élafonissos en proclamant haut et fort qu'on y trouve la plus belle plage de la Méditerranée ! Rien que ça !

Comment y aller ?

➤ **De Pounda (Vinglafia) :** deux petits bacs font la navette. ☎ 27-34-06-11-77 et 27-34-06-10-44. En juillet et août, une quinzaine de traversées de 7 h 45 à 22 h ; une dizaine de traversées en juin et septembre et évidemment encore moins l'hiver. Prix passager modique ; en revanche, plus élevé pour un véhicule (dans les 15 €), sans doute pour limiter l'invasion de l'île par les voitures et camping-cars. Plus intéressant d'acheter directement le retour, mais il faut alors prendre le même bateau. Autre solution : laisser la voiture sur le continent et prendre la barque qui achemine les piétons pour environ 1 €. Horaires non affichés, mais départs plus fréquents, environ 1 par heure.
➤ **De Néapoli :** un caïque fait la liaison plusieurs fois par jour pour les piétons. Se renseigner car horaires irréguliers.

Où dormir ?

Pas très facile si on n'a pas réservé, tout étant vite plein. Si tel est le cas, voir derrière l'hôtel *Pallas,* plusieurs *rooms to let* en bord de plage. Mais on peut aller sur Élafonissos pour la journée seulement.

⚠ **Camping Sinos :** à 4 km du port, vers la plage de Sinos. ☎ 27-34-02-26-73. Ouvert de la mi-mai à fin octobre. Compter dans les 16 € pour deux avec voiture et tente. Camping récent avec deux blocs sanitaires tout neuf. Bar (petit déjeuner servi), mini-market.
🛏 **Chambres chez Maria Andressaki :** dans une maison blanche aux volets bleus, à l'arrière du village. ☎ 27-34-06-12-92. N'ouvre qu'à partir de juin. Chambres et studios (coin cuisine et frigo) avec AC autour de 30 €. Accueil souriant. Anglais très limité.
🛏 **Hôtel Astéri Elafonissou :** à l'écart du port, à l'arrière du village. ☎ 27-34-06-12-71/2. Fax : 27-34-06-10-77. Chambres bleu et jaune proprettes, avec réfrigérateur, autour de 45 € hors saison et jusqu'à 70 € en saison. À 20 m d'une jolie plage. Bon accueil.
🛏 **Hôtel Pallas :** chez Katy Aroni-Kollintza, en plein centre du bourg. ☎ 27-34-06-11-42 (hors saison : ☎ 21-04-51-05-63 ; renseignez-vous à l'avance car ils n'ouvrent pas toujours). Fax : 27-34-06-12-17. Chambres à 45 € au rez-de-chaussée sans AC et à 50 € à l'étage avec AC. Prix plus intéressants hors saison. Intérieur très moderne.

Où manger ?

|●| *Quatre psarotavernès* (tavernes de poisson) sur le port. Élafonissos est une des dernières îles poissonneuses de Grèce. Profitez-en !

Baignades

⌇ Les plages, surtout celle de *Simos,* constituent en effet la seule bonne raison de se rendre sur cette île sans relief. D'Élafonissos, le seul village de l'île, assez animé le soir, prendre la piste qui part sur la gauche du village, tout droit quand on descend du bac. Au bout de 4 km, une fois qu'on a passé une horrible décharge publique, on arrive sur une presqu'île reliée au reste de l'île par une mince langue de sable très fin. De chaque côté, une longue plage aux eaux limpides (côté naturiste sur la droite en arrivant). Paradisiaque hors saison. Dommage que les dunes soient colonisées l'été par des tentes assez nombreuses (camping sauvage) et que la musique du petit bar de plage soit un peu forte... L'autre plage, *Panagia,* à l'ouest de l'île, est moins belle mais a l'avantage d'être moins fréquentée. Camping sauvage possible également.

QUITTER ÉLAFONISSOS

Voir plus haut la rubrique « Comment y aller ? ». Même fréquence pour le retour que pour l'aller. L'été, premier départ à 7 h 30, dernier à 21 h 45 pour Pounda (Vinglafia).

CYTHÈRE (KYTHIRA) 3 100 hab.

Même si l'île de Cythère n'a rien à voir avec la représentation qu'en a donnée Watteau, elle n'en est pas pour autant aride. On croirait une des Cyclades égarée au sud du Péloponnèse avec un peu plus de verdure. Cette île n'est pas tellement connue des touristes européens. Cela ne signifie pas qu'elle soit désertée : au contraire, difficile d'y trouver une chambre l'été, comme sur toutes les îles d'ailleurs. Beaucoup de natifs de Cythère ont émigré aux États-Unis et surtout en Australie, d'où son surnom d'« île des kangourous ». L'âge venant, ils reviennent au pays, soit en vacances, soit définitivement. L'île, d'une superficie de 278 km², est parsemée de très nombreux villages et hameaux qui peuvent donner l'impression qu'elle est très peuplée : pourtant, seuls 3 100 habitants y demeurent en permanence (mais en Australie, leurs compatriotes seraient 100 000 !).

Comment y aller ?

En bateau

➤ *De Néapoli :* liaison Néapoli-Agia Pélagia (ferry). En saison, plusieurs liaisons quotidiennes avec Cythère le matin et l'après-midi. 45 mn de trajet. Quelques départs également de *Gythion* et *Kalamata.*
➤ *Du Pirée (Zéa) :* liaison en *Flying Dolphin* quotidienne en été. Hors saison, uniquement le week-end. Arrivée au port de Diakofti. Mais cette liaison n'a pas été assurée en 2003. Se renseigner (☎ 21-04-19-90-00 ; ● www.dolphins.gr ●).
➤ *De Crète (Kastelli) :* plusieurs liaisons hebdomadaires en saison.

En avion

✈ **Aéroport :** dans le nord-est de l'île. ☎ 27-36-03-32-92.

➤ **D'Athènes :** 3 à 5 liaisons quotidiennes (vol *Olympic Airways*).

Comment se déplacer dans l'île ?

Pas très facile. D'Agia Pélagia, un bus unique, en semaine seulement, pour Chora, à 7 h 45 ! Le plus souvent, il n'y a guère qu'un ou deux taxis à attendre le ferry... Hors saison, possibilité d'attraper un des bus scolaires redescendant sur Chora. Une agence de location (voitures, mobylettes) à Agia Pélagia (*Panayiotis :* ☎ 27-36-03-31-94), mais le plus souvent tout est loué... Il est donc préférable de passer avec son véhicule ou alors de tenter le stop, toujours possible (les distances sont courtes ; Agia Pélagia – Kapsali : 30 km).

AGIA PÉLAGIA

L'arrivée du ferry constitue la principale animation de ce petit port. De belles plages en s'éloignant vers le sud, dont deux plages de sable rouge (Firi Ammos), puis Kalamitsi et Lorenzo Beach, toutes deux plus difficilement accessibles donc plus tranquilles.
Chambres à louer assez nombreuses. Nuits calmes. Un inconvénient : on est assez excentré.

🛏 **Kytheria Hôtel :** juste sur le port. ☎ 27-36-03-33-21. Fax : 27-36-03-38-25. ● kytheria2001@yahoo.com ● Ouvert d'avril à octobre. Chambres doubles de 30 à 75 € environ. Accueil familial. Un peu cher en juillet-août tout de même.

– **Fête :** le 23 juillet (Sainte-Pélagie).

POTAMOS

Le plus gros village de l'île (350 habitants !), à 7 km d'Agia Pélagia. Belle place avec des pins. Très animé le dimanche matin, jour du marché *(Pazari).*
– **Fête :** le 15 août.

Où dormir ? Où manger ?

🛏 **Hôtel Porphyra :** ☎ 27-36-03-33-29. Ouvert toute l'année. Autour de 55 € pour deux. Maison de charme aux murs étincelants de blancheur entourant une cour agréable. 7 chambres avec réfrigérateur.

I●I **Panaretos :** sur la place principale. ☎ 27-36-03-42-90. Ouvert toute l'année. Repas pour 10-12 € environ. Excellente cuisine, riche en saveurs et en variété. Plats traditionnels mais aussi des recherches plus personnelles du jeune chef.

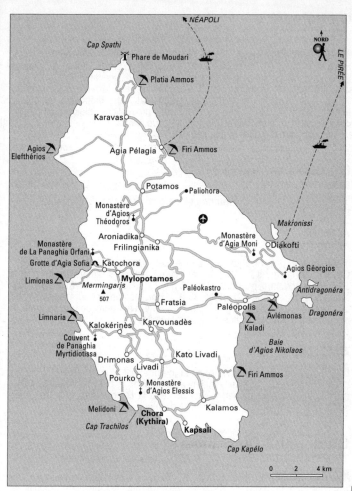

ÎLE DE CYTHÈRE

À voir dans les environs

🦌 *Paliohora :* à 9 km de Potamos. Prendre la route vers Chora et la quitter, 4 à 5 km plus loin, pour une piste, sur la gauche, qui permet d'atteindre les ruines de l'ancienne capitale de l'île. Détruite en 1537 par le pirate Barbe-rousse, elle n'a plus jamais été habitée par la suite. Petites églises byzantines à visiter.

MYLOPOTAMOS

Cité vénitienne en ruine, dont il reste quelques fortifications et une porte avec le lion de Saint-Marc.

Où dormir ?

🛏 *Hôtel Porchyroussa :* sur la place du village. ☎ 27-36-03-82-81. ● porfyrousa@kyrhira.com ● Ouvert d'avril à octobre. Compter de 65 à 120 € selon la saison pour un appartement pour 4. Une adresse de charme dans un archondiko (maison de maître) : deux appartements seulement avec cheminée, ameublement traditionnel, mais aussi le confort moderne (kitchenette, TV...). La propriétaire Eléni Mayiron, agronome de son état, vous proposera de goûter ses productions biologiques (huile d'olive, vin).

Où boire un verre ?

🍸 Sympathique *café O Platanos* sur la place aux grands platanes.

À voir

🦑 *La grotte d'Agia Sophia :* à une demi-heure de marche du village. Ouvert normalement l'été les mardi, jeudi, samedi et dimanche de 11 h à 15 h, et les mercredi et vendredi de 16 h à 20 h. Rendez-vous au café *O Platanos* pour la visite (☎ 27-36-03-33-97). Hors saison, prendre rendez-vous au préalable. Une petite église dans la grotte avec quelques mosaïques et bien entendu des stalactites et des stalagmites.

CHORA

La capitale de l'île, endormie dans la journée, est plus active le soir. Blancheur cycladique, château vénitien surplombant la baie de Kapsali. Quelques boutiques pour touristes. Une *poste* et la *Banque nationale de Grèce* sur la place. Un loueur de voitures et scooters *(Chez Panayiotis).*

Où dormir ? Où manger ?

🛏 *Hôtel Margarita :* pas loin de la rue principale de Chora. ☎ 27-36-03-17-11. Fax : 27-36-03-13-25. ● www.hotel-margarita.com ● De 50 à 90 € la double selon la saison, petit dej' (excellent) compris. Petit hôtel (12 chambres) de charme dans une demeure patricienne du XIXe siècle. Belles grandes chambres à l'ancienne équipées de tout le confort moderne (TV, AC et minibar). L'établissement est tenu par des Français qui se feront un plaisir de vous conseiller pour la découverte de l'île.

🛏 *Pension Nostos :* tout près du Kastro vénitien. ☎ 27-36-03-10-56. Hors saison à Athènes : ☎ 21-03-41-39-60. ● www.nostos-kythera.gr ● Ouvert de mai à septembre. Compter de 50 à 90 € selon la période. Sept chambres dans une maison du XIXe siècle, entièrement remise à neuf. Bon niveau de confort (AC, sèche-cheveux...). Très propre et joliment décoré.

🍴 *Taverna Zorbas :* à Chora, dans la rue étroite qui descend de la place, au n° 34. Ouvert toute l'année, le soir seulement (sauf le lundi). Une bonne table, pas chère, avec une belle terrasse. Spécialités de grillades ; profitez-en pour tester la saucisse de pays. Beaucoup de monde en haute saison. Accueil sympa du patron, par ailleurs directeur du lycée !

Où dormir ? Où manger dans les environs ?

🏠 *Hôtel Ta Kythira :* à Manitochori, à 3 km au nord de Chora. ☎ 27-36-03-15-63. Ouvert de juin à septembre seulement. Dans une maison construite en 1827, 6 chambres avec réfrigérateur. Mobilier dans le style insulaire.

🍴 *Pierros :* à Livadi, à 4 km au nord de Chora. ☎ 27-36-03-10-14. Ouvert toute l'année, midi et soir. Compter de 9 à 13 € par personne. Rien de très enthousiasmant vu de l'extérieur, mais la cuisine est de qualité, bien qu'offrant assez peu de choix (plats « à la casserole »). Manolis, le pro-prio, est particulièrement sympathique.

🍴 *Filio :* à Kalamos, à 4 km à l'est de Chora. ☎ 27-36-03-15-49. Ouvert midi et soir de juin à septembre. Compter 10-13 € par personne. Joli cadre, avec une grande terrasse, des petits jardins étagés. Cuisine recherchée qui propose une carte de plats traditionnels originaires de différentes régions de Grèce. Le meilleur resto de l'île et ça se sait ! Les proprios louent aussi des chambres avec cuisine, à des prix très modérés.

KAPSALI

Dans un très beau site. Une anse bien fermée avec une belle plage et des eaux chaudes. Très calme dans la journée mais beaucoup plus animé le soir. Une autre plage sur la droite quand on a l'anse face à soi : accès par une petite passerelle suspendue au rocher.

Adresse utile

◼ *Location de scooters : Chez Panayiotis.* ☎ 27-36-03-16-00. Loue également des voitures et des péda-los. Cours de ski nautique. Engins en bon état, pas trop chers.

Où dormir ? Où manger ?

🏠 Nombreuses *chambres à louer* le long de la plage.

⛺ *Camping Kapsali :* ☎ 27-36-03-15-80. Sous les pins. Bien situé car il domine la baie. Ouvert du 15 juin au 15 septembre. Globalement correct, mais sanitaires insuffisants. Le seul camping de l'île (un autre vous sera peut-être indiqué entre Paléopoli et Avlémonas mais il ne mérite pas l'appellation de camping).

🏠 *Appartements Afroditi :* à 30 mn de la mer. ☎ 27-36-03-13-28. Compter de 35 à 65 €. Petits appartements très propres avec vue imprenable sur la baie de Kapsali.

🍴 *Hydragogio :* à l'extrémité de l'anse, côté droit. ☎ 27-36-03-10-65. Prix corrects. Tenu par un jeune couple. Sous une treille, dans une vieille maison de pêcheur. *Briam* (ratatouille parfumée à la menthe), moussaka végétarienne, *caponata.* L'établissement est également un *mezedopolion,* idéal pour consommer l'*ouzo* accompagné de *mezze.*

🍴 *Crêperie Vanilia :* ☎ 27-36-03-19-36. Ouvert tous les jours de mai à septembre ; le reste de l'année, ouvert le week-end seulement. Tenu par un couple de Français installé sur l'île. Outre les excellentes crêpes (on vous recommande la chocolat-amandes), propose un choix de bières belges, histoire de changer des trois bières systématiquement proposées en Grèce.

LE PÉLOPONNÈSE

À faire

➤ Beaucoup de **balades** possibles sur des chemins parfumés (au printemps) et sauvages, notamment autour des *monastères d'Agias Elessis* et *Mirtidion* au nord-ouest de Chora et autour de *Mitata* au centre de l'île.

⌂ De belles **plages** au nord d'Agia Pélagia également, ainsi qu'au sud d'Avlémonas (Kaladi).

QUITTER CYTHÈRE

🚗 Pensez à réserver dès votre arrivée sur l'île une place retour pour votre véhicule. ☎ 27-36-03-18-88 *(Porphyra travel)*. Capitainerie à Agia Pélagia : ☎ 27-36-03-32-80. À Diakofti *(Flying Dolphin)* : ☎ 27-36-03-13-90.

➤ **D'Agia Pélagia à Néapoli :** en été, plusieurs liaisons par jour matin et après-midi.

➤ **De Diakofti à Gythion :** en saison, 3 liaisons hebdomadaires. Départs également pour Kalamata.

➤ **De Diakofti au Pirée :** liaison quotidienne en été (en *Flying Dolphin*), plusieurs liaisons hebdomadaires hors saison. En 2003, la liaison n'a pas été assurée.

➤ **De Diakofti vers la Crète (Kastelli) :** plusieurs liaisons hebdomadaires en saison. 4 h de traversée (souvent de nuit).

PLITRA

En remontant de Néapoli vers Sparte. À l'écart des routes touristiques. Petit village agricole traditionnel et pauvre, situé au fond d'une jolie crique dotée d'une grande plage de sable fin. Agréable halte pour une baignade, un peu de monde cependant. Calme et reposant, mais tout de même un peu triste. De Plitra, on peut gagner l'extrémité du cap Xylis, par Karavostassi.

Où dormir ? Où manger ?

🛏 Quelques **chambres chez l'habitant.**

🛏 **The Rose House :** l'avant-dernière maison en arrivant à la plage (très propre d'ailleurs). ☎ 27-32-08-26-02. ● rosehouse@mail.gr ● En été, de 25 à 38 € la chambre double ou le petit appartement pour une famille, suivant la taille et la vue. Prix très dégressifs en fonction du temps que l'on y passe. Frigo et possibilité de se faire à manger. Toilettes et douches individuelles mais hors de la chambre. Accueil très agréable.

|●| **To Akroyali :** terrasse avec platanes, au pied de la digue, sur le port. Classique mais bon et à prix corrects : environ 8 € par personne.

|●| Sinon, à l'autre bout de la plage, petite **taverne** les pieds dans l'eau. En continuant encore au fond de la crique, la vieille maison blanche du vieux hameau que l'on voit du port est la **taverne Vassilis.** On y accède par une route en retrait dans les terres. Très familiale (les enfants courent dans la cuisine !) et appréciée des lecteurs. Portions généreuses. Terrasse sur l'eau. Vue splendide sur la baie.

➤ *DANS LES ENVIRONS DE PLITRA*

🦌 ***Archangélos :*** sur la côte, un peu avant Plitra. Petit port assoupi au fond d'une baie comme ses habitants aux terrasses des quelques cafés-restaurants sur la place principale. Sympa pour faire un break entre Néapoli et Sparte par exemple.

🍽 ***Taverna Margarita :*** bon accueil et excellents calamars.

⛱ Quelques belles petites plages entre Archangélos et Plitra, mais juste en contrebas de la route.

LA ROUTE MONEMVASSIA-SKALA-KROKÉES-SPARTE

Elle est correcte mais très sinueuse, autour de Krokées notamment. Ensuite, vous retrouverez la route principale Gythion-Sparte. Les neiges éternelles des *monts Taygète* vous guideront sans cesse.

Si l'on remonte de Néapoli, possibilité de suivre un itinéraire bis : quitter la route principale à Démonia (7 km après Elika) comme si l'on allait à Plitra, mais continuer vers le nord, jusqu'à Asopos et Eléa. Là, on longe la mer : nombreuses petites criques sous des falaises ocre. Coin assez peu connu : pas de village, pas d'hôtels pendant plusieurs kilomètres.

SPARTE

14 000 hab.

Autant le dire, ne vous attendez pas à trouver des temples à chaque coin de rue et à vous asseoir dans les cafés sur des chapiteaux doriques. Sparte est une ville moderne qui s'organise autour d'une grande avenue, odos Paléologou, genre Champs-Élysées avec les palmiers en plus, qui est coupée par l'odos Lykourgou (la route de Mystra). À l'intersection des deux rues, la place centrale avec la mairie, très vivante le soir. La ville n'est pas désagréable pour autant, comparée à d'autres comme Corinthe et Argos. Cela dit, ce qui vous amène à Sparte, c'est avant tout Mystra...

UN PEU D'HISTOIRE

Sparte restera dans l'histoire comme le symbole d'une forme de totalitarisme. D'ailleurs, à force de parler de « régime spartiate », on en avait presque oublié l'origine. La ville, fondée vers le IXe siècle av. J.-C., a connu ce qu'on appellerait aujourd'hui un régime de « démocratie militaire » au fonctionnement assez complexe : il y avait tout d'abord deux rois, l'un, en temps de guerre (c'est-à-dire presque tout le temps !), conduisant l'armée, l'autre restant à la maison ; cinq *éphores,* représentant le peuple, contrôlaient les rois qui n'avaient pas grand pouvoir ; enfin, pour couronner le tout, siégeait la *gérousie,* sorte de sénat de 28 membres, réservé aux plus de 60 ans.

La société était divisée en trois classes : les vrais Spartiates – s'appelant entre eux les *Égaux* – dont le nombre n'aurait jamais dépassé 9 000 et qui ne se consacraient qu'au métier des armes, suivant une éducation militaire et un mode de vie extrêmement rigoureux. On suppose, bien sûr, qu'ils se levaient de bonne heure le matin, mais ce n'est qu'un détail. Dès le plus jeune âge, la discipline était rude. On les obligeait à voler pour manger, sans toutefois se faire prendre. L'histoire de l'enfant qui, ayant dissimulé un renard volé sous sa tunique, préféra se laisser dévorer le ventre plutôt que d'avouer le vol, est restée fameuse. Chaque soir, ils prenaient le repas en commun avec le même menu : un brouet de porc noirâtre assaisonné de sang, de sel et de vinaigre.

Ils ne cultivaient pas la terre, mais possédaient des esclaves pour le faire : les *hilotes*. Ceux-ci ne jouissaient évidemment d'aucun droit, vivaient dans la terreur et servaient de temps en temps pour les « crypties » : véritables chasses à l'homme, organisées pour entraîner et aguerrir ces chers petits Spartiates en herbe, comme un rite d'initiation. Tout jeune Spartiate devait tuer au moins un *hilote*. Entre ces deux classes se situait une classe moyenne, les *périèques,* qui s'adonnaient au commerce et à l'artisanat. Citoyens libres, ils pouvaient parfois entrer dans l'armée, mais n'avaient pas accès au pouvoir.

Avec un tel régime, on ne sera pas étonné que Sparte ait dominé si longtemps le Péloponnèse. En 404 av. J.-C., Athènes, vaincue après vingt-sept ans de conflit, acceptait de conclure un armistice qui consacrait l'hégémonie de Sparte sur le monde grec (mais c'est seulement en mars 1996, vingt-quatre siècles plus tard (!), que prit fin officiellement et symboliquement la guerre du Péloponnèse avec la signature d'un traité de paix par les maires des deux villes ; l'« oubli » est donc réparé). C'est sa défaite devant Thèbes à Leuctres, en 371 av. J.-C., après que toute la Grèce se fut coalisée contre elle, qui précipita sa chute de Sparte. Il faut dire que, très vaniteux, les Spartiates ne construisirent jamais de remparts pour protéger leur ville. Ils ne surent pas s'adapter à un monde en changement : fermés aux échanges avec l'extérieur, refusant la monnaie en argent et en bronze (étaient en usage à Sparte des brochettes en fer nécessitant des chariots pour les transporter !), leur influence déclina rapidement. Aujourd'hui, Sparte et son département sont, politiquement parlant, parmi les plus conservateurs de Grèce...

Comment y aller ?

En bus

➢ **D'Athènes :** 9 bus par jour, de 8 h à 20 h 15, avec arrêt à Corinthe et Argos. Trajet en 4 h environ. Départ du terminal 100, odos Kifissou. ☎ 21-05-12-49-13. Dans les 13 €.

➢ **De Gythion :** 4 ou 5 bus par jour, de 9 h à 21 h environ.

➢ **De Monemvassia :** 3 bus par jour.

➢ **De Kalamata :** 2 bus par jour. Changement en pleine montagne. Assez long. Attention, très peu de bus le week-end.

En train

Descendre à Tripoli (ligne Athènes-Kalamata), puis prendre le bus (1 h 30). Acheter les billets dans le café à gauche en sortant de la gare. Sinon, le stop !

Adresses utiles

❶ Office du tourisme : il est désormais officiellement délocalisé avec la police touristique. Cependant l'aimable Mme Vossinakis conserve une partie de ses prérogatives et pourra vous aider de son bureau : 3e étage au-dessus de la banque Ergasias sur la place centrale, au coin d'odos Gortsologou et d'odos Evangelistrias. ☎ 27-31-02-67-71.

■ **Police touristique :** 18, odos Episkopou Vresténis. ☎ 27-31-02-04-92. Grisaille des uniformes... On y parle presque exclusivement le grec. Seulement en dépannage.

✉ **Poste :** odos Arhidamou ; la 4e rue à droite après le musée.

■ **Distributeurs automatiques de billets :** dans la grande rue perpendiculaire à odos Paléologou, en direc-

tion de la place principale.
■ *Journaux français :* O Liakos, 64, odos Paléologou. On y trouve *Le Monde, Libération* et autres magazines.
■ *Photo Shop V. Georgiadis :* 136, odos Lykourgou; juste au-dessus de la mairie. Tout pour la photo bien sûr, mais aussi documentation sur la région, notamment sur les randonnées possibles dans la région des *monts Taygète.*

▭ *Gare routière :* 23, odos Lykourgou. ☎ 27-31-02-64-41. À 1 km de la place centrale (direction opposée à celle de Mystra), la gare des bus est agréable (climatisée), si l'on doit y attendre son autocar.
@ *Aerodromio Internet Cafe :* 55, odos Lykourgou. À mi-chemin en direction de la gare routière. 5 € l'heure.

Où dormir?

Les prix des hôtels à Sparte ont beaucoup augmenté ces derniers temps...

Camping

⚕ *Camping Paleologio Mystras :* à 2 km sur la route de Mystra. ☎ 27-31-02-27-24 et 27-31-02-92-11. Fax : 27-31-02-52-56. Entrée derrière la station-service. Ouvert toute l'année. Assez cher en haute saison, compter dans les 18 € pour 2 personnes, une tente et une voiture, mais seulement 13 € hors saison. On dort sur de l'herbe, et non du gravier comme bien trop souvent, sous de petits orangers. Douches pas toujours chaudes. Machines à laver. Piscine. Épicerie. Tables et bancs abrités près de l'entrée, à la disposition des campeurs. Service de minibus pour Sparte. Service agréable et jovial du fils francophone de la famille qui tient le camping.

Prix moyens

🛏 *Hôtel Cecil :* 125, odos Paléologou (l'avenue principale) ; à l'angle de Thermopylon. ☎ 27-31-02-49-80. Fax : 27-31-08-13-18. Du terminal de bus, prendre la direction Sparte antique. C'est sur la gauche, à 100 m. Dans les 35 à 45 € pour une double, avec ou sans salle de bains. Petit hôtel propret dans le centre-ville. Vue sur le mont Taygète. Chambres présentant un assez bon rapport qualité-prix pour Sparte. TV mais pas d'AC. Pas de petit dej' à l'hôtel. Patrons prévenants et parlant un peu le français.
🛏 *Hôtel Laconia :* 61, odos Paléologou. ☎ 27-31-02-89-51. Fax : 27-31-08-22-57. Pas très cher pour la ville : dans les 40-45 €, petit dej' inclus. On peut même marchander. Grand hôtel défraîchi et literie un peu vieillotte, mais chambres correctes avec salle de bains. Plein centre et pas de double vitrage, assez bruyant donc pour les chambres donnant sur la rue.

Plus chic

🛏 *Hôtel Maniatis :* 72, odos Paléologou (fait l'angle avec la Lykourgou). ☎ 27-31-02-26-65. Fax : 27-31-02-99-94. ● www.maniatishotel.gr ● Compter dans les 60 à 80 € et possibilité de négocier. En plein centre, un hôtel très moderne et plutôt chic mais à prix raisonnables. Chambres grand confort avec petit balcon. Cartes de paiement acceptées.
🛏 *Hôtel Sparta Inn :* à l'angle d'odos Thermopilon et d'odos Acropoléos. ☎ 27-31-02-10-21. Fax : 27-31-02-48-55. ● www.spartainn.com ● À la différence de la plupart des hôtels de Sparte, il est situé en dehors

des grands axes de circulation. Compter de 50 à 80 €. Grand hôtel pour groupes avec chambres agréables. Belle piscine. Pas loin de l'ancienne Sparte et de son parc.

Où manger ?

Pas beaucoup de « vrais » restaurants mais une multitude de snack-bars où l'on trouve uniquement *souvlakia, gyros* et pizzas.

Bon marché

I●I *Taverne Lambrou :* 82, odos Paléologou ; à l'angle de Kléombrotou. En sous-sol, difficile à voir : repérer la volée de marches qui part du trottoir. Ouvre tôt le matin, ferme vers 13 h. Accueil sympa, bonne atmosphère. Assez populaire dans le coin. Cuisine traditionnelle. Bonne et modeste adresse pas chère du tout.

Prix moyens

I●I *Dionysos :* à environ 1 km de la ville, route de Mystra. ☎ 27-31-02-50-50. Fermé les dimanche et lundi soir. Les jeunes patrons savent recevoir et offrent une cuisine avec des plats qui sortent un peu de l'ordinaire. Goûter au poulet Dionysos, sorte de poulet au four maison. Prix raisonnables eu égard à la qualité des mets et au confort de la salle. Parfois, le soir, quelques musiciens viennent jouer des morceaux surannés (genre *O sole mio* en grec, pas mal !). Grande terrasse à l'extérieur, abritée de parasols en canisse. Mais attention : véritable usine à groupes, c'en est presque caricatural. Ce n'est pas ici que le serveur prendra le temps de faire un brin de causette avec vous.

I●I *Elyssee :* à l'angle de Paléologou et Dioskouron. ☎ 27-31-02-98-96. Environ 10 € pour un repas complet. On oublie la peinture rose, la déco et la TV, et on déguste une bonne cuisine grecque simplement accompagnée d'un vin de pays. Quelques plats du jour comme le « petit cochon aux aubergines ».

Où boire un verre ?

Plein de cafés et boîtes branchés à la déco sophistiquée et à forts décibels sur la place de l'hôtel de ville et sur odos Paléologou (la rue principale).

🍸 ♪ *Café club Ministry Music Hall :* 84, odos Paléologou ; à l'angle de Kleombrotou. Bois et métal, écrans de TV diffusant clips et sport, bonne musique et clientèle buvant bière et autres cocktails.

À voir

Du point de vue ruines, ne perdez pas votre temps en allant voir ce qui reste en dehors de la ville. Du fait de l'austérité de leur régime, les Spartiates construisirent peu de grands monuments, et on a effectivement du mal à croire que ces quelques cailloux égarés dans l'herbe correspondent à l'une des plus célèbres cités du temps passé. C'est aussi dû au fait que tout le marbre qui recouvrait ces affreux blocs de conglomérat réservés aux fondations (et qui constituent aujourd'hui les principaux vestiges) a été, plus qu'ailleurs peut-être, réutilisé à des périodes ultérieures (notamment pour construire Mystra). Reste que la balade autour du théâtre, dans le joli jardin d'oliviers et de lauriers roses, conserve un certain romantisme. Prenez plutôt un *ouzo* sur la place principale, vaste et plaisante, et amusez-vous le soir de la *passeggiata* spartiate (et des demi-tours impeccables arrivés en bout de place).

🎬 **Le musée :** odos Evrotas ; dans le jardin à l'angle des rues Paléologou et Lykourgou, en plein centre. ☎ 27-31-02-85-75. Ouvert de 8 h 30 à 15 h en semaine et de 9 h 30 à 14 h les dimanche et jours fériés. Fermé le lundi. Entrée : 2 € ; réductions.
Sis dans un jardin très agréable, frais et reposant, il mérite une visite. Belles mosaïques provenant de villas romaines ou hellénistiques : remarquez la scène où Persée décapite Méduse, un buste de guerrier spartiate (490 av. J.-C.), de petits bas-reliefs en terre cuite, des masques de théâtre en argile, une amusante collection de mini-figurines en métal (chevaux, guerriers, musiciens, etc.). À gauche, dans une vitrine, petits bronzes de très grande qualité, bijoux. Dans la mezzanine : poteries de la période mycénienne (autour du 1500 av. J.-C.), grandes amphores royales, animaux votifs, stèles funéraires, qui proviennent, pour beaucoup, du site de Pellana, où des archéologues grecs auraient peut-être retrouvé le palais de Ménélas, mais chut... ! Non seulement cette information n'est pas encore officielle, mais on n'est même pas sûr que ce pauvre Ménélas lui-même ait réellement existé !

🎬 **Musée de l'Huile et de l'Olive :** 129, odos Othonos et Amalias. Ouvert de 10 h à 14 h et de 17 h à 19 h. Fermé le mardi. Entrée : 2 €. Réductions.

➤ *DANS LES ENVIRONS DE SPARTE*

🎬🎬 **Le mont Taygète :** point culminant du Péloponnèse (2 407 m), il a façonné la vie de la région depuis des siècles. Il est conseillé d'acheter la carte de *Road Editions* qui couvre tout le massif montagneux. Le pèlerinage annuel à son sommet pour la fête du prophète Ilias le 20 juillet montre son importance symbolique.
Pour aller à la découverte de ce massif, prendre la direction Gythion, quitter cette route pour Anoghia puis Paléopanagia. Le refuge est indiqué : suivre la route forestière qui passe par Maganiari avant d'arriver au refuge *Varvara* (compter au total 40 km depuis Sparte). Sinon, un sentier mène depuis Maganiari, en 1 h 30 de marche, au refuge. Il a une capacité de 24 personnes et se trouve à 1 600 m d'altitude. Renseignements au *Club alpin hellénique (EOS)* à Sparte : 97, odos Gortsologou (au 3e étage), derrière la place centrale. ☎ 27-31-02-25-74. Également au *Photo Shop* de l'odos Lykourgou, voir « Adresses utiles ». Nécessaire si l'on veut se le faire ouvrir pour la nuit. Du refuge, compter un peu moins de 3 h pour aller jusqu'au sommet.
Au retour, possibilité de faire une boucle en continuant la route forestière vers Koumoutsa (à 7 km du départ du sentier pour le refuge), puis Xirokambi, 5 km plus loin, et enfin retour sur la route de Gythion. Très sympa et loin des foules.

🎬 **Anavryti :** une autre possibilité pour découvrir les abords du mont Taygète. De Sparte, gagner le village d'Agios Ioannis, à une dizaine de kilomètres, en quittant, dans la ville, la route de Gythion sur la droite pour la rue Ethnikis Antistassis. Poursuivre tout droit jusqu'à Anavryti. Atmosphère plus fraîche que dans la plaine (950 m d'altitude), de l'eau aux fontaines.

🏠 Petit *hôtel-restaurant Anavryti,* d'une dizaine de chambres : ☎ 27-31-02-17-88. Modeste, prix raisonnables, environ 35 €. Cadre très dépaysant. Accueil sympa.

Possibilité d'aller directement sur Mystra, sans repasser par Sparte, en prenant une piste vers le nord qui traverse la gorge de Skotia. Compter une quinzaine de kilomètres. Parfois coupée par des éboulements, se renseigner.

QUITTER SPARTE

En bus

➤ *Pour Athènes :* 9 bus de 5 h 45 à 20 h (3 h 30 de trajet).
➤ *Pour Monemvassia :* 3 bus par jour de 11 h 30 (13 h 30 le week-end) à 20 h 10.
➤ *Pour Gythion :* 5 bus par jour de 9 h à 21 h 15.
➤ *Pour Arépolis :* 3 bus par jour de 9 h à 17 h 45.
➤ *Pour Néapoli :* 3 bus par jour de 7 h 50 à 20 h 30.
Attention : ces fréquences valent pour la semaine, peu de bus le week-end.
➤ *Attention, pour Mystra :* départ d'un abribus municipal dans la rue Léonidou, près de l'angle avec l'odos Lykourgou, trois blocs après la place centrale (direction Mystra). Les billets se prennent dans le bus. Horaires irréguliers : 6 h 50, 8 h 45, 10 h et ensuite environ un bus par heure jusqu'à 20 h 40.

MYSTRA
800 hab.

Oh ! la merveilleuse ville fantôme, située dans un cadre extra. Avouons que les Francs avaient du goût pour trouver les sites, et on reconnaît bien là le génie de Guillaume de Villehardouin (encore lui !) dont nous vous avons déjà parlé à propos de Monemvassia. C'est lui en effet qui choisit de construire un nouveau château en 1249 pour contrôler la région.
Il est une période bénie des dieux, c'est avril-mai, quand la nature est en fleurs et que l'immense plaine de Sparte se couvre de tous les tons mauves grâce aux arbres de Judée épanouis. Ce spectacle restera l'un de vos enchantements les plus durables. En été, l'herbe verte est bien brûlée, et la visite aux heures les plus chaudes de la journée sera pénible. Aussi conseillons-nous d'y aller très tôt le matin, pour profiter d'abord de la fraîcheur, ensuite du plaisir de marcher dans les ruelles, entre les fantômes de maisons, d'où l'on croit encore entendre les bruits familiers de la vie médiévale.

UN PEU D'HISTOIRE

Guillaume de Villehardouin dut céder Monemvassia et Mystra, en guise de rançon, à Michel VIII Paléologue, empereur de Byzance, qui s'empressa d'enrichir la ville de magnifiques églises byzantines.
Elle garda son nom de Mystra (on propose comme étymologie « maîtresse » en patois français, mais d'autres pensent que cela viendrait du grec *myzitra*, nom d'un fromage) malgré la maintenue byzantine, et devint pendant des siècles un haut lieu des arts, des lettres et de la philosophie, avant de tomber dans les mains des Turcs en 1460. Mystra connut d'autres conquérants, les Vénitiens, puis les Turcs à nouveau, pour finir par être incendiée par les Russes, puis par les Albanais. Alors la cité déclina vite, et seules les églises témoignent désormais de cette période fastueuse.
Le contraste est d'ailleurs saisissant entre ces églises quasi intactes et ces ruines de maisons seigneuriales pourtant construites au même moment. La ferveur et la foi des fidèles les ont sauvées de l'oubli. Les athées devront au moins concéder que le maintien du culte a préservé ces chefs-d'œuvre.

Comment y aller ?

➤ **De Sparte :** Mystra est à 5 km de Sparte. Si l'on a de bonnes jambes, un chapeau et une gourde, on peut y aller à pied. Mais la circulation ne rend pas la balade agréable (et la chaleur l'été la rend impossible).

Sinon, 7 bus par jour entre Sparte et Mystra (environ de 7 h à 20 h) ; les samedi et dimanche, seulement 6 bus (de 9 h à 12 h). ATTENTION, le bus s'arrête à 500 m de l'entrée du site.

Où dormir ?

Campings

⛺ **Camping Mystras :** à 2 km sur la route de Sparte (voir plus haut la rubrique « Où dormir ? » à Sparte).

⛺ **Camping Castle View :** à la sortie de Mystra, sur la route de Sparte. ☎ 27-31-08-33-03. Fax : 27-31-02-00-28. Ouvert d'avril à fin octobre. De 20 à 23 € pour 2 personnes avec tente et voiture. Accueil chaleureux. On peut boire un *ouzo* ou prendre un plat au bar du camping avec vue sur le château franc. Bien ombragé, agréable et bien tenu. Douches chaudes toute la journée. 3 bungalows. Piscine éclairée le soir, mais pas toujours très propre. Mini-marché peu approvisionné. À la taverne, plats bons et copieux. Plusieurs bus quotidiens pour Sparte juste devant le camping. Fin août-début septembre, il y a la foire juste à côté. Ça peut gêner un peu les sommeils trop sensibles. Réduction de 10 % accordée aux étudiants et aux porteurs du *Guide du routard. Camping Harmonie :* réduction de 10 à 20 % sur présentation du dépliant de la chaîne (non cumulable avec les réductions indiquées précédemment).

🏠 **Chambres chez l'habitant :** au village de Mystra, dans la rue partant en face de l'hôtel *Byzantion*.

Plus chic

🏨 **Hôtel Byzantion :** au centre du village. ☎ 27-31-08-33-09. Fax : 27-31-02-00-19. En saison, 60 € environ la chambre double. Hôtel moderne, assez impersonnel. Récemment rénové. Ascenseur. Chambres disposant d'une salle de bains et, pour certaines, d'un balcon avec vue sur le site. Le patron accepte les cartes de paiement. Réserver car il accueille des groupes.

Où manger ?

Plusieurs tavernes abordables sur la place principale de Mystra. Très touristiques, avec une cuisine de « cantine ». Prix raisonnables à la taverne **To Kastro,** serveurs avenants. Idem chez **O Paléologos.** Autrement, quelques adresses hors Mystra.

🍴 **Taverna Marmara :** entre le village et le site. ☎ 27-31-08-33-19 et 27-31-08-34-21. Environ 10 € pour un repas. Bien, à condition de ne pas tomber sur un groupe. Terrasse avec une vue splendide. Carte variée.

🍴 **Café-restaurant Xenia :** à l'extérieur du village en montant vers le site, sur la droite au niveau de l'arrêt de bus. ☎ 27-31-02-05-00. Pas une étape gastronomique, mais on y mange de bonnes salades, entre autres. Fait aussi pizzeria. Belle terrasse ombragée. On peut laisser son sac à dos, consigne gratuite.

🍴 **Taverna Pikoulianikas :** au début du village du même nom, à 2 km à peine après la deuxième entrée du

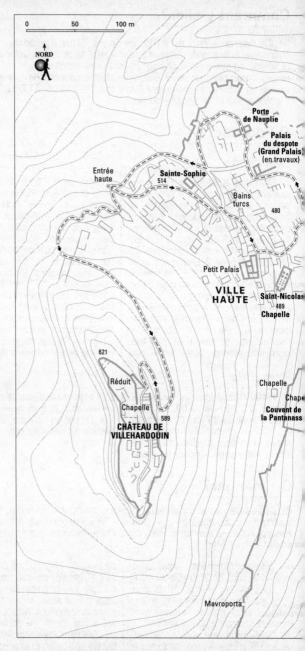

0   50   100 m

NORD

Porte
de Nauplie

Palais
du despote
(Grand Palais)
(en travaux)

Entrée
haute

Sainte-Sophie
514

Bains
turcs
480

Petit Palais

VILLE
HAUTE

Saint-Nicolas
489
Chapelle

621

Réduit

Chapelle

589

CHÂTEAU DE
VILLEHARDOUIN

Chapelle

Chape

Couvent de
la Pantanass

Mavroporta

402
**Hodigitria
(Afendiko)**
400
383
**Monastère
Vrontochion**
Réfectoire
Saints-Théodores
400
Église
410
Évanghélistria
Palais
Épiscopal
squée
460
**Arcade
gothique**
**Métropole
(Musée)**
**Entrée
basse**
orte de
emvasie
Passage
voûté
Fontaine
abandonnée
**Maison
du XVe s.**
Saint-Jean
425
**Fontaine de
la Marmara**
Sainte-Anne
Sarcophage antique
**Saint-
Christophore**
Sainte-Kyriaki
Chapelle
Chapelle
**Maison
Frangopoulos
(XVe s.)**
Chapelle
xiarques
**Maison de
Krévatas XVIIIe s.**
Saint-Georges
332
**Monastère de
a Péribleptos**
334

SITE DE MYSTRA

site (celle du château en haut). Ce n'est pas le premier établissement sur le chemin (le *Mystras Bistro* par ailleurs très agréable également). ☎ 27-31-08-24-03. Bonne adresse familiale, cuisine maison. C'est en hauteur, alors prévoir une petite laine. Hors saison (jusqu'en mai parfois) on mange au coin du feu. Nourriture abondante et variée à prix peu élevés. Une bonne adresse.

Le site

♣♣♣ Évidemment, un *must* de votre visite du Péloponnèse.

Infos pratiques

– *Horaires :* en été (en principe de début avril à fin octobre, mais mieux vaut vérifier), ouvert de 8 h à 19 h (18 h en septembre et 17 h en octobre) ; en hiver, de 8 h 30 à 15 h. ☎ 27-31-08-33-77. ATTENTION : succès oblige, il arrive parfois que, par manque de gardiens en nombre suffisant, le site ferme ses portes plus tôt. Il est donc préférable de s'y rendre le matin.
– Les billets (5 €) ne sont valables que pour une journée. La visite complète prend facilement 4 h. Consigne gratuite à l'entrée.
– *Un tuyau :* il est épuisant de faire la visite du site en commençant par le bas et en montant jusqu'au château. Utiliser l'entrée haute du site, ce qui permet de grimper d'abord au château (20 mn d'ascension) et de visiter ensuite dans le sens de la descente. Mais il faut marcher une bonne demi-heure sur la route pour remonter au parking supérieur (ou tenter de faire du stop).
Il y a encore bien mieux : on peut monter en voiture, visiter la partie haute, ressortir, descendre en voiture à l'entrée principale et présenter son ticket portant le tampon avec la date.
– Quelques *fontaines* sur le site, notamment près de l'église Métropole et du monastère de la Pantanassa.

Visite

♣♣ *La Métropole (Cathédrale Agios Dimitrios) et son petit musée :* construite au XIIIe siècle, elle renferme encore des fresques, assez mutilées. Dans la nef, une jolie dalle sculptée, avec l'aigle byzantin couronné, indique le lieu exact où Constantin Paléologue fut sacré empereur de Byzance en 1448 : ce fut le dernier, Byzance et l'empire byzantin tombant cinq ans plus tard. Dans le musée (fermé le lundi), au premier étage, des fresques, poteries, fragments de vêtements, etc. Mais, hélas, aucune explication.

♣♣♣ À côté, *l'église de l'Évanghélistria.* Quelques vestiges de fresques.

♣♣♣ *Le monastère de Vrontochion :* dans son enceinte, ne manquez pas la superbe *église de l'Odhighitria* (Afendiko). Architecture intérieure fort intéressante : au rez-de-chaussée, construction à trois nefs comme nos églises gothiques. En revanche, la partie supérieure est bâtie selon un plan cruciforme en accord avec la tradition byzantine. Jolies fresques murales qui rappellent les miracles du Christ.

♣♣ *Le monastère de Péribleptos :* situé au pied de la montagne, aux confins du site. Emprunter le chemin qui part le plus à gauche, à partir de l'entrée. On croise d'abord, à main droite, une jolie fontaine abandonnée. À l'arrière-plan, maison du XVe siècle avec encorbellement de pierre. Au premier plan s'élève l'élégante chapelle Saint-Georges. Le monastère, quant à lui, date du XIVe siècle. Cadre exceptionnel comme toujours : accroché à une paroi rocheuse au milieu d'une dense végétation. Grosse tour crénelée dominant le rempart de ville. Lignes architecturales harmonieuses. Décor exquis des ouvertures et frises en brique. Église en forme de croix grecque classique (mais pas de narthex). À l'intérieur, les plus belles fresques de Mystra. Couleurs superbement préservées, bien qu'ayant été appliquées vers 1350 ! Fresques racontant la vie de la Vierge et la Passion du Christ. Vous le verrez défiler à toutes les périodes de sa vie. Quelques fresques intéressantes : sur la voûte de la nef, la *Cène* et *L'Entrée à Jérusalem*. Dans le chœur, la Vierge et, au-dessus, Christ en majesté avec les quatre évangélistes. À gauche du chœur, la *Dormition*. En face, admirable *Descente de croix* sur la voûte (anges particulièrement gracieux).

🐾🐾 *Le monastère de la Pantanassa :* encore habité par de souriantes et aimables religieuses. L'église et son clocher présentent une combinaison de style byzantin et d'influences gothiques. Voir, à l'intérieur, le beau portrait de *Manuel Chatzikis*, datant du XVe siècle. Remarquez les ex-voto, ces petites plaques de métal sur lesquelles est dessiné ce que l'on recherche : fiancée, guérison d'une jambe... Tenue correcte exigée (en principe).

🐾 *Le palais du Despote :* après la visite de la Pantanassa, et une fois franchie la porte de Monemvassia, percée dans une double enceinte du XIIIe siècle, on arrive à cette ruine gigantesque qui fait l'objet d'une rénovation impressionnante (« reconstruction » serait même plus appropriée) et se trouve donc en partie cachée sous les échafaudages. Ne manquez pas toutefois, au rez-de-chaussée, la judicieuse reconstitution d'une cuisine d'époque byzantine. Nous en profitons pour saluer les efforts de présentation et d'information sur le site en général, vraiment à la hauteur.
En musardant sur la gauche, vous parviendrez à la *porte de Nauplie,* flanquée de deux tours et qui offre un bel échantillon d'architecture militaire. Malheureusement, encore en travaux pour une durée indéterminée.

🐾🐾🐾 *L'église Sainte-Sophie (Agia Sofia) :* la plus proche de l'entrée secondaire (permettant l'accès direct au château franc). Édifiée au XIVe siècle, en forme de croix grecque simple. Bel appareillage de pierre et brique. Grand narthex avec coupole (les trois arcades de l'ancienne entrée sont désormais murées). Nef à deux colonnes de marbre et transept à coupole. Quelques vestiges significatifs de fresques. Christ en majesté dans l'abside du chœur. Dans la chapelle de droite, une *Nativité de la Vierge* très embourgeoisée (grand lit blanc brodé).

🐾 *Le château franc :* il vous fournira l'occasion d'une belle grimpette et un splendide panorama sur la plaine de Sparte. Uniquement pour les points de vue car il ne reste rien à l'intérieur.

Fête

– *Grande fête :* fin août. Marché, musique, danses, *bouzoukis* et orchestre populaire.

QUITTER MYSTRA

➤ *Pour Sparte :* horaires des bus derrière le guichet d'entrée. Toutes les heures ou heures et demie, environ de 8 h à 20 h 30.
➤ *Pour Kalamata :* 2 bus, à 9 h et 14 h 30, au départ de Sparte, qui passent par le camping *Castel View*.

GYTHION

4 200 hab.

Ancien port de Sparte, Gythion est situé à 43 km au sud de cette dernière. La découverte de la ville révèle des maisons pittoresques, notamment dans la rue sur les hauteurs, parallèle au port. De vieilles bâtisses de pêcheurs aux balcons de bois vermoulus (enfin, de moins en moins car on a beaucoup rénové à Gythion) se succèdent dans une douce harmonie. Les romantiques songeront que, autrefois, Pâris se réfugia à Kranaï, après l'enlèvement d'Hélène. Toute la vie est concentrée sur la petite place où se trouve la police maritime. Très vivant et animé le soir. La mentalité touristique a gagné Gythion et le racolage fait par certains serveurs de restos devient carrément pénible.

Comment y aller ?

En bus

➤ *De Sparte :* 5 liaisons par jour entre 9 h et 21 h.
➤ *D'Athènes :* 5 bus par jour entre 6 h 30 et 18 h. ☎ 21-05-12-49-13.
➤ *D'Aréopolis :* 4 bus par jour entre 8 h et 18 h.

Adresses utiles

🛈 *Office du tourisme :* 20, odos Vassiliou Ghéorghiou ; au bout de la rue partant de la station de bus en direction de la route de Sparte. ☎ 27-33-02-22-82. Ouvert de 8 h à 15 h. Pas de documentation, et mieux vaut aller vérifier soi-même les informations !

✉ *Poste :* rue Ermou (la rue à double voie par laquelle on arrive de Sparte).

■ *Banque :* distributeur pour cartes de paiement à la banque *Ionian Trapeza,* sur la place derrière la station de bus. Également 3 autres banques, avec distributeur.

■ *Journaux français :* dans la boutique de souvenirs, au rez-de-chaussée de l'*Hôtel Aktaion.* Ils arrivent vers 14 h par bus d'Athènes.

■ *Paliatsourès :* petit antiquaire sur le port. Jungle d'objets insolites qui pendent du plafond dans un charmant fouillis. Essentiellement pour le plaisir des yeux car on ne peut rien exporter de plus de 100 ans d'âge, c'est illégal et surtout irrespectueux vis-à-vis du pays qui vous accueille.

◎ *Escape Internet Café :* rue derrière la gare routière. 4,50 € l'heure.

Où dormir ?

Campings

Au sud de Gythion, le long de la grande plage de Mavrovouni, battue par les vents et très appréciée des véliplanchistes (allemands) semble-t-il. Ils sont desservis par 3 bus quotidiens, de 6 h à 13 h. Faisable à pied, mais pas en pleine chaleur. L'été, c'est un peu l'usine, c'est bruyant mais festif, surtout au *Mani Beach,* le moins cher des 3, qui accueille une clientèle plutôt jeune.

⚑ *Camping Meltémi :* à 4 km au sud de Gythion en allant vers Aréopolis. ☎ 27-33-02-28-33. Fax : 27-33-02-38-33. ● www.campingmeltemi.gr ● Ouvert d'avril à mi-octobre. Le plus proche de la ville. Dans les 17,50 € pour 2 personnes avec une petite tente et une voiture en saison. Immense et froid, comme l'accueil d'ailleurs. Ombragé par des oliviers. Piscine alimentée en eau de mer. Petite épicerie bien approvisionnée. Bar, self (d'une qualité assez moyenne). Terrain de basket. Sanitaires nombreux mais peu propres. Machine à laver. Comme son nom l'indique, assez venté de midi au soir. Cartes de paiement refusées.

⚕ *Camping Gythion Bay :* entre les deux autres campings. ☎ 27-33-02-25-22 et 27-33-02-34-41. Fax : 27-33-02-35-23. ● www.campinggythio. gr ● Prix comparables. Plus récent, plus petit aussi, mais emplacements corrects. Excellent accueil. Mini-market, restaurant. Beaux sanitaires. Pas mal de windsurfers. Camping de la chaîne *Harmonie :* réduction de 10 à 20 % sur présentation du dépliant de la chaîne.

⚕ *Camping Mani Beach :* au sud du précédent. ☎ 27-33-02-34-50/1. ● www.manibeach.gr ● Ouvert d'avril à octobre. Autour de 16 € en saison pour 2 personnes avec une petite tente et une voiture. Petits emplacements. Assez ombragé. Épicerie, self-service, bar et douche sur la plage. Fait partie de la chaîne *Sunshine :* réduction de 10 à 20 % sur présentation du dépliant de la chaîne.

Bon marché

🛏 *Chambres chez l'habitant, chez Xénia Karlafti :* face à la presqu'île, en arrivant d'Aréopolis. ☎ 27-33-02-27-19. Chambres et appartements (avec cuisine équipée) agréables et bon marché : de 20 à 38 € suivant la saison. Ameublement typique, ce qui change un peu. Accueil adorable par une vieille dame et sa fille. Très belle

vue. Excellent rapport qualité-prix.

🛏 *Chambres chez l'habitant, Andréakou :* adresse mitoyenne à la précédente. ☎ 27-33-02-28-29. Dans les 25 € hors saison (environ 30 € en été). Accueil souriant de la vieille dame qui s'en occupe. Chambres avec vue sur l'îlot de Kranaï. Cuisine au second.

De prix moyens à plus chic

🛏 ▮◍▮ *Hôtel Saga :* sur le quai, après la place centrale (direction Aréopolis). ☎ 27-33-02-32-20. Fax : 27-33-02-43-70. Petit hôtel récent dans le style local. Chambres confortables autour de 50 €, petit dej' en sus. La plupart avec vue sur la mer (avec double vitrage car la rue est bruyante), petit balcon, téléphone, AC, TV, réfrigérateur et salle de bains. Tenu par une Bretonne, Odile. Bon accueil. Restaurant qui s'est construit une réputation : moussaka, *pastitsio,* brochettes, agneau, soupes de poisson, calamars, poisson grillé. Plutôt cher toutefois. Accepte les cartes de paiement. Personnel racoleur, mais la concurrence est rude sur le port !

🛏 *Hôtel Kranaï (en grec KPA-NAH) :* toujours sur le bord de mer. ☎ et fax : 27-33-02-43-94. ● kranai@ath.forthnet.gr ● De 50 à 70 € la chambre double, petit dej' compris. Moins cher à l'arrière. A été restauré. Escalier en marbre gris. Sur l'avant, bow-window ou balcon. Grande hauteur sous plafond et beau salon avec de vieux meubles. Les salles de bains ont été rajoutées. Attention,

quelques chambres sans fenêtre. Cartes de paiement acceptées.

🛏 *Hôtel Aktaion :* 39, Vassiléou Pavlou. En bord de mer. ☎ 27-33-02-35-00. Fax : 27-33-02-22-94. ● www.aktaionhotel.gr ● Chambres doubles de 60 à 70 € environ suivant la saison. Petit dej' en sus dans les 5 €. Grand bâtiment néoclassique bien rénové. Grandes chambres irréprochables avec salle de bains privées, AC et TV. Vue sur le port et la mer. Confort, bon goût et prix d'un bon 2-étoiles. Accueil bourgeois, un peu à l'image de l'hôtel.

🛏 *Hôtel Gythion :* 33, Vassiléou Pavlou. En bord de mer. ☎ 27-33-02-34-52. Fax : 27-33-02-35-23. En été, dans les 70 € pour de grandes chambres agréables avec vue sur le port et la mer, petit dej' compris. C'est l'ancien bâtiment du club des commerçants datant du XIXe siècle, où fut joué le premier poker de Grèce dit-on. AC et TV. 2 chambres avec cuisine. Plus intéressant hors saison car négociable. Café ouvert tard le soir au rez-de-chaussée, donc parfois bruyant.

Où manger ?

🍽 **Masouleri Kokkalès :** sur la place centrale. Bons *gyros pita,* avec l'humour du serveur en prime.

🍽 **Taverne Poulikakos** *(inscription en grec) :* en face de l'arrêt des taxis, à droite des grands escaliers. Prix raisonnables : compter 9 € pour un repas, mais un peu à la tête du client. La cuisine est familiale et bonne, le cadre sans fioritures, et l'accueil sympa.

🍽 Bon **resto de l'hôtel Saga** (voir la rubrique « Où dormir ? »).

🍽 **Taverna To Nissaki :** sur l'îlot Kranaï, face à la petite église. ☎ 27-33-02-33-80. Environ 10 € pour un repas. Beaucoup plus tranquille que les restos du port, car à l'écart du trafic, mais pas de vue très sympa. Parts généreuses et prix corrects.

🍽 **Café Periptéro :** juste à côté de la station de bus. ☎ 27-33-02-22-82. Ouvert toute l'année, jusqu'à 3 h l'été (toute la nuit le samedi). Grande terrasse près d'un jardin ou directement sur la mer. Pour boire : toutes sortes de cafés, et pour le petit déjeuner.

Où boire un verre ?

🍸 ♪ **Café Club O'Navagio :** au bout de la digue qui mène à l'îlot Kranaï. Seulement le soir. Coloris vert et brique. Terrasse surplombant la mer. Musique variée. Apprécié des jeunes locaux malgré l'accueil pas des plus chaleureux.

🍸 ♪ **On the Road Café-Pub :** sur la route d'Aréopolis (à environ 5 km), en face des campings. Bien signalé. Ouvert seulement la nuit. Un café tenu par des *bikers* hippies. Bien décoré et quelques tables dans un petit jardin agréable. Bonne musique.

À voir

🎭 **Le théâtre antique :** à l'angle de la poste, prendre tout droit jusqu'à la caserne et tourner à gauche devant le planton ; le théâtre est au bout du chemin de terre. Juste devant une caserne militaire. Ça casse un peu le romantisme. Renseignements : ☎ 27-33-02-22-28.

🎭 **Le Musée historique et ethnologique du Magne :** dans la tour Tzané-taki située sur l'îlot Kranaï. ☎ 27-33-02-44-84. Ouvert, en saison, de 9 h 30 à 17 h. Pour les passionnés de l'histoire du Magne.

Fête

– **Fête des Marathonissia :** concerts, représentations théâtrales, du 15 juillet au 15 août.

➤ DANS LES ENVIRONS DE GYTHION

🎭 **Mavrovouni :** ce village prolonge Gythion au sud. Les falaises, plutôt jolies en elles-mêmes, sont surmontées d'hôtels et d'appartements à louer qui n'ont pas franchement embelli le paysage. Un peu plus loin vers le sud mais toujours sur Mavrovouni, une grande plage que l'on rejoint par une petite route sur la gauche.

🏠 *Rooms Alkyon :* à côté du *Diamond Palace.* ☎ 27-33-02-31-12. Huit appartements tout confort directement sur la plage. Conseillé de réserver à l'avance, même hors saison. Accueil très gentil.

🏃 *Skoutari :* prendre la route d'Aréopolis et la quitter, direction Agéranos. Laisser à gauche la route pour Vathy (un camping très poussiéreux : ne vaut pas le détour) et dépasser l'hôtel *Belle Hélène* à Agéranos (au passage, signalons l'existence d'un autre camping, juste avant l'hôtel, dont des lecteurs nous ont dit beaucoup de bien : *Porto Agéranos,* ☎ 27-33-09-34-69 et fax : 27-33-09-32-39. Récent, ombragé, avec des sanitaires neufs). Du haut de la côte, belle vue sur une nouvelle baie. Pour une petite faim, vous pouvez vous arrêter chez *Vassilis,* c'est après la tour, sur la droite. Pas vraiment d'enseigne. Vassilis, qui a vécu en France et à l'île Maurice, prépare de bons petits plats. En bas de la descente, sur la gauche, une petite route rejoint quelques maisons : c'est Kamarès, avec une taverne très sympa, au bout de la route sous les eucalyptus : *I Vlychada.* Pour Skoutari, faire demi-tour, traverser la baie, franchir de nouvelles collines et voilà Skoutari, à vingt bons kilomètres de Gythion. Le tourisme commence à s'implanter dans le village. On n'est pas loin du paradis. Touristes grecs et ceux qui ont les mêmes mauvaises lectures que vous.

🏠 *Skoutari Beach Resort :* ☎ 27-33-09-36-84. Fax : 27-33-09-36-85. • www.hotelskoutari.nav.to • Ouvert d'avril à fin novembre. Une bonne adresse pour les routards recherchant le confort d'un appartement tout équipé à prix encore raisonnables : de 45 à 70 € selon la saison. Magnifiques terrasses. En contrebas, superbe plage de sable avec sa petite chapelle byzantine. Cartes de paiement refusées.

🏠 Nombreuses *chambres chez l'habitant* dans la rue qui descend à la plage.

🍽 Une petite *épicerie* (dans le centre du village) qui vend des boissons et deux *tavernes* sur la plage ; la plus proche de la chapelle étant déconseillée.

De Skoutari, possibilité de descendre directement sur le Magne, par une route magnifique à flanc de montagne qui surplombe la mer et rejoint Kotronas et la côte est du Magne.

QUITTER GYTHION

En bus

🚌 *Gare routière KTEL :* au bout du quai, sur la gauche quand on regarde la mer. Pour tout renseignement, ☎ 27-33-02-22-28.
➤ *Pour Sparte :* 6 départs par jour, de 7 h 30 à 19 h. De 9 h à 21 h 15 le week-end.
➤ *Pour Aréopolis :* 4 bus par jour, de 5 h à 18 h 45.
➤ *Pour Kalamata (via Sparte) :* 2 bus, à 7 h 30 et 12 h, sauf le week-end.
➤ *Pour Athènes :* 6 bus par jour, de 7 h 30 à 18 h. 4 bus de 8 h à 18 h le week-end. Dans les 15 €.
➤ *Pour Pyrgos :* 1 bus à 10 h 15 (12 h 45 le week-end).
➤ *Pour Ghéroliménas :* 3 bus, de 5 h à 18 h 45.
➤ *Pour Skala et Monemvassia :* aller à Sparte puis correspondance.

En bateau

🚢 Se renseigner auprès des autorités du port (☎ 27-33-02-22-62) ou à l'agence *Rozakis* sur le quai (☎ 27-33-02-22-07) très serviable, mais pas ouverte à l'heure de la sieste.

LE PÉLOPONNÈSE

➤ Liaison avec *Kastelli* (Crète) via *Cythère.* En principe, 2 à 3 liaisons hebdomadaires en saison. 7 h de traversée jusqu'en Crète.

LE MAGNE (MANI)

C'est l'une des plus belles régions du Péloponnèse. Des paysages sauvages, de grandes montagnes pelées, battues par des vents violents. L'été, l'eau manque souvent dans les villages, dont chaque maison, construite en forme de tour carrée massive, donne à l'ensemble une allure de forteresse. Partout vous apercevrez ces tours qui servaient de refuge aux familles. Ceux qui connaissent le Connemara (en Irlande) retrouveront dans cette région certains points communs : solitude sauvage, rocaille, collines dépouillées, murets de pierre sèche et villages abandonnés (dont certains commencent à être retapés par des étrangers adeptes de solitude).

Les habitants du Magne (Maniotes) sont les descendants des Laconiens qui fuirent l'invasion slave. Ils se sont toujours caractérisés par leur esprit d'indépendance, que les maîtres de la Morée aient été francs, byzantins, turcs, slaves ou vénitiens et même grecs puisque, en 1834, le pouvoir athénien déclencha une révolte lorsqu'il décida d'empêcher la construction de nouvelles tours fortifiées (on en dénombrait alors dans les 800...). Il est vrai que, trois ans plus tôt, le premier gouverneur du jeune État grec avait été assassiné à Nauplie par deux Maniotes (vendetta...). Jusqu'à une époque récente, la population était organisée en clans, sous la direction de chefs de village. Cette structure a quasiment disparu sous l'effet de l'émigration qui a contraint la jeunesse à quitter ces villages.

Transports

La région est assez difficile à visiter en bus ou en stop. L'idéal est de louer un scooter (ou une voiture) à Gythion. Attention, en deux-roues ; beaucoup de murets en pierre, ça fait très mal si on tombe... Et le premier hôpital (à Sparte) n'est pas tout près... Emporter un bidon d'essence en réserve car les stations-service sont rares dans le Magne : à Aréopolis, Pirgos Dirou et Kafiona vers le sud, plus une sur la route Aréopolis-Kotronas. Une station également tout au sud, 1 km après Ghéroliménas.

ARÉOPOLIS   800 hab.

À 24 km au sud-ouest de Gythion. Grosse bourgade, porte d'entrée du Magne. Anciennement *Tsimova,* rebaptisée Aréopolis (ville d'Arès) en l'honneur du caractère guerrier de ses habitants (!), cette bourgade semble seulement maintenant s'éveiller au tourisme. L'architecture des maisons y est belle, mise en valeur par une restauration généralement réussie. Dommage que la place principale soit franchement ratée. Mieux vaut s'en éloigner pour découvrir les vieux quartiers bien retapés, notamment la place « historique » du 17 mars 1821 où se trouve l'*église des Taxiarques* qui surprend par la présence des signes du zodiaque sculptés dans l'abside. Astrologie et religion, même combat ?

Nombreuses églises et chapelles disséminées dans le village.

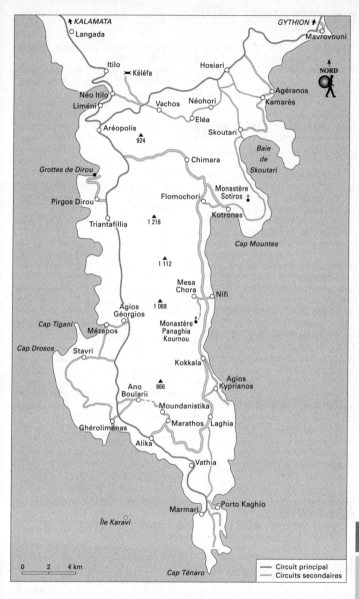

LE MAGNE

Adresses utiles

✉ **Poste :** en face de l'hôtel *Mani,* dans la rue qui conduit de Gythion à la place moderne du centre du village.

■ **Distributeur automatique** de la *Banque nationale de Grèce,* juste à côté de la poste.

@ **Matrix Internet Cafe :** à la sortie d'Aréopolis, direction Pyrgos Dirou. 4,50 € de l'heure.

Où dormir ? Où manger ?

On trouve à se loger pour moins cher qu'à Gythion.

🛏 **Hôtel Kouris :** sur la place principale. ☎ 27-33-05-13-40 et 07. Fax : 27-33-05-13-31. Chambres confortables avec balcon, à prix intéressants (de 40 à 55 €), surtout si l'on se passe de la climatisation (supplément de 6 € environ). Construction plaisante avec un grand bar au rez-de-chaussée. Petit déjeuner correct. Les chambres donnant sur la place principale sont bruyantes. Très bon accueil.

🛏 **Hôtel Mani :** entrée nord, sur la droite lorsque l'on vient de Gythion. ☎ 27-33-05-11-90. Fax : 27-33-05-12-69. • www.hotelmani.gr • Ouvert toute l'année. Chambres propres aux alentours de 65 €, petit dej' compris. Bâtiment moderne en pierre du Magne.

🛏 **Rooms Bozagregos :** tout près de l'église des Taxiarques, dans le centre historique. ☎ 27-33-05-13-54.

Chambres soignées de 35 à 50 € selon la saison (de 50 à 75 € pour 4 personnes), avec frigo et AC. Agréable terrasse sur le toit.

🍴 Plusieurs **restos** sur la place principale :

– **Tsimova,** très grec et vraiment pas cher : plats avec légumes entre 4 et 6 €. Propose aussi de bonnes grillades, du poisson, etc.

– **Taverne Nicolas' Corner (To Stéki tou Nikola),** où l'on choisit son plat en cuisine. Environ 12 € pour un repas. Mets traditionnels. Vraiment très bien, à recommander.

🍴 Également de bons petits **restos** pleins de Grecs dans la rue qui va de la place principale à la place du 17-Mars-1821 en longeant la petite église. Accueil sympa et bon rapport qualité-prix notamment chez **Barba Pétros** (☎ 27-33-05-12-05).

QUITTER ARÉOPOLIS

🚌 **Station de bus :** dans le même bâtiment que le *Pub Roméo,* sur la gauche, sur la place moderne. ☎ 27-33-05-12-29. Départs le matin et en début d'après-midi.

➤ **Pour Gythion :** 4 bus par jour, à 8 h, 13 h, 15 h et 18 h.

➤ **Pour Ghéroliménas :** 2 bus par jour à 13 h et 19 h 30.

➤ **Pour Kalamata :** 3 bus par jour avec changement à Itilo entre 6 h et 13 h 30.

➤ **Pour Sparte :** 4 bus par jour. Mêmes bus que pour Gythion.

LES GROTTES DE DIROU

À 12 km au sud d'Aréopolis et à 5 km du village de Pyrgos Dirou. ☎ 27-33-05-22-22. Ouvert de 8 h 30 à 17 h 30 (14 h 45 jusqu'à fin mai) ; en été, le guichet ouvre à 8 h 20. Cher (12 €) et pas de réduction pour les étudiants. Les enfants de 3 à 13 ans paient tout de même 7 €. La visite dure environ 45 mn.

C'est hyper-touristique, et l'été il y a, au minimum, une heure d'attente (à moins que vous n'arriviez de bonne heure). En fait de grottes, il n'y en a qu'une seule qui se visite, celle de *Vlychada*. Les avis sont partagés sur cette visite. Ceux qui ont déjà vu plusieurs grottes peuvent s'en passer. En tout cas, la balade est originale puisqu'elle s'effectue en grande partie en barque. Bien sûr, certains auront l'impression... de se faire mener en bateau. Toutefois, la température est agréable et les éclairages dans cette forêt de stalactites et de stalagmites sont bien réalisés. Les salles aux noms imagés : appartements rose, blanc, rouge, caverne du dragon, cathédrale... se succèdent sur 1 200 m et forment un véritable labyrinthe. Et puis, vous apprendrez comment on peut naviguer sans que la rame touche... l'eau. À l'entrée de la seconde grotte, *Alepotrypa* (fermée), un petit musée.

– Tout à côté, une grande plage pour un bain bien mérité et un resto en self-service.

Comment y aller ?

➢ *De Gythion :* 1 bus à 10 h, retour à 13 h 30.
➢ *D'Aréopolis :* 1 bus vers 11 h, retour à 13 h.

GHÉROLIMÉNAS (GHÉROLIMIN)   50 hab.

À 22 km au sud des grottes de Dirou. Petit port du bout du monde qui n'a été fondé qu'à la fin du siècle dernier pour connaître rapidement une grande activité, mais qui désormais s'est assoupi entre ses vieilles maisons abandonnées. On retrouve ici l'architecture caractéristique du Magne. Belles pierres s'assemblant avec précision en formes carrées, massives, tout en restant harmonieux. Dommage que les deux hôtels déparent... Ghéroliménas, dans son anse protégée par une sévère falaise, a du charme et invite, au-delà de sa petite église rustique, à une agréable balade romantique sur le sentier qui longe la côte découpée.

Une petite plage de galets dans le village même, et des rochers.

Où dormir ? Où manger ?

🏠 |●| *Hôtel-restaurant Akroténaritis :* chez les frères Théodorakis, sur le port. ☎ 27-33-05-42-05. Vieille bâtisse en pierre avec un grand balcon. Chambres doubles ou triples à partir de 30 € hors saison. 4 chambres avec salle de bains dans un bâtiment plus récent, juste à proximité. Un peu bruyant. Pour le petit dej', on peut aller à la taverne juste au-dessous. Les tables donnent sur la mer. Rapport qualité-prix moyen, tout comme la propreté.

🏠 |●| *Hôtel-restaurant Akroyiali :* sur le port. ☎ 27-33-05-42-04. Fax : 27-33-05-42-72. Plus confortable, mais plus cher que l'*Akroténaritis*. Chambres dans l'ancienne partie dans les 45 € hors petit dej' en saison. Pour les appartements, dans une annexe plus moderne (en fait, des bâtiments anciens rénovés), compter 65 € pour 4 personnes. AC dans tous les cas. Accueil commerçant mais gentil.

Randonnée pédestre

➤ Monter, à l'est, à *Ano Boulario* par une route cimentée que l'on prend dans Ghéroliménas (ou en voiture de la route menant à Vathia). Succession de chapelles. On passe devant *Agios Spyridon*, monastère « noir », à l'aspect facho (douilles d'obus au-dessus de la grille). Au sommet du village, *église Agios Stratighos*, l'une des plus étranges du Magne (et de Grèce), avec des linteaux de marbre sculpté et des fresques superbes. De là, monter par un sentier jusqu'à *Moundanistika*, le plus haut village du Magne, pour admirer l'alignement de maisons-tours sur une crête. On redescend par une piste cimentée jusqu'à *Marathos*, puis *Alika*. Il reste 3 km de route pour *Ghéroliménas*. Compter 5 à 7 h, selon l'intérêt que vous portez à l'art byzantin. Attention, pas d'ombre, impossible à faire en été.

➤ *DANS LES ENVIRONS DE GHÉROLIMÉNAS*

🍴 ***Vathia :*** à 10 km au sud de Ghéroliménas. Pour atteindre Vathia, on passe par Alika ; ensuite la route grimpe sec. C'est l'un des plus beaux villages du Magne, perché sur une colline qui domine toute la région, malgré les terribles incendies de juillet 2000 qui ont tout brûlé sur leur passage, de Porto Kaghio à Ghéroliménas. Le village, dont toutes les maisons sont dans le style tour fortifiée, a été peu touché, mais le paysage aux alentours est encore désolé, bien que la nature reprenne petit à petit ses droits. Promenez-vous un peu à pied, tranquillement. Les pierres semblent encore vouloir parler de l'époque où tout le village était partagé entre quatre clans qui ne s'aimaient guère.

Quelques kilomètres avant d'arriver au village, en contrebas de la route, à droite, on trouve une petite crique et sa plage de galets.

🍴 ***Porto Kaghio (le Port aux Cailles) :*** tout petit port sur le golfe de Lakonia, ainsi nommé car ces oiseaux y font escale avant de migrer en Afrique. Dominé par le site du château franc de Mani, construit par Guillaume de Villehardouin (mais oui !) en 1250. Voilà la troisième place forte, après Monemvassia et Mystra, qu'il céda aux Byzantins comme prix de sa rançon. Il n'en reste pratiquement aucun vestige et certains pensent d'ailleurs qu'il se situait peut-être ailleurs, au sud-ouest du Magne, vers le cap Tigani. Plage de galets, malheureusement pas très propre. Effectivement, en regardant la carte, ce petit port blotti tout au bout d'une presqu'île incite à bien des fantasmes. Le hameau en lui-même n'a rien d'exceptionnel et n'est vraiment pas un modèle de propreté et, si la mer est remarquablement limpide, la plage est parfois loin d'être nickel.

Point de départ de nombreux circuits pour les amateurs de marche. Destination : les petits hameaux isolés que l'on aperçoit du port, notamment Paliros. Itinéraires possibles en voiture aussi, par des pistes assez correctes.

En portant ses yeux sur la ligne bleue du large, le routard qui a le vertige sentira son cœur se serrer à l'idée qu'il est devant le *gouffre d'Inoussès,* l'abysse le plus profond de la Méditerranée (4 850 m).

🛏 🍽 ***Taverne Akrotiri :*** ☎ 27-33-05-52-81. Plutôt cher : dans les 50 € la chambre double hors saison. Au 1er étage, chambres spacieuses, claires, mais pas toujours très propres, avec vue sur ce site magni-fique. Pour manger, choix limité et c'est un peu cher.

🍽 ***Hippocampos :*** taverne familiale. On y mange du poisson frais, pêché le matin par le patron.

ATTENTION, pas d'eau potable dans le coin, à l'exception d'une source avant le site de Mani. Emporter sa réserve. Un mini-market a ouvert.

🏃 *Marmari :* pour ceux qui auraient peur d'être trop à l'étroit dans l'anse de Porto Kaghio, le coin de Marmari offre trois belles plages, qui ont l'avantage d'être propres et ventées.

LA CÔTE EST DU MAGNE

Parcours beaucoup moins fréquenté, donc moins touristique que la côte ouest. En remontant de Porto Kaghio, possibilité de rejoindre Laghia par une piste correcte, hormis quelques passages (sinon, il faut retourner jusqu'à Alika pour reprendre la route asphaltée pour Laghia). Route sinueuse livrant de ravissants points de vue sur les hameaux et villages « maniotes ». Peu d'accès à la mer, côte trop rocheuse et quasiment pas de plages. Malheureusement, les incendies de l'été 2000 ont dévasté les paysages entre Laghia et Kokkala.

🏃 *Laghia :* encore un village typiquement « maniote ».

🏃 *Kokkala :* petit village de construction récente. Dépare vraiment après Laghia. Jolie crique tranquille avec une église les pieds dans l'eau.

🏠 🍴 Plusieurs *chambres chez l'habitant* et *pensions* (*Pension Kokkala* par exemple) le long de la rue principale, ainsi que quelques *tavernes.*

➤ *Randonnée pédestre :* de Nifi (ou Exo Nimfio), à l'arête du village vers Kokkala, monter jusqu'aux dernières maisons. De là part un beau *kaldérimi* (chemin muletier) qui grimpe à un petit col, puis, en corniche, atteint le petit *monastère Panaghia Kournou* (fontaine). En poursuivant, on peut voir les restes d'un temple antique au lieu-dit *Kiona*. On doit revenir par le même chemin, car le sentier descendant à Kokkala est désormais impraticable.

🏃 *Flomochori :* village séduisant avec, probablement, les tours les plus hautes du Magne et des ruelles pavées qui datent d'un autre âge, arpentées par de vieilles femmes, bâton en main, toutes de noir vêtues, l'œil mi-souriant mi-méfiant. Belle plage de galets en dessous de Flomochori : suivre la direction du restaurant *Ta 7 Adelphia* (« Les 7 Frères »).

🏃 *Kotronas :* petit port au bout de 3 km de route. Pas un charme fou, mais retiré et paisible.

🏠 Chambres à louer chez *Ekatérini Kouzouna,* sur le port. ☎ 27-33-02-12-46. Dans les 30 € sans salle de bains privée et 45 € avec. Négociable. Édifice moderne sans grâce, chambres simples et propres. Accueil... maniote ! Ils parlent un peu l'allemand. S'adresser au resto en bas (qui est à éviter autrement).

🏠 *Rooms Ta Dyo Adelphia :* une autre petite pension, sur la droite dans la rue descendant au port. ☎ 27-33-02-12-09. 30 € affichés, mais le prix se négocie, surtout hors saison. Chambres basiques mais propres, certaines avec balcon donnant sur la montagne. Salles de bains communes.

🍴 *Restaurant To Akroyiali :* domine le port. Parts généreuses, prix modiques.

➤ Du port de Kotronas, monter par une petite route puis un superbe chemin à *Gonéa,* village mort dont deux chapelles ont été restaurées. Monter encore jusqu'à un col très marqué (un chêne unique, visible de *Gythion,* y trône). Descente aisée jusqu'à *Skoutari* (voir « Dans les environs de Gythion »). On coupe la presqu'île de *Kalivia* et, en suivant la mer, on atteint *Aghéranos* d'où l'on peut rejoindre la route *Aréopolis-Gythion* ou continuer de plage en plage.

De *Kotronas* à *Aghéranos :* 5 h en courant, 6 à 7 h à un rythme plus raisonnable. Si, à partir de *Gonéa,* on souhaite visiter le *monastère Sotiros* (très belles fresques), prévoir 1 h de plus. Infaisable en pleine chaleur.

LA ROUTE D'ARÉOPOLIS À KARDAMYLI (45 KM)

On est encore dans le Magne historique (mais plus dans le Magne administratif) qui ne s'achève qu'après Kardamyli. Les demeures dans le style maniote se font moins nombreuses.
ATTENTION, à ne louper sous aucun prétexte. C'est vraiment l'une des plus belles routes côtières du Péloponnèse. Et on pèse nos mots !

🍴 **Liméni :** peu après Aréopolis, dans une baie aux eaux chaudes et claires, pas du tout bétonnée, avec quelques coins aménagés pour le bain (mais gare aux oursins). Joli endroit.
🍴 On peut manger chez **Takis,** sur le port. ☎ 27-33-05-13-27. Fermé de novembre à février. Une des meilleures *psarotavernès* du secteur.

🍴 **Néo Itilo :** grande plage de galets et de sable, et village peu animé hors saison.
Le village ancien, **Itilo,** sur les hauteurs, vaut le détour. C'est de là que sont partis les Maniotes qui ont émigré, à la fin du XVIIe siècle, pour finalement s'installer en Corse et fonder Cargèse. À proximité, le château turc de Kéléfa.

🏠 **Porto Vitilo :** à la sortie de Néo Itilo, sur la côte à 5 km au nord en venant d'Aréopolis (prendre la première à gauche en sortant de la ville). ☎ 27-33-05-92-20. Fax : 27-33-05-92-10. Adresse de charme et de luxe : chambres doubles ou triples de 65 à 100 € selon la vue, petit dej' inclus. Chambres en bois et pierre, poutres apparentes, avec AC et balcon à porche. Grande bâtisse en pierre grise de la région. Bonne occasion de découvrir l'intérieur cette architecture maniote si caractéristique. Même la robinetterie est dans un style début XXe siècle (d'origine ?). Entrée cosy et accueil sympathique. Plage de rochers à 5 mn à pied. Projettent de construire une piscine et un bâtiment supplémentaire.
🏠 🍴 **Hôtel Itilo :** dans le village de Néo Itilo, sur le front de mer. ☎ et fax : 27-33-05-92-22 et 27-33-05-92-53. ● www.hotelitilo-mani.gr ● Ouvert de mars à novembre. Dans les 80 € la chambre double, petit dej' inclus. Dans une grosse maison individuelle qui n'a cependant pas le charme de ses voisines, avec la mer et la montagne pour seul paysage. Chambres spacieuses et claires, balcon donnant sur la mer pour admirer le coucher de soleil génial. Mais attention : malgré l'accueil à première vue chaleureux, bien se mettre d'accord sur les prix et résister aux avances pour manger à leur resto.
🍴 **Taverna O Mavros Piratis :** au centre de Néo Itilo, sur le bord de mer. ☎ 27-33-05-93-63. Du beau poisson frais entre 20 et 40 € le kilo. Terrasse en bois au-dessus de la plage. La soupe de poisson « avec morceaux » est extra.
🍴 **Taverna Karavopetra :** juste avant la précédente. Dans un très joli jardin fleuri entouré d'un mur de pierre, terrasse au bord de l'eau, au calme. Cadre plus travaillé. Prix identiques.

➤ Après, la route ne cesse de grimper, traversant de paisibles villages. Chacun d'eux possède nombre de chapelles très anciennes. Certaines sont ouvertes et abritent encore des fragments de fresques sublimes.

🍴 **Langada :** église superbe *(Sotiros)* avec des fresques du Xe siècle.

🐾 **Nomitsis :** à l'entrée du village, sur la droite, deux très vieilles chapelles (*Agios Anargyros* et l'*église de la Métamorphose*) avec des fresques pas trop dégradées (parfois fermées à clé). Poussez la grille du jardinet, grimpez quelques marches et découvrez mille ans d'histoire. Un peu avant, à *Thalamès*, voir aussi l'*église Agia Sofia* du XIIIᵉ siècle.

Également l'*église Agios Nikolaos*, splendide ouvrage du XIᵉ siècle. Vous la verrez de la route, sur votre gauche, au milieu des buissons d'épineux, face à la mer et perdue en plein champ.

🍴 À *Thalamès*, s'arrêter sur la place à la **taverne Platanos.** Bonnes grillades. Ombre garantie.

🐾 **Platsa :** peu après Nomitsis. Là, se succèdent plusieurs églises : *Agia Paraskévi* (XIIIᵉ siècle), *Agios Dimitrios* (XIIIᵉ siècle) et *Agios Ioannis* du XVᵉ siècle.

🐾 **Agios Nikolaos :** charmant port, très apprécié depuis peu par les touristes le soir. Quelques bateaux de pêche minuscules, adaptés à la taille du port.

🏠 **Rooms Lofos :** un peu au-dessus du village. ☎ 27-21-07-73-71. Chambres de 30 à 40 € avec salle de bains commune. Maison traditionnelle blanche aux volets bleus, avec un jardin croquignolet (c'est tellement vrai qu'ils ont inscrit *very good garden*). Des balcons, belle vue sur la mer. Bonne adresse, propre et familiale. Accueil quelque peu insistant. Annexe insolite, sans porte ni vitre.

🏠🍴 **Restaurant-rooms O Faros :** après l'église. ☎ et fax : 27-21-07-70-17. Entre 30 et 35 € la chambre double sans le petit dej'. Au bord de l'eau. Construction moderne avec une grande terrasse. Chambres très propres, certaines avec des douches communes. Environ 6 € le plat préparé. On peut y manger une cuisine de qualité (en particulier la moussaka !) à prix modérés. Petite terrasse en contrebas, avec des transats et accès à la mer par une échelle. Accueil sympa de la patronne.

🍴 **The Hidden Garden :** sur le port. Nourriture variée que l'on choisit à la cuisine. *Souvlakia* et poisson excellents. Prix corrects. On peut manger dehors sous la treille. Accueil un peu froid au départ.

🍴 **To Mouragio :** bonne adresse les pieds dans l'eau à prix modiques. Bonne moussaka et l'*arni* (agneau) n'est pas mal non plus. Accueil cordial.

➤ D'Agios Nikolaos, on peut, en suivant la route côtière par le sud, descendre vers *Agios Dimitrios*, dominé par une tour vénitienne avec un port encore plus petit. De là, continuer jusqu'à un autre petit port, *Trachila*, 5 km plus au sud. Pas beaucoup de touristes. La route entre Agios Dimitrios et Trachila, sous la falaise, longe la mer. Possibilités de baignade. Véhicules encombrants, s'abstenir.

🐾 **Stoupa :** plage extrêmement fréquentée mais encore assez sympathique la semaine ; le week-end, une file ininterrompue de voitures est garée le long de la route qui y mène. Pas mal de chambres à louer.

⛺ **Camping Kalogria :** dans Stoupa, près de la plage de Kalogria. ☎ 27-21-07-73-19. Ouvert l'été uniquement. Réception ouverte de 8 h à 14 h. Dans les 12 à 16 € pour 2 personnes avec une voiture et une petite tente. Sanitaires moyens, mais très ombragé. Bon accueil.

⛺ **Camping Ta Delphinia :** plus au nord en sortant de Stoupa, à l'écart de la route vers Kardamyli. ☎ 27-21-07-72-37. Fax : 27-21-07-73-18. De 12 à 16 € environ pour 2 personnes, une petite tente et une voiture. Pas toujours bien entretenu ; à l'ombre des oliviers. Mini-marché. Tranquille au-dessus d'une crique magnifique. Sanitaires un peu spartiates.

🍴 **Restaurant Panoréa :** juste à côté du camping *Kalogria.* ☎ 27-21-

07-73-69. Resto avec tonnelle agréable tenu par un couple anglais sympa. Le mardi, c'est la *Mezze Night* : choix de 14 hors-d'œuvre typiquement grecs ou occidentaux et vin. 30 € pour 2. Plus cher que la moyenne mais beaucoup plus varié. Réserver.

KARDAMYLI
450 hab.

Village en bord de mer, assez touristique mais pas massacré. Pas de béton, pas trop de marchands du Temple. Voir surtout, dans l'ancienne enceinte médiévale, l'*église Agios Spyridon,* surmontée d'un curieux clocher agrémenté de reliefs.

Les amoureux de l'errance apprendront sans doute avec intérêt que c'est ici qu'ont été dispersées les cendres de l'écrivain-voyageur britannique Bruce Chatwin (1940-1989). Converti à l'orthodoxie, Chatwin avait exprimé cette demande, pour reposer dans ce village qu'il connaissait bien pour y avoir vécu, chez son ami l'écrivain Patrick Leigh Fermor, grande figure locale et connaisseur du Magne comme personne d'autre.

➤ Plusieurs bus par jour pour Athènes, Kalamata et Itilo.

Où dormir? Où manger? Où boire un verre?

De bon marché à prix moyens

🛏 Comme partout ailleurs, nombreuses **chambres chez l'habitant,** notamment sur le front de mer et dans le coin du *Café Internet Koutsaros* (voir ci-après). Celles juste à côté, dans une belle maison blanche entourée d'un jardin avec palmier, sont à 25-30 €.

🏕 **Camping Melitsina :** à la sortie du village, en direction de Kalamata, prendre à gauche ; continuer jusqu'à la mer et la longer à droite pendant 1 km. ☎ 27-21-07-34-61. Environ de 14 à 16 € pour 2 avec une tente et une voiture. Accueil inégal, voire pire. Idéal pour le farniente. Pas énormément d'ombre. Sanitaires propres. Mini-marché dans le village. Sorte de piscine naturelle aménagée dans les rochers juste en dessous.

🍴 **Taverna Lela's :** ouvert le soir (en général de 18 h 30 à 22 h 30 seulement). Compter autour de 15 €. Ses terrasses ombragées par les lauriers roses dominent la mer. Les Grecs viennent y manger un excellent poisson grillé. Cependant, accueil peu chaleureux.

🍷 **Café Aman :** sur la mer, à côté de la taverne *Lela's*. Histoire d'écluser un gorgeon et de faire des rencontres.

🍷 @ **Café Internet Koutsaros :** après la taverne *Lela's,* dans la ruelle de gauche. Café agréable, avec expo de photos. Environ 3 € la connexion pour une demi-heure.

Beaucoup plus chic

🛏 **Kalamitsi Hotel-Bungalow :** à 2 km du village en direction d'Aréopolis. ☎ 27-21-07-31-31/3. Fax : 27-21-07-31-35. • www.kalamitsi-hotel. gr • Ouvert d'avril à octobre. De 75 à 85 € pour 2 à l'hôtel et 80-90 € pour un bungalow. Un ensemble de jolis bungalows de style méditerranéen, tout beaux, tout neufs, disséminés dans une oliveraie au bord de la falaise, pouvant accueillir jusqu'à 4 personnes, avec cuisine équipée. Également des chambres d'hôtel. Réception dans la grande maison à droite. Beaucoup de Teutons mais le coin est sympa, à proximité de jolies criques ourlées de cyprès et d'oliviers. Chatwin y demeura (il occupait la chambre n° 1). Dommage que l'accueil soit parfois peu sympathique.

Randonnée pédestre dans les gorges du Viros

➢ Monter en taxi ou en stop (mais difficile) à *Tséria,* au nord-est. Minuscule village qui reprend un peu vie depuis que quelques étrangers s'y sont installés et retapent de belles maisons. Descendre par un remarquable *kaldérimi* (chemin dallé) au fond des gorges, près d'une vasque d'eau. Remonter par une piste (fontaine) jusqu'à *Exohorio,* suivre la ruelle qui surplombe la gorge et, dès les dernières maisons, descendre à droite par un sentier en lacet jusqu'au *monastère Sotiros.* Il ne reste plus qu'à descendre la gorge aisément, en passant par le *monastère Likaki,* couvert de fresques hélas graffitées (« Dimitri aime Eleni », etc.). On atteint le vieux *Kardamili* et l'*église Agios Spyridon.*

Nota : la descente dans les gorges en amont de *Sotiros* est assez délicate, c'est pourquoi il est préférable de passer à *Exohorio* comme décrit plus haut. Pour les moins courageux ou en plein été, possibilité de faire une boucle en voiture, en montant jusqu'à *Tséria* et en prenant ensuite la direction de Kendros : traversée de minuscules villages hors du temps et arrivée à *Kendros,* avec son unique taverne tout en haut. Rejoindre ensuite *Kambos* et la grande route vers *Kalamata.* De Kendros, les bons randonneurs pourront se faire de belles balades du haut des **gorges du Rindomo,** en poussant jusqu'au village de *Pigadia.* À faire en moyenne saison avec une carte détaillée de la région et des *monts Taygète.*

LA MESSÉNIE

Administrativement, le département de la Messénie commence plus au sud, du côté de Thalamès, mais historiquement, on a coutume de placer la frontière entre le Magne et la Messénie du côté de Kardamyli. Département à vocation agricole (grâce à la grande douceur de son climat), la Messénie possède pas mal d'autres atouts, notamment du côté touristique.

KALAMATA
45 000 hab.

Grande ville assez étendue, coincée au fond d'un golfe et d'une cuvette, et qui n'a apparemment pas su choisir entre sa vocation de station balnéaire et l'industrialisation. Résultat : une ville qui n'a pas de caractéristiques originales propres à soulever l'enthousiasme. Si vous pouvez éviter d'y faire étape, n'hésitez pas. Les autorités locales ont fait de gros efforts pour remettre la ville sur pied après le violent tremblement de terre de septembre 1986, notamment dans le domaine culturel (Festival de danse reconnu en été). Difficile de s'orienter : le routard non motorisé doit se préparer à marcher. Le centre historique est situé assez loin en retrait du front de mer. Retirer un plan de la ville (gratuit) à l'office du tourisme ou à la police touristique. Ici, deux productions fameuses : les grosses olives noires et les figues sèches.

Adresses utiles

🛈 *Office du tourisme :* 6, odos Aristomenous et Polivriou. ☎ 27-21-08- | 68-68. Dans le centre, entre la gare et la station de bus, au sud de la place du 25-Mars, la place principale. Ouvert du lundi au vendredi de 8 h à 14 h.

■ *Police touristique :* transférée dans les locaux de la police normale à la sortie de la ville sur la Polytechnou (direction Messini). ☎ 27-21-04-46-80/1.

✉ *Poste :* odos Iatropoulou. Remonter la rue juste en face de la gare (odos Stathmou), c'est la 1re à gauche. Un second bureau de poste, sur le port de commerce, est plus facile d'accès.

■ *OTE (téléphone) :* plateia Vassileos Georghiou. En face de la *Banque nationale de Grèce*.

■ *Olympic Airways :* odos Mitropetrova. 4e à gauche dans la rue en face de la gare. ☎ 27-21-02-21-20.

■ *Location de voitures : Maniatis Dimitris*, odos Iatropoulou. ☎ 27-21-02-24-92 et 27-21-02-53-00. Fax : 27-21-02-81-36. En face de la poste. *Alpha Rent a Bike*, odos Vyronos ; perpendiculaire au front de mer. ☎ 27-21-09-34-23. Ouvert tous les jours de 8 h 30 à 13 h 30 et de 16 h 30 à 20 h. Location de vélos, motos et scooters.

@ *Café Internet Matrix :* 154, odos Faron. ☎ 27-21-09-54-03.

■ *Vice-consul honoraire :* Aristide Mountzouris. 1, odos Georgouli. ☎ et fax : 27-21-09-24-55. Les mardi, jeudi et vendredi de 10 h à 13 h ou sur rendez-vous.

Où dormir ?

Les hôtels du bord de mer sont loin de la gare et de la station de bus. Conseillé de prendre un taxi.

Campings

À l'entrée de la ville (en venant d'Aréopolis). Pas terribles ; attention, ils sont séparés de la mer par la route côtière très fréquentée. On vous indique juste les noms et coordonnées : *camping Fare* (☎ 27-21-02-95-20) et *camping Patista* (☎ 27-21-02-95-25). Du centre-ville, prendre le bus n° 1, indiquant « Kalamata-Paralia, hôtel Filoxenia » (1 bus toutes les heures de 7 h 45 à 23 h).

Bon marché

🛏 *Hôtel Avra :* 10, odos Santarosa. ☎ 27-21-08-27-59. Autour de 25 € la chambre double. Dans une petite rue calme, à deux pas du port. Chambres tout juste correctes avec balcon et salle de bains commune à peine propre. Bien situé pour dîner et boire un verre dans l'un des nombreux bars du front de mer.

Prix moyens

🛏 *Hôtel Byzantio :* 13, odos Stathmou. ☎ 27-21-08-68-24 et 27-21-08-32-51. Fax : 27-21-02-29-24. Dans la rue qui part face à la gare, à 100 m. Chambres propres avec salle de bains de 30 à 50 € en été. Pas de petit dej'. Petit hôtel sans charme mais qui peut dépanner. Parfois bruyant.

Plus chic

🛏 *Hôtel Haïkos :* 115, Navarinou. ☎ 27-21-08-89-02 et 27-21-08-28-86 à 88. Fax : 27-21-02-38-00. ● www.haikos.gr ● L'un des grands hôtels du front de mer. Chambres doubles dans les 70 €, hors petit dej'. Moderne, assez plaisant. Chambres impeccables, avec AC et salle de bains. Accueil commerçant.

Où manger ? Où boire un verre ?

|●| *Restaurant Meltémi :* 25, Navarinou. Sur le front de mer, tout près du port. Tenu par un couple assez pittoresque, lui prenant les commandes et elle assurant le service. Grande terrasse de l'autre côté du boulevard. Quelques plats simples bon marché. Parfois, en vitrine, un cochon grillé entier : délicieux ! Accueil extra.

|●| *Taverne Strophylia :* à l'angle des rues Santarosa et Kanari. ☎ 27-21-08-95-58. Fermé l'été. Prix modérés. Vient d'ouvrir dans un endroit discret, loin du tapage du front de mer. Décor agréable dans les tons pastel. Un des préférés des familles grecques *middle class.* Carte pourtant un peu limitée et attente parfois longue. Cuisine saine.

|●| *Psistaria/Traka :* 176, odos Faron. Un resto de bonne qualité, propre et pas bien cher. De bonnes *kolokythokeftédès* (boulettes aux courgettes). Patron courtois.

|●| *Giorgos Kilakos :* 12, odos Navarinou, côté front de mer. Prix raisonnables, autour de 10 € le repas. Bâtisse isolée, blanc et bleu, avec terrasse. Taverne authentique, dont on sort rarement déçu. Bon poisson.

|●| Dans la catégorie supérieure, plusieurs bons restaurants de poisson sur la marina (terrasse), à l'ouest du port de commerce, notamment le *Kanna* et le *Pyrofani.*

|●| ♀ *Mamma Mia :* à l'angle de l'odos Faron et de l'odos Koronis. Pâtissier-glacier fermant tard. Glaces succulentes. En propose notamment une au chocolat (avec fruits confits et morceaux de chocolat amer) à damner un saint !

♀ Nombreux *bars* branchés sur le front de mer, avec terrasses particulièrement animées.

|●| Quartier de la gare pas désagréable, avec quelques restos et petits bars branchés, notamment le *Café Stathmos,* installé au sein même de la gare ou la pâtisserie *Athanassiou* à l'angle des rues Stathmos et Aristoménous.

À voir

♉ *L'église Agii Apostoli :* perdue au milieu du bazar, elle date de 1626, et une ancienne église byzantine lui sert de chœur.

♉ *Le château de Villehardouin :* construit en 1208 sur l'emplacement d'une ancienne acropole. C'est là qu'est né le dernier prince de Morée franc. Un théâtre en plein air, juste à côté, y accueille chaque été, fin juillet-début août, le Festival international de danse de Kalamata. Si vous n'avez pas beaucoup de temps, il vaut mieux continuer sur Ithomi ou Koroni, ruines plus intéressantes.

♉ *Le marché :* près de la gare routière, très important et haut en couleur.

À faire

Plongée

♉ *Diveway (Messinian Diving Center) :* 159, odos Faron. ☎ 27-21-09-43-30. Un bon club, qui a une longue expérience.

➤ *DANS LES ENVIRONS DE KALAMATA*

♉ Après Verga, où l'on peut manger chez *Rito,* resto apprécié des locaux avec vue sur le golfe de Messénie, plusieurs localités se succèdent, la plus importante étant *Avia :* petite station balnéaire très construite et très fréquentée, avec de nombreuses tavernes les pieds dans l'eau. On peut pousser jusqu'à **Kitriès** (à 15 km du centre-ville de Kalamata) puis rejoindre l'axe principal Kalamata-Aréopolis. Entre Avia et Kitriès, plages superbes aux eaux cristallines, avec pas trop de monde.

QUITTER KALAMATA

ATTENTION : 1 km de marche entre la gare routière et la gare ferroviaire.

En bus

🚌 **Gare routière :** à la sortie nord de la ville (route de Sparte). ☎ 27-21-02-31-45 et 27-21-02-28-51. La Messénie est un département plutôt bien desservi en bus. Brochure des horaires disponible au guichet de la station.
➢ **Pour Athènes :** une douzaine de bus quotidiens. 4 h de route.
➢ **Pour Sparte :** 2 bus quotidiens. Changement en pleine montagne à Artémisia.
➢ **Pour Aréopolis :** 3 bus par jour, dont 2 le matin, avec changement à Itilo.
➢ **Pour Kardamyli-Stoupa :** 2 bus quotidiens.
➢ **Pour Pylos :** 9 bus par jour en semaine, de 5 h à 19 h 45, 7 le samedi et 5 le dimanche.
➢ **Pour Kyparissia :** 5 bus par jour (3 le dimanche) de 8 h 30 à 20 h.
➢ **Pour Patras (via Zacharo-Pyrgos) :** 2 bus quotidiens.
➢ **Pour Koroni :** 8 bus par jour en semaine, de 5 h à 19 h, 7 bus le samedi et 5 bus le dimanche.
➢ **Pour Finikoundas (via Pylos) :** 4 bus par jour en semaine, de 5 h à 18 h, 3 bus le samedi, aucun le dimanche. 2 autres bus via Pétalidi à 5 h 15 et 15 h 15.
➢ **Pour Méthoni :** 6 bus par jour en semaine, de 5 h à 19 h 45, 5 bus le samedi et 3 bus le dimanche.
➢ **Pour Ithomi (Mavromati) :** à 5 h 40 et 14 h 05, mais pas de bus le week-end. Dans le sens Ithomi-Kalamata, 1 seul bus en début d'après-midi ; donc, si l'on veut revenir dans la journée, prendre le bus de 5 h 40.

En train

Renseignements : ☎ 27-21-02-39-04.
➢ **Pour Kyparissia-Patras :** 1 train par jour, vers 15 h.
➢ **Pour Athènes (via Tripoli) :** 2 trains par jour (un le matin, l'autre l'après-midi). Environ 6 h.

En bateau

⚓ Réservations : agence *Sman Travel* (passez outre l'accueil) un peu en retrait du port de commerce. ☎ 27-21-02-07-04 et 27-21-02-47-23.
➢ **Pour la Crète** (Kastelli, à l'ouest de La Canée) via l'*île de Cythère :* 1 liaison hebdomadaire, en principe le samedi. Traversée de nuit.

ITHOMI

Voilà un petit détour que vous ne regretterez pas. Suivez la route de Koroni et, à environ une dizaine de kilomètres de Kalamata, à Messini, prenez à droite direction Meligalas. Peu après Eva, à Lambéna (8 km), une route part à gauche sur Ithomi et le village de *Mavromati*.

Ithomi, c'est l'ancienne Messène *(Archéa Messini)* construite par Épaminondas après la défaite de Sparte à Leuctres. Elle faisait donc partie, avec Argos et Mégalopolis, de la défense stratégique destinée à surveiller Sparte. Épaminondas avait eu beaucoup de goût dans le choix du site. C'est l'une des plus belles vallées du Péloponnèse, riante et fertile, au pied d'une montagne sauvage, et probablement la fusion la plus réussie de ruines antiques avec la nature. Difficile d'y aller si l'on n'est pas motorisé, les bus étant très rares. Ne pas trop compter sur le stop. Préférer la fin de soirée pour vous y rendre.

Où dormir ? Où manger ? Où boire un verre ?

🛏 Des *chambres à louer* à Mavromati.

🍴 Un resto, *Ithomi,* dans le village.

Pas donné vu l'endroit, mais bons *souvlakia.*

🍷 On peut aussi boire un verre au café *Artémis :* pas désagréable.

À voir

L'ensemble du site est libre d'accès et gratuit. L'heure idéale pour la visite est celle qui précède le coucher du soleil.

🏛 *L'Asklépion :* après avoir traversé le charmant village de Mavromati, prenez un petit chemin descendant à gauche indiqué par *archeological site.* Les dimensions plus réduites de ce « centre civique » permettent de mieux se rendre compte à quel point les différents bâtiments se disposaient harmonieusement. Restes également d'un petit théâtre bien restauré. Plus loin, sous les arbres fruitiers, sommeillent d'autres vestiges qui font actuellement l'objet de fouilles (le stade et ses gradins ont été dégagés).

🏛🏛 *La porte d'Arcadie :* après être remonté sur la route, continuez sur votre gauche sur environ 2 km. Amateurs de poliorcétique (art d'assiéger les villes, merci brave *GDR),* vous allez vous régaler. La porte se compose de deux entrées séparées par une vaste cour ronde. Le soubassement de l'ouvrage est fait de blocs énormes ajustés au millimètre près, sans mortier. Le rempart, parsemé de tours carrées, grimpe ensuite très haut dans la montagne. Il n'avait pas besoin d'être très élevé, à peine 4 m, car, grâce à l'escarpement, les machines de guerre ennemies ne pouvaient approcher. De l'autre côté de la porte, des chambres funéraires coulées sous le bitume ont été récemment excavées. Les poteries et autres objets trouvés dans ces tombes sont au musée d'Ithomi.

Un autre point de vue intéressant sur ce chef-d'œuvre d'architecture militaire est offert un peu plus loin, à 1 km. De cet endroit, vous verrez les remparts, encore mieux conservés, descendre vers le village comme une minimuraille de Chine. C'est de là aussi que vous obtiendrez le meilleur coup d'œil sur la vallée. Comment pouvait-on faire la guerre en de si beaux endroits ?

🏛 Petit *musée archéologique :* au bord de la route, à la sortie du village vers la porte d'Arcadie. ☎ 27-24-05-12-01. Ouvert de 8 h 30 à 15 h. Fermé le lundi. Entrée : 2 €.

Tout récent. Rassemble les statues (il y en a de très expressives) et objets funéraires trouvés sur le site en contrebas ainsi que dans les tombes près de la porte d'Arcadie.

QUITTER ITHOMI

Ceux qui ne continuent pas vers le sud et désirent rejoindre Kyparissia peuvent prendre un chemin plus court, qui leur évite de revenir sur leurs pas et de faire plusieurs dizaines de kilomètres en plus. Il faut alors traverser la porte d'Arcadie et prendre à droite pour rejoindre Méligalas – la route est goudronnée – puis vous retrouvez la nationale.

LA ROUTE DE KALAMATA À KORONI

Très rapidement, elle va suivre une côte faiblement découpée, plutôt douce, sans originalité. De nombreuses plages de sable fin, des stations balnéaires touristiques et familiales. Les chambres à louer ne peuvent même pas se compter, tant il y en a.

🍴 *Pétalidi :* village moderne sans grand intérêt. De plus, malheureusement, la plage n'est pas très propre.

⚱ *Camping Pétalidi Beach :* avant Pétalidi, en venant de Kalamata. ☎ 27-22-03-11-54. Fax : 27-22-03-16-90. Dans les 16 € pour 2 ; 13 € hors saison. Assez calme. Très ombragé. Eau chaude et mini-marché. Bar, restaurant. Machines à laver. Aire de jeux. Petite plage privée de sable et quelques galets. Camping *Harmonie ;* réduction de 10 à 20 % sur présentation du dépliant de la chaîne.

🍽 Pour déguster du bon poisson pas trop cher, aller au resto *Dionysos,* dans le village de Pétalidi après la grande place, en direction de Koroni (bien indiqué). Fermé le midi. Au bord de l'eau. Cadre rustique. Quelques plats simples à prix modérés et d'excellentes sardines grillées. Arriver tôt pour avoir de la place.

Où dormir dans les environs ?

🏠 *Hôtel Francisco :* à l'entrée de Agios Andréas, à 12 km au sud de Pétalidi. ☎ 27-25-03-13-96. Fax : 27-25-03-10-96. Autour de 60 € avec le petit dej' et AC ; deux fois moins cher hors saison. Petit bâtiment blanc et rose, entre route et plage. Chambres toutes simples, avec frigo et salle de bains, mais certaines n'ont pas de vue directe sur la mer. Couple gréco-espagnol, fort sympathique, parlant bien le français. Belle terrasse, resto et bar les pieds dans l'eau. Piscine flambant neuve. Cartes de paiement acceptées.

🏠 *Hôtel Casteli :* à la sortie de Vounaria, à une quinzaine de kilomètres au sud de Pétalidi. ☎ 27-25-04-17-60. Chambres confortables à partir de 30 € sans petit dej'. Accueil très commerçant.

KORONI
1 800 hab.

Gentil petit port, surmonté d'une forteresse vénitienne et turque assez bien conservée (pour y accéder, passer sous la Porte vénitienne). Touristique sans excès et pas de béton. Les rues étroites dissuadent les automobilistes. La ville a eu une histoire agitée, vu son emplacement stratégique. Elle fut prise (vous vous en doutiez) par Villehardouin, puis par les Vénitiens. Les habitants, appréciant peu leurs nouveaux occupants, livrèrent leur ville aux Turcs qui durent affronter les Espagnols qui se défendirent contre... Bon, l'ensemble possède pas mal de charme.

La balade en ville et dans la campagne environnante est agréable (pas en plein été, bien sûr!). La rue menant à l'entrée du château est bordée de coquettes maisons aux couleurs pimpantes. Adorable petite place à arcades avec palmiers. Possibilité de se baigner au pied du château. Koroni dispose aussi d'une belle grande plage, *Zaga,* à la sortie de Koroni en direction de Vassilitsi.

Adresses utiles

■ *Distributeur de billets :* Banque de l'agriculture, sur la place aux palmiers.

■ *National Bank of Greece :* sur la place derrière l'église. Distributeur.

Où dormir? Où manger?

Campings

⚕ |●| *Camping Koroni :* à l'entrée de la ville en venant de Pétalidi, sur la route. ☎ 27-25-02-21-19. Fax : 27-25-02-28-84. Ouvert d'avril à octobre. Prix un chouia plus élevés que la moyenne : de 14 à 18 € pour 2 personnes avec une voiture et une tente, selon la saison, mais réduction au bout de 3 nuits. Emplacements herbeux et quelques oliviers pour donner de l'ombre. Également des bungalows à louer. Location de vélos. Piscine bien agréable, entourée de pelouse. Mini-marché. Bar, restaurant. Possibilité de cuisiner. Machines à laver. Sanitaires insuffisants. Accès à la plage par un petit chemin. Bon accueil.

⚕ |●| *Camping Mémi Beach :* plus loin que l'*Hôtel de la Plage,* en direction de Vassilitsi. ☎ 27-25-02-21-30. ● www.camping.gr ● Ouvert de juin à septembre. Dans les 16 € pour 2 avec une tente et une voiture. Sous les oliviers. Mini-market. Resto. Les tortues marines *caretta-caretta* viennent pondre sur la plage à proximité du camping.

Bon marché

🏠 Quelques *chambres* à louer en direction de la citadelle, vers la petite place adorable.

|●| *Parthénon Restaurant :* sur le port. ☎ 27-25-02-21-46 et 27-25-02-20-25. Compter dans les 8-10 €. En apparence très touristique, mais patronne accueillante et chaleureuse. Bon choix de *retsina* et poisson à prix abordable. Pas bien cher mais parts peu généreuses. Terrasse les pieds dans l'eau avec, en prime, les odeurs du port.

🏠 |●| *Symposium :* dans la rue parallèle au port, après le marchand de journaux. ☎ 27-25-02-23-85. Chambres doubles entre 30 et 40 € environ. Au resto, compter 10 € pour une entrée et un plat. Tenu par un petit bonhomme replet et très gentil, qui vous donnera toutes les adresses possibles pour vous loger, même si c'est plein partout. Lui-même met à la disposition des clients 8 chambres au-dessus du restaurant, toutes équipées d'une douche, et une vingtaine d'autres dans le *Zaga Mare Hotel* à *Zaga Beach* qui a ouvert en 2003 (compter 40 € la double). Et de plus, il fait la cuisine, prenant le temps de vous expliquer son savoir-faire. Goûtez aux boulettes de viande avec la délicieuse sauce au citron. On mange en salle.

|●| *Psistaria Dyonisios et Anna :* dans la rue derrière le port, à côté de *Symposium.* ☎ 27-25-02-29-42. Ouvert midi et soir. Prix similaires au précédent. Bonne adresse tenue par un couple gréco-allemand. Rien de très différent des autres quant au contenu de l'assiette, mais très bon accueil.

|●| *Démétrios Psiras :* face à l'école, terrasse ombragée derrière un porche en pierre. Également une

entrée par le petit bout de rue piéton. Cuisine classique, préparée par les dames de la maison. Aller voir les plats en cuisine : *pastitsio,* tomates farcies, moussaka... Excellent rapport qualité-prix.

Où dormir ? Où manger dans les environs ?

Chic

🛏 |●| *Hôtel de la Plage :* sur la plage de Zaga à Koroni. ☎ 27-25-02-24-01. Fax : 27-25-02-25-08. Prendre la route à droite 1 km avant Koroni (direction Vassilitsi), menant de l'autre côté de la péninsule. Coin peu urbanisé. Là s'élève, en bord de mer, isolé dans la campagne, cet hôtel, tout blanc de 50 chambres. Autour de 75 € la double hors petit dej'. Chambres impeccables avec AC, balcon et vue imprenable. Accès à la plage. Seuls bémols : resto pas terrible (plats congelés) et accueil pas très empressé. Et attention aux moustiques !

Où boire un verre ? Où manger une pâtisserie ?

🍸 |●| *Café Byzantino :* sur le port (également une entrée sur la grande rue). Bons gâteaux et jus de fruits frais. Décor soigné et climatisation.

➤ DANS LES ENVIRONS DE KORONI

🔌 *Vassilitsi :* but possible pour une balade à pied depuis la plage de Koroni. Au sud-ouest de Koroni. 16 km aller et retour. Ça grimpe un peu, mais le paysage est superbe. On marche au milieu des oliviers en longeant la côte pour arriver au village. S'arrêter pour siroter un verre sur la terrasse du *café* de la place. Pas trop de touristes, et des gens adorables qui vous gratifient tous d'un immense sourire. La légendaire hospitalité grecque existe bel et bien ! Les moins sportifs prendront leur voiture : de Vassilitsi, la route rejoint également Finikoundas.

QUITTER KORONI

🚍 Les bus partent de la place principale.

➤ *Pour Kalamata :* 7 bus entre 6 h 45 et 20 h 30. Si l'on est à pied, on peut le prendre à l'arrêt un peu plus bas que le camping (à 200 m), pour éviter de redescendre dans Koroni même. Prendre son ticket dans le bus.

➤ *Pour Finikoundas :* pas de liaison directe. Remonter à Charokopio d'où l'on peut gagner Finikoundas puis Méthoni.

➤ *Pour Athènes :* 2 bus directs. Horaires fluctuants. Il est plus prudent d'acheter son billet la veille, chez le marchand de journaux à l'angle de la place et de la rue principale, si l'on veut avoir une place !

FINIKOUNDAS   700 hab.

La nouvelle route qui mène de Koroni à ce tout petit port et continue ensuite jusqu'à Méthoni coupe droit à travers des paysages vallonnés couverts de vignes. Certains regretteront l'ancienne route qui y musardait et dont il ne reste qu'un petit tronçon juste avant le village, mais sécurité oblige. La région est riche et fertile. Ce qui fait un peu bizarre, ce sont toutes ces serres en plastique dans les champs à perte de vue. Le village est adorable au printemps. Situé dans une anse aux eaux très chaudes, avec une belle plage de sable fin rougeâtre suffisamment ventée pour les véliplanchistes.

Depuis que nous parlons de Finikoundas, le village s'est inévitablement (mais discrètement) urbanisé. Donc, toujours très agréable mais, en juillet et en août, il y a quand même beaucoup de monde.

Où dormir ? Où manger ?

Campings

⚐ *Camping Loutsa :* à 1 km de Finikoundas quand on vient de Koroni. ☎ 27-23-07-11-69. Fax : 27-23-07-14-45. ● www.finikounda.com ● Bien situé, au bout d'un chemin, devant une plage. En saison, 16 € pour un couple avec une tente et une voiture. Tout confort et bon accueil. Pas mal d'ombre.

⚐ *Camping Ammos :* en pleine nature, à 2 km sur la route de Méthoni. ☎ 27-23-07-12-62. Fax : 27-23-07-11-24. Ouvert de mai à octobre. Compter autour de 16 € pour 2, avec une tente et une voiture. Ombragé et fort bien situé (dunes, espaces), mais il ne faut pas craindre la promiscuité. Bons sanitaires. Accueil plutôt moyen. Belle plage.

De prix moyens à plus chic

🛏 *Hôtel Finikounda :* à côté de l'église. ☎ et fax : 27-23-07-12-08 ou ☎ 27-23-07-14-08. 45 € hors petit dej'. Compter 30 € hors saison. Impeccable. Quelques chambres avec balcon.

🛏 *Hôtel Golden Sun :* ☎ 27-23-07-11-41. Fax : 27-23-07-11-45. Prendre la petite route sur la gauche de la route menant à Finikoundas. Chambres doubles de 40 à 45 €. Hôtel moderne et confortable avec une jolie piscine et un bar en terrasse surplombant la plage privée. Repaire de véliplanchistes (ils peuvent vous organiser des cours).

🛏 |●| *Korakakis Beach :* le premier hôtel, à l'entrée du village, en venant de Koroni par la vieille route (passer la route du *Golden Sun*). ☎ 27-23-07-12-21 et 27-23-07-11-35. Fax : 27-23-07-12-32. ● korakaki@otenet.gr ● Ouvert toute l'année. Chambres doubles de 40 à 65 € sans petit dej'. Également quelques bungalows à côté, au vert. Assez moderne et sans caractère, mais les pieds dans l'eau. Accueil amical et bonne cuisine. Pour les séjours de plusieurs jours, il est conseillé de réserver. Chambres du dernier étage particulièrement plaisantes : lambrissées, avec balcon et lucarne sur l'horizon. 20 % de réduction à nos lecteurs à partir d'une semaine de séjour.

|●| *Taverne To Kyma :* rue principale. ☎ 27-23-07-12-24. Tenu par une gentille famille. Nourriture traditionnelle à prix modérés. Terrasse.

|●| *Restaurant Oméga :* dans la rue principale, les pieds dans le sable, au bord de la digue. ☎ 27-23-07-12-27. Compter 10 € pour une entrée et un plat. Menus sympas, avec des recettes de cuisine et quelques mots utiles à connaître. Elias Vourliotis, le patron, pourrait être le frère jumeau d'Alain Prost. Semble un peu souffrir de son succès : prix identiques au précédent, mais la cuisine est plutôt en baisse et l'accueil devenu bien moyen. Un *roof garden* pour le dernier verre.

|●| *Taverne Elena :* dans un jardin en terrasses au bout du quai, elle jouit de la plus belle vue sur le petit port et la plage. Fermé l'après-midi. Musique live le dimanche midi.

|●| Bonne *pâtisserie* accolée au supermarché du village (près de l'église). Excellents gâteaux.

Baignades

Le coin ne manque pas de plages. Celle située après le camping *Ammos,* direction Méthoni, n'est plus accessible aux camping-cars...

MÉTHONI
1 200 hab.

Ville assez touristique. Pas désagréable pour autant. Les eaux, à l'inverse des plages de l'est du Péloponnèse, sont chaudes dès le début avril, et on peut s'y baigner. La plage était belle, malheureusement, quand on s'approche du camping, on constate qu'elle a été bétonnée. Pour trouver mieux, il faut continuer la route qui s'éloigne du village après le camping au sud et rejoint Finikoundas. Là, de belles plages tranquilles. Le site, avec sa large baie, ses collines l'encadrant avec douceur et sa citadelle en toile de fond, se révèle l'un des plus caractéristiques de la « mamelle ». La ville s'étend sur deux rues principales (rue Grigoriou et rue Maizonos) qui forment un V. Au fait, Maizonos, ça ne sonne qu'à moitié grec ? Bien vu, c'est en fait le nom hellénisé du général Maison, à la tête d'un corps expéditionnaire français à la fin des années 1820 (voir plus loin « Pylos »).

UN PEU D'HISTOIRE

La ville ne joua dans sa période « grecque » qu'un tout petit rôle de poste avancé de Sparte. C'est au Moyen Âge qu'elle acquit une célébrité, du fait de son importance stratégique. Les Byzantins l'occupèrent les premiers, vite chassés par les Vénitiens qui firent raser en 1125 la forteresse byzantine et en reconstruisirent une autre au XIIIᵉ siècle. Un peu modifiée par les Turcs, c'est celle qu'on peut voir aujourd'hui. Elle passa, vous vous en doutez, dans de multiples mains avant d'échoir à nouveau à Morosini, le Vénitien.

Adresses utiles

✉ **Poste :** odos Maizonos.

■ **Distributeur dc billets :** *Agri-cultural Bank of Greece,* à la fourche des deux rues principales. Également à la *Banque nationale de Grèce,* odos Grigoriou.

Où dormir ?

Camping

⚕ **Camping municipal :** face à la plage, à 300 m de la grande place avec tous ses restos. ☎ 27-23-03-12-28. Ouvert de mai à octobre. 13 € environ pour une petite tente et une voiture. Ombre pas très généreuse. Très populaire en été. Mini-marché assez cher dans le resto à l'entrée. Attention aux vols. Plage publique pas terrible.

De prix moyens à plus chic

🏠 **Des chambres chez l'habitant** ainsi que des **studios** à louer un peu partout dans la ville, surtout vers le front de mer et le long des deux rues principales. Ne pas hésiter à en visiter plusieurs, car certains sont plus récents et propres que d'autres. On conseille *Chez Dina* (Christos et Dina Niokou). ☎ 27-23-03-14-29. Tourner à droite 100 m avant le restaurant *O Kípos* et continuer vers la mer. Dans les 35 € pour une double. Les chambres donnent sur un jardin intérieur. Très calme.

🛏 *Hôtel Castello :* dans une rue parallèle au fort et menant à la plage. ☎ 27-23-03-13-00 et 27-23-03-12-80. Fax : 27-23-03-13-00. • psiharis@methoni.gr • Chambres doubles entre 35 et 55 € selon la saison sans le petit dej'. Récent. 14 chambres confortables, sans chichis, mais avec un certain charme, spacieuses, avec AC et salle de bains. Certaines avec balcon et belle vue sur le château. Accueil sympathique par une femme énergique.

🛏 *Hôtel Albatros :* odos Maizonos, l'une des deux rues principales. À côté de la poste. ☎ 27-23-03-11-60 et 27-23-03-14-26. Fax : 27-23-03-11-20. Dans les 35 € hors saison. Un jeune couple dynamique qui parle l'anglais tient fort bien ce petit hôtel de village. AC. Réfrigérateur dans les chambres. Bon rapport qualité-prix. Accepte les cartes de paiement.

🛏 *Hôtel Achillès :* rue principale inférieure. ☎ et fax : 27-23-03-18-19. • achilefs@conxion.gr • Dans les 45 à 60 € sans petit dej'. Tarifs négociables hors saison. Belle maison blanche toute neuve, de style colonial, joliment meublée. Immenses chambres, hautes de plafond avec AC. Bien tenu.

🛏 *Hôtel Finikas :* odos Maizonos, la plus basse des deux rues principales, face à l'*Hôtel Achillès*. ☎ 27-23-03-13-90. Ouvert en été uniquement. Chambres à 50 € environ avec AC, sans petit dej'. Propre mais pas tout récent. La patronne ne parle que le grec.

🛏 *Hôtel Anna :* rue principale. ☎ 27-23-03-13-32. Fax : 27-23-03-12-77. Attention, les prix doublent presque à partir de juin : 55 € avec petit dej'. Maison cossue de l'extérieur. Style « nouveau riche » et atmosphère conformiste. Cher pour des chambres non climatisées. En revanche, petit dej' très copieux.

🛏 *Hôtel Aris :* dans le centre, sur une petite place. ☎ 27-23-03-11-25. Fax : 27-23-03-13-36. Près de 60 € en pleine saison, ce qui fait quand même cher si on ne négocie pas. Sympa, discret, bien tenu.

Où manger ?

I●I *Pizzeria O Kipos :* à 50 m du front de mer, à côté du canal et du petit pont. ☎ 27-23-03-13-29. Ouvert uniquement le soir de début juin à fin septembre, le week-end le reste de l'année. Bon rapport qualité-prix, avec des pizzas autour de 5 € et des plats typiques autour de 7 €. Yvette et Bobby, les propriétaires, sont accueillants et prêts à vous aider. Yvette parle le français : elle est canadienne de naissance. Ce qui explique le bon accueil ! Cuisine particulièrement soignée. Dîner sympa sous la tonnelle.

I●I *Restaurant Kali-Kardia* (anciennement *Chez Louis*) *:* vers le milieu du village. Ouvert de 8 h à 16 h et de 18 h à minuit. Cuisine grecque classique et pizzas. Pas de vue sur la mer, mais c'est bon et à un prix raisonnable. Très fréquenté.

I●I *O Paradisos :* en longeant la plage, prendre la 1ʳᵉ route à gauche après le camping. ☎ 27-23-03-11-75. Cuisine grecque et familiale. Service empressé. Les patrons sont sympas, tout particulièrement le grand-père, « Papou ».

À voir

🗡 *La forteresse :* ouvert tous les jours de 8 h à 19 h en été (15 h hors saison). Horaires restreints le lundi (8 h 30-15 h en été). Fermé les veilles et jours fériés. Entrée gratuite. Séparée de la ville par un large fossé construit au XVᵉ siècle. Une des tours sur le côté est ornée d'un lion de Saint-Marc, encadré de deux blasons. Au bout du promontoire, un pont relie l'entrée côté mer à la *tour Bourtzi*, élevée par les Turcs. L'ensemble, très bien préservé, laisse une très forte impression.

QUITTER MÉTHONI

🚌 Les bus partent de la fourche des deux rues principales. Prendre les tickets dans le bus.
➤ *Pour Pylos et Kalamata :* 6 bus, entre 6 h 20 et 21 h 15. Correspondance pour Athènes.
➤ *Pour Finikoundas :* 4 bus, entre 6 h 20 et 19 h 30.

PYLOS
2 500 hab.

Nous évoluons maintenant dans une région au relief très doux. Peu de pierraille, prairies et oliviers composent le paysage. Pylos sommeille au fond d'une des plus belles rades de Grèce. Belle place à arcades avec d'énormes platanes. Avec ses maisons blanches et ses escaliers, Pylos a presque un petit air cycladique. Et pourtant, c'est un Français, le général Maison, qui a dessiné les plans de la ville moderne en 1829.
L'ancienne Navarin fut le théâtre d'une bataille navale décisive pour l'indépendance grecque. En 1827, la flotte alliée qui soutenait les insurgés grecs (France, Grande-Bretagne et Russie) infligea une sanglante défaite aux navires turco-égyptiens d'Ibrahim Pacha, qui terrorisait à l'époque la Messénie. La Grèce, après cet événement, fut libre. Mais le hasard joua un grand rôle puisque c'est par erreur que le combat s'engagea... Une erreur qui coûta la vie à 6 000 Turcs alors que les « alliés » ne perdirent que 174 hommes.
Plein de vestiges de cette période sur l'*île de Sfaktiria* qui ferme la baie. On y trouve des grottes splendides pour la plongée, à côté du port. Étape malheureusement trop marquée par le tourisme, comme le laissent supposer les prix pratiqués par les hôtels. Location de scooters, vélos et distributeur automatique de billets autour de la place principale aux arcades. Petite plage bétonnée aménagée sur le port.

Où dormir ?

Les hôtels à Pylos sont chers en saison. Pour des prix raisonnables, mieux vaut chercher à loger chez l'habitant. Pour la plupart (à part chez *Milona*), les chambres se situent sur la route de Kyparissia.

🛏 *Rooms to let Milona :* sur le port, près du *Miramare*. ☎ 27-23-02-27-24. Une petite maison jaune et bleu (sans nom, pancarte indiquant juste *rooms to let*) propose 4 chambres dans les 30 €. Confort minime, salle de bains commune, mais belle vue.

Chic

Les prix des deux hôtels *Karalis* sont élevés et ne se justifient pas vraiment. Néanmoins, si vous êtes en fonds :

♨ **Karalis Beach :** construit sur les rochers, tout au bout du port, après le *Miramare,* sous le Néo Kastro. Réservation : ☎ 27-23-02-29-80. Fax : 27-23-02-29-70. Ouvert d'avril à octobre. Plus de 80 € en saison pour 2 personnes, avec AC, petit dej' compris. Très belle situation, entre mer et pinède. Même patron qu'au *Karalis* du centre-ville (qui reste ouvert toute l'année). Accepte les cartes de paiement.

Où manger ?

|●| **Psistaria Grigoris :** en arrivant de Yalova, faire le tour de la place principale et prendre la ruelle montant sur la droite. ☎ 27-23-02-26-21. Compter 10 € pour un repas. On va choisir les plats en cuisine, c'est bon signe. *Roof garden* ombragé au-dessus de la salle de restaurant.

|●| **O Lykourgos :** dans la même ruelle que *Grigoris,* un tout petit peu avant. Quelques tables sur une terrasse, de l'autre côté de la rue. Cadre tout simple et bonne cuisine, à des prix identiques.

Où dormir dans les environs ?

À **Yalova,** à 6 km au nord de Pylos.

⚐ **Navarino Beach Camping :** pour s'y rendre depuis Pylos, au moins 6 bus quotidiens (3 le dimanche). ☎ 27-23-02-27-61 et 27-23-02-29-73. Fax : 27-23-02-35-12. ● www.navarino-beach.gr ● Donne sur la mer. Ouvert d'avril à fin octobre. Environ 16 € pour un couple avec une voiture et une canadienne. Plage plutôt agréable. Assez récent, bon confort (réchauds pour la cuisine). Peut-être un peu bruyant pour les emplacements situés le long de la route.

⚐ **Camping Erodios :** en bordure de plage, après Yalova, en allant vers la lagune. ☎ 27-23-02-82-40. Fax : 27-23-02-82-41. ● www.camping.gr/erodios ● Un camping très récent, ouvert de mi-mars à mi-novembre. Compter de 14,50 à 17,50 €

pour deux personnes avec voiture et tente. Bien équipé. Mini-market, restaurant. Accès Internet. Patronne francophone et accueillante. 8 bungalows à louer d'un bon rapport qualité-prix. Cartes de paiement acceptées.

♨ **Hôtel Zoé :** juste devant la plage ombragée. ☎ 27-23-02-20-25. Fax : 27-23-02-20-26. Chambres doubles dans les 50 € en haute saison. Une adresse sympathique et familiale ; chambres très correctes avec du mobilier récent. Belle plage en face, ombragée par des lauriers et des palmiers.

♨ Quelques appartements tout équipés et agréables près du camping *Navarino* comme chez **Asimakopoulos.** ☎ 27-23-02-34-86.

À voir. À faire

⚔ **Le Néo Kastro :** forteresse turque construite en 1573 et pratiquement intacte. À la sortie de Pylos, direction Méthoni. ☎ 27-23-02-28-97. Ouvert de 8 h 30 à 15 h (fermé le midi). Nocturne le mercredi de 17 h à 23 h. Fermé le lundi. Entrée : 3 €. Joliment rénové. Au milieu, la belle église de *Métamorphossis.* À l'intérieur de la forteresse, intéressant musée de la collection René-Puaux, consacré à la révolution de 1821 et aux Philhellènes.

⚔ En ville, un petit **musée** qui retrace les épisodes de la bataille de Navarin. Cher pour ce que c'est.

LA MESSÉNIE

➢ Possibilité de faire le *tour de la baie en caïque.* Sur l'île de Sfaktiria, des tombeaux de Philhellènes morts au combat, dont celui de Paul-Marie Bonaparte, neveu de Napoléon Ier. Belle balade, mais chère. On a intérêt à être en groupe. Se renseigner au café le plus près du port.

➢ DANS LES ENVIRONS DE PYLOS

🦩 *La lagune de Yalova :* au nord-ouest de Yalova. Le site a été proposé pour le programme Natura 2000. C'est un biotope où l'on a recensé 245 espèces d'oiseaux ainsi que des tortues marines. Malheureusement, l'activité touristique estivale le met en danger et les oiseaux ne se montrent plus beaucoup. Pour rejoindre la plage de Voidokilia, au nord-ouest de la lagune, faire le tour par Pétrochori afin de préserver la tranquillité du site.

🦩🦩 *Le palais de Nestor :* à une quinzaine de kilomètres au nord de Pylos. ☎ 27-63-03-14-37. Ouvert de 8 h 30 à 15 h hors saison et, l'été, du mardi au vendredi de 8 h à 19 h, et le week-end de 8 h 30 à 15 h. Entrée : 3 € ; réductions.

Si l'on en croit Homère, Nestor fut l'une des grandes figures de la civilisation mycénienne et participa à la guerre de Troie, où il se distingua par la sagesse de ses conseils. Il fit de Pylos l'une des plus florissantes cités de Grèce, contemporaine de Mycènes et Tirynthe, qui reste aujourd'hui un site impressionnant par la conservation des détails du quotidien.

Au XIIIe siècle av. J.-C., le roi des lieux (peut-être Nestor lui-même) décide de se faire construire un nouveau palais. Il ne lésine pas sur la richesse du mobilier et le raffinement des décors. La netteté des fondations permet d'avoir un aperçu exact de l'ordonnancement du palais. Tout est bon pour impressionner le sujet comme le visiteur. Celui-ci entre d'abord par les pro- pylées (entrée monumentale à colonne centrale unique), puis, passée la guérite du gardien, il pénètre, comme vous, dans la cour intérieure. Là, il pourra se reposer dans une des salles d'attente près des escaliers menant au premier étage et des salles d'archives où sont empilées les tablettes de linéaire B qui inventorient les biens du palais. Si le roi en décide ainsi, le visi- teur pourra progresser dans le bâtiment central, le fameux *mégaron :* d'abord le porche avec ses deux colonnes (voir les bases), le vestibule et, s'il s'agit d'un personnage important, il rendra visite au roi assis dans la salle principale sur son trône à droite (base encore visible) du grand foyer cir- culaire (morceaux de fresque encore en place), entouré de quatre bases de colonnes. Derrière se trouvent les entrepôts (énormes jarres à huile et à graine incorées dans des banquettes). Ce qu'il ne verra pas, c'est la salle de bains de la reine et la baignoire en pierre sculptée, incroyablement bien conservée et décorée de bas-reliefs (motifs en cercles concentriques).

La civilisation mycénienne est alors à son apogée et semble se prélasser dans le luxe et la volupté à tel point que le roi, contrairement à l'habitude de ce peuple traditionnellement belliqueux, ne fait même pas élever de fortifica- tions. Bien mal lui en prit ! La destruction du palais vers 1190 av. J.-C. par les soi-disant « Peuples de la Mer » (les archéologues en débattent) marque le début de la fin pour la civilisation mycénienne comme pour nombre de gran- des civilisations contemporaines de l'Est méditerranéen : Hittites, Assyriens, Égyptiens. La raison profonde de cet effondrement inter-régional reste un des grands mystères de l'archéologie moderne.

Toutes les découvertes effectuées lors des fouilles sont au *musée de Chora,* 4 km plus au nord (sur la route de Kyparissia). ☎ 27-63-03-13-58. Ouvert de 8 h à 15 h. Fermé le lundi. Entrée : 2 € ; réductions. Fantastique. Il complète admirablement la visite du site.

On y découvre de superbes poteries très fines de style marin (avec des poulpes et des dauphins) ou floral qui imitent parfaitement le style palatial des poteries minoennes et reflètent à merveille l'influence culturelle qu'ont pu avoir les Crétois sur l'ensemble du monde égéen au IIe millénaire av. J.-C. On y découvre aussi un autre domaine où excellaient particulièrement les Mycéniens : la métallurgie ; qu'elle soit pour la guerre (épées, boucliers) ou pour les bijoux, ces objets témoignent d'une grande maîtrise. Remarquez la précision millimétrique avec laquelle a été réalisé le granulé de certains bracelets en or. Et puis surtout, clou du spectacle : les morceaux de fresques du palais. Ils proviennent des murs de nombreuses pièces : la salle de bains de la reine, les salles d'attente des visiteurs, la salle du trône... Ce sont parmi les plus beaux spécimens conservés d'une période aussi lointaine. Ils représentent aussi une mine d'informations inestimable pour les archéologues car ils donnent une idée très détaillée des habitudes vestimentaires, des décorations, de l'architecture, des chevelures, instruments de musique, etc. Bref, prenez votre temps : ce musée est une véritable introspection de plus de 3 200 ans chez nos amis les Mycéniens.

– **Fête :** les *Navarinia,* du 1er au 15 août.

QUITTER PYLOS

🚌 **Station des bus :** sur la place aux arcades. ☎ 27-23-02-22-30.
➤ **Pour Athènes :** 1 bus à 9 h.
➤ **Pour Kyparissia :** 5 bus de 9 h à 19 h 30.
➤ **Pour Kalamata :** 9 bus de 6 h 45 à 21 h 30 (6 le dimanche).
➤ **Pour Méthoni :** 5 bus de 6 h à 21 h.
➤ **Pour Finikoundas :** 4 bus de 6 h à 19 h 15.
Comme partout ailleurs, il y a moins de bus le dimanche.

LA ROUTE DE PYLOS À KYPARISSIA

Route sinueuse en diable et beaucoup de cultures. Au bord de la mer, après Filiatra, à **Agrili,** un « château » style œuvre du Facteur Cheval dénommé *château des Contes de fées.* À la sortie de **Filiatra,** une tour Eiffel de 13 m de haut du même artiste original, aujourd'hui décédé, très fier d'avoir reçu des félicitations du général de Gaulle et de Kennedy. Il a aussi les nôtres. Étonnant.

🏕 **Camping Proti :** près de Gargaliani, face à l'îlot Proti. ☎ 27-63-06-12-11. Fax : 27-63-02-21-63. • www.camping-proti.gr • Au calme, à 50 m de l'eau (rochers, mais accès à la mer aménagé). Bien équipé, avec un mini-market, une immense piscine, un bar et un resto. Terrains de tennis et de basket.

KYPARISSIA   5 000 hab.

La ville moderne a peu d'intérêt, mais vous trouverez une vieille ville accrochée à la colline, un petit port et une belle plage. Le climat de la région est réputé pour être le plus vivifiant du Péloponnèse, avec une brise agréable soufflant du large et qui rend les jours brûlants d'été presque supportables. Les gens du coin sont très hospitaliers et tentent de conserver leurs traditions. Les chansons, par exemple, relatent les combats anciens contre les Turcs, et il est curieux de noter comment, dans certaines d'entre elles, les chanteurs se répondent.

NOTRE QUART D'HEURE CULTUREL

La ville a un long passé historique. Elle servit de port d'embarquement pour la guerre de Troie, puis Épaminondas en fit le port de Messène (aujourd'hui Ithomi). Au Moyen Âge, elle s'appela un moment Arkadia ; elle fut prise par les Francs en 1205 et donnée à... devinez qui ?... Villehardouin, bien sûr (Geoffroi, le premier des Villehardouin) ! À la fin du XIV° siècle, les Génois s'en emparèrent avant de la céder finalement aux Turcs. On est étonné que les Grecs n'aient pas plus de problèmes d'identité !

Comment y aller ?

En bus

➤ *De Patras :* 8 h (arrivée à 11 h).
➤ *D'Athènes :* compter 9 h ou 10 h de trajet.

En train

➤ *De Pyrgos :* 5 trains par jour. *De Patras à Pyrgos :* 8 trains par jour en principe.
➤ *De Kalamata :* 1 train par jour l'après-midi.

Adresses utiles

✉ *Poste :* pl. Kalanzacos.
◼ *Banque :* pl. Kalanzacos. Avec distributeur.

Où dormir ?

Camping

⚐ *Camping Kyparissia :* très bien situé en bord de plage, à 400 m à droite du port. ☎ 27-61-02-34-91. Fax : 27-61-02-45-19. Ouvert d'avril à octobre. Dans les 16 € pour 2 personnes, avec une voiture et une tente. Beaucoup d'Allemands. On y parle le français (une des responsables est belgo-grecque). Ce camping bénéficie de nombreuses commodités : douches et toilettes, salles de repassage, de lavage, cuisine, change, épicerie, etc. Sanitaires moyens. Petit self très correct et pas cher. Accès direct à une plage de sable. Accès à d'autres plages moins fréquentées en suivant le sentier vers le nord. Tarifs dégressifs pour les longs séjours. Accueil très sympa. Camping *Sunshine,* réduction de 10 à 20 % sur présentation du dépliant de la chaîne.

De prix moyens à plus chic

🏠 *Studios G. Kotsoris :* à côté du camping. ☎ et fax : 27-61-02-44-34. Tout neuf. Compter de 35 à 50 € le studio pour 3, tarifs négociables. Cuisine. Bon accueil.
🏠 *Appartements Agios Sostis :* 103, odos 25-Martiou. ☎ 27-61-02-54-90. Fax : 27-61-02-54-91. Dans les 40 €. De petits appartements tout récents, bien équipés. À l'accueil, la dame parle le français. Excellent rapport qualité-prix.
🏠 *Hôtel Ionion :* en face de la gare. ☎ 27-61-02-25-11. Fax : 27-61-02-25-12. À partir de 40 € hors saison avec AC et salle de bains, petit dej' en sus. Rien de particulier : correct et bon confort. Le quartier n'a rien de

vraiment folichon, mais c'est à 2 mn à pied du centre. Accepte les cartes de paiement.

🛏 *Hôtel Kanellakis :* domine la mer. ☎ 27-61-02-44-64. Fax : 27-61-02-44-66. Superbes chambres avec vue sur la mer de 50 à 75 € selon la saison. Accepte les cartes de paiement. Grande piscine. L'hôtel de luxe traditionnel et impersonnel, comme il sied en ces lieux. Rien à redire. Une très bonne adresse, chère en été mais encore presque abordable hors saison.

Où manger ?

|●| *Dimitri :* petite enseigne colorée, non loin de la place principale. La meilleure *pita* de la ville et quelques plats classiques. Cuisine très propre et bon accueil.

|●| *Grill-room The Stars (Ta Astéria) :* pl. Kalanzacos. ☎ 27-61-02-23-80. Plats d'excellente viande grillée de 4 à 6 €. Taverne sympa. Pas de carte, demander au patron les plats du jour. Service ultra rapide.

|●| *Nynio :* 52, odos 25-Martiou. ☎ 27-61-02-23-77. À l'angle entre la place centrale Kalanzacos et la rue de l'hôtel *Ionion.* On y mange pour 8-10 € environ par personne. Taverne proposant une super-moussaka et des aubergines farcies aux piments, préparées au vinaigre. On va choisir ses plats en cuisine : poisson en brochette, mouton à l'ail, soupe de poisson, ragoût de mouton, etc.

À voir. À faire

🚶 *Le château franc :* belle balade à pied pour y aller, en jetant un œil sur la vieille ville et son église (fondations du VIe siècle). Au sommet de la colline, une tour d'origine byzantine. Le vieux quartier autour du château est pittoresque, avec des jasmins odorants.

🚶 *Le marché* du samedi matin, vivant et coloré, avec tous les petits paysans qui descendent des environs (de 6 h à 10 h).

➤ Balade à la *source d'Agia Lougoudis,* entourée de vieilles pierres, que découvrit Dionysos avant de se consacrer définitivement au vin.

➤ DANS LES ENVIRONS DE KYPARISSIA

🚶 Promenades super vers *Mili* (4 km) et *Vrissès* (6 km). C'est de là que vient l'eau qui est fournie à Kyparissia, très fraîche et pure.

🚶 *Péristéria :* à 8,5 km au nord-est de Kyparissia. L'un des hauts lieux de la civilisation mycénienne. Ouvert de 8 h 30 à 15 h. On y trouve des tombes-tholos (tombes rondes) du XVIe siècle av. J.-C., dont une particulièrement bien préservée. Les découvertes faites dans ces tombes sont exposées au *musée de Chora* (voir plus haut « Dans les environs de Pylos, le palais de Nestor »). Le paysage alentour est superbe. Le gardien est très sympa et essaie de tout vous expliquer si vous le lui demandez. Attention aux vipères qui adorent lézarder sur les pierres brûlantes.

QUITTER KYPARISSIA

En train

🚆 *Gare ferroviaire :* à la sortie nord de Kyparissia. ☎ 27-61-02-22-83.

➤ *Pour Pyrgos, Patras et Athènes :* 6 trains par jour pour Pyrgos, 3 continuent sur Patras puis Athènes. Compter dans les 14 €. De 6 à 8 h de trajet environ pour Athènes selon que c'est un train *InterCity (IC)* ou non.

➤ *Pour Kalamata :* 1 train par jour, le matin.

En bus

🚌 *Gare routière :* sur la place Kalanzacos. ☎ 27-61-02-22-60.

➤ *Pour Kalamata :* 4 bus par jour de 7 h 30 à 16 h 45.

➤ *Pour Athènes :* 4 bus quotidiens, entre 6 h 40 et 21 h.

➤ *Pour Patras :* 2 bus quotidiens, en début de matinée et en début d'après-midi (9 h 30 et 15 h 30).

➤ *Pour Pyrgos :* 4 bus quotidiens de 8 h à 15 h 30.

➤ *Pour Pylos :* 4 bus par jour de 8 h 30 à 17 h 45.

LA ROUTE KYPARISSIA-MÉGALOPOLIS-OLYMPIE

Itinéraire bis qui rallonge beaucoup (à faire sur deux journées de préférence) mais qui permet de jeter un coup d'œil sur les villages d'Arcadie qui présentent un autre visage de la Grèce. Et puis, peut-être que la mer finissant par vous lasser... La plus belle partie de cet itinéraire (Mégalopolis-Langadia) peut aussi se faire en venant de Corinthe-Tripoli.

Quelques kilomètres après Kyparissia, prendre la direction Kalamata-Mégalopolis, puis laisser Kalamata sur la droite. On atteint Mégalopolis (à 63 km de Kyparissia) par une bonne route rapide. Ville polluée (énorme centrale électrique, mines de lignite). Les fondus d'archéologie jetteront un coup d'œil au théâtre sur lequel une équipe allemande travaille ; il avait une capacité de 21 000 spectateurs (à Épidaure, 12 000 spectateurs seulement pouvaient prendre place). Dommage qu'il y ait cette tour de la centrale électrique en plein milieu du paysage...

KARYTÉNA

À 16 km de Mégalopolis, un beau village perché aux maisons anciennes, surmonté par les ruines un peu décevantes d'un château franc laissé à l'abandon (montée assez facile et conseillée). Petite balade dans les ruelles dallées de la partie haute du village. Ne pas manquer l'*église Agios Nikolaos* et la *Panagia* (XIᵉ siècle), cette dernière étant située sous le château.

Où dormir ? Où manger ?

🛏 Quelques *chambres* à louer dans le village.

🍴 *Taverna To Konaki :* un peu en contrebas de la rue principale, au niveau des deux cafés. Bien indiqué.

On mange en salle (la terrasse est un balcon où ne tiennent que deux ou trois tables !). Goûter à la saucisse de pays *(loukaniko),* très parfumée.

ANDRITSÉNA

À 28 km à l'ouest de Karyténa. Possibilité de rejoindre ensuite la côte par la route de Krestena, à 73 km de Karyténa, via Andritséna. On surplombe les *gorges de l'Alphios* au début de cet itinéraire. Village montagnard avec des ruelles escarpées. À voir notamment, une minuscule bibliothèque renfermant des manuscrits rares et, sur la place centrale, l'arbre immense du tronc duquel jaillit mystérieusement une source.

Où dormir ? Où manger ?

🛏 *Hôtel Théoxénia :* ☎ et fax : 26-26-02-22-19. Chambres avec salle de bains dans les 40 € sans petit dej'.

🍽 Bonne petite *taverne* pas chère au-dessous de l'église, après la fontaine.

STEMNITSA

À 12 km de Karyténa. Changement de nom (et de département, on est en Arcadie) et de paysage : beaucoup de verdure, plus de fraîcheur (altitude : 1 080 m). Difficile d'imaginer que ce village a été pendant 15 jours, en 1821, la capitale d'un pays qui n'existait pas encore en tant qu'État. Village d'artisans, on y travaille encore les métaux. Tout est très propret (Stemnitsa est peut-être en voie de devenir un petit Metsovo). En attendant, savourer ce que propose Stemnitsa : musée (maison Hatzis), fontaines, clochers (18 églises !), maisons dans la verdure.

Où dormir ? Où manger ?

🛏🍽 *Hôtel Trikolonion :* ☎ 27-95-08-12-97. Fax : 27-95-08-14-83. Sur la droite quand on arrive de Kariténa, après le musée. 20 chambres agréables, à 50 € sans petit dej'. Un beau bâtiment avec une petite allure de monastère à l'extérieur. Calme très reposant. Restaurant. Attention, l'hôtel est resté fermé en 2003 et la rénovation risque d'entraîner une hausse des tarifs à la réouverture.

🍽 Plusieurs *tavernes* et *cafés* dans le village.

DIMITSANA

À 8 km de Stemnitsa, par une route à flanc de montagne qui surplombe les monastères accessibles à pied (voir ci-après : randonnée Dimitsana-Gortys). Village construit sur deux collines qui se font face. Ruelles, vieilles boutiques, églises. Dimitsana a joué un grand rôle dans la révolution de 1821 : on produisait dans ses nombreux moulins la poudre nécessaire pour s'attaquer aux garnisons turques.

À 4 km, vieux village de *Zatouna* où Mikis Théodorakis a été exilé pendant la dictature des colonels.

Où dormir ?

⛺ *Camping Mitropoulos :* sur la route Tripolis-Pyrgos, à une dizaine de kilomètres au nord-est de Dimitsana. ☎ 27-95-02-23-93. Ouvert de juin à septembre. Une quarantaine d'emplacements. Un peu vieillot mais très ombragé. Cuisine à disposition. Bar, mini-market et resto.

🛏 *Chambres chez Yorgos Vélissaropoulos :* dans Dimitsana, suivre les pancartes. ☎ 27-95-03-16-17 ou 69-77-03-98-29 (portable). Compter de 40 à 55 € environ. Tout récent (a ouvert début 2002). Au rez-de-chaussée de la maison des propriétaires. Chambres spacieuses avec coin cuisine. Très calme et reposant.

Randonnée pédestre

➤ *Dimitsana-Gortys :* durée de 7 à 8 h. Peut-être la plus belle balade du Péloponnèse, dans les gorges du Lousios. Difficile à faire en une journée en été. De toute façon, se renseigner sur place sur la praticabilité du sentier.

De Dimitsana, descendre par la route au petit village de *Paléochori.* Ceux qui prennent leur temps pourront, par une piste, visiter le *monastère d'Emialon.* Sur la route, un curieux *musée de l'Hydraulique* (en plein air ; moulin, tannerie, etc.). ☎ 27-95-03-16-30. Possibilité de se raccourcir au départ en prenant le GR 32, mais dans ce cas on ne passe pas par le musée.

De *Paléochori,* une piste suit le cours torrentueux du Lousios. Elle devient sentier, parfois peu marqué, qui reste sur la rive gauche. Franchir la rivière en vue du monastère Filosofou surplombant la gorge (pas toujours praticable). Y monter (bivouac unique) puis, par un sentier facile, passer à l'ancien monastère caché (Xe siècle) plaqué à la paroi et invisible de loin. On descend dans la gorge et on atteint un embranchement. Un petit aller-retour pour visiter, sous une voûte rocheuse, le *monastère* habité de *Ioannis Prodromou.* Tenue correcte demandée (pantalons et jupes sont disponibles à l'entrée). Très bon accueil. Ne pas manquer les fresques. Le sentier, facile, suit la rivière et débouche sur le *site antique de Gortys,* passant devant l'*église* byzantine *d'Agios Andréas* (XIVe). Du site, prendre le pont puis quitter le GR (qui va sur Karyténa) en restant sur la piste principale : on rejoint Elliniko, à 9 km de Karyténa (retour en stop).

Il est également possible de voir ces merveilles en se fatiguant un peu moins. De Stemnitsa, direction Dimitsana et, dès la sortie du village, descendre la route, moitié asphaltée, moitié piste, qui descend dans les gorges, vers les monastères. Du parking, Prodromou n'est qu'à 15 mn de marche. Ensuite, on peut continuer jusqu'au monastère Filosofou (en fait, ils sont deux), après le monastère abandonné, 15 mn de grimpette sont nécessaires pour atteindre celui encore habité. 2 h de marche depuis le monastère Prodromou.

LANGADIA

À 17 km de Dimitsana. Encore un superbe village, en terrasses, d'une unité architecturale surprenante (normal, ce village étant connu pour la qualité de ses architectes qui travaillaient dans toute la Grèce). Beau point de vue, deux kilomètres avant d'arriver. Idéal pour faire un stop sur une des terrasses de cafés du village, au bord des gorges.

Après Langadia, au début de la descente vers Olympie, très belles gorges en contrebas de la route. Trajet vers Olympie plutôt long (60 km) et fatigant, car beaucoup de virages.

LA ROUTE DE KYPARISSIA À OLYMPIE (PAR PYRGOS)

Si l'on remonte de Kyparissia en suivant la côte, pas grand-chose à faire, sinon profiter des immenses plages autour de *Zaharo,* le principal village du secteur, bien que la voie ferrée leur passe juste derrière. Des douches bien inspirées à chaque petit parking, à l'extrémité des routes menant aux plages. Nombreux bus de (et pour) Pyrgos. Secteur pas trop bétonné, il reste de la place pour s'installer. Trois endroits pour dormir dans le coin :

☒ I●I *Camping Apollo Village :* à Giannitsohori, à 10 km au sud de Zaharo. ☎ 26-25-06-12-00. Ouvert de mi-avril à mi-octobre. Entre 12 et 16 € selon la saison. Ombragé. Mini-market, restaurant. Location de bungalows également.

☒ *Camping Tholo Beach :* sur la plage près de Zaharo. ☎ 26-25-06-13-45. Fax : 26-25-06-11-00. Ouvert d'avril à octobre. Compter entre 13 et 16 € pour 2 personnes, une tente et une voiture. Bar-resto, mini-market. Accès direct à la plage. Machines à laver. Propreté laissant un peu à désirer, mais camping relativement agréable, fleuri et au calme et patron sympa. 10 à 20 % de réduction selon la saison sur présentation du dépliant de la chaîne *Sunshine* dont ce camping fait partie.

🛏 *Banana Place :* à 2 km de Zaharo. ☎ 26-25-03-29-97. Fax : 26-25-03-44-00. Ouvert du 15 avril au 15 octobre. Dans une petite bananeraie. 16 chambres et appartements récents. Bon rapport qualité-prix.

OLYMPIE

1 000 hab.

À 322 km d'Athènes et à 115 km de Patras. Les possesseurs de la carte *Inter-Rail* devront changer à Pyrgos. Au pied du mont Kronion, voici Olympie qui monopolisa pendant près de dix siècles la communion religieuse et politique de la Grèce antique.

Le village d'Olympie est petit et artificiel. Il existe uniquement grâce à la présence des touristes. Rien d'autre que des hôtels, restos et boutiques de souvenirs, le tout autour d'une triste rue centrale. Inutile de dire qu'on vous voit venir !

UN PEU D'HISTOIRE

Les Jeux olympiques de l'Antiquité n'étaient en fait que des jeux *panhelléniques* parmi d'autres (comprendre qu'ils rassemblaient des Grecs de toute la Méditerranée) ; tels les Jeux pythiques à Delphes, les Jeux isthmiques, près de Corinthe et les jeux de Némée, au nord-ouest de Mycènes, sans parler des jeux particuliers à telle ou telle cité, comme les Panathénées à Athènes. Ceux d'Olympie avaient tout de même une importance particulière aux yeux des Grecs qui avaient fondé leur chronologie par rapport à la date de leur première édition, en 776 av. J.-C. Or, cette date reposait sur une élaboration chronologique aléatoire remontant à... la guerre de Troie, dont on se demande toujours si elle a eu lieu ! Autant dire que cette date, comme beaucoup d'autres à l'époque, n'a rien d'historique...

Les Jeux revêtaient un caractère sacré pour les Grecs de Grèce ou ceux implantés dans des colonies un peu partout dans le monde méditerranéen : pendant leur déroulement, les guerres entre cités s'arrêtaient, et les rivalités étaient mises entre parenthèses. Ils témoignaient d'un idéal d'harmonie entre le corps et l'esprit, qui devait permettre de s'approcher des dieux. Les Jeux olympiques étaient en effet, avant tout, un rituel religieux entièrement dédié à Zeus, symbole universel et unificateur des Grecs par opposition aux autres peuples, les Barbares. Et tous les quatre ans donc, une foule de participants, de commerçants, d'artistes, etc. se retrouvait dans la cité du Péloponnèse où la religion et le commerce prenaient presque autant de place que le sport...

Se déroulant sur sept jours, pendant la pleine lune entre fin juin et début septembre, ils comportaient une dizaine d'épreuves pour adultes (mâles, cela va sans dire !) :

– quatre courses : le *stade* (avant de désigner l'endroit où les courses se déroulent, le stade était une distance de 192,27 m), le *diavlos* (un aller-retour, soit deux stades), le *dolichos* (six stades sans doute) et la course en tenue de combat qui terminait les Jeux ;

– une épreuve de lancer : le *disque* (avec un disque très très lourd, qu'il fallait transporter sur les épaules) ;

– trois épreuves de combat : sur une échelle de violence croissante, la *lutte,* le *pugilat* et le *pancrace,* ce dernier étant une sorte de mélange des deux précédents. Enfoncer ses doigts dans les yeux de l'adversaire était le seul geste interdit... On connaît le cas d'un « pancratiaste » mort après avoir été proclamé vainqueur. Imaginez un peu l'état de l'adversaire !

– une épreuve combinée, le *pentathle* (lutte, course, saut en longueur, disque et javelot) ;

– deux courses à cheval : la *course de chars (quadriges)* et la *course de chevaux montés.* La première, réservée aux aristocrates, était l'un des grands moments des Jeux. Le vainqueur était celui qui finançait l'attelage et non le conducteur (une femme pouvait par conséquent être déclarée vainqueur !). Alcibiade, en 416, avait aligné pas moins de neuf attelages dans la course, raflant les première, deuxième et quatrième places.

On n'oubliait pas les jeunes puisque trois épreuves étaient réservées aux 12-18 ans (course, lutte et pugilat) l'après-midi du deuxième jour des Jeux.

Un vainqueur d'une épreuve des Jeux olympiques recevait une couronne d'olivier ainsi qu'une palme, qu'il portait dans la main droite, mais surtout avait la gloire assurée et aussi la pitance ! Ainsi, à Athènes, le Prytanée nourrissait-il à vie chaque « olympionique ». Cette tradition a une lointaine survivance dans la Grèce contemporaine qui accorde un poste, bien souvent dans l'armée, à ceux qui ont rapporté l'or...

Les athlètes étaient des quasi-professionnels, un comble quand on sait que Coubertin refusa, aux premiers Jeux de l'ère moderne, un coureur parce qu'il était professionnel... On a rapporté aussi des cas de tricherie. Dix juges, les Hellanodices, devaient assurer l'ordre, à la fois parmi les compétiteurs et dans l'assistance. On imagine l'ambiance quand un combat se terminait par mort d'homme...

Les Jeux continuèrent même pendant la période romaine, assez loin de l'esprit initial (un exemple : Néron adorait participer aux JO : à la course de char, il tomba deux fois puis abandonna... mais fut déclaré vainqueur !). Les derniers eurent lieu en 393 apr. J.-C. Ils furent définitivement interdits par l'empereur chrétien Théodose. Déjà, dans la religion chrétienne, tout ce qui se référait au corps humain avait un goût de péché. Il n'en fallait pas plus pour considérer les JO comme des fêtes païennes. En 426, Théodose II, ordonna la destruction d'Olympie. Tout fut brisé impitoyablement et, par la suite, les éboulements, les tremblements de terre et les crues des rivières firent le reste.

C'est le 23 juin 1894 que le baron Pierre de Coubertin fit adopter par des délégués venus du monde entier, dans le grand amphithéâtre de la Sorbonne, son projet de rétablissement des Jeux olympiques. Les premiers Jeux modernes eurent lieu en 1896 à Athènes (et non à Olympie, faute d'hébergement).

Adresses utiles

🛈 *Bureau d'information du tourisme :* dans un petit bungalow en bois dans la rue principale. ☎ 26-24-02-31-00 ou 26-24-02-31-73. Ouvert de 8 h à 15 h sauf le dimanche. Accueil très gentil et compétent. Ils peuvent vous donner une carte de la ville avec toutes les adresses dont vous aurez besoin.

✉ *Poste :* vers la sortie de la ville, en direction du site, à droite dans une rue en pente.

■ **Banques :** nombreuses, toutes avec distributeur, dans la rue principale.

■ **Journaux français :** dans la rue principale, juste à côté de la galerie Orphée.

@ **Café Internet Aiolos :** en face de l'hôtel *Posidon*.

Où dormir ?

Un conseil : évitez tous les hôtels situés sur la rue principale. Trop bruyants. D'ailleurs, pour trouver une ambiance un peu authentique, la rue principale est à fuir.

Campings

⋏ **Camping Alphios :** à environ 1 km de la ville. ☎ 26-24-02-29-51 et 52. Fax : 26-24-02-29-50. ● alphios @otenet.gr ● Fermé de mi-octobre à début avril. 18 € pour 2 avec une voiture et une petite tente en pleine saison. Grands emplacements. Sanitaires récents. Belle piscine, resto, bar, mini-marché. Vue superbe sur la campagne, du lac Caiafas jusqu'au fleuve Alphios. Accueil chaleureux. Une super-adresse. Cartes de paiement acceptées.

⋏ **Camping Diana :** dans le haut du village. À 500 m de la gare. ☎ 26-24-02-23-14. Fax : 26-24-02-24-25. En principe, ouvert de mars à novembre. Dans les 16 € pour 2, avec une tente et une voiture. Plus central mais plus petit que le camping *Alphios*. On se retrouve donc plus vite entassés. Environnement agréable et ombragé, mais éviter le bas du camping. Sani-

taires insuffisants dès qu'il y a un peu de monde. Bon accueil. Petite piscine. Épicerie bien approvisionnée, mais produits assez chers. Camping de la chaîne *Harmonie,* réduction de 10 à 20 % sur présentation de son dépliant. Infos sur les horaires des trains, des bus, les sites, etc.

⋏ **Camping Olympia :** à 500 m à la sortie du village en allant vers Pyrgos, face à la station BP. ☎ 26-24-02-27-45. Ouvert toute l'année, en principe. Compter autour de 15 € par jour pour un couple. Le plus basique des 3 campings et le moins cher. Ombragé par des orangers. Piscine. Petite épicerie. Resto peu copieux, peu sympa. Sanitaires mal tenus. Nombreuses terrasses. Musique souvent continue et un peu forte. Le camping appartient à la chaîne *Sunshine* qui accorde 10 à 20 % de réduction sur présentation de son dépliant.

Bon marché

🛏 **Chambres chez l'habitant :** près de la gare, mais pas de panneau. On vient vous chercher à la descente des trains.

🛏 **Youth Hostel :** 18, odos Praxitelous-Kondylis (rue principale). ☎ et fax : 26-24-02-25-80. Très central, à 100 m de la gare et à 100 m de la

station de bus. Ferme à minuit. Carte des AJ non obligatoire et pas de réservation. Autour de 8 € en dortoir de 4 ou 6 personnes. Chambres doubles dans les 20 €. Capacité d'accueil : 44 personnes. Douches chaudes (mais il n'y en a que 2) et draps payants. Petit dej' pas cher.

De prix moyens à plus chic

🛏 **Pension Posidon :** 9, odos Stéfanopoulou. ☎ 26-24-02-25-67. En haut du village, à deux ou trois blocs de la rue principale, en direction du camping *Diana*. Ouvert toute l'année. Petites chambres doubles entre 35 et 40 € environ avec les 15 % de réduc-

tion accordés sur présentation du *Guide du routard*. Hôtel tranquille et propre. Chambres rénovées avec salles de bains particulières. Les patrons, très sympas, se débrouillent en français, et la maman cuisine très bien : ils font également resto (voir

« Où manger ? »). Georgios est très fier d'avoir porté la flamme olympique à Montréal et à Mexico.

🛏 *Hôtel Herculès* : tenu par le beau-papa de Georgios (de la pension *Posidon*). Dans la rue juste au-dessus de l'église. ☎ 26-24-02-26-96. 2 palmiers indiquent l'entrée. Prix similaires au précédent. Chambres sans prétention mais convenables, avec salle de bains. Un peu moins bien tenu et propreté relative, mais peut faire l'affaire si le *Posidon*

est complet. Ils accordent également des réductions aux détenteurs du *GDR*.

🛏 *Hôtel Pélops :* sur une perpendiculaire à la rue principale, à côté de l'église, en arrivant de Pyrgos. ☎ 26-24-02-25-43. Fax : 26-24-02-22-13. ● hotel_pelops@hotmail.com ● Suzanne, la patronne, est plutôt sympa et parle un peu le français. L'hôtel est en travaux et Suzanne n'est pas sûre qu'il sera prêt pour la saison 2004...

Plus chic

🛏 *Hôtel Olympic Village :* en dehors du village, vers Pyrgos. ☎ 26-24-02-22-11. Fax : 26-24-02-28-12. Route juste en face du camping *Olympia*. Ouvert de mars à octobre.

Chambres doubles dans les 75 € avec petit dej' et AC en pleine saison. Moderne, avec des extérieurs pas très avenants, mais piscine bien agréable et au calme. Resto à éviter.

Très chic

🛏 *Hôtel Europa :* sur la colline au-dessus du village. ☎ 26-24-02-26-50. Fax : 26-24-02-31-66. ● hoteleuropa@hellasnet.gr ● De 95 à 140 € avec petit dej' et AC. Récent et à l'architecture « touristico-méditerranéenne » de bon goût. Chambres de charme confortables. Pour ce prix, un

peu de luxe : grande piscine avec panorama magnifique et terrains de tennis. Vaste salle de restaurant très claire et bonne cuisine. Accepte toutes les cartes de paiement. Connexion à Internet possible. Réduction de 20 % sur présentation du *GDR*.

Où dormir dans les environs ?

Chic

🛏 *Hôtel Athina :* à Kresténa (13 km au sud d'Olympie), sur la route d'Andritséna. Pas très loin de la mer. ☎ 26-25-02-31-50. Fax : 26-25-02-29-65. ● kalnioti@otenet.gr ● De 55 à 70 € pour une chambre double. Hôtel récemment rénové. 21 chambres, pas toujours très propres ni excessivement confortables, ce qui est un

comble vu le prix et l'accueil peu chaleureux. Conviendra spécialement à ceux qui aiment dormir au milieu des oliviers. Piscine. Adresse peu fréquentée. Offre le petit dej' aux détenteurs du *Guide du routard*. Grande plage à Samiko, à quelques kilomètres.

Où manger ?

Tourisme et gastronomie n'ont jamais fait bon ménage. La plupart des restos dans la ville même sont chers et offrent une cuisine insipide. Voici notre choix (limité). Compter entre 9 et 12 € par personne pour un repas.

🍴 *Posidon :* au milieu de ce marasme, le resto de l'hôtel du même nom (voir « Où dormir ? ») peut se ré-

véler un choix judicieux. Ouvert en saison. Tentez le *pasto :* une spécialité des paysans du coin à base de viande de porc très tendre. Allez-y assez tôt car c'est tout petit et vite complet.

|●| O Kladéos : entre la rue principale et la rivière Kladéos, à l'opposé de la colline. ☎ 26-24-02-33-22. Une dizaine de tables bancales sous une sorte de paillote en terre battue. Prix tout à fait corrects pour une cuisine inégale.

|●| Praxitélis : odos Spiliopolou (non loin de la poste et de la police). ☎ 26-24-02-35-70. Taverne correcte et carte variée avec, à côté des incontournables, poivron rouge et potiron frits, ragoût de veau.

|●| Ambrosia : juste avant O Kladéos, près de la rivière. ☎ 26-24-02-20-66. Un poil plus cher et plus touristique que son voisin, mais cadre plus soigné et plus animé aussi. Bonne cuisine.

Où manger dans les environs ?

|●| Taverne Bacchus : dans le petit village de Miraka, à 3 km à l'est d'Olympie. ☎ 26-24-02-24-98. Si vous avez une voiture, prenez la route du site archéologique et, au premier embranchement, empruntez la route de gauche (celle qui monte). Ouvert tous les jours. Fermé de janvier à mars. Prix moyens à la carte ; sinon, un menu complet à 10 € avec *ouzo, tzatziki*, salade grecque et un excellent poulet grillé. Le patron, Dimitri, est facile à reconnaître car c'est le plus gros. Il baragouine quelques mots de français depuis qu'on l'indique. Dimitri cultive sa propre vigne près du monument où l'on a enterré le cœur de Coubertin (*retsina* rouge qui a un vrai goût de terroir). À la

vôtre, puisqu'il offre le vin à nos lecteurs sur présentation du *Guide du routard. Bacchus,* dieu du Vin ! Guère de Grecs dans cette taverne... mais c'est inévitable !

|●| Taverna Drossia : à 20 m de la taverne *Bacchus*. ☎ 26-24-02-23-11. Terrasse ombragée surplombant une vallée. Excellente cuisine traditionnelle à des prix comparables à ceux de la taverne *Bacchus*. Quelques spécialités à goûter, comme le confit de porc à la grecque. Menu complet traditionnel, en trois langues. Très bonne adresse, où les routards sont appréciés, un peu moins fréquentée que *Bacchus*. Réservation conseillée le soir.

À voir

🎥🎥🎥 Le site archéologique : à 300 m à l'est du village. ☎ 26-24-02-25-17. Ouvert de 8 h à 19 h l'été ; ferme à 17 h hors saison et même à 15 h les week-ends d'hiver. Fermé les jours fériés. Prendre le billet combiné site et musée : 9 € ; entrée gratuite, en principe, pour les étudiants et les enseignants de l'Union européenne. Allez-y dès l'ouverture pour profiter du calme et de la fraîcheur. Eau potable juste après l'entrée sur la droite.
Le site d'Olympie a ceci d'exceptionnel qu'il ne s'agit pas d'une ville mais bien d'un centre religieux, très régulé et hiérarchisé, rythmé par un rituel quotidien et quelques fêtes, dont la plus importante était les JO. Au centre, l'énorme sanctuaire était uniquement réservé aux dieux ; les magistrats, fonctionnaires et autres prêtres logeaient en dehors. Ce sanctuaire rassemblait les offrandes de toutes les cités-États (même celles des colonies distantes), mais c'est en fait la cité d'Elis, appuyée par Sparte, qui en était la suzeraine.
Le site était enfoui sous des tonnes de terre lorsque, en mai 1829, commencèrent les premières fouilles. Les archéologues exhumèrent un nombre incroyable de statues mutilées, réduites en milliers de pièces. Grâce aux écrits de Pausanias, elles reprirent vie. Dans ses *Récits éliens,* il avait fait un inventaire scrupuleux des bâtiments et de tout ce qui les ornait ; c'est ainsi que l'on put reconstituer fidèlement les frontons du temple de Zeus et la plu-

OLYMPIE

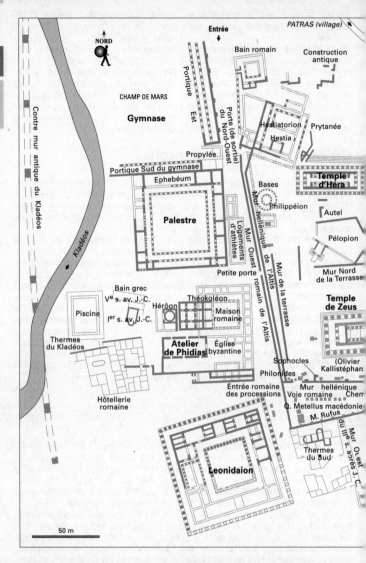

Entrée

PATRAS (village)

NORD

CHAMP DE MARS
Gymnase

Bain romain

Construction antique

Portique Est

Porte (de sortie) du Nord-Ouest

Hestiatorion

Prytanée

Hestia

Propylée

Portique Sud du gymnase

Ephebéum

Bases

Philippéion

Temple d'Héra

Autel

Palestre

Logements d'athlètes

Pélopion

Mur Ouest romain de l'Altis

Mur de la terrasse

Mur hellénique de l'Altis

Mur Nord de la Terrasse

Petite porte

Bain grec
Vᵉ s. av. J.-C.
Iᵉʳ s. av. J.-C.

Théokoléon

Temple de Zeus

Piscine

Hérôon

Maison romaine

Thermes du Kladéos

Atelier de Phidias

Église byzantine

(Olivier Kallistéphan

Sophocles

Philonides

Entrée romaine des processions

Mur hellénique Voie romaine

Chen

Hôtellerie romaine

Q. Metellus macédonie

M. Rufus

Mur O. est du IIIᵉ s. après J.-C.

Thermes du Sud

Leonidaion

Contre mur antique du Kladéos

Kladéos

50 m

part des statues, dont l'*Hermès* de Praxitèle. Les statues étaient payées par les tricheurs, frappés de lourdes amendes. Un Sénat olympique et les grands prêtres disposaient de toutes les richesses, à condition de les utiliser seulement pour l'embellissement du sanctuaire.

Ainsi renaquit Olympie, pas au vrai sens du mot car le site est très ruiné, mais ce qui se présente à nos yeux donne une image, une atmosphère assez proches de ce que fut cette riche période historique.

– *Le gymnase :* premier vestige face à l'entrée. Encadré par deux portiques où s'entraînaient les coureurs, il n'en subsiste pas grand-chose.

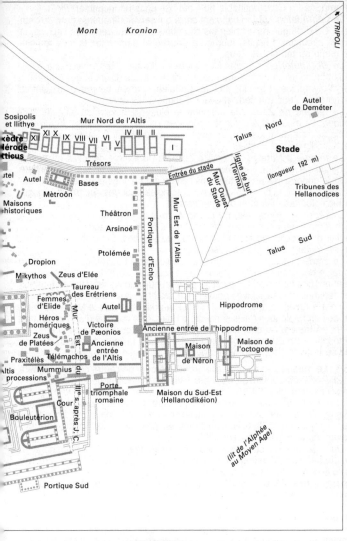

OLYMPIE

– *La palestre :* touchant le gymnase et de forme carrée ; il ne reste pratiquement que la double colonnade du portique. Salle d'entraînement des athlètes, on les y enduisait d'huile et on les y massait. Traverser ensuite la palestre pour atteindre les bâtiments qui suivent.

– *L'atelier de Phidias :* bâtiment en brique, aux murs parmi les mieux conservés du site. Ici, le célèbre sculpteur réalisa la statue de Zeus qui régnait sur les Jeux. Elle était considérée comme l'une des Sept Merveilles du monde. Haute de 13 m et faite d'or et d'ivoire (et donc « chryséléphantine »), la statue était assise sur un trône, au centre du temple de Zeus. Elle fut emportée à Constantinople puis détruite dans un incendie.

– *Le Léonidaion :* grand bâtiment carré qui servait d'hébergement aux athlètes. On distingue assez bien les chambres avec, au centre de l'édifice, un bassin circulaire. Ensuite, tournez à gauche et empruntez la voie romaine qui mène au temple de Zeus.

– *Le Bouleutérion :* à côté des thermes du sud. Reconnaissable à ses deux bâtiments en longueur se terminant en abside. C'est là que siégeait le Sénat olympique et que les athlètes prêtaient serment devant les magistrats et l'autel de Zeus (au centre) avant d'engager les épreuves.

– *Le temple de Zeus :* le bâtiment le plus intéressant du site, de style dorique. La masse des colonnes éboulées par un tremblement de terre est particulièrement imposante. À l'intérieur se dressait la statue géante de Zeus, sculptée par Phidias.

– *Le temple d'Héra :* petit édifice au nord du temple de Zeus et au pied d'une colline. En haut des colonnes, les chapiteaux sont en forme de galette, un style dorique très archaïque dans l'art grec. Son origine ancienne (VIIe siècle av. J.-C.) en fait l'un des plus vieux temples doriques connus, à l'époque où les colonnes étaient encore en bois.

– *L'exèdre* (ou *Nymphée*) *d'Hérode Atticus :* à côté du temple d'Héra. De style romain, en demi-cercle, ce monument était une grande fontaine (l'eau coulait de gueules de lions) surmontée de statutes. On distingue le grand bassin rectangulaire et une vasque.

– *Le stade :* l'accès se faisait par un couloir jadis couvert. Long de 192 m, un talus doucement incliné permettait d'accueillir 20 000 spectateurs... uniquement des hommes. On avait sa pudeur, puisque les athlètes étaient nus. Les femmes et les esclaves pouvaient assister au spectacle en grimpant sur le mont Kranion juste à proximité. Pour la petite histoire, le stade fut fouillé par des archéologues nazis sur ordre d'Hitler. Ces courses d'athlètes le mettaient en transe. Au sud, les ruines de la tribune où se trouvait le jury. Sur toute la largeur du stade, on remarque très bien la ligne de départ. Plus au sud se trouvait l'hippodrome, emporté par les crues de l'Alphée.

🏛🏛🏛 *Le musée :* en face du site archéologique, de l'autre côté de la route. ☎ 26-24-02-25-29. Ouvert de 8 h à 19 h l'été (ouvert à partir de 12 h 30 le lundi et ferme plus tôt hors saison, en principe à 15 h). Prendre le billet combiné site et musée ; gratuit, en principe, pour les étudiants et enseignants. Visite intéressante : il contient peu d'objets mais uniquement des pièces maîtresses. Partiellement fermé en 2003, il devrait fonctionner normalement, au moins pour l'été 2004.

– *Dans la grande salle,* les deux énormes frontons (exceptionnels) du temple de Zeus. D'un côté (à gauche, fronton oriental), Zeus, au centre, sur veille le départ de la course de chars de Pélops contre Oenomaos, mythique fondateur des JO. De l'autre (à droite, fronton occidental), les Centaures à corps de cheval sont ivres et tentent de kidnapper des femmes (qui se défendent sacrément). Comparez la sérénité et l'ordre du premier avec la fureur et le mouvement du second. Belle collection de figurines de bronze.

– *Dans la salle du fond,* un groupe en terre cuite représente *Zeus enlevant Ganymède.* Superbe mosaïque : Poséidon, son char avec quatre chevaux.

– *Dans la salle du fond à droite :* le clou du musée reste le célèbre *Hermès* de Praxitèle (340 av. J.-C.). Chef-d'œuvre de l'art grec. Remarquez la perfection dans le poli du marbre et dans les proportions du corps. Mais est-ce vraiment l'original ? Les experts tendent à penser qu'il pourrait s'agir d'une copie romaine (ce qui est le plus souvent le cas : les sculptures grecques sont très rares, elles nous sont surtout connues par les copies romaines) : alors méfiez-vous des... contrefaçons !

– *La Nikè (Victoire),* sculptée par Paionios, a aussi droit à sa salle. Admirez la finesse du drapé, on croirait que le vent souffle. Elle commémore une victoire sur Sparte : pas très diplomatique, dans ce sanctuaire de la « trêve sacrée » et de l'entente panhellénique qu'est Olympie !

🍴 **Le musée des Jeux olympiques :** dans le centre, vers le haut du village. Attention aux horaires ! Ouvert de 8 h à 15 h 30 (de 9 h à 16 h le dimanche et les jours fériés). Intéressera surtout les sportifs et les lecteurs de *L'Équipe*. Ce bâtiment rassemble des documents, photos et médailles sur les Jeux olympiques modernes, depuis les premiers de 1896, organisés à Athènes par Pierre de Coubertin. Ne manquez pas la photo de Jesse Owens, le prodige noir, qui rendit Hitler furieux aux Jeux de 1936 à Berlin.
Une constatation pour terminer : les vitrines des Jeux les plus récents sont remplies de gadgets, mascottes et attrape-nigauds. Les Jeux Olympiques glissent progressivement vers le mercantilisme. Pierre de Coubertin doit en être tout retourné dans sa tombe.

➤ *DANS LES ENVIRONS D'OLYMPIE*

🚶🚶 **Le temple de Bassae :** à 68 km au sud d'Olympie, et à 14 km au sud d'Andritséna. ☎ 26-26-02-22-54. Entrée : 3 €. Ouvert de 8 h à 15 h. Téléphoner pour savoir si en saison, l'horaire n'est pas étendu.
Attention : il est indiqué sous le nom de *temple d'Apollon Epikouros* (Bassae – Vassès en grec moderne – étant le nom du village le plus proche).
Dans le paysage délicieusement désertique de la romantique Arcadie, à 1 130 m d'altitude, se dresse fièrement le mieux conservé des temples grecs ! Malheureusement, il est uniquement visible sous une bâche, tout aussi impressionnante d'ailleurs (la bâche sera retirée lorsque l'état du temple sera stabilisé). Il aurait été édifié vers 420 av. J.-C. par Ictinos, le maître d'œuvre du Parthénon, qui bouleversa l'usage en mélangeant ordres dorique (colonnes extérieures), ionique (colonnes du *naos :* le sanctuaire) et corinthien (colonne unique entre le *naos* et l'*adyton,* salle annexe donnant sur la façade arrière). Une occasion unique d'appréhender ce que pouvaient être les temples dans l'Antiquité.

QUITTER OLYMPIE

En voiture

➤ **Pour le temple de Bassae :** ne pas aller jusqu'à Pyrgos mais prendre la direction du sud-est jusqu'à Andritséna (57 km).
➤ **Pour Athènes, par le centre du Péloponnèse :** très jolie route peu fréquentée qui passe par Langadia, Levidi, Psari...

En bus

🚌 On peut acheter les tickets à l'office du tourisme et c'est de là que les bus partent.
➤ **Pour Pyrgos :** 15 bus, entre 6 h 30 et 22 h. Plus que 9 bus le dimanche. 40 mn de trajet.
➤ **Pour Tripoli :** 3 bus par jour en semaine de 8 h 45 à 17 h 30, 2 le week-end. 3 h 30 de trajet. Correspondance pour Argos-Épidaure et Sparte.
➤ **Pour Dimitsana :** 1 bus le lundi et le vendredi à 8 h 45.

Correspondances à Pyrgos

➤ **Pour Athènes :** 10 bus par jour, de 5 h 30 à 0 h 30. Environ 6 h de trajet.
➤ **Pour Patras :** 10 bus par jour, de 6 h à 20 h.

➢ *Pour Kalamata :* 2 bus par jour, à 9 h 45 et 16 h.
➢ *Pour Andritséna :* 2 bus à 6 h et 12 h 15 sauf le dimanche.
➢ *Pour Pylos :* 3 bus par jour, de 8 h 30 à 17 h 30.

En train

➢ *Pour Athènes, via Pyrgos :* 5 trains par jour dont 2 continuent sur Athènes (correspondances possibles, mais il faut attendre).

LA ROUTE DE PYRGOS À PATRAS

🏃 *Loutra Kyllinis :* à 40 km de Pyrgos. Ancienne station balnéaire et thermale, dont les hôtels et les établissements de cure sont à l'abandon. Drôle d'impression à l'arrivée, avec tous ces bâtiments à moitié détruits. Les Grecs continuent de profiter des bains de boue. En revanche, toujours la belle plage au sable doré.

Où dormir dans les environs ?

⚓ |●| *Camping Aginara Beach :* bien indiqué. Depuis la nationale, sortir à Gastouni, puis Vartholomio et Ligia. ☎ 26-23-09-62-11 et 26-23-09-64-11. Fax : 26-23-09-62-71. En principe, ouvert à l'année. Dans les 15 € pour 2, une tente et une voiture en saison. Très fleuri, ombragé et bien tenu. Sanitaires impeccables. Patron francophone. Plage privée et propre. Loue des bungalows avec salle de bains. *Beach bar,* resto et supermarché. Machines à laver le linge. Jolie vue sur l'île de Zante. Bon accueil.

⚓ |●| *Camping Fournia Beach :* à 5 km de Kastro, bien indiqué depuis le centre du village. ☎ 26-23-09-50-95. Fax : 26-23-09-50-96. ● www.camping.gr/fournia-beach ● Autour de 13 € pour un couple, une tente et une voiture. Un petit camping de charme où l'intimité n'a pas été sacrifiée sur l'autel de la rentabilité. Emplacements bien délimités et ombragés, sanitaires impeccables. Très jo-

lie vue sur la mer depuis la terrasse du bar-restaurant, bon et pas cher. Domine une petite crique de sable, propre et agréable, quasi-privée. Également un supermarché et des bungalows simples à 40 €. Patron très aimable.

🛏 |●| *Dougas Village :* à *Arkoudi,* à 1 km au sud de Loutra Kyllinis. ☎ 26-23-09-64-32. De 30 à 55 € la chambre, sans ou avec AC. Végétation luxuriante. Accueil très sympa. Pas toujours très propre. Ont également une taverne ombragée.

⚓ *Camping municipal d'Amaliada,* à Kourouta, petite station à 6 km au sud-ouest d'Amaliada. ☎ 26-22-02-85-43 ou 26-22-02-44-81. Fax : 26-22-02-51-69. Ouvert, en principe, du 15 mai au 30 septembre. Compter dans les 14 € pour 2 adultes avec tente et voiture. Un camping bon marché bien ombragé. Équipements corrects. Belle plage.

🏃 À *Kastro :* au-dessus de Kyllini, à 6 km, *château de Chlémoutsi.* ☎ 26-10-27-61-43. Il fut construit par le deuxième des Villehardouin vers 1220. Entrée libre. Accès facile puisque le petit parking est devant l'enceinte. Ouvert de 8 h à 19 h l'été (ferme à 14 h 30 les dimanche et jours fériés). Le programme de restauration sur cinq ans s'est achevé. Considéré comme le plus beau des châteaux francs du Péloponnèse, c'est aussi l'un des plus grands ; proportions imposantes. Enceinte extérieure crénelée, donjon hexagonal, vastes salles voûtées. On y battait la monnaie au XIIIe siècle. Vue imprenable sur la mer Ionienne et la plaine d'Elide.

LE PÉLOPONNÈSE

🛏 *Chambres à louer* (rooms to let, freie Zimmer), tous les 10 m.

🍴 *Restaurant Toula :* chez Panayotis Arvanitis, à Kastro. Dans le centre. Au début d'une rue qui part dans la direction opposée à celle du château, juste après le virage. ☎ 26-23-09-52-65. On va en cuisine choisir ses plats. Carte classique, service ra-

pide et prix très corrects.

🍴 *Kastro :* dans le centre du village. ☎ 26-23-09-53-22. Entre 10 et 13 € par personne. On mange dans une grande salle ou dans la petite cour. Le resto propose, chose assez rare, de bons desserts maison. Patrons très accueillants.

🎣 Possibilité de gagner *Kyllini* depuis Kastro. Petite station balnéaire sans beaucoup d'intérêt, mais c'est le principal port d'embarquement pour Zante (Zakinthos). La fréquence et les horaires des bateaux changent hors saison. L'été, en principe, huit bateaux par jour en semaine (10 le samedi), entre 7 h 45 et 22 h. Renseignements et billets sur le port. ☎ 26-23-09-22-11. Pour Zante, ☎ 26-23-09-23-85.

➴ Sur la route nationale, prendre la direction de *Kalogria* une trentaine de kilomètres avant Patras, à Lapas. Au bout de la route, une grande *plage* dans un joli site dunaire avec deux grandes collines arides en arrière (le sable monte assez haut sur les collines : surprenant). Avant d'y arriver, la route serpente dans une pinède ponctuée de marécages où paissent placidement vaches, chèvres et moutons, « surveillés » par quelques oiseaux rares, dont d'élégantes aigrettes. Il semble qu'on se soit décidé à nettoyer dernièrement le site (il est sous la protection du programme RAMSAR). Le bois de Strophylia s'étend sur 7-8 km vers le sud en bordure de mer. Magnifiques pins d'Alep. La plage est très fréquentée l'été. Avoir construit un grand hôtel n'est peut-être pas ce qu'il y avait de mieux à faire, mais il reste quand même de la place en longeant la plage vers le sud.

🍴 On peut manger à la taverne *Voukamvilia* (la bougainvillée en v.f.). ☎ 26-93-03-17-61. Repas pour

10 €. Cuisine de qualité. Patron francophone.

Pour l'île de Zante, se reporter à l'index.

PATRAS
174 000 hab.

Port industriel qui sera la capitale culturelle de l'Europe en 2006. Si vous êtes contraint d'y rester quelques heures, allez donc sur la place Trion Symmachon, avec ses terrasses de café donnant sur la mer. Vous pouvez aussi vous rendre au château *(kastro)* construit sur une ancienne acropole pour la vue sur la ville. Pour patienter, avec une tenue correcte exigée, vous pouvez toujours visiter la *cathédrale*. Sinon, l'*église Agios Andréas* sur la place du même nom. Impressionnant lustre en bois. Dais recouvert d'argent (unique en Grèce). Écoutez les cloches qui sonnent lors des offices : la très curieuse cacophonie est due au fait que l'on a placé des haut-parleurs dans les tours (tout se perd !). Beaucoup d'animations aussi au moment du carnaval, qui se déroule de la mi-janvier à la mi-mars (enfin pas tous les jours !) ● www.carnivalpatras.gr ● De plus, Patras est une des villes olympiques en 2004, accueillant des épreuves de football.

Adresses utiles

Office du tourisme : sur le port, porte 6. ☎ 26-10-62-22-49 ou 26-10-43-09-17. Ouvert dès 7 h. Compétent et sympathique. Beaucoup de prospectus et de brochures sur toute la Grèce. Police touristique à côté. ☎ 26-10-47-18-33.

■ **Tourism Information Center :** 6, odos Othonos et Amalias, à 200 m de la porte 6 du port. ☎ 26-10-46-17-40. Ouvert de 8 h à 22 h toute l'année. Géré par la municipalité.

■ **Consigne** (payante) **:** sur la droite, après la sortie par la porte 6. Ouvert de 7 h à 22 h.

■ **Agence consulaire de France :** 2, odos Alsylliou. ☎ 26-10-27-89-97

et 09-44-50-62-32 (portable). ● czinis@infogroup.gr ● Consul honoraire : Constantin Zinis. Sur les hauteurs de la ville, en dessous de la forêt Dassilio.

✈ **Aéroport d'Araxos :** situé à environ 30 km de Patras, à l'ouest. De nombreux charters y atterrissent. C'est en partie un aéroport militaire. Il n'y a ni change ni poste, mais un unique bar-souvenirs. Donc, prévoir un peu de liquide pour pouvoir quitter l'aéroport en taxi, car on se trouve en pleine campagne...

■ **Journaux français :** au *News Stand* sur odos Agiou Andréou, près de l'angle avec odos Agiou Nikolaou.

Où dormir ?

Pour dormir à Patras, il faut attendre un bateau le matin (or ils appareillent le soir pour la plupart) ou un bus. La ville est très bruyante, car tout le trafic, en l'absence d'une route contournant la ville, se déverse dans le centre. Mais on est en train de construire ce périphérique...

Pour ceux qui ne peuvent vraiment pas faire autrement, voici quelques adresses.

Très bon marché

Les fauchés dorment à la gare située à l'angle des rues Agiou Nikolaou et Agiou Andréou ! Vous ne serez pas seul, mais attention au chapardage. Sinon, difficile de trouver un hôtel bon marché qui ne soit pas sordide ou même « passager »,

Patras Hostel (Youth Hostel) : 62, odos Iroon Polytechniou. ☎ 26-10-42-72-78 et 26-10-22-27-07. Fax : 26-10-45-21-52. Face à la mer et au port de pêche, à l'est de la ville. À 1 km à peine du centre. Compter dans les 9 € le lit. Maison dans le style château fort avec l'élégance d'un blockhaus, un peu caché de la route par une petite palmeraie. C'était d'ailleurs le quartier général allemand pendant la Seconde Guerre mondiale... Assez isolé et entouré d'un jardin reposant. Carte des AJ non obligatoire. Chambres de 3, 4, 6 ou 8 lits. Capacité totale de 50 lits. Sanitaires spartiates et pourtant... nous ne sommes pas à Sparte, mais à Patras ! Assez bruyant. Petit dej' bon et pas cher.

Bon marché

Pension Nicos (rooms to let) **:** 121, odos Agiou Andréou ; à l'angle de Patréos. ☎ 26-10-62-37-57. Chambres de 2 ou 3 lits très simples et propres dans les 35 €. Salles de bains communes impeccables. Bar et terrasse au dernier étage. La réception est au 3e à droite.

Plus chic

▤ *Hôtel Méditerranée :* 18, odos Agiou Nikolaou. ☎ 26-10-27-96-02 et 46. Fax : 26-10-22-33-27. Compter dans les 75 € pour une double. Un hôtel moderne sans intérêt particulier, mais les 100 chambres ont toutes une salle de bains. L'AC est en supplément. Cafétéria. Cartes de paiement acceptées. Les nombreux bars branchés au pied de l'hôtel le rendent un peu bruyant, surtout le week-end.

▤ *Hôtel Galaxy :* 9, odos Agiou Nikolaou. ☎ 26-10-27-88-15. Fax : 26-10-27-59-81. Même genre, un poil moins cher, dans les 70 € (mais petit dej' en plus). Accueil plutôt froid, c'est peut-être dû à l'AC... Cartes de paiement acceptées.

Où dormir dans les environs ?

Campings

⛺ Le plus simple (mais sûrement pas le plus agréable !) est d'aller dans les *campings de Rio,* ville située à 7 km au nord (voir plus loin). Bus toutes les 15 mn. On conseille néanmoins de s'arrêter avant Patras si l'on arrive d'Olympie.

⛺ *Camping Kato-Alissos :* à 21 km au sud-ouest de Patras, en venant de Pyrgos et 2 km à l'est de Kato Achaia. Un peu loin, mais bien situé en bord de plage. ☎ 26-93-07-12-49.

Fax : 26-93-07-11-50. • www.camping-kato-alissos.gr • Ouvert d'avril à octobre. De 13 à 18,30 € pour 2 personnes, une voiture et une petite tente. Plutôt calme. Ombragé. Location de chambres. La taverne est bien. Camping de la chaîne *Sunshine,* réductions de 10 ou 20 % selon la saison, sur présentation du dépliant de la chaîne. Bus à 500 m, gare à 1 km.

Où manger ? Où boire un verre ?

⏐●⏐ Nombreux *restos,* plus ou moins touristiques ; vers l'AJ (sur Polytechniou en s'éloignant du port), plus sympas que ceux du centre-ville.
⏐●⏐ *Dinos :* 102, odos Othonos et Amalias. ☎ 26-10-33-65-00. Compter dans les 15 €. Bonne taverne de poisson où l'on rencontre des habitués.
🍷 Plusieurs *bars* branchés sur Agiou Nikolaou. Faire son choix !

QUITTER PATRAS

En bus

🚌 *Gare des bus :* à l'angle de l'odos Zaïmi et d'Othonos-Amalias, près de la porte 6 sur le port. ☎ 26-10-62-38-88. Terminal sur odos Amalias, près de la police touristique.
➤ *Pour Athènes :* départ environ toutes les 45 mn, de 2 h 30 à 21 h 45. Compter 4 h de trajet. 9 des 32 bus quotidiens sont des bus express qui ne s'arrêtent pas avant Athènes.
➤ *Pour Pyrgos :* 10 bus par jour de 5 h 30 à 20 h 30 (correspondance pour Olympie).
➤ *Pour Eghio :* au moins un bus par heure de 7 h à 22 h 15.
➤ *Pour Kalamata :* 2 départs quotidiens.

➤ *Pour Ioannina :* 4 bus entre 8 h 15 et 17 h 30.

➤ *Pour Tripoli :* 2 bus quotidiens à 7 h 15 et 14 h (correspondance pour Sparte).

➤ *Pour Delphes :* bus direct d'une *autre gare routière,* située sur Othonos Amalia, et proche de la gare des trains. Départs à 12 h 30 et 17 h 30 (le vendredi, départ à 15 h en plus). Sinon, du terminal principal possibilité d'aller à Delphes en changeant de bus (Rio, Naupacte...).

En train

🚃 *Gare ferroviaire :* odos Amalias. ☎ 26-10-63-91-02. Un peu moins cher que le bus mais plus long. Consigne.

➤ *Pour Athènes :* 8 départs quotidiens dont 4 *InterCity* (rapide car direct : moins de 4 h). Départs de 2 h 30 à 19 h 30 environ.

➤ *Pour Pyrgos :* 7 départs quotidiens (3 continuent sur Kyparissia) de 2 h 40 à 21 h 30 environ.

➤ *Pour Kalamata :* 1 départ, très tôt vers 6 h.

En ferry

Départs de Patras pour Ancône, Bari, Trieste et Venise. Arriver à l'avance, car ce n'est pas toujours facile de trouver sa compagnie, son ferry, etc.

➤ *Pour Ancône :* 4 ou 5 bateaux par jour avec les compagnies suivantes :
– *Superfast Ferries :* 12, Othonos et Amalias. ☎ 26-10-62-25-00. Fax : 26-10-62-35-74. • info.patraport@superfast.com • Le plus rapide : Patras-Ancône en 19 h, Patras-Bari en 15 h 30 !
– *Anek Lines, United Ferries Agency :* 25, Othonos et Amalias. ☎ 26-10-22-60-53. Fax : 26-10-62-04-62. • anek@ufa.gr • Une bonne compagnie. Patras-Ancône et Patras-Trieste.
– *Blue Star Ferries (Strintzis Lines) :* K. Tsimaras, 12, Othonos (et Amalias). ☎ 26-10-63-34-00. Fax : 26-10-63-40-90.
– *Minoan Lines :* 2-6, odos Athinon. ☎ 26-10-45-56-22. Fax : 26-10-42-08-00. • fspatra@pat.forthnet.gr •

➤ *Pour Bari :* *Superfast Ferries,* voir coordonnées plus haut.

En avion

Voir plus haut la rubrique « Adresses utiles ».

RHION (RIO)

À quelques kilomètres à l'est de Patras. Il n'y a rien à Rhion, à l'exception de quelques campings. Départ du bac pour traverser le *détroit de Corinthe.* Il vous dépose à *Andirio,* à quelques kilomètres de Naupacte. Longue queue pour les voitures en été. Tout cela appartiendra bientôt au passé. Le pont est en construction, encore un peu de patience. L'ouverture est prévue pour le 24 décembre 2004, après sept années de travaux, mais il se murmurait, fin 2003, qu'il pourrait être prêt en avance... Long de 2,252 km, il est prévu pour résister à un séisme atteignant les sept degrés sur l'échelle de Richter.

Où dormir ?

Les campings de Rhion ne vous laisseront pas un souvenir impérissable. Aucune plage potable dans le coin. La circulation et la pollution sont elles, en revanche, au rendez-vous. Pour ceux qui ne veulent vraiment pas s'éloigner de Patras.

⚠ *Rhion Camping :* à 500 m au sud-ouest de l'embarcadère, face à une grande plage de galets. ☎ 26-10-99-15-85 et 26-10-99-33-88. De Patras, bus n° 6. Fleuri et ombragé. Sanitaires assez mal entretenus. Bruyant quand les deux discothèques, assez proches, fonctionnent.

QUITTER RHION

Pour traverser le détroit *de Corinthe,* en direction de Delphes par exemple :
➢ Ferries toute la journée depuis l'embarcadère de Rhion pour *Andirio* près de Naupacte. Partent quand ils sont pleins. 20 mn de traversée. Remplacés par le pont dès que celui-ci sera opérationnel, fin 2004 sans doute (ou peut-être avant).
➢ Ferry depuis *Eghio,* situé entre Rhion et Diakofto, pour *Agios Nikolaos* (30 km à l'ouest d'Itéa). En été, 7 traversées par jour, de 5 h 15 à 20 h 30 (19 h 30 en hiver), compter 50 mn de trajet. À Agios Nikolaos, on peut prendre le bus qui va à Naupacte, Itéa et Delphes (5 bus par jour, de 6 h 15 à 19 h 15). Le dernier ferry étant à 20 h 30, à cette heure-là il n'y a plus de bus pour Delphes.
🛏 Possibilité de dormir au *camping Doric,* à Agios Nikolaos. ☎ 22-66-03-17-22. Fax : 22-66-03-11-96. Propre et ombragé. Piscine. Loue aussi des bungalows.

DIAKOFTO (DIAKOPTON)

Sur la route Patras-Athènes. Les bus vous déposent sur la voie express (ou alors continuer jusqu'à Eghio, et reprendre un bus qui va de village en village). Diakofto est un village très tranquille, ses habitants sont sympas. Point de départ du chemin de fer à crémaillère pour Kalavryta, en passant par le monastère de *Méga Spiléon.* Environ 4 départs par jour. Le train est en réfection jusqu'en juin 2004, en principe. Sur la place de la gare, de nombreux charmants petits cafés qui servent *ouzo* et *pita* à des prix très doux. Petite plage de galets.

Où dormir ? Où manger ?

🛏 *Hôtel Chris Paul :* pas loin de la gare. ☎ 26-91-04-17-15 et 26-91-04-18-55. Fax : 26-91-04-21-28. ● www.chrispaul-hotel.gr ● On ne peut pas le manquer, ce doit être l'un des hôtels les mieux indiqués de Grèce : panneaux au moins 15 km à la ronde ! Endroit tranquille. Compter jusqu'à 70 € petit déjeuner compris. Récent et impeccable. Un peu cher pour la prestation mais pas beaucoup de concurrence dans le coin. Décor en marbre. Très agréable et confortable. Plantes vertes. Petit jardin. Piscine. AC qu'ils coupent après le mois d'août ; dommage car il peut encore faire chaud ! En été, conseillé de réserver. Accueil variable.

🍴 *Taverna O Kostas :* dans la rue principale, un peu avant le *Chris Paul.* Dans les 8 €. En salle l'hiver et dans un petit jardin sous tonnelle, en saison (pas d'enseigne, vous faire indiquer). Très bonne cuisine traditionnelle et portions généreuses. Le patron, Kosta, est timide mais sympa :

allez choisir directement en cuisine, ça vous donnera une bonne idée de la variété des plats. Essayez les *dol-* *madès,* toujours accompagnées de bon pain frais.

Où dormir dans les environs ?

🏠 *Hôtel Afrika :* à Eleonas (environ 10 km à l'ouest de Diakofto). ☎ 26-91-04-17-51. Fax : 26-91-04-30-00. ● africa@web-greece.gr ● Entre 50 et 60 € la double, petit dej' inclus. Au milieu d'un jardin avec belle piscine et bar. Bâtiment moderne, sans charme particulier mais au calme, à 100 m de la plage. Plutôt agréable pour la région.

DE DIAKOFTO À KALAVRYTA

🚶 *Le petit train à crémaillère* traverse de pittoresques paysages, le long des *gorges du Vouraïkos,* que la route ne permet pas de voir. En réfection jusqu'en juin 2004. En principe, 4 départs quotidiens (à 8 h, 10 h 30, 13 h 15 et 15 h 45 en semaine ; vérifier quand même), retardés d'une heure environ le week-end. Moins de trains hors saison. Pour les billets, s'y prendre le plus tôt possible car le train est souvent plein. Trajet de 65 mn. Nombreux ponts étroits et tunnels. On peut voir à l'extérieur de la gare la locomotive « historique » de 1896 qui, la première, a fait la grimpette jusqu'à Kalavryta. Pour le centenaire, en 1996, on l'a remise en service sur la ligne.

🚶 À mi-parcours (à environ 45 mn), *Kato Zachlorou.* Le petit train s'y arrête 1 mn. À 3 km de la route de Diakofto. Petite route pour y parvenir, que l'on prend à droite, 2 ou 3 km après le monastère de Méga Spiléon. Hameau avec une gentille petite gare, représentant un lieu de séjour particulièrement agréable. Sur place, hôtels et restos, et occasions de superbes randonnées. Dans cette région, c'est en hiver que les prix sont les plus élevés dans les hôtels, saison du ski et chauffage obligent !

🏠 *Hôtel Romantzo :* pl. du 25-Mars. ☎ 26-92-02-27-58 et 26-92-02-27-20. Compter dans les 25 à 35 € l'été et 50 € l'hiver. Si vous venez en train, vous n'aurez guère d'efforts à faire, c'est le bâtiment juste à côté de l'ancienne gare. Si vous arrivez en voiture, garez-vous à l'entrée du hameau, puis traversez à pied le pont du chemin de fer. Sympathique petit hôtel de montagne. Excellent accueil. Patron parlant l'anglais et connaissant fort bien la région. Chambres de style vieillot, mais très propres. Restaurant. En conclusion, confort simple, mais dépaysement assuré. Pour ceux (celles) dormant mal, les nuits y sont d'une qualité exceptionnelle !

🚶 *Le monastère de Méga Spiléon :* à 26 km de Diakofto par la route et avant la gare de Kato Zachlorou. Ouvert tous les jours, de 8 h à 19 h (ferme le midi pendant 1 h). Entrée : 2 €. On peut y aller à pied en 1 h environ, en tournant à gauche entre l'hôtel *Romantzo* et le pont. Suivre le sentier muletier ; en principe, on ne peut pas s'égarer en suivant les crottes d'âne. Belles vues en cours de route. Incendié par les Allemands en 1943, puis reconstruit, le monastère a beaucoup perdu de son charme, mais pas de son intérêt. Pour visiter, il vaut mieux laisser son sac à dos à la gare de Diakofto. L'église et le petit musée valent particulièrement le détour. Porte en cuivre datant de 1800. *Vierge noire* en cire très vénérée. Nombreux dons (bagues, colliers, montres). Magnifique porte en argent avec la Vierge remarquablement détaillée. Toute

la Passion en bande dessinée. Admirable iconostase en bois sculpté. Tissus brodés d'or et chaire ornementée.
– Dans le *musée*, riches collections : habits régionaux, manuscrits (titres de propriété enluminés). Costume de la guerre de 1821. *Assomption de la Vierge* du XVIIe siècle. Croix de Smyrne de 1600 entièrement en or (l'orfèvre y travailla onze ans et en devint aveugle !). Dans la salle des reliquaires, noter la main de Agios Charalambos, quasiment intacte. Deux rares reliquaires pour crânes.

➤ Très belle *balade* de 12 km : une descente dans des paysages spectaculaires le long de la voie de chemin de fer de Kato Zachlorou à Diakofto.

KALAVRYTA
2 300 hab.

Après Méga Spiléon, la route redescend un peu. Après être passé devant l'incroyable *Air Music Club* (installé sous un Boeing 727, à 750 m d'altitude !), on entre dans Kalavryta, ville martyr. Le 13 décembre 1943, les soldats allemands exécutèrent tous les hommes et adolescents de plus de 13 ans : 1 436 victimes. Les femmes et les enfants ne durent leur salut qu'à un commandant autrichien qui leur ouvrit la porte de l'école où on les avait enfermés en attendant de les exécuter à leur tour. Un monument, sur le lieu de l'exécution, en dehors de la ville, rappelle ces instants tragiques, comme le fait l'horloge de l'église bloquée sur 14 h 34, l'heure de l'exécution.
Kalavryta, une ancienne baronnie franque au Moyen Âge, est une petite ville très agréable qui respire une certaine aisance. Beaucoup de fontaines.
– *Fête :* les 14 et 15 août.

Où dormir ? Où manger ?

🏠 *Hôtel Philoxénia :* 10, odos Ethnikis Antistasis. ☎ 26-92-02-22-90. Fax : 26-92-02-30-09. ● www.hotelfiloxenia.gr ● Ouvert toute l'année. Compter dans les 65-70 € en été et 95 € en hiver et au printemps. Central. Hôtel confortable sans cachet particulier. Rendez-vous des skieurs l'hiver.

🏠 *Chambres chez Nikolaos Karambélas :* derrière la gare. ☎ 26-92-02-21-89 et 26-92-02-26-70. Dans les 30 €. Dans un quartier calme. Les chambres, propres et bien tenues, donnent sur la montagne.
|●| Nombreux *restaurants* autour de la place centrale.

➤ DANS LES ENVIRONS DE KALAVRYTA

🎯 *Le monastère d'Agia Lavra :* un second monastère, à 5 km de Kalavryta mais moins intéressant que Méga Spiléon. Très visité par les Grecs. Lui aussi a brûlé et rebrûlé. C'est ici que, officiellement, la révolution de 1821 a été lancée, le 25 mars, date choisie pour célébrer la fête nationale. Pas de chance : c'est paraît-il, une pure invention (et d'un Français, Pouqueville, par-dessus le marché), mais tous les petits Grecs continuent à apprendre cette version dans leurs livres d'histoire...

🎯 *La grotte des Lacs :* près de *Kastria*, à 16,5 km de Kalavryta. Départ des bus dans la rue parallèle à celle de la gare. Ouvert de 9 h à 19 h (18 h en hiver). 13 petits lacs sur 3 niveaux. Visite guidée sur 350 m. AC garanti. Pour passionnés seulement.

🎯 *Station de ski :* sur les pentes du mont Helmos.

QUITTER KALAVRYTA

En train

➤ **Pour Diakofto :** 4 trains par jour (le train repart 10 mn après son arrivée).

En bus

➤ **Pour Patras :** 5 bus par jour, de 6 h 15 à 16 h 45.
➤ **Pour Athènes :** 2 bus par jour, à 9 h et 16 h 45.

LA ROUTE PATRAS-CORINTHE

Une route à péage, qui n'est pas loin de frôler l'arnaque. Le péage est au niveau de Rio et donne droit à l'accès à la « nouvelle route nationale » au revêtement usé, sans séparateur central sur 93 km au total. Attention, c'est l'une des routes les plus dangereuses de Grèce. Si l'on veut en profiter quand même, autant prendre tout d'abord la « vieille route nationale » qui longe la côte puis regagner la « nouvelle » à Eghio ou Diakofto par exemple, et là, c'est gratuit ! Les gens y roulent beaucoup moins vite. La vieille nationale passe par toutes les localités côtières : après Akrata, toutes se touchent jusqu'à Corinthe. Ne pas prévoir une grosse moyenne tout de même.

🏕 Possibilité de faire une halte au *camping Akrata Beach,* à Porovitsa près d'Akrata. ☎ 26-96-03- 19-88. Ouvert toute l'année. On y parle le français.

LES ÎLES IONIENNES

Les îles Ioniennes, constituées de Corfou, Paxos, Leucade, Céphalonie, Ithaque et Zante, devraient leur nom à Io, une des joyeuses victimes de Zeus, qui s'y réfugia pour échapper à la jalousie maladive mais légitime d'Héra (cette dernière l'ayant transformée en génisse). En fait, elles sont officiellement sept (en grec, on les nomme Eptanissa, les « sept îles ») car on y rattache artificiellement Cythère, située au sud-est du Péloponnèse (et traitée dans cette partie du guide).

Encore relativement peu fréquentées par les touristes français, alors que les Anglo-Saxons les ont annexées, touristiquement parlant, depuis pas mal d'années, les îles Ioniennes forment pourtant un archipel homogène très différent des îles de la mer Égée. Situées sur une zone sismique, elles offrent des paysages montagneux magnifiques et des côtes superbes : quand on les parcourt du nord au sud, de Corfou à Zante donc, on reconnaît bien, sur la côte ouest, les mêmes falaises crayeuses qui donnent à ces îles tant de belles plages de sable. Elles bénéficient d'une végétation variée et luxuriante, favorisée par des pluies régulières d'octobre à mars : beaucoup de cyprès et, évidemment, des oliviers, l'huile d'olive produite dans ces îles étant très réputée.

Nous les présentons, non dans leur « ordre » géographique en partant du Péloponnèse, mais dans un sens nord-sud, en commençant par la plus importante, Corfou, qu'on atteint soit directement en arrivant d'Italie par le ferry, soit en venant du continent, par Igoumenítsa. Il est assez difficile – mais pas impossible – de passer d'île en île en commençant par Leucade jusqu'à Zante (ou dans le sens inverse). Il faut alors bien organiser son voyage, ce qui est rarement aisé, les liaisons inter-îles variant d'une année sur l'autre et n'étant pas forcément quotidiennes. Mais si l'on choisit de ne visiter qu'une ou deux île(s) au départ du continent, tout est beaucoup plus facile. On y accède aisément avec sa voiture, qu'il est d'ailleurs conseillé de prendre car la plupart de ces îles, comparées aux Cyclades, sont assez étendues, sauf Paxos, guère plus grande qu'un mouchoir de poche. Sinon, le réseau de bus est assez satisfaisant et les scooters nombreux à louer, mais il faut aimer avaler de la route sur deux roues, sans parler des risques d'accidents...). Leucade est un cas à part puisqu'il ne s'agit même pas vraiment d'une île : on y accède par un pont de quelques mètres. Attention enfin, on n'atteint Zante qu'au départ du Péloponnèse le plus souvent (il existe toutefois une liaison saisonnière avec Céphalonie).

UN PEU D'HISTOIRE

On rencontre les îles Ioniennes dans la littérature dès le VIIIe siècle av. J.-C. dans L'Odyssée, Ithaque étant supposée être la patrie d'Ulysse, et l'archéologie y a confirmé une forte présence mycénienne à la fin de l'âge du bronze, notamment à Céphalonie. Depuis, les îles ont en commun un passé agité, car leur position stratégique a suscité de nombreuses convoitises. Pourtant, les Turcs n'y ont pratiquement pas mis les pieds, et ce n'est pas faute d'avoir essayé. En revanche, l'occupation vénitienne s'est étendue du XIVe au XVIIIe siècle, tirant largement profit de l'agriculture locale. Son influence reste encore très marquée dans l'architecture des villes et des monuments, malgré de sérieux dommages causés par les séismes successifs.

Ce sont les Français qui, à la suite de la Révolution française, ont mis fin à la présence vénitienne en 1797, mais pour peu de temps car bientôt ce fut le tour des Russes : sous leur protection fut alors créée la « République indépendante des sept îles » (1800-1807). Même si cette indépendance n'était que nominale, elle entraîna une prise de conscience du sentiment national grec dans tout le reste du pays encore soumis à la domination ottomane. Les îles retombèrent dans le giron français en 1807, jusqu'à la chute de Napoléon. Le rattachement à la Grèce eut finalement lieu en 1864, après un demi-siècle de domination anglaise pendant laquelle toute velléité d'indépendance fut soigneusement étouffée. Paradoxe : ces îles, qui avaient été les premières à conquérir une quasi-indépendance, ratèrent l'indépendance de 1830 et durent prendre le train en marche.

Pourtant, personne ne songerait à remettre en cause le patriotisme des Ioniens : ils ont fourni le premier gouverneur grec (Ioannis Capodistria) et c'est à Corfou que le poète Solomos, né à Zante, a écrit ce qui allait par la suite devenir l'hymne national. Ils sont d'ailleurs très attachés à leur terre, suivant l'exemple du plus obstiné d'entre eux, le célèbre Ulysse. Pour les familiers de *L'Odyssée,* Corfou correspondrait à l'île des Phéaciens, la dernière étape d'Ulysse, où il aurait trouvé refuge en fuyant les caresses de Calypso.

CORFOU (KERKYRA)   110 000 hab.

Corfou est l'île la plus au nord de la mer Ionienne. Avec 592 km^2 de superficie, c'est l'une des îles grecques les plus importantes. C'est un endroit superbe : montagneux, boisé, et qui a su garder beaucoup de charme malgré l'importance de l'activité touristique en été. Malheureusement, seuls les Anglais, les Allemands et les Italiens, qui y viennent par dizaines de milliers chaque année, le savent.

Corfou est un mélange savoureux de Grèce et d'Italie. Chaque peuple envahisseur y a laissé son empreinte : ce sont tout d'abord les Corinthiens qui y fondèrent une colonie ; plus tard, pendant quatre siècles, les Vénitiens ont construit partout des placettes et des galeries voûtées. Napoléon les chassa mais n'eut pas le temps d'installer une véritable présence française (2 villages tout de même portent le nom de Kato et Ano Garouna, soit Basse et Haute-Garonne !). Les Anglais furent plus efficaces en construisant quelques maisons et en installant un terrain de cricket sur la Spianada... toujours utilisé, plus de cent ans après leur départ, puisque Corfou compte 5 équipes de cricket. Corfou mérite vraiment une halte sérieuse... à condition toutefois d'éviter les endroits complètement pourris, comme Bénitsès, Moraïtika ou Kavos, où se trouvent concentrées les hordes de touristes.

Dès qu'on s'éloigne des sentiers battus, on trouve des coins moins pervertis et de belles plages. Mais, attention : pour y accéder, il faut souvent souffrir sur un réseau routier assez calamiteux, très mal signalisé, rendu encore plus dangereux par le trafic des deux-roues et des nombreux cars. Pas facile non plus pour les camping-cars.

Immortalisée dans *L'Odyssée,* la beauté de Corfou n'a cessé d'inspirer des artistes tels que Goethe, Alfred Sisley ou Lawrence Durrell. Il paraît que Napoléon lui-même n'y fut pas insensible. Quant à Sissi, elle y fit bâtir un palais pour y finir ses jours.

Comment y aller ?

En avion

➤ **D'Athènes :** 2 ou 3 vols par jour par la compagnie *Olympic Airways.* 55 mn de vol. Liaisons également assurée par *Aegean* (2 vols par jour).

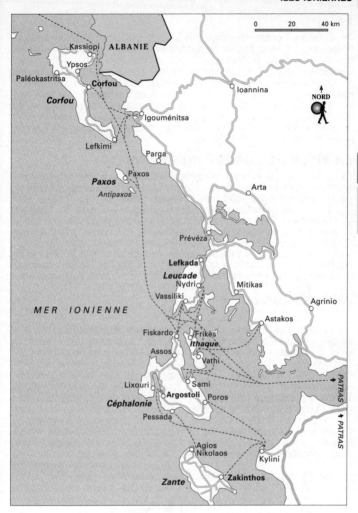

ÎLES IONIENNES

➢ Taxis de l'aéroport pour le centre-ville. Un bus bleu passe à environ 400 m de l'aéroport sur la grande route.

✈ *L'aéroport Ioannis Capodistria* (☎ 26-61-03-01-80 et 73-98) accueille surtout des vols réguliers intérieurs et des charters.

En bus

➢ *D'Athènes :* plusieurs bus quotidiens. Ils sont directs car ils montent sur le ferry (prix de celui-ci, dans les 6 €, non inclus dans le billet du bus). Trajet d'une dizaine d'heures. Départ de la gare des bus, 100, odos Kifissou (☎ 21-05-12-94-43) ; à 7 h, 10 h, 20 h et 20 h 30. Pour aller à cette gare, bus n° 051 depuis l'angle des rues Zinonos et Ménandrou, à deux pas de la place Omonia.

En ferry

➤ *D'Italie :* il existe désormais des liaisons quotidiennes directes depuis l'Italie jusqu'à Corfou. Mais la plupart des ferries continuent ensuite en direction de Igouménitsa ou Patras.

De Brindisi : environ 7 h de traversée. Plus de 24 h depuis *Venise* ou *Trieste.*

➤ *D'Igouménitsa :* départ environ toutes les heures de 5 h à 21 h. Les billets se prennent une demi-heure avant le départ. Compter 2 h de traversée (1 h 15 avec les ferries rapides *Kerkira Lines,* pour le même prix). Au lieu du port principal (Kerkyra), on peut aussi gagner Lefkimi, au sud de l'île.

➤ *De Patras :* cette liaison est devenue assez rare. Départ vers 23 h ou minuit et arrivée vers 6 h à Corfou.

LA VILLE DE CORFOU (KERKYRA)

La capitale de l'île s'articule autour de la Spianada, la grande esplanade située entre la vieille citadelle et le centre historique, traversé par la rue Voulgaréos, prolongée par l'avenue G. Théotoki (attention : les Théotoki sont légion à Corfou puisqu'on dénombre également les rues N. Théotoki, M. Théotoki et I. Théotoki !). Il ne faut pas manquer la vieille ville et le centre historique avec partout des ruelles tortueuses, des cafés cachés sur des petites places oubliées, le linge aux fenêtres, les gamins dans les rues... Avec ses façades aux couleurs fanées, la capitale a tout le charme de Naples, sans les voyous ni la saleté. Levez-vous tôt pour découvrir avant les touristes tous ces endroits charmants qui sont un véritable enchantement.

Adresses utiles

– Plus d'office du tourisme. On peut essayer d'obtenir (sans garantie) quelques renseignements à ce numéro : ☎ 26-61-03-76-38. Sinon, allez voir l'agence *Ilios Holidays* (plus bas), ou la police touristique.

ℹ *Police touristique (plan B3, 1) :* odos Samartzi, qui donne sur San Rocco Square. ☎ 26-61-03-02-65. Ouvert tous les jours, week-end et jours fériés inclus, de 8 h 30 à 14 h 30. Après, permanence de la police générale.

✉ *Poste (plan C3) :* odos Alexandras. ☎ 26-61-02-55-44. Ouvert du lundi au vendredi de 7 h 30 à 20 h. Poste restante.

@ ♟ *Café Net on Line (plan D2, 32) :* 28, odos Kapodistriou. ☎ 26-61-06-81-91. •cafe-online1@yahoo.com• En face de l'esplanade. Ouvert de 10 h (18 h le dimanche) à 1 h. Assez cher ; compter 6 € l'heure. Assez peu d'ordinateurs mais cadre agréable et personnel jeune très sympa.

■ *Banques :* partout dans la vieille ville, sur odos G. Théotoki et rue Alexandras, et dans le port, toutes avec distributeurs automatiques. Ouvertes du lundi au vendredi de 8 h à 13 h 30.

🚌 *Gares routières (plan B3, 2 et A2, 3) :* 2 points de départ pour l'île de Corfou et les environs de la capitale ; les bus bleus partent des alentours de la place San Rocco (également appelée G. Théotoki) où se trouve leur guichet *(plan B3, 2)* : ☎ 26-61-03-15-95. Les bus verts *(plan A2, 3)* de la rue Avramiou, au pied de la nouvelle citadelle ; ☎ 26-61-03-06-27. Leur demander les brochures très pratiques avec tous les horaires pour toutes les destinations de la saison en cours. Pour les détails sur les horaires et les destinations, voir « Quitter Corfou ».

■ *Consulat de France (plan C3, 5) :* 22, odos Polila. Consul honoraire : maître Mario Paipetis ; ☎ 26-61-02-63-12. Fax : 26-61-03-07-14. Portable : ☎ 69-76-48-88-21. Ouvert le mardi de 9 h à 10 h 30 ainsi que le vendredi. Autres *consulats : de Belgique,* ☎ 26-61-03-37-88 ; *de Suisse,* ☎ 26-61-03-94-85.

■ *Olympic Airways (plan C3, 4) :* 11, odos Polila. ☎ 26-61-03-86-94 à 96. Ouvert du lundi au vendredi de 8 h à 19 h. Pour les réservations, standard ouvert du lundi au vendredi de 7 h à 20 h et le samedi de 7 h à

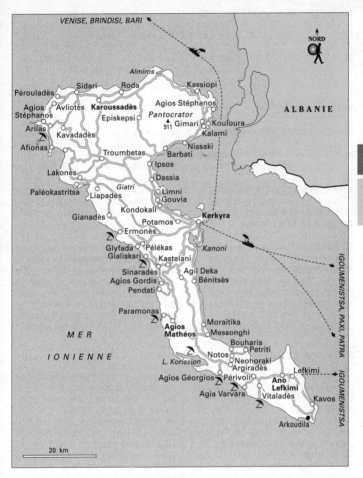

CORFOU

14 h. Sinon, à l'aéroport, ☎ 26-61-03-01-80.

■ *Location de voitures :* tous les loueurs sont regroupés sur l'odos Xén. Stratigou, entre le vieux port et le nouveau port. Location de mobylettes et de motos dans le même secteur. Possibilité de marchander mais, attention, le prix annoncé n'inclut pas toujours l'assurance obligatoire.

■ *Agence de voyages :* Ilios Holidays, 46, odos Xén. Stratigou. ☎ 26-61-03-80-89 et 26-61-02-29-48. Fax :

26-61-03-54-16. ● ilioshol@otenet.gr ● Face au nouveau port. Gérante serviable et francophone. Ouvert du lundi au samedi de 7 h 30 à 14 h et de 17 h 30 à 20 h 30. L'agence représente la compagnie maritime *Fraglines*. Peut aussi vous dénicher hôtels, appartement, billets d'avion...

■ *Journaux francophones :* pas de problème pour en trouver ; odos N. Théotoki, en allant vers l'esplanade (Spianada). Et dans les kiosques rue Voulgaréos ainsi qu'à la librairie au 15, odos Kapodistriou, derrière le café *Liston*. Également sur le vieux port, odos Zavitsianou, en face de l'hôtel *Acropol*.

■ *Hôpital (plan A3, 7) :* 1, odos Ioulias Andréadi. ☎ 26-61-08-82-00.

Près de la place San Rocco. Ouvert jour et nuit.

■ *Laverie automatique :* odos Ioannou Théotoki. À côté de la place San Rocco. Accueillant et efficace. D'autres le long du port.

Où dormir ?

À la sortie de la gare maritime, il se peut que des propriétaires de *campings* vous proposent de venir chez eux en minibus. Sinon, vous pouvez prendre le bus régulier, mais il n'est pas toujours très fréquent.

Le camping le plus proche est au nord de Gouvia, à 12 km au nord de Corfou.

En été, attention à l'arnaque des hôtels. Un certain nombre font payer en sus les douches, les draps... Bientôt, si on ne se méfie pas, il faudra payer pour l'électricité. Pensez aux autres routards et dénoncez les abus à la *tourist police*, c'est très efficace.

■ Possibilité de trouver un hôtel ou une chambre à louer en allant au *Corfu Travel Bureau :* odos Kapodistriou, face à l'esplanade (Spianada). Ils vous trouveront peut-être un logement même en été, mais rien de vraiment très bon marché.

■ On peut aussi avoir les adresses des loueurs membres de l'*Association des propriétaires de villas et appartements* dans la rue I. Polila, au n° 24 (à côté du consulat de France). Ouvert du lundi au vendredi de 9 h à 14 h et de 18 h à 21 h. ☎ 26-61-02-61-33. Fax : 26-61-02-34-03. ● www.corfutourismfederation.gr ●

Prix moyens

🛏 *Hôtel Hermès (plan C2, 10) :* 14, odos G. Markora. ☎ 26-61-03-92-68. Fax : 26-61-03-17-47. Dans un quartier central de la nouvelle ville, derrière la place San Rocco, pas très loin de la vieille ville. Ouvert toute l'année. Chambres doubles de 30 à 45 € selon la saison, avec ou sans bains. Dès le hall d'entrée, on a l'impression de pénétrer dans une de ces pensions à l'ancienne. Les chambres aussi sont d'origine, simples et propres. Pas d'AC mais des ventilos. Évi-

ter quand même celles qui donnent sur la rue, pour ne pas être réveillé par les maraîchers. Ne rien laisser traîner dans la chambre.

🛏 *Hôtel Europa (hors plan par A1) :* nouveau port. ☎ 26-61-03-93-04. Chambres doubles de 40 à 55 € environ. Chambres simples, propres et refaites récemment. Pas le grand luxe mais à ce prix, difficile de trouver quelque chose à Corfou-ville... Accueil moyen.

Plus chic

🛏 *Hôtel Atlantis (plan A1, 14) :* 48, odos Xén. Stratigou. ☎ 26-61-03-55-60. Fax : 26-61-04-64-80. ● atlanker @mail.otenet.gr ● Face au nouveau port. Ouvert toute l'année. De 55 à 86 € selon la saison pour une chambre double, sans le petit dej'. Chambres confortables et bien insonorisées, avec TV et AC. Salles de bains impeccables et grands balcons don-

nant sur le port. Cartes de paiement acceptées.

🛏 *Hôtel Konstantinoupolis (plan C1, 17) :* 11, odos Zavitsianou. ☎ 26-61-04-87-16 à 18. Fax : 26-61-08-07-16. ● www.konstantinoupolis.com.gr ● Chambres doubles de 60 à 90 € selon la saison, petit dej' inclus. Dans un vieux bâtiment datant de 1862, rénové mais qui a gardé son cachet ancien et tout son charme (avec notamment un vieil ascenseur). Hôtel de taille moyenne aux chambres confortables, avec TV et AC. Belles

salles de bains. Chambres donnant sur le vieux port un peu bruyantes en été. Cartes de paiement non acceptées.

Encore plus chic

▲ *Hôtel Bella Venezia* (plan C3, *13)* : 4, odos Zambeli. ☎ 26-61-02-07-07. Fax : 26-61-02-07-08. ● bel venht@hol.gr ● Ouvert toute l'année. Chambres doubles de 69 à 95 €, petit dej' compris. Situé dans un quartier calme, au-dessus de la vieille ville mais à l'intérieur du périmètre, dans un bâtiment néo-classique rénové (qui a abrité la *Banque de Grèce* avant d'accueillir un lycée de jeunes filles...). L'hôtel est superbe avec sa

petite terrasse ombragée dans la cour intérieure et un hall d'entrée sombre et chaleureux. Chambres de couleurs vives, avec TV, frigo et AC. Hauts plafonds et déco très italienne avec de grands murs ocre et des rideaux roses. Beaucoup de charme, très confortable. Qualité vraiment au-dessus des autres pour une différence de prix minime en saison. Les réservations ne semblent pas toujours prises en compte... Bon accueil.

Beaucoup plus chic

▲ *Hôtel Arcadion* (plan D2, *11)* : 44, odos Kapodistriou ; au-dessus du McDonald, face à l'esplanade. ☎ 26-61-03-76-70 à 72. Fax : 26-61-04-50-87. ● www.arcadionhotel.com ● Ouvert toute l'année. Chambres doubles de 107 à 131 €, petit dej' compris. Ouvert toute l'année, sauf de mi-décembre à mi-janvier. Un

hôtel moderne installé dans un bel immeuble, dont les chambres en façade donnent sur les jardins de l'esplanade et la forteresse. Situé à l'endroit le plus animé le soir. Si vous préférez la tranquillité, demandez une chambre à l'arrière. Ascenseur. Chambres très fraîches, avec salle de bains, balcon (pas toutes) et téléphone.

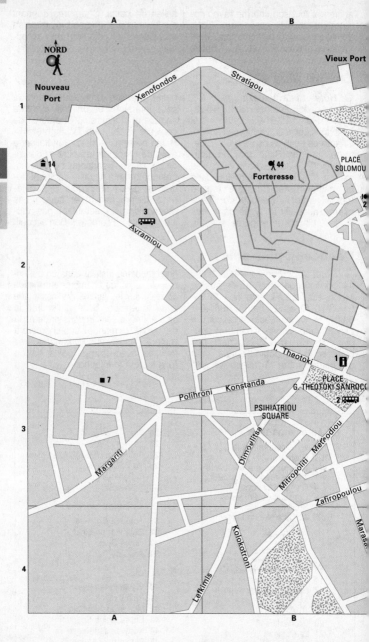

CORFOU

VILLE DE CORFOU

CORFOU

Où manger ?

Les meilleures adresses se trouvent dans les petites rues du centre historique (appelées *kandounia*). Les bons restaurants corfiotes proposent quelques spécialités de l'île : le *sofrito* (viande de bœuf avec une sauce à l'ail), le *bourdéto* (poisson avec une sauce rouge, particulièrement relevée) et la *patsisada* (gros macaronis et viande de veau à la sauce tomate).

– **Boulangeries :** 16, odos Xén. Stratigou. Près du vieux port quand on se dirige vers le nouveau port. On y trouve non seulement du pain mais aussi des beignets et des chaussons au fromage (*tiropitas*). Excellents gâteaux également à la boulangerie qui se trouve sur l'entrée de la place devant l'église Mitropoléos, à deux pas du vieux port.
– **Marché :** sur odos Dessila, en face de l'hôtel *Hermès*, au pied de la nouvelle forteresse. Venir tôt le matin pour profiter de l'atmosphère particulière du marché. Légumes, poisson frais et échoppes hétéroclites. On peut y manger pour pas cher.

Bon marché

I●I Pour manger sur le pouce, des petites échoppes à *gyros* et *souvlaki* : **To Pikantiko** (plan C2, *28*), odos M. Théotoki, sur la petite place Vrakhlion ; **O Périklès** (plan B2, *29*), odos Solomou, près du restaurant *Paradossiako*. Une autre petite échoppe, le **Grill House chez Nikolaos Bardès** (plan C1, *27*) : il n'y a pas d'enseigne, juste quelques tables sur les pavés, à l'entrée de la ruelle Prosalendiou qui semble continuer odos Solomou. *Gyros* qui ont du goût pour 1,50 € et bonne *retsina* ; ouvert jusqu'à minuit.
– Également deux petites adresses d'un standing un peu supérieur où l'on peut aussi bien se satisfaire d'un *souvlaki* ou d'un *gyros* à manger à la main (moins cher) que d'un plat à déguster assis (voire, pour les roublards, d'un *gyros* à la main assis !) :
I●I **Bellissimo** (plan C2, *30*) : à deux pas de N. Théotoki, sur platia Lemonia. ☎ 26-61-04-11-12. Service jeune et énergique, petites tables tranquilles à l'écart du passage. Repas complet pour 9 €.
I●I **Pitonostimiès** (plan C2, *20*) : 38, Agiou Vassilias, tout près de N. Théotoki également. Excellent *gyros*, à moins de 2 €, petits *souvlakia* qui ne le sont pas moins. Bon accueil de Rule et Christoforos.

Prix moyens

I●I **La Famiglia** (plan C1, *25*) : Kantouni Bizi. Au cœur de la vieille ville, presque à l'angle avec Mitropoléos. À partir de 13 €. N'ouvre qu'à partir de 20 h. Minuscule trattoria qui occupe deux petites salles chaleureuses. La petite dizaine de tables confère au restaurant une atmosphère très intime, renforcée par les bougies disposées entre les convives. Propose une cuisine italienne soignée, qui change de l'ordinaire. Clientèle de jeunes couples détendus.
I●I **La Cucina** (plan C3, *21*) : 17, odos Giallina et Guilford. ☎ 26-61-04-50-29. Ouvert d'avril à fin septembre, tous les jours de 18 h à 23 h. Compter de 13 à 17 €. Réserver impérativement car les places sont limitées. Remarquable cuisine italienne que l'on déguste dans une ruelle piétonne. Pizza d'une finesse rare. Très bon carpaccio. Service efficace et élégant. Une adresse de qualité, ce qui explique la clientèle d'habitués. Patron affable qui parle le français.
I●I **Paradossiako** (plan C1-2, *22*) : 20, odos Solomou. À partir de la place du même nom. Compter environ 11 € pour un repas. Une taverne

sympa, où l'on choisit soi-même les plats. Les Grecs viennent volontiers y manger. Pas de frime dans le décor.

Allez-y plutôt le midi ; le soir, le service est inégal.

Chic

|●| Le Rex (plan D2, **23**) **:** 66, odos Kapodistriou. ☎ 26-61-03-96-49. Entre 18 et 20 €. Plus chic et toujours aussi polyglotte et accueillant. Les tables à l'extérieur donnent sur la rue piétonne : beaucoup de passage. À l'intérieur, salle agréable à la déco sobre mais élégante. Cuisine fine, en particulier un excellent agneau à la grecque, dont la préparation varie chaque jour selon les arrivages. Goûter aussi au ragoût d'espadon aux pommes de terre et poivrons. Le patron parle le français et n'hésite pas à faire une petite faveur pour le dessert. Bon vin local. Service impeccable.

Plus chic

|●| The Venetian Well (plan C1, **24**) **:** pl. Kremasti. ☎ 26-61-04-47-61. De l'esplanade, suivre la rue Agios Spiridonos jusqu'au bout, puis prendre à droite la rue Philellinon ; tourner encore à droite au bout et, après 30 m, monter les escaliers sur la gauche. Ouvert de midi à tard le soir. Fermé le dimanche. Prévoir environ 30 € sans les vins. Un cadre super-romantique pour un petit dîner aux chandelles. On arrive sur une charmante petite place pavée, à l'écart du passage, entourée de façades ocre et rouge et avec un très beau puits vénitien (qui donne son nom au restaurant) datant de 1699. Belle salle à l'intérieur. Le choix est donné entre 7 ou 8 entrées et autant de plats de résistance. Les plats ne sont pas tous spécifiquement grecs mais ils marient avec bonheur des influences diverses, méditerranéennes pour la plupart, parfois orientales (agneau à l'irakienne, par exemple). Les tarifs peuvent surprendre, mais c'est le seul endroit où l'on goûte une excellente cuisine, généralement très créative. Belle carte des vins. Charme italien garanti.

Où boire un verre ?

À la sortie nord de la ville, une enfilade de bars et boîtes de nuit résolument « modernes » et sans grand intérêt, sauf pour y rencontrer la jeunesse branchée de Corfou. Préférer les petits cafés de la vieille ville, plus typiques et plus chaleureux. Quelques adresses « in » tout de même :

🍸 Trattoria Cofineta (plan D1-2, **31**) **:** 96, odos Kapodistriou. Dans la rue la plus animée le soir, dans le périmètre des cafés. Situation idéale pour voir la jeunesse corfiote et internationale.

🍸 Lithos-Club (plan D3, **33**) **:** en contrebas de l'odos Dimokratias, sur le port au-dessus du club nautique. De là, on peut parfois voir l'équipe de water-polo à l'entraînement. Délicieux endroit pour boire un verre, grignoter un en-cas, en admirant la baie de Garitsa. Clientèle grecque assez jeune. Tarifs raisonnables.

🍸 Art Café (**Kafé Technis** ; plan D1, **34**) **:** entrée par le jardin public, juste à la gauche du palais royal. Un café particulièrement discret, très ombragé. Il surplombe la minuscule plage de la famille royale (voir l'escalier en colimaçon qui y conduit).

À voir

९९९ Commencer par une promenade dans la **vieille ville.** Malgré les bombardements de la dernière guerre, il reste quantité de rues pleines de charme où la « patte » de Venise s'est magnifiquement imprimée. Admirer notamment le quartier de l'esplanade, une des plus belles places de Grèce : ruelles très italiennes, en particulier dans le quartier qui domine la rue Arséniou, entre l'esplanade et le vieux port, demeures à arcades, d'autres avec des éléments architecturaux français ou anglais, notamment le Liston, grand bâtiment à arcades qui domine l'esplanade, construit pendant la seconde occupation française par le père de Ferdinand de Lesseps qui s'inspira, dit-on, de la rue de Rivoli. On y voit aussi des églises byzantines et vénitiennes, des *kandounia* (ruelles pavées sans trottoirs), des balcons en fer forgé, etc. L'ensemble est unique.

Le soir, il ne faut pas manquer la *passeggiata,* tradition bien italienne où tout le monde se promène sous les arcades de la Spianada. Les hommes pour voir, les femmes pour être vues.

Il existe un *billet groupé* à 8 € (gratuit pour les étudiants de l'UE) qui donne accès aux principaux monuments et musées de la vieille ville : le Musée archéologique, la vieille forteresse, le musée d'Art asiatique (dans le palais royal) et le Musée byzantin, qui vous sont détaillés ci-dessous (les prix indiqués sont ceux pour chaque monument, indépendamment du billet groupé).

⚒⚒ *Le palais royal (plan D1, 41) :* au nord de l'esplanade. Visite de 8 h 30 à 15 h. Fermé le lundi. Entrée à 2 €. Magnifiquement situé en surplomb de la mer. Construit de 1819 à 1823, ce fut la résidence des gouverneurs anglais avant de devenir palais de la famille royale de 1864 à 1913. Abrite la galerie d'art municipale et le musée d'Art asiatique, ce dernier unique en son genre en Grèce puisqu'il contient environ 10 000 pièces (bronzes, ivoires, vases chinois, paravents, masques, costumes de samouraïs) rapportées d'Extrême-Orient par un dénommé Manos, diplomate grec.

⚒ *Le Musée archéologique (plan C4, 42) :* 5, odos Vraila. ☎ 26-61-03-06-80. Au sud de l'esplanade. Ouvert de 8 h 30 à 15 h. Fermé le lundi. Entrée : 3 € ; réductions. Assez intéressant, en particulier le fronton ouest du temple d'Artémis, avec sa gorgone de près de 3 m de haut, entourée de serpents. Beaucoup d'autres vestiges et statues (en particulier les 13 statuettes de la déesse Artémis) de l'époque archaïque, période la plus riche de l'île.

⚒ *Le Musée byzantin (plan C1, 46)* ou musée **Antivouniotissa** (du nom de l'église du XVe siècle qui l'abrite) *:* accessible par des escaliers qui partent du milieu de l'odos Arseniou (front de mer à gauche du palais royal quand on le regarde). Ouvert de 8 h 30 à 15 h. Entrée à 2 €. L'église a cette particularité très corfiote de posséder un exonarthex, c'est-à-dire un narthex (ou couloir d'entrée) sur trois de ses côtés. Propose une jolie collection de grandes icônes et peintures byzantines.

⚒ *La vieille forteresse (paléo trourio ; plan D2, 40) :* ouvert tous les jours de 8 h à 19 h (15 h en hiver). Entrée : 4 € ; réductions. Construite par les Vénitiens vers 1550, sur le rocher qui commande l'entrée du port. C'est aujourd'hui une école militaire. L'architecture est impressionnante et la vue superbe. Café et petite galerie d'art. Du 15 mai au 30 septembre, nombreuses manifestations en plein air (musique, théâtre...). Informations sur les panneaux à l'entrée de la forteresse.

⚒ *La nouvelle forteresse (plan B1, 44) :* malgré son nom, elle est presque aussi vieille que la précédente puisqu'elle a été édifiée de 1572 à 1645 : elle garde également l'empreinte vénitienne (voir l'énorme lion symbole de la Sérénissime au-dessus de l'entrée principale).

⚒ *Le musée du Papier-Monnaie (et des Billets de banque) :* installé à l'étage de la *Banque ionienne (Ionian Bank),* place Irôon Kypriakou Agônos, qui donne sur la rue N. Théotoki. Ouvert de 10 h à 13 h 30. Fermé le samedi. Entrée gratuite (salles climatisées). Une exceptionnelle collection de billets de banque y est exposée. Nombreuses explications sur la fabrication d'un billet, du dessin à l'impression, en passant par la technique du filigrane et de la gravure. On peut voir aussi quelques billets des périodes française et britannique.

🍴 *La place de la Mairie (Platia Dimarchiou ; plan C2, 45) :* l'hôtel de ville, construit de 1663 à 1693 pour servir de « loge des nobles » (vénitiens bien entendu) et encore parfois appelé *San Giacomo,* est devenu dès 1720 un théâtre lyrique (le premier en Orient) avant que la municipalité ne l'acquière pour en faire la mairie en 1903. Sur cette même place, la cathédrale catholique, *Agios Iakovos (Saint-Jacques).*

🍴🍴 *L'église Agios Spyridon (plan C2, 43) :* située dans la rue Spiridonos qui mène à l'esplanade. Ouvert de 6 h à 20 h 30. Ce n'est que l'une des 39 églises de la vieille ville mais c'est la plus significative, puisque elle est dédiée à saint Spyridon, le patron de la ville. Ceci explique pourquoi il y a tant de Spyridon à Corfou. L'église date de 1589. Belles peintures au plafond. À voir, dans une petite pièce à droite, le sarcophage en argent contenant les reliques du saint. Quatre fois dans l'année (le dimanche des Rameaux, le Samedi saint, le 11 août et le premier dimanche de novembre), on les promène en ville lors d'une grande procession.

À voir dans les environs

🍴 *L'église Saints-Jason-et-Socipatras :* au sud de la baie de Garitsa, à l'angle de Iassonos Socipatrou et odos Féakon. Entourée d'un adorable jardin, cette église de style byzantin date du XIe siècle. Ouverte selon le bon vouloir du pope. En travaux.

🍴 *Kanoni :* à 4 km au sud (bus n° 2). Le poster le plus célèbre de Corfou, avec son couvent à campanile tout blanc (monastère des Vlachernes), édifié sur un îlot et relié par une jetée à la terre (hyper-touristique). Derrière, un autre îlot, *Pondikonissi,* qui a inspiré le peintre suisse symboliste Arnold Böcklin pour son célèbre tableau *L'île des morts* (1880).

🍴 *L'Achilleion :* à une dizaine de kilomètres au sud de Corfou, sur la commune de Gastouri, route de Bénitsès. Bus n° 10 de la platia G. Théotoki (San Rocco), toutes les 3 h environ. Ouvert de 9 h à 18 h (15 h en hiver). Entrée chère pour ce que c'est, à moins d'être un fan de madame : 6 € ; moitié prix pour les étudiants de l'Union européenne et pour les moins de 18 ans.
Ancienne résidence d'été de l'impératrice Sissi de 1890 à 1898 (année de son assassinat). C'est une grande villa à l'italienne, qu'elle fit construire pour ensoleiller sa neurasthénie (de nature romantique et que les films sur sa vie ont voulu occulter). Du palais, qui fut tour à tour hôpital de guerre puis casino, on ne peut visiter que le rez-de-chaussée. Le grand escalier est une copie de celui de l'opéra Garnier. De grandes salles tristes avec quelques vieux meubles, une expo de photos et un curieux procès-verbal sur la mort de Sissi. Ses admirateurs y apprendront tout sur son assassinat, à Genève, par un anarchiste. Les cinéphiles se rappelleront qu'on y a tourné une scène du James Bond *For Your Eyes Only.*
L'intérêt principal de la visite réside dans le jardin luxuriant, peuplé de statues imposantes, notamment celle, géante, d'Achille. Songez que la célèbre Sissi vécut, malgré les apparences, très malheureuse, qu'elle vit mourir ses enfants et finit tragiquement.
De la terrasse, beau panorama sur Corfou.

QUITTER LA VILLE DE CORFOU

Excellent réseau intérieur de bus, le plus souvent complets (en été, sauna pour le même prix). Réseau en étoile autour de la ville. Un grand panneau indique les horaires de toutes les liaisons sur l'île. Consigne à bagages.
🚌 *De la place G. Théotoki (San Rocco ; plan B3, 2).* Bus bleus. Les horaires ne changent pas trop, en principe, d'une année sur l'autre. Les chauffeurs ont toutefois tendance à partir en avance, méfiez-vous.

CORFOU

➤ **Pour Gastouri-Achilleion** (bus n° 10) : 6 départs par jour entre 7 h et 20 h. Seulement 4 départs le dimanche (à partir de 9 h). Trajet : 20 mn, retour immédiatement après.

➤ **Pour Dassia via Kondokali et Gouvia** (bus n° 7) : bus toutes les 20 ou 30 mn entre 7 h et 22 h 30 ; toutes les 30 mn le dimanche (jusqu'à 22 h).

➤ **Pour Bénitsès** (bus n° 6) : tous les jours de la semaine, 13 départs entre 6 h 45 et 22 h, environ toutes les 75 mn. Trajet : 35 mn.

➤ **Pour Pélékas** (bus n° 11) : 7 bus entre 7 h et 20 h 30 ; 6 départs le samedi de 7 h à 20 h ; et 4 départs le dimanche, à 10 h, 12 h, 17 h et 20 h. Trajet : 30 mn.

➤ **Pour Agios Ioannis** (bus n° 8) : 13 départs entre 6 h 15 et 22 h ; 8 le samedi de 7 h à 21 h ; et 6 bus le dimanche de 8 h à 21 h.

➤ **Pour Kanoni** (bus n° 2) : départ toutes les 30 mn de 6 h 30 à 22 h ; le dimanche, de 7 h à 21 h 30 environ toutes les heures (ainsi que le samedi après-midi).

➤ **Pour Potamos** (bus n° 4) : 11 départs de 6 h à 21 h 30 ; le dimanche, 8 bus de 9 h à 20 h 30 ; certains passent par Temploni.

🚌 **De l'odos Avramiou** (plan A2, 3) : sous la nouvelle forteresse. Bus verts : ☎ 26-61-03-06-27 et 26-61-03-99-85.

➤ **Pour Paléokastritsa** : 7 départs entre 8 h 30 et 18 h ; le dimanche, 5 départs de 9 h à 16 h. Trajet : 45 mn.

➤ **Pour Glifada** : 8 départs entre 6 h 45 et 20 h ; le dimanche, 5 départs de 9 h à 17 h 30. Trajet : 45 mn.

➤ **Pour Kassiopi** : 7 départs en semaine de 5 h 45 à 16 h. D'autres passent par Sidari. 1 seul bus (direct) à 9 h 30 le dimanche. Trajet : 90 mn.

➤ **Pour Afionas-Arillas** : 2 départs en semaine (aucun le dimanche) à 5 h 30 et 13 h 45.

➤ **Pour Kavos** (dessert aussi **Lefkimi**) : 11 départs de 5 h à 19 h 30 (8 départs le samedi et 4 seulement le dimanche).

LE NORD-EST DE L'ÎLE DE CORFOU

L'île étant grande, sachez que le nord en constitue l'endroit le plus charmant. C'est la région la plus montagneuse et la plus verte. Pour l'apprécier, il faut dépasser Ipsos car jusque-là, il faut bien dire que c'est l'usine à touristes. La route principale zigzague au-dessus de la mer entre oliviers, figuiers et champs de vigne. On traverse de très pittoresques petits villages aux maisons blanchies à la chaux. Si certaines plages sont bondées de touristes et de tavernes, l'essentiel des terres est resté intact et offre un spectacle magnifique. Bref, à visiter en priorité.

GOUVIA

Ville en bord de mer, dans une assez jolie baie. Très animé le soir car très touristique. À fuir si l'on cherche une ambiance romantique.

➤ Du port de Corfou, bus bleu n° 7, toutes les 20 mn de la place G. Théotoki (Corfou).

Où camper dans les environs ?

À **Dassia,** 3 km plus haut :

⛺ 🍴 **Camping Dionysus** : à l'entrée de Dassia, à droite. ☎ 26-61-09-14-17. Fax : 26-61-09-17-60. ● www.dionysuscamping.gr ● Le bus n° 7 s'arrête devant. Ouvert de début avril à mi-octobre. Prévoir de 15 à 17 € pour 2 personnes, une tente et une voiture en saison. Le patron n'hésite pas à faire une réduction (selon la saison) en fonction de la durée du séjour. Peu éloigné de la plage, un camping agréable, aux emplacements ombragés, mais les sanitaires ne sont pas toujours très bien entretenus. Piscine, bar, restaurant et supermarché. Également des machines à laver. Accueil sympathique.

🏕 ⊫◉⊨ *Karda Beach Camping :* à 1 km du complexe hôtelier *Chandris*. ☎ et fax : 26-61-09-35-95. ● camp co@otenet.gr ● Ouvert d'avril à fin octobre. Entre 16 et 19 € pour 2 personnes avec tente et voiture. Camping ombragé et fleuri, avec des emplacements impeccables. Sanitaires récents et propres. Rien ne manque : piscine, bar-restaurant et supermarché. Location de bungalows mais également de voitures et de scooters. La plage est à 50 m, de nombreuses activités nautiques y sont proposées. Environnement assez bruyant. Réduction de 10 à 20 % sur présentation du dépliant de la chaîne *Sunshine,* dont le camping fait partie. Accueil moyen.

BARBATI

Après avoir dépassé la baie d'Ipsos, même si ça reste très touristique, on a l'impression de sortir enfin de l'agglomération très étendue qui n'en finissait pas depuis Corfou. Les lacets commencent, on domine la baie d'Ipsos puis c'est Barbati, un village tout en longueur surplombant la mer, qui a le mérite de receler quelques bonnes adresses.

➤ *De Corfou :* 2 bus verts par jour (1 le dimanche) à 9 h 30 et 18 h 30. Retour sur Corfou 45 mn plus tard (à 17 h 45 le dimanche).

Où manger ?

⊫◉⊨ *Taverna Glyfa :* entre Barbati et Nissaki, au niveau de l'arrêt des bus verts. ☎ 26-63-09-13-17. En contrebas de la route, une taverne adorable qui donne sur une petite crique (galets). Compter environ 10 €. Elle est très chaleureuse avec ses chaises de paille et ses nappes de tissu bleu. La cuisine est excellente (spécialités de poisson), mais on vient avant tout pour l'accueil du patron. Concerts en saison, surtout les week-ends.

⊫◉⊨ *Taverna Alexiou :* à la sortie de Barbati, en dessous de l'hôtel du même nom. ☎ 26-63-09-10-86. Repas complet dans les 10 €. Au-dessus de la plage, une taverne sympa et colorée où l'on mange pour pas cher un des meilleurs *gyros* (avec *tzatziki* et *pita*) de l'île pour environ 5 €. Agréable terrasse avec vue panoramique sur la mer.

NISSAKI

Hameau situé légèrement en retrait de la route principale, au bout d'un petit chemin qui serpente sous les arbres jusqu'au bord de la mer. Les quelques maisons se serrent frileusement au-dessus d'une crique minuscule, où se cache une petite plage recroquevillée entre les rochers. Rien d'extraordinaire, mais c'est l'occasion d'une halte sympathique pour manger un morceau ou boire un verre.

Où manger ?

⊫◉⊨ *Restaurant-pizzeria Anthi :* pizzas à partir de 5 €, mais le reste est plus cher (repas complet dans les 12 €). En haut d'un petit escalier, on accède à une agréable terrasse où sont disposées quelques tables de bois recouvertes de nappes rouges. Une abondante treille brise l'ardeur du soleil et permet à chacun de goûter la cuisine simple mais très correcte proposée par le chef.

⊫◉⊨ Toujours à Nissaki, également la

CORFOU

taverna Mitsos plus touristique mais qui a le mérite de posséder une terrasse au-dessus de l'eau. Elle propose une cuisine italienne dans les 10 €.

AGNI BAY

Un peu avant Kalami, dans le premier virage après l'hôtel *Nissaki Beach,* une crique absolument unique. Pas de grosses constructions comme à Kalami, la baie est restée intacte. Route étroite avec peu de visibilité pour y descendre. Peu de possibilités également pour se garer en bas : on a le choix entre un parking payant ou les parkings privés des différents restaurants, gratuits à condition de consommer. Deux des trois tavernes sont centenaires, antérieures à la construction de la route, car la baie constituait à l'époque une escale pour les bateaux rejoignant Corfou. Depuis, les touristes ont remplacé les pêcheurs, mais les terrasses n'ont pas désempli. Ce qui n'empêche pas les deux tavernes, *Agni* et *Nikolas,* de se livrer une concurrence effrénée, sous l'œil d'une troisième qui se trouve placée entre les deux, au point d'amener un journal local à se demander si *Agni* n'est pas devenu « le cœur gourmet » de la Grèce ! La *Taverna Agni* (☎ 26-63-09-11-42) propose davantage de choix, notamment au niveau de la carte des vins et des *mezze* de fruits de mer, mais est plus guindée et plus chère (compter de 12 à 15 €) que la *taverna Nikolas* (☎ 26-63-09-12-43) où le repas complet (sans poisson) revient à environ 10 €, et où l'on est rarement déçu (ambiance plus décontractée). Il est bien de réserver le soir en saison. Les deux tavernes proposent des chambres ou des appartements à louer. Belle plage et balades sympas à faire dans la région (carte disponible à la taverne *Agni*).

KALAMI

Le paysage devient plus accidenté. La route se fraie un chemin entre la montagne abrupte et la mer en contrebas. La crique est jolie ; malheureusement, de récentes constructions sont venues défigurer la baie. L'écrivain Lawrence Durrell et sa femme Nancy ont vécu à Kalami de 1935 à 1939 et ils y ont reçu, entre autres, Henry Miller, pour qui ce fut le premier contact avec la Grèce.

➢ Pour venir en bus, prendre celui de Kassiopi (bus verts : 8 par jour de 7 h 15 à 17 h 15).

Adresses utiles

Deux petites agences, installées dans le village, proposent leurs services pour la location d'appartements, de mobylettes, de bateaux...

■ *Kalami Tourist Service :* ☎ 26-63-09-10-62. Fax : 26-63-09-13-69. ● www.kalamits.com ● Sur la gauche au bout d'un petit passage qui part juste avant la *Villa Matella.* Location de voitures et de bateaux.
■ *Sunshine Club :* ☎ et fax : 26-63-09-11-70. ● www.sunshineclub.gr ●

Où dormir ? Où manger ?

🛏 Nombreuses pancartes indiquant des *chambres à louer.*

🛏 |●| *Villa Matella :* sur la rue principale, presque en face du supermarché *Kalami*. ☎ 26-63-09-10-73. Pour réserver hors saison : ☎ 21-09-84-11-88 (à Athènes). Ouvert de mi-mai à octobre, à partir de 18 h jusque tard le soir. La seule taverne qui ne donne pas sur la mer. Jolie terrasse en pierre avec une petite fontaine au centre. L'accueil est très agréable et on y mange une bonne cuisine « méditerranéenne et ethnique » pour pas trop cher. Propose aussi 6 chambres confortables et très joliment décorées de 30 à 50 € environ selon la saison. Salle de bains et w.-c. en commun. Attention : c'est assez bruyant le soir.

🛏 *Chambres chez Alekos :* à l'entrée de Lousta, qui suit Gimari, village sur la grande route avant la descente vers Kalami quand on vient de Corfou. Pas d'enseigne, c'est la maison jaune crème à droite en contre-bas de la route, en face de l'église. ☎ 26-63-09-13-35. Environ 40 € la chambre double en haute saison. Le proprio tient le mini-market à proximité. Chambres propres et accueil sympathique. À 10 mn à pied seulement d'Agni Bay.

|◉| *The White House :* ☎ 26-63-09-12-51. Ouvert midi et soir de mai à octobre. Compter 12 € pour un repas. Tout au bout, une taverne traditionnelle, située sur l'emplacement de la « petite maison blanche » de pêcheurs pour laquelle l'écrivain Lawrence Durrell eut un coup de cœur (il y habita). La terrasse fleurie est très agréable, en surplomb de la mer. Mention spéciale pour la propreté. Goûter aux crêpes fourrées (au poulet ou aux légumes), spécialité de la maison.

KOULOURA

À 2 km au nord, un petit port croquignolet dans une minuscule crique. Beaucoup moins développé et donc bien plus paisible que Kalami. On peut s'y rendre depuis Agri par un sentier longeant la côte et passant par Kalami (il reste ensuite 2 km de route).

Où manger ?

|◉| *Taverne Kouloura* où l'on s'installe sous la treille. Assez bon marché comparé aux autres restos de l'île, surtout en ce qui concerne le poisson (frais), et l'on y mange vraiment bien. La moussaka et le *lemon pie* sont délicieuses. De plus, le cadre est unique et l'accueil charmant. Propose également la location de bateaux (assez cher).

À voir

🏃 Monter au *Pantocrator* (911 m) : panorama digne des dieux. Depuis peu, la route est goudronnée jusqu'au monastère. Prendre la petite route à gauche entre Plagia et Sarakinitaka. Plus court si l'on part de Nissaki (prendre direction Vinglatouri).

AGIOS STÉPHANOS

À 7 km au nord de Kalami. À l'écart de la route principale, donc encore moins fréquenté que les deux villages précédents. Encore une charmante crique.

Où dormir ? Où manger ?

🛏 Pour louer un studio avec kitchenette, s'adresser à la *taverna Ko-* | *chili,* au bout du village ou vous adresser à *Makis Appartements :*

☎ 26-63-08-15-22. Compter à partir de 45 € en saison pour 2 personnes. ▮●▮ Plusieurs tavernes, dont l'*Eucalyptus,* la première à gauche tout de suite en arrivant, notre préférée. ☎ 26-63-08-20-07. Prévoir dans les 13 € pour un repas complet. Bonne cuisine et cadre agréable.

À voir

🏃 Au bout du village, prendre la petite route en terre qui monte. À 2 km, une *crique* avec une *taverne.* Les touristes y débarquent en bateau toutes les heures. L'Albanie est à peine à quelques kilomètres.

RODA

On vous rebattra également les oreilles de cette plage pourtant peu spectaculaire et étonnamment fréquentée pour un site très banal. Roda est à 38 km de la ville de Corfou par la route du centre de l'île.

➤ 5 bus par jour en semaine pour Roda, de 5 h 45 à 16 h. Les bus retournent sur la ville de Corfou dès leur arrivée, 1 h 30 plus tard.

Où dormir ?

⚐ ▮●▮ *Camping Roda Beach :* du carrefour principal, tourner à gauche en venant de Kassiopi, puis aussitôt à droite (on y accède par la petite route qui part vers Kavalouri). ☎ 26-63-06-31-20. Fax : 26-63-06-30-81. Compter environ 12 € pour 2 personnes avec tente. Ne pas s'imaginer un camping les pieds dans l'eau : malgré son nom, il est situé en haut du village et plutôt loin (700 m) de la plage. Cela dit, c'est un endroit tranquille, aux emplacements propres et ombragés. Piscine. Tentes et bungalows (dans les 20 €). Mini-marché, resto, machine à laver. Accès possible à Internet (pour 4 € l'heure). Accueil sympa. Attention, certains arbres ont la cochenille et il est très désagréable de rester en dessous. Il vaut mieux s'installer sous les oliviers.

Où manger ?

▮●▮ *Taverna Le Rustique :* ☎ 26-63-06-39-16. Sur la rue principale d'Acharavi, village à 2 km avant Roda quand on vient de Kassiopi. Prévoir environ 9 €. Une taverne à la déco franchement originale pour les îles Ioniennes ! Un lourd mobilier de bois massif occupe une grande pièce carrelée, revêtue de boiseries. Dans un angle, une armure médiévale surveille imperturbablement les agapes. Tout s'explique lorsqu'on apprend que le proprio, Spyros, a vécu en Belgique. C'est un hôte sympathique. Également des appartements à louer.

À faire

🏊 Aller plutôt vers l'est, sur la *plage d'Acharavi,* plus tranquille. Agréable, mais toujours beaucoup de vent et la sensation que la mer, ici, est plus froide qu'ailleurs.

LE NORD-OUEST DE L'ÎLE DE CORFOU

En fait, une partie de l'intérêt de cette région réside dans les terres de l'intérieur. Des genêts, des cyprès et des oliviers recouvrent de hautes collines. Là se nichent des villages grecs comme ils sont décrits dans les livres de

Lacarrière : simples, authentiques, vivant au rythme des cueillettes et des saisons. Les soirées sont douces et permettent de profiter d'un mode de vie oublié. *Karoussadès, Kavalouri, Livadi, Magouladès,* autant d'étapes sereines. Au sud d'Agios Stéphanos, on commence à trouver ce qui fait l'attrait de la côte ouest de Corfou : des falaises sous lesquelles s'étendent de belles plages de sable.

SIDARI

À 8 km à l'ouest de Roda. Belle plage de sable fin, entrecoupée d'avancées rocheuses formant des bras de mer qui lui ont valu le nom de « Canal d'Amour » (en français, s'il vous plaît !). Village de plus en plus touristique : une des concentrations d'hôtels et de villas louées à l'année les plus impressionnantes de l'île. À fuir sans regrets.

Où camper ? Où manger à proximité ?

⚐ ▯●▯ *Camping Karoussadès :* à peu près à mi-chemin entre Roda et Sidari. ☎ et fax : 26-63-03-14-15. ● http://karoussadescamping.gr ● Bien ombragé, un peu excentré mais des navettes gratuites partent tous les jours jusqu'à Karoussadès et Sidari. En saison, 13 €. Camping qui plaira sans doute plus aux jeunes qu'aux familles. Ambiance internationale, musique forte autour de la nouvelle piscine. L'entretien laisse à désirer. Supermarché, bar-restaurant et boîte de nuit. Nombreuses excursions en bateau ou à vélo, location de voitures et de matériel nautique. Bon accueil. 10 % de réduction pour nos lecteurs. Cartes de paiement acceptées.

PEROULADÈS

Les routards motorisés, fatigués de la pression exercée par les hordes de touristes, peuvent gagner la petite plage de Perouladès, située à moins d'un quart d'heure de Sidari. Peu fréquentée, elle déroule son mince ruban de sable au pied de hautes falaises. Accroché au sommet de ces dernières, le *Panorama Bar* (☎ 26-63-09-50-35) propose une cuisine correcte à prix raisonnables, face au merveilleux coucher de soleil. Sinon, c'est un endroit impeccable pour prendre un verre avant d'aller boire la tasse.

ARILAS

⊿ À 39 km de Corfou-ville. Deux plages près du village, dont celle d'*Agios Stéphanos* au nord, de l'autre côté du cap. Plages de sable, assez peu fréquentées en comparaison d'autres plus au sud, dans une belle baie où les falaises tombent à pic dans la mer. Paysage superbe. Dommage que les plages ne soient pas très bien entretenues. Si vous décidez de rejoindre Paléokastritsa, vous aurez l'occasion de vous perdre délicieusement à travers des paysages et des villages merveilleux.
➤ Bus vert depuis Corfou à 5 h 30 et 13 h 45 (sauf le dimanche). Retour à 6 h 45 et 15 h 15 (dessert également Afionas).

Où dormir ? Où manger ?

Nombreuses *locations.* Endroit pas mal fréquenté par les Anglais et les Allemands.

🔒 |●| *Psistaria O Brouklis :* avant d'arriver sur la plage quand on vient des terres. ☎ 26-63-05-14-18. Pas bien cher : compter environ 9 € pour un repas. En prime, accueil très sympathique du jeune patron, Dimitri, qui parle bien le français. Il tient particulièrement à offrir une cuisine de qualité et traditionnelle, la moins édulcorée même pour les touristes. Carte classique, ainsi que des plats végétariens. Loue également des chambres et de petits appartements, un tantinet bruyants.

À voir dans les environs

🍴 Le village d'**Afionas,** 3 ou 4 km au sud, offre ses ruelles paisibles et un beau panorama. On peut y aller par une piste ou par la route, davantage dans les terres. Belle balade à faire jusqu'au bout du promontoire dont Afionas commande l'accès. On peut aussi s'y rendre en pédalo, de la grande baie d'Agios Géorgios, située en dessous du village, côté sud.

⚠️ |●| *Camping San George :* en venant de Kavadès, à gauche dans la descente vers Agios Géorgios. ☎ 26-63-05-10-12. Fax : 26-63-05-17-59. ● www.san-george-camping.com ● Compter 14 € pour 2 avec une tente et une voiture. Un peu difficile d'accès et légèrement excentré. Emplacements disposés en terrasse sur la colline, bien ombragés, au calme. Sanitaires corrects. Restaurant de juin à août. Une grande plage de 3 km en bas de la colline.

🔒 Pas mal de *chambres à louer* à Arilas et à Afionas, mais souvent occupées et réservées à l'avance par des agences de voyages britanniques.

L'OUEST DE L'ÎLE DE CORFOU

PALÉOKASTRITSA

Un must de l'île, les touristes le savent et y vont en même temps, ce qui casse un peu le charme de l'endroit. Il est vrai que c'est beau comme un calendrier de la Poste. Les bleus de la mer sur les cartes postales sont en dessous de la vérité. Plusieurs plages : de petits bateaux peuvent, pour pas trop cher, vous emmener sur celle de votre choix. Boutiques et restaurants ont poussé comme des champignons. La vue que l'on a en arrivant depuis le nord-ouest de l'île, du haut de Lakonès, est magnifique. De Corfou, Paléokastritsa est à 25 km.

Paléokastritsa n'a pas grand-chose d'un village : l'agglomération s'étend sur trois bons kilomètres de virages, le long de 6 petits golfes. C'est ici qu'Alkinoos, le roi des Phéaciens dans *L'Odyssée* d'Homère, aurait eu son palais. Attention : la municipalité a prévu des parkings (payants) situés au bout du village. N'essayez même pas de vous garer ailleurs, cela risque de vous coûter très cher. On en pense ce qu'on veut...

➤ 7 bus verts par jour en semaine pour Corfou (de 9 h 15 à 18 h 45), 5 le dimanche.

Où dormir ? Où manger ?

⚠️ |●| *Camping Paléokastritsa :* à l'entrée du village. ☎ 26-63-04-12-04. Fax : 26-63-04-11-04. Ouvert de mai à octobre. Assez bon marché : en été, environ 14 € pour 2 personnes avec une tente et une voiture ; réductions hors saison. Une centaine d'emplacements. Ombragé par des oliviers mais un peu loin de la mer. Bon accueil et correctement entretenu. Supermarché, restaurant. Surchargé en juillet et août.

|●| Nombreuses **tavernes** et **bars** le long de la route et sur les hauteurs en prenant la route de Lakonès.

|●| **Restaurant Apollon :** à 3 ou 4 km, dans la montée vers Lakonès, au-dessus de Paléokastritsa. ☎ et fax : 26-63-04-92-67. Ouvert midi et soir. Compter environ 11 € pour un repas. De la terrasse abritée du vent, la vue sur les falaises et le monastère de Paléokastritsa est magnifique. Cadre assez élégant. Bonne cuisine ordinaire et prix très raisonnables, compte tenu de la situation.

Large choix de spécialités locales (langouste pas trop chère).

|●| **Restaurant Le Castelino :** à 5 km, 500 m après la sortie du village de Lakonès. ☎ 26-63-04-94-02. Ouvert midi et soir. Environ 12 € le repas. Cuisine réussie, bons fruits de mer, mais on vient surtout pour sa vue imprenable sur les trois baies de Paléokastritsa depuis sa large terrasse.

|●| **Taverna-Bar Elisabeth :** à Doukadès, à 5 km avant Paléokastritsa. ☎ 26-63-04-17-28. Prévoir de 9 à 10 €. Une vraie cuisine familiale qui fleure bon l'authenticité, dans un village encore peu touché par le tourisme. Salades, *mezze,* calamars frits, poisson au four. Si vous mangez dehors, quand le bus qui dessert le village passe, il faut se lever et pousser les tables pour faire place. Folklorique.

Où boire un verre ?

Y **Bar La Grotta :** ☎ 26-63-04-10-06. Sur la gauche de la route, à hauteur de l'hôtel *Paléokastritsa,* quand on descend vers l'extrémité de Paléokastritsa (stationnement assez difficile). Descendre les escaliers le long de la falaise (146 marches !) jusqu'au bar aménagé au bord de l'eau, dans les renfoncements de la roche (d'où son nom). Pour boire un verre, ou manger le midi ou le soir. On peut s'y baigner, plonger, bref, passer un très bon moment. Le soir, la crique est illuminée, c'est superbe. On peut même venir profiter du cadre et se baigner sans avoir à consommer !

À voir. À faire

🎭🎭 **Le monastère de la Panagia :** fondé au XIIIᵉ siècle, il présente seulement une belle architecture (joli plafond dans l'église) et un point de vue différent sur la crique. Ouvert d'octobre à avril, de 7 h à 13 h et de 15 h à 20 h. Lorsque les cars bouchent la vue, tout le plaisir est gâché... Donc, arriver tôt, avant le débarquement des touristes. Voir la boutique vendant de l'huile d'olive artisanale et de très belles poteries peintes à la main, parmi les plus belles que l'on puisse trouver sur l'île.

🎭🎭 **Angélokastro :** après Lakonès, prendre, à Makradès, la direction Krini. Le château d'Angélokastro, construit par un prince d'Épire, Michel Ange Iᵉʳ, se dresse au sommet de la colline. Encore une vue étonnante, qui vaut bien l'heure et demie de marche nécessaire (aller-retour).

🤿 Le secteur est propice à la **plongée** (nombreux sites de plongée au sud de Paléokastritsa). Le *Corfou Dive Club* est situé sur la plage de Napodes, à 5 km de Paléokastritsa. ☎ et fax : 26-63-04-12-06. 2 sorties par jour, club plutôt fréquenté en été. Tous niveaux acceptés. Il est préférable de réserver. Ceux qui n'ont pas les moyens (physiquement ou pécuniairement) de faire de la plongée peuvent découvrir les fonds marins (de jour ou de nuit) grâce au *Kalypso Star,* un bateau avec de grandes baies vitrées.

GLYFADA

⌂ Plage enserrée entre de hauts rochers. Un bel endroit, désormais envahi par les touristes, surtout qu'un bus gratuit, depuis Pélékas, y conduit. On peut éviter. Un peu plus loin, la belle plage de **Myrtiotissa :** comme il faut un peu marcher (à moins d'avoir un 4x4, on laisse sa voiture sur un parking, puis 15 à 20 mn de descente dans la poussière) ; il y a moins de monde, ce qui ne veut pas dire qu'il n'y a personne. Et la foule est aussi nettement moins habillée que sur les autres plages.

PÉLÉKAS

Charmant village haut perché, entouré de forêts d'oliviers et qui a gardé une certaine âme, même si l'on a pas mal construit. Quand on vient en voiture, ne pas quitter la route principale et ne pas prendre le panneau *Pelekas Beach,* quelques kilomètres avant le village, en croyant que la plage et le village sont l'un près de l'autre, car ce n'est pas du tout le cas ! Le bus n° 11 relie presque toutes les heures le village à Corfou, à 13 km seulement. On passe dans des sous-bois merveilleux pour leurs jeux de lumière. Ce village propose, paraît-il, un des plus beaux couchers de soleil. Du haut du village, on a une vue magnifique sur les deux côtés de l'île (on appelle cet endroit le trône de l'empereur car c'est là que venait méditer l'empereur d'Allemagne Guillaume II). Beaucoup de vent : prévoir en conséquence sa petite laine en soirée.
Hélas, succès oblige, il est difficile d'y trouver une chambre chez l'habitant en été.
➤ Un bus gratuit circule pendant l'été entre Pélékas et les deux plages les plus proches, la plage de Pélékas et la plage de Glyfada (plus de monde) jusqu'à 23 h.

Où dormir ?

De bon marché à prix moyens

🛏 *Chambres chez Antonis :* au-dessus de la taverne du même nom. ☎ 26-61-09-42-89. Ouvert de mai à octobre. Prévoir 30 € pour une double en août. Propose 6 chambres relativement spartiates mais propres et très correctes pour le prix. Vue agréable sur l'église pour certaines d'entre elles. Douche et w.-c. en commun mais assez bien tenu. Idéal pour les routards peu exigeants. Accueil sympa. Cartes de paiement acceptées.

Plus chic

🛏 *Levant Hotel :* ☎ 26-61-09-42-30. Fax : 26-61-09-41-15. ● www.levant-hotel.com ● Sorte de nid d'aigle perché au sommet d'une colline : traverser Pélékas et continuer jusqu'au terme de la route qui part à droite de l'église. Ouvert d'avril à octobre. Grand bâtiment moderne de style légèrement néo-classique. Chambres doubles de 75 à 98 € selon la saison, petit dej' compris (tarif incluant la réduction offerte sur présentation du GDR). Propose des chambres élégantes avec parquet, qui comprennent la TV, l'AC et un minibar. Depuis les balcons, vue époustouflante d'un côté ou de l'autre de l'île. Petit dej' agréable que l'on prend sur la terrasse, face au panorama. Belle piscine. Le gérant, fort sympathique, parle couramment le français. Restaurant de qualité. Cartes de paiement acceptées.

Où manger ?

|●| *Antonis :* sur l'agréable place centrale de Pélékas, à côté de l'église, voir « Où dormir ? ». Compter 12 € pour un repas. Carte classique, cuisine qui l'est tout autant. Bon accueil.

|●| *Restaurant Jimmy's :* un peu plus haut qu'*Antonis.* Prévoir environ 10 €. Taverne tenue par une famille sympathique. Le père est aux fourneaux et la mère sert en salle. Cuisine de qualité. Quelques chambres à louer dans les 40 €.

À voir

⌂ *La plage* en contrebas du village est magnifique avec son minuscule port naturel, ses deux *tavernes* et quelques *chambres à louer*. Possibilité de camper au-dessus de la plage.

SINARADÈS

Petit village au sud de Pélékas, qui a su garder beaucoup de charme et de simplicité. Deux ou trois *cafés* sur la place principale et son petit kiosque caractéristique. Ruelles blanc et ocre, petits escaliers, treilles de vigne et quelques chats dans les rues. S'y arrêter absolument pour boire un verre en compagnie des anciens. De là, on peut continuer sa route jusqu'à la falaise d'*Aérostato* (indiquée à la sortie du village) d'où l'on a une très belle vue sur les hautes collines au nord d'Agios dont les coteaux fertiles semblent se dérouler vers la mer, pour finir en quelques belles plages un peu difficiles d'accès et donc pas très fréquentées.

AGIOS GORDIS

⌂ Belle plage de sable au sud de Sinaradès. Le panorama en arrivant sur Agios Gordis est magnifique : bleu de la mer, ocre des falaises qui y plongent, et cette pyramide au loin qui sort de l'eau... Dommage que le front de mer soit tant construit, ce qui défigure presque le site.

Où dormir ?

🛏 *The Pink Palace :* au-dessus de la plage d'Agios Gordis. ☎ 26-61-05-31-03 ou 04. Fax : 26-61-05-30-25. ● www.thepinkpalace.com ● Ouvert toute l'année. Très bien si l'on aime le rose... rose ! De 24 à 28 € par personne selon le confort (AC ou non) et le nombre de personnes (2 à 4) dans la chambre. Elles disposent toutes d'une salle de bains et d'un balcon offrant une jolie vue sur la baie. Le prix comprend à chaque fois le petit dej' et le dîner-buffet. Dans l'esprit, c'est une sorte d'AJ, lieu de rendez-vous de jeunes venus des quatre coins du globe, avec une bonne proportion d'Anglo-Saxons. Les solitaires trouveront toujours une chambre à partager. Plutôt sympa, ambiance garantie. Nombreuses activités sportives sur place, cybercafé... Les réservations peuvent se faire d'Athènes, à l'*Hostel Aphrodite* ou à *The Student's and Traveller's Inn* (voir « Où dormir ? » à Athènes). Un bus assure la liaison, un jour sur deux, entre ces établissements et le *Pink Palace*. Accepte les cartes de paiement.

PENDATI

Pour les amateurs de solitude, c'est un très joli petit village. Accroché à la montagne et enfoui sous les oliviers, au bout d'une route étroite et sinueuse. Beaucoup de touristes passent à côté, malheureusement, sans le voir. Jolies maisons colorées. Attention, la descente vers le port et la plage Fiéroula est redoutable pour les voitures.

🏠 🍴 2 ou 3 petites *tavernes* et quelques *chambres* dans le village.

🛆 En allant vers le nord, une route dans les oliviers descend vers une *crique* absolument déserte.

🛆 Vers le sud, une autre route dans les oliviers mène à la *plage de Paramonas*. De Pendatika, cette balade de 4 km peut très bien s'effectuer à pied. Paramonas est surtout fréquentée par les Grecs qui se réservent les bons endroits.

🏠 🍴 **The Sunset :** face à la plage de sable de Paramonas. ☎ 26-61-07-51-49. Fax : 26-61-07-56-86. Ouvert de mai à octobre. L'établissement comprend deux bâtiments qui bénéficient d'une situation exceptionnelle en bord de mer. Les chambres juste au-dessus du resto sont de 20 à 30 €, assez vétustes, avec les douches et les sanitaires en commun, et celles dans le bâtiment derrière, plus modernes et confortables, vont de 45 à 55 € (réservations au ☎ 26-61-07-65-96). Possède également une terrasse agréable, pratiquement les pieds dans l'eau, où l'on sert une cuisine correcte autour de 10 €. Mais attention, même si la plage n'est pas sensationnelle, l'adresse est connue des touristes allemands qui envahissent les lieux pendant l'été. C'est pourquoi il faut réserver longtemps à l'avance.

RETOUR SUR LA VILLE DE CORFOU

Nous conseillons de continuer sur *Agios Mathéos*, puis de se rendre au carrefour des trois routes qui desservent le nord et le sud de l'île, 1 km avant Vranganiotika. La route de la côte par Bénitsès n'est pas très intéressante. Il vaut mieux emprunter celle de l'intérieur, qui passe par *Strongyli* et *Kornata*. Elle musarde, étroite et langoureuse, dans une belle et large vallée entourée de hautes collines couvertes d'oliviers et de tapis de mousse. Villages traversés ravissants. Attendez-vous, en fin de soirée, à patienter derrière les troupeaux de moutons. Puis la route s'élève pour livrer un beau panorama de toute la vallée avant d'en offrir un autre, plus spectaculaire encore, sur Corfou, du petit village d'*Agi Déka*, accroché sur son massif.

LE SUD DE L'ÎLE DE CORFOU

La côte, désespérément touristique entre Bénitsès et Moraitika, se termine par une succession de ports de pêche si l'on suit la petite route côtière (Messongi, Boukaris, Pétriti ou Notos) qui perdent malheureusement leur âme dès qu'arrive la haute saison, sauf Boukaris qui reste assez sympa, avec quelques restos abordables.

Kavos, à la pointe de l'île, est à conseiller uniquement aux fans de culture anglo-saxonne, car seul son nom rappelle encore son origine grecque. Préférer les petites routes de la côte ouest qui conduisent à quelques belles plages de sable et traversent de paisibles villages où l'on a l'impression fugitive de croiser enfin l'âme grecque.

LA PLAGE D'AGIOS GÉORGIOS

⌂ Longue plage derrière laquelle on peut voir de curieuses dunes de sable, presque solidifiées, et qui offrent de l'ombre en pleine chaleur. On peut aller très loin en marchant le long de la plage vers le nord en direction du lac de Korission (également accessible de la route principale en tournant vers la mer à hauteur de **Linia,** direction plage d'**Issos**). Agios Géorgios est devenu une petite station balnéaire, au développement assez anarchique et sans grand charme.

➢ **De la ville de Corfou,** 2 bus verts quotidiens (sauf le dimanche), à 9 h et 16 h 30. Retours sur Corfou, 1 h 15 plus tard.

Où manger ?

Beaucoup d'attrape-touristes dans les restos en bord de mer.

|●| **Café Sas :** à l'extrémité sud de la plage. Ouvert tous les jours en saison, midi et soir. Repas pour environ 10 € et plus si l'on veut du poisson, moins cher ici que dans beaucoup d'autres restos. Des filets de pêche au plafond, deux belles terrasses conviviales avec des bancs et de longues tables en bois. S'il n'y a pas trop de monde, le serveur vous proposera de le suivre en cuisine pour choisir la commande et vous présentera toute l'équipe. Une taverne vraiment chaleureuse, très animée le soir.

CHLOMOS

Prendre à gauche à Linia quand on vient de Corfou par la route principale. Petit village tranquille, accroché à son éperon et dont le panorama domine les versants est et ouest du sud de l'île jusqu'à la mer. Quelques belles maisons anciennes et la taverne **Sirtaki** qui vaut surtout pour sa terrasse panoramique sous sa tonnelle. Demander les prix avant de vous faire servir.

➢ De retour sur la route du sud en direction de Périvoli après Linia, on traverse Argyradès. À 1 km au nord-est du centre d'Argyradès, un adorable village, **Néohoraki.** Le charme et la beauté fatiguée de ses maisons fleuries, aux couleurs fanées par le soleil, donnent envie de s'y attarder. Et de fuir la chaleur, avec les habitants, à la terrasse d'un vieux *kafénio* typique.
Si l'on continue plus loin après Néochoraki, on tombe sur le petit port de **Boukaris.** Petite plage pas très agréable mais une taverne réputée, *Spiros Karidis,* (☎ 26-62-05-12-05) qui sert un très bon poisson. Ouvert de mars à novembre. Repas complet dans les 15 €. Les pieds dans l'eau, cadre très relaxant, un vrai plaisir au coucher du soleil.

PÉRIVOLI

Paisible village sur la route de Lefkimi, que le tourisme grandissant n'a pas perturbé. On a installé un système de sens unique à l'aide d'un feu sur la route principale. Ne le loupez pas ! Ici aussi, goûtez au rythme grec dans les *kafénia* sympathiques. À proximité, 2 belles plages :

⌂ **Agia Varvara :** assez longue pour arriver à oublier la foule en marchant un peu. Beaucoup de chambres à louer et quelques tavernes.

⌂ **Vitaladès :** encore plus au sud. Petit village qui mène à une immense étendue de sable à flanc de falaise, la plage Gardénos, sans doute la plus belle du sud de l'île et encore pas trop fréquentée (on est quand même pas tout seul). Une bonne adresse à proximité du village, sur la route de la plage :

🏠 *Villa Aliki Gardénos :* à 500 m de la mer, dans l'arrière-pays, entre les vignes et les oliviers, sur la route de Vitadalès. ☎ 26-62-02-45-24. Fax : 26-62-02-47-34. 2 studios de 20 à 35 € selon la saison et 1 appartement, très grand avec cuisine équipée, de 35 à 50 €. Maison de poupée toute neuve avec des volets verts. Joli jardin. Studios et appartement propres et lumineux, avec cuisine et salle de bains. Accueil très chaleureux des propriétaires, qui font tout pour surmonter le barrage de la langue. Au besoin, la fille aînée sert d'interprète quand elle revient l'été. Réservation très conseillée pour juillet et août. Très bonne adresse.

🍴 Plusieurs *tavernes* sans prétention sur la plage de Vitaladès, Gardénos (2 accès possibles par route), où l'on mange à toute heure de la journée, de qualité sensiblement égale. Poisson frais.

🎒 Puis la route traverse un bourg tout en longueur, poussiéreux, *Lefkimi.* On y franchit une petite rivière pittoresque qui permet aux barques de remonter de la mer. Du port de Lefkimi, ferry pour Igoménitsa et bateau pour Paxos (voir ci-dessous « Quitter l'île de Corfou »).

KAVOS

À la pointe de l'île, une plage sans attrait particulier. Comme tout « bout du monde », reçoit de la visite. Méchamment touristique : à fuir absolument. En revanche, dès qu'on dépasse cette concentration ahurissante de cafés-piscines, tout redevient tranquille. 2,5 km plus à l'ouest, le village de *Spartéra* (quelques chambres et des tavernes). De Dragotina, le hameau suivant, route pour la plage de *Karoula* et celle d'*Agios Gordis,* assez tranquilles. Retour possible en suivant un peu la côte en direction du nord : on rejoint la route principale via Kritika.

QUITTER L'ÎLE DE CORFOU

En bateau

➤ *Pour Brindisi : Fraglines,* représentée par *Ilios Holidays,* 46, odos Χén. Stratigou. ☎ 26-61-03-80-89. Fax : 26 61-03-54-16.

➤ *Pour l'Italie :* la plupart des ferries pour l'Italie s'arrêtent à Corfou. Possibilité, en achetant son billet, de préciser que l'on souhaite repartir de Corfou, mais c'est plus risqué car, comme l'on est embarqué en dernier, il faut qu'il reste de la place. Inutile d'arriver 3 h en avance aux guichets, ils ouvrent 1 h avant le départ.

➤ *Pour Igouménitsa :* en été, de 6 h à 22 h, nombreux bacs pour le continent, toutes les heures ou heures et demi en moyenne ; 1 h 45 de traversée. Liaisons moins nombreuses hors saison. Un ferry (compagnie *Kerkyra Lines*) relie Corfou à Igouménitsa en un peu moins de temps (1 h 10) et au même prix. 2 ou 3 départs quotidiens.
En plus de la liaison Corfou-Igouménitsa, un ferry relie également Igouménitsa depuis Lefkimi au sud de l'île : se renseigner à l'agence *Ilios Holidays.* 1 h 15 de traversée. En saison, moins cher que les bacs au départ de la ville de Corfou.

➤ *Pour Paxi (Paxos et Antipaxos) :* un ferry, le *Théologos,* à 13 h, via Igouménitsa. Compter un peu plus de 4 h de traversée. ☎ 26-61-02-06-75. Également deux *Flying Dolphins :* un tôt le matin et un en début d'après-midi. Liaison en moins d'une heure mais ne transporte pas de voiture. Se renseigner à la capitainerie du port : ☎ 26-61-03-26-55 et 26-61-04-00-02.

➤ *Pour Patras :* 1 bateau par jour, vers 14 h.

➤ *Pour Saranda (Albanie) :* de début mai à mi-octobre, possibilité de faire un saut en Albanie, trois fois par semaine (normalement le mardi, le jeudi et le vendredi vers 9 h, retour vers 19 h). Assez cher : plus de 41 € pour le trajet et le visa (on l'achète sur place mais ne pas oublier votre passeport). L'intérêt principal est de pouvoir visiter le site antique de Butrint, à quelques kilomètres de Saranda. Prévoir une vingtaine d'euros supplémentaires.

En bus

🚌 Bus du *terminal* d'odos Avramiou. ☎ 26-61-03-06-27.

➤ *Pour Athènes :* 3 bus quotidiens à 8 h 45, 13 h 45 et 19 h 15 (horaires indicatifs de l'été 2003). 11 h de trajet. Acheter son billet la veille. Les passages en ferry pour Igouménitsa et en bac d'Andirio-Rio (près de Patras, tant que le pont n'est pas mis en service) sont à payer à part. Il faut acheter son ticket Corfou-Igouménitsa au port.
Le dernier bus arrive vers 5 h 30 dans la banlieue d'Athènes. Là, prendre le bus n° 51 pour rejoindre Omonia.

➤ *Pour Delphes :* prendre le bus pour Athènes jusqu'à Antirio (avant le ferry qui franchit le golfe de Corinthe). De là, bus pour Naupacte jusqu'à la gare routière ; puis on prend le bus pour Itéa (dernier bus à 18 h 15) ; à Itéa, on change pour Delphes (dernier départ à 22 h 30) ; le tout est faisable dans la journée.

➤ *Pour Thessalonique :* intéressera ceux qui souhaitent aller aux Météores (arrêt à Kalambaka). 2 départs par jour tôt le matin et en soirée. Réserver.

En avion

➤ *Pour Athènes :* plusieurs vols quotidiens.

➤ *Pour Prévéza et les îles de Céphalonie et Zante :* plusieurs vols hebdomadaires ; *Rhodes* et *Thessalonique* sont également desservies au départ de Corfou.

PAXOS (PAXI)

2 200 hab.

La plus petite des îles Ioniennes au sud de Corfou, fort accueillante. La légende dit que Poséidon créa l'île d'un coup de trident (qui est resté l'emblème de l'île) pour abriter ses amours avec Amphitrite. C'est une île montagneuse, recouverte d'oliviers, avec trois villages au bord de l'eau et quelques criques qui abritent principalement des plages de galets. Paxos, d'une superficie de 19 km², voit le nombre de ses habitants tripler pendant l'été. Pour ceux qui veulent sortir des lieux touristiques, un endroit calme que les bourgeoisie anglaise et italienne affectionnent tout particulièrement. Ce qui explique les prix un peu plus élevés qu'à Corfou, et la présence de touristes globalement plus aisés. Tout est minuscule sur cette île de poche : les routes sont très étroites (camping-cars, s'abstenir), et les distances réduites. Par ailleurs, Paxos doit sa réputation à son excellente huile d'olive, la meilleure de Grèce, paraît-il. Il faut dire que l'île est recouverte d'oliviers (entre 250 000 et 500 000 selon les estimations) depuis que les Vénitiens, il y a six siècles, en ont planté en masse. Au sud-est se trouve l'île satellite d'Antipaxos, ce qui explique que les Grecs parlent de Paxi (au pluriel) plutôt que de Paxos (singulier).

– *Se déplacer sur Paxos :* il n'est pas nécessaire de se pencher sur une carte routière pour comprendre que la voiture est complètement inutile sur l'île. Les plus flemmards enfourcheront un scooter de location, mais les vrais routards chausseront une bonne paire de chaussures avant de s'engager sur les sentiers odorants qui quadrillent Paxos. Allez-y à l'inspiration ! Vu la petitesse de l'île, on retrouve toujours son chemin. Encore mieux : en cas de grosse fatigue, il est toujours possible d'attraper un bus.

➤ Les trois bourgs sont bien desservis : 5 départs quotidiens depuis Gaïos de 7 h 50 à 17 h 30. Depuis Lakka : 5 bus de 7 h 20 à 18 h 15. Longos est desservi sur le trajet Gaïos-Lakka. Informations auprès de *Bouas Tours* (☎ 26-62-03-24-01).

Comment y aller ?

➤ *De Corfou :* voir « Quitter l'île de Corfou ».
➤ *De Parga :* bateaux pour passagers seulement. Les bateaux quittent Parga entre 9 h et 10 h et rentrent entre 16 h et 17 h.
Les bateaux débarquent au nouveau port, à 1 km de Gaïos.

Adresses utiles

🛈 *Informations touristiques :* au bureau de la mairie, située légèrement en retrait du port, entre le bar *Deep Blue* et le supermarché. ☎ 26-62-03-22-07. Ouvert du lundi au vendredi de 8 h à 14 h. Le personnel sympathique donne volontiers des informations générales sur l'île et propose quelques jolies brochures.

✉ *Poste :* à Gaïos, au fond du village, au départ de la route intérieure pour Lakka. Ouvert du lundi au vendredi de 8 h 30 à 13 h 30.

■ *Banques* (à Gaïos) : la *Banque nationale* est hébergée dans un commerce, sous les arcades. La *Banque commerciale (Emboriki Trapéza),* dans la même rue, a un distributeur automatique. Sur le port, une agence de la *Banque agricole (Agrotiki Trapéza).*

■ *Centre médical :* ☎ 26-62-03-14-66. On peut aussi contacter le docteur Costas (☎ 26-62-03-25-55), qui parle parfaitement l'anglais.

◉ *Connections Internet :* à l'*Akis Bar* (☎ 26-62-03-16-65), sur le port de Lakka. Compter environ 8 € pour une heure de surf.

■ *Stations-service :* en haut de Gaïos, en direction de Makratika.

Où dormir ?

Dans les trois principaux villages de l'île, quelques chambres chez l'habitant mais peu nombreuses. La plupart des chambres et appartements sont centralisés dans plusieurs agences qui éditent de luxueuses brochures présentant leur parc locatif. Par ailleurs, les hôtels ne sont pas légion et le plus souvent loués entièrement par des agences de voyages. C'est pourquoi, en juillet et août, il est indispensable de réserver. On peut consulter le site ● www.paxos-greece.com ● Les routards équipés de tentes seront déçus : le camping est interdit sur l'île.

À Gaïos

🛏 *Bouas Tours :* sur le port. ☎ 26-62-03-24-01 et 23-09. Fax : 26-62-03-26-10. Location de studios et d'appartements de mai à octobre. Pour 2 personnes, de 35 € la nuit hors saison à environ 70 € en août. Pour 4 personnes, de 70 à 130 € environ. Accueil moyen.

🛏 *Paxos Club :* dans les terres, en retrait du village. ☎ 26-62-03-24-50.

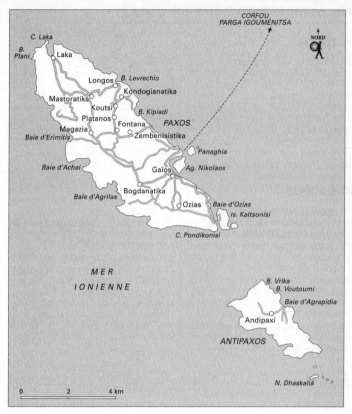

ÎLE DE PAXOS

Fax : 26-62-03-20-97. ● www.paxos club.gr ● Ouvert seulement en saison. Prévoir de 100 à 130 € pour 2 et de 140 à 180 € pour 4 personnes. Ce n'est pas franchement une adresse bon marché, mais les prestations sont largement à la hauteur des prix. Établissement récent, le *Paxos Club* propose des studios ou des appartements spacieux et confortables, équipés de tout le confort moderne. Possède une belle salle à manger en pierre apparente, avec une agréable terrasse au bord de la piscine. Jacuzzi. Un minibus gratuit fait la navette quotidiennement entre l'hôtel et le centre de Gaïos. Bon accueil.

À Lakka

Les rares hôtels sont chers, sauf l'*Ilios* qui n'est guère terrible.

■ *Routsis Holidays :* ☎ 26-62-03-18-07 et 11-62. Fax : 26-62-03-11-61. Représentant en Suisse : *APN Voyages*, 3, rue Saint-Victor, 1227 Carouge. ☎ 022-301-01-50. Fax : 022-301-01-10. ● apn@bluewin.ch ● Également location de yachts et de voitures. Gère aussi un club de plongée *(Dive & Fun Diving Centre)*.

Où manger ? Où boire un verre ?

À Gaïos

|●| *Taverna del Capitano :* sur le port. ☎ 26-62-03-22-89. À partir de 15 € pour un repas. Minuscule taverne qui propose une bonne cuisine italienne préparée par des Italiens. Les hors-d'œuvre sont particulièrement réussis. Quelques tables en terrasse, disposées en enfilade dans une ruelle qui débouche sur le port.

|●| *Pan et Théo :* sur le port. ☎ 26-62-03-24-58. Compter 10 € environ pour un repas. Une taverne très bien située, tenue par deux frères sympathiques. Une de leurs filles, étudiante à l'université de Strasbourg, rentre chaque été pour donner un coup de main en salle et venir au secours des Français non bilingues. Carte classique et cuisine correcte.

À Longos

|●| *Yannis :* en arrière du port, dans une ruelle proche de la sortie du village. À partir de 15 € pour un repas. Un restaurant au cadre romantique, doté d'une jolie cour très fleurie. Une poignée de citronniers surveille les quelques tables et recueille, l'air de rien, les confidences des amoureux. Les autres profiteront de l'excellente cuisine de Yannis. Il prépare essentiellement des plats de poisson, mais aussi quelques mets plus originaux, comme la tarte aux courgettes ou la

soupe aux haricots.

🍸 *Roxi Bar :* l'avant-dernière taverne située à droite, tout au bout du port. ☎ 26-62-03-00-88. On a le choix entre trois terrasses qui offrent chacune un point de vue différent sur Longos : la première est installée sur la jetée, la seconde occupe un grand balcon à l'étage, et la dernière, isolée derrière la maison, donne face à la mer. Idéal pour paresser, à l'ombre des bambous, en sirotant un bon café frappé.

À Lakka

|●| *La Piazza :* ☎ 26-62-03-11-26. En arrivant au village, au tout début de la rue piétonne. Ouvert tous les jours à partir de 18 h. Compter envi-

ron 10 €. Cuisine au charbon de bois : *kondosouvli,* grandes brochettes de viande ou d'espadon. Accueil familial sympathique.

À voir

🦐 Il est vivement conseillé de louer une barque à moteur pour faire le tour de l'île. C'est l'occasion de découvrir de belles criques à l'ouest, accessibles uniquement par la mer, ainsi que les nombreuses *grottes* qu'il serait dommage de rater : il y en a au total une quarantaine sur la côte ouest. Les plus belles sont celles d'*Ypapanti* (golfe d'Erémitis), dans laquelle un combattant grec se cacha en 1940 pour attaquer les bateaux italiens, et d'*Achantakas* près du cap Pounda. Autre solution : des caïques, de Lakka ou de Gaïos, peuvent vous y conduire (différents tarifs selon qu'on visite 5 ou 10 grottes).

🦐 *Gaïos :* bourg principal de l'île. Petite église toute blanche. Nombreuses *tavernes.* Criques vers le sud. En face du bourg, îlot d'Agios Nikolaos avec les ruines d'un château vénitien.

Un *musée,* installé dans l'ancienne école, sur le port, présente la vie sur l'île autrefois. Ouvert tous les jours de 10 h à 17 h et de 19 h à 23 h. Entrée : environ 2 €. Au sud, la route côtière mène à l'îlot privé de *Mongonissi,* à 4 km : un petit pont rattache l'îlot à Paxos. On y trouve un restaurant au cadre agréable.

↗ De Gaïos, des bateaux se rendent pour la journée à **Antipaxos,** une petite île inhabitée qui a le mérite de compter les plus belles plages des environs et de produire du vin. Deux belles plages, *Vrika* et *Voutoumi* : sable fin et mer propre. Deux *tavernes* sur la première plage.

🍴 *Longos :* à 8 km de Gaïos. Le plus petit des trois villages, et certainement le plus agréable, recroquevillé autour d'un port croquignolet ourlé de jolies tavernes. Sports nautiques.

🍴 *Lakka :* bourg le plus au nord, à 8 km de Gaïos, agréable et très vivant. Quelques passionnés ont bricolé un amusant *aquarium,* à visiter à l'entrée de Lakka. Prévoir 3 € ; réductions. Club de plongée *Dive and Fun* à proximité. Nombreuses petites criques dans un rayon de 1 ou 2 km. Quelques petites balades faciles autour de Lakka : depuis la plage la plus à gauche du village, un sentier monte à flanc de colline avant de se perdre dans les buissons qui coiffent les falaises. Jolis points de vue.

Achats

⚜ Sur le port de Gaïos, dans un magasin très rustique, vente d'**huile d'olive** locale (conditionnée dans de vieilles bouteilles de récup' non bouchées ! Difficile de faire plus authentique).

⚜ *Chéromilos :* à Lakka. ☎ 26-62-03-18-06. Joli travail d'artisanat dans une boutique qui est une véritable caverne d'Ali Baba.

QUITTER L'ÎLE DE PAXOS

⚓ *Capitainerie du port de Gaïos :* ☎ 26-62-03-22-59.
➤ *Pour Igouménitsa et Corfou :* de juin à septembre, départ quotidien du ferry *Théologos* à 8 h (arrivée à Igouménitsa vers 10 h et à Corfou vers 12 h). Traversées également avec les *Flying Dolphins Santa II* et *Santa III,* bien plus rapides (1 h de voyage) mais réservés aux passagers sans voiture. Un ou deux départs par jour. Liaisons plus espacées hors saison.
➤ *Pour Parga :* bateaux pour passagers. Départs entre 7 h et 10 h, retour entre 17 h et 18 h.
Renseignements à Gaïos : *Paxos Holidays,* ☎ 26-62-03-24-40 et 41. Fax : 26-62-03-21-22. Ou *Zefi Travel :* ☎ 26-62-03-21-14.

LEUCADE (LEFKADA)   22 700 hab.

Quatrième île Ionienne en superficie (325 km²), Leucade a été miraculeusement préservée, mis à part certains coins de la côte est. Ses falaises de craie blanche, auxquelles elle doit son nom, ses plages de rêve et ses vieux villages de montagne laissent rêveur. Mais est-ce vraiment une île ? Dès l'Antiquité, on perça l'isthme pour en faire un canal. Malgré cela, certains ont voulu voir en Leucade l'île d'Homère, en particulier l'Allemand Dörpfeld, qui fouilla le coin de Nydri avec acharnement, sans trouver de preuve. Fidèle jusqu'au bout à sa thèse, il se fit enterrer près de la chapelle d'Agia Kyriaki, au bout de la presqu'île qui fait face à Nydri. Pendant longtemps, l'île a été reliée au continent par un curieux bac mobile. Aujourd'hui, le pont, un peu plus moderne, est toujours original puisqu'il est déplaçable pour laisser passer les bateaux dans le chenal.

L'île ionienne la plus accessible du continent a connu, contrairement aux autres Ioniennes, une occupation turque durable. Aujourd'hui très fréquentée (en particulier le week-end où Ioannina, Prévéza et Arta se vident de leurs habitants), elle est le paradis des campeurs : plusieurs campings bordent ses côtes, mais attention, en saison, ils sont souvent bondés et assez chers.

Il est difficile de se loger ailleurs que sur la côte est, où se développe en majorité l'activité touristique de l'île. Tant mieux, l'ouest et le centre de l'île nous réservent ainsi d'authentiques surprises.

Les plages de la côte est, peu intéressantes, sont toutefois abritées du vent, tandis que celles de la côte ouest sont très ventées (et même parfois dangereuses pour les enfants quand le vent souffle).

Comment y aller?

En voiture

➤ *Du continent :* aucun problème, Leucade est à 21 km de Prévéza (désormais plus rapide grâce au nouveau tunnel) et à 72 km d'Arta.

En bus

LEUCADE

➤ *De Prévéza :* 6 bus, de 7 h à 19 h 45.
➤ *D'Athènes :* 4 bus de 7 h à 20 h 30. Départ de la gare routière, 100, odos Kifissou.

En ferry

Liaisons avec les autres îles :
➤ *De Céphalonie :* départs quotidiens depuis Fiskardo vers 11 h et 14 h (arrivée à Vassiliki 1 h 15 plus tard).
➤ *D'Ithaque :* en saison, départ quotidien de Frikès pour Nydri (départ vers 19 h, arrivée 2 h plus tard).
Attention : prendre tous les horaires de bateau que nous donnons pour des indications et non pour des vérités immuables. Ces horaires sont sujets à de nombreuses variations annuelles et saisonnières.

LEFKADA-VILLE (6200 hab.)

La capitale a conservé de nombreuses maisons basses très anciennes. On sera frappé par le nombre de maisons ayant des murs de tôle ondulée : c'est pour protéger leurs vieux murs en bois (plus de 100 ans pour certains) contre les intempéries et les consolider en cas de tremblements de terre (assez fréquents, il y en a encore eu un en août 2003). Mais rassurez-vous, le tout est joliment peint et un grand charme se dégage de ses ruelles étroites. Les églises, basses également, en pierre grise arborant de simples décorations rustiques, sont très nombreuses et ont un cachet incroyable, sans comparaison avec ce que l'on trouve sur les autres îles : il suffit de se laisser aller à la dérive dans les rues et on tombe dessus.

Il est facile de se repérer : quand on arrive du continent, la rue A. Sikélianou, qui prolonge le pont, mène tout droit à la côte ouest de l'île. Sur la gauche, contournant également le centre, la rue D. Golémi conduit à la côte est. La rue principale est au centre : c'est une rue piétonne (d'abord nommée W. Dörpfeld, puis I. Mela) très animée le soir. Le week-end, les jeunes déambulent inlassablement en arborant les tenues vestimentaires dernier cri, pendant que les enfants remplissent la place de leurs jeux, sous l'œil complice des parents. Malheureusement pour les touristes, la plage d'Agios Ioannis est à 5 km à l'ouest. On y trouve une taverne.

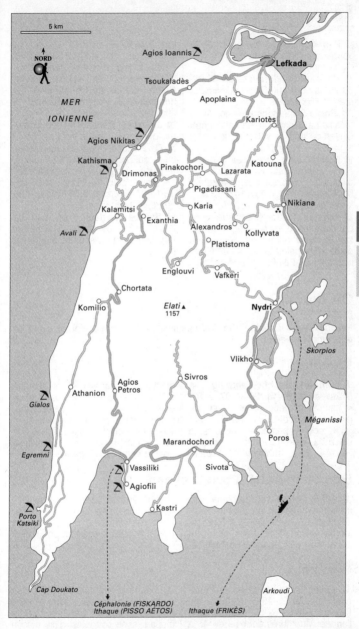

L'ÎLE DE LEUCADE

Adresses utiles

ℹ️ Pas d'office du tourisme, et la police touristique ne vous sera pas d'un grand secours.

ℹ️ *Police touristique :* ☎ 26-45-02-93-79, là où la rue Golémi devient la rue 8th Merarchias.

✉ *Poste :* 183, odos Stratigou Mela (assez haut dans la rue piétonne). Ouvert du lundi au vendredi de 7 h 30 à 14 h.

■ Nombreuses *banques (Ionian Bank, Banque nationale)* dans la rue piétonne, avec distributeur automatique. Ouvert de 8 h 30 à 14 h (13 h 30 le vendredi).

■ *Hôpital :* tout au bout de la ruelle qui commence juste après la poste, sur la droite quand on vient de la place principale. ☎ 26-45-02-53-71 ou 26-45-03-82-00.

🚌 *Bus KTEL :* sur D. Golémi, qui longe le port. ☎ 26-45-02-23-64. 2 ou 3 bus par jour (dont 1 en général très tôt, entre 5 h 30 et 6 h) pour les principaux villages de l'île. Vérifiez les horaires sur le grand tableau à l'entrée.

■ *Journaux français* au début de la rue principale, vers le front de mer.

@ *Café Internet :* dans la rue Mérarchias qui prolonge Dimitriou Golémi, à gauche au niveau de l'embranchement avec odos Koutroubi. ☎ 26-45-02-15-07. Compter 2,50 € pour une heure de connexion.

■ *Santas Rentals :* en bas de l'hôtel *Ionion Star.* ☎ 26-45-02-52-50. Location de mobylettes (également à Nydri).

Où dormir ?

Peu d'hôtels à Lefkada, que les touristes ne font que traverser avant de rejoindre les plages.

Camping

🏕 *Kariotés Beach Camping :* à 5 km au sud. ☎ 26-45-07-11-03. ● campkar@otenet.gr ● Ouvert de janvier à octobre. Environ de 15 à 18 € pour 2 personnes avec tente selon la saison. Petite taverne à l'entrée. Une trentaine d'emplacements. Camping tranquille et ombragé à 300 m de la plage mais banal et un peu trop près de la route. Piscine, supermarché. Accueil moyen. 10 à 20 % de réduction sur présentation du dépliant de la chaîne *Sunshine,* dont le camping fait partie.

De bon marché à prix moyens

🏠 *Hôtel Patras :* sur la place centrale (traversée par la rue principale). ☎ 26-45-02-23-59. De 35 à 50 € selon la saison. Petit hôtel plus tout jeune mais qui dégage un certain cachet. Chambres agréables avec salle de bains privative, même si le confort n'est pas des plus modernes (pas d'AC). Accueil mitigé tout en grec.

Plus chic

🏠 *Hôtel Santa Mavra :* dans la rue principale. ☎ 26-45-02-13-08 et 09. Fax : 26-45-02-62-53. Ouvert toute l'année. Chambres doubles de 45 à 65 € selon la saison. Belle architecture extérieure. Nombreuses chambres assez spacieuses, bien tenues et, malgré le lino, faisant l'objet d'un petit effort dans la décoration (voir les fausses cheminées très kitsch...). La plupart sont pourvues d'un balcon très agréable donnant sur la rue piétonne et du confort moderne. Le meilleur rapport qualité-prix de la ville.

Accueil charmant. Cartes de paiement acceptées.

🛏 **Hôtel Nirikos :** en face de la route qui vient du continent. ☎ 26-45-02-41-32 et 3. Fax : 26-45-02-37-56. ● www.hotelnirikos.com ● Chambres doubles de 40 à 75 € selon la saison, petit dej' compris. Très bien situé, face à la mer. Par ailleurs, éviter les chambres aux premiers étages donnant sur la place, occupée par de nombreux bars assez bruyants. Accueil variable.

Encore plus chic

🛏 **Hôtel Lefkas :** à l'entrée de la ville, en venant du continent. ☎ 26-45-02-39-16. Fax : 26-45-02-45-79. ● www.e-lefkas.gr/hotellefkas ● Fermé de novembre à février. Plus grand, plus luxueux, donc plus cher : compter environ 105 € en haute saison pour une chambre double avec petit dej'. Cela ne l'a pas empêché de prendre un bon coup de vieux. Immense hall d'entrée. Accueil pour le moins routinier.

Où manger ?

Lefkada regorge de petites tavernes sympathiques, que l'on découvre au hasard des ruelles. Pour un repas rapide, les nombreux *gyros* de la rue piétonne restent ouverts très tard le soir.

|●| **Taverne Regantos :** odos D. Vergoti. ☎ 26-45-02-28-55. Dans une ruelle à prendre sur la droite de l'église sur la place centrale. Ouvert le soir seulement. Compter environ 10 €. Petite taverne jaune et bleu très tranquille, en retrait de la rue principale. Propose une très bonne cuisine, copieuse, à des prix tout à fait raisonnables (exception faite pour le poisson, bien entendu). Quelques tables à l'extérieur. De plus, l'accueil est sympathique.

|●| **Taverne Evtychia** (inscription en grec : *EYTYXIA) :* 3, odos D. Stampogli. ☎ 26-45-02-48-11. Tourner à gauche à la hauteur d'une fontaine quand on suit la rue piétonne depuis le port, avant la place centrale. Compter 11 € pour un repas. On mange dehors, dans une étroite ruelle, ou on entre directement dans la cuisine où s'affairent deux adorables petites vieilles. Populaire et bon marché.

|●| **Light House Tavern :** 14, odos Philarmonikis. ☎ 26-45-02-51-17. De la place centrale, continuer la rue piétonne et prendre la 1re à droite. Environ 11 € pour un repas. Une petite taverne calme, au cadre très agréable : les tables sont disposées dans une petite cour fleurie, ombragée par une épaisse treille. Devenue assez touristique mais reste réputée. Bon poisson frais et bonnes grillades. N'ouvre pas avant 17 h.

|●| **O Pétros :** à l'angle de l'odos Golémi et de l'odos 8th Merarchias. ☎ 26-45-02-18-03. Tout près de la police touristique. Petit snack sans prétention, mais nourriture correcte, pas chère, dans un coin bien venté.

Où boire un verre ?

Nombreux cafés très agréables le long de la rue piétonne, notamment tout au début de celle-ci au pied de l'hôtel Nirikos ou sur la place centrale.

À voir

🎭 **Le musée du Phonographe :** dans la rue Kalkani, parallèle à la rue piétonne. Entrée libre. Un musée original, composé d'une pièce minuscule où s'entasse un curieux bric-à-brac. On y voit une collection de vieux phonos, d'antiques postes de radio et de vieilles cartes et gravures représentant Lefkada. Sortie un peu difficile, si l'on n'achète rien...

À voir dans les environs

🐾 En allant vers Nydri, prendre la direction de **Katouna,** à hauteur de Lygia. Vue imprenable sur les marais salants et la baie de Drépanos. Un village paisible que vous prendrez le temps de visiter à pied.

🍴 Pour manger, un resto : **Kollokas,** dans le centre. Compter environ 10 € pour une entrée et un plat. | Familial et pas mal fréquenté le week-end. N'ouvre que le soir.

QUITTER LEFKADA

Les villages de l'île sont plutôt bien desservis depuis la capitale. Vérifiez les horaires sur le grand tableau à l'entrée de la gare routière.
➤ *Pour Vassiliki :* 4 bus de 6 h 30 à 19 h 30.
➤ *Pour Agios Nikitas :* 3 bus de 6 h 40 à 14 h 15.
➤ *Pour Karia :* 7 bus de 5 h 45 à 17 h 15.
➤ *Pour Nydri :* bus fréquents de 5 h 30 à 19 h 30.

NYDRI

Principal centre touristique de l'île (quantativement parlant), à 17 km de Lefkada ; seule sa situation au creux d'une magnifique baie sauve Nydri de la disparition du *GDR* ! La rue principale, qui est aussi la route principale, n'est plus qu'une succession effrayante de magasins de souvenirs et agences de location de voitures. Ça a des avantages : le grec doit être à peu près la langue dont vous aurez le moins besoin pour vous faire comprendre... Pour ceux qui seraient là pour faire la fête, le long du quai, de nombreuses tavernes fleuries, pas franchement typiques mais très animées le soir.
En face, plusieurs îlots couverts de cyprès, notamment *Skorpios,* l'île privée de la famille Onassis (possibilité d'excursion en bateau, mais gare... les vigiles ont l'habitude de chasser les curieux et les paparazzis ; c'est dans la petite chapelle qu'Aristote épousa Jackie en 1968 ; eh oui ! déjà). À côté, l'îlot *Skorpidi* appartient à l'armateur Livanos et l'îlot *Madouri,* le plus proche de Nydri, a vu naître un grand poète grec, Valaoritis !

Adresses utiles

✉ *Poste :* à la sortie nord de Nydri, en face de l'église.
◼ *Agence Borsalino Travel :* dans la rue principale, à hauteur du port. ☎ 26-45-09-25-28. Fax : 26-45-09-27-16. ● borsalin@otenet.gr ● Egalement une petite billetterie sur le port. | Vend les billets de la compagnie *Four Islands* (liaisons avec Céphalonie, Ithaque et Méganissi).
◼ *Santas Rental :* location de vélos et mobylettes, sur la rue principale. ☎ 26-45-09-26-68.

Où dormir ?

– Nombreuses *chambres chez l'habitant.* Mais continuer sur Vlikho, au sud de la baie, pour des locations plus calmes au bord de l'eau.

Camping

⚐ *Camping Dessimi Beach :* après Vlikho, sur la presqu'île en face de Nydri. ☎ 26-45-09-53-74. Fax : 26-45-09-52-92. Ouvert d'avril à novembre. Autour de 16 € pour 2 personnes avec tente en haute saison. Emplacements très ombragés mais peu spacieux et trop serrés. Propre. Resto. Les paysans viennent y vendre leurs fruits et légumes.

De prix moyens à chic

🛏 *Hôtel Paradise :* ☎ et fax : 26-45-09-25-55. En venant de Lefkas, prendre à gauche juste après l'église à l'entrée de Nydri, puis encore tout de suite à gauche. Compter de 40 à 80 € selon la saison, petit dej' inclus. Attention, toutes les pancartes d'indication ont été enlevées, même sur la devanture, mais comme le dit Machiko, la gérante anglo-japonaise, « ceux qui veulent nous trouver nous trouveront ». Et le jeu en vaut la chandelle. Un petit hôtel bleu et blanc flanqué d'une chouette terrasse ombragée, à trois enjambées maximum de la mer. Petites chambres claires et très accueillantes. Depuis certains balcons, vue panoramique sur les îles et les voiliers. Bon accueil. Les pieds dans l'eau, sur une petite plage faisant face à l'îlot de Valaoritis, c'est sans doute une des meilleures adresses de la ville.

🛏 *Hôtel Gorgona :* à Nydri (et non à Vlikho), dans une ruelle perpendiculaire à la rue principale ; prendre à droite au niveau de l'agence *Homer Rent a Car.* ☎ 26-45-09-22-68. Fax : 26-45-09-25-58. Ouvert d'avril à octobre. Compter 60 € pour une double en saison. En retrait de la mer mais sympa. Chambres claires, propres et calmes, avec douche et balcon. Beau jardin fleuri et terrasse sur le toit pour le petit dej'. En prime, la patronne est très serviable.

Où manger ?

🍽 *Bar-restaurant chez Nick the Greek :* sur le port, un peu plus haut que l'embarcadère des ferries. ☎ 26-45-09-22-19. Compter 9 € pour un repas. Un personnage haut en couleur, qui aime les Français. Taverne familiale à l'ancienne, avec la nappe à carreaux... Plats classiques simples et bons. Nick organise aussi des sorties en bateau du côté de Skorpios. Tout cela pour pas très cher.

🍽 *The Olive Tree :* après la sortie sud de Nydri. ☎ 26-45-09-26-55. Ouvert midi et soir. Repas pour 11 €. Moins tape-à-l'œil que les tavernes du port, un restaurant familial dans un cadre fleuri et une atmosphère bon enfant. Cuisine copieuse à prix doux, avec desserts et vins maison. Les végétariens ne sont pas oubliés. Bon accueil. Après le tapage continu de la ville, ça fait du bien, un peu de calme.

🍽 *Ta Kalamia :* au centre sur la route principale. Cuisine grecque raffinée et créative. On profite même des services d'une œnologue française. Le tout à des prix corrects (dans les 11 €).

Plongée sous-marine

◼ *Lucky Scuba Divers :* se renseigner auprès de l'agence *Alexandros,* dans la rue principale. Cependant, le responsable du club de plongée, Chrisanthos Politopoulos, a toutes les chances de se trouver sur son bateau, l'*Agios Andréas,* amarré dans le port. ☎ 69-36-02-30-00. ● politopoulos@hotmail.com ● Tous niveaux acceptés. Sorties entre 10 h et 16 h. Tarifs raisonnables.

À voir dans les environs

🎿 Pour avoir la plus belle vue de l'île, quittez les sentiers battus. De Nydri, prenez la route de *Niohori*. 3 km de route asphaltée, puis 1 km de piste. Balade qui vaut la peine, surtout en fin d'après-midi. On trouve en chemin un resto avec une terrasse pour profiter du spectacle.

🎿 Pour ceux qui en ont assez de bronzer idiot, chouette balade à faire aux *cascades*. À 3 km de Nydri par la route (direction Rakhi, qu'il faut dépasser) puis 10 mn à pied. Succession de plusieurs cascades que l'on découvre en remontant le cours de la rivière.

🎿🎿 Faire un tour sur l'*île de Méganissi*, à l'atmosphère encore authentique. Jusqu'à 7 ferries par jour en été (25 mn de traversée). Visitez le village de *Spartokhori* qui ressemble au Mykonos d'antan, et *Vathi*, le deuxième port, avec ses terrasses sur la mer. Comme partout, on trouve des *chambres à louer*. Un petit *camping* tranquille, également.

QUITTER NYDRI

➤ Bus fréquents pour *Lefkada*, de 7 h 30 à 21 h environ.
➤ 4 bus par jour pour *Vassiliki*, de 7 h à 19 h 50.
➤ Liaison avec *Ithaque* et *Céphalonie* sur le ferry *Captain Aristidis :* départ vers 7 h 30. Arrivée à Frikès (Ithaque) vers 9 h et à Fiskardo (Céphalonie) à 10 h. Attention, cette ligne pour Céphalonie ET Ithaque ne fonctionne qu'en haute saison. Attention, horaires et fréquences peuvent changer.

POROS

Charmant village de montagne, à 27 km de Lefkada, qui a conservé toute son authenticité. Sur la place principale, la taverne traditionnelle et l'épicerie. La route évite le centre pour descendre (lacet très serré) sur le port.
➤ En été, 2 bus par jour de et pour Lefkada, tôt le matin et en début d'après-midi.

Où camper ? Où manger ?

⛺ *Poros Camping :* ☎ 26-45-09-54-52. Fax : 26-45-09-51-52. Hors saison : ☎ 26-45-02-50-17. Fax : 26-45-02-32-03. ● www.porosbeach.com. gr ● À 3 km du village, au-dessus d'une grande baie. Compter de 15 à 19 € pour 2 personnes avec tente et voiture selon la saison. Encore un camping fort bien situé et correctement ombragé, mais bruyant. Très propre. Location de bungalows. Petite piscine, supermarché et belle plage de galets à proximité.
🍴 *Tavernes* sur la plage.

SIVOTA

Un village croquignolet en bord de mer, à 33 km de Lefkada. Dans une crique encaissée, quelques maisons blanches et des bateaux colorés. Devenu très fréquenté depuis que la compagnie anglaise *Sailing Holidays* semble y avoir installé ses quartiers d'été : le petit port est envahi de voiliers de location. Les restaurants, évidemment, ont poussé comme des champignons. Calme en dehors de juillet et août. Les pêcheurs cultivent ici également l'olivier et la vigne.
➤ En été, 2 bus par jour de Lefkada, les mêmes que pour Poros.

Où dormir ? Où manger ?

🛏 Quelques *chambres à louer.*
🍴 De nombreuses *tavernes* sur l'eau, proposant de bons menus. On peut essayer par exemple *Ormos.*

Poisson grillé assez bon marché, de même que la langouste. Tarifs identiques. Goûter à la *retsina* locale, un vrai nectar.

VASSILIKI

Le dernier port de la côte sud, à 38 km de Lefkada, situé dans une baie ventée, paradis des véliplanchistes grâce à un spot actif l'après-midi surtout. Très touristique en été. C'est le principal port d'embarquement pour Céphalonie et Ithaque.

➤ *De Lefkada,* jusqu'à 4 bus par jour en été, de 6 h 40 à 19 h 30 (horaires à vérifier). Seulement 3 bus le week-end. Autant de liaisons dans le sens Vassiliki-Lefkada, de 7 h 15 à 20 h 45. Le bus se prend sur la petite place devant le café *Livanakis.* Le billet s'achète dans le bus.
➤ Ferry depuis *Céphalonie* (Fiscardo) *:* 2 par jour, vers 11 h et 14 h (3 du 20 juillet à fin août, vers 10 h 30, 13 h 30 et 16 h 30).
➤ Ferries pour *Céphalonie,* vers 12 h 45 et 18 h (et 15 h du 20 juillet au 31 août), le dernier ferry va jusqu'à Frikès, à *Ithaque.*
Attention, horaires irréguliers d'une année sur l'autre : renseignements à l'agence *Samba Tours,* ouverte de 8 h à 23 h. ☎ 26-45-03-15-55. Ils ont aussi un petit guichet à l'entrée du port, ouvert aux alentours de l'arrivée et du départ des ferries. Pratique si le départ est imminent et que vous n'avez toujours pas acheté votre ticket.

Adresses et infos utiles

– Grande *fête* le 15 août.
◎ *Internet Café : Star Estate,* au début de la rue principale qui part du port vers Nydri.
– *Supermarchés* bien fournis. Une excellente *boulangerie,* avec un grand choix de gâteaux, dans une ruelle légèrement en retrait du port.

Où dormir ?

– En ville, véritable industrie de la *chambre à louer.* Préférer celles au bout du port en direction des petites criques, plus calmes.

⚐ *Vassiliki Beach Camping :* à la sortie ouest de la ville. ☎ 26-45-03-13-08. Fax : 26-45-03-14-58. Plage à 40 m. Le plus cher de l'île : prévoir

23 € pour 2 personnes avec tente en saison. Supermarché, bar et restaurant. Sanitaires modernes et bien entretenus.

Où manger ? Où boire un verre ?

Les restos au bord de l'eau abondent.

|●| *Restaurant Vagélaras :* un des derniers restaurants du port, tout près du départ des ferries. ☎ 26-45-03-12-24. Compter environ 10 €. Ambiance très sympa le midi, beaucoup d'habitués. Forcément un peu bruyant ! Propose aussi la location de chambres. Patron sympathique très serviable.

🍷 *O Livanakis :* sur le port, à la hauteur du coude. Un troquet pas cher du tout, ouvert toute la journée jusqu'à tard le soir, fréquenté par des habitués débonnaires. Excellent café grec et bon petit dej'.

À faire

⚓ *Plage de Ponti,* à l'autre bout de la baie, très prisée des amateurs de planche à voile :
– *Vassiliki Club :* sur la plage après le camping. ☎ 26-45-03-15-88. ● www.clubvass.com ● De mai à octobre. Cours pour tous niveaux et location de planches à voile. Compter de 40 à 60 € selon votre niveau par demi-journée. Bon matériel rénové quasiment tous les ans. Également du *wakeboarding* (ski nautique sur une seule planche).
– Si vous voulez vous baigner, préférez la plage qui se trouve de l'autre côté du port (très jolie).

⚓ *La plage d'Agiofili :* accessible en 15 mn en caïque de Vassiliki. Plage de galets léchée par une eau turquoise. Moins de monde qu'à Porto Katsiki. Prévoir le casse-croûte car il n'y a ni restaurant ni buvette.

LA POINTE SUD-OUEST DE L'ÎLE DE LEUCADE

Au sud et à l'ouest de Vassiliki se trouve un endroit paradisiaque, un paysage de carte postale fait d'une succession de criques sur une côte rocheuse et escarpée. Mais hélas, de plus en plus de touristes le découvrent. Pour y accéder, de Vassiliki, on passe d'abord par *Agios Pétros,* on remonte encore 5 km au nord pour trouver la route d'Athani (18 km entre Vassiliki et Athani). Puis on doit faire 9 km supplémentaires (et ce sont des kilomètres « longs » !) pour Porto Katsiki.
Conseil : sur la côte ouest, la mer est très souvent agitée et on perd rapidement pied. Mauvais nageurs, abstenez-vous, et prenez garde aux enfants.

⚓ *Porto Katsiki :* c'est un lieu très fréquenté dans la journée. On y accède par un escalier qui descend sur une magnifique plage découpée dans les falaises crayeuses. On peut y planter sa tente pour profiter plus longtemps du site. Si vous campez, prévoyez eau et nourriture. Attention : s'il n'y a plus de place à proximité de la plage sur la route, il y a tout à côté un parking payant (3 €).
Moins fréquentées, *Gialos* et *Egremni,* superbes mais d'accès plus difficile car la route goudronnée s'arrête avant les plages. Nombreux vendeurs de miel sur le bord de la route (le secteur est renommé pour son miel de thym).

LE SAUT DE LEUCADE

🚶🚶🚶 En grec, le saut de Leucade est nommé soit *cap Doukato,* soit *kavos tis Kyras* (le cap de la Dame, autrement dit dame Sappho).
À plus d'une trentaine de kilomètres de Vassiliki, voilà en fait la vraie pointe sud de Leucade. Pour y aller, compter 14 km au départ d'Athani. À l'embranchement sous les pins, quelques kilomètres après Athani, il faut laisser la route de Porto Katsiki et prendre à gauche. Cette balade s'adresse à ceux

qui disposent de suffisamment de temps. La route goudronnée prend fin environ 3 ou 4 km avant le bout de l'île et laisse la place à une piste caillouteuse tout à fait carrossable mais fatigante. Les paysages sont superbes.

Le saut de Leucade est une falaise de 72 m de haut d'où, dans l'Antiquité, on pratiquait le *katapontismo,* ou saut de la mer, sorte de rite religieux imposé à certains fidèles. Les prêtres du petit temple d'Apollon qui dominait la falaise le pratiquaient couramment. Mais ce saut avait surtout la réputation de guérir du mal d'amour. Le résultat n'était pas acquis d'avance. La poétesse Sappho s'y tua, paraît-il. Si, Germaine, on a d'autres moyens de régler la crise du couple de nos jours. Pour sûr ! Les dernières scènes du film de Brigitte Roüan, *Post-Coïtum animal triste,* ont été tournées ici : près de 2 500 ans plus tard, c'était encore une histoire de cœurs brisés ! Comme quoi, rien de nouveau sous le soleil.

Aujourd'hui, un phare a remplacé le temple, et les visiteurs se contentent de frissonner de plaisir devant le paysage. Au loin, les deux îles de Céphalonie et d'Ithaque.

KALAMITSI

Avec sa place et son petit marché pittoresques, Kalamitsi est un petit village à 400 m d'altitude, qui semble encore vivre au rythme des vieux moulins qui l'entourent. Rue principale très étroite : traversée pas facile. Encore peu touché par le tourisme, c'est un lieu de séjour très agréable et un bon point de départ pour rayonner dans l'île, même si la proximité des plus belles plages (Avali et Kathisma), hyper fréquentées en saison, a tendance à attirer un peu de monde. Une route plus rapide est en cours de construction entre le village et le sud de l'île.

➤ 2 bus par jour en été depuis Lefkada.

Où dormir ? Où manger ?

🛏 *Hermès :* à la sortie sud du village. ☎ 26-45-09-94-17. Une des pensions les moins chères de l'île. Autour de 25 à 30 € la chambre double. Dispose de 5 chambres très agréables avec terrasse, grande salle de bains, eau chaude à volonté, réfrigérateur et plaques chauffantes pour le petit dej'. Un petit havre de paix, très fleuri, et bien situé. Excellent rapport qualité-prix.

🛏 ❙●❙ *Panoramic View :* un peu en dehors du village, en direction d'Agios Nikitas. ☎ 26-45-09-93-69. Doubles de 25 à 45 €. Quitte à faire dans l'originalité, il aurait tout aussi bien pu s'appeler *Sunset.* Vue magnifique de la terrasse, cela va sans dire. Loue des petites chambres avec salle de bains à des prix très raisonnables. Toutes possèdent un balcon d'où la vue sur la côte est extraordinaire. Fait aussi restaurant ; repas dans les 11 €. Réservation essentielle pour juillet et août.

🛏 *Dina :* à la sortie nord du village. ☎ 26-45-09-92-03. Appartements à flanc de montagne, de 25 à 40 €. Superbe vue sur Agios Nikitas. Se renseigner à la petite épicerie à l'entrée du bourg, quelques dizaines de mètres plus loin, s'il n'y a personne pour vous recevoir.

EXANTHIA

Route magnifique au départ de Kalamitsi, en lacet à travers la montagne, dans les genêts et les oliviers. Un village étonnant, bâti en amphithéâtre face à la baie. Pas l'ombre d'une *room to let,* mais une enfilade de *kafénéia* sympathiques, où les habitants vous accueillent les bras ouverts. Et une bonne taverne (enseigne : « café-grill ») pour 10 € par personne.

AGIOS NIKITAS

À 12 km au sud-ouest de Lefkada, un charmant village de pêcheurs entièrement piéton. Les automobilistes sont priés de laisser leur véhicule tout en haut du bourg, dans le parking ombragé situé dans le coude du virage. On y trouve une station essence, c'est assez rare sur la côte ouest. Coincées entre deux montagnes, ses vieilles maisons ont conservé tout leur charme. Des tavernes adorables, de nombreuses petites pensions, une belle plage 2 km au nord et une autre, *Mylos,* derrière le cap Agios Nikitas. Le soir venu, ne pas oublier d'emprunter le sentier très pentu qui démarre de la plage en bas du village, tout au bout à gauche. Le magnifique coucher de soleil et la vue plongeante sur les falaises de Leucade vous feront oublier vos poumons endoloris !

➤ 6 bus par jour relient *Agios Nikitas* à *Lefkada* (3 dans chaque sens), de 6 h 30 à 15 h.

Où dormir ?

🏠 *Ostria :* en haut, à la sortie nord du village, surplombant le port. ☎ 26-45-09-74-83. Fax : 26-45-09-73-00. Ouvert de mai à septembre. Chambres doubles de 50 à 70 €, petit dej' compris. Une charmante pension, restaurée avec beaucoup de goût. Une très bonne adresse hors juillet et août, quand Agios Nikitas n'est pas encore assailli ; sinon, mieux vaut réserver. Bon accueil. Très jolie vue depuis la terrasse du petit restaurant et du bar très sympa à l'entrée.

🏠 *Odyssey Hotel :* en plein centre d'Agios Nikitas. ☎ 26-45-09-73-51 et 52. Fax : 26-45-09-74-21. ● www.odyssey-hotel.gr ● Ouvert de mai à octobre. Chambres doubles de 75 à 100 €. Un hôtel tout récent, offrant une trentaine de chambres, pas très grandes mais très propres. Au-dessus de l'hôtel, de superbes appartements pour 4 personnes. Piscine sur le toit avec bar, salle de sport. Réductions si l'on fait sa réservation par Internet un peu à l'avance.

Où manger ?

|●| *T'Agnantio :* un peu en retrait, dans une petite rue à gauche avant d'arriver à la plage. ☎ 26-45-09-73-83. Ouvert midi et soir. Compter 10 €. Une jolie taverne familiale où l'on mange en terrasse, parmi les fleurs, en surplomb du village, avec une jolie vue sur la baie. Carte classique. Accueil moyen.

|●| *Psarotaverna Sappho :* au-dessus de la plage, en bas d'Agios Nikitas. ☎ 26-45-09-74-97. Ouvert en saison seulement, midi et soir. Compter au moins 12 €. Agréablement situé face à la mer, mais terrasse un peu bondée en saison. Nourriture très correcte (poisson frais mais aussi des plats « à la casserole »). Accueil sympa.

KARIA

À égale distance des deux côtes, Karia est accessible d'Agios Nikitas ou de Nikiana à l'est, les deux routes offrant des paysages magnifiques. Que l'on flâne dans ses ruelles étroites ou que l'on s'aventure un peu plus loin aux alentours, on est touché par le charme de ce village de montagne, à 8 km (à vol d'oiseau) de la mer. Par la mauvaise route, compter entre 15 et 18,5 km.

➤ De et pour *Lefkada,* 7 bus par jour de environ 5 h 45 à 17 h 30.

À faire

Deux **balades** faciles.

➤ Monter au nord-est par l'ancien chemin, passer un col (à gauche, route de crête pour *Englouvi,* village célèbre pour ses lentilles). Descendre dans la même direction, passer à *Drimonas.* Le sentier, plus encaissé, rejoint la route d'*Agios Nikitas* (bus pour *Lefkada*). Durée : 3 h.

➤ Traverser la vaste cuvette de *Karia.* Visiter les villages d'*Alexandros* et de *Platistoma* (à une demi-heure : *Kokkino Ekklisia,* l'« église rouge »). Par une piste de terre, atteindre le charmant *Vafkéri* (fontaines, platanes et bistrot adorable, tenu par Olga, très accueillante). Descendre par la route jusqu'à *Nydri* (bus). Durée : 4 h.

N.B. : cette dernière promenade, constamment sur piste ou sur route, sera dédaignée par les puristes !

QUITTER L'ÎLE DE LEUCADE

➤ **Pour Athènes :** depuis Lefkada, 4 bus par jour de 6 h à 17 h. À partir de 9 h 30 le dimanche.

➤ **Pour Aktion :** depuis Lefkada, 4 bus par jour de 7 h à 15 h.

➤ **Pour Prévéza :** depuis Lefkada, 6 bus par jour de 7 h 30 à 18 h 45.

➤ **Pour Céphalonie et Ithaque :** se reporter aux pages concernant Nydri et Yassiliki.

CÉPHALONIE (KEFALLINIA)   39 000 hab.

Située à l'ouest de Patras, Céphalonie est la plus grande des îles Ioniennes – avec une superficie de 781 km^2 et 254 km de côtes – et parmi les plus intéressantes sur les plans historique et culturel.

Elle tire son nom de Céphalos, qui fut son premier roi. Elle fut un grand centre culturel de la civilisation mycénienne : ornements, outils, provenant en majorité des nombreuses tombes mycéniennes de l'île, plantes et animaux peuvent être vus au Musée archéologique d'Argostoli. Céphalonie a été occupée par les Vénitiens, brièvement par les Français par intermittence entre 1797 et 1809, mais la période qui a le plus marqué son histoire fut celle de l'occupation de l'île par les Anglais, de 1815 à 1864, dont l'une des œuvres est le squelette du réseau routier encore utilisé de nos jours.

En 1953, un terrible tremblement de terre décima la grande majorité des villages et des villes, à l'exception de Fiskardo et Assos. Depuis, à part quelques ratés, tout a été reconstruit dans le style des îles : coquettes maisons aux couleurs ocre et tuiles rouges.

Aujourd'hui, Céphalonie constitue un département auquel sont rattachés Ithaque et quelques îlots inhabités. C'est la plus montagneuse des îles Ioniennes. Elle culmine à 1 626 m au mont Ainos. La capitale, port principal de l'île, située sur la côte ouest, s'appelle Argostoli.

Grâce à des phénomènes géologiques exceptionnels, Céphalonie offre aux visiteurs des contrastes de paysages saisissants : montagnes, falaises impressionnantes, fleuves souterrains, grottes, végétation luxuriante, criques et longues plages de sable doré ou rouge, ou de galets, aux eaux turquoise et vertes. Attention : les campings sont très rares sur l'île.

Céphalonie se distingue également par sa gastronomie : plats réputés, comme les nombreuses *pittès* (dont la *kréatopita,* chausson à la viande), le lapin à l'ail (l'ail est beaucoup utilisé dans la cuisine locale) et vins qui ne le sont pas moins (le *robola* et le *tsaoussis*).

Comment y aller?

En avion

➤ **D'Athènes :** 2 liaisons quotidiennes pour Argostoli en saison (3 le jeudi). Durée : 45 mn. L'aéroport est à 7 km au sud d'Argostoli ; pas de bus, mais que des taxis (☎ 26-71-02-27-00).

En bateau

➤ **De Killini :** à 68 km au sud de Patras. Une liaison quotidienne vers Argostoli (compagnie *Blue Star*) vers 11 h (3 h de trajet) et vers Poros.

➤ **D'Agios Nikolaos :** au nord de l'île de Zante. En principe, 3 liaisons en été (une en hiver) vers Pessada, petit port au sud de Céphalonie. Durée : 1 h 15.

➤ **De Patras :** 2 liaisons par jour dans chaque sens pour Sami, à l'est de l'île, avec *Blue Star Ferries*. Durée : 2 h 45. ☎ 26-10-63-40-00.

➤ **De Leucade** (Nydri) **:** au moins 2 liaisons par jour pour Fiskardo, au nord de l'île. Pour Sami, beaucoup plus aléatoire.

➤ **D'Ithaque :** une liaison le matin Frikès-Fiskardo et 2 liaisons Pisso Aétos-Sami (matin et après-midi) avec *Four Island Ferries*. Une liaison Vathi-Sami vers 15 h avec *Kefalonia Lines*.

➤ **D'Astakos :** une liaison Astakos-Sami vers midi avec *Four Islands Ferries,* et une autre vers 13 h 30 via Vathi (mais durée sensiblement égale, dans les 3 heures de traversée) avec *Kefalonia Lines*.

ARGOSTOLI (9 000 hab.)

La capitale de l'île, nichée au fond d'une baie entourée de montagnes comme un fjord norvégien, est un site superbe. C'est une ville moderne, fondée au XVIIIe siècle seulement, devenue capitale après l'abandon d'Agios Géorgios, la forteresse vénitienne au-dessus de Pératata. Les maisons ont été en grande majorité reconstruites après le tremblement de terre terriblement dévastateur de 1953.

Seuls subsistent le joli pont de pierre – le pont De Bosset –, construit sous l'occupation anglaise par un Suisse, ainsi qu'un obélisque placé sur une plate-forme au milieu de l'eau et quelques demeures familiales, comme la demeure Kosmétatos, rue Vassiliou Géorgiou. Argostoli est une ville animée et agréable. Le front de mer est bordé d'un marché pittoresque de fruits, légumes et poissons. La ville comporte de nombreux musées d'un grand intérêt.

Adresses utiles

ℹ️ **Office de tourisme :** sur le port, à côté du bâtiment de la douane, un peu avant l'hôtel *Star*. ☎ 26-71-02-22-48. Fax : 26-71-02-44-66. Ouvert de 7 h à 14 h 30 sauf le samedi et le dimanche. Ils donnent une carte très bien faite de l'île et de la ville. Mme Vassiliki Bali, très serviable, parle très bien le français et connaît très bien son île (notamment en ce qui concerne les restos). Nombreuses brochures à disposition.

ℹ️ **Police touristique :** 52, odos Metaxa. ☎ 26-71-02-28-15. Sur le port, en face de l'office du tourisme.

■ **Agence consulaire de France :**

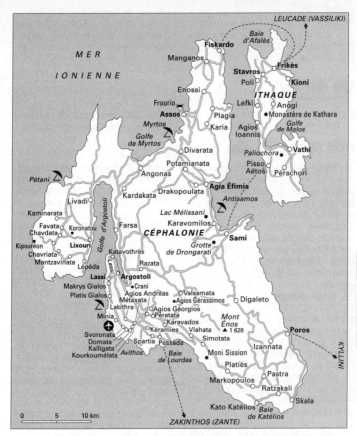

LES ÎLES DE CÉPHALONIE ET ITHAQUE

Mme Lise-Marie Tsitsélis. ☎ 26-71-09-25-70 et 69-46-71-12-76 (portable). ● ciceli@otenet.gr ● L'agence est à Lixouri.

✉ *Poste :* odos Lithostroto (la rue piétonne centrale). Ouvert du lundi au vendredi de 7 h 30 à 14 h.

■ *Distributeurs automatiques de billets :* sur le port, près de l'hôtel *Olga, Banque nationale de Grèce*; odos Vyronos, parallèle au port, *Emboriki Trapéza (Banque commerciale)*.

■ *Consigne :* au terminal des bus.

@ *Excelixis Internet Café :* au bout de l'odos Minoos, une petite ruelle perpendiculaire au front de mer, un peu avant le marché. 5 € l'heure. Ouvert de 9 h à 14 h 30 et de 18 h à 21 h 30, sauf le dimanche.

■ *Location de voitures et de mobylettes :* CBR Travel, 3, odos P. Vallianou, entre la place centrale et le musée archéologique. ☎ 26-71-02-27-70. *Reliable* : 3, odos R. Vergoti, juste avant le théâtre en venant du port. ☎ 26-71-02-36-13. *Sunbird :* 139, Ant. Tritsi Avenue, près des autorités du port sur le remblai. ☎ 26-71-02-37-23. ● www.sunbird.gr ●

■ *Archipélagos (association pour la sauvegarde des côtes) :* 61, léoforos R.-Vergoti. ☎ et fax : 26-71-02-46-56. Cette association, en collaboration avec le WWF, s'intéresse, entre autres, aux phoques méditerranéens *monachus-monachus,* la seule espèce à s'être acclimatée aux eaux chaudes. On estime qu'il n'en reste plus que 400 à 500 dans le monde, dont quelques dizaines à Céphalonie, Ithaque et Zante. Il existe des membres de l'association à Fiskardo, Lourdas, ainsi qu'à Frikès (Ithaque). N'hésitez pas à contacter le responsable de l'association : il parle le français.

Où dormir ?

Pas d'hébergement vraiment très bon marché. Un camping plutôt mal tenu au nord de la ville. Chambres à louer à Lassi, à 1 km à peine d'Argostoli.

Prix moyens à plus chic

🛏 *Hôtel Argostoli :* 21, odos Vyronos ; en haut de la rue perpendiculaire au port qui commence par la banque *Emboriki*. ☎ 26-71-02-83-58 et 82-72. Ouvert de mai à octobre. Chambres doubles de 30 à 40 € selon la saison, avec un pic à 70 € en août. Pas très loin de la grand-place. Certaines chambres ont une assez jolie vue sur la baie. Patronne aimable.

🛏 *Hôtel Mirabel :* pl. principale. ☎ 26-71-02-53-81. Fax : 26-71-02-53-84. ● mirabel@hol.gr ● Ouvert toute l'année. Chambres doubles de 58 à 87 €, avec le petit déjeuner. Chambres fraîches et confortables. Celles au 4e étage, sous les combles, au plafond lambrissé, ont une grande terrasse avec vue. Mobilier récent, TV. Une adresse assez chic pour un prix raisonnable, dans le quartier le plus animé de la ville. Patronne gréco-québécoise qui se débrouille en français. Réduction de 15 % sur présentation du *GDR*.

🛏 *Hôtel Miramare :* 2, odos Metaxa, au coin avec l'odos Israel. ☎ 26-71-02-55-11. Fax : 26-71-02-55-12. ● www.kefalonia.biz/hotelmiramare ●
Vers le bout du port, au nord. Prévoir de 45 à 100 € selon la saison, petit déjeuner compris. Ouvert d'avril à fin octobre. Un hôtel de standing, qui échappe à la frénésie portuaire. Il occupe une grande bâtisse cossue, étendue le long de la berge. Propose des chambres de taille moyenne, impeccables. En revanche, accueil limite antipathique.

🛏 *Hôtel Olga :* 82, odos Paralia Metaxa. ☎ 26-71-02-49-81. Fax : 26-71-02-49-85. Sur le port. Selon la saison, chambres doubles de 60 à 80 €, petit déjeuner compris. Ouvert toute l'année. Une quarantaine de belles chambres spacieuses, propres, très claires avec bains, téléphone et AC. Seules quelques-unes ont un balcon agréable donnant sur le port : appeler à l'avance pour les réserver, elles sont au même prix. Restaurant et bar modernes. Accueil sympathique.

Où manger ?

Sur le port

Les bonnes tavernes ne manquent pas sur le port, notre liste est loin d'être exhaustive.

🍴 *Mégas :* 57, odos A. Tritsi, en face du marché. ☎ 26-71-02-26-04. Repas à partir de 6 € environ. Pour manger sur le pouce, debout ou même assis, *gyros*, petits *souvlakia* ou du poulet, accompagnés d'une salade. Cadre agréable : on mange en terrasse, installé devant l'une des petites tables recouvertes de nappes à carreaux jaunes. Chambres à louer à l'étage à un prix raisonnable.

🍴 *Tzivros :* odos Vas. Vandorou. ☎ 26-71-02-42-59. Dans une rue perpendiculaire au port, face à la station *Shell*. Ouvert de 7 h à 17 h seulement. Entre 9 et 10 € pour un repas. Taverne populaire style cantine, où chacun va choisir son plat en cuisine. On mange en salle. Bon accueil.

|●| *Ouzeri Maïstrato* : ☎ 26-71-02-65-63. Tout au bout du front de mer, vers le nord, après la piscine sous le petit bois de pins. Ouvert de 10 h à 1 h. On mange pour pas bien cher (dans les 10 €, 15 € si l'on prend du poisson), au bord de l'eau dans un cadre très chouette. Et les gens le savent... arrivez assez tôt. En baisse ces derniers temps.

Sur la grand-place

Elle regroupe de nombreux restaurants de qualité sensiblement équivalente, fréquentés majoritairement par les touristes. On peut tout de même essayer le *Captain,* où l'on sert des plats plus élaborés que la moyenne. Prix en conséquence.

Où boire un verre ?

⏛ *Central* (ex-*Képhalos*) : sur la place centrale. Pour voir l'animation le soir.

⏛ *Café d'Antico* : odos Lithostroto. Un beau café en angle qui égrène ses petites tables le long de la rue piétonne et sur une placette où trône une église. Clientèle de jeunes gens détendus.

À voir

🐾 *Le Musée historique et culturel, et la bibliothèque Corgialenios :* odos Ilia Zervou. ☎ 26-71-02-88-35. Du port, remonter la rue R.-Vergoti. Derrière le théâtre. Ouvert de 9 h à 14 h. Fermé le dimanche. Entrée : 3 €.
– *Le musée :* un des plus intéressants pour comprendre la splendeur passée des îles Ioniennes, avant le tremblement de terre. Il retrace la vie des Céphaloniens au travers de leurs mobilier, vêtements, etc.
– *La bibliothèque :* elle contient plus de 50 000 volumes, éditions rares, anciennes et récentes, ainsi qu'une superbe collection d'icônes et manuscrits datant de 1535 à 1900.

🐾 *Le Musée archéologique :* sur R.-Vergoti, à côté de la préfecture. Ouvert de 8 h 30 à 15 h. Fermé le lundi. Prévoir 3 €. Abrite d'intéressantes collections de bijoux, de vases et de pièces de monnaie, représentant toutes les époques – surtout mycénienne – jusqu'à la période romaine. Quelques belles armes de bronze sont également exposées.

🐾🐾 *Katavothrès :* à 2 km du centre d'Argostoli par le bord de mer. Entrée libre. Ce sont des gouffres naturels qui, par un phénomène géologique étonnant, conduisent l'eau de la mer de l'autre côté de l'île, au lac Mélissani, près de Sami. Mais il n'y a pas grand-chose à voir à part un moulin à aubes que le courant actionnait.

🐾 Continuez votre promenade jusqu'au *phare Agii Théodori,* construit en 1829 par le gouverneur anglais Napier, refait depuis les séismes. De la route qui revient à Argostoli par les hauteurs, vous pourrez admirer un des plus jolis couchers de soleil de l'île.

QUITTER ARGOSTOLI

➤ Un ferry toutes les 30 mn en été et un par heure hors saison (quand le temps le permet) relie Argostoli à Lixouri, de l'autre côté de la baie.

🚌 *Gare routière :* dans un beau bâtiment récent, léoforos A. Tritsi, à 200 m du pont De Bosset. ☎ 26-71-02-22-76 et 33-64. Attention, service de bus réduit le dimanche ; les horaires sont susceptibles d'être modifiés d'une année sur l'autre.

➤ *Pour Koukoumélata :* 3 bus par jour, à 10 h, 12 h 30 et 14 h.

➤ *Pour Fiskardo :* 2 bus, à 10 h et 14 h.

➤ *Pour Sami :* 4 bus, à 7 h, 11 h et 13 h et 16 h 30 (le bus de 7 h 15 ne fonctionne pas le samedi).

➤ *Pour Poros :* 3 bus, à 7 h 30, 10 h 30 et 14 h.

➤ *Pour Katélios et Skala :* 2 bus, à 10 h et 14 h.

➤ *Pour Lassi :* 9 bus, de 10 h à 18 h 30.

➤ *Pour Athènes :* 4 départs par jour, à 7 h 15, 13 h, 14 h 30 et 16 h 30. Un départ supplémentaire le vendredi et le dimanche à 17 h.

LASSI

La *boucle de Livathos,* région croûlant sous une végétation luxuriante, vous amène jusqu'à Lassi, station balnéaire très développée et sans grand intérêt, à part celui de regrouper la majorité des hôtels et restaurants. Tout à côté, vous pourriez visiter *Spilia,* où Agios Gérasimos, saint patron de l'île, pratiqua l'ascèse pendant 6 ans avant de se retirer dans la vallée d'Omala. Un peu plus loin, vous trouverez les très jolies plages (hyper-fréquentées) de *Makri Gialos* et *Platis Gialos,* au sable d'or, et, à leur extrémité, la petite péninsule rocheuse de *Tourkopodaro.* Attention : descendre en voiture à Platis Gialos en été est de la folie.

LE SUD-OUEST ET LE SUD D'ARGOSTOLI

🍴 *Svoronata :* à 8,5 km d'Argostoli, entouré d'orangeraies, dominé par l'imposant campanile de l'église Agios Nikolaos. Vieux moulin sur le haut de la colline, quelques vieilles demeures épargnées par le séisme de 1953.

🍴🍴 *Domata : église de la Panagia* (XIXe siècle). Superbe iconostase de la même époque. À ne pas manquer. Non loin du village se trouve un des plus vieux oliviers (millénaires) de l'île, dont le tronc est si vaste qu'on peut l'entourer à 10. La *plage d'Agios Hélís,* à proximité, est très belle avec son sable foncé. Possibilité de déguster et d'acheter des produits de la ferme chez *Spyros et Eftyhia,* des fermiers très hospitaliers : vente d'huile, de miel, de vin (*robola* et *mavrodafni*). Suivre les pancartes depuis la route principale.

🍴 *Kourkoumélata :* souriant petit village totalement reconstruit par l'armateur Vergotis. Lieu de villégiature agréable, qui ne ressemble guère à un village grec : Vergotis a tout simplement voulu suivre le modèle suisse pour « sa » reconstruction. À noter aussi, la proportion non négligeable de voitures immatriculées à... New York ! Nombreux en effet sont les Grecs de cette presqu'île à avoir fait fortune aux États-Unis et à revenir, pour leurs vieux jours, couler une douce retraite au village.

➤ De Kourkoumélata, 3 bus par jour pour Argostoli, à 10 h 30, 13 h et 14 h 30.

🛏 *Studios Anna :* très bien situés, à quelques kilomètres de la mer, à flanc de colline. Suivre les panneaux depuis le centre du village. ☎ et fax : 26-71-04-11-64. Prix raisonnables : de 30 à 70 € pour 2 personnes selon la saison. Studios avec AC et cuisine équipée. Piscine et très belle vue sur la campagne alentour et la mer au loin.

🛏 *Hôtel Kourkoumélata :* en contrebas du village, bien indiqué à partir de la rue principale. ☎ 26-71-04-11-51. Fax : 26-71-04-16-45. Chambres doubles de 35 à 60 € selon la saison. Enfin des patrons aimables. Chambres

simples mais propres et comfortables. Lieu de séjour paisible, un peu isolé, mais plages à proximité (à condition d'avoir un véhicule). On prend le petit déjeuner sous la tonnelle. Les prix des chambres se négocient pour des séjours prolongés.
|●| Taverna Dias : plage d'Avithos,

à 2 km de Kourkoumélata. ☎ 26-71-04-12-11. Ouvert midi et soir en saison. Compter environ 12 € pour un repas. Au-dessus de la jolie plage d'Avithos, une taverne qui propose quelques spécialités de l'île, dont la *kréatopita* (chausson à la viande). Terrasse bien aérée.

✿ Métaxata : vue splendide sur la vallée et plages. Lieu de résidence de Lord Byron pendant 3 mois avant son départ pour Missolonghi. Sur la place du village, devant la maison où il vécut et écrivit son *Don Juan,* une statue du grand écrivain romantique.

✿ Lakithra : tombes mycéniennes (1250-1150 av. J.-C.). Nombreuses représentations folkloriques en été. Maisons charmantes entourées de jardins très fleuris.

✿✿ Le monastère d'Agios Andréas (indiqué comme **Musée ecclésiastique Moni Milapidion**) **:** un peu au sud de Pératata. Ouvert tous les jours de 8 h 30 à 14 h ; en saison, il ouvre également de 17 h 30 à 20 h 30. Entrée : dans les 2 €. Date de l'époque byzantine. On y a retrouvé des tombes des VIe et VIIe siècles. Endommagé par les différents séismes qui ont bouleversé l'île, il fut reconstruit en 1953 et transformé en musée. Riche collection d'icônes du XIIIe au XIXe siècle, de fresques provenant d'autres églises et de nombreux autres objets ecclésiastiques.

✿ Pératata : village dominé par la forteresse d'*Agios Géorgios.*

🏠 Hôtel Ionis : au bord de la route pour Poros. ☎ 26-71-06-93-22 (hors saison : ☎ 26-71-06-95-76). Fax : 26-71-06-97-70. Chambres doubles de 50 à 80 € selon la saison avec le petit déjeuner. Ouvert de fin avril à

octobre. Chambres propres et claires, avec vue dégagée sur la campagne et sur la forteresse pour certaines. Accueil sympa, endroit calme. Grande piscine dans un beau jardin.

✿✿ La forteresse d'Agios Géorgios : ouvert tous les jours de 8 h 30 à 15 h. Entrée libre. Située à 320 m au-dessus de la mer. Capitale de la Céphalonie jusqu'en 1757, elle fut remodelée par les Vénitiens en 1504 qui venaient de la prendre aux Turcs, et couvre aujourd'hui une surface de 16 000 m². Ses murs ont une circonférence de 600 m, son château fort, avec trois bastions, était de forme polygonale. Véritable ville avec habitations, bâtiments publics, commerces, prisons et même un hôpital. Jusqu'à 15 000 personnes y ont vécu. Très endommagée par les séismes, il ne subsiste aujourd'hui que des ruines imposantes et l'*église Evangélistria.* Restauration récente. Vue impressionnante sur tous les alentours et l'île de *Zakinthos,* au loin.
À proximité de la forteresse se trouvent les villages qui suivent.

✿ Spartia : petit port de pêche abrité des vents par d'immenses falaises blanches. Au village, à 2,5 km dans les terres, les cours des maisons sont entourées de hauts murs avec des fenêtres minuscules. À voir, l'*église d'Agios Gérasimos* dont le clocher date de 1400. *Tavernes.* Nombreuses possibilités de *location,* mais c'est bondé en saison.

✿ Pessada : charmant petit port de pêche. Port d'embarquement pour Zakinthos. Très belles demeures d'armateurs. Quelques chambres à louer. Tavernes.

CÉPHALONIE

🚶 ***Karavados :*** entouré d'oliveraies et de vignobles. *Plage d'Agios Thomas.* Source naturelle entourée de platanes juste avant la plage. Quelques *chambres à louer. Tavernes.*

LA CÔTE SUD-EST DE L'ÎLE DE CÉPHALONIE

Quelques-unes des plus belles plages de l'île se trouvent dans cette région, où vous trouverez facilement à vous loger chez l'habitant. À partir d'Argostoli, prendre la route principale en direction de Poros. Jolis paysages de vallées, vergers et vignobles.

🚶 ***Trapézaki :*** quittez la route principale à Moussata, pour atteindre une jolie plage de sable, entourée d'une dense forêt de pins. Jardins fleuris en bordure.

🏠 De nombreuses chambres à louer en allant vers la plage.

🚶 ***Vlahata :*** à la sortie du village à gauche, église d'*Agia Marina,* qui a résisté aux séismes.

🏠 ***Madison Studios :*** sur la route principale. ☎ et fax : 26-71-03-12-94. Compter de 40 à 55 € pour une studette (avec réfrigérateur et cuisine). Les studios, récemment rénovés, sont propres et très lumineux. Vue imprenable de la terrasse à la végétation luxuriante, où se mêlent notamment jasmins et bananiers. Bon rapport qualité-prix.

Prendre la route qui vous mènera à Lourdas.

◿ ***Lourdas :*** à l'abri des vents et irrigué constamment par des sources en provenance du mont Énos, Lourdas bénéficie d'un microclimat, ce qui explique sa végétation luxuriante : oliviers, platanes, orangers, plantes tropicales, bananiers, jardins potagers qui descendent jusqu'à la plage. Église byzantine d'*Agia Paraskévi.* La plage de Lourdas, en forme de U, est très belle et très fleurie.

🏠 |●| Nombreuses tavernes et chambres à louer.

|●| ***Taverna Klimatis :*** en bordure de plage, à côté d'un petit supermarché. ☎ 26-71-03-11-51. Ouvert midi et soir en saison. De 10 à 14 € le repas. Grande terrasse ombragée par une treille, et des bananiers sur les côtés. Carte assez variée, avec des plats que l'on ne trouve pas partout : poivrons au fromage *(pipériès me tyri),* kébab de porc à la sauce au yaourt.

◿ ***Simotata :*** à mi-chemin entre ce village et Platiès, on peut voir les ruines du monastère *Sissia* (XIIIe siècle), qui aurait été fondé par saint François d'Assise. La route passe d'abord par le monastère moderne du même nom. Production de fromage local. En continuant la piste défoncée, plage magnifique très peu fréquentée.
Après avoir traversé *Platiès,* on arrive à un embranchement : à gauche, direction Poros, à droite, direction la pointe sud-est de l'île et Skala.

🚶 ***Kato Katélios*** est un petit port de pêche, croulant sous les lauriers. Les *tavernes* en bord de mer sont agréables. Nombreux *appartements* et *chambres à louer,* mais beaucoup de monde en saison.
➤ Bus pour Argostoli à 6 h 30 (sauf le samedi), 8 h 30 et 17 h 15. Bus pour Poros à 8 h 15, 11 h et 15 h. Bus pour Fiskardo, via Poros, Sami, Agia Éfimia, à 8 h 15.

🛏 *Odyssia (Koukouzelis Studios) :* à Kato Katélios, au bout de la rue longeant la plage. ☎ 26-71-08-16-15 ; hors saison : ☎ 21-07-51-88-11. Fax : 26-71-08-16-14. • www.odyssia-apartments.gr • En haute saison, jusqu'à 80 € l'appartement. De beaux appartements, très spacieux et refaits à neuf, pas loin de la mer. Pour 2 ou 4 personnes. Grande cuisine, bien équipée, mobilier récent et balcon privé. Petite plage de sable tout près en tournant à droite. Propriétaire très gentille. Ne pas arriver trop tard, vous risquez de trouver porte close.

|●| *Restaurant Blue Sea :* très bien situé, sur le front de mer. ☎ 26-71-08-11-22. Quelques spécialités régionales et poisson. Personnel un peu trop racoleur.

|●| *Taverne Ostria :* à côté d'*Odyssia*. Autour de 12 € pour un repas. Bon accueil et excellente nourriture.

△ *Ratzakali :* deux jolies plages de sable roux, calmes et peu fréquentées, *Kaminia* et *Potamakia*. Lieu de ponte des tortues de mer (espèce appelée *caretta-caretta*). Possibilité de contacter le *Katelios Group for the Research and Protection of Marine and Terrestrial Life* (aidé par le WWF). ☎ 26-71-08-10-09 et 15-84.

△ *Skala :* station balnéaire très animée, construite après les tremblements de terre et très prisée des Anglais. Les tour-opérateurs ont loué à l'année la plus grande partie des hôtels et locations. On a retrouvé les ruines d'une maison romaine avec de très jolies mosaïques (visite libre en saison de 9 h à 15 h). On regrette d'autant plus le manque de charme du village que la plage, elle, est magnifique, en partie bordée de pins maritimes. Nombreux restaurants, bars, discothèques. Style très *british* dans l'ensemble.
Sur la nouvelle route conduisant à Poros, à environ 7 km de Skala, une crique magnifique à l'embouchure d'un petit canyon.
➢ Bus pour Argostoli à 6 h 15 (sauf le samedi), 8 h 15 et 17 h. Bus pour Poros à 8 h 30, 11 h 30 et 16 h.

|●| 🛏 *Taverna Paspalis :* en bout de plage, sur la route pour Poros. ☎ 26-71-08-31-40. Autour de 11 € le repas. Terrasse agréable située face à la mer. Ils font également hôtel.

🐍 *Markopoulos :* sur la route de Poros, à partir de l'embranchement après Platiès, village célèbre pour son « miracle » du 15 août. Pendant cette fête de la Vierge, on célèbre une liturgie toute la nuit. Des centaines de petits serpents non venimeux viennent alors envahir l'église. Des spécialistes considèrent que c'est le bruit des cloches qui attire les bestioles. Encore des infidèles. Comme les serpents sont moins nombreux, on prétend aussi que certains habitants cachent des bocaux remplis de serpents derrière l'autel...

🐍 La route continue à travers de petits villages de montagne, *Krémidi, Pastra* où, au nord-est de ce dernier, l'on peut voir les ruines d'un vieux château fort, un cimetière du VIe siècle et les traces d'un temple antique, au site ancien de *Pronni.*
On arrive à *Agia Irini*, village agricole, fleuri toute l'année grâce à ses sources ; puis *Tzannata* où l'on a retrouvé en 1992 une immense tombe mycénienne (XIIIe siècle av. J.-C.), en forme de dôme, à l'instar du trésor d'Atrée (à Mycènes), sauf que celui-ci est effondré. À l'ombre d'un énorme platane se trouve une petite *taverne, Vrissi,* où vous pourrez déguster d'excellentes grillades, toutes au feu de bois. Compter 10 €.

CÉPHALONIE

POROS

À 43 km au sud d'Argostoli. Port d'arrivée du ferry de Killini et important port de pêche. Ce petit village adossé à la montagne mérite qu'on y séjourne, car il offre une variété de paysages montagnards et maritimes qui font tout son charme. Sa côte aux plages de galets est très découpée, et la couleur de ses eaux passe par toute la gamme des verts et des bleus. Station balnéaire prisée de ses Anglais, on trouve néanmoins beaucoup d'hôtels et de locations. Attention, beaucoup d'établissements sont fermés hors saison, car le village vit au rythme du tourisme. En revanche, les tarifs sont un peu moins élevés que dans d'autres endroits de Céphalonie. De nombreux concerts, de musique classique entre autres, des expositions de peinture et de sculpture y sont organisés pendant tout l'été.

➤ Bus pour Argostoli à 6 h 15 (sauf le samedi), 7 h 30, 17 h et 19 h 30. Bus pour Katélios à 16 h et 18 h.

Adresses utiles

✉ **Poste :** à l'entrée du village, juste avant le pont.

■ **Banque :** à côté de la station-service.

■ **Location de voitures, scooters :** Sunbird, ☎ 26-74-07-25-17, ou Nau-tilus, ☎ 26-74-04-14-40, sur le port.

■ **Maki Tours :** agence de voyages dirigée par le propriétaire de l'hôtel Santa Iréna. ☎ 26-74-07-23-65. Fax : 26-74-07-21-17.

Où dormir ?

🛏 **Georges Studios :** ☎ 26-74-07-25-08. Fax : 26-74-07-27-08. • georstudio@otenet.gr • De l'autre côté du pont, en haut du village, à 5 mn de la plage. De 22 à 60 € suivant la saison et selon que vous voulez disposer d'une chambre ou d'un studio (juste d'une kitchenette en plus). Également un appartement pour 4. Chambres simples mais agréables. Grands balcons avec chouette vue. Super accueil de Georges qui parle le français. 1 nuit gratuite pour 2 semaines cumulées.

🛏 **Oceanis Hotel :** à 2 km du centre, tout en haut de la colline qui domine le port des ferries ; c'est indiqué depuis le port. ☎ 26-74-07-25-81 et 82. Fax : 26-74-07-25-83. • www.ionion.com/oceanis.htm • Ouvert de début avril à fin octobre. Chambres doubles de 55 à 70 € selon la saison, petit déjeuner (très bon) compris ainsi que la réduction consentie sur présentation du GDR. Un bel hôtel récent et très calme, qui bénéficie d'une situation incomparable. Il dispose de chambres propres et agréables, pourvues d'un mobilier récent.

AC en supplément. Grande piscine. Terrasse exceptionnelle, avec vue panoramique sur la baie. Très bon accueil : les propriétaires parlent le français et se feront un plaisir de vous indiquer les bons endroits à visiter, les bonnes tables du coin. Cartes de paiement acceptées.

🛏 **Hôtel Santa Iréna :** à l'entrée du village, à droite. ☎ 26-74-07-20-17. Fax : 26-74-07-21-17. • maki@otenet.gr • Très bien situé entre le centre-ville et les plages. Chambres de 25 à 50 € selon la saison. Chambres boisées, agréables et fraîches. Grand bar. Accueil sympa. Le patron dirige l'agence de voyages Maki Tours.

🛏 **Hôtel Riviéra :** tout au bout de la plage qui prolonge le port. ☎ 26-74-07-23-27. Fax : 26-74-07-25-79. Prix très sages, même en saison : de 23 à 40 €, mais propreté parfois discutable. Chambres très simples, de taille moyenne, donnant sur la mer. Pour petits budgets. Personnel aimable. Ils ont également un resto les pieds dans l'eau, agréable pour le petit dej'.

Où manger ? Où boire un verre ?

|●| **Restaurant de poisson O Tzivas :** ☎ 26-74-07-26-61. Très bien situé, avec une petite terrasse qui surplombe le port des ferries. Compter environ 9 € le repas. Bon poisson, service aimable.

|●| **Taverna Iliovasiléma (Sunset) :** à un bon kilomètre du centre, au-dessus du port des ferries (accès par une petite route). ☎ 26-74-07-25-26. Ouvert midi et soir en saison. Prix très corrects : compter environ 10 € pour un repas avec poisson. Belles terrasses d'où l'on a une vue splendide. Carte classique et plats céphaloniens comme la *kréatopita* et le poulet au citron. Concerts parfois le soir (et quelle ambiance !). Accueil charmant.

|●| **Restaurant Dionysos :** au bout de la plage. ☎ 26-74-07-25-28. Un peu plus de 10 € si l'on prend du poisson. Très bonne cuisine grecque, réputée parmi les locaux. Ils produisent eux-mêmes leurs légumes. Salade et petits hors-d'œuvre ingénieux offerts. Service sympa.

|●| **Pizzeria Bello :** sur le front de mer, entre le restaurant *OK* et le café-bar *Mythos*. Repas à partir de 8 €. Excellentes pizzas cuites au feu de bois.

🍸 **Café Remetzo :** bar original par son aménagement dans les rochers, illuminés le soir, au-dessus de l'eau. Contourner par la droite la devanture banale. Personnel jeune et sympa, nombreux cocktails, prix raisonnables.

🍸 @ **Café-bar Mythos** *(ex-Alexander)* : sur le front de mer. Ouvert toute la journée. Très agréable. Prix modérés. Équipé de quelques ordinateurs permettant de se connecter au Net.

À voir

🎦🎦 **Le monastère Atros :** l'un des plus anciens monastères de l'île, il date du XIIIe siècle. À 535 m au-dessus de la mer, sur les montagnes de Poros, c'est un site admirable. La vue y est impressionnante et le coucher de soleil inoubliable. À ne pas rater, même si le chemin est mauvais (4,5 km de piste caillouteuse, très difficile même en moto ; un 4x4 n'est pas du luxe).

LE CENTRE ET LA CÔTE EST DE L'ÎLE DE CÉPHALONIE

C'est l'un des plus beaux trajets à faire dans l'île. Quitter Argostoli et prendre la direction de Sami.

🎦 À Razata, prendre le chemin carrossable à droite, bordé d'oliviers millénaires et qui vous amènera au site de **Crani,** où l'on peut voir des restes de fortifications cyclopéennes, formées d'énormes blocs de pierre, datant du VIIe siècle av. J.-C.

🎦 **La vallée d'Omala :** connue pour ses vignobles qui produisent le vin réputé de Robola, connu dans le monde entier. La communauté d'Omala est constituée des villages de Frangata, Valsamata, Mikhata et Épanohori.

🎦🎦 **Le monastère Agios Ghérassimos :** au centre de la vallée, entre Valsamata et Mikhata. Établi au XVIe siècle et complètement reconstruit après le tremblement de terre de 1953. Une superbe tour-campanile, construite dans le style de l'architecture ionienne, en forme l'entrée où s'élève un platane géant qui aurait été planté par le saint. Ses reliques sont conservées dans un reliquaire en argent. Dans la petite église du monastère se trouve un trou de 4 ou 5 m de profondeur, qui mène à une chambre souterraine reliée à une autre plus petite au niveau où le saint vécut comme ermite. Pèlerinages le 16 août et le 20 octobre.

– *Fête du Robola,* les 19 et 20 août à Frangata.

➤ *D'Argostoli,* 3 bus par jour pour le monastère, à 10 h, 12 h 30 et 14 h. Retour à 10 h 30 et 13 h. Plus un bus Argostoli-monastère à 8 h 30 le dimanche en été, retour à 10 h 30.

🏃🏃 *Le mont Énos (parc national) :* en repartant du monastère, prendre la route principale jusqu'à *Agios Eleftérios.* La route va désormais jusqu'au sommet du mont Enos, le point culminant de cette chaîne montagneuse qu'est *Mégas Soros* (1 626 m). La forêt qui recouvre la montagne est constituée de sapins céphalonites, une espèce d'un vert assez sombre et dont les branches s'élèvent vers le ciel.

SAMI

À 23 km au nord-est d'Argostoli. Cette petite ville entièrement reconstruite après le tremblement de terre, entourée de collines, est une étape agréable et enrichissante. Sur l'une de ces collines se trouve le site de la ville antique la plus importante de l'île. On peut y voir de grands tronçons de ses fortifications aux flancs de l'Acropole et les ruines d'un édifice romain. Belle vue sur la ville et la baie.

Dans les environs de Sami, il existe quantité de phénomènes géologiques. Nombreuses balades dans la région pour les amateurs de randonnée.

➤ La station de bus se trouve dans la rue devant l'embarcadère des ferries. Bus pour *Argostoli* à 7 h 30 (sauf le samedi et le dimanche), 7 h 50, 15 h 15 et 17 h 45. Bus pour *Agia Éfimia* et *Fiskardo* à 10 h 15 (sauf le samedi) et 14 h.

Adresses utiles

✉ *Poste :* juste à côté de l'église. Ouvert du lundi au vendredi de 7 h 30 à 14 h.

■ *Banque : Emboriki Trapéza (Banque commerciale),* 12, odos Miaouli. Sous les arcades. Distributeur automatique.

■ *Blue Sea Travel :* sur le port. ☎ 26-74-02-28-13. Surtout pour l'achat de vos billets de ferry et de bateau faisant le tour d'Ithaque (voir « À voir dans les environs »), et toutes sortes d'informations.

■ *Sami Travel :* ☎ 26-74-02-30-50 (ferrys pour Ithaque et Lefkada).

■ *Marketou Shipping Agency :* ☎ 26-74-02-20-55 pour les ferrys *Blue Star* à destination de Patras.

Où dormir ?

Pas trop de grands hôtels. Tant mieux, ainsi les cars de touristes n'y restent pas. En revanche, plusieurs pensions abordables pour routards. On ne va pas s'en plaindre.

Camping

⛺ *Karavomylos Beach Camping :* à 500 m au nord de Sami, en longeant la plage, et à 2 km par la route (bien indiqué depuis le centre de Sami). ☎ 26-74-02-24-80. Fax : 26-74-02-29-32. ● www.camping-karavomilos.gr ● Ouvert de mai à septembre. Cher : en été compter environ 20 € pour 2 personnes avec tente et voiture (on peut la laisser à l'extérieur). Grand camping disposant de près de 250 emplacements. Fort bien situé en bord de mer. Plage de galets. Sanitaires très propres, eau chaude tout le temps et personnel aimable (la patronne parle bien le français). Ombragé. Épicerie et laverie. Terrain bien plat auquel il manque juste un peu de verdure.

Prix moyens

🛏 **Chambres à louer :** au-dessus de la cafétéria-pizzeria *Riviera* à laquelle il faut s'adresser (accueil peu avenant). ☎ 26-74-02-27-77 (demander M. Fotis s'il est là). Dans la rue face à la mer, au niveau de l'embarcadère des ferries. Autour de 30 à 35 € pour 2 personnes avec ou sans la clim'. Chambres simples mais propres et spacieuses. Les chambres donnant derrière (plus calmes) sont au même prix que celles donnant sur le port (jolie vue) ; à vous de voir. Grands balcons.

🛏 **Hôtel Mélissani :** face à l'embarcadère, dans la rue parallèle au front de mer. ☎ et fax : 26-74-02-24-64. Hors saison : ☎ 21-04-17-58-30. Ouvert d'avril à octobre. Chambres doubles avec salle de bains, de 25 à 50 € selon la saison, sans le petit déjeuner. À flanc de colline, avec joli panorama sur la mer. Très calme, quartier sympathique. Une quinzaine de chambres propres avec AC. Grands balcons. Chambres sur le toit avec une superbe terrasse. Accueil routinier.

🛏 **Hôtel Ionion :** près de la grande église. ☎ 26-74-02-20-35 et 24-12. Ouvert toute l'année. Chambres doubles de 35 à 40 €, avec ou sans salle de bains. Petit hôtel tranquille, bien tenu par un vieux couple peu agréable, qui ne parle que le grec. Un peu à l'écart du front de mer. Assez bon marché.

Plus chic

🛏 **Hôtel Sami Beach :** à Karavomylos, 2,5 km au nord de Sami. ☎ 26-74-02-28-02. Fax : 26-74-02-28-46. ● www.samibeachhotel.gr ● Ouvert de mai à mi-octobre. Chambres doubles de 70 à 95 € selon la saison, petit déjeuner-buffet inclus. Ravissant hôtel familial de 44 chambres (AC, TV satellite), au bord de la baie de Sami. Jolie piscine, bar et restaurant. Clientèle d'habitués un peu turbulente. Étape rendue très agréable par l'accueil vraiment sympa. Possibilité de rejoindre le port à pied en passant par la plage (1 km environ).

5 % de réduction sur présentation du *GDR*. Cartes de paiement acceptées.

🛏 **Hôtel Athina :** à Karavomylos, à 2,5 km de Sami, tout près du précédent. ☎ 26-74-02-30-66 et 27-79. Fax : 26-74-02-30-40. ● athina@kef.forthnet.gr ● Ouvert de mai à octobre. Chambres doubles de 45 à 75 €, appartements pour 4 personnes de 80 à 110 € selon la saison. Superbe établissement, récemment construit. Belles chambres et appartements avec balcon fleuri et vue sur la mer. Patron un tantinet poseur mais sympa.

Où manger ?

– **Supermarchés :** à l'entrée de la ville, sur la route principale, près de l'église, ainsi que dans le centre.
– **Boulangerie :** dans la rue sur la droite de l'hôtel *Kyma*. Repérez vite l'heure à laquelle les pains chauds et les chaussons au fromage *(tiropitas)* sortent du four.

|●| Beaucoup de **pizzerias** (par exemple, la *Tereza* et la *Riviera*) et de **cafés** dans la rue principale qui longe la mer. *Gyros* et petits *souvlakia* sur la place près du débarcadère des ferries. Quelques **tavernes,** de plus en plus touristiques. Par exemple l'**Akrogiali,** tout au bout de la rue qui longe

le port vers le nord, pas très loin du camping. Poisson à partir de 5 €. ☎ 26-74-02-24-94. Poisson moins cher au kilo que dans la plupart des autres restaurants.

l●l Les routards au portefeuille dégarni peuvent s'attabler les yeux fermés au *Taka Taka Mam*. À deux pas du débarcadère des ferries, une gargote lovée sur le port, où l'on trouve de tout. On y sert des steaks juteux, des salades grecques fraîches et des *gyros* bien garnis à des prix imbattables. C'est bon, simple et copieux. D'ailleurs, les locaux ne s'y sont pas trompés et arrosent le tout avec le pinard du patron.

À voir dans les environs

🚶🚶 **Tour d'Ithaque :** il existe des croisières à la journée (9 h-17 h 30) au départ et à l'arrivée de Sami. Avec *Sami Star* (voir l'agence *Blue Sea Travel*). Dans les 20 €.

🚶 **Karavomilos :** à 2 km. Petit lac d'eau salée qui vient des grottes de Mélissani, pour se jeter dans la baie de Sami. Un joli moulin à eau, les canards et la tour-campanile de l'église Agios Ioannis au loin complètent ce joli tableau bucolique. Nombreuses *chambres à louer*. Plusieurs *tavernes*, dont une, bien agréable, qui borde le lac, et quelques *hôtels*.

🏊 À 5 km au nord de Sami, ne manquez pas d'aller voir la **baie d'Antisamos.** Facile d'accès, c'est un enchantement que de voir cette immense plage de galets, entourée de collines verdoyantes et aux eaux vert émeraude d'une transparence cristalline. C'est là qu'une partie de l'histoire racontée dans le film *Capitaine Corelli* (avec Nicholas Cage et Penelope Cruz), sorti en 2001 et tourné sur place. Malheureusement bruyant à cause d'un bar de plage qui balance ses décibels. Pour une vue panoramique, au retour de la plage et avant de redescendre sur Sami, prenez la petite route à gauche, elle vous mènera au joli petit *monastère d'Agrilia,* entouré d'oliviers sauvages.

🚶🚶 **Le lac Mélissani :** à 3 km au nord de Sami, en allant vers Agia Éfimia. En saison, ouvert tous les jours de 9 h à 19 h ; sinon, ouvert les mardi, samedi et dimanche de 10 h à 16 h entre novembre et avril. Entrée : 5 €. C'est l'un des sites les plus impressionnants de Céphalonie. Le billet d'entrée donne droit à un tour en bateau sur le lac. Il s'agit d'un lac souterrain dont la voûte s'est effondrée. Résultat, les rayons du soleil passent par les trous de la voûte et créent, en se reflétant dans les eaux, des effets féeriques. À voir surtout en fin de matinée. Les eaux prennent alors une superbe couleur turquoise. Le lac est alimenté par un fleuve souterrain qui traverse l'île d'ouest en est. Il prend sa source dans les environs d'Argostoli, à Katavothrès.

🚶🚶 **La grotte de Drongarati :** à 3 km au sud de Sami. Ouvert de 9 h à 19 h 30 (21 h en juillet et août). Entrée : autour de 3,50 € ; réductions. Vieille de 150 millions d'années selon les experts, elle présente un riche décor de stalagmites et de stalactites, bien mis en valeur dans une gigantesque salle, grâce à des projecteurs judicieusement placés. L'acoustique y est tellement bonne qu'on y organise même parfois des concerts.

AGIA ÉFIMIA

Charmant petit port animé, entouré de jardins, cyprès, lauriers, à 9 km de Sami. Sa baie accueille de nombreux yachts en été. Sur les collines d'Agia Éfimia se trouvent les restes de quelques maisons anciennes détruites par le tremblement de terre de 1953. Nombreuses criques et plages de galets aux alentours. Une des plus connues est la plage d'*Agia Paraskévi*. Quelques villages et monastères pittoresques.

Où dormir ? Où manger ?

🛏 *Hôtel Moustakis :* à l'entrée du village, sur la route d'Argostoli. ☎ 26-74-06-10-30. Ouvert en saison. Chambres de 27 à 50 €. Établissement récent, chambres et salles de bains impeccables. Pas de belle vue sur la mer malheureusement.

🛏 *Hôtel Logaras :* en haut du village en direction d'Argostoli, à côté du *Moustakis.* ☎ 26-74-06-12-02 et 13-49. Hors saison : ☎ 21-06-46-57-60. Fax : 26-74-06-12-02. Une vingtaine de petits appartements, avec cuisine, et 3 avec 2 chambres. De 50 à 65 €. L'ensemble, en retrait de la mer, n'a pas un cachet fou. Accueil familial sympathique.

🛏 I◑I *Café-bar-restaurant Paradise Beach :* à 800 m au nord du port, que l'on atteint par une petite route en longeant la côte. ☎ 26-74-06-13-92. Repas pour 10 €. Excellent restaurant, pratiquant des prix raisonnables. On mange sous des vignes, sur une terrasse surplombant l'eau. Très fréquenté le soir. La mousse au chocolat aurait contribué à asseoir sa réputation... Menu écrit en français (d'ailleurs, une partie du personnel le parle). Le patron, un gars sympa, propose aussi 4 chambres avec douche, dont 2 donnant sur la baie (prévoir environ 40 €). Adorables petites criques de galets blancs en contrebas.

Plongée sous-marine

■ *Aquatic World, Scuba Diving Center :* 1, odos Marinou Antipa, légèrement en retrait du port, au début de la route d'Argostoli. ☎ et fax : 26-74-06- 20-06. D'avril à octobre. ● www.aquatic.gr ● École de plongée CMAS : tous niveaux acceptés. Prix raisonnables.

À voir dans les environs

🏃 *Potamianata :* peu avant d'arriver sur la côte ouest, au-dessus de Myrtos. Vieux moulin à vent à l'entrée du village. Pour vous rendre au *monastère de la Panagia ton Thématon,* prenez la direction de Makriotika où, de la jolie place du village, vous aurez une vue superbe sur la vallée de Pylaros. Continuez par une route de montagne et vous arriverez, 4 ou 5 km plus loin, dans un site enchanteur, une merveilleuse *forêt de chênes verts* et, tout à côté, le *monastère,* construit en 1100, détruit par les tremblements de terre et reconstruit en 1970. Vue imprenable sur Ithaque.

LE NORD ET LE NORD-EST DE L'ÎLE DE CÉPHALONIE

C'est la région la plus épargnée par les tremblements de terre. La route qui conduit d'Argostoli à Assos est la plus spectaculaire de l'île. Accrochée à la montagne, elle surplombe des à-pics impressionnants.

⌐ Pour arriver à *Myrtos,* qui est probablement la plage la plus photographiée de Grèce, continuez la route principale jusqu'à *Divarata* et commencez votre descente jusqu'à la *baie de Myrtos* aux eaux couleur lagon, absolument superbe, telle qu'on en rêve. Petite grotte sur la gauche où l'on peut chercher un peu d'ombre à l'heure où le soleil tape fort. Attention aux enfants : très rapidement, on n'a plus pied.

ASSOS

À 36 km d'Argostoli. Bâti en amphithéâtre, Assos, entouré de pins, cyprès et cultures en terrasses, est l'un des plus beaux villages de Céphalonie. Niché dans une minuscule baie et protégé par une presqu'île rocheuse, voilà un site idyllique.

Le petit port et ses quelques maisons de pêcheurs ont beaucoup d'allure. En face, une *forteresse*, construite par les Vénitiens au XVIᵉ siècle, servait de prison et protégeait les habitants des invasions des pirates. En cours de restauration. Entrée libre. Environ à 40 mn aller-retour à pied, mais de là-haut, vue superbe sur Assos.

Où dormir ? Où manger ?

🛏 Attention, plusieurs *chambres chez l'habitant,* mais très difficile de s'y loger en été. Village assez cher en général.

🛏 *Pension Gerania :* en haut du village, bien indiquée depuis la route principale. ☎ et fax : 26-74-05-15-26 (l'été) ; sinon, ☎ 21-04-11-19-58 (à Athènes). • www.pensiongerania.gr • Ouvert du 15 mai au 20 septembre. Prévoir de 65 à 75 € pour une double, petit déjeuner compris. Ouvert de mai à septembre. Une maison neuve charmante, campée au milieu d'un petit jardin très fleuri, abrite quelques chambres bien tenues et confortables qui donnent sur la baie, la presqu'île et sa forteresse. Un endroit tranquille, à l'écart de l'agitation. Bonne adresse quasiment toujours complète en août. Bon accueil. Réduction de 5 % sur présentation du *GDR.*

🍴 Sur l'adorable place du village

(appelée la place des Parisiens, pour remercier ces derniers de l'aide apportée après le séisme de 1953), plusieurs *tavernes.*

🍴 *Café-grill-restaurant Platanos :* ☎ 26-74-05-13-81. Ouvert midi et soir de mai à octobre. Compter 13 € environ. Vaut surtout pour sa situation sur la jolie place centrale, sous un platane, en mauvaise santé malheureusement. Carte classique mais inspirée, plutôt chère (attention à demander les prix à l'avance – les couverts sont à plus d'un 1 € !).

🍴 *Restaurant Niridès :* au bout du port sur le quai. Très bien situé face à la presqu'île. Cuisine correcte. Compter dans les 12 €.

🍴 *Restaurant Assos :* en retrait de la place. ☎ 26-74-05-13-60. Ouvert uniquement en juillet et août, midi et soir. Compter environ 9 €. Terrasse bien ombragée. Carte assez variée, cuisine familiale.

FISKARDO

À l'extrémité nord de l'île. Imaginez un petit port de carte postale, dans le genre Saint-Tropez en 1920. Vraiment un endroit de rêve. Bon, on exagère un peu, c'est vrai... L'un des rares villages qui n'aient pas souffert du séisme de 1953. Ses maisons de pêcheurs, qui longent le quai, ont gardé tout leur charme. Cependant, les agences de voyages ont compris qu'il s'agissait d'une destination de choix pour leurs clients. Aussi, attendez-vous à jouer des coudes au milieu d'une cohue de touristes, déversée par cars entiers avec l'effrayante régularité d'un métronome. Pour l'apprécier, passez-y la soirée. Après 16 h, le village redevient agréable.

De l'autre côté de la baie, les ruines d'une *église* construite au XIᵉ siècle par le Normand Robert Guiscard. Le bras de mer qui sépare Fiskardo d'Ithaque a une profondeur de 165 m. Les petites grottes le long des côtes de Fiskardo servent d'abri à des phoques méditerranéens, *monachus-monachus* (ou *phoque moine*), en voie d'extinction.

La promenade jusqu'à *Tzelendata* est très belle. Vous verrez en passant la jolie petite presqu'île de *Foki* et celle de *Daskalia* avec leurs petites criques.

➤ En saison, 1 à 3 liaisons quotidiennes (voire plus l'été), pour **Leucade** (Nydri) et une en début de soirée pour **Ithaque** (Frikès) l'été. Vente de billets sur le quai ; réservation recommandée en été à l'agence *Nautilus*, au bout du port, près des glaces *Dodoni*.

➤ Bus pour **Argostoli** à 6 h 30 et 16 h 30, sauf le dimanche.

Adresses utiles

✉ **Poste :** dans une ruelle en retrait du port, au pied des escaliers menant à l'église. Ouvert du lundi au vendredi de 7 h 30 à 14 h.

■ **Banque nationale de Grèce :** derrière la petite place. Distributeur automatique. Distributeur à l'*Alpha Bank* également.

■ **Pama Travel :** sur le port, au-dessus d'une boulangerie. ☎ 26-74-04-10-33. Fax : 26-74-04-10-32. ● pamatvl@otenet.gr ● Ouvert tous les jours de 9 h à 14 h et de 17 h 30 à 21 h 30. Possibilité de se connecter à Internet mais assez cher.

■ **Journaux français :** à l'épicerie *O Tophalos,* sur le port.

Où dormir ?

Il devient très difficile de se loger à Fiskardo. Le village est complètement trusté depuis quelques années par des compagnies anglaises, qui ne laissent que des miettes aux voyageurs indépendants. Voici tout de même quelques adresses ; sinon, il y a de nombreuses chambres chez l'habitant autour du port : n'hésitez pas à vous renseigner auprès des commerçants du port, par exemple à la boulangerie, chez *Sotiria Tselendi* (☎ 26-74-04-12-04). Mais attention, Fiskardo est très chic et cela se paie.

🛏 **Kiki Apartments :** à l'entrée du village, en direction de Tzelendata, sur une baie tranquille, avant d'arriver sur le port. ☎ 26-74-04-12-08. Fax : 26-74-04-12-78. Ouvert de mai à octobre. Compter de 45 à 75 € selon la saison, pour un studio tout équipé avec cuisine et salle à manger. Un appartement pour 4 à peine plus cher. Réserver impérativement longtemps à l'avance, en raison du petit nombre de logements. Ceux-ci, situés à deux pas du port, sont confortables et très bien équipés. Jardin avec piscine, quelques jeux pour enfants et terrasse ombragée les pieds dans l'eau. Propriétaires francophones.

🛏 **Erissos :** légèrement en retrait du port, juste à droite de l'*Alpha Bank*. ☎ 26-74-04-10-55. Ouvert en saison. Chambres autour de 50 à 55 €. Il est indiqué sur la carte qu'il s'agit d'un hôtel traditionnel. Pas de doute, on est à 100 lieues des chaînes hôtelières impersonnelles. Au fond d'une vieille cuisine au dallage de pierre, il faut se lancer courageusement dans un escalier un peu raide avant de parvenir à l'étage. On y découvre une poignée de chambres rustiques, spacieuses et confortables, au mobilier de bois clair. Douche et w.-c. en commun. On a l'impression d'être en vacances chez une grand-tante de province !

Où manger ?

Pas de grande surprise dans les tavernes du port, qui se suivent et se ressemblent, mais un cadre très agréable au bord de l'eau, face aux bateaux.

CÉPHALONIE

– Deux *épiceries* sur le quai.

⏐●⏐ *Lagoudera* : en retrait du port, sur la placette à côté de la poste. ☎ 26-74-04-12-75. Autour de 10 € pour un repas. On ne voit pas la mer, mais le bleu domine dans cette petite taverne. Les chaises sont bleues et les tables... bleues sont drapées de nappes à carreaux... bleus. On mange sur une agréable terrasse surélevée, agrémentée d'arbustes et de fleurs, et cerclée d'une petite barrière (bleue !). Cuisine sans surprise mais très correcte. Bon accueil.

⏐●⏐ *Restaurant Vasso's* : ☎ 26-74-04-12-76. Bien situé au bord de l'eau. Ouvert d'avril à octobre. Compter au moins 15 € pour un repas. Clientèle assez chicos. Poisson frais et cuisine traditionnelle avec une bonne carte des vins.

⏐●⏐ *Café Tsélendi* : sur la place en retrait du port. Compter à partir de 15 € pour un repas complet. Dans un vieux bâtiment datant de 1893 (ne pas manquer, dans la salle, une très belle carte de la Grèce peinte en 1945 à même le mur). Un café très sympa, avec terrasse sur la place. On peut y manger des toasts, des salades. Desserts assez chers.

Où boire un verre ?

⏐ *Captain's Cabin* : ☎ 26-74-04-10-07. Très anglo-saxon mais ambiance sympa. Le meilleur endroit pour prendre l'apéro en fin de journée. À vrai dire, ce n'est pas mal non plus pour le petit déjeuner...

⏐ *Théodora's* : installé dans le coude du port. Un bar sympa qui a le mérite de posséder une terrasse ombragée à l'étage, d'où l'on a une vue plongeante sur le port. Nombreux cocktails.

À faire. Plongée sous-marine

■ *Nautical and Environmental Club* : en retrait du port. ☎ 26-74-04-11-82. Fax : 26-74-04-10-32. ● www.fnec.gr ● Ouvert de 10 h à 17 h. ONG animée par un groupe de jeunes volontaires de toute l'Europe. Pour une approche de la mer davantage centrée sur l'environnement. Ils vous donneront une petite brochure qui explique les beaux sentiers de randonnées (parcours de 30 mn à 1 h) qu'ils ont aménagés eux-mêmes afin de découvrir les plages alentour, certaines presque vides puisque uniquement accessibles à pied ou en bateau. Ils ont créé le modeste musée (gratuit mais on peut laisser une obole pour aider l'organisation) dans le grand bâtiment néoclassique en haut de la colline. Permet une approche de l'écosystème et des sites archéologiques de l'île (fascicules à emporter avec vous lors de vos balades). On y voit aussi des restes d'avions de la Seconde Guerre mondiale remontés à la surface.

– Ils proposent également des *sorties de plongée* pour tous niveaux dans les 40 €. Demander Andrea au musée. Cette activité n'étant pas la principale de l'association, il est recommandé de réserver par Internet pour qu'ils s'organisent. Sinon, se renseigner auprès de *Pama Travel* (voir « Adresses utiles »).

➢ En continuant vers le sud après Fiskardo, petites criques de galets très tranquilles et facilement accessibles à pied.

À L'OUEST D'ARGOSTOLI

On parcourt la péninsule *Paliki* où se trouve Lixouri, deuxième ville de Céphalonie. C'est la région la plus fertile de l'île.

LIXOURI

C'est la rivale d'Argostoli. Fondée en 1534, détruite par les séismes de 1953 et rebâtie au même endroit. C'est aujourd'hui une ville moderne. Les habitants de Lixouri ne se sont jamais remis du choix d'Argostoli comme capitale de l'île en 1757 : depuis, des querelles homériques éclatent entre les deux villes. Très agréable et très animée, avec une vue sur les montagnes d'Argostoli.

➤ Ferry entre *Lixouri* et *Argostoli* toutes les 30 mn en haute saison de 7 h à 22 h (25 mn de traversée). D'*Argostoli* à *Lixouri,* ferries de 7 h 30 à 22 h 30. Sinon, compter environ 45 mn par la route.

Où dormir ?

⌂ *Hôtel La Cité :* en haut de la ville, près de la bibliothèque. ☎ 26-71-09-27-01. Fax : 26-71-09-27-02. Situé à quelques minutes de la grand-place, dans un quartier vivant. Autour de 65 € la double en été, petit déjeuner compris. Chambres correctes avec AC, bains, téléphone et balcon. Piscine dans un jardin agréable. Bar-restaurant. Bon accueil.

⌂ *Rooms-Studios Apolavsi :* à Lépéda, à 2 km au sud de Lixouri.

☎ 26-71-09-16-91. Fax : 26-71-09-15-72. Dans une jolie maison à l'écart de la route, très bien située face à la mer. En haute saison, chambres simples à 40 €, chambres avec coin cuisine à 55 €, appartements à plus de 80 €. Très souvent complet. Possède une chouette terrasse équipée pour le farniente, flanquée d'une piscine. Accueil sympathique.

Où dormir dans les environs ?

⌂ *Hôtel Ionian Sea :* à Kounopétra. ☎ 26-71-09-32-80 et 22-80. Fax : 26-71-09-29-80. Chambres doubles de 40 à 60 € selon la saison, petit déjeuner compris. Un hôtel familial situé

dans un grand parc. Chambres spacieuses ou appartements avec bains, AC, musique et balcon. Piscine et belle plage d'Akrotiri à proximité.

Où manger ?

|●| *Pizza Mella :* le dernier restaurant du front de mer, au sud de la place principale. ☎ 26-71-09-34-35. Prévoir de 5 à 8 € environ pour une pizza. Sa petitesse lui confère une atmosphère intime qui échappe à la plupart des autres restaurants du port. Quelques détails dans la déco mettent à l'aise les convives, comme les serviettes en papiers de couleur ou les sympathiques sets de table.

En prime, les serveurs débonnaires servent de bons plats italiens. Alors ? |●| *Taverna Apolavsi :* à Lépéda, 2 km au sud de Lixouri. ☎ 26-71-09-16-91. Ouvert en saison seulement, midi et soir. Compter 9 €. Les tables sont réparties sur une belle terrasse ombragée, légèrement en hauteur face à la mer. Le vendredi, soirée rébétiko : ambiance garantie.

Où boire un verre ?

🍸 ♪ *Bar Inside :* dans la rue parallèle au front de mer. Un grand bar plutôt cosy, à la déco tout en bois. Inutile de s'y rendre avant 11 h 30,

heure où les Grecs s'y retrouvent pour boire un verre en écoutant de la musique locale. Rassurez-vous, on peut aussi l'apprécier de l'extérieur.

À voir dans les environs

🔼 À 2 km au sud de Lixouri, la très jolie plage au sable rougeâtre de **Lépéda.**

🔼 **Mantzavinata :** églises d'Agios Spyridon, Panagia et Agia Sofia, réputées pour leurs fresques. À proximité, très belle plage de Xi au sable rouge et aux eaux peu profondes.

🔦 **Le monastère Kipouréon :** date du XVIIIᵉ siècle. Il fut reconstruit après les séismes. Sa position au bord d'un précipice, qui tombe verticalement dans les eaux bleu cobalt, et la présence tout autour de buissons odoriférants en font un site bien agréable.

🔦 **Chavdata :** village le plus important de la péninsule après Lixouri. L'église d'Agios Apostolos renferme de très belles icônes et une superbe iconostase datant de 1730.

🔦🔦 **Le monastère de Koronatou :** date de 1600. Jardins et cours très fleuris. Petit musée présentant broderies et dentelles. Accueil charmant des religieuses.

🔼 **La plage de Pétani :** l'un des sites les plus chouettes de la péninsule. Plage de galets (malheureusement parfois jonchée de détritus) et dégradés de bleus. Mer très agitée. Deux tavernes pour admirer le coucher de soleil, qui y est mémorable.

QUITTER L'ÎLE DE CÉPHALONIE

➤ 2 avions par jour pour **Athènes.**
Attention : ces fréquences et ces horaires sont ceux relevés en haute saison et ils sont susceptibles de changements :
➤ **Pour Patras :** de Sami, avec les Blue Star ferries, plusieurs départs quotidiens, notamment vers 8 h 30 et 17 h. 2 h 30 de traversée.
➤ **Pour Kyllini (Péloponnèse) :** d'Argostoli, au moins 1 départ par jour (compagnie Four Islands) vers 15 h (3 heures de trajet).
➤ **Pour Kyllini :** de Poros, 2 ou 3 départs par jour. 1 h 15 de traversée.
➤ **Pour Lefkada :** de Fiscardo, 3 traversées dans chaque sens de 10 h 30 à 16 h 30. 1 h de traversée.
➤ **Pour Ithaque :** de Sami. Pour Pisso Aétos, en été, 2 départs par jour, à 9 h et 15 h. 45 mn de traversée. Pour Vathi, un ferry vers 9 h avec Kefaliona Lines.
➤ **Pour Zante (Agios Nikolaos) :** de Pessada. En été, 2 ou 3 départs par jour, à 7 h 45, à 12 h (en août seulement) et à 17 h 30, sur le ferry Ionian Pélagos. Liaison irrégulière. ☎ 26-71-02-22-24.

ITHAQUE

3 000 hab.

Petite île, de 96 km² seulement, où la légende est bien présente, puisque c'est là qu'aurait régné Ulysse, et que Pénélope, une bien honnête femme, aurait fidèlement, malgré le grand nombre de ses prétendants, attendu son mari pendant 20 ans (10 ans d'Iliade et 10 ans d'Odyssée) en faisant de la broderie, accompagnée de son fils Télémaque. Mais les amateurs de L'Odyssée risquent toutefois d'être déçus, à moins de faire un grand effort d'imagination, car il ne reste guère de vestiges de ces histoires. Toutefois, comme la plupart des boutiques, cafés, restos ont un nom en rapport avec

L'Odyssée, on baigne quand même dans une ambiance « ulysséenne », amplifiée par l'aspect sauvage de cette terre. Côté histoire plus récente, l'île a connu les mêmes périodes d'occupation que les autres îles Ioniennes.

À première vue, il n'y a pas grand-chose à voir, si ce n'est un ou deux jolis villages dans le nord (Frikès et Kioni) et quelques criques oubliées. Pas de belles plages de sable : d'une certaine façon, tant mieux puisque cela freine le développement touristique, et Ithaque reste ainsi une île tranquille, donnant parfois l'impression d'être presque tout seul au milieu de magnifiques paysages : il n'y a pas grand monde en dehors du mois d'août.

Une seule route fait le tour de l'île, et les logements sont assez rares. Pas un seul camping sur l'île : il est vrai que le relief ne s'y prête pas. En conclusion, c'est un endroit rêvé pour ceux qui souhaitent se reposer à l'écart des grands spots touristiques.

Comment y aller ?

➢ *De Patras :* en saison 2 départs quotidiens (compagnie *Blue Star*). Près de 4 h de trajet. Un vers midi pour Pisso Aétos et l'autre en début de soirée pour Vathi.

➢ *De Leucade (Nydri ou Vassiliki) :* 1 liaison tous les jours, uniquement en saison au départ de Nydri le matin (vers 7 h 30 ou 8 h 30 selon la saison) pour Frikès (compter 1 h 30 de traversée). Une liaison supplémentaire de mi-juillet à fin août depuis Vassiliki vers 20 h via Fiskardo.

➢ *De Céphalonie :* une liaison locale de Sami 3 fois par jour à partir de 7 h. Environ 40 mn de traversée pour Pisso Aétos. Depuis Sami, également une liaison vers 9 h pour Vathi (en 1 h). Aussi une liaison Fiskardo-Frikès vers 19 h en saison.

➢ *D'Épire (Astakos) :* 2 liaisons chaque jour, une vers 12 h 40 pour Pisso Aétos *(4 Islands Ferries)* et une vers 13 h 30 pour Vathi *(Kefalonia Lines).* 3 h de traversée. Renseignements à la capitainerie du port : ☎ 26-46-04-10-52. Attention, ces horaires et fréquences relevés en 2003, peuvent être modifiés.

FRIKÈS

L'un des trois ports d'arrivée des ferries (avec Pisso Aétos et Vathi), coincé entre deux falaises surmontées d'anciens moulins à vent. Seulement quelques maisons, face à la mer, qui donnent à l'ensemble un aspect charmant. Les terrasses de café s'étalent face à la baie, le long des galets. Pas de belle plage à Frikès même, mais en suivant à pied un sentier qui s'éloigne vers le nord, on trouve en 15 à 20 mn une jolie crique.

Un conseil : si vous devez rejoindre Vathi, à 20 km, tentez votre chance auprès des véhicules qui descendent du ferry, car les bus sont rares (2 seulement, vers 7 h 30 et 14 h) et les taxis plutôt chers.

Adresses utiles

■ *Kiki Mini Market :* ☎ et fax : 26-74-03-13-87. Angeliki a tenu pendant 16 ans une bonne agence de voyages. Elle s'est reconvertie, mais elle est toujours prête à aider les voyageurs pour les horaires de bus, ferries, etc. Si elle est disponible, elle vous conseillera certaines excursions à faire dans l'île. En prime, possibilité de se connecter à Internet.

■ *Chez Nikos :* juste à côté du *market.* Location de mobylettes (environ 15 € la journée) ou de bateaux (dans les 35 € la journée).

■ *Station-service :* à l'entrée du village.

Où dormir? Où manger?

🏠 *Aristotelis Apartments :* à 100 m du port, sur la route de Vathi. ☎ 26-74-03-10-79. Fax : 26-74-03-11-79. ● www.greeka.com/aristotelis.htm ● Prévoir de 45 à 65 € pour un studio selon la saison, 5 € de moins si vous ne voulez pas l'AC. De 60 à 90 € pour un appartement. Dans un immeuble récent de taille moyenne, Aristotelis a aménagé avec goût une poignée d'appartements (avec mezzanine) et de studios confortables. Tous sont pourvus de tout le confort moderne (cuisine équipée, fer à repasser, toaster, etc.) et bénéficient d'une jolie vue sur la baie depuis leurs fenêtres. À l'arrière, au milieu des rochers, une terrasse équipée d'un barbecue est à la disposition des résidents. Très bon accueil.

🏠 🍴 *Hôtel Nostos :* ☎ 26-74-03-16-44 (hors saison : ☎ 26-74-03-14-76). Fax : 26-74-03-17-16. ● www.hotelnostos-ithaki.gr ● À 200 m du port, sur la route de Stavros. Ouvert de mi-avril à fin octobre. Chambres doubles de 60 à 85 € selon la saison, petit déjeuner inclus. Chambres simples mais assez spacieuses, modernes et agréables, avec salle de bains privée. Certains balcons regardent la vallée surveillée par les deux anciens moulins. Accueil familial sympathique et restaurant très correct. Piscine prévue pour 2004.

🍴 *Restaurant Symposium :* sur le port. ☎ 26-74-03-17-29. Compter environ 13 €. Plats de qualité bien plus originaux que la moyenne, avec un véritable effort dans la présentation. Certains sont nommés d'après l'histoire locale, en référence à Ulysse (salade des Nymphes, assiette des Prétendants...). Bon accueil.

🍴 *Taverna Ulysses :* sur le port. ☎ 26-74-03-17-33. Environ 10 € le repas. Cuisine familiale, poisson frais et accueil sympathique.

À voir dans les environs

🏞 *La plage de Marmaka :* en sortant de Frikès, prendre une petite route qui se transforme en piste. On arrive en vue de la baie d'Afalès : prendre à droite (à gauche, on descend à la plage d'Afalès) la piste qui monte à flanc de montagne. Au bout de 6 km parfois difficiles, on arrive du côté est de la péninsule, sur la plage de Marmaka, ombragée par quatre eucalyptus. Quelques criques plus loin.

KIONI

À 5 km au sud-est de Frikès (continuer la route qui longe le port). Notre endroit préféré sur l'île. Kioni étant à l'opposé de la route qui mène à la capitale, les touristes songent assez peu à s'y diriger, sauf peut-être à l'heure du déjeuner. Tant mieux, car l'endroit est charmant. En y allant, quelques criques en contrebas de la route, très jolies mais assez rapidement fréquentées dans la journée. Quelques maisons s'étagent sur une colline qui domine une baie croquignolette. Un bon endroit pour souffler un peu.
Attention : on n'a pas le droit de pénétrer en voiture dans le village avant 19 h (panneau pas très visible) ; il faut donc vous garer sur le petit parking ombragé à l'entrée du bourg.

Où dormir? Où manger?

🏠 Quelques *chambres chez l'habitant* et un *hôtel* (assez luxueux, que des agences remplissent en quasi-permanence).

|●| Plusieurs *tavernes,* dont les tables affleurent l'eau, se suivent et se ressemblent. Se distingue tout de même la dernière sur la gauche, quand on est face au port : *Kalypso.* ☎ 26-74-03-10-66. Ouvert de fin mai à début octobre. Compter environ 13 € pour un repas. Spécialité : la *kremmydopita* (feuilleté à l'oignon et au lard). Ils prétendent même être les inventeurs de ce délicieux plat, que l'on retrouve aujourd'hui dans la plupart des tavernes de l'île. Carte classique, incluant le *spetsofaï* (saucisse aux piments). Accueil sympathique.

STAVROS

À 4 km de Frikès sur la route de Vathi. Village pas exceptionnel mais très traditionnel avec sa place centrale, son arbre centenaire et ses grands-pères qui prennent le frais sous son ombre. Nombreuses *tavernes.* De là, on peut accéder en 15 mn à pied vers le nord au sommet de la colline de Pilikata où ont été retrouvés des vestiges de l'époque mycénienne (XIIIᵉ siècle av. J.-C.), ce qui en fait un bon prétendant pour être le palais d'Ulysse car, de là, on peut voir trois mers ainsi que le décrivit Homère. C'est également là que les découvertes archéologiques faites dans le nord de l'île sont exposées, dans un petit *musée* (suivre les pancartes depuis le centre). Ouvert tous les matins sauf le lundi. Entrée gratuite, mais il n'est pas interdit de laisser un peu d'argent à la personne qui vous fait visiter. Voir en particulier la pierre sur laquelle est inscrit le nom d'Ulysse, la seule retrouvée sur l'île faisant référence au héros grec.

|●| On vous conseille aussi d'aller casser la croûte en haut du village (tournez à gauche après l'église, au bout de la place quand vous venez de Frikès), au restaurant *Polyphémos.* ☎ 26-74-03-17-94. Reconnaissable au drapeau cubain devant. Ne pas vous fier à leur carte de visite qui proclame qu'ils sont les pires ! Ambiance très relax garantie dans un jardin de citronniers agréable, cuisine typique mais inventive et très bonne et, en prime, le sourire de la patronne, Suissesse polyglotte, ainsi que de son chef, un sacré bonhomme.

Repas pour toutes les bourses, dans les 11 € en moyenne. Essayez notamment le *Saporo,* dont la préparation est héritée des Vénitiens. Allez faire un tour au salon pour vous faire une idée de leur vision du monde... Un indice : à l'occasion de la dernière guerre en Irak, ils ont jeté leur frigo *Coca-Cola* !
|●| Vous pouvez également essayer le *Rovani,* gâteau de riz au miel, spécialité de l'île. Les meilleurs se trouvent au *Bar Lotos,* avant l'église.

– Grande *fête* à Stavros les 5 et 6 août.

À voir dans les environs

🏃 *Poli :* à Stavros, prendre à droite après l'église. La route en lacet, mal goudronnée, mène à un tout petit port (qui aurait été en activité du temps d'Ulysse) et à une plage de galets très tranquille. Une grotte-sanctuaire (la grotte de Loïzos), où ont été retrouvées des poteries de l'époque mycénienne ainsi que des tripodes en bronze.

📐 *Agios Ioannis :* à quelques kilomètres au sud. Pratiquement à la sortie de Lefki, emprunter la petite route qui descend sur la droite, dans un virage. Une des plus belles plages de l'île. En continuant vers le sud, la route est impressionnante. En effet, à cet endroit, l'île n'est plus qu'un bras de 500 m de large entre deux mers. Vue superbe à la fois sur Céphalonie et la baie de Vathi.

🍴 *Pisso Aétos :* petit port d'où partent la plupart des ferries pour Sami, à Céphalonie. À part le débarcadère, il n'y a rien ! Ceux qui ne viennent que pour la journée ont intérêt à louer un scooter à Sami. Sinon, on peut essayer de faire un peu de stop (demander aux automobilistes avant de débarquer), à moins d'attraper un taxi. Sur la route du port, à droite au début de la descente quand on vient de Vathi, les ruines d'une cité antique, *Alalkoménès,* qu'on appelle sur place le *château d'Ulysse.* On peut y voir des fondations de tours à vocation défensive (loin d'être spectaculaires). L'endroit est plutôt bien choisi puisque l'on contrôle de là l'accès aux deux parties, nord et sud, de l'île et que l'on a une vue sur les deux mers à l'est et à l'ouest ainsi que sur Céphalonie. C'est Henrich Schliemann qui est venu pratiquer les premières fouilles dans le secteur, en 1873. Il pensait alors avoir trouvé le fameux palais du héros.

VATHI

La capitale de l'île est, elle aussi, placée dans un joli site. Les maisons sont bâties autour d'une baie profonde. La baie est entourée de collines sur tout son pourtour, à tel point qu'on dirait un lac. Cela dit, la ville, presque entièrement reconstruite après le dernier tremblement de terre, n'a pas un intérêt fou, mais est relativement agréable.

Adresses utiles

✉ *Poste :* sur la place devant le port. Ouvert du lundi au vendredi de 7 h 30 à 14 h.
◼ *National Bank of Greece :* dans la rue derrière le bord de mer. Ouvert du lundi au jeudi de 8 h à 14 h (13 h 30 le vendredi) Distributeur automatique de billets. D'autres sur la place centrale.
◼ Plusieurs *loueurs de scooters.* Vérifier le matériel.
◼ *Agence Polyctor Tours :* sur le port au niveau de la place centrale. ☎ 26-74-03-31-20. Fax : 26-74-03-31-30. • www.ithakiholidays.com • Vente des billets pour Patras (compagnie *Blue Star Ferries*), Astakos, Leucade et Céphalonie *(Four Island Ferries).*
◎ *Internet : Net Café* sur la place centrale à côté de l'agence *Polyctor Tours.* Compter 2 € la demi-heure.
◼ *Station-service :* à l'entrée nord de la ville.

Où dormir ?

🛏 *Hôtel Mentor :* sur le port. ☎ 26-74-03-24-33 et 30-33. Fax : 26-74-03-22-93. • www.hotelmentor.gr • Ouvert toute l'année. Chambres doubles avec bains, de 72 à 97 € selon la saison, avec le petit déjeuner. Du nom d'un fidèle d'Ulysse. Le plus grand de l'île (36 chambres) et l'un des rares hôtels de la ville, mieux vaut donc réserver en saison et préciser que vous voulez celles spacieuses en façade qui ont une très jolie vue sur la baie depuis leur balcon. Possibilité de prendre le petit déjeuner-buffet sur la terrasse. Accueil variable. Cartes de paiement accep-

tées. 6 à 10 % de réduction sur présentation du *GDR.*
🛏 *Odissey Appartements :* perché sur les hauteurs de Vathi, à 1,5 km au nord du centre. ☎ 26-74-03-22-68 et 34-00. Fax : 26-74-03-26-68. • www.ithaki-odyssey.com • Ouvert de mars à novembre. Prévoir de 60 à 90 €. Le prix varie en fonction de la taille du logement et de la saison. Une belle maison récente, campée au milieu d'un dégradé de terrasses, abrite quelques studios à la décoration soignée. En plus d'être spacieux et très confortables, ils possèdent tous un balcon ou une terrasse orientés face

à la baie. Piscine. Un havre de paix. Important de téléphoner à l'avance, ou mieux, d'envoyer un mail, car la réception est souvent déserte.

🛏 *Captain Yannis Hotel :* à la sortie de Vathi, au nord-est du port. ☎ 26-74-03-31-73. Fax : 26-74-03-28-49. Se présenter au bar de la piscine (derrière le terrain de tennis un peu à l'abandon) si personne n'est à la réception. Ouvert de mai à octo-bre. Chambres doubles avec salle de bains de 40 à 60 € selon la saison. Un complexe hôtelier proposant des chambres et des bungalows (plus chers). Chambres correctes, avec TV. AC sur demande. Le tout manque un peu d'entretien.

🛏 En ville ou à l'extérieur, modestes *chambres à louer* dans les 20 à 35 € en particulier face à l'embarcadère des ferries.

Où manger ?

I●I *Psistaria-Grill Néa Ithaki :* sur le port au coin de la place centrale. Tables un peu à l'écart de la circulation. Repas autour de 10 €. Cuisine familiale, carte classique mais sans surprise.

I●I *Tsiribis :* à 1 km au nord de Vathi, de l'autre côté de la baie, en bord de mer. ☎ 26-74-03-23-11. Autour de 12 € par personne. Isolé et agréable. Tables sous les arbres. Propose également des petits déjeuners.

I●I *Paliocaravo :* au nord de Vathi, au bord de la baie. ☎ 26-74-03-25-73. Compter 12 € par personne. Cadre agréable : terrasse les pieds dans l'eau sous les eucalyptus avec jolie vue. Pas mal fréquenté le soir par les plaisanciers. Carte classique, nourriture correcte. Tenu par un papi et une mamie très sympas.

Où boire un verre ?

🍸 *Café Archondiko Drakouli :* situé avant l'hôtel *Mentor* sur le front de mer. Dans la plus belle demeure de Vathi, qui date d'environ un siècle, avec une décoration moderne réussie, face à un bassin d'eau de mer, sous les pins et les palmiers. Beau billard dans le grand hall d'entrée. Ouvert toute la journée. Très fréquenté par les jeunes. En plus des boissons et des glaces, formule snack (omelettes, sandwichs, pizzas...).

À voir. À faire

➢ Ne pas hésiter à s'embarquer sur une barque à moteur pour découvrir la jolie côte au nord de l'île. C'est l'occasion d'aller se baigner dans les petites criques, uniquement accessibles par la mer. Dans les 30 € la journée (tous les mercredis, départ 9 h, retour 18 h) avec le *Mana Korina,* amarré face à la place centrale. ☎ 26-74-03-28-70. Également nombreuses embarcations à louer au village de Frikès.

🏛 *Musée archéologique :* derrière l'hôtel *Mentor.* Ouvert tous les jours sauf le lundi de 8 h 30 à 15 h. Gratuit. Rien d'exceptionnel mais bien pour se plonger dans l'ambiance mystique de l'île. Restes du sanctuaire d'Aétos (environ 1100-700 av. J.-C.) qui intéresseront les initiés puisqu'ils datent de la période très obscure – dont il ne reste que de rares témoins – qui a suivi la civilisation mycénienne jusqu'à la période géométrique (belles poteries dont les décors ont donné le nom à cette période).

🏛 Également un *musée nautique et du folklore.*

🏛 Prendre la direction de *Pérachori.* Il s'agit de la vieille ville de Vathi, où les habitants se réfugiaient en cas d'invasion. Un peu au-dessus, les ruines d'une vieille église du XVIᵉ siècle, *Paliochora,* à 10 mn de marche. On peut y voir des fresques religieuses encore surprenantes bien qu'un peu fanées et admirer la baie et le port de Vathi.

⚓ Nombreuses petites *plages* à proximité de Vathi : *Mnimata* et *Skinos* à 2 et 3 km en s'éloignant par le nord, *Gidaki* (où l'on peut aller en caïque depuis le port de Vathi), *Filiatro* et *Sarakiniko* à 3 km à l'est (route étroite y menant depuis le centre de Vathi ; faisable à pied).

À voir dans les environs

🗝 *La grotte des Nymphes (Nimfis Cave) :* de Vathi, reprendre la route goudronnée qui va vers le nord sur 3 km, puis continuer encore sur 2 km une petite route qui prend sur la gauche. Là, Ulysse aurait caché le trésor donné par le roi des Phéaciens, Alkinoos. Même les profs de grec ancien risquent d'être déçus. Entrée payante pour actionner trois spots, vert, jaune et rouge.

🗝 Pour les mordus de l'Antiquité, la *fontaine d'Aréthuse* à 5 km au sud de Vathi (la route goudronnée mène jusqu'au départ du sentier ; compter 30 mn ensuite) et la *grotte d'Eumée* (1,5 km plus au sud, par une piste puis un sentier ; pas très bien indiqué).

QUITTER L'ÎLE D'ITHAQUE

➢ *Pour Patras :* 2 liaisons par jour en été avec les *Blue Star Ferries.* Départ vers 6 h 45 de Vathi avec arrivée à Patras à 11 h 30 (via Sami, à Céphalonie) et départ à 16 h depuis Pisso Aétos avec arrivée à 19 h 30, toujours via Sami. 1 seule liaison les vendredi et samedi hors saison.
La plupart des liaisons suivantes sont opérées par *Four Islands Ferries* :
➢ *Pour Sami (Céphalonie) :* de Pisso Aétos, 2 liaisons quotidiennes en été. 45 mn de traversée respectivement. De Vathi, une liaison *(Kefalonia Lines)* vers 15 h 30 : 1 h de trajet.
➢ *Pour Astakos :* 1 liaison depuis Pisso Aétos vers 9 h 30, et 1 liaison de Sami vers 10 h 20.
➢ *Pour Fiskardo (Céphalonie) :* de Frikès, 1 liaison en été le matin vers 10 h.
➢ *Pour Leucade :* depuis Frikès, 1 liaison vers 10 h pour Vassiliki et une autre vers 20 h pour Nydri en haute saison.
Attention ces horaires sont susceptibles de modifications chaque année, ne les prendre que comme des indications.

ZANTE (ZAKINTHOS)   39 000 hab.

Longtemps chasse gardée des touristes grecs, la plus méridionale des îles Ioniennes est aujourd'hui la plus visitée après Corfou. Surnommée la « Fleur du Levant » pour ses fleurs et son climat. À la fin du XVIIIᵉ siècle, elle était la plus riche des îles Ioniennes : cette richesse avait un prix, les Vénitiens exploitant très durement la population locale, à tel point qu'en 1797, lorsque les Français devinrent maîtres des îles Ioniennes, un club de Jacobins se créa et que, dans un grand élan d'enthousiasme révolutionnaire, on brûla sur une place de la capitale le *Livre d'Or* où figuraient les titres de noblesse des Vénitiens.
Aujourd'hui, Zante a toutefois deux inconvénients : de nombreuses agences de voyages, surtout britanniques, y louent hôtels ou immeubles en appartements à l'année, ce qui rend assez difficile la recherche d'hébergement (plus de 200 000 visiteurs arrivent sur l'île en charter chaque année) ; d'autre part,

PESSADA (Céphalonie)

Cap Skinari

Korithi ● Grotte Blue Caves

Agios Nikolaos

Makrys Gialos

MER IONIENNE

NORD

Navaghio

Volímès

Alykès

Psanou

Ammoudi
Ampoula

Anafonitria

Porto
Vromi

Mont
Vrachionas
▲ 756

Katastari

Tsilivi

Baie
de Vromi

Mariès

Planos

Exo Chora

Bokali

Zante (Zakinthos)

KYLLINI

Agios
Léon

Machairado

Argassi

Kilioméno

Kalamaki

Porto Zorro

Lithakia

Laganas

**Porto
Roma**

Agalas

Dafni

Vassilikos

Limni
Kériou

Marathonissi

Pointe
de Gérakas

Marathias

Kéri

5 km

L'ÎLE DE ZANTE

ZANTE

les routes ne longent guère les côtes, si bien qu'il est difficile de repérer les jolies plages qui sont difficiles d'accès. On vous rassure, on vous a trouvé les meilleures, mais elles sont un peu, voire très touristiques. Zante est plutôt à conseiller hors saison. Le nord et le centre de l'île sont d'accès plus difficile, mais les paysages montagneux de l'intérieur sont superbes. Ce qui engendre un troisième inconvénient : la concentration touristique dans les endroits les plus faciles d'accès comme la baie de Laganas au sud, qui accueille la moitié de l'infrastructure touristique de l'île et est absolument à fuir.

Zante doit détenir un record : celui de l'île la plus mal signalisée. Même en ayant sous les yeux une carte comme celle de *Road Editions,* on a de bonnes chances de s'égarer, tant les panneaux sont rares ou mauvais !

Comment y aller ?

En avion

➤ *D'Athènes :* au moins 1 vol quotidien *(Olympic Airways)*. Agence : 16, odos Al. Roma. ☎ 26-95-02-86-11.

En bateau

➤ *De Kyllini :* à 68 km au sud de Patras. En été, 8 bateaux par jour assurent la liaison vers Zakinthos, la capitale de l'île (et jusqu'à 10 bateaux le samedi) de 8 h à 22 h (sauf le dimanche : de 10 h 30 à 22 h). Durée :

1 h 30. Attention, quasiment impossible sans réservation début août. Renseignements à Kyllini : ☎ 26-23-09-22-11. Si vous loupez le dernier bateau, quelques *pensions* et *hôtels* à Killini.

➤ *De Pessada :* port minuscule, au sud de Céphalonie. En été, 2 liaisons quotidiennes pour Agios Nikolaos, petit port situé sous le village de Korithi, au nord de Zante. En principe, car les horaires sont fluctuants, 1 départ tôt le matin, et 1 le soir. Durée : 1 h 30.

ZAKINTHOS (10 700 hab.)

Sur place, comme dans les plus petites îles, il arrive qu'on l'appelle Chora. Zakinthos-ville est peuplée d'un peu plus de 10 000 habitants. La capitale de l'île possédait de nombreux bâtiments vénitiens. Malheureusement, ils furent détruits par le tremblement de terre de 1953, suivi par un incendie tout aussi dévastateur. Il ne reste que la citadelle dominant la ville. La reconstruction n'a toutefois pas été sauvage et l'on a reconstruit les arcades de la rue principale, qui rappellent l'architecture vénitienne. La ville a d'ailleurs conservé le charme des villes italiennes, désordonnée et chahuteuse, très animée de jour comme de nuit. Les normes anti-sismiques adoptées ont permis d'éviter une nouvelle catastrophe en novembre 1997 (6,7 degrés sur l'échelle de Richter).

Il est assez facile de s'y repérer : la ville s'étale tout en longueur. La promenade en bord de mer est appelée *Strada Marina*. Devant le quai Lombardou, qui est situé entre la place *Solomou* (Dionysos Solomos, l'auteur de l'hymne national grec est né à Zakinthos) au nord et la place *Agiou Dionysiou* au sud. En retrait de la place Solomou, une autre place importante, toute pavée : *Agiou Markou*, avec ses cafés. Les rues marchandes (Foskolou, Al. Roma et Tertseti) sont parallèles à Lombardou.

Adresses utiles

🛈 *Police touristique :* sur le quai Lombardou. ☎ 26-95-02-73-67. Il n'y a pas mieux. Peu de brochures. Personnel peu motivé.

✉ *Poste :* odos Tertcoti. Ouvert du lundi au vendredi, de 7 h 30 à 20 h.

■ *Banques :* 3 banques (*nationale, commerciale* et *agricole*) à la suite, odos Vénizélou (perpendiculaire à Lombardou à hauteur de la platia Solomou), toutes avec distributeur automatique. *Ionian Bank,* platia Agiou Markou. Distributeur automatique de la *Banque nationale* également sur le quai Lombardou. Horaires d'ouverture pour les opérations de change du lundi au vendredi, de 8 h à 14 h (13 h 30 le vendredi). Peu de distributeurs dans l'île (sauf vers Laganas).

🚌 *Bus KTEL :* 42, odos Filita. ☎ 26-95-02-22-55. Dans la 1ʳᵉ rue parallèle à Lombardou, à hauteur de la station *BP.*

■ *Location de scooters :* nombreuses locations à proximité de la platia Solomou. Chez *Sakis Rentals,* 3, léoforos Demokratias, grand choix de scooters et de motos ainsi que des voitures. ☎ 26-95-02-39-28 et 26-95-02-27-70. Ouvert tous les jours de 8 h 30 à 22 h. Locations également sur presque toutes les plages. Faire attention à l'état des véhicules avant de partir. Personnel très aimable.

Où dormir ?

À Zakinthos même, pas grand-chose bon marché.

Assez bon marché

🛏 *Hôtel Aigli :* sur le port, face au débarcadère des ferries. ☎ 26-95-02-83-17. Chambres doubles de 40 à 55 € selon la saison. Petit hôtel familial aux chambres banales avec salles de bains privées. Pas très exaltant : en dépannage seulement. Accueil peu encourageant.

Plus chic

🛏 *Hôtel Apollon (inscription en grec) :* 30, odos Tertseti. ☎ 26-95-04-28-38. Face à la poste. Ouvert toute l'année. Chambres doubles de 40 à 60 € selon la saison, petit déjeuner non compris. Prix négociables. Un hôtel vieillot qui abrite une poignée de chambres correctes, pourvues d'une salle de bains privée et de toilettes. Accueil routinier.

🛏 *Hôtel Phoenix :* platia Solomou, à côté du Musée byzantin. ☎ 26-95-04-24-19. Fax : 26-95-04-50-83. Ouvert toute l'année. Chambres doubles dans les 60 €. Salles de bains modestes, mais chambres très confortables, avec téléphone, TV et AC. Bar en terrasse agréable, donnant sur la place. Accueil routinier.

🛏 *Hôtel Alba :* odos L. Ziva et Kapodistriou. ☎ 26-95-02-66-41. Fax : 26-95-02-66-42. Tout près de la place Agiou Markou. Ouvert toute l'année. Selon la saison, compter de 70 à 90 € pour une double, petit déjeuner inclus. Beau bâtiment moderne disposant d'une quinzaine de chambres claires, avec AC, balcon et salle de bains. Patron très affable.

Où manger ?

Sous les arcades de la rue commerçante, des marchands de petites viennoiseries proposent quelques tables pour un déjeuner sur le pouce. L'occasion de goûter aux spécialités locales, salées ou sucrées pour des prix très doux. Essayer notamment les *Grill Houses* des n°s 21 et 23, odos Roma. Le soir, l'animation se concentre autour des places Solomou et Agiou Markou, à peine plus au nord, ainsi que sur la promenade le long du port.

🍴 *Squero :* pl. Agiou Markou. Prévoir 10 €. Un endroit évidemment touristique, mais les serveurs ne sont pas aussi racoleurs que ceux qui sévissent sur les quais. Par ailleurs, la terrasse est tranquille et agréable, à l'écart des voitures. Cuisine grecque classique, correcte et sans prétention. Service jeune et sympa.

🍴 *Restaurant Molos :* 28, quai Lombardou, toujours sur le port. ☎ 26-95-02-73-09. Autour de 10 € par personne. Parmi les nombreux restaurants de la promenade, un des cadres les plus agréables : lui aussi a ses brasseurs d'air. Cuisine locale simple mais bon marché.

🍴 *Psarotaverna Karavomylos :* 15, odos Varvaki. ☎ 26-95-02-83-70. Juste après les feux et le pont, au sud de la ville. Ouvert le soir seulement, toute l'année. De 10 à 25 € selon le choix de poisson. LA taverne de poissons de Zakinthos, très fréquentée par une clientèle d'habitués. Choix assez large, depuis le petit poisson bon marché (friture genre *gavros*) jusqu'au homard. Pas de viande, mais tout de même des pâtes.

À voir. À faire

🪨 *Bokali :* c'est la colline qui surplombe la ville. À 2 km par la route, mais, de jour, possibilité de couper par le petit bois au nord de la ville. Pas de véritable chemin, mais un raccourci qui permet d'atteindre la forteresse en une

ZANTE

quinzaine de minutes. Le *kastro*, l'une des dernières constructions vénitiennes de la ville, a été fortement endommagé par les séismes successifs. Ouvert de 8 h à 19 h en d'été (ferme à 15 h en hiver). Fermé le lundi. Entrée : 3 € ; réductions. Plus intéressant, le panorama qu'il offre sur une grande partie de l'île. Prenez le temps de boire un verre sur la terrasse près de l'église, pour apprécier la vue plongeante sur la ville et le port. Le soir, les quelques tavernes illuminent la colline.

🎫 *Le Musée byzantin :* platia Solomou. Ouvert tous les jours de 8 h à 14 h 30. Entrée : 3 € ; réductions. Gratuit pour les étudiants. Intéressera les amateurs d'icônes et de peinture religieuse. Les autres iront à la plage.

➤ De Zakinthos, des *excursions en bateau* sont proposées à la journée : tour complet de l'île, de 9 h à 18 h, avec un programme précis ou visite de la baie du Naufrage, de 8 h 30 à 16 h. Renseignements sur le port, près de l'hôtel *Aigli* (compagnies *Pilarinos Cruises* ou *Cavo Grosso*).

QUITTER ZAKINTHOS

➤ *Pour Vassilikos* (commune sur laquelle on trouve les plages d'Agios Nikolaos et de Porto Roma) *:* 2 bus à 6 h 45 et 14 h 30. Retour de Porto Roma (terminus) 30 mn plus tard. Aucun bus le week-end.

➤ *Pour Alykès* (dessert les plages au nord de Zakinthos) *:* 4 bus de 6 h 50 à 16 h 30.

➤ *Pour Skinari-Agios Nikolaos* (port d'embarquement pour Céphalonie) *:* 2 bus, à 4 h 30 et 13 h 45. Retour 1 h plus tard.

➤ *Pour Limni Kériou :* 1 départ en semaine seulement, à 14 h 30. Retour 30 ou 40 mn plus tard.

➤ *Pour Laganas :* 13 bus par jour de 7 h 15 à 20 h 10. Le dimanche : 8 bus de 7 h 30 à 20 h. Retour 15 mn plus tard.

VERS LE SUD

À notre avis, on y trouve les plus belles plages de l'île. De ce fait, il y a beaucoup de monde.

PORTO ZORRO

À 8 km à peine au sud de Zakinthos, une des premières plages de sable (belle comme une carte postale), donc assez fréquentée.

Où dormir ? Où manger ?

🏠 |●| *Porto Zorro (Piromalli) :* donne sur la plage. ☎ 26-95-03-53-04. Fax : 26-95-03-50-87. Restaurant qui propose aussi des chambres très bien situées, au calme et avec vue sur la mer. Compter de 50 à 65 € la double, avec le petit déjeuner. Les chambres sont équipées d'un réfrigérateur et d'un ventilateur. Idéal comme lieu de séjour si l'on est motorisé. Réservation recommandée en juillet et août. Accueil sympathique.

À voir. À faire

🎫 3 km plus à l'est, *Agios Nikolaos Beach,* où se retrouve la jeunesse branchée de Zakinthos. Si la musique des quelques tavernes ne vous fait pas fuir, vous y trouverez un centre de plongée ainsi que des locations de matériel nautique.

■ *Saint-Nicholas Beach Diving Center :* ☎ 26-95-03-53-24. Cours de plongée pour tous niveaux, même débutants. Les enfants sont acceptés à partir de 12 ans. Instructeurs anglais très pros. Également, location de jet-ski.

PORTO ROMA

Crique de sable, bien protégée. Malheureusement, récemment bétonnée.

Où dormir ? Où manger ?

🛏 Avant d'arriver à la plage, de nombreuses *chambres à louer,* tranquilles et fleuries. Un lieu de séjour agréable, un peu en retrait du flot touristique.

🛏 |●| *Villa Clélia :* grande maison blanche sur la droite avant d'arriver à la plage, en face du petit supermarché. ☎ 26-95-03-50-69. Fax : 26-95-03-53-59. Location de chambres et d'appartements de 55 à 70 €. Très propre, avec de beaux balcons ombragés donnant sur les oliviers. Possibilité de repas et de petit déjeuner. Accueil très courtois.

|●| Petit *restaurant* surplombant la plage. Pas grand-chose d'autre, sauf en repartant, tout près de l'embranchement de la route pour Porto Roma, le restaurant *Mikri Platia,* dans une maison rose avec une belle terrasse fraîche et un petit kiosque (magnifique vue). Prévoir environ 10 € pour un repas complet. Bonne cuisine familiale.

Où manger à proximité ?

|●| *O Adelphos tou Kosta (Le frère de Kostas) :* sur la route pour Porto Roma, avant l'embranchement. ☎ 26-95-03-53-47. Repérable grâce à un panneau figurant trois joueurs de guitare jouant la sérénade à une jeune femme. Ouvert le soir. Compter environ 12 € par personne. Restaurant dans un grand jardin proposant une cuisine originale (*keftédès* aux courgettes, gâteau aux aubergines, lièvre) à des prix corrects. Ambiance musicale.

LA PLAGE DE GÉRAKAS

⌂ À la pointe sud-est de l'île. Certainement la plus belle plage de l'île, malheureusement colonisée sur sa moitié droite par des parasols et autres *sunbeds.* D'ailleurs, les tortues marines *(caretta-caretta)* ne s'y sont pas trompées, car elles y viennent pour la ponte. Voilà pourquoi il est interdit d'y dormir et d'y faire du feu. Tout bruit ou toute lumière les fait fuir. Effrayées, elles meurent alors d'épuisement en mer. Respectez-les.
Sans que l'on sache pourquoi, les tortues viennent inlassablement depuis des millénaires pondre sur les plages où elles sont nées, entre 20 et 30 ans après leur naissance. Manque de chance pour elles, la période de ponte va de fin mai à la fin août, en pleine surchauffe touristique. Des panneaux de la *STPS (Sea Turtle Protection Society of Greece,* 35, odos Solomou, 106 82 Athènes), un peu en retrait de la plage, expliquent bien le combat mené pour la protection des tortues, toujours remis en cause par l'exploitation touristique (un exemple flagrant : même les parasols autorisés sur la plage sont un danger pour les œufs de tortue). On peut même, pour soutenir l'association, « adopter » une tortue ! Les autorités semblent vouloir prendre

les affaires en main puisqu'un *Parc marin national* a été officiellement créé en juillet 2000. • www.nmp-zak.org • Reste à voir comment, sur place, ses activités seront menées (on n'en est qu'au stade embryonnaire). Et les premiers échos laissent entendre que c'est plutôt mal parti (actes de vandalisme contre le bâtiment du WWF...). La Commission européenne a montré les dents et le gouvernement grec, mis à l'amende, a promis qu'il allait faire respecter la loi... À suivre donc.

DAFNI

Suivre la pancarte « Dafni Beach » à 6 km au sud d'Argasi. Puis 3 km de piste particulièrement défoncée. Ne pas essayer d'y aller en scooter.
L'un des endroits les moins touristiques de l'île. Interdiction d'y camper à cause des tortues.

Où manger ?

I●I Là, en bord de mer, une *taverne* isolée sous les arbres et les pieds dans l'eau : *Dafni.* Ouvert jusqu'à 18 h. Autour de 10 € le repas par personne. Propose une cuisine familiale très correcte et généreusement servie. Excellentes brochettes notamment. Bon accueil.

L'ÎLOT DE MARATHONISSI

Au sud de Laganas, continuer la route direction Kéri ; elle contourne un étang et arrive à *Limni Kériou* (le village de Kéri donne sur l'autre côté de l'île). Limni Kériou possède une plage correcte, et on peut continuer par une piste de galets jusqu'à Marathias, 3 km plus loin. De nombreuses chambres à louer dans cette partie de l'île, calme mais un peu excentrée. Il faut désormais avoir son Zodiac pour aller à Marathonissi. Cette île est aussi un refuge protégé pour les tortues.

LAGANAS

À fuir. Celle qui fut longtemps l'une des plus belles plages de Zante, longue de 7 km, effraiera plus d'un routard. C'est la destination privilégiée des agences de voyages, ce qui a bien bouleversé le site. On se perd dans un labyrinthe de restaurants, d'hôtels, de bars et de salles de jeux, où se pressent des charretées de vacanciers bruyants. Cela dit, c'est une curiosité. Deux campings à proximité, heureusement à l'écart.

Où dormir ? Où manger ?

☒ I●I *Camping Lagana :* à Agios Sostis, tout près de Laganas, à une dizaine de kilomètres de la ville de Zakinthos. ☎ 26-95-05-15-85. Fax : 26-95-05-22-84. Ouvert de début avril à fin septembre. Environ 18 € en haute saison pour 2 personnes avec une tente. À 1 km du bord de mer, dans la verdure. Grande piscine, jeux pour enfants, ombragé. Restaurant, supermarché. Récent mais propreté relative.

☒ *Camping Tartaruga :* à Lithakia, 4 km au sud de l'agitation de Laganas. À l'écart de la route principale vers Kéri, à flanc de colline sous les oliviers. ☎ 26-95-05-19-67. Fax : 26-95-05-30-23. Compter dans les 17 €

pour 2 personnes et une tente. Très calme et bien ombragé. La plage est un peu plus bas. Supermarché sur place et petit bar bien sympa, avec vue sur Marathonissi.

KÉRI

Vieux village perché sur la montagne, à l'extrême sud de Zante, donnant sur l'ouest. Encore peu touché par le tourisme (2 ou 3 tavernes seulement), c'est un lieu qui s'anime en soirée lorsque le village est traversé par les touristes venant admirer le coucher de soleil au phare, 2 km plus loin que le village (faisable à pied depuis Kéri). Sur le chemin, un resto, le *Kéri Light House*, très moyen mais bien situé pour prendre un verre. Magnifique vue sur les falaises crayeuses. Une taverne s'est installée à proximité du phare. Une vingtaine de phoques méditerranéens *(monachus-monachus)* sont recensés dans le secteur sud-ouest de l'île

DANS LE NORD DE L'ÎLE

Passé les quelques plages de sable au nord de Zakinthos, la côte devient plus escarpée. La route offre une vue magnifique sur la mer et sur des criques minuscules, souvent uniquement accessibles en bateau.

LA PLAGE D'AMPOULA

⚕ |●| *Camping Zante :* à 8 km au nord de la capitale, sur la commune de Tragaki (6 bus quotidiens en été). ☎ 26-95-06-17-10. Fax : 26-95-04-47-54. Ouvert du 1er mai à début octobre. Compter 17 € pour 2 personnes et une tente. Sur une colline couverte d'oliviers, descendant vers la mer. Accueil sympa. Location de bungalows. Mini-marché, resto et laverie. Bar agréable le soir, près de la mer. Location de mobylettes. Camping *Sunshine,* réductions de 10 à 20 % sur présentation du dépliant de la chaîne.

LA PLAGE DE PSAROU

⚕ |●| *Camping Paradise :* sur la commune de Messo Gérakari, à un endroit calme à 300 m de la mer. ☎ 26-95-06-18-88. Fax : 26-95-06-21-85. Ouvert en saison. Environ 18 € pour 2 personnes et une tente. Ombragé par des oliviers. Installa-tions modernes. Restaurant, super-marché. Deux ou trois *tavernes* à proximité. Plage de sable à 100 m, tranquille, en contrebas. Camping *Harmonie :* 10 à 20 % de réduction sur présentation du dépliant de la chaîne.

LA PLAGE D'AMMOUDI

🏠 |●| *Studios et appartements Hori-zon :* au nord de la plage de Psarou, sur la plage d'Ammoudi. ☎ et fax : 26-95-06-29-90. Appartements pour 4 autour de 65 € en haute saison. Spacieux, avec kitchenette et balcon. Piscine. Tarifs dégressifs. On peut manger sur place au resto, sur l'une des trois petites terrasses situées juste au-dessus de la mer.

ZANTE

Où dormir à proximité ?

🏠 *Archondiko :* à Katastari, à 2 km d'Alykès. ☎ 26-95-08-30-35. Fax : 26-95-08-33-54. Hors saison, ☎ 21-08-83-45-29 (Athènes). • www.archondikovillage.com • Ouvert d'avril à novembre. Pour 2, de 55 € hors saison à 95 € en juillet et août. Ajouter de 15 à 20 € par personne supplémentaire. Une vieille demeure (ancien complexe agricole où l'on pressait l'huile d'olive) rénovée avec bon goût. Les appartements, sur deux niveaux, peuvent accueillir de 2 à 5 personnes. Pièces vastes, ameublement de qualité. Également quelques bungalows plus isolés, à la déco soignée. Jolie vue depuis les terrasses. Piscine et bar. Une adresse exceptionnelle sur Zante, réserver. Bon à savoir aussi : pas de commerces dans les proches environs. Être motorisé.

LA PLAGE DE MAKRYS GIALOS

Belle plage de galets en contrebas de la route, au niveau d'un centre de plongée.

🍷 En face de Mikro Nissi, un port minuscule avec deux *tavernes* très agréables pour prendre un verre en attendant le départ.

À faire

🥾 *Les Blue Caves :* départ des excursions pour les Blue Caves, depuis Makrys Gialos et Agios Nikolaos. Dans les 5-6 € par personne. Ce sont des grottes où l'eau de mer est étonnamment bleue grâce à la réfraction de la lumière. Tout objet que l'on y plonge prend également une superbe teinte bleu azur. Ceux qui connaissent celles de Capri seront déçus, mais la balade d'à peine 1 h vaut quand même le coup si vous avez un masque.

KORITHI

Dans l'extrême nord de l'île. Peu de bus s'aventurent jusqu'ici. De Korithi, possibilité d'aller à la pointe nord de l'île (cap Skinari, où se trouve un resto correct, *Faros*) ou de descendre à Agios Nikolaos, port de départ du ferry pour Pessada (Céphalonie) ainsi que des nombreux petits bateaux qui proposent de vous emmener à la grotte bleue *(Galazia Spilia)*, pour 8 € par personne environ. Attention, cette excursion est devenue un commerce lucratif et les rabatteurs sont parfois insistants. En face du port, une petite île qui est propriété du Vatican : en principe, passeport nécessaire pour s'y rendre !

🏠 Sur la plage d'Agios Nikolaos, un *hôtel (Blue Beach)* pas trop cher avec une grande piscine. Il suffit d'y manger ou d'y prendre un verre pour pouvoir y plonger une tête.

VOLÍMÈS

Si vous êtes motorisé, continuez vers le nord après Agios Nikolaos. La route se perd dans la montagne pour arriver à Volímès. Ici, les maisons ont été miraculeusement conservées, et c'est un plaisir de marcher sous la treille, dans les ruelles. Moins paisible, la rue principale (et maintenant pratiquement toutes les rues) est submergée de broderies, la spécialité, ainsi que de tapis : on ne voit pratiquement plus rien d'autre ! Là encore, les commerçants attendent de pied ferme les touristes fraîchement débarqués des cars...

🎥🎥 *La baie du Naufrage (Navaghio) :* une des photos les plus célèbres de Grèce ! Il y a plus de 20 ans, un bateau s'est échoué sur cette magnifique plage de galets blancs. N'étant pas en règle, l'équipage a disparu avant l'arrivée de la police. Depuis cette date, le *Panagiotis* est devenu une très belle épave, pour la plus grande joie des touristes. Et c'est comme cela que la baie a pris ce nom alors qu'elle s'appelait *Agios Georgios sta Gremna* en raison d'un monastère perché en haut de la falaise, qu'on a dû déplacer plus loin dans les terres pour raison de sécurité.

Départ de l'excursion à *Porto Vromi,* que l'on atteint de Mariès. Prenez garde à éviter la route qui part d'Anafonitria : elle n'aboutit qu'à un embarcadère sans intérêt. La balade dure 1 h 30 et comprend des visites de grottes aux eaux turquoise, une baignade dans l'une d'elles, et une petite heure sur la plage du naufrage. Prenez de préférence le premier ou le dernier bateau (vers 16 h). Compter environ 12 € par personne. Petite gargote à proximité pour éviter une complète déshydratation à ceux qui ont raté le bateau et attendent le prochain départ. Si vous vous contentez de jeter un coup d'œil depuis la falaise, sachez qu'on n'a une vue plongeante que d'un seul endroit : en venant de Volímès, tourner à droite avant un petit monastère au niveau du panneau : « wreck ».

Pour regagner le sud ou l'est de l'île, prendre la route qui passe par Mariès, Exo Chora (d'où part une petite route pour Kambi qui offre une magnifique vue au soleil couchant), Agios Léon et Kiloménό, puis rejoindre la plaine par Machairado.

Autre possibilité plus rapide et tout aussi agréable : prendre la petite route qui part du centre de Mariès, et s'élance à travers la montagne pour gagner l'autre rive (direction de Koroni). Elle tortille paresseusement dans un paysage verdoyant, épargné par les constructions sauvages qui ravagent la côte est.

QUITTER ZANTE

En bateau

➢ *Pour Kyllini (Péloponnèse) :* 8 traversées par jour en été de 5 h 30 à 20 h. Le dimanche, départs de 8 h à 22 h. 1 h 30 de traversée. Agence de réservation : 40, quai Lombardou. ☎ 26-95-04-15-00 et 26-95-02-20-83. Fax : 26-95-04-83-01. Hors saison, 3 ou 4 traversées par jour.

➢ *Pour Pessada (Céphalonie) :* 2 ou 3 liaisons en été par le ferry *Ionion Pélagos,* à 9 h 45 et 19 h 45 (et 13 h 45 en août). Renseignements : agence *Khionis,* 8, quai Lombardou. ☎ 26-95-02-39-84 et 26-95-04-89-96. Fax : 26-95-04-25-56. Vérifier les horaires car ils sont fluctuants et cette liaison n'est même pas assurée tous les ans.

En avion

➢ *Pour Athènes :* au moins 1 vol *Olympic Airways* par jour.

L'ÉPIRE, LA THESSALIE ET LE CENTRE

L'ÉPIRE CÔTIÈRE

C'est la région au nord-ouest du pays, près de l'Albanie. Tous ceux qui arrivent en Grèce par Igouménitsa y mettent le pied. Malgré cela, dès qu'on s'éloigne de la côte, il y a bien moins de touristes, sans doute parce que tout le monde file dare-dare aux Météores (où ce n'est plus l'Épire mais la Thessalie). Résultat : plein de bonnes surprises à attendre, en allant fureter à droite et à gauche en dehors des grands axes. L'Épire, avec ses montagnes, ses lacs et sa grande pauvreté également, qui en fait une terre d'émigration, est une région rude, presque austère (il n'y reste que 400 000 habitants environ). Ravitaillement pas toujours évident, mais il y aura toujours une taverne quelque part. Région privilégiée également pour les chasseurs de ponts en dos d'âne : il y en a plus d'une cinquantaine, tous plus beaux les uns que les autres. Même délectation pour les amateurs de gorges et autres canyons : ils seront servis, et sans la foule qui arpente les gorges de Samaria en Crète. Enfin l'Épire, c'est la terre de Pyrrhus et d'Ali Pasha, deux grands personnages qui ont symbolisé, de l'Antiquité aux périodes récentes, le fort caractère de son peuple.

D'Épire, on accède assez facilement à trois des îles Ioniennes : Corfou, *Paxos* et *Lefkada* (une vraie fausse île). Pour rejoindre l'est de la Grèce, on pourra compter, à moyen terme, sur l'Egnatia Odos, grand axe autoroutier de 600 km reliant Igouménitsa à Komotini (près de la Turquie, en Thrace). La partie la plus montagneuse (Igouménitsa-Paramythia-Dodone-Metsovo-Grévéna) est loin d'être terminée, mais certains tronçons sont ouverts (et pour l'instant gratuits).

IGOUMÉNITSA   9 300 hab.

Capitale du département de la Thesprotie, pompeusement appelée « la porte de l'Europe ». Site superbe, mais on ne peut en dire autant de la ville, assez quelconque. Il faut dire qu'avec le débarquement quasi continuel, nuit et jour, de ferries en provenance d'Italie, la ville, qui a toujours l'air en travaux, n'a pas tiré le bon numéro. Alors soit vous allez à Corfou, soit vous vous éloignez de la ville en direction de Parga et d'Arta. Là, les paysages sont fantastiques, et il n'y a pas grand monde (sauf à Parga même, bien entendu).

À Igouménitsa même, difficile de se perdre : l'odos Ethnikis Andistassis longe la mer sur toute la longueur, sauf au sud où elle devient l'odos Agion Apostolon. La rue marchande qui lui est presque parallèle à l'intérieur est l'odos Kyprou. Ces deux axes regroupent la plupart des hôtels et des restaurants.

Adresses utiles

ℹ *Office du tourisme :* port d'Igouménitsa, à côté des douanes. ☎ 26-65-02-22-27. Pas mal de brochures à disposition.
■ *Police touristique :* 5, odos Agion Apostolon, au 2ᵉ étage. Ouvert tous les jours de 8 h à 14 h. ☎ 26-65-09-96-47.
✉ *Poste :* odos Tzavélainas, derrière le square. Tout au bout de l'odos Ethnikis Andistassis, direction Ioannina. Ouvert du lundi au vendredi de 7 h 30 à 14 h.

■ *Banques :* la plupart sont sur l'odos Ethnikis Andistassis. Distributeurs automatiques.
■ *Centre de soins (Kendro Hygias en grec, équivalent d'un dispensaire) :* au début de la route de Ioannina. ☎ 26-65-02-44-20 et 21. Cependant, en cas de gros pépins, il est conseillé d'aller à l'hôpital de Filiatès (☎ 26-64-02-22-03), bien plus efficace. Il se situe à 18 km au nord d'Igouménitsa (prendre la route de Ioannina).

Où dormir?

On ne dort à Igouménitsa que si l'on a un ferry à prendre aux aurores. Évidemment, c'est bruyant et les hôtels n'ont pas grand charme, c'est le moins qu'on puisse dire.

Campings

⚐ Le *Camping Municipal Drépanos,* à l'entrée de la plage de Drépanos, à 4 km au nord du centre d'Igouménitsa est bon marché mais mal entretenu. On conseille d'aller un peu plus loin.
⚐ *Camping Kalami Beach :* à 8 km d'Igouménitsa, direction Parga. ☎ 26-65-07-12-11 (12 et 13). Fax : 26-65-07-12-45. Prendre la route de Prévéza. Situé au bord d'une belle plage, juste en contrebas de la route. Ouvert d'avril à fin octobre. En été, compter près de 17 € pour 2 personnes, un véhicule et une tente. Propre et fleuri, belles terrasses ombragées. Épicerie, restaurant. Peut être bruyant. Sur demande, le gardien de nuit vous réveille à 5 h pour ne pas rater le ferry

de 7 h. Camping *Sunshine :* de 10 à 20 % de réduction sur présentation du dépliant de la chaîne. Bon accueil.
⚐ *Camping Elena Beach :* à 10 km d'Igouménitsa, direction Parga. ☎ et fax : 26-65-07-14-14. ● www.epirus.com/campingelena ● Ouvert d'avril à fin octobre. Autour de 15 € pour 2 l'été. Un petit camping familial très tranquille, les pieds dans l'eau. Les emplacements, ombragés par les eucalyptus, sont disposés pour la plupart le long d'une plage de cailloux mais agréable et quasi privée. Sanitaires impeccables, coin cuisine et jeux pour enfants. Également un restaurant convivial ouvert toute la journée, avec une agréable terrasse fleurie. Très bon accueil de Georgios.

Prix moyens

▲ *Hôtel Akropolis :* 58 A, odos Ethnikis Andistassis. ☎ 26-65-02-23-42. Fax : 26-65-02-35-57. Sur le bord de mer, en direction de Ioannina. Ouvert toute l'année. Chambres doubles autour de 30 €. Hôtel vieillot, voire usé, aux meubles de formica et avec parquet, tenu par une vieille matrone qui ne parle que le grec.

Certaines chambres possèdent un balcon avec vue sur le port. Propreté limite. Uniquement valable en dépannage. Son fils tient l'hôtel *Oscar,* d'un standing supérieur, au 149, odos Agion Apostolon (☎ 26-65-02-26-75), au nouveau port.
▲ *Hôtel Aktaion :* 17, odos Agion Apostolon. ☎ 26-65-02-60-35. Fax :

26-65-02-23-30. Sur le quai, à l'arrivée du bac pour Corfou. Ouvert toute l'année. Chambres doubles de 45 à 50 €. Hôtel confortable aux chambres propres et agréables, avec salle de bains et TV. Accueil assez désagréable. Pas de petit dej'. Cartes de paiement acceptées en insistant.

Où manger ?

Éviter l'épicerie en face de l'arrêt de bus : arnaque. En revanche, d'excellentes *bougatsas* chaudes (gâteaux à la crème) au début de la rue de Parga, en face de l'arrivée des ferries de Corfou.

|●| *Emily Akti :* dans une petite impasse en biais, à côté de l'*Aktaion*. ☎ 26-65-02-37-63. Taverne pas trop attrape-touristes. Dans les 9 € le repas. Bonne cuisine locale où l'on va choisir son plat. Poisson frais.

|●| Beaucoup de restos sont regroupés odos Ethnikis Andistassis, en s'éloignant du port direction Ioannina, comme par exemple l'*El Greco* (repas dans les 10 €).

À voir. À faire dans les environs

Rien à faire dans la ville même, mais voilà de quoi patienter en attendant le ferry pour Corfou ou l'Italie :

⌖ *Plage de Drépanos :* à 4 km au nord de la ville, suffisamment loin des eaux du port. 7 km de sable en direction de l'Albanie, de moins en moins bien entretenus plus on s'éloigne. Mais la municipalité a fait des efforts réels pour mettre en valeur le coin (on trouve même quelques douches près de la plage).

※ *Filiatès :* prendre la route de Ioannina sur une dizaine de kilomètres puis prendre à gauche sur autant de distance. Joli petit village dans une vallée verdoyante, surmonté du monastère sobrement décoré de *Giroméri* dont l'église principale (le *Katholicon*) date du XVIe siècle.

QUITTER IGOUMÉNITSA

En ferry pour l'Italie

Ne pas trop compter sur les agences de voyages pour avoir des renseignements valables, ils vous disent souvent n'importe quoi du moment que vous achetez un billet. Ceci dit, elles peuvent être utiles pour comparer les différents prix et prestations, au lieu de courir dans toutes les compagnies pour se faire une idée. L'agence *Panda Travel,* ☎ 26-65-02-86-15, juste à côté du bureau du *Blue Star Ferries,* est assez serviable. Pour l'achat, on peut tout aussi bien se limiter aux agences officielles et centrales *(head offices)* ; les principales d'entre elles sont données ci-dessous. Ne jamais prendre de billet *open* au mois d'août quand on a une voiture : on est sûr d'attendre jusqu'à début septembre. Il faut absolument avoir une date de retour.

■ *Superfast Ferries :* 147, Agion Apostolon. ☎ 26-65-02-81-50. Fax : 26-65-02-81-56. ● info.igoumenitsaport@superfast.com ● Liaison quotidienne avec Bari. Départ à minuit. Arrivée à 8 h. Également une liaison quotidienne sauf le mardi pour Ancône à 20 h.

■ *Blue Star Ferries (Strintzis Lines) :* Pitoulis G. Sergios, 145 Agion Apostolon. ☎ 26-65-02-39-70. Fax : 26-65-02-23-48. Liaison avec Brindisi, départ vers 23 h 30, arrivée vers 7 h via Corfou. Pour Venise, 4 départs par semaine vers 7 h 30.

■ *Minoan Lines :* 58 A, odos Ethnikis Andistassis. ☎ 26-65-02-29-52. Fax : 26-65-02-21-01. Sur la ligne Patras-Venise, départs le matin en principe (vers 10 h), sauf le mardi ; sur la ligne d'Ancône, départs quotidiens le soir (vers 23 h 30).

■ *Anek Lines :* agence *Revis,* 140, odos Agion Apostolon. ☎ 26-65-02-21-04 et 26-65-02-21-58. Fax : 26-65-02-54-21. Ligne d'Ancône : départ tous les jours vers 23 h. Ligne de Trieste : départs en principe le matin (vers 8 ou 9 h), sauf le mercredi.

■ *Ventouris :* agence *Barkabas Travel,* 42, odos Ethnikis Andistassis. ☎ 26-65-02-33-01 et 26-65-02-39-11. Fax : 26-65-02-54-28. ● info@barkabas.gr ●

En bac pour Corfou

Les billets s'achètent auprès des petits guichets à l'intérieur du port. Pour savoir auquel s'adresser (selon la compagnie du bateau que vous prenez), il faut tout d'abord s'adresser au poste de police du port.

➤ *Igouménitsa-Corfou :* environ 1 départ toutes les heures en saison de 4 h 45 à 22 h. Compter 1 h 45 de traversée.

➤ *Corfou-Igouménitsa :* 18 départs par jour, de 6 h à 22 h.

Également un ferry (fermé) plus rapide que les bacs (1 h 15 de traversée) et au même prix : compagnie *Kerkyra Lines.* C'est le guichet numéro 5 sur le port. ☎ 26-65-02-80-85 et 26-65-02-81-21.

En bus pour la Grèce

▭ La *gare des bus* est située odos Kyprou. ☎ 26-65-02-2309.

➤ *Pour Athènes :* 6 bus par jour de 7 h 30 à 20 h 30.

➤ *Pour Ioannina :* 9 bus par jour de 6 h 30 à 20 h.

➤ *Pour Sivota et Perdika :* à 6 h, 11 h et à 14 h 30.

➤ *Pour Parga :* 4 bus par jour de 5 h 45 à 17 h 15.

➤ *Pour Prévéza :* 2 bus par jour à 11 h 45 et 15 h 30.

➤ *Pour les Météores :* prendre le bus de Thessalonique à 10 h 30.

➤ Il existe également une ligne régulière *Igouménitsa-Volos* (billets au 28, odos Ethnikis Andistassis ou au 9, odos Agion Apostolon) : départs les lundi, mercredi et vendredi à 13 h.

SIVOTA

750 hab.

D'Igouménitsa à Parga, la côte est superbe. Au lieu de filer directement sur Parga, on peut faire un petit détour par Sivota, en quittant la route principale au carrefour de Plataria, à droite. C'est un peu l'anti-Parga : le village est dispersé sur plusieurs collines, sans grande unité, mais son atout principal consiste en 15 plages et petites îles, certaines très faciles d'accès, qui permettent de varier les plaisirs sans avoir besoin de bouger beaucoup. Ces îles semblent connues des plaisanciers. Beaucoup moins de monde qu'à Parga tout de même, mais le village a tendance à perdre de son charme depuis que la boulimie urbanistique s'est emparée des promoteurs immobiliers. Possibilité d'aller à Paxos (excursions à la journée).

L'ÉPIRE CÔTIÈRE

Adresse utile

@ **Café Internet :** *Play Station,* légèrement en retrait du port, juste en face de l'agence *Sivota Travel.* Compter 2 € pour 30 mn de connexion.

Où dormir ? Où manger ?

🛏 Pas de problèmes pour trouver des **chambres.** Vous pouvez vous faciliter le travail en passant par l'agence *Sivota Travel* (dans la rue principale, en arrivant sur le port), où l'on peut vous trouver ce que vous cherchez. ☎ 26-65-09-32-64 et 26-65-09-34-39. Fax : 26-65-09-33-55. ● www.sivotatravel.gr ● Ouvert de 9 h à 13 h et de 17 h à 22 h. Un conseil : repérez d'abord les plages, soit de visu, soit en vous procurant la brochure éditée par *Sivota Travel,* et demandez à être logé à proximité de celle qui vous a tapé dans l'œil. *Top Travel,* juste en face de Sivota Travel, est très bien aussi (bon accueil, en français). ☎ 26-65-09-75-00. Fax : 26-65-09-75-03. ● www.toptravel.gr ●

⚕ |●| **Camping Sivota :** en arrivant sur Sivota, quand on vient d'Igouménista, bien indiqué. ☎ 26-65-09-33-75. Fax : 26-65-09-32-75 (en hiver : ☎ 23-01-60-19-27). ● casivota@otenet.gr ● Ouvert de début mai à la mi-octobre. Dans les 17 € pour 2 personnes avec voiture et tente en été. Terrain très ombragé (oliviers presque centenaires). Très calme. Congélateurs, réfrigérateurs, machine à laver

sanitaires propres. Resto self-service (à partir de juillet à condition qu'il y ait suffisamment de monde). Plage à 100 m. Accueil francophone charmant. Service de réservation de ferries pour l'Italie (agence *Euromer,* voir « Comment aller en Grèce ? », dans les « Généralités »).

|●| **Chez Georges Mantzavelas :** dans la rue en direction de Parga, à gauche après l'église, en face du supermarché. Prévoir environ 9 € par personne. Une taverne pas du tout attrape-touristes, et pour cause, il n'y en a pas. Si le cadre paraît quelque peu défraîchi, la nourriture est irréprochable. Le patron, sympathique, propose de bons plats simples, frais et servis généreusement. Ambiance grecque et clientèle d'habitués.

|●| **Georgios Family :** sur le port de plaisance. ☎ 26-65-09-32-66. Autour de 9 € le repas par personne. Un resto classique, ouvert midi et soir, proposant une carte variée. Cuisine familiale traditionnelle. Grande terrasse. Service efficace. Attention · l'adresse est connue et les tables se remplissent rapidement.

À voir. À faire

⛰ **Les plages :** du camping, accès à la plage *Gallikos Molos* et à celle de *Zéris,* situées au nord-ouest de Sivota. De *Bellavraka* (accès depuis la place ronde à proximité du port : monter la côte assez raide qui mène à un quartier de villas sur les hauteurs), possibilité d'aller à pied sur l'îlot Mourtéméno. Malheureusement, la proximité du *Robinson Club* a rendu le coin assez bruyant. Plusieurs autres plages, pour les heureux possesseurs d'un bateau, sur les petites îles d'Agios Nikolaos et de Mavro Oros.
À la sortie sud de Sivota, plage de *Zavia,* très abritée au fond d'un golfe, avec un grand parking et un café-restaurant. Plus de place sur *Méga Ammos,* un peu plus au sud. D'autres petites criques se succèdent tout au long de la route « virageuse » en direction de Perdika.

ARILLAS
100 hab.

Les Grecs ayant eu la bonne idée de goudronner la route jusqu'à Arillas, on peut aller chercher d'autres belles plages là-bas. Celle tout en bas du village n'est pas mal du tout. On campe plus ou moins officiellement juste au-dessus de la plage. Une autre plage, *Karavostasi*. Aucun commerce.
Pas d'affolement si vous voyez plus de voitures allemandes que grecques : beaucoup de monde a émigré en Allemagne.
À noter qu'une route assez récente permet de gagner Parga en suivant plus ou moins la côte sans être obligé de reprendre la nationale qui est davantage dans les terres.

Où dormir ? Où manger ?

🛏 **Chambres** à louer tout en haut d'Arillas, prix très variables. Également sur la route de Sivota.
🍽 Pour manger, mieux vaut monter à Perdika, à quelques kilomètres. Plein de petits **restos** pas chers autour de la place joliment aménagée (dont le snack *Christos Dangas*). Vous passerez sans doute devant une échoppe à *souvlakia* où l'on annonce que le *gyros* et le *souvlaki* de la maison ont un effet similaire à celui du Viagra. Voilà qui laisse songeur (nous n'avons pas testé)...

PARGA
1 700 hab.

À 50 km au sud d'Igouménitsa, sur une côte dont vous apprécierez la beauté lors du trajet d'accès par la route. Parga est un gros village de pêcheurs blotti sur le flanc d'une colline couronnée par les ruines d'une forteresse construite par les Normands au XIVᵉ siècle et renforcée pendant l'occupation vénitienne. Parga a conservé tout son charme qui évoque les îles, mais est devenu extrêmement touristique. Dès juin, le village est noir de monde et envahi de magasins de souvenirs. Prix en conséquence.
Les habitants de Parga ont montré dans l'histoire qu'ils avaient du caractère : en 1819, les Anglais, maîtres de Parga comme des Îles Ioniennes, vendirent la ville à Ali Pacha, le maître de Ioannina qui avait des velléités d'indépendance face à l'Empire ottoman. En signe de refus – Ali Pacha était albanais et non grec –, la plupart des habitants s'exilèrent à Corfou et leurs descendants ne remirent les pieds à Parga qu'après 1913, quand l'Épire fut rattachée à la Grèce.
La ville moderne est bâtie un peu en hauteur, mais le bas (quartier du port, plage...) est exceptionnel. Tout d'abord, les voitures n'entrent pas. On peut donc se balader dans les petites ruelles tranquillement (enfin, hors saison...). Et puis, une virée en pédalo au coucher du soleil, c'est exquis. Ceux qui n'auront pas le plaisir d'aller dans les îles se consoleront donc un peu en allant à Parga.

Comment y aller ?

En bus

➤ **D'Athènes :** depuis le terminal A, 100, odos Kifissou. 3 bus par jour, de 7 h à 20 h. 7 h de trajet. Compter 27 €.
➤ **De Prévéza :** du lundi au vendredi, 4 bus par jour de 6 h 30 à 20 h. Le week-end, 3 bus de 8 h 30 à 20 h.
➤ **D'Igouménitsa :** 4 bus par jour (3 le samedi) de 5 h 45 à 17 h 15.

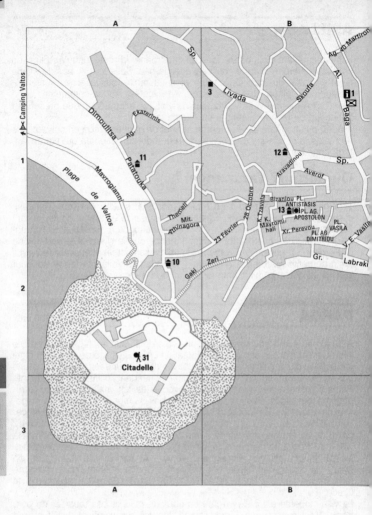

L'ÉPIRE CÔTIÈRE

- **Adresses utiles**
  - **1** Police touristique
  - **2** Guichet des caïques
  - Poste
  - Gare routière
  - **3** Centre de soins
  - **4** Bar Terra

- **Où dormir?**
  - **10** Chambres chez Kostas et Martha Christou

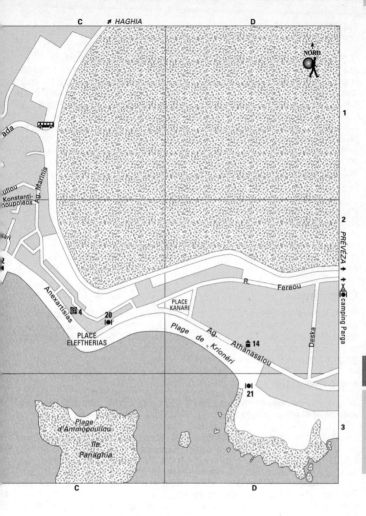

L'ÉPIRE CÔTIÈRE

PARGA

11 Chambres chez Katerina Pappa

12 Hôtel Paradise

13 Hôtel Acropol

14 Villa Koralli

|●| **Où manger?**
13 Restaurant Castello
20 Restaurant Dionysos
21 Villa Rosa

À voir
31 Citadelle

Adresses utiles

ℹ️ *Police touristique* (plan B1, *1*) : rue Al. Baga, au 1er étage, à côté de la poste. ☎ 26-84-03-12-54. Ouvert tous les jours en matinée.

✉️ *Poste* (plan B1) : rue Al. Baga. Ouvert du lundi au vendredi de 7 h 30 à 14 h.

@ *Café internet* (plan C2, *4*) : Bar Terra, sur le port. Prévoir 5 € pour 1 h de connexion, ou au *Flamingo Internet Café* (plan B1), juste avant la poste, pour 4,50 € l'heure.

🚌 *Gare routière* (plan C1) : à côté du *Kineziko*, grand restaurant asiatique tape-à-l'œil. ☎ 26-84-03-12-18.

■ *Centre de soins* (plan B1, *3* ; se prononce **Kendro Ygias** en grec) : en haut de la ville, odos Sp. Livada. ☎ 26-84-03-12-33. L'hôpital régional est à Kanalaki, à une trentaine de kilomètres. ☎ 26-84-02-25-81.

Où dormir ?

Parga a une certaine cote : inconvénient, des prix élevés en ce qui concerne l'hébergement. Avantage : les prix officiels peuvent se négocier quand ce n'est pas plein.

Camping

⚕ ⑩ *Camping Parga* (hors plan par D2) : à 500 m de la plage. ☎ et fax : 26-84-03-11-61. Compter environ 16 € pour 2 personnes, avec tente et voiture. Emplacements sous les oliviers. Resto. Pas d'épicerie. Un peu léger au niveau du service et des équipements, mais accueil très sympathique.

Prix moyens

🛏 *Chambres chez l'habitant, chez Kostas et Martha Christou* (plan A2, *10*) : 6, odos Patatouka. ☎ 26-84-03-19-42. Tout en haut, près de l'entrée de la citadelle, au-dessus du café *Cozi*. Prévoir de 20 à 35 € selon la saison. Ouvert toute l'année. Réserver impérativement pendant l'été. Propose une dizaine de chambres fonctionnelles très bien tenues disposant d'une cuisine commune, ainsi qu'un petit appartement pour une famille. Les salles de bains, privées ou communes, sont impeccables. Depuis les balcons, certaines chambres jouissent d'une vue imprenable sur Parga. La patronne, très sympathique, ne parle que l'allemand (en dehors du grec), mais au café en bas (où on la trouve souvent), on parle l'anglais. Elle peut vous préparer un petit dej' dans le jardin croquignolet.

🛏 *Chambres chez l'habitant, chez Katerina Pappa* (plan A1, *11*) : 36, odos Patatouka. ☎ 26-84-03-13-01. De 25 à 40 € la chambre double. Une petite pension à l'ancienne pas toujours très bien tenue, où il faut avoir un goût certain pour le rustique. On passe devant la cuisine, d'où s'échappent les effluves alléchants du dîner, avant de grimper dans les chambres. Celles-ci sont plutôt spartiates, mais certaines possèdent une salle de bains privée. Là aussi, vue exceptionnelle sur la plage de Valtos, ou bien vue sur cour. En dehors du grec, on n'y parle que l'allemand !

De prix moyens à plus chic

🛏 *Hôtel Paradise* (plan B1, *12*) : 16, odos Spyros Livada. ☎ 26-84-03-12-29. Fax : 26-84-03-12-66. • www.paradise-palatino.com • Près de l'école.

Ouvert toute l'année. Chambres doubles de 40 à 60 €. Hôtel récent, de taille moyenne qui propose des chambres correctes avec salle de bains, TV. Mobilier en bois confortable. Bar et jardin. Propre. Une partie du personnel parle le français. Bon accueil. Accepte les cartes de paiement. Même direction à l'hôtel *Palatino,* ouvert de mars à octobre et plus cher. Cartes de paiement acceptées.

Plus chic

🛏 I●I *Hôtel Acropol (plan B2, 13) :* 6, odos Agion Apostolon. ☎ 26-84-03-12-39. Fax : 26-84-03-12-36. ● www.parga.net ● Dans le dédale des ruelles du village (indiqué de l'école), une bâtisse de charme rénovée avec beaucoup de goût. Chambres doubles de 45 à 75 € selon la saison, petit dej' compris. Chambres très confortables de taille moyenne, avec balcon et salle de bains. Propre. Resto agréable (*Castello,* voir « Où manger ? »). Accueil un peu snobinard. Cartes de paiement acceptées.

🛏 *Villa Koralli (plan D2, 14) :* 7, odos Agiou Athanassiou. ☎ 26-84-03-10-69. Fax : 26-84-03-24-69. Face à la plage de Krionéri. Ouvert quasiment toute l'année. De 35 à 55 € selon la saison, sauf en août où les prix grimpent à 80 €, pour une chambre double, petit dej' inclus, pris sur une superbe terrasse. 5 € de moins pour les chambres à l'arrière. Chambres avec vue sur la plage ou sur les oliviers (ces dernières sont un peu moins chères). Les chambres disposent d'un grand balcon, d'un beau mobilier de bois, d'un réfrigérateur et du chauffage. Salles de bains récentes. Très propre. Patronne aimable. N'accepte pas les cartes de paiement.

Où manger ?

I●I *Restaurant Dionysos (plan C2, 20) :* taverne de poisson (mais on peut y trouver d'autres plats) sur le remblai, au niveau du coude qui sépare les deux criques. Vue imprenable sur la baie et son îlot depuis la terrasse au premier. Prix très raisonnables (dans les 13 € le repas complet avec poisson). *Gyros* au rez-de-chaussée très bon marché, sur place ou à emporter.

I●I *Restaurant Castello (plan B2, 13) :* resto de l'hôtel *Acropol* (voir la rubrique « Où dormir ? »). Compter environ 15 € par personne. Très bonne cuisine italienne (spécialités de pâtes) mais aussi internationale, avec des spécialités orientales. Restaurant élégant, au personnel stylé, avec une agréable terrasse ombragée à l'écart de l'agitation. Cave très bien fournie que l'on aperçoit grâce au sol en verre. Tout cela pour un prix légèrement supérieur à celui des tavernes.

I●I *Villa Rosa (plan D3, 21) :* au bout de la plage de Krionéri (la crique à gauche), face à l'îlot de la Panagia. ☎ 26-84-03-19-52. Repas pour environ 12 € par personne. Belle terrasse qui s'étire sous les rochers bordant la plage. Magnifique vue sur la colline surmontée de la citadelle. Nourriture correcte, pas toujours extrêmement copieuse. Ils disposent également de 7 belles chambres à louer pour environ 50 € en saison.

I●I Un tas de *restos* sur la promenade qui longe la mer. Personnel malheureusement assez racoleur.

Où dormir ? Où manger dans les environs ?

À Valtos

⚿ I●I *Camping Valtos (hors plan par A1) :* de l'autre côté de la citadelle, à 50 m de la plage. ☎ 26-84-03-12-87. Fax : 26-84-03-11-31.

● www.campingvaltos.gr ● Ouvert de mai à septembre. Pas donné. Compter environ 16 € en haute saison pour 2 adultes avec voiture et tente. Des bungalows en location, de 35 à 55 € la nuit pour 2 personnes selon la saison. À l'ombre des oliviers, certains vieux de 300 ans ! Mais le tout n'est pas très verdoyant. Épicerie, bar et restaurant. Sanitaires neufs. Bon accueil. N'accepte pas les cartes de paiement.

À Lychnos

🏕 l●l *Camping Enjoy Lychnos :* 3 ou 4 km au sud-est de Parga, juste au-dessus de la plage de Lychnos, au bout d'une descente tortueuse (attention, remontée pas toujours évidente avec une caravane). ☎ 26-84-03-11-71. Fax : 26-84-03-20-76. ● ho lidays@enjoy-lichnos.com ● Ouvert toute l'année. Environ 15 € pour 2 personnes avec voiture et tente l'été. Une partie des emplacements sont très verts, sous les oliviers ou des toits de bambous (nettement moins esthétiques). Les autres sont répartis sur différentes terrasses en escalier, beaucoup moins sympathiques. Beaux sanitaires récents. Épicerie, bar-resto tout neuf (repas dans les 9 €). Internet. Machine à laver. Bungalows avec cuisine dans les 55 € en saison. Navettes en barque pour Parga. Accueil très moyen. Camping membre de la chaîne *Sunshine :* réduction de 10 à 20 % sur présentation du dépliant de la chaîne.

🏠 Si l'on est motorisé, des *chambres à louer* à Agia Kyriaki, à quelques kilomètres au sud. Tout en longueur, c'est un village-dortoir sans intérêt qui a l'avantage d'être moins bondé que Parga. Belle vue sur le golfe (mais la mer est à quelques kilomètres). Pas mal de choix, demander à la villa *Saint Antonio* (authentique), la première sur la droite en arrivant de Parga, où Catherine et Antonio louent quelques studios équipés d'une kitchenette. S'il n'y a personne à la réception, demander au resto Andréas dans le centre. Certains sont dotés d'un balcon qui offre un magnifique point de vue. ☎ 26-84-03-10-96. Compter de 25 à 50 € selon la saison.

À voir

🍴 Pour jouir d'une vue exceptionnelle sur ce site unique, grimpez à la *citadelle (plan A2, 31)* en cours de restauration. Pour les photographes, en fin d'après-midi. Ouvert de 8 h à 20 h 30. Entrée gratuite. Si vous restez plus d'un jour, vous jouirez d'une vue non moins remarquable en empruntant un petit chemin (rue à l'arrière de l'hôtel *Rezi*) qui grimpe, grimpe... mais récompensera vos efforts.

Petite randonnée pédestre

➢ Balade de 2 h à faire le soir, avant le coucher du soleil : au sud de Parga, monter par un sentier qui passe près d'une chapelle. Plus loin, on en voit une autre, sur un îlot. Le sentier devient chemin et on entre dans des oliveraies d'une beauté surprenante. On contourne la colline et, négligeant la route en contrebas, on passe près d'une fontaine, puis une chapelle à grenier et on descend, *siga siga* (doucement !), vers Parga.

➢ DANS LES ENVIRONS DE PARGA

On trouve au milieu du port de Parga un petit guichet *(plan C2, 2)* qui vend des billets pour se rendre en caïque sur les plages des environs à des prix raisonnables. Très agréable et pratique si vous n'êtes pas motorisé.

🗽 *Valtos :* à 2 km en voiture, de l'autre côté de la citadelle (on peut y aller en caïque du port pour 1 €, à pied par la ville en montant tout près de la citadelle avant de redescendre par des marches ou par la route). Très jolie plage malheureusement bondée même avant la pleine saison. On peut également rejoindre la belle plage de *Lychnos,* mais elle aussi très fréquentée, à 3 km au sud, en caïque pour 2 €.

🗽 *Agia :* petit village perché sur les collines, à quelques kilomètres de Parga. Sur la route, après la bifurcation pour Agia, continuer et tourner à gauche (point de repère : petite usine rouge près de la route). 5 km de route, dont une partie asphaltée. Vous trouverez alors une *plage* merveilleuse, *Sarakino :* on peut également y aller en barque à partir du port de Parga pour 6 € aller-retour, incluant la visite de la grotte d'Aphrodite. On y trouve aussi une *taverne* sympa *(Christos Taverna).*

🗽 Au sud de Parga, direction Prévéza, plusieurs belles *plages* dans le district de *Fanari :* **Ammoudia** (à l'embouchure du delta de l'Achéron), **Kerentsa, Amoni, Alonaki.** Dans les terres, une belle vallée fertile.

🗽🗽 *Nékromantion :* à une vingtaine de kilomètres au sud de Parga, sur la route de Prévéza, sur une butte, 500 m au-dessus du village de *Messopotamon.* Ouvert tous les jours de 8 h 30 à 17 h (15 h hors saison). Entrée : 2 €. C'est le sanctuaire de l'Oracle des Morts, qui fit l'objet de nombreux pèlerinages dès l'époque archaïque (les premières traces d'activités sur le site remonteraient au VIIe siècle av. J.-C.). On venait au sanctuaire pour interroger les âmes des défunts, comme le fait Ulysse dans *L'Odyssée,* au cours d'un long rituel, incluant jeûne, solitude, prières et bien entendu offrandes généreuses, durant plusieurs jours, le tout dans le noir complet. On pense que l'on amenait les fidèles, ainsi psychologiquement préparés (laminés), dans un sanctuaire également plongé dans l'obscurité et où, par un système de roues crantées (visibles dans le musée de Ioannina) et de contrepoids situé dans la crypte, on faisait apparaître des formes évoquant des âmes. Les Grecs ne se sont pas contentés d'inventer la démocratie et le théâtre, ils ont aussi exploré, avec succès semble-t-il, les voies du grand charlatanisme ! Quelques ruines de bâtiments subsistent encore, sur un site agréable, datant du IVe ou du IIIe siècle av. J.-C. et découvert en 1958. Alors à son apogée, le sanctuaire fut définitivement détruit en 167 av. J.-C. par les Romains. L'*Achéron,* qui passe à côté, était la rivière sur laquelle Hermès conduisait les morts (qui s'acquittaient du droit de passage en pensant à apporter avec eux une piécette, ce qui explique que l'on trouve parfois des pièces de monnaie dans les tombes anciennes, et plus particulièrement dans la bouche des défunts) en direction de l'entrée du royaume d'Hadès, autrement dit les Enfers.
– Si on veut se baigner dans le fleuve des Morts, c'est possible. Après Messopotamon, s'enfoncer dans les terres jusqu'à *Gliki.* Là, un sentier fléché permet de remonter le long de l'Achéron. Prévoir la tenue *ad hoc* : on commence par se mouiller les pieds puis on franchit à la nage trois passages de 25-30 m chacun. Vivifiant ! Quelques bars-restos au début du sentier pour reprendre des forces au retour. À ne pas faire si l'orage menace.

L'ÉPIRE CÔTIÈRE

QUITTER PARGA

➢ *Pour Athènes :* 3 départs quotidiens à 7 h, 10 h 30 et 17 h 45.
➢ *Pour Prévéza :* 4 ou 5 départs quotidiens de 7 h à 21 h 15.
➢ *Pour Igouménitsa :* 4 bus par jour de 7 h 15 à 18 h 30.

PRÉVÉZA

15 000 hab.

Port d'une certaine importance, qui commande l'entrée du golfe d'Arta et permet de rejoindre l'île de Leucade. Il conserve le petit charme des cités vivantes un peu oubliées. Pas excessivement touristique, car la ville n'a pas beaucoup à proposer. Fondée par Pyrrhus, roi d'Épire (oui, celui qui a inventé une certaine façon de vaincre). C'est au large de Prévéza que se tint la fameuse bataille navale d'Actium en 31 av. J.-C. Du bastion du fort vénitien, vous couvrez toute la vue sur le golfe. La ville n'a pas été défigurée par une façade d'immeubles modernes sur le quai, comme à Volos ou à Igouménitsa, et présente une animation intéressante dans le quartier et les ruelles alentour. Nombreuses vieilles maisons dans les ruelles piétonnes derrière le port. Il n'est pas difficile de se repérer : l'activité se concentre entre le quai piéton (léoforos E. Vénizélou) et la rue centrale (léoforos Irinis) qui lui est parallèle.

Un tunnel tout neuf, qui a remplacé le bac, permet d'accéder à Leucade rapidement pour 3 €.

Adresses utiles

🛈 *Bureau du tourisme municipal :* dans un bâtiment moderne sur le front de mer, à gauche du *Café Prévert* quand on est dos à la mer. On parle de déménagement, mais le numéro de téléphone reste le même : ☎ 26-82-02-10-78. Ouvert en principe du lundi au vendredi de 7 h à 14 h 30 et de 18 h à 20 h, ainsi que le samedi matin (horaires haute saison).

✉ *Poste :* odos Spiliadou, sur le front de mer.

■ *Banque nationale de Grèce (avec distributeur) :* à côté de la poste.

■ *Hôpital :* ☎ 26-82-04-62-00 ou 26-82-02-28-71. Odos Sclevkias. Pour s'y rendre, passer le port et le château,

par Spiliadou.

@ Plusieurs *cafés Internet,* dont un situé dans une rue perpendiculaire au front de mer (piéton), juste en face de l'office du tourisme.

■ *Agence Nicopoli Hellas :* 19, odos Spiliadou (au début de la rue qui débute au bout du front de mer, au niveau du château). ☎ 26-82-02-88-05. Fax : 26-82-02-74-91. ● stella.xanthakou@nicopoli.com ● Une agence où vous pourrez obtenir bon nombre de renseignements sur la région. Bon accueil de Stella Xanthakou ou de son fils. L'agence gère un parc locatif de villas assez important et s'occupe aussi de location de voitures, de voiliers, de billets de bateaux.

Où dormir ?

De prix moyens à plus chic

🛏 *Hôtel Minos :* odos Nikis, près du coin avec la rue du 21-Octobre. ☎ 26-82-02-84-24. Fax : 26-82-02-46-44. À 50 m du port, une rue perpendiculaire. Ouvert toute l'année. Chambres doubles de 40 à 55 € selon la saison. Hôtel vieillot mais correct disposant d'une vingtaine de chambres. Patron très sympa.

🛏 *Hôtel Dioni :* pl. Papageorgiou. ☎ 26-82-02-73-81 à 83. Fax : 26-82-02-73-84. À 50 m du front de mer (indiqué) vers léoforos Irinis. À 30 m du *Minos.* Ouvert toute l'année. Chambres doubles à 50 € en haute saison. Grand bâtiment, une trentaine de chambres dont la plupart disposent d'un balcon et d'une TV. AC. Meubles un peu usés, mais tout à fait corrects. Salles de bains propres et très spacieuses. Cartes de paiement acceptées. Bon accueil.

Où dormir dans les environs ?

Campings

⛺ *Camping Kalamitsi :* entre la route d'Igouménitsa et la mer, à 4 km au nord. ☎ 26-82-02-21-92 et 26-82-02-32-68. Fax : 26-82-02-86-60. Ouvert toute l'année. Plutôt cher : plus de 18 € la nuit pour 2 personnes avec voiture et tente, et jusqu'à 21 € en août. Terrain très vert, enfoui sous les bougainvillées et emplacements propres tirés au cordeau. Très belle piscine. Calme. Malgré tout ça, la situation ne vaut pas vraiment le prix ; excentré et la plage (à 100 m), n'est vraiment pas terrible. Épicerie, resto. Location de bungalows avec kitchenettes. Accueil très aimable. Réduction de 10 % à partir de plusieurs jours.

⛺ *Camping Acrogiali :* à Riza, sur la route d'Igouménitsa, à 27 km au nord. ● www.camping-acrogiali.com ●

☎ 26-82-05-63-82. Fax : 26-82-05-62-83. Prendre la direction de la plage (paralia) de Riza quand on vient du sud et parcourir 2 km sur la petite route côtière. Si l'on vient du nord, quitter la route principale pour Ligia ; le camping est indiqué. Tarifs raisonnables : maximum de 14 € pour 2 adultes avec voiture et tente. Location de bungalows autour de 30 € et de studios tout équipés dans les 45 €, en été. Réductions hors saison. Camping agréable, au bord de la plage. Épicerie, resto, machine à laver et table à repasser, aire de jeux. Sanitaires neufs très propres. Soirées musicales très sympas le week-end. Le patron parle impeccablement le français. Excellent accueil. Cartes de paiement acceptées.

Où manger ?

Bon marché

Quelques snacks dans les environs de la gare routière, pour ceux qui ne font que passer.

|●| Les *restos* sur le port sont dans l'ensemble sympas et n'arnaquent pas. Sympathique animation le soir. La taverne *O Kaïxis* (odos Parthenagogiou, qui part du port) a bonne réputation.

|●| *Taverne Ambrosios :* 9, odos Grigoriou E' (qui part du port). Grosses barriques à l'intérieur. Bonnes sardines grillées et calamars. Le patron est un bon vivant, très sympa. Prix raisonnables. Une des premières tavernes de Prévéza.

➤ *DANS LES ENVIRONS DE PRÉVÉZA*

🏛 *Nicopolis :* à 8 km au nord. ☎ 26-82-04-13-36. Ouvert de 8 h à 19 h en saison et de 8 h 30 à 15 h le reste de l'année. Entrée : 3 € ; réductions. Le guichet se trouve au musée (fermé le lundi matin) indiqué par le panneau « site de Nicopolis ». On y trouve un plan général distinguant les différents édifices, ce qui aide à comprendre le site qui est très éparpillé. En fait le billet est surtout valable pour la visite de celui-ci, car on peut s'approcher du reste du site sans payer (surtout que pas mal de monuments, comme l'odéon ou le monument d'Auguste ne se visitent pas car fermés, et même certains sont enfouis sous les plantes, comme le théâtre ou le stade).

La « ville de la Victoire » fut édifiée par Octave, en l'honneur de son triomphe à Actium. C'est au large de cette cité qu'il défia Marc Antoine et Cléopâtre à la bataille navale, en 31 av. J.-C., et qu'il remporta la victoire grâce aux vaisseaux légers de son général Agrippa (par un F10-E10 magistral !). Cléopâtre et Marc Antoine réussirent à s'enfuir, et Octave se vit décerner le titre d'Auguste et la dignité impériale. L'Empire romain venait officiellement de naître. Le monument fut érigé à l'emplacement où il se trouvait lors du combat.

La ville romaine, très étendue (900 ha), a été en partie recouverte par la ville byzantine. Les vestiges qui foisonnent sur plusieurs kilomètres intéresseront surtout les inconditionnels des vieilles pierres. Si beaucoup sont en cours de fouilles et sont, de ce fait, très mal ou pas du tout signalés, il reste tout de même d'impressionnants pans de la muraille byzantine (reconnaissable à l'alternance de couches de pierres et de briques), quelques morceaux de tours (carrées et triangulaires régulièrement alternées : caractéristique également byzantine) et la porte principale de la ville à découvrir.

Le musée abrite une intéressante collection de statues, bas-reliefs et chapiteaux. Bien entendu, les plus belles pièces sont parties depuis longtemps pour Athènes. Le couvercle du grand sarcophage de pierre aide à visualiser ce à quoi pouvait ressembler un temple à l'époque, dont les toits ont rarement survécu jusqu'à nous. Noter la base de statue monumentale de la période classique au fond : c'est un bel exemple de réutilisation des matériaux, car on peut voir que ce sont des mosaïques byzantines qui continuent la frise originale (la différence des styles est frappante) lorsque le bloc a été réemployé en tant qu'autel pour les liturgies chrétiennes. En été, des concerts sont donnés dans l'odéon, restauré pour l'occasion.

🏃 *Kassopé :* de la route côtière allant de Parga à Prévéza, tournez à gauche vers Arta, puis à 2 km à gauche, puis encore à droite. Site en partie détruit quand la falaise s'est effondrée. Mais il reste des vestiges suffisamment bien préservés pour reconnaître ici une agora, là un *bouleutérion* (sorte de petit parlement en hémicycle), maisons et portiques. Remarquez le plan très régulier de la cité entourée de remparts, plan très fonctionnel en damier avec ses rues se croisant toutes à angle droit. La situation est magnifique, dominant la forêt, le golfe d'Arta et la presqu'île de Prévéza.

QUITTER PRÉVÉZA

En bus

🚌 La *station de bus* est à environ 500 m du port dans léoforos Irinis, la rue centrale. ☎ 26-82-02-22-13. Bus un peu moins nombreux le week-end.
➢ *Pour Igouménitsa :* 2 bus par jour, en fin de matinée et l'après-midi.
➢ *Pour Parga :* 4 bus par jour de 6 h 45 à 20 h.
➢ *Pour Ioannina :* 10 bus par jour de 6 h à 19 h 45.
➢ *Pour Arta :* 5 bus par jour de 7 h 15 à 16 h 15.
➢ *Pour Athènes :* 3 bus par jour de 9 h à 19 h.

DE PRÉVÉZA À MESSOLONGHI

Au lieu de faire le tour du golfe d'Arta, possibilité de prendre un bac à Prévéza (environ toutes les 30 mn) jusqu'à Aktion.

🏃 Suivre une belle route côtière qui dessert de jolies petites plages aux eaux cristallines et passe à *Mitikas*, face à la petite île de Kalamos (île peuplée de marins retraités d'Onassis ; un caïque à 11 h 30, retour le lendemain à 7 h). Village en expansion mais qui reste très grec. Deux campings proches du village. Si vous faites une pause dans le secteur, faites une sortie en caïque, pour pas bien cher : les côtes et les petites îles entre Leucade et le continent sont magnifiques.

ARTA
17 500 hab.

Petite ville où l'art byzantin tient une grande place. Dès l'Antiquité la ville, fondée par les Corinthiens et enrichie par Pyrrhus, était révérée comme l'une des plus belles de Grèce. Au Moyen Âge, la ville a ensuite été la capitale du despotat d'Épire, un État grec qui s'étendait de Naupacte à Dürres (actuelle Albanie). Les gens, ici, n'aiment pas trop les visiteurs en short... La ville n'est pas encore touristique, et pour cause. Force est de constater qu'elle n'a pas conservé beaucoup de charme ; elle n'a pas de jolies ruelles ni de vieux centre où l'on aime flâner. Cependant ses églises byzantines valent à elles seules le détour. En farfouinant, on dégote également un théâtre romain et les restes d'un temple. La rue principale, odos Skoufa, est réservée aux piétons le soir. C'est d'ailleurs un endroit particulièrement animé, où les terrasses de cafés sont envahies par les jeunes à la tombée de la nuit. Marché typique, odos Vassilia Pyrrou, près de l'hôtel *Amvrakia.*
Circulation pas très facile : les principaux axes étant à sens unique, il faut suivre le mouvement. On arrive dans le centre par l'odos Vassilia Konstantinou puis, pour rester dans le centre, on prend à gauche l'odos Amvrakias et on poursuit, à nouveau à gauche, par l'odos Vassilia Pyrrou, qui ramène au début de l'odos Vassilia Konstantinou : comme cela, si on a loupé quelque chose, on repart en boucle !

Adresses utiles

■ *Police touristique :* pl. Kristali, sur le bd périphérique. ☎ 26-81-07-70-10. Ouvert tous les jours, uniquement le matin.
✉ *Poste :* odos Amvrakias, en plein centre.
■ *Banques :* Banque nationale (Ethniki Trapéza), 36, odos Skoufa ; ErgoBank, pl. Ethnikis Antistasséos ; Banque commerciale (Emboriki Tra-péza), pl. Ethnikis Antistasséos (toutes avec distributeur automatique de billets).
■ *Hôpital :* ☎ 26-81-02-22-22, situé tout en haut du promontoire qui surplombe la ville. Faites-vous porter pâle pour la nuit, vous aurez la plus belle vue de la ville...
@ *Internet :* à *Playland,* sur la place Kilkis, près de l'hôtel *Cronos.*

Où dormir ? Où manger ?

🛏 *Hôtel Cronos :* plateia Kilkis, à l'angle de l'odos Vas. Pyrrou et de l'odos Skoufa. ☎ 26-81-02-22-11. Fax : 26-81-07-37-95. Chambres doubles de 45 à 50 €. La rue piétonne (Skoufa) part de cette place. À deux pas des églises et de la métropole. Un hôtel fonctionnel au design passé de mode. Chambres correctes avec balcon et TV. Accueil routinier. Accepte les cartes de paiement.
🛏 *Hôtel Amvrakia :* 13, odos Prio-volou. ☎ 26-81-02-83-11, 12 et 13. Fax : 26-81-07-85-44. Chambres doubles dans les 45 €, petit dej' non compris. Hôtel tout simple, un peu décati d'aspect extérieur, mais les chambres sont très correctes et certaines disposent de grands balcons. L'hôtel est situé dans une zone piétonne ; se garer odos Vas. Pyrrou. Bon accueil.
🍴 *Psistaria Papadakos :* 31, odos Skoufa (c'est la rue piétonne principale, à l'autre extrémité par rapport à la place Kilkis). ☎ 26-81-07-02-51.

Ouvert tous les jours de 10 h à minuit. On y mange correctement pour une somme modique : dans les 7 €. Petite salle avenante, souvent bondée. Cuisine de taverne où l'on choisit ses plats de visu.

|●| *Rebetadico Elladi :* remonter la petite rue qui passe à droite de l'église Kassopitras quand on vient de la rue Skoufa. On y dîne surtout de *souvlakia.* Nikos, le patron ne parle que le grec mais son sourire est communicatif. Petits *mezze* originaux (croquettes de poisson, etc.) parfois offerts avec les apéritifs.

|●| De nombreuses autres *psistariès,* dans les mêmes prix, comme *To Tavernaki,* toujours odos Skoufa, tout près de la place Ethinikis Antistasséos (☎ 26-81-07-50-29) : *souvlakia* et *gyros* à volonté, assis ou debout. Fermé l'après-midi.

Où dormir dans les environs ?

🏠 *Hôtel Byzantino :* à la sortie de Filothéi, à 10 km, sur la route de Préveza. ☎ 26-81-05-22-05. Fax : 26-81-05-21-16. ● byzadino@aias.gr ● Dans la catégorie « Plus chic ». Prix en conséquence : compter de 80 à 95 € pour une chambre double, petit dej' compris selon la saison (ouvert toute l'année). Tout beau, tout neuf ! Chambres impeccables et bien équipées : AC, TV, joli mobilier. Belle architecture d'ensemble. Très confortable. Piscine et tennis.

À voir

🚶🚶 Trois ou quatre églises du XIIIᵉ siècle renferment des fresques superbes, et leur architecture est exceptionnelle. Voir *Agia Théodora,* croquignolette avec son dôme unique au-dessus du narthex (rare) et ses fresques malheureusement très noircies. Ce qui ajoute une ambiance mystique si l'on reste pour l'office. Il est intéressant de constater cependant que certaines scènes, que l'on croirait choisies au hasard, mais qui doivent revêtir une certaine importance cultuelle, ont été ravivées avec succès, ce qui est de bon augure pour le reste. Également *Agios Vassilios,* décorée de faïence, mais il ne faut surtout pas manquer l'ancienne métropole datant de 1289 : la *Panagia Parigoritissa* (la Vierge consolatrice). ☎ 26-81-02-86-92. Ouvert de 8 h 30 à 15 h, sauf le lundi. Entrée : 2 €. Son architecture, sur plan en croix grecque, est unique, puisque les pendentifs du dôme reposent sur huit piliers assez fins (au lieu de 4 massifs) réutilisant des colonnes antiques, même à l'horizontal, et laissant ainsi l'espace central entièrement vide. Caractéristique également, la technique d'encadrement des pierres des murs extérieurs par des morceaux de briques. La mosaïque du *Christ Pantocrator* sous la coupole, se détache remarquablement par la vivacité de ses couleurs (d'autant plus qu'aujourd'hui que le reste du décor est en grande partie effacé), comme pour imprégner le fidèle de la magnificence du Seigneur. Elle fut sans doute exécutée par des artistes venus de Constantinople, à l'époque de la dernière apogée byzantine. Également une fresque de la Cène (XVIIIᵉ siècle) dans l'abside et une Vierge à l'Enfant (XVIᵉ siècle) sur l'iconostase. Du complexe monastique d'origine, outre l'église, il subsiste 16 cellules et le réfectoire qui accueille le *Musée archéologique.*

🚶🚶 Le *pont à quatre arches* (à 1 km du centre, direction Ioannina, sur la droite), célèbre en Grèce et dans tous les Balkans pour sa légende : l'architecte, pour assurer la solidité du pont qui s'effondrait sans cesse, aurait emmuré sa propre femme dans les fondations... Des cafés et restaurants sont installés au pied du pont. À voir : l'énorme platane, où Ali Pacha (celui de Ioannina) pendait les Grecs insoumis, ainsi qu'un musée « laographique », consacré à la culture populaire, installé dans une maison ancienne, au pied du pont, mais malheureusement ouvert irrégulièrement (il est géré par une association culturelle, ☎ 26-81-02-21-92).

🦌 **Le Kastro :** sur les hauteurs de la ville. Date du XIIIe siècle, un des mieux conservés de Grèce. Contient un théâtre municipal de plein air où des représentations sont données l'été.

➤ DANS LES ENVIRONS D'ARTA

🦌 **Le golfe Ambracique :** à 25 km au sud d'Arta, la route suit une mince langue de terre et mène à *Koronissia,* en face de Prévéza. Jolie église byzantine du Xe siècle au milieu des flots. Une petite colonie d'une espèce assez rare de pélicans, *Pélécanus crispus,* niche dans le coin. Le golfe Ambracique est protégé par la convention internationale *Ramsar.*

🦌 La région des monts **Tzoumerka :** à Voulgaréli (aussi appelé Drossopigi). À 60 km au nord-est d'Arta et à 800 m d'altitude, fraîcheur garantie. Profusion incroyable de fontaines et de sources. Et des ponts à arche pour les amateurs : les fans qui remontent sur Ioannina et qui ne sont pas pressés pourront faire le détour par Elatos puis Rodavgi pour admirer, quelques kilomètres plus au nord, le *pont de Plaka,* à une seule arche, haut de 20 m, large de 40. De Plaka, on peut continuer sur Ioannina par de petites routes de montagne.

QUITTER ARTA

🚌 La **gare routière** est située sur le bd périphérique. ☎ 26-81-02-73-48.
➤ **Pour Athènes :** 8 départs par jour de 7 h 30 à 20 h.
➤ **Pour Ioannina :** 10 départs par jour du lundi au vendredi de 5 h 15 à 19 h 30 ; les samedi et dimanche, 6 départs de 8 h à 19 h 30.
➤ **Pour Prévéza :** 5 départs par jour du lundi au vendredi de 6 h 15 à 18 h ; les samedi et dimanche, 2 départs de 12 h 30 à 14 h 30.
➤ **Pour Patras :** 1 départ par jour à 10 h 30 (14 h 30 le dimanche).

L'ÉPIRE INTÉRIEURE

IOANNINA
63 500 hab.

Cette ville importante garde encore le souvenir d'Ali Pacha. En 1788, Ali se fit nommer pacha de Ioannina. Très rapidement, il en fit la capitale d'une région puissante et prospère, l'Épire. Lord Byron y fut fastueusement accueilli. La ville connut alors un grand rayonnement intellectuel, et Ali Pacha ne ménagea pas ses efforts pour acquérir son indépendance vis-à-vis des Turcs, qui occupaient la Grèce. Ceux-ci en prirent ombrage et assiégèrent la ville. Réfugié sur l'île du lac, Ali Pacha fut capturé par surprise et exécuté. C'était en 1822. Les Grecs ont des sentiments partagés à l'égard de ce tyran, Albanais marié à une Grecque chrétienne, Kyra Frossyni : il s'appuya sur l'élément grec pour lutter contre l'Empire ottoman mais se rendit aussi coupable de nombreuses cruautés à l'égard de la population grecque. Normal, dans un sens, puisqu'il jouait perso. Sa tête finit à Istanbul, dans une niche aménagée à cet effet, comme la tête de tous ceux qui osaient défier le pouvoir du grand sultan.

Aujourd'hui grande ville commerçante, Ioannina – que les Grecs prononcent « Yánnena » le plus souvent – a perdu de son charme, mais, avec ses minarets, sa citadelle et ses quartiers anciens où les échoppes rappellent les souks, il y règne encore une atmosphère d'Orient. La ville se développe rapidement, en liaison avec la création d'une université, mais on a eu la bonne idée d'implanter la zone industrielle à une bonne dizaine de kilomètres.

Ioannina est bordée par un grand lac avec une petite île (Nissaki). Sur l'île, un monastère ouvert et quelques restaurants avec des aquariums où nagent pêle-mêle des poissons du lac et des tortues.

Adresses utiles

Office du tourisme *(hors plan par A3)* : 39, odos Dodonis. ☎ 26-51-04-66-62. Après l'hôtel *Xenia* et le parc Kourambas, sur le même côté de la rue. Ouvert de 7 h 30 à 14 h 30. Accueil francophone serviable.

Kiosque d'informations touristiques *(plan B1, 2)* : en face de l'embarcadère des bateaux pour l'île du lac. En saison, ouvert tous les jours jusqu'en soirée.

Police touristique *(plan A2, 3)* : 28, Oktovriou. ☎ 26-51-06-59-22. Ouvert de 8 h à 14 h. Quelques brochures à disposition.

✉ **Poste** *(plan A2)* : pl. Markou Botsari.

■ **OTE** *(téléphone ; plan A2, 4)* : en face de la police touristique.

■ **Banques** : 10, odos Vénizélou. Ouvert du lundi au vendredi de 8 h à 14 h. Plusieurs distributeurs automatiques, notamment rue Averof.

■ **Agence consulaire de France** : 68, odos Mégalou Alexandrou. ☎ et fax : 26-51-03-91-02. Vice-consul honoraire : M. Aris Alexakis.

■ **Olympic Airways** *(plan A2, 5)* : pl. Ano Kentriki. ☎ 26-51-02-31-20 et 26-51-02-65-18. À l'aéroport : ☎ 26-51-02-62-18.

■ **Hôpital** : ☎ 26-51-08-01-11 *(hôpital Hatzicosta,* direction Igouménitsa) et ☎ 26-51-09-91-11 *(hôpital universitaire,* direction Arta).

@ **On line i-Café** *(plan A2, 6)* : au coin de la rue Pirsinela, juste derrière la préfecture. Nombreux ordinateurs, rapide et pas cher : 2 € l'heure.

■ **Club alpin de Ioannina EOS** : 2, odos Despotatou Ipirou. ☎ et fax : 26-51-02-21-38. Ouvert de 7 h 30 à 21 h.

■ **Robinson Expéditions** : 23, odos Mitropoléos. ☎ 26-51-07-49-89. ● www.robinson.gr ● Ouvert de 9 h à 14 h 30 les lundi, mercredi et samedi, et de 18 h à 20 h 30 les mardi, jeudi et vendredi. Pour organiser vos randonnées dans les Zagória (voir Tsépélovo).

■ **Laverie Splish Splash Laundry** *(plan A2)* : 63, odos N. Zerva. ☎ 26-51-06-82-22. Compter dans les 7 € pour une machine.

Où dormir ?

Camping

⚐ **Camping Limnopoula** *(hors plan par A1, 17)* : 10, odos Kanari. ☎ 26-51-02-52-65. Fax : 26-51-03-80-60. ● www.camping.gr ● En sortant de la ville, sur la route de Pérama, dans le club d'aviron. Au bord du lac (malheureusement bien sale), à 20 mn du centre à pied. On peut y aller avec le bus n° 8 à partir du centre de Ioannina. Ouvert d'avril à octobre. Assez cher : 18 € environ pour 2 avec voiture et tente. Très petit, très ombragé et vert. Sanitaires mal entretenus. Mauvais rapport qualité-prix mais c'est le seul camping du coin... Assez venteux le soir. Accueil moyen.

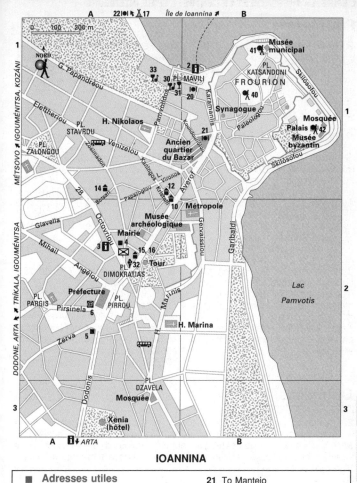

IOANNINA

■ Adresses utiles

- **ℹ** Office du tourisme
- **ℹ 2** Kiosque d'informations touristiques
- **ℹ 3** Police touristique
- **✉** Poste
- **4** OTE (téléphone)
- **5** Olympic Airways
- **@ 6** Online i-Café

🛏 ⚔ Où dormir ?

- **10** Hôtel Metropole
- **12** Hôtel Tourist
- **14** Hôtel Palladion
- **15** Hôtel Bretania
- **16** Hôtel King Pyrros
- **17** Camping Limnopoula

⦿ Où manger ?

- **20** Mouragio
- **21** To Manteio
- **22** Sin 2

**🍸 ♪ 🍦 Où boire un verre ?
Où manger une glace ?
Où sortir ?**

- **30** Café Avli
- **31** Ploton
- **32** Pâtisserie Diethnès
- **33** Bar Prova

🏃 À voir

- **40** Citadelle
- **41** Mosquée Aslan Pacha-Musée municipal
- **42** Mosquée Fétiyé-Musée byzantin

IOANNINA

Prix moyens

🛏 *Hôtel Metropole (plan A1-2, 10) :* 2, odos Kristalli. ☎ 26-51-02-62-07 et 26-51-02-55-07. À l'angle de la rue Averoff. Chambres doubles à partir de 25 €, plus cher les jours fériés. Tout le charme d'une vieille bâtisse, mais sans le confort. Grandes chambres sans salle de bains ; meubles corrects mais très anciens. Très spartiate. Évitez les chambres qui donnent sur la grande avenue. Très bruyant. Pas de petit dej'. Accueil agréable.

Prix moyens à plus chic

🛏 *Hôtel Tourist (plan A1, 12) :* 18, odos Kolleti. ☎ 26-51-02-64-43. Fax : 26-51-02-00-02. Chambres doubles avec salle de bains de 35 à 45 €. Avec ascenseur, assez calme. Meubles en bois et carrelage. Propre. Hôtel agréable et accueil sympa.

🛏 *Hôtel Palladion (plan A1, 14) :* 1, odos Botsari. ☎ 26-51-02-58-56. Fax : 26-51-07-40-34. ● www.palladionhotel.gr ● En saison, chambres doubles autour de 60 € auxquels il faut ajouter le petit dej'. Grand hôtel moderne de 130 chambres simples au mobilier récent avec TV et AC. Salles de bains refaites à neuf et propres. Parking fermé. Carte *Visa* acceptée.

🛏 *Hôtel Bretania (plan A2, 15) :* 11 A, place centrale, sur l'odos Averof. ☎ 26-51-02-63-80 et 26-51-02-93-96. Fax : 26-51-03-35-89. Chambres doubles de 50 à 60 € sans petit dej'. Chambres propres, agréables, équipées de meubles en bois, réfrigérateur et AC. Calme grâce au double vitrage. Salles de bains correctes, propres.

🛏 *Hôtel King Pyrros (plan A2, 16) :* 3, odos Gounari. ☎ 26-51-02-76-52. Fax : 26-51-02-99-80. ● www.kingpyrros.gr ● Sur l'avenue principale, en face du clocher. Chambres doubles à 60 €, petit dej' compris. Chambres correctes et propres, avec AC. Accepte les cartes de paiement. Accueil pas terrible.

Où manger ?

Là, pas de problème : quantité de petits restos dans les rues principales et au bord du lac, au pied de la citadelle. Quelques spécialités locales : le *kadaifi aux noix* (excellent gâteau en forme de rouleau de fils très sucré), une variété locale de *baklava (yannotikos),* et le *fromage fumé,* qui a l'aspect d'un gros saucisson.

🍴 Rue Tsirigotis, une *boulangerie* dont les croissants au miel sont délicieux. Au 62, odos Averoff, pas très loin des remparts, *Kostas Papaioannou* (☎ 26-51-02-01-41) fait des crêpes qu'on lui demande de garnir à sa convenance. Pas bien cher.

🍴 À côté de la station de bus de l'odos Bizaniou, un *resto* à l'ancienne, *Dodoni,* correct et pas cher.

🍴 Un petit *fast-food* à la grecque à droite en sortant du camping. Bon marché.

🍴 Sur l'île, 3 *tavernes* au bord de l'eau, connues pour les cuisses de grenouilles et les truites. L'avant-dernière, après avoir traversé le village en direction de la maison-musée d'Ali Pacha, est la plus médiocre.

🍴 *Mouragio (plan B1, 20) :* plateia Mavili, bien situé en plein centre. Petite échoppe où l'on va choisir son plat en vitrine. Nourriture pas très excentrique (moussaka, *souvlaki*) mais très correcte et copieuse. Reste ouvert assez tard le soir. Repas complet autour de 10 €.

🍴 *To Manteio (prononcer « Mandio » ; plan B1, 21) :* dans la rue K. Karamanlis, en face d'Ethnikis Antistasséos et des remparts. ☎ 26-51-02-54-52. 8 ou 9 € par personne. Cuisine simple et solide qui ne déçoit pas. Bonne ambiance, plus grecque

que touristique. Résiné maison. Très vivant le soir.

|●| Sin 2 *(hors plan par A1, 22) :* 28, odos Papagou. ☎ 26-51-07-86-95. Charmante terrasse en bordure du lac après la citadelle : il faut s'éloigner de la plateia Mavili, du côté opposé à celui des remparts et c'est le tout dernier resto. Compter environ 9 € par personne. Très animé le soir. Fréquenté principalement par les Grecs. Accueil sympathique. Cuisine grecque et internationale, qui a semblé perdre un peu de sa qualité.

Où boire un verre ? Où manger une glace ?

Beaucoup de cafés autour de la plateia Mavili.

Y ♪ Café Avli *(plan A1, 30) :* odos Pamvotidos. Un bar tranquille fréquenté par des étudiants. On sirote un verre dans une petite cour pavée, envahie de plantes grimpantes, en écoutant une bonne sélection de musique pop-rock.

Y On peut aller boire un verre ou manger une glace au **Ploton** *(plan A-B1, 31),* café à la déco originale, sur la plateia Mavili, au bord du lac. C'est dans cette ancienne maison de maréchal-ferrant que se retrouve la jeunesse du coin, une jeunesse suffisamment argentée car c'est cher. Grande terrasse agréable.

♥ Pâtisserie Diethnès *(plan A2, 32) :* 20, plateia Dimokratias. Ouvert de 7 h à 2 h. Les meilleures glaces de Grèce ou presque ! La châtaigne et la fraise sont des délices, et que dire de la chantilly... Vous pouvez également ajouter des sirops, des amandes... Un festival de saveurs à des prix très modiques. À déguster sur place ou à emporter (moins cher).

Où sortir ?

Y ♪ Bar Prova *(plan A1, 33) :* à proximité de la place Mavili. Entrée payante (3 €). Le lieu à la mode fréquenté par la jeunesse branchée de Ioannina. Bondé pratiquement tous les soirs, il vous faudra jouer des coudes avant de pénétrer dans le grand patio encadré de terrasses. Très animé et musique répandue à grand renfort de décibels.

À voir

🏛 La citadelle *(plan B1, 40) :* au bord du lac, elle occupe une sorte de promontoire. ☎ 26-51-02-63-56. Elle a conservé ses remparts dont certaines parties remontent au XIᵉ siècle. C'est en fait tout un quartier de la ville, densément habité. Plusieurs rues pavées ont un certain cachet, comme l'odos Ioustinianou, où se trouve la synagogue (Ioannina fut un des grands centres du judaïsme grec jusqu'à la Seconde Guerre mondiale), bordée par les remparts, large de 2 m (et pas interdite à la circulation !).

– Jolie **mosquée Aslan Pacha (Aslan Dzami** ; *plan B1, 41)* et son minaret effilé. À l'intérieur, petit musée d'art populaire (appelé **Musée municipal**) assez quelconque. Ouvert de 8 h (9 h le samedi) à 15 h. Entrée : 3 € ; réductions. La mosquée et le cadre sont charmants. À droite de la mosquée, voir l'ancien stock de poudre dans un souterrain impressionnant.

– Au sud de la citadelle, dans la partie appelée *Its-Kalé* (la forteresse intérieure), une autre mosquée : la **mosquée Fétiyé** *(plan B1, 42),* non visitable, avec, à côté, l'ancien sérail d'Ali Pacha, transformé en **Musée byzantin,** très joli avec ses arcades blanches, qui passe en revue toute cette période et possède en particulier une belle collection d'icônes. ☎ 26-51-02-59-89. Ouvert de 8 h à 19 h (8 h 30-17 h hors saison). Fermé le lundi en hiver. Entrée : 3 € ; réductions.

IOANNINA

🎇 *Le Musée archéologique (plan A-B2) :* pl. du 25-Mars. Ouvert de 8 h à 17 h (15 h le week-end). Entrée : 2 €. Contient en particulier les trouvailles des grands sites antiques de la région, notamment celles de Dodone avec des tablettes où étaient inscrites les questions que les pèlerins venaient poser à l'oracle de Zeus. On se rend compte que les préoccupations des anciens n'étaient pas si éloignées des nôtres. Ne pas manquer non plus les pièces de la machinerie du sanctuaire de Nékromantion (voir « Dans les environs de Parga »).

🎇 *L'île sur le lac (hors plan par B1) :* navette toutes les 30 mn, de 7 h à 22 h 30, le long des remparts. Compter une douzaine de minutes pour la traversée. Environ 1 € le billet. Endroit charmant où les maisons en pierre blanchie sont parfaitement entretenues. La maison-musée où fut assassiné Ali Pacha ne vaut guère tripette. Ouvert de 8 h à 21 h l'été. Vivre sur l'île est une sorte de privilège. Une dizaine de familles détiennent le quasi-monopole des tavernes, des boutiques à souvenirs et des bateaux-navettes. Les autres vivent de la pêche ou travaillent à la grande ville mais, jeunes ou vieux, ils restent ancrés, enracinés dans leur île. En aucun cas, il n'est question de vendre sa maison. Un tel acte serait qualifié de sacrilège. À défaut d'héritier, la maison familiale est systématiquement donnée en offrande à la paroisse. L'île a été proclamée site protégé en raison de son caractère pittoresque.

➤ *DANS LES ENVIRONS DE IOANNINA*

🎇🎇 *La grotte de Pérama :* Pérama est un petit village situé à 3 km de Ioannina, sur la route de Metsovo et des Météores. Chambres à louer à tous les coins de rue. C'est là que se trouve la fameuse grotte de Pérama (☎ 26-51-08-15-21), qui étend sur 2 km son dédale de galeries et de grandes salles (garder des forces pour les 163 marches qu'il faut monter pour ressortir au grand jour). Visites guidées (« accompagnées » serait plus juste) toute l'année, tous les quarts d'heure, de 8 h à 19 h l'été, de 8 h au coucher du soleil hors saison. Entrée : compter 6 € ; réductions. 45 mn de visite.
Une grotte féerique, impressionnante par la variété et l'immensité de ses salles. Température constante : 17 °C. On peut s'y rendre avec le bus n° 8 qui part toutes les 20 mn de la grande horloge du centre de Ioannina.

🎇 *Le musée Vrellis :* à *Bizani,* à 12 km sur la route d'Arta. ☎ 26-51-09-21-28. Ouvert de 9 h 30 à 17 h en saison, et de 10 h à 16 h le reste de l'année. Entrée : 5 € ; réductions.
Un musée Grévin qui retrace l'histoire de la Grèce avec personnages en situation. Pour ceux qui aiment.

QUITTER IOANNINA

✈ *Pour Athènes,* deux vols par jour en été *(Olympic Airways).* ☎ 26-51-02-62-18 (aéroport). Également un vol Athènes-Ioannina par la compagnie *Aegean* (☎ 26-51-06-52-00 à l'aéroport).

🚌 Ioannina est plutôt bien desservie en liaisons routières de ville à ville. En revanche, pour les villages d'Épire, peu de bus et le plus souvent à des horaires impossibles. ATTENTION ! 2 gares routières selon la destination :
🚌 La *gare centrale* : 4, odos Zossimadon, vers la plateia Stavrou *(plan A1).* ☎ 26-51-02-64-04.
➤ *Pour Trikala* (et, de là, *Kalambaka – les Météores) :* 2 bus quotidiens, vers 8 h et 14 h (15 h 30 les vendredi et dimanche).
➤ *Pour Metsovo :* 3 bus par jour du lundi au vendredi entre 6 h et 14 h ; 2 bus le samedi et le dimanche à 8 h et à 16 h 30.

➤ *Pour Thessalonique :* 6 bus par jour de 7 h à 22 h 30.
➤ *Pour Athènes :* 10 bus par jour de 7 h 15 à minuit.
➤ *Pour Igouménitsa* (et, de là, *Corfou*) *:* départ de bus presque toutes les 2 heures de 5 h à 19 h 30. Durée : 2 h environ. Belle route de montagne.
➤ *Pour Konitsa :* 7 bus de 5 h à 19 h.
🚌 La *gare de Prévéza,* moins importante, située odos Bizaniou *(plan A2),* ☎ 26-51-02-50-14.
➤ *Pour Prévéza :* 10 bus par jour du lundi au vendredi de 6 h à 20 h ; 8 bus seulement les samedi et dimanche (de 7 h à 20 h).
➤ *Pour Arta :* 10 bus par jour du lundi au vendredi de 5 h 45 à 20 h ; 6 bus les samedi et dimanche (de 8 h à 20 h).
➤ *Pour Patras :* 4 bus de 9 h à 17 h 30. Le samedi et le dimanche, de 8 h 15 à 17 h 30.
➤ Enfin, des bus à destination de la *Crète* (Hania-Réthymnon ; on prend le ferry au Pirée) et de *Corinthe* partent du boulevard Papandréou qui longe le lac, entre le centre-ville et le camping. ☎ 26-51-02-58-68.

DODONE

Au cœur des montagnes, à 22 km au sud-ouest de Ioannina, Dodone est un petit village traditionnel construit près du plus ancien sanctuaire consacré à Zeus (350 av. J.-C.), dans un vallon au calme idyllique. C'est l'un des sites antiques les plus importants de l'Épire, trop peu connu des touristes.

Comment y aller ?

➤ *De Ioannina :* bus depuis la gare routière située odos Bizaniou (gare de Prévéza). ☎ 26-51-02-50-14. Départ tous les jours, sauf le jeudi, à 6 h 30 et 15 h 30. Retour à 7 h 15 et à 16 h 30. Horaires pas très pratiques, car on reste soit 5 mn soit 10 h sur le site ! Autrement, prendre, à la même gare routière, le bus de 14 h pour Zotiko (les lundi, mercredi et vendredi). Demandez au receveur un billet pour Dodone, il vous fera descendre au carrefour de la route de Dodone et Zotiko. Là, prendre à pied la route qui descend en direction de Dodone (environ 2,5 km), puis retourner avec le bus de 16 h 30. Sinon, prendre le taxi (compter un peu plus de 10 €, si c'est davantage, risque d'arnaque !), et se débrouiller pour rentrer en stop ou trouver un taxi vide qui repart !

À voir

🎭🎭🎭 *Le site antique :* à l'écart du village moderne de Dodone. ☎ 26-51-08-22-87. Ouvert tous les jours de 8 h à 19 h (17 h hors saison). Entrée : 2 € ; gratuit pour les étudiants de l'UE.
Le site, dédié à Zeus, est surtout connu pour son *théâtre* exceptionnel, construit au début du IIIe siècle av. J.-C. Aujourd'hui restauré, c'est l'un des plus grands théâtres antiques de Grèce (plus vaste que celui d'Épidaure) : il permettait à 17 000 ou 18 000 spectateurs d'assister aux représentations. Les gradins sont délimités par deux énormes tours. À l'image des véritables théâtres grecs, la *cavea* (les gradins) s'appuie sur la pente naturelle de la colline (contrairement aux théâtres romains qui tiennent debout tout seuls). À l'époque romaine, pour pouvoir y organiser des combats de gladiateurs et autres jeux du cirque, on a enlevé quatre rangées de sièges et élevé un mur de protection en bas des gradins. Il abrite en principe un festival au mois d'août (renseignements à l'office du tourisme de Ioannina).

Également appuyés contre la colline et la tour gauche du théâtre (quand on le regarde), se trouvent les gradins d'un stade datant de la même époque. C'est là que se déroulaient les Jeux des Naia, qui, sous Pyrrhus, rivalisèrent en prestige avec ceux d'Olympie. À droite se trouvent les vestiges d'un *bouleutérion* en hémicycle et ceux d'un *prytanée* (sorte d'hôtel de ville).

Le site contenait également six temples, dont on voit les ruines, ainsi qu'un bâtiment accueillant l'assemblée des députés (Dodone a été la capitale d'un État épirote). L'oracle était délivré sous un chêne par une dizaine de prêtres : on interprétait les données de la nature ou le son que produisaient des poteries que l'on frappait les unes sur les autres.

🍴 *Le Musée folklorique de Mélingi :* continuer la route environ 4 km après le théâtre (suivre les flèches) à travers les noyers et les arbres fruitiers. On arrive au village de Mélingi, village d'émigration où il ne reste pas grand monde. ☎ 26-51-08-23-19. Le musée est une petite merveille. Ouvert de 9 h à 18 h tous les jours. Créé en 1994 et entretenu par Théo Sakkas, qui a voulu rassembler toute la culture de son village : costumes traditionnels, outils de travail et divers objets des habitants du village que l'on découvre dans les trois pièces de l'ancienne école transformée en musée. Grande richesse et simplicité. La visite est commentée par Théo lui-même (Théo a fait carrière dans la restauration en Belgique et il commente en français s'il vous plaît !), qui ne manquera pas de vous faire goûter un petit *tsipouro* de sa fabrication. C'est bon mais c'est costaud ! Le cadre est superbe, l'accueil excellent. La visite est gratuite... Pensez donc à acheter une petite carte postale à Théo ! Si le maître des lieux est absent, pas de panique ! Il y a toujours un de ses amis dans les parages pour vous ouvrir les portes de cette caverne d'Ali Baba.

🍽 On peut manger au-dessus au café-taverne du village de Mélingi. Demandez madame Aphrodite (elle garde également les clés du musée).

MONODENDRI ET LE CANYON DE VIKOS

À 38 km au nord de Ioannina. Pendant la domination turque, qui dura plus de quatre siècles, les Grecs quittèrent les plaines fertiles de l'Épire pour se réfugier dans des régions montagneuses presque inaccessibles. C'est le pays du Zagoria (« au-delà des montagnes », en slave). D'ailleurs, les Turcs ne s'aventurèrent jamais dans ces coins. Les 46 villages *(Zagorochoria)* étaient très prospères, bénéficiant de privilèges particuliers pendant la domination turque et commerçant avec de nombreuses villes de l'Empire ottoman. De ces villages partaient d'immenses caravanes qui acheminaient les produits du Zagoria jusqu'à Bucarest. La meilleure des protections contre les Turcs était cet étonnant canyon de Vikos.

On vous parle surtout de Monodendri qui est le symbole de ces villages du Zagoria. Mais, surtout si vous êtes motorisé, n'hésitez pas à visiter les villages alentour qui n'ont rien à envier à Monodendri et ont conservé toute leur âme : *Ano Pédina* (en particulier, l'église et le monastère) et *Koukouli* (pour son insertion parfaite dans son cadre naturel), ou encore celui de *Dhilofo* en sont des exemples.

Comment y aller ?

➤ *De Ioannina :* bus à 6 h et 16 h 15 les lundi, mercredi et vendredi. Le prendre à la gare routière située odos Zossimadon (☎ 26-53-02-62-86) en

L'ÉPIRE

direction de Vitsa-Monodendri. On change de bus en route, à Elafotopos (suivre la population locale qui vous indiquera). Après avoir desservi plusieurs villages, le premier bus arrive à 7 h 35 (lever du soleil) à Vitsa et à 7 h 45 à Monodendri où l'on peut flâner dans le village où commencent les gorges de Vikos.

Pour le retour, départ à 17 h, sur la place de Monodendri (en sortant du village). Arrivée à Ioannina à 18 h 30.

MONODENDRI

Superbe petit village de montagne pas encore atteint par les constructions modernes ni par le tourisme de masse. Les maisons, souvent rénovées, sont toutes en pierre. Le soir, la charmante place s'anime. Alignés sur un banc, les « papous » regardent. Ils vivent doucement, à leur rythme, et restent un bon moment, sans dire grand-chose, la canne à la main. Cette longue canne qui permet aux bergers de rattraper les chèvres qui s'égarent. Il est bon de savoir qu'il n'y a pas de quoi se ravitailler à Monodendri même (juste un mini-market un peu dissimulé...).

La route principale venant de Ioannina et qui continue vers Oxia passe par une partie du village (notamment la pension Monodendri) mais ne permet pas d'accéder en voiture au centre du village. Pour cela, il faut prendre la petite route en contrebas sur la droite à l'embranchement qui se trouve 1 km avant (pas clairement indiqué).

– **Fête au village :** le 26 juillet.

Où dormir ? Où manger ?

Attention, ces adresses sont devenues plutôt chères.

🛏 **Pension Vikos :** dans le centre, au-dessus de la place principale. ☎ et fax : 26-53-07-13-70 ou 21-06-81-64-17 à Athènes. ● www.epirus.com/vikoshotel ● Chambres doubles de 40 à 50 €, petit dej' non compris. Construction récente, qui a su respecter le style du pays. Absolument impeccable. Joli patio.

🛏 ꠙꠏꠙ **Monodendri :** sur la route principale qui vient de Ioannina et qui continue vers Oxia, dans le virage. ☎ 26-53-07-13-00. Chambres doubles de 35 à 50 €. La patronne, Katérina, est très accueillante et elle parle l'anglais. Plats copieux (dans les 10 €) qui changent un peu de l'ordinaire,

même s'il arrive que la qualité ne soit pas toujours au rendez-vous. Dans sa maison dont la partie ancienne date du début du XVIIe siècle, quelques chambres à l'ancienne. Presque un musée. Prudent de réserver même si l'hôtel s'est un peu agrandi : il n'y a que 10 chambres au total.

ꠙꠏꠙ **Chez Kikitza Makrigianni :** le resto sur la place principale, en contrebas de la route. Goûtez à la fameuse spécialité : la *tyropitta,* servie au plat (pour 3 ou 4 personnes). Un peu cher (compter 16 €) mais excellent, et on peut emporter ce que l'on n'a pas pu finir.

Où dormir ? Où manger dans les environs ?

🛏 ꠙꠏꠙ **Hôtel Sélini :** à Vitsa, à 3 km avant Monodendri. ☎ 26-53-07-13-50 et 26-53-07-14-71. ● www.epirus.com/selini ● En arrivant au village, prendre sur la droite un chemin, c'est indiqué (en grec). Chambres doubles de 42 à 55 € selon la saison, petit dej' non compris. Possibilité de man-

ger sur place (bonne cuisine préparée par Elpida) sur la belle terrasse panoramique. Grandes chambres claires avec plafond lambrissé et mobilier neuf. Très calme. 8 chambres seulement, dont 3 avec cheminée. Cartes de paiement acceptées.

Plus chic

🛏 ꠙꠏꠙ **La Maison d'Oreste :** à Ano Pédina, (prendre à gauche environ 7 kilomètres avant Monodendri). ☎ et fax : 26-53-07-12-02 ou, à Ioannina,

☎ 26-51-03-26-86. ● elit2@otenet.gr ● Ouvert toute l'année. En été, chambres doubles à 60 €, petit dej' compris. Réductions intéressantes

pour des séjours prolongés (une semaine par exemple). Il faut monter en
haut du village pour découvrir cette
demeure du XIXe siècle, magnifiquement restaurée. Pension élégante
aux chambres cossues dotées de
tout le confort. Ambiance familiale.

On y parle le français, comme en témoignent les nombreuses affiches
qui ornent les murs. Malheureusement devenu cher mais il faut se faire
une raison : le luxe, le calme et la
beauté, ça se paie. 10 % de réduction sur présentation du *GDR*.

À faire dans les environs

Sur la route d'Ano Pédina, sur la gauche peu après l'embranchement, (pancarte « Ippasia ») un ***centre équestre*** propose des randonnées à cheval ou
poney dans les Zagoria. ☎ 29-72-35-46-02.

🏃 Une route carrossable mène au lieu-dit ***Oxia***, à 7 km, où le panorama sur
le canyon est très impressionnant.

LE CANYON DE VIKOS (PARC NATIONAL DE VIKOS-AOOS)

Rappelons qu'il est nécessaire d'être bien équipé (chaussures de randonnée, ravitaillement) et que, même si le sentier est désormais bien indiqué, il
faut avoir une bonne carte (*Road Editions* ou *Anavassi*, 1/50 000). Ne pas
hésiter à se renseigner au village sur l'itinéraire (par exemple au magasin de
souvenir *Bidoura*, juste au-dessus de la pension Monodendri). Une petite
visite à l'office de tourisme de Ionnina n'est pas non plus superflue (ils ont
quelques cartes, pas excellentes mais c'est toujours ça). Avant le départ,
consulter le site (en anglais) • www.pindostrek.net •
Partir, près de l'église au centre de Monodendri, à la fin du sentier dallé.
Suivre les cairns, puis très beau sentier en corniche. Descente à la rivière en
long lacet. Vers le milieu de la descente, le sentier se divise en deux : l'un,
neuf et plat, longe le canyon ; l'autre continue la descente jusqu'au fond.
Après 4 h de marche, le sentier quitte la gorge. Puis carrefour. À gauche, à
5 km par la route, on remonte à *Vikos* (petit hameau surplombant la gorge ;
fontaine). De là, on rejoint en 1 h *Aristi*.
À droite, on atteint ***Papingo***, 10,5 km plus loin, superbe village de montagne.
Nombreux hôtels dans des maisons traditionnelles. Durée totale de Monodendri à Aristi (ou à Papingo) : 7 h. Les routards aux pieds meurtris peuvent
aller à Papingo en bus depuis la gare routière de Zosimadon, à Ioannina.
Départs le lundi, le mercredi et le vendredi à 5 h 30 et 14 h 30 (retour à 7 h et
16 h). Le dimanche, départ à 9 h 30.

🏃🏃 *Le monastère d'Agia Paraskévi :* de la place centrale de Monodendri,
bien indiqué (environ à 15 mn). Un large sentier dallé tout neuf conduit au
charmant monastère fortifié d'Agia Paraskévi. Accroché à la falaise, tout en
longueur, il surplombe le ravin de plus de 350 m. Personnes sujettes au vertige, s'abstenir ! L'édifice est abandonné et pourtant tout est impeccable,
comme si les moines l'avaient quitté la veille. Liturgie chaque 26 juillet à
l'occasion de la fête de la sainte. Depuis le monastère, un étroit sentier
épouse les flancs escarpés de la falaise. Le suivre sur quelques centaines
de mètres. Il offre de superbes points de vue sur le paysage. Faire particulièrement attention aux enfants en bas âge.

➤ DANS LES ENVIRONS DE MONODENDRI

➤ De Monodendri, redescendre à l'embranchement qui permet d'aller sur
Elati, Koukouli, Kipi, ce dernier village étant un peu en dehors de la route

L'ÉPIRE INTÉRIEURE

principale. Voir absolument, un peu avant l'entrée dans *Kipi,* le pont *(ghéfira)* à 3 arches, un des plus beaux ponts de la région, qui en compte beaucoup. À Kipi également, un centre d'activités, *Robinson Expeditions.* ☎ 26-53-07-10-41 ; à Ioannina : ☎ 26-51-07-49-89. Fax : 26-51-02-50-71. ● robinson@compulink.gr ● Ouvert le lundi de 13 h à 19 h et le mercredi de 9 h à 12 h. Il y en a pour tous les goûts : randonnées à pied ou en VTT, canyoning, escalade, parapente... Adresse également utile pour s'informer sur la région, notamment sur les possibilités d'hébergement.

🍴 De Kipi, on rejoint la route principale qui passe par *Koukouli,* un petit village dans son écrin de verdure, aux ruelles piétonnes encore épargnées par le tourisme. Tout en bas du village, juste au-dessus du parking (obligatoire), une charmante église surveille une jolie placette flanquée d'une petite taverne très tranquille.

🛏 Là, hébergement sympa chez *Miltos Rittas,* qui loue quelques chambres avec douche et w.-c. réparties dans différentes maisons de caractère autour de l'église. ☎ 26-53-07-01-70 et 69-44-77-26-38 (portable). ● www.epirus.com/koukouli ● Ouvert d'avril à fin octobre (et les week-ends et jours fériés en hiver). Compter 60 € pour un logement, petit dej' compris. Très bon accueil en français, de Miltos (quand il est là !), une sorte de géant débonnaire au sourire communicatif. Préférable de réserver, l'adresse est très courue en saison. Possibilité de manger juste à côté, sur la place près de l'église. Cartes de paiement refusées. 20 % de réduction sur présentation du *GDR.*

TSÉPÉLOVO
500 hab.

Après Kapésovo, on atteint Tsépélovo, à 29 km de Monodendri. Ce village ne ressemble pas à un village-musée comme Monodendri mais ce n'est peut-être pas plus mal, car il est plus vivant. C'est le plus actif des villages de la région : 500 habitants seulement mais une école, un collège et un petit lycée ! Sur la place du village, sous le grand clocher de l'église Agios Nikolaos, cafés et tavernes. Plusieurs *xénonès* (demeures traditionnelles rénovées) et deux hôtels, plus chers.
Nombreuses randonnées possibles à partir de Tsépélovo, notamment une balade qui mène à deux vieux ponts à l'entrée de magnifiques petites gorges.
– Grande *fête* le 15 août.

Adresse utile

✉ *Poste :* dans une ancienne école, au-dessus de la place principale (s'y garer et monter à pied en prenant à droite). Ouvert du lundi au vendredi de 7 h 30 à 14 h.

Où dormir ? Où manger ?

🛏 🍴 *Hôtel Fanis :* situé tout en haut du village, au-dessus de l'église. ☎ et fax : 26-53-08-12-71. Chambres doubles autour de 40 € l'été et de 50 € l'hiver. Magnifique demeure traditionnelle. Chambres à l'ancienne permettant d'admirer l'architecture montagnarde. Fanis Tzavalias, charpentier-hôtelier et organisateur, sur demande, de mini-treks dans le coin, est là pour vous donner tous les tuyaux sur la région. Fanis et sa femme font aussi à manger sur commande (excellente saucisse de pays, *loukaniko*). Quelques VTT à louer sur place. Attention : 7 chambres seulement, en attendant une extension. Réserver.

À faire

Trekking en Épire

➢ Nombreuses randonnées à partir de Tsépélovo même. Fanis (voir *Hôtel Fanis*) peut vous organiser des mini-treks, adaptés à votre condition physique. Les plus courageux pourront aller jusqu'au lac de *Drakolimni,* sur les contreforts du mont Timfi (2497 m) ; ceux qui ne veulent pratiquer que 2 ou 3 h de marche trouveront de jolis ponts à arche à proximité du village.

L'Épire et en particulier les Zagorochoria sont propices à la randonnée. Un sentier de randonnée dit national (03) part de Ioannina en direction de Kipi, Vitsa, Monodendri et poursuit vers Mikro Papingo, le refuge d'Astrakas, Drakolimni, pour arriver, via le mont Smolikas, à Agia Paraskévi, au nord de Konitsa. Ce sentier peut également servir de base à un trek d'une semaine partant de Monodendri pour arriver à Vovoussa, à l'est. Également de nombreuses randonnées à la journée, de 5 à 10 h de marche, permettant de découvrir toute la région. Attention : possibilités limitées de ravitaillement dans les villages.

■ Pour tout renseignement, s'adresser au **club alpin (EOS)** de Ioannina : 2, odos Despotatou Ipirou. ☎ et fax : 26-51-02-21-38. Ou au service forestier qui gère la forêt nationale de Vikos-Aoos : ☎ 26-51-02-75-93. Il existe un refuge de 28 places, propriété du club alpin, à Astrakas, près de Papingo (☎ 26-53-04-11-38 et 26-53-04-12-30).

➢ Un autre sentier de **grande randonnée** (E 6) traverse l'Épire d'ouest en est reliant Igouménitsa à Metsovo, avant de poursuivre plus à l'est.

METSOVO
3 000 hab.

Joli village perché à 1 116 m d'altitude sur la route Météores-Ioannina. Faut dire que ça grimpe. La route est superbe, et vous avez donc largement le temps d'admirer le paysage. On traverse de charmants petits villages de bergers dans un décor montagneux et boisé. Le point culminant de la route est le col de Katara, quelques kilomètres au-dessus de Metsovo. Profitez-en. Quand l'Egnatia Odos sera ouverte, ce sera assez différent (on voit déjà les effets des travaux dans les environs de Metsovo).

C'est l'Auvergne ou l'Autriche. Climat très doux. Il y a même une piste de ski en hiver. Malheureusement ça construit, ça construit. L'endroit est de plus en plus décevant, envahi en été par les cars de touristes ; plus calme hors saison mais, avec ses 3 000 habitants, Metsovo demeure une grosse bourgade. Metsovo est renommé pour sa longue tradition dans l'art de la sculpture sur bois et du tissage, ainsi que pour ses fromages et son vin corsé. Le coin est riche : une famille d'*évergètes* (autrement dit de bienfaiteurs), les Avéroff-Tossitsa, a arrosé la région. En conséquence, presque tous les édifices publics, du musée au jardin, portent leur nom.

L'ÉPIRE INTÉRIEURE

Comment y aller ?

➤ *De Kalambaka :* 2 bus par jour, à 9 h et à 15 h 20 (un seul le dimanche vers 16 h 30).

➤ *De Ioannina :* 4 bus, à 5 h, 7 h, 11 h 15 et 14 h (2 bus le week-end).

➤ *De Thessalonique :* 6 bus (à destination de Ioannina), à 7 h 30, 10 h 30, 13 h 15, 15 h, 19 h et 22 h 30.

Adresses utiles

✉ *Poste :* 4, odos Baron Mihail Tossitsa. Dans la rue principale, sur la gauche en descendant vers la place principale. Ouvert de 7 h 30 à 14 h.

■ *Banques :* Banque nationale (*Ethniki Trapéza*) et *Banque agricole* (*Agrotiki Trapéza*) sur la place principale. Ouvertes de 8 h à 14 h (13 h 30 le vendredi). Également la *Banque commerciale (Emboriki Trapéza),* au début d'une ruelle pavée. Toutes ces banques disposent d'un distributeur automatique.

Où dormir ?

Attention, pas de camping.

De bon marché à prix moyens

🛏 *Hôtel-restaurant Athinae :* tout à côté de la place principale, dans la ruelle qui descend derrière la banque. ☎ 26-56-04-13-32 et 26-56-04-17-25. Fax : 26-56-04-20-09. Bien situé, loin des boutiques et un endroit où les Grecs se promènent le soir. Fermé pour rénovations en 2003, cet hôtel, auparavant le moins cher de la ville, risque de rehausser ses tarifs. Les proprios ont eu l'idée d'ouvrir une annexe, *Filoxénia,* dans des locaux neufs derrière la place. ☎ 26-56-04-10-21. Fax : 26-56-04-20-09. Plus cher, dans les 30 € la chambre double et 40 € la quadruple. L'hiver, la double avec cheminée monte à 50 €. Mobilier assez vétuste, mais TV et sèche-cheveux !

🛏 *Hôtel Astéri :* à l'entrée du village, sur la droite dans la grande descente, en face de l'hôtel *Bitouni.* ☎ 26-56-04-22-22. Fax : 26-56-04-12-67. Chambres doubles dans les 35 €, triples à 45 €. Les prix peuvent monter jusqu'à 75 € à Noël. Bel hôtel tout récent, dans le style traditionnel de la région. 35 chambres très agréables et bien tenues, certaines avec balcon et vue. Mobilier de bois typique, sol en marbre, TV. Resto. Parking. Essayer la réduction spéciale sur présentation du *Guide du routard,* ce qui n'est pas toujours assuré. Si ça marche, ça le met à un prix à peine supérieur au *Filoxénia* ; n'hésitez pas, c'est notre meilleure adresse, même si l'accueil n'est pas toujours excellent.

Plus chic

🛏 *Hôtel Bitouni :* dans la rue principale, à l'entrée du village. ☎ 26-56-04-12-17 et 26-56-04-17-00. Fax : 26-56-04-15-45. Chambres doubles de 35 à 57 €, petit dej' compris. Une pancarte prétend que le style est *old traditional.* Chambres avec balcon et TV, mais meubles un peu fanés.

Juste propre. Parking. Moins cher en été qu'en hiver (haute saison) puisque les Grecs viennent faire du ski à Metsovo. Accepte les cartes de paiement.

🛏 *Hôtel Egnatia :* dans la rue principale. ☎ 26-56-04-12-63 ou 26-56-04-19-00. Fax : 26-56-04-14-85.

Chambres doubles à 60 €, petit dej' non compris. Hôtel de 36 chambres. Grande façade fleurie avec balcons en bois. Chambres spacieuses et joliment meublées, avec TV. N'hésitez pas à venir vous renseigner sur les prix en été, les réductions peuvent être conséquentes.

Où manger ?

– Les amateurs doivent savoir que Metsovo est réputé pour son fameux fromage fumé *(metsovoné)*. 2 boutiques sur la place principale.
– Petite **boulangerie :** à l'angle de la rue principale. Exactement là où commence la rue pavée lorsqu'on descend dans le village. Grosses boules de pain frais. Le matin, succulents petits pains aux raisins.

|●| **Restaurant de l'hôtel Athinae :** voir plus haut la rubrique « Où dormir ? ». Bon marché : 9 € par personne. Cuisine traditionnelle faite par la mère.

|●| **Krifi Folia (Le Nid Caché) :** ☎ 26-56-04-16-28. Resto situé derrière la banque agricole, au bout de la place. Repas pour 9 € par personne environ. Également des chambres à louer, *Euridiki*, à moins de 30 €.

|●| **Psistaria O Syllakos :** sur la droite en arrivant sur la place principale. À partir de 6 € par personne. On y vend essentiellement des *souv*-*lakia* et des *kokoretsi*. Excellente viande de bœuf cuite devant vous et servie dans du pain. Il n'est pas très facile d'avoir une place assise autour de l'unique table en bois (de 10 personnes), mais ça facilite grandement les rencontres sympas. Très fréquenté par les Grecs, ce qui est bon signe.

|●| **Restaurant Galaxy :** au-dessus de la place, en haut des escaliers. ☎ 26-56-04-12-02. Ouvert toute l'année. Dans les 11 € le repas. Tables dressées dans un grand jardin agréable. Cuisine traditionnelle correcte.

À voir

L'exploitation touristique risque bien d'altérer l'authenticité de ce gros village. Dans la journée, à partir de midi, c'est Lourdes : boutiques de souvenirs et cars massés sur la place. Essayez d'y passer une nuit, quand les touristes sont partis. Alors, Metsovo retrouve une animation grecque. On peut y rencontrer des grands-mères en costume traditionnel. En haut du village, quelques maisons en bois sont toujours typiquement balkaniques et les ruelles tortueuses. L'architecture n'a rien à voir, évidemment, avec les bâtisses blanches des Cyclades. Les maisons ont de grands balcons en bois qui leur donnent l'air de chalets montagnards. Dans les pièces habitées, de grands poêles de céramique, gorgés de bûches, aident à supporter le froid hivernal et les vents du nord.

Si vous descendez sur la place, près de la fontaine, vous verrez en hiver (car l'été ils sont dans leurs montagnes) les bergers metsoviens assis sur leur banc au soleil dans le costume traditionnel : culottes serrées de laine immaculée, *tsarouques* aux pieds, blouse recouverte d'une grande cape noire. Sur la tête, un bonnet de fourrure noir et, à la main, une grande houlette sculptée, taillée dans ce bois d'arbousier qui passe pour ne jamais casser. Ces bergers – comme la plupart des autres habitants de Metsovo – sont d'origine valaque, c'est-à-dire roumaine, et parlent entre eux *ta vlachika,* le valaque.

🏃 **La maison du baron Tossitsa :** immanquable en prenant les petits escaliers en face de la station *Shell* dans la rue principale. Ouvert en été tous les jours sauf le jeudi, de 9 h à 13 h 30 et de 16 h à 18 h. Entrée : 3 €. La visite est guidée. Entre chaque visite, toutes les demi-heures, la porte est fermée.

Magnifique demeure patricienne aujourd'hui restaurée et transformée en musée d'Art populaire.

🍴 *Le monastère d'Agios Nikolaos :* ouvert tous les jours. De Metsovo, c'est très mal indiqué. On peut descendre à pied (30 mn) par le bas du village en partant de la place centrale ; ou s'y rendre par la route en prenant la direction de Ioannina à partir du centre de Metsovo, puis à gauche à la sortie du village, juste avant de rejoindre la nationale en suivant la (discrète) pancarte. Il reste alors environ 4 km de lacets. Au fond de la vallée, se garer sur le petit parking ; il y a encore un quart d'heure à pied. Construit vraisemblablement vers le XIVe siècle, il a été restauré en 1960 pour la dernière fois par la Fondation Tossitsa. La petite chapelle est un bijou, entièrement recouverte de fresques dont les couleurs sont très bien conservées... soi-disant grâce aux feux de bois qu'allumaient les bergers pour se réchauffer et qui avaient complètement noirci murs et plafond jusqu'en 1950. On est très bien accueilli avec de l'eau-de-vie. Le cadre est superbe.

Achats

🌐 Une boutique de qualité mais difficile à trouver car sans devanture ! Place centrale, juste à gauche de la rue pour Ioannina, au 1er étage d'un immeuble neuf, au n° 25. Bijoux, tissages, copies de costumes anciens. Très cher.

Fêtes

– *Le 20 juillet* (Profitis Ilias) et *le 26 juillet :* fêtes religieuses (Agia Paraskévi). Danses sur la grand-place en habits traditionnels.

QUITTER METSOVO

Pour les horaires et l'achat des billets, s'adresser au petit kiosque à journaux sur la place, le dernier commerce à droite de l'église.
➤ *Pour Ioannina :* bus à 6 h 30, 10 h 15, 14 h 45 et 16 h 30 (2 seulement le week-end).
➤ *Pour Kalambaka :* 2 bus par jour, matin et après-midi (liaison Ioannina-Trikala).
➤ *Pour Thessalonique :* 6 bus par jour.

LA THESSALIE

LES MÉTÉORES

Les *météora monastiria,* les « monastères en l'air », sont l'une des plus belles curiosités de la Grèce : au sommet de pitons rocheux en forme de menhirs, qui se dressent dans la grande plaine de Thessalie, des monastères des XIVe et XVe siècles.
Le massif des Météores est entouré d'une ville assez touristique, **Kalambaka,** et d'un village plus tranquille, **Kastraki.**

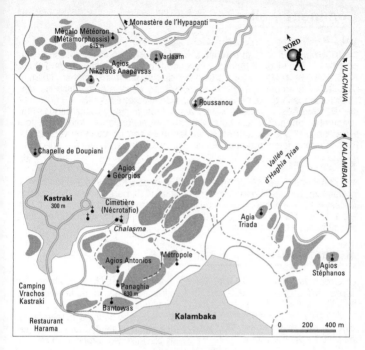

LES MÉTÉORES

– Un topo d'escalade sur les Météores est en vente au *camping Vrachos,* à Kastraki. Au printemps, avant les fortes chaleurs, des fanas d'escalade, surtout des Allemands, débarquent pour se livrer à leur sport favori. Il est cependant envisagé que des mesures de restriction ou d'interdiction soient prises dans la région en ce qui concerne l'escalade, les Météores étant classés « site protégé ».

UN PEU D'HISTOIRE

Indépendamment de la légende d'une main magnanime qui aurait fait tomber des rochers du ciel pour permettre aux ascètes de se retirer et prier, les géologues voient plutôt dans les Météores les restes d'une masse rocheuse qui commandait il y a des centaines de milliers d'années l'embouchure d'un grand fleuve se jetant dans la mer de Thessalie. Lorsque celle-ci trouva un débouché dans la mer Égée par la rupture des monts Olympe et Ossa, ce massif, sous l'action des intempéries et des secousses sismiques, se disloqua et donna naissance à cet étrange paysage.

Les Météores (*météora* = suspendu dans le ciel) commencèrent à être habités au XIe siècle. Les moines vivaient dans des cavernes naturelles au flanc des parois rocheuses, dont il reste aujourd'hui quelques vestiges. Ce n'est qu'au XIVe siècle qu'ils construisirent les monastères perchés en haut des rochers, afin d'échapper aux Turcs et aux Albanais... et de se rapprocher de Dieu.

À leur apogée, on comptait 24 monastères. Un bon nombre furent détruits pendant la dernière guerre par les Allemands. En effet, les résistants grecs s'y réfugiaient souvent. Aujourd'hui, il n'en reste que 6 en activité.

Comment y aller?

En bus

➤ *D'Athènes :* à la gare routière (terminal B), 260, odos Liossion (bus n° 024 au départ de Syndagma), prendre un bus en direction de Trikala. (☎ 21-08-31-14-34). Il y en a près d'une dizaine par jour. Trajet en 5 h 30. À Trikala, il y a en principe une correspondance, dans la demi-heure qui suit, pour Kalambaka qui est à une vingtaine de kilomètres.

➤ *De Delphes :* prendre le bus à Itéa, tôt le matin, pour Lamia. Puis emprunter un autre bus pour Trikala. Correspondance fréquente pour Kalambaka. Il y a un autre bus qui fait la liaison directe Patras-Delphes-Trikala quatre fois par semaine.

En train

➤ *D'Athènes :* train *InterCity* vers 15 h, arrivée à Kalambaka vers 20 h. Le préférer au bus car il part du centre d'Athènes (la gare routière de Liossion en est loin), il est direct, plus confortable, et moins long (environ 4 h 30). Mais il n'y en a qu'un par jour qui soit direct. Autres trains possibles, mais avec changement à Paléofarsalos.

Adresses utiles à Kalambaka

🅸 *Office du tourisme (Tourist Services Office) :* au tout début de la rue Kondili sur la droite juste après avoir quitté la place Feraiou (pancarte verte pas évidente). ☎ 24-32-07-53-06. Service compétent, serviable et francophone ; ne pas hésiter à y prendre quelques renseignements sur les ballades à effectuer dans la région, les horaires d'ouvertures des monastères, etc. Ouvert toute l'année, du lundi au vendredi, de 8 h à 15 h 30. Bonne documentation.

🅸 *Police touristique :* au coin des rues Pindou et Ioanninon. ☎ 24-32-07-61-00.

✉ *Poste :* odos Trikalon, entre la place des taxis et la place Riga Feraiou. Ouvert du lundi au vendredi de 7 h 30 à 14 h.

🚆 *Gare ferroviaire :* odos Sidirodromikos Stathmos, sur la route de Ioannina et au bout de la rue Kondili qui part de la place Féraiou. ☎ 24-32-02-24-51.

⬛ *Banques :* nombreuses. Une des mieux situées est la *Banque ionienne* (*Ioniki Trapéza*), place des taxis. Les autres sont proches de la place Riga Féraiou.

⬛ *Piscines :* pour les lecteurs accablés par la chaleur, il faut savoir que les piscines des campings et celle de l'hôtel *Edelweiss* sont généralement accessibles moyennant un droit d'entrée (environ 3 €) ou une consommation. Également, pour les enfants, un *waterpark* à 13 km, au village de Vassiliki.

⬛ *Journaux français :* pl. Kentrikon et à l'angle de la rue Ioannina.

Il n'y a pas de location de voitures à Kalambaka. Pour en trouver, aller à Trikala, à *European Rent a Car,* ☎ 24-31-07-60-22.

◙ *Café Internet : Hollywood,* 67, odos Trikalon (au niveau de la dernière place, la place Dimoula, côté route de Trikala). ☎ 24-32-02-49-64. Ouvert tous les jours de 10 h à 2 h du matin. Connexion Internet plutôt chère à 1 € les 10 mn.

– *Marché :* le vendredi matin, sur la rue Vlahava.

KASTRAKI

À 2 km de Kalambaka, Kastraki est, en fait, un petit village d'à peine 1 600 habitants. C'est notre endroit préféré car le tourisme n'y a pas encore laissé de traces indélébiles. Et pourtant, 700 000 visiteurs le traversent chaque année ! Kastraki a su garder du cachet.

➤ On peut y accéder facilement à pied ou en taxi. En bus également en saison : toutes les 30 mn de 6 h 30 à 15 h 45 et toutes les heures de 15 h 45 à 21 h, ainsi que le dimanche de 6 h 30 à 21 h.

– *Fête du Vin,* le dernier week-end d'août. Le vin coule à flots, dégustation gratuite.

■ *Escalade :* se renseigner à l'association *O.L.K.* sur la place de l'église ou à *No Limit*, basé au camping *Vrachos*.

Où dormir ?

Camping

⛺ *Camping Vrachos :* à l'entrée de Kastraki. ☎ 24-32-02-22-93 et 24-32-02-37-44. Fax : 24-32-02-31-34. ●camping-kastraki@kmp.forthnet.gr ● Compter autour de 13 € pour 2 adultes, avec voiture et tente. Un très beau camping, le meilleur de Grèce selon un de nos lecteurs ! Sanitaires tout neufs, impeccables. Terrain spacieux, loin de la route ; certaines parties sont réservées aux familles et d'autres aux groupes. Le camping s'agrandit en permanence, préférer les nouveaux emplacements « familiaux ». Ombre généreuse. Belle piscine à l'eau filtrée avec vue sur les Météores. Mini-marché, restaurant, abris pour cuisiner (gaz et frigo gratuit à la disposition des clients) et manger (possibilité de les réserver pour les groupes), barbecue, machine à laver ; et, malgré tout cela, ce n'est pas cher. En prime, le patron aime beaucoup les lecteurs du *Guide du routard :* 12 % de réduction sur sa présentation. Sa fille parle le français. Location de 4 bungalows. Le bus pour les monastères passe 2 ou 3 fois par jour devant le camping (se renseigner des horaires à la réception). Le prix du ticket est d'environ 1 €. On peut accéder à la piscine, même en n'étant pas client du camping, mais il faut payer 3,50 €.

Prix moyens

■ *Chambres chez l'habitant, chez Patavalis :* 100 m après le restaurant *Philoxénia*. ☎ 24-32-02-28-01. Ouvert toute l'année. Compter environ 35 € pour une chambre double. 7 grandes chambres avec salle de bains spacieuse, une literie neuve. Très bien tenues. Réfrigérateur à disposition. Terrasse avec vue sur les Météores. Un peu bruyant car au bord de la route. Famille très sympathique.

■ *Hôtel Tsikeli :* suivre la route qui va vers les Météores, c'est fléché en contrebas sur la gauche avant la sortie du village. ☎ 24-32-02-24-38. Fax : 24-32-07-78-72. Chambres doubles de 35 à 45 € selon la saison. Belle salle de bains. Très bon accueil dans une maison familiale propre et coquette, où l'on entre par un jardinet fleuri. Pas d'AC.

■ *Hôtel Sydney :* rue Kastrakiou. ☎ 24-32-02-30-79. Fax : 24-32-07-78-61. En bordure de route sur la gauche, à l'entrée de Kastraki. Ouvert environ de mi-mars à mi-octobre. Chambres doubles autour de 40 € en saison, petit dej' copieux compris. AC et TV. Grandes chambres doubles ou triples avec salle de bains. Malheureusement, les balcons avec vue sur les Météores donnent sur la rue. Très propre. Petit dej' copieux.

■ *Hôtel France :* à l'entrée de Kastraki, juste en face du camping *Vrachos*. ☎ 24-32-02-41-86 ou 69-32-94-29-91 (portable). Fax : 24-32-07-51-86. Facile à trouver. Chambres doubles avec vue dans les 40 €, petit dej' (léger) compris. Le patron est un Grec qui partage son temps entre Paris et la Grèce ; il parle donc bien le français, et d'ailleurs il n'a pas la langue dans sa poche. Si son fils est là, il pourra vous guider dans la région. Chambres simples et propres, avec salle de bains qui mériteraient un coup de renouveau. Location de matériel d'escalade. Nicolas Hulot et son équipe d'*Ushuaia* y prirent leurs quartiers. Personnel sympathique, très bon accueil.

🛏 *Chambres à louer, chez Batalogianni :* près de l'église, au-dessus de la taverne *Kosmiki*. ☎ 24-32-02-44-97. Fax : 24-32-02-32-53. Ouvert toute l'année. Chambres doubles de 35 à 40 €, selon l'affluence. Certaines chambres ont un grand balcon agréable avec vue sur les Météores. La n° 3 et la n° 4 disposent d'une cheminée. Chambres confortables.

🛏 *Doupiani House :* à la sortie de Kastraki direction des Météores, avant le dernier camping du village. ☎ et fax : 24-32-07-53-26. ● doupiani house@kmp.forthnet.gr ● Très bien situé : superbe vue sur les Météores et environné de vignes, à l'écart de la route. Compter environ de 45 à 50 € pour une chambre double avec AC et TV selon la vue, ce prix incluant la réduction réservée aux lecteurs du *Guide du routard*. Ouvert de mars à décembre. Jolie déco et beaux meubles de bois. Véritable hospitalité grecque prodiguée par le couple des patrons. Petit dej' à 5 € (mais avec supplément pour avoir un yaourt au miel !) pris sur la terrasse du jardin. Excellent rapport qualité-prix. Réservation fortement conseillée.

Où manger ?

Vous trouverez plusieurs tavernes autour de l'église, qui servent de la bonne cuisine grecque bon marché. Préférable aux adresses de Kalambaka.

I●I *Taverne Kosmiki :* sur la droite quand on monte vers l'église, juste au-dessous des chambres chez *Batalogianni*. Ouvert toute l'année. Repas copieux pour environ 9 €. Plats traditionnels : moussaka et *souvlaki*. Dans une ambiance très familiale et chaleureuse. Petite terrasse d'où l'on a un joli point de vue sur les Météores.

I●I *Taverne Plakias Gardenia :* à côté de l'église. ☎ 24-32-02-25-04. Bon marché : entre 8 et 9 € par personne. Cuisine familiale : viande cuite au feu de bois arrosée d'un bon vin local. Le patron, très accueillant, offre parfois un digestif ou une douceur. Possibilité de manger en salle ou en terrasse.

I●I *Taverna Lithos :* dans une petite rue, également pas loin de l'église. Le patron, Périklis Maglaras, prépare d'excellents *souvlakia*. Bon marché (repas dans les 6 €) et authentique.

I●I *Restaurant Météora Babitsa :* sur la route des Météores, entre les deux hôtels *Kastraki*. Compter dans les 10 € par personne. Cuisine de taverne correcte. Belle terrasse ombragée.

I●I *Taverne Bakaliarakia :* dans le centre, sur la petite rue qui longe l'église sur la droite. ☎ 24-32-02-31-70. Ouvert seulement le soir. Taverne pour petits budgets. Très familial. Choix assez limité : bonne moussaka et spécialité de morue à l'ail *(bakalaos)*.

Où boire un verre ?

🍸 *A, B, G :* 4, Meteora. ☎ 24-32-02-22-97. Sur la route principale qui mène aux Météores, dans le village. Ouvert de 7 h jusque très tard le soir en saison. Un bar-*gelateria*, dans un sympathique jardin. Accueil très chaleureux, *american breakfast* excellent et pas très cher. Le yaourt au miel, les glaces et cafés spéciaux ne sont pas mal non plus.

KALAMBAKA

Ville plus importante (dans les 13 000 habitants), plus bruyante... et plus touristique que Kastraki. En conséquence, plus grand choix d'hôtels et de restos. (Voir également la rubrique « Adresses utiles à Kalambaka » au début du chapitre sur les Météores.)

Où dormir ?

Campings

À vrai dire, ils sont moins bien situés que ceux de Kastraki : ils sont éloignés de la ville, au bord de la nationale (excepté un seul, le *Météora Garden,* finalement très proche de Kastraki).

⚑ *Camping Météora Garden :* à environ 2 km de la ville, sur la route de Ioannina. ☎ 24-32-02-27-27. Fax : 24-32-02-31-19. ● www.camping-meteora-garden.gr ● Ouvert toute l'année. Environ 17 € pour 2 personnes, avec voiture et tente en saison. Français parlé à la réception. Camping bien tenu et ombragé. Belle vue sur les Météores. Piscine à l'eau filtrée. Ambiance familiale, patron sympa. Restaurant et mini-marché. Machine à laver. Membre de la chaîne de campings *Sunshine,* qui offre 10 % de réduction en été et 20 % hors saison, sur présentation du dépliant de la chaîne.

⚑ *Camping Rizos International :* à un bon kilomètre au sud, en direction de Trikala. ☎ 24-32-02-29-54. Fax : 24-32-02-22-39. Environ 14 € en été pour 2 adultes avec voiture et tente.

Ouvert toute l'année. Assez ombragé et bien équipé : resto et épicerie, sanitaires récents, machine à laver. Location de caravanes et bungalows. Belle piscine. Dommage qu'elle soit entourée d'un mur très laid. Minibus gratuit pour aller à Kalambaka et pour vous chercher à la gare des trains ou des bus (appeler au camping). Accueil sympa. Bruyant car à côté de la nationale.

⚑ *Camping Philoxénia :* à 3 km à droite sur la route avant l'entrée de la ville en venant de Trikala. ☎ 24-32-02-44-66. Fax : 24-32-02-49-44. Dans les 14 € pour 2 personnes avec voiture et tente. Récent. Installations spacieuses et propres. Ombragé et fleuri. Accueil sympa. Bar-restaurant, mini-market. Piscine avec 2 toboggans ; une autre piscine, plus petite, pour les enfants.

Bon marché

Comme à Kastraki, il ne faut pas hésiter à marchander : entre le « prix de la porte » et ce que vous paierez réellement, il peut y avoir une différence notable. Voici les adresses les plus abordables, mais il y a aussi beaucoup de chambres chez l'habitant (liste disponible à l'office du tourisme). Les prix ne varient en général pas beaucoup selon la saison mais ils font un bond durant les fêtes (Noël, Pâques).

🏠 *Chambres Alsos House :* 5, odos Kanari. ☎ 24-32-02-40-97. Fax : 24-32-07-91-91. ● alsos-house@kmp.forthnet.gr ● Situé au pied des Météores et en retrait du centre touristique. Pour une double compter entre 30 et 40 €, selon la grandeur et le confort de la chambre. Petit dej' en plus. Chambres et appartements ré-

cemment rénovées avec TV, ventilo et salle de bains. Cuisine commune équipée avec frigo à disposition. Propriétaire très accueillant, parlant le français et jouant bien du *bouzouki* ! Il peut organiser des treks dans la région qu'il connaît parfaitement. Bon marché sur présentation du *GDR.*

Prix moyens

🛏 *Hôtel Météora :* 14, odos Ploutarhou. ☎ 24-32-02-23-67. Fax : 24-32-07-55-50. À la sortie de la ville en direction de Kastraki. L'hôtel se trouve tout en haut dans une impasse sur la droite juste au pied des rochers. Compter à partir de 25 € pour une chambre double, et environ 40 € pour une triple, petit dej' compris sur présentation du *Guide du routard*. Très calme, construction récente sur un étage. Possède une dizaine de chambres agréables, certaines avec AC et une bonne literie. Les nos 1, 8 et 9 disposent de grands balcons ayant une vue fabuleuse sur les Météores. Terrasse. Petit dej' avec cake maison préparé par la mère du patron. Accueil familial et sympa. Possibilité de louer des *mountains bikes*. Accès à Internet. Cartes de paiement acceptées.

🛏 *Koka Roka :* 31, odos Kanari. ☎ 24-32-02-45-54. ● kokaroka@yahoo.com ● En haut de la ville, au départ du sentier montant vers les Météores. Compter environ 35 € pour une chambre double avec salle de bains et 45 € pour une triple. Le prix est dégressif en fonction du nombre de jours sur place. Petit dej' basique pas cher. Hôtel familial qui ne prend pas vraiment de réservation en raison du nombre limité de chambres (5). Chambres avec balcon sauf une. Assez propre. Prix spéciaux pour nos lecteurs sur présentation du *Guide du routard*. Cartes de paiement refusées.

🛏 *Pension Arsénis :* à 3 km du centre de la ville, sur « Eastern street of Meteora », qui se prend à l'entrée de Kalambaka, côté Trikala. ☎ 24-32-02-41-50. Fax : 24-32-02-35-00. ● ar senpan@yahoo.com ● Ouvert toute l'année. Compter 35 € pour une chambre double avec les 10 % de réduction à nos lecteurs sur présentation du *Guide du routard*. Belles chambres avec salle de bains, AC et terrasse avec vue panoramique. Très propre et tranquille car totalement à l'écart. Maison entourée d'oliviers et de figuiers. Resto sur place. Les repas sont à base des produits des fermes de la famille. Très bon rapport qualité-prix.

🛏 *Hôtel Kéfos :* 1, odos Koupi. ☎ 24-32-02-20-44. De la rue principale, direction Trikala, prendre à gauche Vénizélou puis tout de suite à droite Ikonomou ; continuer jusqu'à l'odos Koupi, sur la gauche. Ouvert toute l'année. Hôtel tout blanc de 20 chambres doubles à 50 € avec salle de bains, AC et TV. En basse saison, le petit dej' est compris. Toutes avec balcon assez large. Chambres spacieuses. Déco simple, mais rien à dire sur la propreté. Dans un quartier tranquille, à l'écart du passage. Bon accueil, Parking.

Plus chic

🛏 *Hôtel Edelweiss :* 3, odos Vénizélou. ☎ 24-32-02-39-66. Fax : 24-32-02-47-33. À la sortie sud de la ville, sur la gauche à la hauteur de la dernière grande place. Chambres doubles de 50 à 60 € avec petit dej'. TV, minibar et balcon avec vue sur les Météores. Architecture moderne genre *Novotel*. Resto, bar, parking. Grand hôtel sans charme particulier. L'unique intérêt étant la piscine ! Accepte les cartes de paiement.

🛏 *Hôtel Orphéas :* 58, odos Pindous ; il donne également sur la Trikalon. ☎ 24-32-07-74-44. Fax : 24-32-07-74-45. À l'entrée de Kalambaka, quand on vient de Trikala, sur la gauche aux feux. Chambres doubles à environ 60 € avec bains, AC et TV, petit dej' (buffet) compris. Hôtel moderne, entrée spacieuse. Rampe d'accès pour les handicapés. Belles chambres, avec vue sur les Météores ou sur l'énorme piscine toute neuve. Bon standing. Bon rapport qualité-prix. Quelques salles de bains avec baignoire. Beau carrelage. Grande salle de restaurant avec terrasse. Bon accueil du patron, Costas, marié à une Bretonne. Remise de 5 % sur présentation du *GDR*.

Où manger?

|●| **Taverna O Platanos :** sq. Riga Platanou. ☎ 24-32-02-21-38. Prendre la rue qui monte à partir de la place centrale (Féraiou) Restaurant fermé d'octobre à mars, sauf pour les groupes sur réservation. Dans les 9 € par personne. On mange sur une terrasse très agréable, abritée par des arbres. Choix de plats restreint. Spécialité de grillades au feu de bois. *Souvlaki*, moussaka et boulettes de viande. Produits frais. Tenue par une famille très accueillante.

|●| **Koka Roka :** voir la rubrique « Où dormir ? ». En haut de la ville, au départ du sentier montant vers les Météores. À partir de 8 € par personne. Accueil chaleureux de la patronne polyglotte. On déjeune de plats classiques, sous une belle tonnelle ou près de la cheminée. Bonne cuisine à prix corrects. En attendant d'être servi, vous pourrez toujours lire (et surtout remplir) le Livre d'or de la maison. Beaucoup de Grecs (surtout hors saison) qui viennent s'amuser et taquiner le *bouzouki*.

|●| **Panellinion :** place des taxis. ☎ 24-32-02-47-35. Environ 10 € le repas par personne. Large choix de plats cuisinés traditionnels que vous pouvez choisir en cuisine. Excellentes boulettes de viande en sauce. Goûtez aux délicieux *papoutsakia* à base d'aubergines. Bonne salade de fruits frais. On mange en salle ou sur la terrasse qui surplombe la route. Bien servi et bon accueil, quoique un peu racoleur en saison. On y parle le français.

|●| **Taverna Dionysos :** 112, odos Trikalon. ☎ 24-32-07-76-60 et 24-32-02-25-49. Ouvert toute l'année, tous les jours, seulement le soir à partir de 18 h. Repas pour environ 8 €. Grande salle avec cheminée qui fonctionne en hiver. Bonne taverne aux plats simples, mais bien servis (brochettes de bœuf et poulet cuisiné). Accueil sympa.

Où boire un verre?

♟ Sur la troisième place en allant vers Trikala, place « Dimoula » (il est prévu que toute la zone devienne piétonne ; elle est actuellement en travaux), vous trouverez une tripotée de **cafés** avec terrasse, tous plus branchés les uns que les autres. Entre autres, le *Club Mateus*. Bonne musique. L'ambiance varie d'un endroit à l'autre en fonction des soirées. D'autres cafés s'égrènent le long de la rue principale (Trikalon) et des deux autres places.

À voir à Kalambaka

⚔ **L'église de la Dormition de la Vierge (Kimissis Théotokou** en grec) : indiquée depuis la place centrale. L'église date des Xe-XIe siècles. Ouverte normalement de 9 h à 13 h, et de 15 h à 17 h. Fresques remarquables (XIIe-XVIe siècles). Chaire en marbre *(ambon)* au milieu de la nef, unique en Grèce.

Comment aller aux monastères?

➢ **En bus : de Kalambaka,** 2 bus quotidiens partent de la gare routière du lundi au vendredi à 9 h et 13 h 20 ; le week-end, à 8 h 20 et 13 h 20. En juillet et août, des bus sont souvent rajoutés (vers 10 h notamment). Ils s'arrêtent de fonctionner entre début octobre et mars. Ticket à acheter dans le bus. Ils s'arrêtent aux *monastères de Roussanou, d'Agios Nikolaos, de Vaarlam* et *du Grand Météore.* Le mieux est de descendre au Grand Météore pour éviter de faire la longue grimpette à pied.

➤ *En scooter :* location dans certains campings.

➤ *À pied :* aller en bus jusqu'au Grand Météore. Ensuite, la route qui longe les cinq monastères les plus importants fait environ 10 km. On trouve de l'eau dans la plupart des monastères. Puis redescendre à Kalambaka par le petit chemin qui part du monastère Agia Triada. Il n'est pas très facile à trouver (à droite du rocher quand on fait face au monastère), mais la promenade est vraiment agréable.

On peut également faire toute une boucle à pied depuis le centre de Kalambaka en passant par la vieille ville et l'église byzantine. Se renseigner au besoin auprès du patron de la pension *Alsos.*

➤ *En taxi :* ☎ 24-32-02-23-10. Se faire emmener au Grand Météore coûte 5 €. Rentable si on est plusieurs. On redescend ensuite à pied.

Visite des monastères

Vous êtes là pour ça ; inutile de rechigner. Ce n'est pas tout à fait le mont Athos mais, comme ce dernier est quasi inaccessible (et carrément interdit aux femmes), voilà tout ce qui vous reste ! Et avec toutes les marches qu'il va vous falloir monter et descendre, c'est en plus excellent pour la santé. Seule petite contrainte, tenue correcte de rigueur. Pour les hommes, ni short, ni bermuda, ni maillot de corps ; pour les femmes, pas de décolleté ni de bras nus. Pas de short ni de pantalon non plus. Pour les filles, on prête des jupes dans tous les monastères. Il est quand même plus prudent d'apporter la sienne (un paréo fait aussi bien l'affaire). Sinon, au camping *Vrachos* comme à l'hôtel *France,* on en prête également.

Que vient-on voir dans un monastère ? Les orthodoxes y viennent parce que ce sont des lieux saints (même si aujourd'hui les monastères ouverts au public ne connaissent pas une vie monastique et spirituelle très intense). Les non-orthodoxes sont sans doute plus sensibles à la beauté particulière et au caractère spectaculaire du lieu qu'à la spiritualité qui s'en dégage. Pour ne pas passer à côté de la visite, le minimum à savoir tient en quelques lignes. L'église principale du monastère *(katholikon)* est consacrée à un saint et donne parfois son nom au monastère tout entier. Le *katholikon* se compose de plusieurs parties. Le *narthex* précède la *nef* ; à son tour, la nef est séparée du sanctuaire par l'*iconostase,* souvent en bois sculpté. Le prêtre officie à l'abri des regards des fidèles, derrière l'iconostase, dans la partie de l'église qui, symboliquement, représente le ciel séparé de la terre. En plus de l'église principale, le monastère peut avoir une ou plusieurs chapelles. Le reste du monastère, sauf dans certains où un musée *(skévophylakion)* a été aménagé, sert aux moines ou aux nonnes qui y vivent (cuisines, réfectoires, cellules).

Une belle route goudronnée permet d'accéder facilement aux monastères. Il faut compter 21 km aller-retour au départ de Kalambaka pour visiter les trois plus importants d'entre eux, c'est-à-dire Agios Stéphanos, Varlaam et le Grand Météore.

– *Horaires de visite :* les monastères sont généralement ouverts le matin et l'après-midi, ils ferment pour la sieste. La plupart ferment un jour dans la semaine (pas le même), même parfois deux hors saison. Mais ces horaires peuvent changer d'une année sur l'autre. Nous indiquons les horaires de l'été 2003. Se renseigner auprès du *Tourist Services Office.* Si vous visitez le coin en hiver, sachez également que les horaires sont alors restreints. Le changement entre les horaires d'hiver et d'été intervient en général la semaine où l'on passe à l'heure d'hiver (ou à l'heure d'été).

– Entrée payante pour chaque monastère : environ 2 € et pas de réduction. Pour prendre les popes en photo, prudence et discrétion, car certains n'apprécient pas du tout. En général, impossible de prendre des photos à l'intérieur mais c'est toléré dans les cours et jardins.

– *Un tuyau :* les monastères du Météoron et de Varlaam attirent les foules : donc les voir en premier, tôt le matin, car ensuite c'est assez dur.

🎥🎥🎥 **Le monastère du Grand Météore (Météoron)** *ou monastère de la Transfiguration (Métamorphossis) :* ☎ 24-32-02-22-78. Ouvert tous les jours sauf le mardi (et mercredi en hiver), de 9 h à 17 h (16 h en hiver).
Le plus ancien des monastères en activité et le plus grand, c'est le plus intéressant par les richesses qu'il offre. Un moine du mont Athos nommé Athanassios choisit au XIVe siècle le rocher le plus large d'assise pour y fonder un embryon de monastère, avec une chapelle et quelques cellules, ouvrant la voie à d'autres initiatives du même genre. L'*église de la Transfiguration* présente des fresques remarquables de l'école crétoise du XVIe siècle, notamment *Le Supplice des saints* sur le narthex (photos interdites). Dans l'ancien *réfectoire,* on peut admirer des icônes, des manuscrits rares, des vêtements sacerdotaux très anciens, des objets cultuels dont des croix en bois sculpté. La fabrication de l'une d'elles demanda quatorze années de travail. L'ancienne cuisine a été laissée en l'état. Voir plus loin la rubrique « Balades à pied ».

🎥🎥🎥 **Le monastère de Varlaam :** c'est celui qui se trouve tout à côté du Grand Météore. ☎ 24-32-02-22-77. Ouvert tous les jours sauf le jeudi, de 9 h à 14 h et de 15 h 20 à 17 h. En hiver, ouvert de 9 h à 15 h sauf le jeudi et le vendredi.
Varlaam est le nom du moine qui, voyant s'édifier le Grand Météore sur le rocher d'en face, eut l'idée de faire de même... Il culmine à 373 m. Panorama superbe sur la vallée. Là encore, fresques superbes dans l'église, notamment celle du *Jugement dernier.* Une imagination proche de Jérôme Bosch. Le musée présente d'intéressantes pièces (avec des explications en français). Voir aussi l'immense barrique en bois du XVIe siècle, d'une contenance de 13 000 l. Quelques rénovations toujours en cours.

🎥 Sur le chemin d'Agios Stéphanos, vous remarquerez le **monastère de Roussanou.** ☎ 24-32-02-26-49. Ouvert tous les jours de 9 h à 18 h (à 14 h en hiver, sauf le mercredi).
Pittoresque, littéralement le prolongement vertical d'un rocher très étroit. Ermitage depuis 1388, il fut transformé en couvent en 1545. Monastère de moniales. Dommage qu'on lui ait adjoint une aile moderne qui gâche en partie le site. En continuant sur la même route, vous rencontrerez le **monastère d'Agia Triada** (Sainte-Trinité). ☎ 24-32-02-22-20. Ouvert tous les jours sauf le jeudi, de 9 h à 12 h 30 et de 15 h à 17 h. Construit entre 1458 et 1476 par le moine Dométios. On y accède par un escalier circulaire d'environ 140 marches. Monastère de moniales, ouvert à tous.

🎥🎥 **Le monastère d'Agios Stéphanos :** ☎ 24-32-02-22-79. Ouvert tous les jours sauf le lundi, de 9 h à 14 h et de 15 h 30 à 18 h (de 9 h à 13 h et de 15 h à 17 h en hiver).
Il est habité aujourd'hui par des religieuses. Il date du XIVe siècle. Un ascète nommé Jérémie s'y était retiré en 1192 et cet ermitage servit de base au monastère, officiellement créé en 1545. Les fresques de l'église ont été récemment restaurées dans un goût douteux, voire carrément kitsch, c'est dommage, mais il y a toujours de vieilles belles boiseries travaillées (iconostase, chaires...). Objets précieux sacrés exposés dans le nouveau musée (ancien réfectoire restauré) qui est sans doute le plus beau et le plus riche des musées des Météores (riche collection d'icônes, d'encensoirs, de parchemins, de livres, etc.).

🎥🎥 **Le monastère d'Agios Nikolaos Anapavsas :** le premier sur votre gauche en quittant le village de Kastraki. ☎ 24-32-02-23-75. Ouvert tous les jours sauf le vendredi, de 9 h à 15 h 30 (13 h en hiver).

L'un des plus petits, l'un des plus « mignons ». La montée est dure. Il possède une mini-chapelle très touchante et émouvante. Superbes fresques, œuvre de Théophanis le Crétois, peintes en 1527. Attardez-vous sur celle du *Jugement dernier,* au-dessus de la porte séparant le narthex du chœur. Perfection du détail, richesse des couleurs, malheureusement de plus en plus pâles. Notez le démon avec sa langue géante, ramassant tous les méchants, les vilains, les pas beaux, qui viennent de passer en jugement. La scène où Adam nomme les animaux du Paradis n'est pas mal non plus. Un de nos monastères préférés, c'est dit. Sentier qui part du monastère et monte à Varlaam en 1 h 30.

☩ Quittant Kastraki, avant de monter aux Météores, vous aurez remarqué, sur le gros rocher à droite, une espèce d'anfractuosité horizontale où semble sécher du linge. Non, la mère Denis n'est pas passée par là, c'est tout simplement la *chapelle Saint-Georges.* La légende veut qu'une femme turque se soit convertie au catholicisme après avoir prié saint Georges de sauver son mari. C'est ce qu'il advint. Depuis, chaque vendredi après la Pâque, toutes les femmes du village offrent un foulard, et les jeunes gens les plus vigoureux de la région grimpent à l'aide de cordes et vont les accrocher à la chapelle en hommage et en remerciement à saint Georges. On pense ainsi s'assurer une bonne santé pour l'année à venir.

☩ L'une des meilleures vues des Météores, notamment pour le coucher du soleil, se situe à *Psaropetra,* au-dessus du monastère Rossanou, en allant vers Agios Stéphanos.

Balades à pied

ATTENTION : dans l'ensemble du massif, on peut rencontrer des chiens redevenus sauvages, parfois agressifs et organisés en meutes. Prudence donc ! Les grimpeurs et les randonneurs du coin prévoient, eux, des fusées rouges anti-chien. C'est, paraît-il, très efficace. Si vous les avez oubliées, courez vite...

➤ Agréable et très facile. Juste avant d'entrer dans le tunnel creusé dans la roche qui permet d'accéder au *monastère du Grand Météore,* vous apercevrez, sur la gauche, un chemin. Compter 20 mn de marche (sans fatigue et sans possibilité de se perdre) pour atteindre la route goudronnée de *Kastraki.* Ce petit chemin qui descend dans la vallée était autrefois le seul moyen d'accès au monastère. Il zigzague entre ces rochers colossaux aux parois vertigineuses. Prenez quand même une paire de bonnes chaussures, car il y a beaucoup de cailloux.

➤ Petite balade très facile pour aller visiter l'ancien village de Kastraki et le vieux cimetière (environ 2 km). Partir de la route principale, 200 m avant le camping *Vrachos* en venant de Kalambaka (en face de la taverne *Harama*), prendre à droite un chemin qui monte et poursuivre jusqu'aux premières ruines. Certaines des vieilles maisons sont en train d'être restaurées. Un peu plus haut, le cimetière, puis redescendre sur le nouveau village ou faire demi-tour.

QUITTER KALAMBAKA

En stop

C'est difficile : on sait de quoi on parle. Essayez de demander directement aux touristes. Généralement, ils vous diront que leur voiture est pleine. Peut-être en parlant du temps, en visitant les Météores, en quelques langues différentes...

En bus

🚌 La **station des bus** est située en contrebas de la place des taxis, rue Ikonomou. ☎ 24-32-02-24-32. Il faut faire attention car le terminal des bus est en fait sur la place même, quelque 100 m plus haut, ce qui crée parfois des confusions au moment des départs.

Excepté pour les destinations à l'ouest, il vous faudra d'abord vous rendre à Trikala pour y prendre votre correspondance.

➤ **Pour Trikala :** liaisons environ toutes les 30 mn de 6 h à 15 h 15, puis environ toutes les heures jusqu'à 22 h 30. Les samedi et dimanche, liaisons à peu près toutes les heures de 7 h à 22 h 30.

➤ **Pour Athènes :** Trikala-Athènes (8 par jour de 7 h à 20 h 30).

➤ **Pour Volos :** 4 bus quotidiens de 7 h à 19 h 30 au départ de Trikala.

➤ **Pour Thessalonique :** 6 bus par jour de 7 h 30 à 20 h au départ de Trikala.

➤ **Pour Delphes :** il existe, en saison, un bus direct Trikala-Delphes-Patras, départ à 10 h les mardi et jeudi et à 15 h les vendredi et dimanche. Certains ne vont pas exactement jusqu'à Delphes mais s'arrêtent à Itéa. De là, prendre un des bus fréquents pour Delphes située à 15 km.

➤ **Pour Ioannina :** 2 bus quotidiens à 8 h 45 et 15 h 20. Ces bus desservent aussi *Metsovo*. Compter 4 h.

➤ **Pour Igouménitsa :** correspondances fréquentes à partir de Ioannina.

En train

➤ **Kalambaka-Athènes :** 5 trains par jour, notamment à 6 h 30 et 7 h 40, dont 1 direct, vers 9 h.

➤ **Kalambaka-Thessalonique :** 2 trains par jour (qui passent par Larissa et Volos) vers 11 h et 17 h 40.

VOLOS

123 000 hab.

Troisième port de Grèce, Volos présente assez peu d'intérêt en dehors de sa situation de porte d'entrée du massif du Pélion et des îles Sporades. C'est l'une des quatre villes grecques de province à accueillir des matchs de football (première phase) du tournoi olympique. Petit point d'histoire : Volos fut construite à l'emplacement de la cité de Iolkos d'où partit Jason à la recherche de la toison d'or, expédié très loin par son oncle Pélias, qui craignait qu'il ne lui disputât son trône. On connaît la suite : aidés de Médée, la magicienne, Jason et les Argonautes triomphèrent de toutes les épreuves...

Adresses utiles

🛈 **Office du tourisme :** platia Riga Féréou. En face du port. ☎ 24-21-02-35-00 et 24-21-03-62-23. Fax : 24-21-02-47-50. Ouvert du lundi au vendredi de 7 h à 14 h 30. Il s'agit en fait d'une agence qui propose des réservations dans les hôtels de la région, mais elle fournit également des informations aux touristes, comme le plan détaillé de la ville.

@ Site Internet sur la ville : • www. volos-m.gr •

■ **Police touristique :** ☎ 24-21-07-24-20.

✉ **Poste :** au croisement d'Agiou Nikolaou et de Dimitriados. ☎ 24-21-03-63-00. Ouvert du lundi au vendredi de 7 h 30 à 20 h.

■ **Banques :** sur les grands axes parallèles au port (Iasonos et Dimitriados). Également la *City Bank* à proximité du port, à l'angle de Vénizélou et Argonafton. Distributeurs automatiques de billets.

■ *Presse internationale* : *News Stand,* au 78, odos Iassonos. Dans la rue parallèle à Dimitriados.

@ *Cybercafé* : *Magic Net Café,* 141, odos Iasonos. ☎ 24-21-03-02-60. Très bien équipé, connexion rapide.

■ *Hôpital :* sur la route du golfe Pagasétique. ☎ 24-21-02-75-31 et 34. Flambant neuf.

🚂 *La gare* est à 500 m à gauche quand on sort du port.

■ *Agence de voyages :* Les Hirondelles, 19, odos Koumoundourou. ☎ 24-21-03-21-71. Fax : 24-21-03-50-30. ● info@les-hirondelles.gr ● Propose des locations (chambres, appartements, maisons) et de multiples activités sportives dans le Pélion (randonnées à pied ou à cheval, kayak de mer, VTT, plongée...). Un bureau également à Agios Ioannis (Pélion, versant égéen). ☎ 24-26-03-11-81.

Où dormir ?

Dormir à Volos uniquement si l'on a un bateau à prendre le lendemain matin ou si l'on rentre tard des Sporades.

Bon marché

🛏 *Hôtel Iolkos :* 37, Dimitriados. ☎ 24-21-02-34-16. Fax : 24-21-06-88-86. Au bout de l'avenue, près de la platia Riga Fereou, où se trouve l'office du tourisme. Dans les 30 € la chambre double avec salle de bains sur le palier et sans petit dej'. Hôtel qui a vieilli, juste propre, avec TV. Très bruyant, mais pas cher.

De prix moyens à plus chic

🛏 *Hôtel Roussa :* 1, Iatrou Tzanou. ☎ 24-21-02-17-32. Fax : 24-21-02-29-87. Continuer l'avenue Iasonos (parallèle au port), qui devient Polymeri ; tourner à droite juste avant l'hôpital. Dans les 40 € la chambre double. Petit hôtel familial bon marché et particulièrement bien situé au bord du parc Anavros et de ses terrasses de cafés, face à la mer (attention : seulement 2 chambres avec vue). La terrasse de l'hôtel donne également sur la promenade. Chambres simples, récemment refaites, avec balcon, AC et TV.

🛏 *Hôtel Kipseli :* 1, odos Agiou Nikolaou, en plein centre. ☎ 24-21-02-44-20. Fax : 24-21-02-60-20. Compter environ 65 € pour une chambre double sans petit dej'. Chambres simples et propres avec AC et TV. Salle de bains un peu vieillottes. Donne sur le port, donc assez tranquille. Demander une chambre avec vue, celle-ci est magnifique.

Plus chic

🛏 *Hôtel Aegli Pallas :* 24-26, odos Argonafton. Sur le port. ☎ 24-21-02-44-71 ou 24-21-02-56-91. Fax : 24-21-03-30-06. Ouvert toute l'année. Compter autour de 75 € pour une chambre double. Hôtel récent (eh oui, ça existe à Volos !), plutôt classe. Chambres confortables et très propres. Préférer celles situées au dernier étage, la vue sur le port y est splendide.

🛏 *Park Hotel :* 2, Deligiorgi. ☎ 24-21-03-65-11. Fax : 24-21-02-86-45. ● www.amhotels.gr ● Au bord de la jolie promenade en bord de mer : jardin et calme assuré. En haute saison, dans les 80 € la chambre double, petit dej' inclus. Chambres agréables avec TV, AC et balcon. Demander impérativement celles avec vue sur la mer, les autres sont bruyantes. Essayer de négocier le prix.

Où manger ?

– **Marché :** le samedi matin. On y trouve fruits et légumes à des prix très abordables.

I●I La plupart des **restaurants** sur le quai Argonafton offrent une nourriture standardisée qui ne déchaîne pas l'enthousiasme ; Volos est plutôt réputée pour ses *ouzeria* et autres *mézédopolia* situés dans les petites rues entre le port et l'odos Ermou.

– Pour manger sur le pouce, **boulangerie-pâtisserie Théodorou,** au début de l'odos Vénizélou (perpendiculaire au port), avec un large choix de *pittès* et de pâtisseries grecques (aïe ! le cholestérol...) et *To Anotéron,* 55, odos Gr. Lambraki (la *bougatsa,* coupée en morceaux et saupoudrée de cannelle, à manger sur place avec une fourchette, est un régal). Très bruyant en raison de sa situation en bord de route.

I●I *Restaurant Oinopoleion Spyropoulos (prononcer « Inopolion ») :* 7, odos Féron. ☎ 24-21-03-05-88. Ouvert uniquement le soir d'octobre à mai, hélas fermé en été. Notre adresse préférée. Plats à environ 10 €. Dans un quartier glauque à souhait (rue derrière la gare), ce resto est une preuve que les Grecs savent cuisiner avec raffinement. Déco magnifique avec murs de pierre, poutres apparentes et vieux poêle. Cuisine originale et copieuse : ne pas manquer le délicieux *patata ekplixi* (sorte de gratin aux pommes de terre et au bœuf) ou encore le soufflé aux épinards, divin ! Ce resto est également spécialisé dans les bons vins, ce qui ne gâche rien : le vin blanc maison est une petite merveille.

I●I *Taverne Psatha :* sur le port, à l'angle de la rue Topali. ☎ 24-21-03-38-70. Ouvert tous les jours, midi et soir. Environ 12 € pour une entrée et un plat (un peu plus pour un repas de poisson). Moins touristique, plus mignonne et moins chère que ses voisins : que demander de plus ? Large choix de poissons et de crustacés. On y parle exclusivement le grec mais à force de mimes et grâce à la patience des serveurs vous pourrez vous régaler !

I●I *Taverne Remvi :* 25, odos Plastira. À l'extrémité est des quais. ☎ 24-21-02-79-52. Repas pour environ 12-15 €. Loin des nuisances sonores du centre-ville, dans un cadre reposant face à la mer. Service impeccable. La carte est illustrée : enfin un resto où l'on sait ce que l'on va avoir dans son assiette !

À voir. À faire

🎭🎭 *Le Musée archéologique :* 22, odos Plastira. ☎ 24-21-02-52-85. À 2 km du port, sur la route de Tsangarada, juste après l'hôpital, sur la droite quand on quitte Volos, direction Agria. Ouvert tous les jours sauf le lundi, de 8 h 30 à 15 h. Entrée : 2 € ; réductions. Très importante collection de peintures grecques : stèles peintes de différentes périodes. On y trouve aussi de nombreuses sculptures, des objets mycéniens, ainsi que des sépultures et tombes reconstituées (les sites néolithiques proches de Sesklo et Dimini, très importants, ont fourni une partie des objets exposés). À ne pas manquer.

🎭🎭 *Le Musée ethnographique (Laographiko Kendro) :* 38, odos Kitsou Makris (ou Afendouli). ☎ 24-21-03-71-19 (matin) et 24-21-02-43-62 (soir). Également dans le quartier de l'hôpital mais à l'opposé du Musée archéologique. Ouvert du lundi au vendredi de 8 h à 14 h 30 et le dimanche de 8 h 30 à 12 h 30. Fermé le samedi. Entrée gratuite. Musée privé, fondé par Kitsos Makris, un ethnologue local qui a rassemblé des œuvres de Théophilos (voir ci-dessous), de Christopoulos, de Pagonis, des icônes byzantines... Également des objets de collection liés à la culture du Pélion.

🎭 *Le musée Théophilos (peintre naïf natif de Lesbos) :* à Anakassia, faubourg de Volos, à 4,5 km du centre-ville, direction Makrinitsa. Quitter la route sur la gauche dans un virage, à la hauteur d'une place où l'on voit une statue de Théophilos ; pancarte jaune (en grec) ; suivre ensuite (à pied) l'odos Eleftherias ; assez mal indiqué. Ouvert de 8 h 30 à 15 h. Fermé le lundi. ☎ 24-21-04-91-09. En fait de musée, c'est une maison dont les murs sont recouverts de peintures naïves, représentant des scènes de la révolution grecque. N'a pas un grand intérêt sauf si l'on est fan de peinture naïve et d'histoire grecque.

➢ Facile de louer une voiture pour se rendre dans le **massif du Pélion**. Faisable dans la journée (mais on conseille tout de même de prendre son temps... Attention sur les routes très « virageuses »). Location chez *Theofanidis Hellas,* 79, odos Iasonos. ☎ 24-21-03-62-38 et 24-21-02-41-92. Ou chez *Auto Europe,* 119, odos Iasonos. ☎ et fax : 24-21-02-37-22. *Hertz* a aussi ouvert une agence, 97, odos Iasonos. ☎ 24-21-02-25-44. *Avis* vient également de s'installer sur le port, 41, odos Argonafton. ☎ 24-21-02-08-49. Fax : 24-21-03-23-60. Comparer les prix et faire jouer la concurrence.

QUITTER VOLOS

En stop

Ça marche assez bien dans le Pélion. Pour quitter la ville : direction Tsangarada, prendre un bus bleu urbain (n° 5), qui vous laisse vers Ano Lehonia, à une dizaine de kilomètres de la ville. Gare des bus urbains à côté de celle des bus interurbains.

En bus

▭ **Station de bus :** située sur la droite à l'entrée de la ville, quand on vient d'Athènes ou de Larissa, odos Zakhou (sur l'avenue Lambrakis). ☎ 24-21-03-32-53. Réservations : ☎ 24-21-03-32-54. ●www.ktelvolou.gr ●(en grec).
➢ **Pour le Pélion :** bus assez nombreux. Tous les villages sont desservis mais pas toujours à des horaires bien pratiques. Trajets assez longs en raison des nombreux virages. L'affichage des horaires à la gare routière est un peu complexe et le personnel n'est pas vraiment coopératif. Pour *Makrinitsa,* une dizaine de bus quotidiens ; pour *Zagora* et *Horefto,* 5 bus ; pour *Afissos,* 5 bus ; pour *Miliès* et *Vyzitsa,* 6 bus ; pour *Tsangarada,* via *Hania,* 3 bus ; pour *Argalasti,* 7 bus dont 2 continuent vers *Katigiorgi* et vers *Trikéri.*
➢ **Pour Kalambaka :** 5 bus par jour. 2 h de trajet.
➢ **Pour Athènes :** 11 bus par jour de 6 h à 22 h.
➢ **Pour Patras :** 1 bus quotidien sauf le samedi.
➢ **Pour Larissa :** 12 bus quotidiens de 6 h à 21 h.
➢ **Pour Thessalonique :** 6 bus par jour de 6 h 15 à 19 h 30.
➢ **Pour Ioannina et Igouménitsa :** 3 bus par semaine (les mardi, jeudi et vendredi). Renseignements et réservations : ☎ 24-21-02-55-27.

En train

▭ **La gare** est à 500 m à gauche quand on sort du port. Billets en vente dans une agence du centre (odos Iasonos-Rozou) de 8 h à 20 h (☎ 24-21-02-85-55) ou à la gare.
➢ **Pour Athènes et Thessalonique (via Larissa) :** une demi-douzaine de départs par jour au minimum.
➢ **Pour Athènes :** 7 liaisons par jour dont 2 directes (5 h de trajet).

En bateau

➤ *Pour les Sporades :* de nombreuses agences, sur le quai des Argonautes, vendent des billets pour *Skiathos, Skopélos* et *Alonissos.* On a le choix entre le ferry classique, bon marché mais assez long, ou l'hydroglisseur, plus rapide mais deux fois plus cher (réduction de 10 % si l'on prend un billet aller-retour). Temps de traversée en hydroglisseur : Skiathos 1 h 15, Skopélos 2 h 10, Alonissos 2 h 40. Environ 20 € l'aller pour Skiathos, 25 € pour Skopélos et un peu plus pour Alonissos. Ceux qui souhaitent emporter leur voiture devront prendre un ferry (attention, les tarifs sont élevés pour les véhicules).

Agences sur le port : *Falcon Tours,* 34, odos Argonafton. ☎ 24-21-02-16-26 et 24-21-02-56-88. Et *Triantis Travel,* 35, odos Argonafton. ☎ 24-21-02-09-10. Fax : 24-21-02-09-12. Billets pour les *Flying Dolphins* et les bateaux de chez *Hellas Ferries.* Pour Skiathos, en *Flying Dolphin,* environ 3 départs par jour en haute saison. À peu près autant pour Skopélos et Alonissos. Quelques *Flying Dolphins* s'arrêtent à Nissi Trikéri, à l'extrémité de la pointe du Pélion. En ferry *(Hellas Ferries),* 3 départs par jour pour Skiathos, 2 pour Skopélos, un seul pour Alonissos.

LE PÉLION

Péninsule montagneuse à l'allure d'un doigt recourbé, au sud-est de Volos. Il y fait aussi beau et chaud qu'ailleurs, mais on y trouve une végétation abondante, presque unique en Grèce, qui rappelle certains paysages corses. Dès qu'on s'élève, l'eau ruisselle le long des routes en lacet. Étroites et sinueuses, elles permettent d'aller de village en village. On se déplace, de ce fait, très lentement (compter 1 h à 1 h 30 pour 50 km !). Les villages, avec leur architecture typique, ont une grande unité et conservent de magnifiques demeures que l'on retape aujourd'hui un peu partout, après les avoir laissé se dégrader. Les places des villages de montagne, avec leurs platanes, sont souvent de toute beauté et ont gardé le cachet de la Grèce d'autrefois.

Dans l'Antiquité, on pensait que la région était habitée par les centaures, créatures mi-homme, mi-cheval. Au Moyen Âge, la péninsule a commencé par être une sorte de petit mont Athos avec des monastères fleurissant un peu partout, puis des villages se sont développés autour de ces monastères. Pendant l'occupation turque – un peu comme la région des Zagoria en Épire –, le Pélion bénéficiait de privilèges accordés par le sultan et, grâce à cette situation particulière, était resté un foyer préservé de la culture hellénique, grâce à des écoles, notamment à Miliès et à Zagora où le grec continuait à être enseigné. La région a d'ailleurs été également un foyer de la révolution d'indépendance. Incontestablement une des plus belles régions de toute la Grèce, encore préservée des dérives du tourisme. On trouve encore une majorité de touristes allemands, mais la configuration est devenue plus variée du fait des liaisons aériennes entre Volos et la Grande-Bretagne ou la Hollande. Français, encore un effort !

De nombreuses balades à faire le long des sentiers empierrés *(kalderimia).* Une excellente carte *(Road Editions)* au 1/50 000 couvre tout le Pélion. Elle contient un itinéraire de randonnée pédestre (traversée du Pélion : Kala Néra-Miliès-Tsangarada-Damouchari) avec un texte très détaillé en anglais. À faire au printemps de préférence.

N'oubliez pas, enfin, de goûter au *spetsofai,* la spécialité du coin. Il s'agit d'une délicieuse potée de saucisses, tomates et poivrons, parfumée d'herbes locales.

Un site Internet intéressant : ● www.travel-pelion.gr ● Présentation de la région, des hébergements et des activités qui sont proposés.

MAKRINITSA (650 hab.)

À 16,5 km de Volos, à l'extrémité de la petite route qui part du centre de Portaria, bourg qui n'a pas le même cachet que Makrinitsa. C'est le premier de la vingtaine de villages du massif, accroché à 600 m, et livrant un beau panorama de Volos et du golfe Pagasétique. Quelques échantillons de belles demeures du Pélion dans la rue piétonne. Le village, curieusement, ressemble plus à un de nos bourgs des Alpes qu'à l'image que l'on se fait du village grec traditionnel. Pierre grise, balcons et volets en bois foncé, toits recouverts de lauzes (grandes pierres plates). Adorable *église Agios Ioannis Prodromou* sur la place du village. À éviter le dimanche (on croirait que tout Volos se déverse dans le village).

Montez, si vous vous en sentez la force, à l'ancien monastère *(Agios Gérassimos)*, l'endroit le plus haut de Makrinitsa : l'endroit en vaut la peine. Coucher de soleil fantastique et vue de nuit sur Volos illuminée, féerique. Il existe également une promenade très pittoresque à la découverte des petites églises du coin qui se distinguent par leurs fresques et leurs portes sculptées. Départ sur la place, indications sur le gros platane face à l'hôtel *Achilleus.*

On peut descendre à pied de Makrinitsa à Volos, presque en ligne droite en empruntant des sentiers.

Où dormir ?

Les hôtels, presque tous d'anciennes demeures *(arkhondika)*, sont chers : une douzaine de catégories A et B ! Mais, si l'on est en fonds, c'est une expérience qui vaut les euros qu'on laisse dans l'opération.

Prix moyens

🛏 *Hôtel Achilleus :* dernier hôtel à droite juste avant la place. ☎ 24-28-09-91-77. Fax : 24-28-09-99-86. Compter de 40 à 45 € pour une chambre double selon le vis-à-vis (les 5 € de différence valent vraiment le coup). Petit dej' en supplément. Chambres agréables et état impeccable. Accueil souriant et patient. Excellent rapport qualité-prix.

Chic

🛏 *Arkhondiko Repana :* dans la rue piétonne, la 1re maison traditionnelle sur la droite. ☎ 24-28-09-90-67. Fax : 24-28-09-95-48. Ouvert toute l'année. Environ 65 € une chambre double. Belle maison de caractère dotée d'un mobilier ancien de valeur. Chambres agréablement décorées et très confortables. Joli jardin en terrasse. Évitez la maison indépendante, car la chambre sous le toit est étouffante en été et elle a beaucoup moins de cachet. Petit dej' gratuit sur présentation du *Guide du routard*, excepté le week-end. Accueil sympathique. Réservation impérative.

Très chic

🛏 *Arkhondiko Karamarli :* dans la rue piétonne, la 1re maison traditionnelle sur la gauche. ☎ 24-28-09-95-70. Fax : 24-28-09-97-79. Ouvert toute l'année. Compter dans les 100 € pour une chambre double sans balcon en haute saison. Les chambres avec balcon coûtent 10 € de plus. Dans une superbe demeure de 150 ans d'âge. Chambres de caractère, chacune avec un cachet particulier, aux murs peints de fresques anciennes, et décorées de mobilier de bois ancien et d'objets d'art. Certaines ont vue sur la mer. Même les salles de bains sont mises en valeur

LE PÉLION

avec goût. Demandez à en voir plusieurs pour choisir, c'est un régal des yeux ! Terrasse-bar avec vue. Prix en conséquence, même si l'on vous octroie une remise de 10 % sur présentation de votre serviteur !

Où manger ?

|●| ***Panthéon :*** sur la place. ☎ 24-28-09-91-43. Ouvert tous les jours, midi et soir. Environ 12 € par personne. Pour la magnifique vue sur Volos et son excellent *spetsofai* ou sa non moins excellente moussaka, servie dans une terrine. Le patron a vécu 10 ans dans le Jura, il adore les Fran-

çais. N'hésitez pas à lui soutirer des informations : il prendra le temps de vous expliquer les beautés de sa région.

|●| **Taverne A&B :** à 50 m au-delà de la place. ☎ 24-28-09-93-55. Compter environ 8-9 € pour une entrée et un plat. Terrasse bien située, un peu à l'écart du brouhaha de la place. La salle fait plus penser à un intérieur de ferme, les w.-c. (spartiates) sont d'ailleurs au fond du jardin. Peu de choix sur la carte et il ne faut pas être trop gourmand, mais vu les prix, on ne va pas chipoter. Goûtez la *fava* (sorte de purée de pois chiches très épicée) et le *spetsofai* (la spécialité locale). Ambiance familiale fort sympathique.

À voir

🏛 *Le musée d'Art populaire et d'Histoire du Pélion :* installé dans une vieille demeure rénovée *(arkhondiko Topali),* sous la place centrale. ☎ 24-28-09-95-05. Ouvert tous les jours sauf le lundi, de 10 h à 17 h hors saison, de 10 h à 14 h et de 18 h à 21 h en été. On peut y voir des broderies, des vêtements traditionnels, des outils anciens...

HANIA *(160 hab.)*

À 25 km de Volos. En fait, pas vraiment un village. Station de ski l'hiver, à Agriolefkès, à quelque 1 300 m d'altitude. Les habitants racontent malicieusement qu'en avril parfois, ils peuvent skier le matin et se baigner dans le golfe l'après-midi. Juste au-dessus, le mont Pliassidi culmine à 1 551 m et domine d'immenses forêts de châtaigniers.
– On vend à Hania un miel super. Goûter aussi à leur spécialité : des noix entières dans une sorte de mélasse exquise.

ZAGORA *(2 500 hab.)*

À 47 km de Volos. De Hania à Zagora, la route serpente sur une vingtaine de kilomètres. Ne pas espérer faire une bonne moyenne, on n'est pas là pour ça. La végétation de montagne va progressivement intégrer les plantes, fleurs et arbres méditerranéens et offrir un impressionnant cocktail. Marronniers, hêtres, oliviers, hautes fougères et... cerisiers fusionnent allégrement. On pénètre dans le verger du Pélion. En mai et juin, le spectacle est magnifique. Zagora, charmant village, oasis de fraîcheur et de paix, offre aussi de beaux exemples d'architecture montagnarde ; notamment à la sortie du village, vers Horefto, sur la gauche, une pittoresque vieille *église* et son presbytère. De belles demeures comme l'*archondiko Nikos Gagiani,* à la sortie du village vers Pouri, une maison du XVIIIe siècle, transformée en hôtel très agréable. ☎ 24-26 02-33-91. Au XVIIIe siècle, Zagora était le principal centre d'activité du Pélion (on y travaillait notamment la soie et la laine). Son école était réputée et a formé plusieurs résistants célèbres à l'occupation turque.

➤ Dans les environs, les marcheurs courageux auront l'occasion de faire de belles balades, notamment jusqu'à *Pouri* (7 km), petit village perdu dans les châtaigniers d'où l'on peut descendre à la mer et rejoindre par un sentier la plage d'*Horefto* dont le camping est simple mais propre. De Zagora à Horefto, 5 bus par jour.

AGIOS IOANNIS *(2 800 hab.)*

À 55 km de Volos. Site très touristique et très peuplé l'été. Liaisons en bus avec Volos (2 trajets quotidiens). En haute saison, liaison en *Flying Dolphin* pour Skiathos. Belle plage voisine à Papanéro, avec douches. Camping municipal pas terrible près de la plage après le passage à gué d'une petite rivière. Nombreuses tavernes, hôtels et chambres à louer.

♣ **Hôtel Evripidis :** à côté de l'agence *Les Hirondelles*. ☎ 24-26-03-13-38. Compter de 30 à 50 € environ pour une double. Chambres simples mais très correctes, avec AC. Bon accueil.

♣ **Hôtel Anessis :** au bord de la mer. ☎ 24-26-03-11-23. Dans les 60 € la chambre double sans petit dej'. Salon accueillant avec une belle cheminée, grandes chambres très propres. Les propriétaires parlent uniquement le grec. Cartes de paiement acceptées. Juste en dessous de l'hôtel, le centre *Les Hirondelles* propose pléthore d'activités sportives pour toute la famille (kayak, rando, VTT, plongée, équitation...). ☎ 24-26-03-11-81. ● www.les-hirondelles.gr ●

♣ **Hôtel Aloe :** face à la mer. ☎ 24-26-03-12-40. Fax : 24-26-03-13-41. ● www.aloehotels.gr ● Ouvert de mi-avril à fin octobre. De 70 à 144 € la chambre double. Beaucoup plus abordable hors saison. Magnifique bâtisse en pierre, intérieur arrangé avec goût. Les chambres sont très confortables, et on apprécie la sensation de calme qui entoure la demeure.

🚶 Les amateurs d'iconostases en bois doré s'arrêteront, avant de s'engager dans la longue descente vers la mer, à **Kissos,** le village le plus élevé du versant oriental (église d'*Agia Marina*), et à **Mouressi,** dont les églises en proposent de fort belles (notamment l'église de la *Dormition de la Vierge*).

♣ **Villa Olga :** sur la droite en arrivant à Mouressi. ☎ 24-26-04-96-51 ou 69-44-41-61-94 (portable). Compter dans les 70 € pour une chambre de 2 ou 3 lits. La propriétaire, prof de français, propose des chambres très confortables donnant sur la baie. Certaines avec mezzanine. Très propre. La terrasse est magnifique et offre une fraîcheur appréciable grâce à sa treille. N'hésitez pas à négocier les prix si ce n'est pas complet.

🚶 **Damouchari :** un tout petit village, totalement préservé, entre Agios Ioannis et Milopotamos. Le village grec de vos rêves. Une petite route de 3 km y mène depuis Agios Ioannis (possibilité d'y venir également depuis Tsangarada par un sentier pavé). Se garer sur le parking puis emprunter le cul-de-sac qui mène dans le village. Seul port naturel du versant égéen du Pélion. Plage de gros galets qui bénéficie d'un ensoleillement tardif. Fonds très poissonneux, un régal avec masques et tubas. Vers le sud, jolie crique et possibilité de se promener le long des falaises. Deux tavernes au-dessus du petit port.

♣ Ceux qui sont en fonds pourront porter leur choix sur le magnifique hôtel **Damouchari**, qui, avec ses chambres ou appartements répartis entre quatre maisons anciennes, passe presque inaperçu dans le village. ☎ 24-28-04-98-40. Fax : 24-28-04-98-41. Dans les 75 € la chambre double sans petit dej' en haute saison, jusqu'à 160 € pour une maisonnette logeant 3 à 5 personnes. Très confortable et stylé. Les chambres sont toutes personnalisées, prenez le temps de choisir ! Piscine. Réservation vivement conseillée.

🍴 On mange bien chez **Barba Stergios,** ☎ 24-28-04-92-07. Joli cadre, au-dessus de la mer et tous les plats grecs pour une dizaine d'euros par personne.

LA THESSALIE

TSANGARADA ET MILOPOTAMOS   700 hab.

À 60 km environ de Volos par Hania (mais 47 km seulement par Miliès). Mieux vaut être motorisé. Village très étendu aux maisons dispersées en quatre quartiers (ou districts) distincts. En 1881, il comptait 5 000 habitants !

Là aussi, foultitude de belles églises dans le style de la région, dont *Agia Paraskévi,* considérée comme le centre du village, avec, à proximité, un platane de 14 m de tour, et la *Panagia Mégalomata,* au-dessus de la petite plage de Fakistra, où fonctionnait, à l'époque de l'occupation turque, une « école cachée », donc clandestine, où des moines enseignaient le grec à partir de la Bible, ce qui était alors interdit. Quelques kilomètres en bas du village, la *plage de Milopotamos,* la carte postale la plus expédiée du Pélion. C'est vraiment l'une des plages les plus belles et les plus propres. Il y a en réalité deux plages ; on accède à la seconde par une porte dans la paroi rocheuse de marbre. Peu d'hôtels et de tavernes malgré la splendeur du lieu.

Adresse utile

✉ *Poste :* près du grand carrefour, à droite en descendant vers la plage. Ouvert du lundi au vendredi de 8 h à 14 h. Distributeur automatique de billets à proximité.

Où dormir ?

Prix moyens

🛏 *Hôtel Villa ton Rodon :* au grand carrefour de Tsangarada, descendre un petit peu, c'est sur la gauche (indication sur le panneau de bois). ☎ 24-26-04-93-40. Prendre le petit chemin de pierre à pied, c'est à 100 m. Chambres doubles dans les 50 €. Dans un environnement verdoyant, chambres agréables avec balcon et vue sur la mer, simples et propres. Terrasse sous treille. Patron accueillant.

Plus chic

🛏 *Pension Angélika :* à 500 m de la plage de Milopotamos quand on remonte vers le centre. ☎ 24-26-04-98-88 et 24-26-04-95-88. Ouvert toute l'année. Dans les 70 € la chambre double en été sans petit dej'. Chambres tout confort, avec salle de bains, TV, réfrigérateur, AC et... coin cheminée pour l'hiver. Magnifique vue sur la mer. Accueil sympathique.
🛏 *Pension Thimeli :* à Tsangarada (district d'Agia Paraskévi). ☎ et fax : 24-26-04-95-95. Tourner à droite au grand carrefour (panneau de bois avec indication des hôtels), c'est à environ 3 km sur la droite (indiqué). Si vous ne trouvez pas, demandez le quartier d'Agia Kyriaki. Dans les 80 € la chambre double en haute saison. Dans une magnifique maison traditionnelle du XIXᵉ siècle, enfouie dans un jardin riche en arbres fruitiers. 2 chambres agréables avec bains, décorées de mobilier ancien et objets d'époque. Préférez-les aux 2 autres chambres dans la maisonnette indépendante, plus humide. Splendide terrasse avec vue sur la mer au loin, où l'on prend le petit dej'. Excellent accueil de Sofia Kazakou.

Où manger ?

🍴 *O Barba Kostas (enseigne en grec) :* sur une terrasse, à l'entrée de Tsangarada, un petit resto à gauche en venant du sud. ☎ 24-26-04-93-45. On y mange pour 8 à 10 € par personne des plats cuisinés : fleurs de courge farcies, moussaka, *spetsofaï* extra... Les proprios louent aussi des chambres.
🍴 *Psistaria I Romvia :* sur la route

principale de Tsangarada, avant le carrefour du panneau indicateur d'hôtels quand on vient du sud. ☎ 24-26-04-93-08. Ouvert tous les jours midi et soir. Compter 8 à 12 €. Bonne

taverne. Spécialités de fromage de chèvre frais *(galotiri)* et de fleurs de courgettes au fromage et au poulet *(kolokitholoulouda)*. Déco pas terrible.

LAMBINOU

À 44 km de Volos (par Miliès). Petit village en contrebas de la route principale avec une jolie plage 3,5 km plus bas.

|●| Taverne extra dans le village : ***Barba Apostoli.*** Bon marché, sympa et propre.

La route ramène ensuite sur le versant intérieur (golfe Pagasétique).

MILIÈS *(1 000 hab.)*

À 28 km de Volos. Petit bourg de montagne typique, à environ 2 km de la route de Tsangarada à Kato Gatzéa. En 1943, les Allemands brûlèrent le village et exécutèrent 29 hommes (voir le monument près de la gare). Distributeur automatique de billets à l'entrée du village. Restos sur la place de l'église. Préférer le plus grand des deux.

Où dormir ? Où manger ?

🏠 |●| ***Palios Stathmos :*** tout en bas du village, à 50 m de la vieille gare, construite par le père du peintre surréaliste Giorgio de Chirico. ☎ 24-23-08-64-25. Auberge proposant des chambres mignonnes et très propres à environ 55 €. Cadre paisible, sous

l'ombre protectrice de la forêt : on se croirait presque dans les Vosges (enfin, avec quelques degrés de plus...). Le bâtiment recouvert de lauzes est splendide et s'intègre parfaitement à son environnement. Fait également taverne. Cuisine plus que correcte.

À voir. À faire

🏛 Sur une petite place, à côté d'une tour d'horloge, vieille ***église des Taxiarques*** dans le plus pur style montagnard. À l'intérieur, magnifique iconostase et chaire en bois sculpté. Fresques et plafond noircis par la fumée des cierges. Décoration chargée d'or, de tissus poussiéreux, d'icônes, et pénombre troublante. C'est d'ici que l'étendard de la révolte contre les Turcs fut brandi en 1821, proclamant le soulèvement de la Thessalie.

Tout autour de la place en contrebas, des ruelles pavées de cailloux polis, coupées de rigoles antiques, invitent au charme d'un des villages de l'été grec. Près du cimetière bordé de hauts cyprès, peut-être découvrirez-vous cet ancien *bastion* construit en 1514, rénové récemment, et qui rappelle que Miliès fut un des hauts lieux de la résistance à l'occupation ottomane.

🏛🏛 Visitez le petit ***musée d'Art et Traditions populaires,*** installé au rez-de-chaussée de la mairie. De mi-juin à mi-septembre. Ouvert du mardi au dimanche de 10 h à 14 h et de 18 h 30 à 21 h 30. Entrée libre.

Très intéressant, documenté et clair (documents sur la vie traditionnelle dans le Pélion). On vous y vendra un plan du village avec toutes les maisons et fontaines intéressantes, et surtout celui des artisans « authentiques » qui vous recevront gentiment (ne pas y aller quand même à l'heure de la sieste). Vous pourrez rencontrer un fabricant de bâts pour les mulets, un peintre d'icônes, un maréchal-ferrant...

➤ *Petite balade pédestre :* un petit train relie une petite gare proche de Volos à Miliès. L'ingénieur qui a fait construire la ligne était le père du peintre surréaliste Giorgio de Chirico (qui a passé son enfance à Volos). Partir de la gare de Miliès, tout en bas du village (on peut l'atteindre par une route qui se prend 300 m plus bas que celle qui mène au centre du village) et suivre la voie de chemin de fer (une des plus étroites d'Europe). Assez vite, on tombe sur un pont spectaculaire (gare au vertige !). Continuer au moins jusqu'à l'endroit où l'on débouche sur un beau point de vue, au-dessus de la route qui rejoint la côte. Là, un petit sentier sur la gauche mène à un *kalderimi* (sentier muletier) qui remonte à Miliès, tout près de la gare (compter presque 2 h de marche). On peut aussi suivre la ligne jusqu'à ce qu'elle rejoigne la côte, à Ano Léchonia : une bonne quinzaine de kilomètres, et toujours la possibilité en cours de route de couper vers la côte, notamment en descendant à Kala Néra. Attention, éviter les week-ends car le train fonctionne. Pour tous renseignements, contacter *l'Organisation nationale des chemins de fer (OSE).* ☎ 24-21-02-85-55 et 24-21-02-40-56. Durée : 1 h 30. Départ de Miliès à 16 h, de Léchonia à 11 h. Cher : 12 € ; réductions. Attention aux déferlantes de touristes en haute saison, le petit train perd tout de suite son charme !

On peut aussi partir de Miliès pour rejoindre, par un sentier assez bien balisé, Tsangarada puis Damouchari. D'abord, ça monte puis ça descend... Compter 4 h de marche pour Tsangarada. Partir avec une bonne carte *(Road Editions)* et se renseigner sur l'état du sentier (par exemple, au restaurant sur la place).

KALA NERA *(500 hab.)*

Petit village en bord de mer oublié des touristes étrangers. Idéal si vous êtes à la recherche d'un endroit paisible pour passer quelques jours.

Où dormir ? Où manger ?

🛏 *Hôtel Victoria :* premier hôtel en bord de mer. ☎ 24-23-02-22-19. Fax : 24-23-02-26-15. Environ 45 € la chambre double. Ce charmant petit hôtel propose des chambres mignonnettes avec une vue imprenable dans un calme religieux. C'est confortable, ça sent bon et en plus c'est pas cher : on applaudit le patron, un vieux de la vieille ne parlant que le grec. Un conseil d'ami : si vous ne connaissez pas cette belle langue, apprenez à jouer à « dessiner c'est gagné » avant de venir.

🛏 *Hôtel Agelis :* première route à gauche sur le bord de mer. ☎ 24-23-02-22-46. Fax : 24-23-02-27-78. Compter dans les 45 € pour une chambre double. Chambres correctes, mais les salles de bains sont un peu rudimentaires. Malgré sa situation en retrait, cet hôtel bénéficie d'une vue agréable (on finit par se lasser des vues imprenables sur la baie...). Ambiance familiale, patron très sympa.

🍴 *Taverna Paris :* sur le front de mer. ☎ 24-32-02-27-45. Poisson grillé et plats régionaux. Prix doux.

VYZITSA ET PINAKATÈS *(300 et 200 hab.)*

Si vous avez le temps, poussez plus haut à 3 km, vers le village de Vyzitsa, pour admirer d'autres maisons au charme rustique...

L'organisation grecque du tourisme semble avoir choisi ce village pour rénover des demeures traditionnelles et les transformer en hôtels (tarifs élevés). Comme les particuliers se mettent de la partie, on ne compte plus les vieilles demeures restaurées, certaines atteignant la catégorie « luxe ». Dans la journée, on a vraiment l'impression d'un village-musée, presque trop beau. Il faut rester jusqu'au soir, sur la place animée (et exiguë), pour sentir vivre le village. Resté beaucoup plus simple, le village de *Pinakatès,* 4 km à l'ouest, est accessible par une route récente. Magnifique petite place typique des villages du Pélion avec une belle fontaine construite par des *évergètes* (des bienfaiteurs, originaires du village, enrichis à l'étranger et qui ont joué le rôle de mécènes dans leur village). Il vaut mieux éviter l'heure de la sieste, car ce charmant lieu se transforme alors soudainement en village fantôme.

Où dormir? Où manger à Pinakatès?

🛏 *Xénonas Allatinou :* de la place, prendre les marches en dessous, continuer à droite et c'est tout de suite à gauche. ☎ 24-23-08-69-95 ou 24-23-08-61-07. Ouvert l'été uniquement. En haute saison, dans les 60 € la chambre double, petit dej' inclus. Dans une vieille demeure joliment rénovée, 6 chambres au style plutôt monacal mais agréables, avec salle de bains. Excellent petit dej' en terrasse. Calme garanti.

🍴 *Piléas :* sur la place, en contrebas de la rue principale. ☎ 24-23-08-68-73. Pas cher du tout : 9 € le repas environ. En plus des plats traditionnels, quelques spécialités comme le *spetsofaï* et la rate farcie. Cadre superbe, calme assuré.

AFISSOS

600 hab.

À 25,5 km de Volos. Sûrement le plus joli village du golfe Pagasétique, bâti en amphithéâtre. C'est là, d'ailleurs, que les Argonautes auraient fait leur première escale sur la route de la toison d'or. Depuis, ça s'est pas mal développé, mais les constructions récentes ont su rester dans le style. Beaucoup de monde l'été, des Grecs surtout, mais aussi pas mal d'Allemands qui ont eu la riche idée de s'acheter une baraque. C'est plein à craquer le week-end, quand tout Volos se déverse là!
Une Française tient un petit commerce sur le bord de mer : *Les Petites Sirènes*. Elle vit à Afissos depuis 10 ans et connaît très bien la région, c'est une véritable mine d'informations. En plus, sa boutique de souvenirs regorge de petites merveilles.

Adresse utile

ℹ️ *Informations touristiques :* agence *Atropa Travel* sur la place à l'entrée du village. ☎ 24-23-03-33-63. Ouvert de 9 h 30 à 14 h et de 18 h à 21 h. Ce nouveau bureau vient d'ouvrir pour faire face à l'explosion du tourisme. De charmantes hôtesses, dont l'une parle le français, pourront vous fournir des renseignements sur tout le Pélion, notamment des itinéraires de randonnée très détaillés (par exemple, trajets Miliès-Tsangarada ou Kala Nera-Miliès). Assez rare dans cette région pour être signalé. Croisières le jeudi et le dimanche pour Skiathos ou tout simplement pour se promener dans le golfe.

Où dormir?

Prix moyens

🛏 *Chambres à louer, chez Rena :* 200 m à gauche après la place, sur le bord de mer. ☎ 24-23-03-34-39. Pour les non-hellénistes, appeler directe-

LA THESSALIE

ment à Athènes, chez la fille des propriétaires. ☎ 21-07-01-81-04. Chambres doubles dans les 40 € l'été, à négocier hors saison. Une dizaine de chambres avec balcon face à la mer. Cuisine, grande salle de bains, murs en frisette et meubles en bois blanc. Propre. Accueil sympathique d'Irini qui parle quelques mots d'anglais.

🛏 *Chambres à louer Vasso Galanou :* à gauche en entrant dans le village. ☎ 24-23-03-34-38. Compter entre 30 et 45 € selon la saison pour 2 personnes. Une vingtaine de petits appartements avec kitchenette bien équipée, chambre spacieuse et petit balcon dans un cadre reposant.

Tenu par un couple charmant : elle parle le français et est aux petits soins avec ses clients.

🛏 *Chambres Le jardin d'Éden, chez Gioula Daniélou :* à l'intérieur du village, à l'entrée du parking. ☎ 24-23-03-32-90 et 69-32-59-63-15 (portable) pour ceux qui souhaitent un interlocuteur anglophone. Près de 45 € pour une chambre double avec salle de bains. 3 chambres (accès payant à une cuisine commune) et 2 appartements avec balcon à la déco un peu ringarde mais sympa. Environnement très agréable : jardin sous treille, grande véranda. De plus, Gioula est très accueillante.

Très chic

🛏 *Hôtel Maistrali :* à côté de la taverne *O Faros*. ☎ 24-23-03-34-72. Fax : 24-23-03-31-49. ● info@maistrali.com ● Environ 90 € la chambre

double, petit dej' inclus. Chambres confortables avec vue imprenable sur la mer. Belle salle de restaurant avec piano et cheminée.

Où camper dans les environs ?

Deux campings mitoyens à Kato Gatzéa, à 9 km d'Afissos et à 16 km de Volos.

⚕ *Camping Sikia :* ☎ 24-23-02-22-79. Fax : 24-23-02-27-20. ● www.camping-sikia.gr ● Ouvert d'avril à mi-octobre. Dans les 18 € pour 2, avec une tente et une voiture. Très bien équipé. Emplacements un peu plus sympas que chez le voisin *Hellas*. Comme son voisin, très fréquenté l'été, arriver tôt. Camping *Sunshine,* réduction de 10 à 20 % sur présentation du dépliant de la chaîne. Propose également des chambres doubles avec cuisine commune à 42 €. Également de superbes appartements pour 2 à 4 personnes dans des bun-

galows tout neufs avec AC. Forcément, il vaut mieux s'y prendre tôt pour réserver.

⚕ *Camping Hellas :* au bord de la mer. ☎ 24-23-02-22-67. Fax : 24-23-02-24-92. ● www.campinghellas.gr ● Ouvert d'avril à octobre. Entre 16 et 19 € pour 2 personnes, avec une tente et une voiture. Sympa et très propre. Bien équipé. Petite plage de sable appréciable. Très ombragé. Location de tentes. Camping *Harmonie,* réduction de 10 à 20 % sur présentation du dépliant de la chaîne ou du *GDR*.

Où manger ?

|●| Beaucoup de restos sur le front de mer. Notre préféré est la *psarotaverna O Faros :* dans le raidillon juste avant la grande plage. Compter autour de 10 € le repas. Un peu plus cher que ses voisins, mais bien situé pour voir le coucher de soleil. Terrasse surplombant la mer.

|●| *Taverne O Glaros :* sur la place, juste avant la boulangerie. Compter de 8 à 10 € le repas. Propose de bons poissons à prix raisonnables. De part et d'autre d'un charmant ruisseau avec, en prime, et gratuitement, toute la vie du village.

À faire

⌇ Trois *plages* à Afissos : deux avant d'arriver, en contrebas de la route, une plus grande, après le village, avec douches.

⌇ On peut prendre une route plus ou moins bétonnée, mais praticable en voiture, qui rejoint en 15 mn vers le sud un hameau, *Léfokastro*. À éviter en camping-car, c'est vraiment très étroit. La *plage* la plus sympa du coin est située après Léfokastro, accessible par un seul chemin : à la hauteur d'un groupe de maisons, à côté d'une fontaine. De Léfokastro, une route étroite ramène sur la route d'Argalasti.

LE SUD DU PÉLION

Paysages plus arrondis. L'olivier reprend le pouvoir. Après Afissos, la route monte et quitte la côte.

⚲ Toute une série de villages pittoresques : *Argalasti,* grosse bourgade (où faire son ravitaillement) sur un plateau fertile (à 40 km de Volos), *Xinovrissi,* petit village proche de la côte est, un peu à l'écart, *Métohi,* dans un site superbe, *Horto, Milina,* petite station balnéaire tranquille aux chambres plutôt chères (à 50 km de Volos). Beaucoup de maisons ont été rachetées par des agences immobilières : il devient de plus en plus difficile pour un particulier de trouver un petit nid pour la nuit. Assez sympa et calme (sauf les jours de grand vent où tout le front de mer est balayé par les vagues). Pas de banque mais une agence de voyages sur le front de mer *(Milina Holidays)* qui fait du change et propose des locations de voitures, deux-roues ou encore de bateaux. ☎ 24-23-06-50-20.

Où dormir ?

⋋ *Camping Olizon :* à la sortie de Milina, direction sud. ☎ 24-23-06-52-36. Ouvert de mai à septembre. Compter environ 15 € pour 2 avec une tente et une voiture. Bien équipé au niveau des sanitaires mais emplacements exigus. Allemands et Autrichiens l'investissent dès le début de saison. Taverne sur place. Il existe également des bungalows plutôt confortables dans les 35 € pour 2 personnes (la cuisine commune est tout de même assez sommaire).

⋋ *Camping Kendavros :* un peu plus loin que *Olizon.* ☎ 24-23-06-54-90. Ouvert de juin à septembre. Moins cher que la moyenne : 11 € pour 2, avec une tente et une voiture. Gestion municipale assez débonnaire. Sanitaires vraiment limite. Emplacements spacieux, très tranquilles sous les tamaris et les eucalyptus qui fournissent une bonne ombre. Jolie vue sur l'îlot Alatas en face.

🛏 *Hôtel Xenon Athina :* à Milina. ☎ 24-23-06-52-10. Dans les 35 € la chambre double sans petit dej'. Chambres simples mais proprettes et fraîches, belle vue sur la mer. Frigo, TV. Un bon rapport qualité-prix.

🛏 *Bungalows Mourtitsa :* près de Xinovrissi. ☎ 24-23-05-53-03. Sur la route de la plage Mourtitsa, prendre à droite le chemin (presque) carrossable sur 100 m (indiqué). 4 bungalows pouvant accueillir jusqu'à 4 personnes à environ 50 € la nuit. Ce n'est pas le grand confort mais le cadre est splendide. Très calme. Assez spacieux mais gare à l'humidité hors saison ! Propriétaires très « terroir ».

Où manger ? Où boire un verre ?

|●| *Casablanca Café :* à Horto. ☎ 24-23-06-52-50. Petit chemin à droite avant d'arriver dans le village. Environ 6 € le plat. Entre la route et

la mer, surplombant le golfe Pagasétique, une maison violette tenue par une Française, France-Marie Fritsch, un petit bout de femme adorable installée depuis 35 ans dans la région. Plus qu'un café classique, c'est un lieu de rencontres où règne un esprit cosmopolite. On peut d'ailleurs y déguster de délicieux desserts faits maison, ainsi que des plats grecs, mexicains ou français. Boutique d'artisanat grec.

|●| **Taverne Argentina :** à Milina. ☎ 24-23-06-59-60. Taverne assez mignonne offrant un grand choix de poissons et de fruits de mer à des prix raisonnables. Loue également des chambres donnant sur la mer.

|●| **Taverne Elitis :** près de Xinovrissi. ☎ 24-23-05-44-82. Un peu avant la plage de Potistika sur la gauche. Nourriture honnête pour environ 8-10 €. Charmant petit resto très fleuri et au calme.

On peut atteindre le versant égéen sud. De Milina, ce n'est plus trop loin.

🎣 *Platania,* village de pêcheurs, à 60 km de Volos, aligne quelques plages mignonnes. *Katigiorgis* est beaucoup plus joli. Pour y aller, faire preuve de patience, on dirait le bout du monde. Un centre équestre, dirigé par un Français, s'est installé à proximité.

⛺ **Camping Louisa :** à l'entrée de Platania (indiqué). ☎ 24-23-07-15-72. Fax : 24-21-03-61-54. ● www.cam plouisa.com ● Ouvert de juin à septembre. Petit camping sans prétention mais pas cher. Compter dans les 13 € pour 2 avec une tente et une voiture. Sanitaires un peu rustiques. Accueil très sympa. En été, propose des excursions pour Skopélos et Skiathos.

🏠 |●| **Hôtel Platania :** à gauche sur le port. ☎ 24-23-07-12-50. Compter autour de 40 € la chambre double avec vue sur la mer. Ici, il y en a pour tous les goûts : grands appartements, chambres avec ou sans kitchenette pour 2, 3 ou 4 personnes, le tout à des prix très honnêtes. Propreté irréprochable. Au rez-de-chaussée, *Taverne To Steki* qui offre une grande variété de délicieux plats à base de poisson.

|●| **Taverne Flisvos :** Katigiorgis. ☎ 24-23-07-10-71. Ouvert midi et soir d'avril à octobre. Tenue par 2 frères, cette excellente taverne offre essentiellement du poisson frais à des prix défiant toute concurrence. N'hésitez pas à faire un tour aux cuisines pour jeter un coup d'œil au menu du jour. Goûtez leur excellente soupe de poisson. Costas et Nicos sont adorables, ils se plient en quatre pour vous satisfaire... et après tant de route, ça fait du bien !

🔺 D'*Argalasti,* on peut gagner de belles plages (Mélani, Mourtitsa) sur le versant égéen est, en passant par *Xynovrissi.* Le coin a été amoché par un incendie en juillet 2000. On campe de façon plus ou moins sauvage, sous la pinède.
|●| **Taverne** juste au-dessus de la plage.
Le coin est assez souvent venté, belles vagues. En longeant la mer et en franchissant de petites barrières rocheuses, on peut gagner d'autres plages similaires vers *Paltsi,* un autre hameau. Un hôtel et des chambres à louer.

TRIKÉRI *(1 200 hab.)*

À l'extrémité de la presqu'île, à 81 km de Volos, Trikéri est accessible par une route de 30 km, en partant de Milina (avant 1987, il fallait prendre le bateau). Liaison en bus, de Volos, 2 fois par jour. En voiture, prévoir de partir avec de l'essence (une station à Agia Kyriaki quand même, mais pas forcément toujours ravitaillée).
Ce village perché ne manque pas d'originalité. D'abord, il ne ressemble pas vraiment aux autres villages du Pélion de par son isolement et ses maisons d'un bleu très cycladique. Ensuite, les Trikériotes mâles étant tous plus ou moins marins, ce sont les femmes qui ont le pouvoir, qui héritent de la terre et des maisons. Jolie place avec sa petite chapelle et le grand cyprès à côté. Monter jusqu'à l'église qui donne sur le versant égéen (Skiathos et Eubée à l'horizon).

LES SPORADES DU NORD

Pas grand-chose en ce qui concerne la bouffe et le logement. En fait, il faut descendre au port, *Agia Kyriaki* (petit chantier naval intéressant), pour trouver à manger. 3 *psarotavernès* à la suite, on aime bien la dernière, *To Mouragio*. Pas mal d'animation. Certains bateaux pour les Sporades y font escale.

🎣 Sur la route entre Milina et Trikéri, petites criques superbes pour ceux qui n'auraient pas le courage de monter jusqu'à Trikéri, notamment à *Zasténi*. Joli village de pêcheurs à *Kottès* avant d'entamer la montée pour Trikéri.

🎣 À proximité, *Nissi Trikéri* (ou *Palio Trikéri*), un îlot proche de la pointe du doigt recourbé que forme le sud du Pélion. Un kilomètre avant Trikéri, une piste, très moyenne, part sur la droite et mène, en 6 km, à Alogoporos d'où partent en principe des caïques. Moins aléatoire, la liaison en hydroglisseur depuis Volos (renseignements à Volos ou sur place à l'agence qui fait en même temps resto et location de chambres : ☎ 24-23-05-52-10). Sur place, un monastère (grande fête les 9 et 10 septembre). Un hôtel et des chambres. Dépaysant.

LES ÎLES SPORADES

Comment y aller ?

➢ *D'Athènes :* accessibles très facilement. Prendre un des autobus directs, 97, Akadimias (près de la place Ormonia), devant l'agence *Alkyon*. Il vous conduit en 2 h 30 à *Agios Konstantinos,* à 175 km. ☎ 21-04-19-91-00. L'autobus assure la correspondance avec les bateaux qui desservent les Sporades (les « îles dispersées ») dans le sens Skiathos, Skopélos et Alonissos. Se renseigner sur les horaires de départ, en principe, 4 départs entre 7 h et 16 . Durant l'été, il est prudent de retenir sa place de bus au moins la veille. Possibilité de prendre également un bus *KTEL :* à peu près un départ par heure entre 6 h et 21 h 30 du terminal B des bus (260, odos Liossion). ☎ 21-08-31-71-47. Environ 10 € le billet aller. En général, un départ de ferry en milieu de journée pour Skiathos, Skopélos et Alonissos. L'été, au moment des grands départs, un second bateau en soirée à 18 h ou 20 h. *Flying Dolphins* plus nombreux : 2 à 4 par jour en haute saison, pour les mêmes destinations. Attention, les tarifs sont sensiblement plus élevés au départ d'Agios Konstantinos qu'au départ de Volos. Les Athéniens allant dans les Sporades choisissent tous ce port plutôt que Volos, il est conseillé de réserver en été. Renseignements et réservations : ☎ 22-35-03-19-20 *(GA Ferries)* ou 22-35-03-18-74.

➤ *Du nord de la Grèce :* des bateaux assurent des liaisons pour les Sporades au départ de *Volos (Flying Dolphins).*

➤ L'archipel est assez bien desservi, et les bateaux effectuent des liaisons régulières entre toutes les îles plusieurs fois par jour en saison.

SKIATHOS
5 100 hab.

Skiathos est une île superbe avec ses 70 criques et ses collines boisées. On dit qu'elle possède la plus belle plage de Grèce (à Koukounariès)... Et les touristes, tant grecs qu'étrangers, le savent bien. En été, la capitale de l'île devient un petit Saint-Trop' envahi par les Allemands et les Anglais, et il est alors bien difficile de poser sa serviette sur le sable. Les loueurs de transats monopolisent toute la place : confortable mais cher et n'espérez pas échapper à leur contrôle ! Amateurs de criques désertes et de solitude, ne vous attardez pas trop à Skiathos ! L'île est également plus chère que ses consœurs des Sporades et la mentalité y est vraiment mercantile. Attention, pas grand-chose d'ouvert hors saison.

SKIATHOS (LA CAPITALE)

C'est de là que partent tous les ferries pour les autres îles des Sporades et pour Volos. C'est aussi le lieu d'arrivée et de départ pour Syros ou Tinos (horaires très variables, en général une fois par semaine en haute saison). Horaires et billets disponibles, entre autres, à la boutique *Rent a Car-Budget* à l'angle de la rue Papadiamanti, face au port. Attention, les fréquences des départs varient beaucoup entre l'hiver et l'été.
Skiathos est rarement calme en saison. Les scooters finissent même par être pénibles.

Comment y aller ?

En ferry et en *Flying Dolphin*

➤ *De Volos ou d'Agios Konstantinos :* trajet en moins de 3 h (en ferry) et en 1 h 30-1 h 45 (en hydroglisseur). Voir plus haut « Les Sporades. Comment y aller ? ».

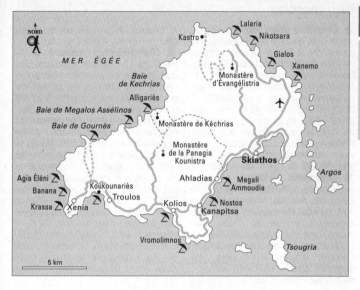

L'ÎLE DE SKIATHOS

En avion

➤ *D'Athènes :* 2 ou 3 vols par jour en haute saison. Durée : 40 mn. Aéroport à 4 km de Skiathos. ☎ 24-27-02-20-49.

Adresses utiles

🛈 *Office du tourisme, poste, banque :* dans la rue Papadiamanti.

◼ *Police touristique :* sur le côté droit dans la deuxième moitié de la rue Papadiamanti. ☎ 24-27-02-31-72.

◼ *Dispensaire :* tout au bout de la route périphérique, sur la gauche. Pour les piétons, prendre la rue à droite avant la poste, puis suivre les indications.

◼ *Station de taxis :* à droite du débarcadère quand on est dos à la mer. ☎ 24-27-02-44-61.

🚌 *Station de bus :* à l'extrémité droite du débarcadère, quand on est dos à la mer. Le bus dessert toutes les plages de Skiathos. Départ toutes les 20 mn de 7 h 15 à 0 h 30 (environ 30 mn de trajet pour Koukounariès). ATTENTION AU RETOUR : à partir de 17 h, le bus est bondé !

◼ *Presse internationale :* kiosque devant l'agence *Rent a Car-Budget,* à l'angle de la rue Papadiamanti sur le port.

◼ *Laundry Snow Whites :* dans la rue qui monte à droite depuis le port. À partir de 5,50 € la machine.

@ *Accès Internet :* au *Draft Net,* rue Papadiamanti, en face de la *National Bank.* Ouvert de 11 h à minuit.

Où dormir ?

Comme toujours sur les îles, ne pas oublier que la plupart des hôtels ouvrent en avril, voire mai, pour fermer en octobre, voire fin septembre.

Bon marché

🛏 *Chambres chez l'habitant :* explorez le côté gauche du village, quand on est dos à la mer (ah, le bonheur de ceux qui tomberont sur *Violetta*!). On peut aussi contacter l'*Association des propriétaires de chambres à louer*, au bureau situé près du port. ☎ 24-27-02-29-90 et 24-27-02-42-60. Fax : 24-27-02-38-52. Ils mettent à disposition un livret-guide contenant des informations précises sur les locations de leurs adhérents et fournissent un plan détaillé de l'île et de la ville.

🛏 *Chambres Météora :* 5, odos Georgiadou Glikofilousis. ☎ 24-27-02-21-82. Aucune enseigne. Sur le port, prendre les escaliers à droite en remontant la rue de l'hôtel *San Remo*. Une charmante ruelle un peu à l'écart du centre très touristique. Compter environ 40 € pour une chambre double en haute saison : rare à Skiathos ! Chambres simples et propres avec salle de bains et, pour certaines, vue sur le port.

🛏 *Chambres chez l'habitant :* ☎ 24-27-02-24-47. Aucune enseigne. Du port, monter les escaliers vers la rue Georgiadou Glikofilousis, passer les chambres *Météora* et prendre la 1re rue à droite ; demander à la 1re porte à gauche. Petites chambres très propres, du marbre un peu partout dans l'entrée et une jolie vue sur les toits blancs et les bougainvillées. La patronne ne parle que le grec. Prix dégressifs.

🛏 *Studios à louer chez Filippas :* sur la route périphérique de Skiathos. ☎ et fax : 24-27-02-27-10. Studios pour 3 ou 4 personnes, simples mais très propres, pour environ 55 €, à négocier avec Gorgina et Maria. Cadre verdoyant et « chatoyant » (eh oui, il y a beaucoup de chats !), mais route assez passante. Bien meilleur marché hors saison.

De prix moyens à plus chic

🛏 *Hôtel Australia :* en venant du port, dans Papadiamanti, prendre à droite à la poste, puis la 1re à gauche. ☎ 24-27-02-24-88. Dans les 60 € pour une chambre double en haute saison, mais les prix fluctuent énormément selon la période (la double ne vaut que 30 € début juin). Ruelle très calme et bien placée. Chambres doubles et triples avec salle de bains, certaines avec frigo, et 3 studios. Petit hôtel sans prétention, très bien tenu. Le petit dej' n'est pas compris, mais il y a une taverne juste en face. Sonnez longtemps à l'entrée !

🛏 *Hôtel San Remo :* odos Filoklos Georgiadou, près de la station de bus. ☎ 24-27-02-20-78. Fax : 24-27-02-19-18. ● www.skiathosinfo.com/accom/sanremo.htm ● Ouvert toute l'année. Compter de 45 à 82 € pour une chambre double. Chambres confortables avec vue sur le port (donc un peu bruyant pour les lève-tard). Un bon rapport qualité-prix, sauf en août.

Plus chic

🛏 *Hôtel Kostis :* 5, odos Évangélistrias. ☎ et fax : 24-27-02-29-09. C'est la rue qui part à droite au niveau de la poste lorsqu'on vient du port. Environ 70 € en haute saison, petit dej' compris, pour de grandes chambres claires, très propres, avec terrasse. Clim' et petit réfrigérateur. Attention, des lecteurs ont eu des problèmes avec leur réservation.

🛏 *Hôtel Marlton :* juste après l'hôtel *Kostis,* dans la rue Évangélistrias. ☎ 24-27-02-25-52 ou 24-27-02-28-78. Dans les 70 € la chambre double sans petit dej'; jolie terrasse dans la cour intérieure. Chambres propres, mais attention, les lits sont séparés, sauf pour une. Fait aussi restaurant.

🛏 *Hôtel Morfo :* prendre la rue Papadiamanti puis la rue à droite en face de la *National Bank.* ☎ 24-27-02-17-37. Environ 70 € la chambre double en pleine saison. Chambres avec balcon, plutôt mignonnes et bien entretenues. Idéalement situé dans une ruelle calme en plein centre-ville. Attention cependant aux 3 ou 4 chambres donnant sur un mur arrière pas vraiment joli joli.

Où manger ?

Bon marché

I●I *Chez Zorba :* sur le port, en face de la file des taxis. Bonne cuisine grecque (excellente moussaka) pour pas trop cher... ce qui est rare dans l'île (plats entre 5 et 9 €). Patron sympa et de bon conseil. N'accepte pas les cartes de paiement.

I●I *Taverne Cuba (Koyba) :* du port, remonter la rue Papadiamanti et prendre à droite la rue Panora jusqu'à la place Pigadia. ☎ 24-27-02-26-38. Ouvert le soir uniquement. Bonne cuisine grecque et internationale à petits prix. Terrasse un peu kitsch mais au calme.

Prix moyens

I●I *Jailhouse :* tout au bout du vieux port, derrière le *Jimmy's Bar.* ☎ 24-27-02-10-81. Ouvert de mai à octobre le soir uniquement. Plats de 4 à 15 €. Cuisine aussi internationale que les patrons (australien et norvégien), destinée à ceux qui en ont assez de manger trois bouts de concombre dans une mare d'huile en guise de salade grecque (eh oui, ça peut arriver...). Tous les plats sont originaux et agréables à l'œil comme au goût ! On retiendra notamment la soupe du chef, la copieuse salade *Jailhouse,* ou encore le saumon aux tagliatelles. Il y en a pour toutes les bourses et, en plus, on sort de là avec la panse bien remplie !

I●I *Taverne Amfiliki :* en face de l'hôpital. ☎ 24-27-02-28-39. Ouvert de mai à octobre, midi et soir.

Compter autour de 12 € pour un repas. Tenue par un ancien officier de marine, cette taverne ne paie vraiment pas de mine de l'extérieur. Pourtant, dès que vous passerez son seuil étroit, vous pourrez admirer la vue plongeante sur la mer, déguster les spécialités de Christos, et surtout écouter ses multiples récits de voyages sur les côtes françaises. Une excellente adresse.

I●I *Taverne Agnantio :* sur la route du monastère Évangélistria, à 1 km du port de Skiathos. ☎ 24-27-02-20-16. Ouvert de mai à octobre le soir uniquement. Compter dans les 12 à 15 €. Plats traditionnels et délicieux plats du jour élaborés selon les arrivages et l'humeur de la cuisinière. Terrasse avec vue splendide sur la mer. Accueil sympa.

Plus chic

I●I *Taverne Asprolithos :* prendre l'odos Papadiamanti, puis la route à droite juste avant l'école. ☎ 24-27-02-31-10 ou 24-27-02-10-16. Ouvert le soir uniquement, tous les jours en saison. Compter 15 € minimum. Excellent restaurant au service impeccable. Grand choix de plats à des prix certes un peu élevés mais la quantité et la qualité y sont. La maison offre tellement de petits plats (*ouzo,* salade de fruits...) qu'il n'est pas nécessaire de s'aventurer dans un menu compliqué : un plat (co-

pieux) suffit. Un seul regret : le passage incessant des deux-roues dans la rue qui lui ôte son côté romantique.

I●I *Taverne Ilias :* prendre la rue principale qui part du port ; avant l'OTE, emprunter la 1re route à droite et suivre les flèches. Quartier très calme. Ilias parle le français et explique sa cuisine. Un peu cher, mais délicieux et très agréable.

I●I *Karnayio :* près de l'arrêt de bus. ☎ 24-27-02-28-68 ou 69-45-06-21-84. Ouvert de juin à septembre, le soir uniquement. Compter 15 €.

Déco plutôt chic et romantique, c'est devenu le rendez-vous des VIP. Terrasse joliment décorée avec ses murs de pierre, sa treille et sa lumière tamisée.

🍽 The Windmill : terrasse au pied du moulin à vent qui domine la ville de Skiathos. ☎ 24-27-02-45-50. Ouvert le soir uniquement. Vue imprenable dans un décor original. Assez chic et plutôt cher, mais la cuisine (européenne) est très fine et l'accueil char-

mant. Les propriétaires, Pam et Jon Dance, sont des Anglais, ce qui explique le nombre de touristes anglophones.

🍽 Le Gérania : dans la rue principale. ☎ 24-27-02-15-61. Compter environ 15-18 € pour un repas. Accueil très sympathique. La cuisine est bonne et le service très professionnel. Décor plutôt du genre romantique.

Où boire un verre ?

🍸 ♪ Pub Daskalis : en face de la *Taverne Asprolithos*. Ouvert de 19 h à 3 h. Sympathique pub où l'on peut écouter de la bonne musique pop

tout en se rafraîchissant le gosier. Tenu par des Anglais, Chris et Jan, et principalement fréquenté par leurs compatriotes.

À voir

🏃 Allez visiter la maison de l'écrivain grec Alexandre Papadiamantis, typique et charmante, avec son confort tout simple. Elle se trouve sur une place tout près de la rue principale de Skiathos. Ouvert de 9 h à 13 h et de 18 h à 20 h. Fermé le lundi.

L'OUEST DE L'ÎLE

C'est là que se trouvent la majorité des plages accessibles par la route. Beaucoup de monde, mais il reste encore quelques coins tranquilles. Un bus s'arrête à toutes les plages jusqu'à l'extrémité de l'île. Départ toutes les 20 mn du débarcadère. Sinon, il reste le taxi (cher !) ou la location de scooters ou motos.

À voir. À faire

🏖 La plage de Banana : à l'extrémité ouest de Skiathos, à 12 km du chef-lieu. Descendre au terminus du bus, Koukounariès-Banana. Pour Banana, préparez-vous à marcher environ 10 mn. Il faut prendre le chemin qui monte tout à droite quand on regarde vers la direction de Koukounariès, puis la 1re à droite et enfin la 1re à gauche. Balade agréable sur un chemin parsemé d'oliviers et de figuiers. Deux petites plages très mignonnes. Pour les nudistes, rendez-vous à *Small Banana*, derrière les rochers. Deux tavernes les pieds dans l'eau et possibilité de faire de la planche à voile, du ski nautique, du parachute... Assez cher tout de même.

🏖 Koukounariès : plage presque digne de rivaliser avec celles du Pacifique. Bon, d'accord... tout le monde ne partage pas cet avis. Protégée par l'État, dans un cadre splendide, et bordée d'une forêt de pins. C'est en effet peut-être la plus belle plage de Grèce, mais aussi la plus encombrée... Pas mal de retraités descendus du *Skiathos Palace* qui domine la baie. Les tavernes y pratiquent les prix des palaces. Il y a aussi une école de ski nautique tout au bout.

Pour aller à Koukounariès, de Skiathos, un bus part du débarcadère. C'est à 9 km. Sinon, il reste le taxi.

⚓ *Camping Koukounariès :* ☎ et fax : 24-27-04-92-50. Ouvert de mai à septembre. Hors saison, à Athènes, ☎ et fax : 21-08-81-79-83. Compter tout de même 20 € pour 2 personnes avec une tente et une voiture. Ombragé, calme et propre. Mini-marché. Resto avec de la bonne cuisine maison. Environnement agréable.

|●| *Taverne-bar Caravos :* ☎ 24-27-02-27-87. En bordure de route, quelques kilomètres avant la plage de Koukounariès. Ouvert uniquement le soir. Terrasse avec sa treille et salle à l'intérieur. Assez chic, très copieux et prix raisonnables.

⌂ *Agia Éléni :* sur la droite avant la plage de Koukounariès, quand on vient de Skiathos-ville. Petite plage de sable fin dans une jolie crique.

|●| *Taverne* qui sert du bon poisson frais. Ouvert de mai à octobre. Prix moyens. Très exposée au vent... et aux touristes.

⌂ *Les plages de Mandraki et Gournès :* on y va à pied par un très beau sentier au milieu des pins, à mi-chemin entre le *Skiathos Palace* et l'hôtel *Xénia*. Deux grandes plages de sable très préservées, toujours moins peuplées que les autres car il faut presque 1 h de marche pour les atteindre. Gournès, envahie par les dunes de sable, est quasi déserte. Une petite taverne à Mandraki.

🛏 *Chambres à louer chez Manos Holidays (Noula) :* à l'entrée du chemin. ☎ 24-27-04-94-72. Ouvert de mai à octobre. Studios pour 4 personnes avec kitchenette. Très propre et confortable. Magnifique jardin. Petite terrasse à l'ombre. Pas cher du tout si l'on est assez nombreux.

🗡 *Le monastère de la Panagia Kounistra :* indiqué sur la droite avant Troulos lorsqu'on vient de Skiathos-ville. Belle route goudronnée qui part vers le nord. Paysage vallonné et très boisé. Au bout de 4 km, on tombe sur le petit monastère. Charmante chapelle, le cadre est splendide et d'un calme ! Ouvert au public toute l'année de 8 h à 20 h. Entrée libre.

⌂ *La plage d'Assélinos :* bifurcation sur la gauche avant d'arriver au monastère.

⚓ *Camping Assélinos :* à environ 13 km de Skiathos-ville. Belle plage, ombragée, beaucoup de place, magasins, douches, etc. Également des petits bungalows.

🛏 *Villa Angela :* sur la route de la plage Asselinos à gauche. ☎ 24-27-04-96-20. Fax : 24-27-02-91-53. ● www.skiathosinfo.com/accom/villa la.htm ● Studios ou chambres avec kitchenette dans une belle maison blanche. Compter dans les 50 € le studio de 2 ou 3 personnes. Beaucoup de boiseries et de marbre. Très propre. À l'écart de toute agitation, ce qui commence à devenir rare à Skiathos. Bar magnifique construit autour d'un vieil arbre. Les patrons doivent avoir ouvert une taverne.

⌂ *La plage d'Alligariès :* continuer la route après le monastère de Kounistra sur 6 km environ. Attention, ce n'est plus goudronné et la piste est assez mauvaise. Route en surplomb de criques magnifiques, au milieu des pins, dans un paysage vallonné. Tourner à gauche vers *Alligariès Beach*. On débouche après un tunnel de verdure et d'oliviers sur une plage quasi déserte avec son tronc de pin mort qui pointe vers le ciel. Sanitaires et petite taverne où il fait bon boire l'*ouzo* au coucher du soleil.

Balade en bateau

➢ **Balade en bateau :** on peut louer un bateau sans permis pour la journée. Au port, se rendre au loueur *Rent a Car* situé juste derrière l'*Alpha Credit Bank*. Mieux vaut réserver la veille ou directement à Koukounariès. Devenu assez cher. Le bateau est disponible à la Marina Beach, le petit port de la plage de Koukounariès. Vous pourrez ainsi aller sur les îlots de Skiathos : nombreuses plages et criques désertes (ce qui est rare dans le coin). Les deux principales plages ont chacune une petite taverne. Si vous n'en avez pas les moyens, il est tout de même possible d'aller de Skiathos sur ces îlots avec des caïques (horaires irréguliers, plutôt le matin et début d'après-midi).

L'EST DE L'ÎLE

Beaucoup moins de routes goudronnées, paysage plus accidenté. Mais attention, ça ne veut pas dire que vous ne rencontrerez aucun véhicule...

À voir

🕴🕴 **Le monastère d'Évangélistria :** beaucoup de monastères sur l'île de Skiathos, mais celui-ci est le seul où vous verrez encore des moines, très accueillants. Construit en 1806, il a longtemps servi de refuge aux montagnards et aux Grecs qui fuyaient la présence turque. L'église, au centre du monastère, est de style byzantin. Très beaux dômes en brique rose et toit d'ardoise. On peut aller au monastère à pied (1 h 30 de Skiathos) ou en scooter avec une carte de l'île. Également desservi par le bus.

🕴 **Kastro :** ancien village fortifié. On y descend à pied par un sentier étroit et plutôt raide (compter une bonne heure et demie). Le village a été construit au XIVe siècle, dans le but de protéger la population de l'île des invasions des pirates. La vue est splendide et la petite plage de galets gris en contrebas, sur la droite avant de monter les escaliers blancs, est exceptionnelle.

🍴 **Kantina Kastro :** sur la plage. Ouvert les jours de vent du sud et de bonne pêche. Taverne en pierre et aux volets bleus très pittoresque avec ses filets et cornes de bélier sur la porte.

🍴 **Taverne Platanos :** sur la route un peu avant la bifurcation pour Kastro. Ouvert le midi et en début de soirée jusqu'à 20 h 30. Belle terrasse qui domine la ville de Skiathos. Vue d'ensemble imprenable. Bons plats grecs, barbecue le soir. Prix moyens. Accueil charmant, la cuisinière est aux petits soins avec ses clients. En attendant d'être servi, essayez de compter les chats...

🕴 **Lalaria :** plage pavée de galets avec un rocher percé (on se croirait à Étretat), elle n'est accessible qu'en bateau. Nombreux départs de caïques le matin du port (horaires irréguliers). Il n'y a pas de tavernes. Pour l'hébergement, adressez-vous à la police du port. Annoncez-leur le budget dont vous disposez, car la vie à Skiathos est plutôt chère et ils ne peuvent pas faire de miracles.
– Vous pourrez aussi obtenir des tuyaux en vous adressant à *Dimitri Vassalias*, à l'agence *Heliotropo*, à droite en descendant du bateau. ☎ 24-27-02-24-30 et 24-27-02-15-38.

SKOPÉLOS

4700 hab.

Cette île de 101 km² a au moins autant d'églises et de chapelles que l'année compte de jours. Il semble qu'elle ait été occupée par les Crétois, à l'apogée de la culture minoenne (1600 av. J.-C.). L'île est désormais très touristique (en été). Le port a été agrandi, ce qui permet de recevoir des catamarans nouvelle génération. Skopélos est la plus fertile des Sporades : quelques vignes, oliviers, amandiers et pruniers. Très verte, elle est aussi couverte de bois de pins. Les femmes y portent encore parfois le costume local à jupe brodée de fleurettes et corselet de velours. Les plages sont mignonnettes, mais celles de sable sont rares et donc très fréquentées ; les autres sont couvertes de galets. La partie nord de l'île est plus sauvage et plus calme.

Comment y aller ?

– Voir « Les Sporades. Comment y aller ? ». La plupart des *Flying Dolphins* servent Loutraki, le port de Glossa (nord-ouest de l'île) et Skopélos-Chora, la capitale de l'île, au sud-est. 35 mn de ferry de Skiathos à Glossa et une bonne heure de Glossa à Skopélos-Chora. Deux fois plus rapide en *Flying Dolphin.*

CHORA (SKOPÉLOS)

Bâti sur une colline couverte de maisons blanches aux toits de brique rouge. Dans cet amas de constructions se cache une centaine d'églises et de chapelles. La plus étonnante, *Panagia Ston Pirgho,* est celle qui surplombe le port, au-dessus de la jetée. On y accède par un escalier d'ardoise. Une fois arrivé tout en haut, continuez jusqu'au kastro et redescendez ensuite sur le port en vous perdant dans le labyrinthe des ruelles étroites. Vous l'avez compris, pas très évident de se repérer dans un tel dédale... Du port, quand on est dos à la mer, sur la gauche, on se dirige vers la route qui quitte Chora, ou l'on revient sur Chora en contournant le village par au-dessus (*odos périfériakos*, rue périphérique). Sur la droite, on va vers la jetée et la chapelle mentionnée ci-dessus.

Fin août, pendant une semaine, festival musical.

Adresses utiles

🛈 *Office du tourisme municipal :* sur le port, en face du débarcadère des ferries. ☎ 24-24-02-32-20. Fax : 24-24-02-32-21. Ouvert de 9 h 30 à 13 h et de 18 h à 22 h. ● desko@ote net.gr ●

✉ *Poste :* pas très loin de la place Tria Platania, dans la rue du café Internet *Click & Surf.* Ouvert du lundi au vendredi de 7 h 30 à 13 h 30.

■ *Banques avec distributeur automatique de billets :* sur le port, côté station de bus ou côté jetée.

■ *Police :* dans le centre, derrière la *Banque Nationale,* dans une rue inté-

rieure parallèle à la mer. ☎ 24-24-02-22-35.

■ *Capitainerie du port :* ☎ 24-24-02-21-80. On y trouve les horaires de bateau.

🚌 *Station de bus :* à gauche du débarcadère, à environ 50 m. Pas de bâtiments, horaires affichés sur un panneau. Ne pas hésiter à demander conseil à un autochtone.

■ *Station de taxis :* à côté de la station de bus. ☎ 24-24-02-25-66.

■ *Presse Internationale/Librairie :* derrière le débarcadère, à gauche de la place triangulaire Platanos.

■ **Association des propriétaires de chambres à louer :** sur le port, en allant vers l'extrémité du port, côté jetée. ☎ et fax : 24-24-02-45-67. Ouvert en été de 9 h 30 à 13 h 30 et de 18 h 30 à 22 h.

■ **Laveries automatiques :** *Self-Service Laundry,* à côté de la place triangulaire Platanos (proche des bus). ☎ 24-24-02-31-23. Ouvert tous les jours en été de 9 h 30 à 13 h 30 et de 18 h à 20 h. Dans les 10-12 €

pour une machine. Cher... Également *Blue Star Laundrette* (☎ 24-24-02-28-44), un peu plus cher encore.

■ **Dispensaire (Kendro Hygias) :** sur la route périphérique, à droite. ☎ 24-24-02-22-22 et 24-24-02-25-92.

@ **Café Internet :** *Click & Surf,* dans la rue à gauche après la place Tria Platania. ☎ 24-24-02-30-93. Ouvert de 9 h à 23 h. Environ 5 € l'heure de connexion.

Où dormir ?

De bon marché à prix moyens

▲ **Chambres chez Dimitrios Rantistis :** ☎ 24-24-02-25-21. Accès par la route périphérique, c'est tout en haut à droite. À pied, monter en direction du *kastro* (et ça grimpe). Compter 30 € pour une chambre double toute simple et jusqu'à 45 € pour plus de confort et une cuisine. Essayez d'avoir la chambre n° 1, avec vue imprenable et balcon. Ils fabriquent sur place les fameux yaourts de brebis et la *tiropitta* traditionnelle. On peut s'en procurer, ainsi que du

lait et du fromage. Si Dimitrios est absent, adressez-vous à la supérette en face.

▲ Sur la route périphérique, après le dispensaire, nombreuses chambres à louer dont *Agni Al. Kafantari.* ☎ 24-24-02-26-74. Belle maison fleurie proposant 3 studios à environ 50 € et une chambre à 40 €, tous avec balcon. Récemment refaits, propreté irréprochable, fraîcheur assurée. Accueil très sympa de la timide propriétaire.

De prix moyens à plus chic

▲ **Pension Kir Sotos :** sur le port, maison en pierre et en bois vers la jetée, à 30 m de la pharmacie. ☎ 24-24-02-25-40. Fax : 24-24-02-36-68. Chambres pour 2 à 4 personnes de 35 à 60 €. On a craqué sur l'intérieur boisé, type chalet montagnard. La déco est simple et les chambres sont toutes différentes. Cuisine commune bien équipée, frigo. 2 terrasses, l'une au calme et l'autre donnant sur le port. Hautement recommandable. On regrette juste l'accueil, glacial.

▲ **Hôtel Agnanti :** bâtisse en pierre en direction des monastères, à l'extrémité du port. ☎ et fax : 24-24-02-27-22. • agnanti@mail.gr • Chambres tout confort pour environ 55 € sans petit dej'. Hôtel familial dans un environnement plus calme que ses concurrents. Jolie vue.

▲ **Thea Home Pension :** route périphérique, assez haut au-dessus de Chora. ☎ 24-24-02-28-59. Fax : 24-24-02-35-56. À Athènes, hors saison : ☎ 21-06-39-58-08. Chambres doubles dans les 55 € avec un excellent petit dej'. Très bien situé, belle vue sur le port de Chora depuis la grande terrasse. Mobilier récent, AC. Accueil agréable.

▲ **Hôtel Éléni :** à l'extrême gauche du débarcadère, 100 m après la station de bus. ☎ 24-24-02-23-93 ou 24-24-02-29-34. Fax : 24-24-02-29-36. Chambres doubles à environ 60 € en pleine saison, sans petit dej'. Bien situé, mais beaucoup de bruit dans le secteur dans la journée. Juste en face de la plage du port, pas géniale. Chambres claires et propres, assez sobres, avec un petit balcon. Frigo. Cartes de paiement acceptées.

L'ÎLE DE SKOPÉLOS

Chic

🛏 *Hôtel Elli :* ☎ 24-24-02-29-43. Fax : 24-24-02-32-84. Hors saison, à Volos : ☎ 24-21-03-07-59. Prendre la route périphérique, c'est à gauche peu après la pension *Prodomina*. À pied, en coupant par l'intérieur, compter 10 mn. Ouvre mi-juin. En haute saison, une chambre double monte à 75 € avec le petit dej'. C'est un charmant hôtel à colombages, avec piscine et jolie terrasse où il est agréable de prendre le petit dej'. Les chambres ont des poutres apparentes et sont très agréables. Très bon rapport qualité-prix.

🛏 *Rooms to let Lemonis :* sur le port, maison jaune aux volets verts après la *National Bank*. ☎ et fax : 24-24-02-23-63 ou 24-24-02-30-55. Dans les 70 € la chambre double sans petit dej'. Chambres avec frigo, AC, TV et balcon, offrant tout le confort. Propreté irréprochable et accueil très sympa par une Canadienne. Tout de même assez cher.

🛏 *Hôtel Ionia :* au cœur du village. ☎ 24-24-02-32-85 ou 24-24-02-33-02. Fax : 24-24-02-33-01. • hirasho tels@mail.gr • En voiture, accès par la route périphérique ; à pied, prendre, depuis le port, l'odos Syndagmatarhou Manolaki. Dans les 100 € la chambre double en été. Architecture assez aérée et agréable ; les chambres donnent sur une cour centrale fleurie, avec piscine. Une cinquantaine de chambres avec réfrigérateur, AC et TV. Assez récent, très propre mais cher.

Où manger ?

Pour manger sur le pouce, *Apolavsi,* dans une ruelle peu après l'OTE, en face d'une église en pierre de taille. Petit grec tout simple et pas cher. Plusieurs tavernes sur le port.

Bon marché

|●| *Taverne O Platanos :* pl. Tria Platania. ☎ 24-24-02-30-67. Dans les 10 € le repas. Cette taverne rencontre un succès fou aussi bien parmi les touristes que chez les Grecs. Située sur une petite place ombragée, elle s'est spécialisée dans les *souvlakia* (au porc, au poulet ou au poisson). Le pain « Platanos », sorte de *pita,* est un véritable régal. En raison de son succès, l'attente est parfois un peu longue.

|●| *Taverne Ta Kymata :* à l'extrémité du port côté jetée. ☎ 24-24-02-23-81. Ouvert midi et soir. Repas à environ 10 €. En raison de son emplacement à l'écart, cette taverne est beaucoup plus tranquille que les autres. Le service est efficace et on est aux petits soins pour vous satisfaire. Goûtez le fameux *exochiko,* sorte de feuilleté au porc avec de la feta et des légumes, un régal !

|●| *Restaurant Klimataria :* ☎ 24-24-02-22-79. 10 € le repas. Cuisine plus imaginative qu'à la taverne *Molos :* feuilles de vigne à la béchamel, poulpes au vin rouge. Un bon signe, les Grecs y viennent.

Prix moyens

De nombreuses crêperies à Skopélos mais une seule mérite d'être citée :

|●| *Crêperie Chez Greka :* prendre la ruelle à droite de la place Tria Platania et remonter un peu dans le village. Greka est vraiment très sympa, elle parle bien le français et sera heureuse de vous accueillir. N'hésitez pas à discuter avec elle, car elle a plein de choses à dire. Ses crêpes maison sont excellentes : poulet estragon, ratatouille, fromage, même *spetsotaï,* la spécialité du Pélion, et pour le dessert, la crêpe chocolat blanc et caramel. Également des menus « fondue » à 16 € ou « table d'hôte » à environ 14 €. Publicité pour votre guide préféré sur toute la vitrine. Petite terrasse (6 tables), mais Greka s'est arrangée avec le *Restaurant Adonis* situé quelques mètres en contrebas et elle sert également ses plats à la terrasse de celui-ci.

|●| *Taverne Molos :* à côté de *Klimataria.* ☎ 24-24-02-25-51. Dans les 12 € le repas. Excellente moussaka, calamars frais et poisson pour pas très cher. Spécialité de coq au vin et de lapin *stifado.*

|●| *Taverne Ilias :* à côté de *O Platanos,* les tables se mêlent sur la place exiguë. Environ 12 € le repas. Un poil plus chic que son voisin ; service assez distingué. Quelques bons vins grecs. La spécialité du lieu est le délicieux *souvlaki* royal. Goûtez également au *pastitsio.*

Où boire un verre ?

De nombreuses tavernes confortables sur le port, mais assez chères.

🍸 Ne pas manquer le *Dimotiko Cafénio,* le bistrot municipal, à l'ancienne. On le repère aisément sur le port : petites tables rondes bleues, chaises en paille et une clientèle grecque qui boit surtout du café grec. Les prix y sont beaucoup moins élevés qu'ailleurs !

♟ *Thalassa* : en montant vers le kastro à partir de l'extrémité du port, côté jetée ; c'est 4 chapelles après le début de l'ascension. ☎ 69-45-43-96-62 (portable). Le café est minuscule (éviter les heures de pointe...), mais la terrasse, donnant sur la mer, est très belle. Patron loquace et appréciant les Français (sa fille a étudié à la Sorbonne).

♟ ♪ *l Anatoli* : tout en haut, au niveau des ruines du kastro. ☎ 24-24-02-28-51. Ouvert le soir seulement.

C'est un *ouzadiko,* on n'y boit pas de café mais principalement de l'*ouzo* accompagné de *mezze.* Très joli cadre avec le bleu des tables et le blanc du muret. Ambiance musicale (du bon *rébétiko*).

♟ ♪ *Jazz-Bar Platanos* : sur le port en direction de la jetée. ☎ 24-24-02-36-61. Plus branché que les précédents. Bar exigu où l'on peut écouter de la *world music.* Déco intérieure sympa. Les cocktails restent assez chers.

À voir

⚚ *Le musée d'Art et Traditions populaires* : au-delà de *Chez Greka* à droite. Ouvert de 11 h à 14 h. Entrée : 2 €. Historique et coutumes de l'île ; au premier étage, costumes traditionnels et icônes ; au second, outils, poteries et maquettes de bateaux.

Visite de l'île

➢ Un autobus parcourt l'unique route, longue de 30 km, qui relie Chora à Loutraki (environ 1 h de trajet). Il dessert les plages tout au long de la côte. Attention au retour, le bus se fait souvent attendre ! En été, une quinzaine de bus quotidiens pour Stafilos/Agondas, une dizaine pour Panormos et Milia et plus de 8 pour Elios, Loutraki et Glossa (de 7 h à 22 h 30). Des agences organisent aussi des transports en bus vers les principales plages. Attention de ne pas rater le dernier bus, les tarifs des taxis augmentent subitement à partir d'une certaine heure !

L'idéal serait de louer un scooter ou une petite moto. Si vous en avez les moyens, ne vous en privez pas car vous découvrirez des beaux paysages. Très nombreuses agences de location à Chora, dans le secteur de l'hôtel *Éléni.* Scooter dans les 16 € la journée. Les criques se succèdent tout au long de la côte, au milieu d'une végétation luxuriante (on est loin des Cyclades, dépouillées comme le crâne du professeur Choron). Nombreuses locations à proximité des plages.

⚲ *La plage de Glistéri* : à 6 km au nord de Skopélos-ville. Accès par une route qui conduit à la plage ou en *taxi-boat* depuis le port de Skopélos. Étonnante taverne avec un petit *musée :* objets, ustensiles, vêtements, etc., ayant appartenu aux ancêtres de la famille (*To Palaio Karnagio :* le vieux chantier naval). ☎ 69-44-35-47-05. Ouvert midi et soir. Environ 10 € le repas.

|●| Sur le chemin, ne pas manquer si c'est l'heure du repas, la taverne ***Romantica*** au-dessus de la crique d'Agios Konstandinos. ☎ 24-24-02-32-63. Ouvert tous les jours midi et soir. Un groupe gréco-hollandais tient cette taverne dans l'esprit de la table d'hôte. Cuisine maison à partir de produits de la mer pêchés le matin même par Vangélis. Pas de carte, choix limité, mais cuisine authentique.

⚲ *Staphylos* : à 5 km au sud du bourg de Skopélos. Plage de sable assez fréquentée mais le site est superbe : magnifique crique dominée par les pins et les rochers. Plutôt que de descendre au milieu des transats, on peut aller se baigner par les rochers sur la droite. Au bout de la plage, une autre plage, celle de *Vélanio,* un peu moins abritée mais tout aussi belle et plus sauvage (clientèle naturiste).

🛏 **Chambres à louer :** juste avant Staphylos à gauche. ☎ 24-24-02-29-48 ou 24-24-02-24-74. Chambres sommaires avec frigo. Environnement sympathique et prix abordables : dans les 40 € la double en haute saison.

🍽 **Taverne Pefkos :** à Staphylos. ☎ 24-24-02-20-80. Excellente taverne de poissons et de fruits de mer. Jolie terrasse donnant sur la crique en contrebas. Service efficace.

➢ En continuant par la route principale après Staphylos, ne pas manquer la première piste sur la gauche : panorama de carte postale au-dessus d'une crique aux eaux turquoise.

🏃 **Agnondas :** charmant petit port de pêche, à 8 km de Chora dans une jolie crique. Sert parfois de port de substitution quand ça souffle trop fort sur l'est de l'île. Plage de galets gris. Liaisons en bateau pour Limnonari. Trois tavernes très agréables dont :

🍽 **O Pavlos :** ☎ 24-24-02-24-09. Ouvert midi et soir. Une bonne taverne de poissons où l'on trouve également des plats traditionnels à tout petits prix (excellente mous-saka). Les poissons restent tout de même assez chers (de 40 à 60 € le kilo). Emplacement privilégié dans cette ravissante petite crique.

🏖 **Limnonari :** jolie plage de sable gris dans une crique très calme.

🛏 **Chambres à louer Limnonari Beach :** ☎ 24-24-02-30-46 ou 24-24-02-22-42. Dans les 60 € en haute saison. Tout beau tout neuf et pas trop cher. Cuisine commune nic-kel, petites tables dans le jardin. Kostas Lemonis parle le français et est très sympa.
🍽 **Taverne** derrière la plage, excellente.

🏖 **Panormos :** la plus belle plage de l'île, mais pas la plus propre. Baie très cinémascope. De nombreuses tavernes. Si vous prenez le petit sentier tout à droite de la plage quand on regarde la mer, vous découvrirez de nombreuses minuscules criques plus agréables, très jolies et beaucoup moins fréquentées. Continuer encore un peu par la route pour découvrir les petites criques d'*Adrina,* face à l'îlot Dassia.

🛏 **Hôtel Afrodite :** à droite dans le village. ☎ 24-24-02-36-22 ou 24-24-02-31-50. Fax : 24-24-02-31-52. Dans les 90 € pour une chambre double avec petit dej'. Cher mais assez chic, avec piscine. Chambres confortables, AC et belles salles de bain. Barbecues organisés une fois par semaine.
🛏 Toujours dans le haut de gamme, **Hôtel Adrina Beach :** sur la plage Adrina. ☎ 24-24-02-33-73 ou 24-24-02-33-75. Fax : 24-24-02-33-72. ● www.adrina.gr ● Ouvert de mai à septembre. Jusqu'à 147 € la chambre double. Grande piscine, chambres forcément très luxueuses. Pour les budgets plus réduits, on peut profiter de ce cadre splendide à la taverne de l'hôtel, à des prix raisonnables (compter tout de même dans les 15 €).

🏖 **Linarakia :** taverne sur le sable tout au bout de la plage. Cadre splendide mais assez touristique.

🏖 **Milia :** à 3 km de Panormos. Étale son sable et ses galets dans un décor de poster.

🏃 Un peu avant Glossa, s'arrêter au village de **Klima,** à 23 km de Chora, qui a frôlé l'abandon après le séisme de 1965. Beaucoup de maisons rachetées par des touristes étrangers. Fête populaire le 1er juillet.

✽ *Agios Ioannis :* bifurcation sur la droite avant d'arriver à Glossa. Route assez mauvaise. Ce n'est pas une plage, c'est une petite chapelle perchée en haut d'un rocher posé dans la mer. Celle qui figure sur de nombreuses cartes postales de Skopélos. On raconte que l'icône du saint n'arrêtait pas de s'enfuir de l'église de Loutraki et comme on l'a retrouvée là, juste au-dessus de la mer, on a construit la chapelle pour l'icône.

✽ *Glossa :* superbe village qui se visite à pied au hasard de ses escaliers et ruelles étroites. À 30 km de Skopélos. Un charme fou. Café sur la place de l'église. Grande fête populaire le 15 août. Le port de Loutraki, où s'arrêtent la plupart des ferries et des *Flying Dolphins,* est 4 km plus bas (tavernes agréables sur le port).

🍴 *Taverne T'Agnandi :* ☎ 24-24-03-36-06. Compter dans les 12 € minimum. Tenue par la même famille depuis plusieurs générations. Le jeune patron, quatrième du nom, est adorable. Grand choix de vins (un peu chers), nourriture maison excellente et bon marché. Belle terrasse à l'étage. Réserver en été.

🏠 *Chambres chez Nina :* à 50 m de l'église, proche de l'arrêt de bus. ☎ 24-24-03-36-86. Chambres agréables à des prix tout doux : environ 35 € la double. Maison avec un petit jardin ombragé. Douche et w.-c. en commun. Nina vous accueillera avec un grand sourire (à défaut d'un mot d'anglais ou de français !).

🏠 *Chambres chez Spirou Tassoula :* à gauche, un peu avant l'entrée du village. ☎ 24-24-03-36-02. Studios avec kitchenette assez bon marché.

🏠 *Studios chez Niki Kritsalou :* juste avant chez Nina. ☎ 24-24-03-32-36. Studios confortables, tout neufs donc plus chers que les précédents. Belle vue.

LES MONASTÈRES

Si vous aimez la marche, partez de Chora (Skopélos) à la découverte des monastères de l'île. Attention, le chemin est (presque) carrossable donc vous risquez de rencontrer des véhicules polluants. Certains monastères, situés à l'est de Chora, ont rouvert leurs portes ces dernières années. C'est le cas notamment de *Métamorfosis* (☎ 24-24-02-25-60), *Timiou Prodomou* (☎ 24-24-02-23-95) et *Évangélistria* (☎ 24-24-02-23-94), que l'on peut visiter de 8 h à 13 h et de 17 h à 20 h (tenue correcte exigée). Remarquer leur nef en forme de croix, ce qui est assez rare en Grèce. Allez-y au moins pour le panorama sublime ! Il y a au total une dizaine, certains abandonnés, d'autres « privatisés » comme le petit monastère d'*Agia Varvara* (juste avant celui de *Prodomou*). Construit en 1697 et restauré depuis peu ; architecture plus intéressante que les autres monastères. Une famille y vit désormais et vous accueillera en toute simplicité.

Randonnée pédestre

➢ En continuant la piste qui monte aux monastères, au-delà de Prodomou, à 3 km environ, prendre à gauche un sentier très visible. 10 mn de descente et un embranchement : à droite, le sentier mène en 20 mn au *monastère* abandonné des Taxiarques (fontaine) ; à gauche, on atteint en 15 mn l'*église Agia Triada* (fontaine également). Les deux sites sont magnifiques.

QUITTER SKOPÉLOS

Horaires et vente de billets sur le port, à l'agence *Madro Travel* (☎ 24-24-02-21-45 ; fax : 24-24-02-29-41) ou chez *Kosifis Travel* (☎ 24-24-02-36-08).

➤ Liaisons (ferries et hydroglisseurs) avec **Volos** et **Agios Konstandinos.** En été, 2 ou 3 ferries quotidiens pour Volos, 1 ou 2 pour Agios Konstandinos. Rotations de *Flying Dolphins* beaucoup plus nombreuses.

➤ Liaisons *(Flying Dolphin)* avec Pefki, en Eubée. En principe, un ferry hebdomadaire pour Lesbos (Mytilène). À vérifier.

ALONISSOS
3 000 hab.

Montagneuse et boisée, avec quelques champs d'oliviers et d'amandiers, cette île des Sporades est le paradis des amateurs de pêche sous-marine. L'île abrite en effet plusieurs grottes marines ornées de stalactites. Au nord de l'île, des phoques *monachus-monachus* y vivent, et l'île compte un centre d'étude et de protection du phoque méditerranéen (elle est aussi une des six *Ecolslands* que compte l'Europe). Royaume du calme et de la tranquillité, Alonissos s'éveille, hélas, au tourisme, même si le fait d'être en bout de ligne maritime lui assure une relative tranquillité par rapport à Skiathos et Skopélos. Pas mal de touristes du 15 juillet au 20 août, en particulier des Italiens qui peuvent constituer jusqu'à 60 % des estivants ; en juin et en septembre, un peu moins. En plein été, il y a des problèmes d'alimentation en eau et en électricité. Certains habitants se plaignent de ne pas accueillir assez de touristes en comparaison avec Skopélos, parce que le port ne permet pas aux catamarans les plus modernes d'accoster (des travaux en cours vont de toute façon changer cela...) ; nous, on ne s'en plaindra pas.

Les pistes de l'île ne sont plus très nombreuses, la plupart des plages étant désormais accessibles par route.

Comment y aller ?

La plupart des ferries au départ de Volos et d'Agios Konstandinos desservent Alonissos (se reporter au chapitre « Les îles Sporades. Comment y aller ? »). Presque 6 h de traversée.

PATITIRI

Patitiri est le port principal de l'île et sa capitale. Si la baie de Patitiri est belle, avec les rochers blancs qui s'avancent loin dans la mer, le village lui-même est assez quelconque. Il a été construit à la hâte pour reloger les habitants chassés du vieux village par le tremblement de terre de 1965. L'île n'a pas été très chanceuse, Patitiri (« le Pressoir ») s'est vidé de ses habitants dans les années 1960, quand le phylloxéra a détruit toutes les vignes de l'île. Aujourd'hui sur l'île, on vit de la pêche (une centaine de bateaux de pêche professionnelle) et du tourisme.

Assez facile de se repérer dans Patitiri ; deux rues partent du port, l'odos Pélasgon à gauche quand on a la mer derrière soi et l'autre, en côte, à droite. Éviter les hôtels et tavernes situés en bordure de ces deux rues en raisons des nuisances sonores, vraiment pénibles. Il est plus agréable de loger à **Roussoum** (quartier à 15 mn à pied, vers l'est) ou à **Votsi** (30 mn à pied aussi vers l'est). Deux charmantes criques. On peut encore se rendre au vieux village d'**Alonissos (Hora),** situé à 4 km de Patitiri, vers l'ouest (à pied, remonter la rue de gauche, perpendiculaire à la mer, et prendre le sentier à gauche, après le restaurant *Astakos).*

L'ÎLE D'ALONISSOS

Adresses utiles

ℹ *Informations touristiques :* tous les renseignements sont disponibles dans chacune des 3 agences *Flying Dolphins* situées sur le port. *Ikos Travel,* ☎ 24-24-06-53-20 et 24-24-06-56-48 ; *Alonissos Travel,* ☎ 24-24-06-60-00 et 24-24-06-51-98 ; *Alkyon,* la troisième, est située le plus à droite sur le port quand on est dos à la mer. ☎ 24-24-06-52-20. Ces agences louent également des chambres et organisent des excursions à la journée en bateau sur les petites îles environnantes.

✉ *Poste :* dans la rue principale qui monte à droite quand on est dos à la mer. ☎ 24-24-06-55-60. Ouvert du lundi au vendredi de 7 h 30 à 14 h.

▪ *Banque :* dans la même rue que la poste, mais bien avant sur la gauche. Ouvert du lundi au jeudi de 8 h à 14 h et le vendredi de 8 h à 13 h 30. Distributeur automatique de billets.

▪ *Police :* dans la même rue que la poste et la banque, tout en haut. ☎ 24-24-06-52-05. Ouvert de 9 h à 14 h et de 18 h à 21 h.

▪ En face du débarcadère, *bureau Rooms to let,* qui est en fait une association regroupant une centaine de propriétaires de chambres à louer. ☎ 24-24-06-55-77. Fax : 24-24-06-61-88. Ouvert tous les jours de 9 h à 14 h et de 18 h à 22 h 30. Très pratique. Eva vous accueillera très gentiment et fera tout pour vous satisfaire.

■ Possibilité de *louer un vélomoteur ou un scooter* dans les agences *Flying Dolphins* ou *Chez Ilias-Mary Vlaikou :* dans la rue qui part du port vers le vieux village. ☎ 24-24-06-50-10. Chez *Axon*, en haut de la rue de la poste, matériel neuf et super-accueil. ☎ 24-24-06-58-04. Tarif dégressif pour plusieurs jours de location.

■ *Location de voitures :* beaucoup de loueurs, assez chers, donc ne pas hésiter à faire jouer la concurrence. À la journée, à partir de 50 € en haute saison pour une petite voiture. Tarifs plus intéressants à la semaine.

@ *Café Internet : Café Mondo* entre la banque et la poste, dans la rue en pente, sur la droite. ☎ 24-24-02-90-67. ● blue@otenet.gr ● Ouvert tous les jours de 10 h à minuit. 4 PC à disposition pour 2 € la demi-heure.

■ *Presse internationale :* sur le port, chez *Alonissos Travel* et également dans la rue qui monte à gauche, en face de *Patitiri Travel.*

🚌 *Bus :* sur le port, au niveau du débarcadère. 2 lignes : *Patitiri-Hora* (le vieux village), un départ par heure de 9 h à 15 h environ et de 19 h à 22 h 30, et *Patitiri-Steni Vala,* 2 fois par jour (matin et début d'après-midi).

Où dormir ?

Camping

⛺ *Camping Rocks :* au sud de Patitiri, à 20 mn du port à pied. ☎ 24-24-06-54-10. Du port, prendre la rue Pélasgon, monter à gauche la rue qui prend à hauteur de la discothèque *Enigma* et continuer en suivant les pancartes discrètes (direction Marpounda). Environ 12 € pour 2. Un camping pour routards, pratiquement sans équipements ni services. Cadre agréable. On dort à l'ombre des pins, bercé par le chant des grillons. Les sanitaires, peu nombreux, sont plus que limite. Petite plage de galets et rochers plats à proximité. S'assurer avant que la discothèque ne fonctionne pas, sinon c'est l'enfer.

Prix moyens

■ *Fantasia House :* au vieux village, en face de la taverne *Nikos.* ☎ 24-24-06-51-86. Non, cette petite pension n'est pas la résidence secondaire de *Mickey,* mais *Pluto* un ensemble de chambres simples et mignonnes à environ 40 €. Les salles de bains sont un peu sommaires mais très propres. Emplacement privilégié, magnifique vue sur la baie. Mirsini est adorable.

■ *Chambres à louer :* à Roussoum, dernière maison sur la gauche quand on arrive de Patitiri par la route principale. Signalée par un panneau « Rent a room » ; arche d'entrée bleu ciel. ☎ 24-24-06-51-06 et 24-24-06-56-53. Compter dans les 40 à 45 € en été pour une chambre double. Allez au restaurant sur la plage : *To Tamalo,* le 2e à côté de la petite terrasse bleue, et demandez Kostas (le fils des propriétaires, qui parle l'anglais). Chambres très propres. Certaines ont vue sur la mer qui est à 20 m environ. D'autres pensions dans la même rue.

■ *Chambres à louer :* à Votsi, petit port de pêche, avec une jolie plage (étroite) de galets. Les pensions se trouvent sur le chemin qui descend à la plage. Attention, elles offrent des chambres de qualité inégale mais à des prix relativement similaires.

– *Pension Votsi, chez Maria Drossaki :* ☎ 24-24-06-55-10. Fax : 24-24-06-58-78. ●www.pension-votsi.gr● Dans les 45 € en haute saison pour une chambre double. Belles chambres avec AC, réfrigérateur et vue sur la plage de Votsi. Également quelques studios à louer. Préférer les chambres à l'étage.

– *Pension Alonissos :* ☎ 24-24-06-52-73. Fax : 24-24-06-58-22. S'adresser au restaurant en dessous. Environ 45 € la chambre double avec petite cuisine. Réductions significatives hors saison, les chambres peuvent alors tomber à 20 €. Propose également des studios.

– *Pension Dimitris, chez Dimitris Ouranitsa :* ☎ 24-24-06-50-35. Fax : 24-24-06-60-75. Chambres doubles assez petite de 35 à 45 € ; réductions de 30 à 40 % hors saison. Vue magnifique. Attention cependant au bruit causé par le bar du rez-de-chaussée.

🛏 *Hôtel Ikion :* sur la route de Roussoum, prendre la route à droite juste avant l'école. ☎ 24-24-06-63-60. Fax : 24-24-06-57-36. Chambres et appartements de 2 à 4 personnes très propres et confortables.

De 35 à 100 € la nuit selon la taille. Salle de bains nickel, cuisine des studios idem. Demander ceux qui ont vue sur la mer.

🛏 *Chambres à louer :* à Patitiri. Contacter le bureau de l'*Association des propriétaires,* en face du débarcadère (voir la rubrique « Adresses utiles » plus haut). Plusieurs pensions avec des chambres très simples et plus ou moins propres. Attention à celles qui donnent sur le port, elles sont très bruyantes : va-et-vient des ferries, bars, discothèques. En général, il est préférable de loger en dehors de Patitiri.

Plus chic

🛏 *Studios Voula Agallou :* à la place de l'ancienne taverne *Faros,* sur la route de Marpounda. ☎ 24-24-06-61-10. Dans sa grande maison surplombant la mer, Voula met à votre disposition 3 studios pour 2 personnes dans les 50 € et un studio pour 5 personnes pour environ 60 € en haute saison, et c'est donné. Les studios sont vastes, neufs et possèdent une cuisine très bien équipée. Comme la maison faisait office de taverne auparavant, elle possède une immense terrasse avec vue plongeante sur le port. Ambiance familiale. Notre meilleure adresse.

🛏 *Hôtel Kavos :* sur le premier sentier à droite de la rue principale. ☎ 24-24-06-52-16. Fax : 24-24-06-50-83. De 45 à 55 € la nuit. Cet hôtel surplombant le port propose des chambres simples mais proprettes, toutes avec une vue splendide et un

balcon. Le couple qui en est propriétaire est très sympa.

🛏 *Konstantina's Studios :* en plein centre du vieux village, grande bâtisse blanche bien visible du dernier parking en regardant vers la mer. ☎ et fax : 24-24-06-61-65 ou 24-24-06-59-00. Environ 65 € la nuit. Magnifiques studios pour 2 personnes, vastes, avec balcon et kitchenette très bien équipée. Déco chaleureuse et propreté irréprochable.

🛏 *Hôtel Gorgona :* dans la direction de Roussoum, à droite juste après l'école. ☎ 24-24-06-53-17. Fax : 24-24-06-56-29. Dans les 60 € pour une chambre double sans petit dej'. Hôtel propre, sans plus. Vue sur la crique avec certaines chambres. Réception quasi inexistante, s'adresser quelques mètres plus bas aux *studios Gorgona.*

Encore plus chic

🛏 *Hôtel Paradise :* ☎ 24-24-06-51-30 et 24-24-06-52-13. Fax : 24-24-06-51-61. • www.paradise-hotel.gr • Domine le port de Patitiri sur la gauche quand on regarde la mer. Accessible par un sentier. Chambres doubles de 55 à 80 €, petit déjeuner compris. L'une des plus belles adresses de l'île, avec une vue exceptionnelle sur la mer (côté *Roussoum Yialos*) et des îlots. Une trentaine de jolies chambres. Les bâtiments descendent en terrasses vers la mer pour arriver à

une petite plage de rochers aménagée. Piscine, bar, restaurant. Adresse de charme, excellent accueil, personnel serviable et attentionné. Réservation indispensable en été. 12 % de réduction sur présentation du *GDR.*

🛏 *Hôtel Atrium :* à 600 m du port de Patitiri, au début de la route qui mène au vieux village. ☎ 24-24-06-57-49 et 50. Fax : 24-24-06-51-52. Ouvert de mai à octobre. En haute saison, compter 85 € la chambre double avec petit dej' ; 30 % de réduction hors saison. Hôtel de grand standing à l'américaine avec piscine, bar, salle de fitness. Chambres climatisées, avec TV. Évitez absolu-ment les deux chambres du rez-de-chaussée avec leurs terrasses collées à la piscine. Réservation recommandée longtemps à l'avance.

Où manger ?

À Patitiri

Pour manger sur le pouce, on aime bien la crêperie *To Psichoulo* située en bas de la rue principale. Elle propose quelques spécialités du coin à emporter et de (très) copieuses crêpes à composer soi-même pour environ 4 €. Sur le port, de nombreuses tavernes assez chères et sans grand intérêt. L'accueil est plus qu'indifférent et la cuisine sans caractère, à l'exception d'une ou deux tavernes pour amateurs de poisson.

|●| *Astakos :* taverne située à la sortie de Patitiri, odos Pélasgon à moins de 1 km du port. ☎ 24-24-06-54-67. Pour y aller, prendre la rue Pélasgon à gauche quand on est dos à la mer ; c'est sur la gauche, indiqué en grec. Cadre agréable, jolie terrasse, endroit calme. Goûtez à leur homard *(astakos),* c'est leur spécialité et il est succulent ! Prix raisonnables (mais pour le homard, il faut compter près de 50 € le kilo).

|●| *To Akrogiali :* sur le port, à gauche quand on est dos à la mer. ☎ 24-24-06-52-36. Compter environ 10 € pour un repas. Petite taverne qui vaut surtout pour sa situation. Tout de même de bonnes brochettes aux fruits de mer ou de poisson et un excellent *kokkoras krassato* (coq au vin). Bondé le soir.

Au vieux village

Le vieux village d'Alonissos a été détruit en 1965 par un tremblement de terre. Mais maintenant, de nombreux étrangers ont acheté des maisons qu'ils rénovent. Il faut y aller, car la vue est vraiment superbe. Le village, du moins la partie où se trouvent les commerces, n'est pas très grand : une rue centrale et quelques petites ruelles autour. Il est devenu plutôt chicos. On peut redescendre à pied vers la mer.
Interdit aux voitures et aux scooters. Parking à l'entrée et le long de la rue qui mène au cimetière.

|●| *Astrofengia :* à l'entrée du village, sur la gauche (suivre la pancarte placée avant l'arrêt de bus). ☎ 24-24-06-51-82. Compter entre 15 et 18 €. Dans ce restaurant, le plus ancien du village, à l'écart de l'activité touristique, on peut déguster une cuisine traditionnelle (peu de choix néanmoins) aussi bien que quelques plats plus « exotiques » comme le *chilli con carne.* Service soigné. Belle terrasse.

|●| *Taverne Le Paraport :* tout en haut du village avec une petite terrasse surplombant la mer. ☎ 24-24-06-56-08. Sympathique taverne proposant des plats originaux ou locaux comme le délicieux steak d'espadon et la tourte *Paraport,* à prix très corrects. Le jeune patron est vraiment sympa.

|●| *Taverne Aloni (connue aussi sous le nom de Panayotis) :* la seule taverne, sur la route qui monte à droite. ☎ 24-24-06-55-50. Service rapide et carte assez courte. Mais un très bel emplacement, idéal pour y dîner. Assez exposé au vent, il est préférable de prévoir un pull. Prix raisonnables et excellent accueil.

|●| *Taverne Nikos :* premier restaurant à droite dans la rue qui mène en haut du village. Ouvert midi et soir. Bon rapport qualité-prix. Bon accueil, cadre sympathique. Très fréquenté le soir, service parfois un peu lent. Bonne cuisine, et une carte complète. Goûtez le steak d'espadon, il est parfait.

Où boire un verre ?

Au vieux village

🍷 *Kafiréas :* prendre la rue principale. Elle est située en haut du village, juste après le *Café Naval* ; c'est indiqué en grec. ☎ 24-24-06-51-08. Ne sert pas de dîner, mais on peut y venir pour prendre un apéro ou un petit déj'. La vue sur le nord d'Alonissos est exceptionnelle depuis les trois petites terrasses.

🍷 ♪ *Café Naval :* dans la rue principale. ☎ 24-24-06-59-13. Une superbe terrasse avec une vue magnifique sur le sud d'Alonissos. Ambiance jazz. Ne sert qu'à boire, et à manger seulement de très bonnes crêpes (et le petit dej'). Prix moyens.

À Patitiri

🍷 De nombreux **bars** sur le port, plus chers qu'au vieux village et beaucoup moins charmants.

À voir. À faire

🎭 *Le centre d'information du MOm :* sur le port de Patitiri. Ouvert en été de 10 h à 15 h 30 et de 18 h à 23 h 30. Entrée libre. Le MOm est la société grecque qui s'occupe de l'étude et de la protection des phoques méditerranéens, dont une colonie d'une cinquantaine de membres vit en permanence au nord-est d'Alonissos, ce qui en fait le groupe le plus important de Méditerranée. Vidéo et panneaux explicatifs. Également un centre de soins à Sténi Vala (il arrive qu'on y nourrisse les bébés phoques). Le MOm participe à la gestion du Parc marin.

🎭 *Gallery 5 :* tout en haut du vieux village, dans la dernière ruelle à droite. Exposition et vente d'aquarelles et de bougies au miel originales réalisées par un jeune couple gréco-danois. Sympa pour faire des petits cadeaux. En outre, ils proposent un guide très détaillé des promenades et des lieux de baignade dans l'île.

Visite de l'île, les plages

On peut atteindre la plupart des plages d'Alonissos en *taxi-boat*. Départ toutes les 30 mn de Patitiri. Possibilité sinon de prendre le bus ou, mieux, de louer un scooter. Il est aussi possible de louer un bateau la journée. Cette formule permet d'accéder à toutes les plages de l'ouest d'Alonissos, plus éloignées de Patitiri.

Vers le nord-est

↗ *Roussoum et Votsi :* deux petites plages de galets aux eaux claires. Assez fréquentées puisqu'il est possible d'y loger. Votsi, avec sa falaise, est la plus belle des deux.

↗ *Milia Yalos :* superbe crique et plage de galets gris. Une petite taverne.

↗ *Chrissi Milia :* plage de sable, la seule de l'île et de galets. Site exceptionnel et on a pied très loin. Idéal pour les enfants. Une petite taverne.

↗ *Kokkinokastro :* paysage de carte postale avec l'île de Vrachos en face et les falaises rouge ocre qui surplombent la plage. Quand l'asphalte s'arrête, encore 900 m de piste. Pas mal fréquentée par les jeunes (il y a parfois de la musique).

↗ *Leftos Gialos :* 2,6 km de piste à partir de la fin de l'asphalte. Jolie crique de galets, avec une belle vue. Deux tavernes sur place, au milieu des pins. Plus belle que *Tzortzi Gialos,* la plage juste avant.

🍴 *Sténi Vala :* petit port de pêche dans un joli cadre (une crique très resserrée) assez animé puisqu'il a été choisi comme escale pour les voiliers de location *Sunsail.* Pas mal de *psarotavernès* sympas et de cafés pour un village qui doit compter 150 habitants l'hiver. Très agréable. La plage, une grande baie derrière le village, n'a rien d'extraordinaire. Le MOm y a une antenne.

🍴 *Taverne I Sténi Vala :* au bord de l'eau. ☎ 24-24-06-55-90 ou 45. Nourriture très classique, plats traditionnels dans les 5 €, poisson à prix abordable. Magnifique terrasse ombragée, envahie par les plantes et au milieu de laquelle trône un perroquet qui amuse beaucoup les enfants mais qui casse les oreilles au bout d'un certain temps ! Accueil très sympa. Également des chambres.

⛺ *Camping Ikaro :* ☎ 24-24-06- 55-67 ou 68. Dans les 12 € pour 2. Pour routards, mais la toute petite plage devant le camping n'est pas très propre (nombreuses navettes de bateau et des canards). Il faut s'éloigner de l'endroit où accostent les bateaux. Sanitaires limite. Cadre agréable mais les oliviers ne donnent pas beaucoup d'ombre. Très proche du village et des tavernes, avec ses avantages et ses inconvénients.

🍴 *Kalamakia :* joli hameau de pêcheurs, deux tavernes les pieds dans l'eau, chambres chez l'habitant.

↗ *Agios Dimitrios :* très longue plage, dont on dit qu'elle serait la plus belle, ce qui est franchement douteux. En tout cas, c'est là que débarquent sur le coup de 10 h-11 h des dizaines de touristes amenés en bateau, qui se répandent sur toute la longueur de la plage. À éviter, au moins à ce moment-là.

Vers le sud

↗ *Mégalos Mourtias :* plage au pied du vieux village d'Alonissos (2,5 km de route). Assez touristique. Fonds poissonneux. Plusieurs tavernes le long de l'eau.

🏠 🍴 *Mégalos Mourtias* (c'est original) est bien, et pratique des tarifs honnêtes. ☎ 24-24-06-57-37. Fax : 24-24-06-59-54. Le couple qui tient cette taverne, Yiannis et Ria, propose en outre 4 chambres doubles dans une petite maison à part. Très simples mais propres et pas chères : environ 35 € la nuit, à négocier si l'on reste plusieurs jours.

À noter qu'on peut aussi accéder à cette plage depuis Patitiri en marchant vers Marpounda puis en bifurquant à droite dans les pins (1 km de piste puis de sentier).

△ *Mikros Mourtias :* un peu plus au nord, plus petite et beaucoup plus tranquille. Accès à pied depuis le vieux village (1,5 km), facile à l'aller, un peu moins au retour.

Vers l'ouest

Il y a très peu de plages sur le versant ouest d'Alonissos. Les rares existantes sont accessibles par la route qui dessert toutes les plages de l'est. La plus belle et la plus accessible est *Mégali Ammos :* plage de galets. De la route principale, il faut suivre une piste, sur 4,5 km, qui part sur la gauche (c'est indiqué au niveau d'un dépôt de matériaux de construction).

Randonnées

➤ 14 sentiers ont été aménagés pour randonner sur l'île. Cela va de la promenade de santé de 30-45 mn à la petite randonnée de 2 h 30-3 h (aller). La carte des éditions *Anavassi* indique clairement ces sentiers. Vérifier sur place car certains ne sont pas bien entretenus. Quatre d'entre eux, les plus courts, partent de Chora (le vieux village). Beaucoup partent des terres et aboutissent à une plage. En divers points de l'île, des panneaux permettent de se faire une idée de ces randonnées.

Le Parc national marin

Créé en 1992, le Parc national marin couvre une superficie de 2 200 km^2 et englobe une petite trentaine d'îles et îlots. On y protège non seulement le phoque méditerranéen *monachus-monachus,* particulièrement menacé, mais aussi le faucon d'Eléonore et le goéland d'Audoin. Plusieurs zones ont été établies, dans lesquelles une réglementation est en vigueur (interdiction d'entrer dans le parc avec un bateau non autorisé). L'îlot de Pipéri constitue une sorte de sanctuaire et ne peut être approché. Toutes les agences proposent des sorties organisées à la journée, repas inclus, dans les 38 € par personne, qui permettent de visiter certains points des îles de Kyra Panagia, Gioura ou Skantzoura (voir la carte des Sporades du Nord). Assez cher : certains de nos lecteurs vont jusqu'à qualifier ces sorties d'attrape-nigauds... Il faut sans doute préférer les petits bateaux qui ne dépendent pas d'une agence.

QUITTER ALONISSOS

➤ *Pour Volos (via Skopélos) et Skiathos et pour Agios Konstandinos :* plusieurs départs par jour en été. Compter 6 h de ferry, 2 h 30 en *Flying Dolphin* ou catamaran. *Flying Dolphin* pour Pefki en Eubée (quotidien en saison). Renseignements : *Albedo Travel,* ☎ 24-24-06-58-04.

LE CENTRE DE LA GRÈCE

LAMIA   47 500 hab.

Ville sans intérêt. On peut avoir à y transiter si l'on voyage en bus.
ⓘ ATTENTION, il existe au moins 4 stations de bus (pour Patras, pour Amfissa, pour Athènes/Thessalonique, pour les bus locaux), proches les

unes des autres. Renseignez-vous pour savoir si vous êtes devant la bonne ! Un numéro tout de même (*KTEL* de Lamia) : ☎ 22-31-03-54-94.

Où manger ?

|●| *Ouzeri Allo Exedio :* 2, Navarinou. ☎ 22-31-04-27-11. Dans une petite rue piétonne, entre les places Laou et Eleftérias. Bon plat mixte de poisson, calamars et gambas frits. Prix raisonnables. En dessert, demandez des *glyka (sweets)* et vous aurez une surprise...

Où dormir ? Où manger dans les environs ?

Campings

⚐ *Camping Interstation :* à 3 km de Stilida, 10 km au nord de Lamia, sur la route de Thessalonique. En face d'une station-service. ☎ 22-38-02-38-28. De Lamia, bus toutes les 30 mn le matin pour Stilida et toutes les heures l'après-midi ; puis 3 km à pied. Compter dans les 16 € pour 2, avec une tente et une voiture. Assez ombragé et vaste. On n'est pas entassés. Donne directement sur une plage ; pas de sable mais mer chaude et douches. Planches à voile. Inconvénients : bruit assourdissant des cigales quand on campe sous les arbres, et bruit de la route. Camping *Sunshine,* réduction de 10 à 20 % sur présentation du dépliant de la chaîne.

⚐ |●| *Camping Venezuela :* à 26 km au sud de Lamia, à Agios Sérafim. ☎ 22-35-04-16-92. Fax : 22-35-04-16-91. Ouvert de mai à septembre. Juste après Kaména Vourla quand on vient d'Athènes. Quitter la nationale et suivre les panneaux. Pas cher, bien équipé, douches chaudes, robinet individuel par emplacement, ombragé. Restaurant très bon marché. Près de la plage, qui est malheureusement bien triste. Accueil chaleureux des Français. Camping *Sunshine,* réduction de 10 à 20 % sur présentation du dépliant de la chaîne.

À voir

Rien, à part la mer pas loin et les *Thermopyles* où 400 Spartiates se sont fait joyeusement massacrer par 10 000 Perses. Le chef des Spartiates, Leonidas, voyant le ciel obscurci par les flèches, aurait dit : « Tant mieux, on pourra se battre à l'ombre ! »
Pour les vivants, fontaine d'eau potable près de la statue de Léonidas.
À proximité, à côté d'un pont, un petit monument pour honorer la mémoire d'Athanase Diakos, héros de la Révolution de 1821 qui finit tragiquement embroché par les Turcs.

VERS EUBÉE

Pour ceux qui connaissent déjà la route nationale Lamia-Athènes ou pour les traînards qui ne sont (vraiment) pas pressés, il existe un itinéraire bis, tranquille et sinueux, consistant à passer par le nord de l'Eubée. Il faut gagner le petit port de *Glyfa* (qui s'atteint en quittant la nationale, une trentaine de kilomètres avant d'arriver à Lamia, quand on vient du nord), où un bac assure le passage pour Agiokambos en Eubée. Pas bien cher et pas bien long non plus. 8 passages dans la journée, toutes les 2 h, de 6 h à 20 h. ☎ 22-38-06-12-88.

PIGHADI

Dans les environs de Glyfa, un peu plus au nord, un petit port super sympa. Pas d'hôtels, commerces peu nombreux, à l'exception des tavernes (prévoir son ravitaillement à Ptéléos, au-dessus). Plages tranquilles en continuant la piste qui sort du village.

🛏 **Chambres à louer,** assez nombreuses, en direction des plages. Une adresse : la première maison qui offre des chambres en haut du petit raidillon après le port, *chez Loridas Vassilios.* ☎ 24-22-04-10-15. 🛏 Plus loin et plus chic, des appartements à louer au-dessus de la plage de Panagia : *chez Giorgos Dimitriou.* ☎ 24-22-04-11-90. S'adresser au restaurant, très bien arrangé, sur la plage. L'été, dans les 55 € l'appartement pour 4, avec cuisine et très grande terrasse.

EUBÉE (EVIA)   *208 500 hab.*

Grande île montagneuse et verte, Eubée (*Evia,* en grec) est la deuxième île de Grèce pour sa superficie, après la Crète. Elle longe la côte est de la Béotie sur près de 175 km et est rattachée au continent par un pont, à la hauteur de *Chalkis (Halkida),* la capitale, qui franchit le canal de l'Euripe. La légende raconte qu'Aristote s'y noya de désespoir de n'avoir pas trouvé la cause toujours obscure des fréquents changements de direction des courants du canal. Ce n'est pas une raison pour vous y précipiter à votre tour !
Île essentiellement agricole, riche en blé et en bétail. Elle fut annexée par Athènes en 506 av. J.-C., occupée par les Macédoniens, avant de finir sous la coupe des Vénitiens au Moyen Âge (d'où les restes de châteaux vénitiens dans l'île). On la surnomma longtemps *Negroponte* (Pont-Noir).
Île assez peu fréquentée par les touristes étrangers, en dehors des hôtels-clubs qui se rassemblent vers Érétria.
Eubée ne présente pas d'intérêt particulier : jolis paysages de montagne du nord au sud, côte est assez accidentée, et côte ouest plus douce mais plages généralement quelconques. Nous conseillons le sud.

Comment y aller ?

En bus et en bateau

🚌 **Bus KTEL :** ☎ 21-08-31-71-53 (à Athènes). Départs toutes les demi-heures pour Halkida.
⛴ **Ferries :** liaisons Rafina-Marmari (☎ 22-94-02-67-01 à Rafina), Oropos-Érétria (☎ 22-95-03-25-11 à Oropos), Arkitsa-Loutra Édipsou (☎ 22-33-09-12-90) et Glifa-Agiokambos (☎ 22-38-06-12-55).

En voiture, par la route

Ponts à Halkida et à quelques km au sud de la capitale de l'île.

LE SUD D'EUBÉE

ÉRÉTRIA (4 000 hab.)

À 20 km au sud de Chalkis. Station antique alanguie sous ses grands euca-lyptus. Comme le coin regorge d'hôtels-clubs, on voit plus facilement les agences de location de voitures que les banques ou la poste (et pourtant les banques sont bien présentes : au moins 4 distributeurs automatiques de bil-lets). La plage de petits galets n'est pas très attrayante. Une seule chose à voir : la ville antique.

Adresse utile

✉ *Poste :* rue Evdilou Kratamé-nous ; perpendiculaire à la mer. Ou- | vert du lundi au vendredi de 7 h 30 à 14 h.

Où dormir ?

Beaucoup de chambres chez l'habitant dans le centre et quelques hôtels assez quelconques.

⚕ *Camping Milos :* à 1 km d'Érétria en direction de Chalkis ; vous ne pou-vez pas le rater. ☎ 22-29-06-04-20 ou 21. Fax : 22-29-06-03-60. ● www.mxm.gr/milos ● Ouvert de début avril à début octobre, 24 h/24. Dans les 16 € pour 2 personnes, avec une tente et une voiture. Camping tout neuf, très propre et relativement bien aménagé. Sanitaires spacieux et bien tenus. Très calme. Petite plage et pa-rasols. Bon rapport qualité-prix.

⚕ *Camping Eva :* à 6 km, en direc-tion de Chalkis. ☎ 22-29-06-80-81 et 82. Fax . 22-29-06-80-83. ● www.camping-eva.gr ● Ouvert de mai à oc-tobre. Environ 16 € pour 2, avec une tente et une voiture. Beau camping, propre et bien équipé (mini-market, restaurant). Membre de la chaîne de campings *Sunshine,* 10 à 20 % de

réduction selon la saison sur présen-tation du dépliant de la chaîne.

🛏 *Pension Diamant :* Arhaiou Theatrou et Varvaki, 2. À deux pas de la plage. ☎ 22-29-06-22-14. Compter entre 45 et 55 € pour une chambre double, avec AC, TV, frigo et balcon. Beau carrelage. Chambres avec douche et toilettes privées. Pension très bien tenue, bon accueil.

🛏 *Hôtel Sun Rise :* tout près de la plage, dans la rue Despinis Agelikara (fléché du port des ferries). ☎ 22-29-06-00-04 ou 22-29-06-06-47. Fax : 22-29-06-06-48. Ouvert toute l'année. Compter 60 € pour une chambre double. En fait, ce sont des mini-ap-partements avec cuisine intégrée. AC et TV. Déco fraîche et agréable. Mo-bilier tout à fait récent. Bon rapport qualité-prix.

Où manger ?

🍽 *Taverna Dionysos :* à côté de l'embarcadère, terrasse sur le port. ☎ 22-29-06-17-28. Ouvert tous les jours. Compter entre 12 et 18 € pour un repas complet. Une carte assez importante, dont de l'excellent pois-son. Patron très sympa, qui parle le

français. Une bonne adresse.
🍽 *Roméo :* Archéou Théatrou et Angélikara, 1. ☎ 22-29-06-40-64. En bord de mer, sur la rive opposée au bac. Bon accueil du patron fran-cophone. Prix moyens. Carte clas-sique de taverne.

À voir

🏛 *Le champ de ruines* (fermé en 1989 pour fouilles) renferme un théâtre bien mal conservé, adossé à la colline. Il ne reste aucun gradin. À 200 m de là, les restes du temple de Dionysos. Au-delà du musée, dans le bourg moderne, vestiges du temple d'Apollon.

🏛 *Le musée :* on y voit le résultat des découvertes menées pendant 13 ans par une équipe d'archéologues suisses. ☎ 22-29-06-22-06. Ouvert de 8 h 30 à 15 h, sauf le lundi. Demander au gardien du musée la clé de la maison aux mosaïques (IVᵉ siècle av. J.-C.), protégée sous un toit de tuiles. Il vous la confie contre dépôt d'une pièce d'identité. Ensuite, vous êtes votre propre guide. Commentaires en français (merci les Suisses !)

Dans les environs d'Érétria

En descendant vers le sud, si vous cherchez de jolies plages, arrêtez-vous du côté du village d'*Amarinthos*. Ancien petit village de pêcheurs aujourd'hui petite bourgade assez animée le soir, qui s'étend tout en longueur. De belles paillotes sur la plage pour boire un verre et quelques bonnes tavernes pour se restaurer. On nous a conseillé l'une d'entre elles, située à l'entrée d'Amarinthos, près d'un poissonnier. ☎ 22-29-03-91-20. Bon marché. Patron francophone.

KIMI

La bifurcation pour Kimi est à Lépoura, à 54 km au sud de Chalkis. Ensuite il reste encore 36 km à parcourir vers le nord-est.
Kimi est situé au sein d'une région agricole, très verte, où les maisons ont conservé leurs puits et leurs fours extérieurs. On y voit encore les ânes et les mulets au travail dans les champs. La spécialité locale est le mouton entier à la broche. On atteint Kimi par une route en lacet, au milieu d'une végétation luxuriante. Paysages superbes. Le port de Kimi est le point de départ des bateaux pour Skyros. Plusieurs hôtels (au cas où vous louperiez le ferry). Le village de Kimi est construit à 250 m d'altitude ; le port (Paralia) est à 4 km en contrebas. Grande plage à Platanias, à 3 km de Kimi.

🚢 *Bateaux :* ☎ 22-22-02-20-20.
● www.sne.gr ● Départs pour Skyros (2 ferries par jour en haute saison, à 12 h et 18 h) sur le ferry *Lycomidis* ; en été et à Pâques, les vendredi et samedi, un troisième bateau en soirée.
◼ *Banques :* sur la place centrale, dans le village en haut. Distributeurs automatiques de billets.

MARMARI

À une quinzaine de kilomètres au nord de Karistos. Pas de port mais une baie naturelle bien abritée. La promenade est bordée de vieilles maisons ensevelies sous la végétation de leurs jardins secrets. Plage au sud, par un chemin de terre. Le site est magnifique et très tranquille. Attention, le *meltémi* souffle fort en été.

🛏 *Chambres chez l'habitant.*
🛏 *Hôtel Delphini :* à côté de l'église, en bord de mer. ☎ 22-24-03-12-96 et 22-24-03-18-95. Fax : 22-24-03-23-00. La chambre double est, en été, à environ 55 € avec petit dej', servi dans une grande salle. Chambres correctes, avec TV, AC et frigo. Belles salles de bains, toutes neuves. Hôtel assez banal, pas de charme particulier. Bon accueil.

KARISTOS

Certainement, un des plus jolis coins de l'île. Au pied du mont Ochi, 1 398 m. C'est l'extrémité sud de l'île d'Eubée. Les Vénitiens ont fait construire en bord de mer la forteresse Bourtzi et sur les hauteurs le « Castello Rosso » que vous pourrez visiter. Cadre agréable. Très belle plage sous le vent, équipée de douches et de poubelles.

Où dormir ?

🛏 *Hôtel Karystion :* 2, odos Kriezotou. ☎ 22-24-02-21-91 ou 22-24-02-23-91. Fax : 22-24-02-27-27. Hôtel en bord de mer, calme et agréable. Ouvert d'avril à octobre. Compter 60 € pour une chambre double, petit dej' compris. Tout confort. Jolies chambres claires avec balcon (vue sur la mer). Petites fontaines d'eau fraîche à chaque étage. Petit dej' copieux servi dans le jardin. Très bon accueil des patrons Aris et Harris. Réduction de 15 % accordée aux lecteurs du *GDR.* Bon rapport qualité-prix.

🛏 *Karistos Mare :* 7, Anatoliki Perimetriki. ☎ 22-24-02-49-91 et 22-24-02-50-05. À 50 m de la plage Ammos Psili et 600 m du centre-ville. Compter 45 € pour 2 personnes et 60 € pour 4 personnes. Petit hôtel de 18 appartements, complètement équipés. AC, TV, salle de bains privée, cuisine, balcon. Idéal pour les séjours prolongés. Réduction de 10 % pour les lecteurs du *GDR.*

Où manger ?

🍴 *Taverne Anemoni :* en face de l'hôtel *Karystion.* ☎ 22-24-02-45-01. Compter environ 12 € pour un repas complet. Jolie terrasse sur la mer. Bons plats grecs cuisinés. On vous conseille le poisson en sauce, délicieux et les aubergines farcies. Convivial, bon accueil.

🍴 *Restaurant O Marinos :* juste en face de l'embarcadère pour Rafina. ☎ 22-24-02-41-26. Ouvert tous les jours, midi et soir. Compter entre 11 et 14 € par personne. Spécialités locales. Plats en sauce. Moussaka, aubergines et bon poisson. Ne pas hésiter à aller voir dans la cuisine. Accueil agréable.

🍴 *Karistaki :* 3, odos Kotsika. ☎ 22 24 02-32-04. À deux pas de l'embarcadère, petit resto de grillades. Ouvert tous les jours midi et soir en hiver, en été uniquement le soir. Spécialité : porc à la broche à l'ail et tomate servi en sandwich ou en assiette. Pas cher et copieux. Patron très sympa.

À voir. À faire dans les environs

⌁ Pour trouver une belle plage déserte (à peu près 45 mn de trajet), prendre la route en direction de Métochi, passer Platanistos pour arriver jusqu'à *Potami.* Juste après le village, vous apercevrez sur votre droite une plage déserte, prendre la piste en terre (environ 3 km).

LE NORD D'EUBÉE

Le nord de l'île présente peu d'intérêt, même si les paysages traversés sont superbes. Très belle forêt, beaucoup de vert, contrairement à la partie sud de l'île qui est très aride. Plages un peu décevantes.

LIMNI

Un petit port qui a gardé son aspect ancien, sans doute parce qu'il n'y a pas vraiment de belles plages dans le coin. Il faut dire qu'il y a tellement de Grecs à prendre les eaux à Loutra Édipsou, un peu plus haut, qu'il faut bien un peu moins de monde ailleurs ! Fréquentation à grande majorité grecque (presque pas d'enseigne en anglais, rarissime !). Très agréable le soir : plein de tavernes le long du port (pas d'attrape-touristes).

Où dormir ? Où manger ?

🏠 🍽 *Chambres à louer,* situées à 3 km de Limni, près d'une plage, *chez M. Livaditis* (☎ 22-27-03-16-40), qui tient également la *taverne Pyrofani,* sur le port (sur la droite, après l'hôtel *Plaza*). Compter environ 50 € pour une chambre double.

Un hôtel plutôt discret situé sur le port : 🏠 *Hôtel Plaza :* ☎ 22-27-03-12-35. Environ 35 € pour une chambre double avec sanitaires communs et dans les 45 € avec salle de bains privée. Pas cher mais très quelconque. Propre et bien tenu. Vue sur la mer. Bon accueil.

ROVIÈS

⛺ *Camping Roviès :* un peu avant Roviès, village au nord de Limni, sur la côte. ☎ 22-27-07-11-20 et 23. Compter environ 16 € pour 2 personnes, avec une tente et une voi-

ture. Récent. Bien ombragé, surplombant et longeant une plage de galets. Bien équipé, propre, mais un peu cher.

LOUTRA ÉDIPSOU

Village encore plus au nord, réputé pour sa source d'eau chaude aux vertus thérapeutiques, que l'on peut voir se jeter dans la mer en suivant la route pour Grégolimano *(Club Med),* 2 km après Gialtra. Toute l'activité du village tourne autour du thermalisme.

Où dormir ? Où manger ?

🏠 *Hôtel Knossos :* ☎ 22-26-02-24-60 ou 22-26-22-25-60. ● www.knossos-spa.gr ● Assez bon marché. Compter 50 € pour une chambre double sans petit dej'. AC, TV, frigo. Certaines chambres avec balcon. Salle de bains un peu vieillotte. Calme et très propre. Excellents petits déjeuners.

Vous trouverez de nombreux restaurants et cafés le long de la mer. 🍽 *Taverne Kaliva :* en haut de la rue Thermopotamou qui débouche sur le front de mer. ☎ 22-26-02-27-35. Ouvert toute l'année. Entre 12 et 14 € pour un repas complet. Belle terrasse ombragée. Bonne cuisine grecque, rôtisserie et ambiance chaleureuse.

– *Machairas :* très bonne pâtisserie à côté de l'hôtel *Knossos.* Beaucoup de choix.

Vers le sud, après Limni, la route quitte la côte pour aller vers *Halkida.* Ne pas être trop pressé, car la moyenne ne sera guère élevée : route très sinueuse, mais belle comme tout. Entre *Mandoudi* et *Prokopi,* essayer de repérer, sur les rives de la petite rivière qui longe la route, un platane qui a 32 m de périmètre.
Pas grand-chose à voir sur la côte vers l'Égée : plages pas terribles, genre dépotoir. Pas de grosse activité touristique dans le coin. Pour ceux qui souhaitent filer sur Kimi pour se rendre à Skyros, repasser par Halkida, il y a de quoi se perdre en pleine campagne (routes plutôt mal signalisées).

QUITTER L'ÎLE D'EUBÉE

Pour avoir des informations fiables sur les horaires, téléphonez directement aux capitaineries des différents ports d'embarquement (voir « Comment y aller ? » plus haut).
➤ *Liaisons Marmari-Rafina :* 3 ou 4 fois par jour en été.
➤ *Liaisons Kimi-Skyros :* 2 fois par jour en été.
➤ *Liaisons Érétria-Oropos :* liaisons très fréquentes en été.
➤ *Liaisons Agios Kambos-Glifa :* à partir de 7 h du matin, un bac toutes les 2 h (30 mn de traversée).
➤ *Liaisons Loutra Édipsou-Arkitsa.*

SKYROS
2 900 hab.

On atteint cette île à partir de Kimi (Eubée). Elle est réputée pour le maintien de ses traditions et pour son artisanat, notamment le mobilier à panneaux sculptés de motifs d'inspiration byzantine, ses broderies et sa vannerie, ainsi que pour ses petits chevaux. On voit aussi des cuivres de toutes sortes, exposés aux murs des cuisines des maisons. Également de la faïence. Vous noterez aussi les petites chaises, dont on fait commerce maintenant. On raconte que leur format réduit est lié à la petite taille des maisons, astuce architecturale pour ne pas être vus des pirates qui arrivaient par l'est. Les habitants de Skyros n'étaient pas des saints non plus puisque, raconte Michel Déon, ils pillaient les bateaux qui s'échouaient sur leurs côtes...
Dommage qu'une partie de l'île soit occupée, au nord, par une base de l'armée.
En ferry, on débarque au port de Linaria. Skyros (ou Chora), la capitale de l'île, est à 10 km vers le nord-est. Vous trouverez des bus en direction de Chora et des taxis. Le réseau routier s'est étendu et, à part quelques pistes, elles-mêmes plutôt en bon état, on roule très correctement sur l'île.

Comment y aller ?

➤ *De Kimi (versant nord-est d'Eubée) :* 2 ferries par jour en été, voire 3 les week-ends. 2 h de trajet. Réservation conseillée, surtout en été. Les bateaux partent, en haute saison, à 12 h et 18 h (voire 19 h). Le minuscule bureau de vente, à peine visible car coincé entre deux restos, n'est ouvert qu'une heure à peine avant le départ ; il est préférable d'aller directement sur la jetée du port. ☎ 22-22-02-26-06. Pour rejoindre Kimi en bus depuis

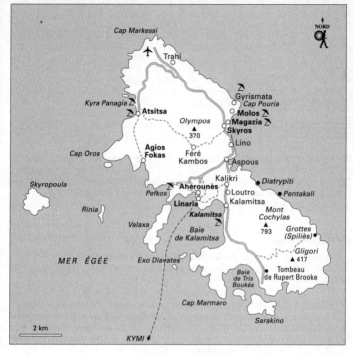

L'ÎLE DE SKYROS

Athènes, prendre le bus au terminal B (260, odos Liossion). 5 départs par jour.
➢ *D'Athènes :* en avion. 2 vols *Olympic Airways* par semaine, en principe les samedi et mercredi. 45 mn de vol. Aéroport : ☎ 22-22-09-16-25.

Adresses utiles

■ *Taxi Pergamalis Manolis :* ☎ 69-34-06-81-22 (portable). Flotte de 8 véhicules fonctionnant toute l'année.

■ *Station de taxis :* sur la place de Chora et en dessous, au niveau du parking du gymnase. ☎ 22-22-09-16-66.

LINARIA

Le port de Skyros, niché au fond d'une sorte de fjord grec bien abrité. Assez tranquille, sauf à l'arrivée du ferry, bruyamment saluée par de la musique symphonique mise à fond...

🛏 |●| Quelques *bars,* une *pension* neuve, *Linaria Bay,* des chambres à louer et quelques *tavernes.*

|●| *Taverne Psariotis :* sur le port. ☎ 22-22-09-32-50 ou 34-35. Ouvert tous les jours midi et soir. Spécia-

liste des *spaghetti au homard* (dans les 40 € le kilo) et de la soupe de poisson (goûtez l'exquise *special fisherman* à 10 €). Grand choix de poissons à prix abordables. Terrasse agréable à l'étage. Patron jeune et sympa.

|●| Taverna Philippaios : sur le port, près de l'embarcadère. ☎ 22-22-09-14-76. Compter 10 € par personne. Rien de transcendant, cuisine honnête. Pratique quand on prend le ferry de 14 h.

|●| Restaurant Almyra : à droite sur le port. ☎ 22-22-09-62-53. Nourriture correcte pour environ 12 € le repas. C'est le lieu branché du moment. Apéros assez chers. Déco sympa.

Il est possible d'acheter ses billets pour les ferries dans un tout petit bureau, ouvert avant l'arrivée et le départ des ferries.

■ **Agence de voyages Aquarius :** ☎ 22-22-09-34-35. Sur le port, en partant vers Skyros. Propose des locations de deux-roues, des chambres à louer et des sorties en mer.

■ **Excursions** en bateau pour le sud de l'île *(Sarakino)* et les grottes *(Spiliès)*. S'adresser au magasin de céramiques sur le port.

AHÉROUNÈS

La première baie après Linaria. Très jolie plage abritée, avec une belle vue. Il y a deux tavernes. Éviter la seconde qui s'étend vers la plage (nourriture calamiteuse).

🛏 **Pension Agnandéma :** à 2 km d'Ahérounès, sur la route de Skyros. ☎ 22-22-09-32-17 ou 22-22-09-32-58. Hors saison à Athènes : ☎ 21-02-81-92-78. Compter 70 € en été la chambre pour 4 personnes ou 50 € la chambre double, petit dej' inclus. Monter sur la droite un raidillon cimenté, on ne peut pas se tromper, c'est la seule maison du secteur. Chambres avec ou sans mezzanine, pour 2, 3 ou 4, assez exiguës. AC, réfrigérateur. Grande cuisine commune, salle à manger typique avec cheminée et objets fabriqués sur l'île. Excellent accueil des propriétaires. Très tranquille.

PEFKO

On y accède par une courte route en pente mais goudronnée. Possibilité d'y aller en bus puis à pied au départ de Linaria. À 200 m de la plage, on poursuit la descente à pied entre les bois de pins dont on récolte la résine pour élaborer la *retsina* locale. Très joli site. Belle plage de sable, et port minuscule.

🛏 **|●| Chambres chez l'habitant** et **tavernes** au-dessus de la plage.
|●| Taverna Barba Mitsos : vers l'extrémité du petit port. ☎ 22-22-09-24-37. Compter 10 € le repas. Terrasse très agréable car bien ombragée. Bonnes brochettes et grillades.

AGIOS FOKAS

Avant d'arriver à Pefko, il faut, au niveau d'un groupe de maisons, prendre la piste qui monte sur la droite. Elle est magnifique, mais parfois difficile. En arrivant en haut des falaises, à *Agios Pandéleimonas,* une superbe chapelle du même nom offre une vue splendide sur Pefko. Il faut compter 20 bonnes minutes à moto ou en voiture avant d'accéder à la crique (6,5 km de piste).

C'est une plage tranquille au milieu des chèvres, avec des fonds à admirer avec masque et tuba. Pour se nourrir après la baignade, une *taverne* est ouverte de mai à fin septembre et propose une production locale de tomates et pastèques, ainsi que du bon poisson. Superbe terrasse ombragée donnant sur la plage. ☎ 69-37-09-08-48 (portable). La piste continue en direction d'Atsitsa. Pour rejoindre cette plage, il faut compter aussi 20 bonnes minutes (également 6,5 km).

ATSITSA

On atteint Atsitsa par la route du nord. Paysage superbe, très sauvage et plus aride que dans les autres Sporades. Atsitsa est au bout de la route goudronnée. Jolie crique et quelques bateaux de pêche.
Atsitsa est également le paradis où a choisi de s'implanter une communauté appelée *Skyros* (original !) qui propose de multiples activités (sports, relaxation, enseignement...). Ne soyez donc pas étonné si vous croisez des hippies sur votre chemin ! *Taverne O Andonis* au bord de l'eau et un camping sauvage, très fréquenté et sans sanitaires. Avant Atsitsa, trois belles plages de sable, au nord de l'île.

|●| *Taverne To Perasma :* sur la route d'Atsitsa, près de l'aéroport. ☎ 22-22-09-29-11 ou 28-59. Nourriture traditionnelle à prix réduits. Sa situation en bord de route n'est pas géniale, mais le repas y est copieux et savoureux. Allergiques aux uniformes, s'abstenir : c'est la cantine des militaires de la base !

MAGAZIA ET MOLOS

Deux longues plages de sable au nord du village de Skyros, qui rappellent les jolies plages normandes. Assez touristiques. Entre Skyros et Molos, ne pas manquer en contrebas une superbe plage de sable, juste après la bifurcation pour le Musée archéologique, très peu fréquentée.

Où dormir ? Où manger ?

On ne conseille pas le *camping* situé entre Skyros-Chora et Molos. Poussiéreux, mal équipé. Les proprios le rentabilisent en le proposant comme parking pendant la journée.

🛏 *Pension Karina :* à Molos, 300 m après l'hôtel *Mélikari* (en venant de Skyros-Chora, continuer tout droit). ☎ 22-22-09-21-03. Fax : 22-22-09-31-03. Ouvert de mai à octobre. Compter 35 € par personne en haute saison ; demi-tarif pour les enfants de moins de 12 ans. La pension dispose de trois maisonnettes mitoyennes, avec 2 chambres chacune, et d'un salon commun où il fait bon se reposer en écoutant de la musique. Ameublement typique du style local. Très beau jardin d'arbres fruitiers. Excellent accueil de Karine Wiechert, Suissesse de son état, tombée amoureuse de Skyros au point de s'y installer. Ambiance très conviviale. Excellent petit dej' (en supplément). Plage à moins de 10 mn à pied.
🛏 *Hôtel Hydroussa :* ☎ 22-22-09-20-63 et 65. Fax : 22-22-09-20-62. Hors saison, à Athènes : ☎ 21-07-22-92-18. Ouvert du 15 avril au 15 octobre. En été, 90 € la chambre double, petit dej' compris. Un des tout premiers hôtels *Xenia* (chaîne

d'hôtels publique) qui a gardé son charme depuis sa privatisation. L'apparence extérieure est peu attrayante (non, ceci n'est pas une prison !), mais les chambres sont superbes. La vue sur la plage de Magazia est magnifique. Le patron est charmant et parle très bien le français. Très chic.

|●| **Taverne Tou Thomas To Magazi :** sur la plage de Molos. ☎ 22-

22-09-19-42 ou 22-22-09-19-03. Dans les 10 € par personne, davantage si l'on fait un repas de poisson. Pas de carte. Très bon poisson. Atmosphère décontractée.

|●| **Taverna Sargos :** à côté de *Thomas.* ☎ 22-22-09-31-87. Un peu moins cher que *Thomas* pour les plats de viande et prix raisonnables pour le poisson. Nourriture très correcte.

SKYROS (CHORA)

La capitale de l'île est un gros bourg bâti en amphithéâtre au pied d'une acropole *(kastro).* Une rue court sur l'arête de deux collines où s'agrippent les cubes blancs des petites maisons. Les ruelles étroites et fleuries dévalent. Le haut du village, plus traditionnel, vit au rythme des ânes et des flâneurs. La rue centrale (odos Agoras) est particulièrement animée. C'est ici que Thésée aurait trouvé la mort, jeté du haut du kastro par Lycomède, le roi de l'île et qu'Achille aurait été caché et déguisé en fille par son père, pour échapper à la guerre de Troie.

Adresses et infos utiles

■ **OTE** *(plan A2, 2)* **:** à l'entrée est de la ville. Ouvert du lundi au jeudi de 7 h 20 à 13 h et le vendredi jusqu'à 12 h 30.

✉ **Poste** *(plan A2)* **:** en descendant la rue principale, 1ʳᵉ à droite juste après la *Banque nationale de Grèce.* Ouvert du lundi au vendredi de 7 h à 14 h.

■ **Banque nationale de Grèce** *(plan A2, 1)* **:** à 50 m à gauche en montant la rue principale après la place du village. Ouvert du lundi au vendredi de 8 h à 14 h et le samedi matin. Distributeur automatique ouvert 24 h/24.

■ **Police** *(hors plan par A2)* **:** à l'entrée de Skyros, contre la station d'essence (attention, pas d'enseigne). ☎ 22-22-09-12-74.

■ **Dispensaire** *(hors plan par A2)* **:** derrière l'hôtel *Néféli* à l'entrée de la ville. Les médecins parlent l'anglais.

🚌 **Bus** *(plan A2)* **:** station en bas de la rue principale. 5 liaisons quotidiennes pour Linaria en coordination avec l'arrivée et le départ des bateaux. Également des départs de Skyros (Chora) pour Molos (environ

6 par jour) et pour Kalamitsa (2 liaisons quotidiennes). Enfin, 4 liaisons entre Molos et Linaria. Pour tout renseignement, s'adresser à l'agence *Skyros Travel.*

■ **Parkings :** impossible de circuler dans Skyros (Chora). 3 parkings à disposition :
– le parking du gymnase, avant la place du village ;
– le parking qui se situe sous la grande paroi rocheuse ; accès rapide à pied à l'odos Agoras ;
– le parking des musées, pour les visiter ou pour monter au *kastro.*

■ **Skyros Travel** *(plan A2, 5)* **:** en plein centre du village. ☎ 22-22-09-16-00 ou 22-22-09-11-23. La seule agence de voyages de Chora. Couplé avec *Pegasus Travel* qui loue des appartements et des voitures (dans les 50 € pour des Seat Marbella).

■ **Theseus Car** *(plan A2, 3)* **:** juste après la place des taxis, avant le raidillon qui mène au village. ☎ 22-22-09-14-59 ou 69-37-95-55-79 (portable). 50 € pour une Hyundaï Atos à la journée. Tarifs dégressifs. Véhicules neufs.

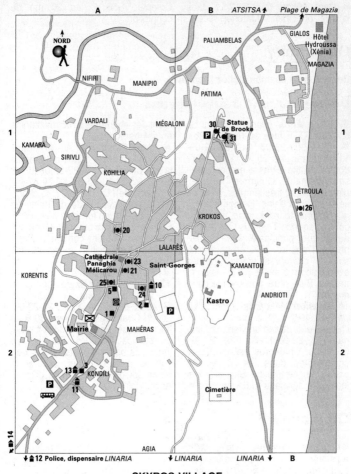

SKYROS-VILLAGE

■ **Adresses utiles**

⊠ Poste
1 Banque nationale de Grèce
2 OTE
3 Theseus Car
@ Café Meroi
5 Skyros Travel
🚌 Bus

🛏 **Où dormir ?**

10 Chez Anna
11 Hôtel Éléna
12 Hôtel Néféli

13 Rooms to rent
14 Pension Nikolaos

🍴 **Où manger ?**

20 Restaurant Kabanera
21 Chez Anemos
23 O Pappous Ki Ego
24 Taverne Liakos
25 Restaurant Kristina's
26 Taverne Petroula

✴ **À voir**

30 Musée Faltais
31 Musée archéologique

@ Café Meroi (plan A2) : dans la rue principale. Matériel récent.

Compter 1,50 € les 20 mn de connexion.

Où dormir ?

Beaucoup de chambres chez l'habitant.

De bon marché à prix moyens

🛏 **Chez Anna** (plan A2, 10) : du côté de l'OTE face au resto *Liakos*. ☎ 22-22-09-23-06 ou 22-22-09-11-15. Dans les 25 € la chambre double. Petite terrasse en haut, maison charmante. Chambres fraîches, bien tenues et très simples, avec ou sans salle de bains. Réfrigérateur.

🛏 **Rooms to rent** (plan A2, 13) : contre l'agence *Theseus Car,* en bas de la rue principale. Même téléphone. Dans les 40 € en haute saison. 6 chambres assez grandes avec balcon. 3 salles de bains communes. Bien situé, propriétaire charmante.

🛏 **Pension Nikolaos** (hors plan par A2, 14) : 2ᵉ à gauche après l'hôtel *Néféli* quand on vient de Linaria. ☎ 22-22-09-17-78. Fax : 22-22-09-34-00. Chambres assez chic et confortables dans les 55 €. Au calme, en dehors de Skyros. Cour intérieure agréable et fleurie. Égale-

ment des chambres avec mezzanine pour 4 personnes.

🛏 **Hôtel Éléna** (plan A2, 11) : dans une ruelle à droite quand on remonte la rue principale. ☎ 22-22-09-17-38 ou 22-22-09-10-70 ou 69-74-37-44-29 (portable). De 30 à 40 € la chambre double avec salle de bains en haute saison, en fonction de la taille. Chambres assez propres. Certaines avec salle de bains commune. Réfrigérateur à disposition. Assez bruyant. En dernier recours.

🛏 **Hôtel Néféli** (hors plan par A2, 12) : à l'entrée de Skyros quand on va vers le parking du gymnase. ☎ 22-22-09-19-64. Fax : 22-22-09-20-61. Chambres doubles à 80 € en haute saison. Fait partie du complexe de studios *Dimitrios*. Possible de louer des appartements pour 4 personnes, bien plus chers (120 € en haute saison). Une grande piscine. Assez chic, déco agréable.

Où manger ?

🍽 **Taverne Petroula** (plan B1, 26) : à l'entrée de Skyros, quand on vient de Linaria, prendre à droite du *kastro*. Petite enseigne discrète sur la droite. ☎ 22-22-09-32-87. Un petit resto comme on les aime, aux plats savoureux et à l'ambiance familiale. Magnifique terrasse dominant la mer. Déco sympa avec cheminée, atelier, coin salon : on se croirait chez soi ! Goûtez à l'excellente *aubergine spéciale* au prix modique de 5 €.

🍽 **Restaurant Kristina's** (plan A2, 25) : dans la ruelle à gauche après *Skyros Travel* quand on remonte la rue principale. ☎ 22-22-09-18-97. Ouvert tous les jours midi et soir. On aime particulièrement la cuisine ori-

ginale et sans chichis de Kristina. La petite terrasse est très agréable le soir, loin de l'agitation de la rue principale. Goûtez son copieux poulet ou l'assiette végétarienne à environ 5 €. Son pain chaud aux herbes fait également des ravages !

🍽 **Restaurant Kabanera** (plan A1, 20) : en montant la rue principale, tourner à gauche, entre un minuscule magasin d'artisanat et l'agence *Skyros Travel*; puis tourner à droite et passer sous le portique, dans la rue en pente. ☎ 22-22-09-12-40. Ouvert tous les jours midi et soir. Très calme. Excellents légumes coniques, les *okras*. Vous choisissez vos plats en cuisine. Prix très raisonnables.

I●I **Tavernes** sur la plage de Bina. Entre le kiosque et la petite jetée, on peut manger chez les pêcheurs, en choisissant parmi leur pêche.

I●I **Chez Anemos** (plan A2, 21) : petit snack sur la rue principale, juste avant la pharmacie. Excellent petit dej', très copieux, servi tard. On peut faire faire des sandwichs à sa guise. La patronne est très sympa et parle bien le français. Très bon marché.

I●I **O Pappous Ki Ego** (plan A2, 23) : vers le fond de l'odos Agoras, sur la droite. ☎ 22-22-09-32-00. Ouvert le soir uniquement, et le midi également en août. Dans les 12 € par personne. On mange en salle, à moins d'être parmi les veinards qui ont droit à une des 3 ou 4 tables en terrasse. Jolie déco, mais on est serrés. Cuisine beaucoup plus originale que la moyenne. Goûter par exemple aux courgettes au yaourt et au poulet du grand-père (kotopoulo tou pappou). Ambiance musicale et accueil très sympa.

I●I **Taverne Liakos** (plan A2, 24) : en face des chambres Chez Anna. ☎ 22-22-09-35-09. Dans les 12-14 € le repas. On mange sur le toit. Jolie vue le soir sur le monastère éclairé. Là aussi, cuisine assez originale, utilisant beaucoup les fromages grecs (la myzithra, le fromage local ou le mastelo, de Chio). Goûter à la maniatiki pitta, pas bien chère et assez copieuse.

À voir. À faire

🏃🏃 Grimpez au sommet du **kastro**, d'où la vue est superbe. Ouvert jusqu'au coucher du soleil. Les plus courageux partiront de l'odos Agoras (parcours plus ou moins fléché). Les autres peuvent monter en voiture au parking des musées, il reste encore une bonne petite grimpette. On traverse le monastère Saint-Georges, un des plus anciens de Grèce, fondé en 962, en réfection. Il se visite, demander au moine de service (tenue correcte conseillée). Les maisons et les chapelles rivalisent de beauté dans la décoration. Une fois franchi le passage voûté, après quelques marches, on débouche sur le sommet du château. Deux chapelles, des ruines de fortifications et d'une citerne. Vue magnifique. Malheureusement endommagé par un séisme en juillet 2001. Se renseigner auprès des moines qui habitent désormais une maison à la sortie de Skyros, sur la route de l'aéroport.

🏃 **Le Musée archéologique** (plan B1, 31) : du parking, descendre les marches en direction de la mer, c'est tout près. Ouvert de 8 h 30 à 15 h. Fermé le lundi. Entrée : 2 €.
Y sont exposées toutes les découvertes faites sur l'île. Assez intéressant pour un musée local.

🏃🏃 **Le musée Faltais** (musée d'Art populaire ; plan B1, 30) est à visiter absolument. Monter en haut du village, jusqu'à la pl. R.-Brook : le musée est au fond de la place. Ouvert de 10 h à 13 h et de 18 h à 20 h 30 en haute saison. Entrée : 2 € ; gratuit pour les enfants.
Riche collection, réunie par un ethnologue local, de toutes sortes d'objets (ustensiles de cuisine, outils agricoles, habits de fête, livres anciens...). Reconstitution de pièces à vivre typiques des maisons de Skyros. Visite guidée en anglais un peu trop rapide.

➤ Une belle **balade** : après la plage de Bina, un chemin mène au bout du cap. Il y a deux chapelles troglodytiques taillées dans le rocher, un moulin intact, une plage et une petite île avec sa chapelle que l'on peut atteindre à la nage. Les roches tendres ont servi de carrière dans l'Antiquité. Les pierres taillées sur place, du tuf, ont laissé des traces en forme d'escaliers. Malheureusement, le coin est assez sale et venteux.

➤ En caïque, vous pourrez effectuer de jolies **balades en mer** : falaises de Diatrypti, grotte de Pentakali, grottes bleues de Limnionari.

KALAMITSA

La route pour y arriver est magnifique, elle traverse la partie la plus étroite de l'île. Les champs cultivés arrivent jusqu'à la plage, agréable et sous le vent. Quelques tavernes éparpillées, dont une sur la droite en arrivant sur la plage. Nourriture moyenne mais superbe point de vue.

🛏 *Studios Roula Fiolakis :* grand panneau à gauche avant d'arriver sur la plage. ☎ 22-22-09-30-71. Ouvert toute l'année. Dans les 35 € la nuit, à négocier. 4 studios pour 2 ou 3 personnes, calmes, très propres. Belle vue sur la plage, jardin agréable.

I●I *Restaurant Mouriès :* environ 2 km avant Kalamitsa. ☎ 22-22-09-35-55 ou 36-00. Ouvert le week-end uniquement. Non seulement il s'agit d'un excellent rapport qualité-prix, mais l'accueil n'est pas en reste : la gent féminine se verra remettre un brin de basilic, comme le veut la tradition, et distribution gratuite de sourires pour tout le monde ! Les légumes viennent directement du potager et on vous proposera d'excellents plats de viande du pays. Une bonne adresse.

Après Kalamista, à 2 km, plage de galets de *Kolimbadas* (se garer sur la route et descendre la piste). Sur la droite de la plage, une minuscule plage de sable et des rochers troués assez marrants ramenant sur d'autres criques après 15 mn de marche.
Continuer la route jusqu'à 1 km avant Tris Boukès (inutile de chercher la plage, c'est une zone militaire). Sur la gauche, parmi les oliviers, la tombe du poète anglais Rupert Brooke, mort en 1915 sur un bateau-hôpital français et enterré à sa demande sur l'île.

QUITTER SKYROS

➤ *Pour Kimi :* 2 fois par jour en ferry (en général, 1 le matin, 1 l'après-midi), puis correspondance en bus pour *Athènes.* Conseillé de réserver le retour. Billets à acheter sur le port de Linaria (bureau ouvert aux heures d'arrivée ou de départ du bateau seulement), ou, plus prudemment, à l'agence centrale à Skyros (Chora), dans l'odos Agora, face au *cybercafé.* En été, bureau ouvert de 9 h à 13 h et de 18 h 30 à 21 h.
➤ *Pour Athènes :* en avion, 45 mn de vol. *Olympic Airways.* ☎ 22-22-09-16-25. 2 vols par semaine les mercredi et samedi. Se renseigner auprès de l'agence *Skyros Travel* à Chora.

LIVADIA
19 500 hab.

Sans intérêt, mais c'est la gare la plus proche de Delphes (49 km). En plus, quelques rues commerçantes pas désagréables dans le centre et aucun touriste ! La ville s'articule autour d'une rue piétonne, odos Boufidou, qui commence à la place Katsoni. Plusieurs distributeurs automatiques dans cette rue.

Comment y aller ?

En train

➤ *D'Athènes :* le train est peu commode car la gare est en rase campagne, à 6 km au nord-est de Livadia. 1 h 30 de trajet. Donc, de la gare, prendre la navette pour Livadia, puis le bus direct jusqu'à Delphes.

En bus

➢ *D'Athènes :* un bus par heure environ. De la gare routière B, odos Liossion. Compter 8 €.

Où dormir ? Où manger ? Où boire un verre ?

🛏 *Hôtel Erkina :* 6, odos Lapa. ☎ 22-61-06-59-69. Au bord d'un cours d'eau. 25 € pour une chambre toute simple sans toilettes ni douche, le double si on veut la salle de bains. Un vrai hôtel routard, à la spartiate ! Patron charmant.

🛏 *Hôtel Levadia :* 4, av. Papaspirou, dans le centre. ☎ 22-61-02-36-11. Fax : 22-61-02-82-66. Grandes chambres avec TV et AC dans les 70 € avec petit déjeuner. Prix plus raisonnables hors saison. Le seul hôtel propre et pas délabré de Livadia, bien qu'un peu tristoune. Reçoit souvent des groupes.

🍴 Pas vraiment de bons restaurants de l'avis même des autochtones ! En revanche, vous pourrez trouver de nombreux snacks tout au long de la rue piétonne.

🍷 *Blaze :* immense café avec terrasse, près de la rivière, en contrebas de l'hôtel *Erkina*. Mobilier en teck et déco moderne. Jeune et branché, donc forcément bruyant.

OSSIOS LOUKAS

À 36 km au sud-est de Delphes. ☎ 22-67-02-27-97. Le monastère est ouvert de 8 h à 14 h et de 16 h à 19 h (17 h en hiver). Entrée payante : 3 € ; réductions.

D'une architecture splendide issue du milieu de la période byzantine, le monastère a été classé Patrimoine de l'humanité par l'Unesco. Malheureusement, il ne reste qu'une poignée de moines. Les autres ont déserté. Prévoir une tenue appropriée pour les hommes (pas de short). Les femmes peuvent le visiter à condition d'avoir une jupe longue jusqu'aux mollets ; pantalon toléré, mais ils prêtent des jupes. Les décolletés genre *Mae West* sont mal vus.

Avant tout, le site est magnifique et des petites tables ont été installées à l'ombre sur l'esplanade pour en profiter tout en cassant la croûte. Les moines ont toujours eu un don pour s'installer dans les plus beaux endroits. Ça aide à la méditation.

Comment y aller ?

➢ *De Delphes :* sans son propre véhicule, c'est vraiment la galère ; le bus vous dépose à 3 km de *Distomo*. À 9 h 30, un bus desservant les différentes communes mène à Distomo. Après ce petit village, encore 9 km par une route peu fréquentée. Le stop n'est pas facile et il fait vraiment chaud. La meilleure solution consiste à prendre un taxi à plusieurs. Bien marchander le prix pour l'aller ET le retour.

➢ *D'Athènes :* 8 bus par jour pour Distomo depuis le terminal B, 260, odos Liossion.

Où dormir ? Où manger ?

Ne vous fiez pas trop aux guides concurrents, et néanmoins amis : les chambres du monastère sont réservées aux pèlerins... et non aux touristes. Quelques bonnes tavernes à *Stiri,* magnifique village situé quelques kilomètres avant Ossios Loukas.

À voir

🏛🏛 *L'église Saint-Luc (Ossios Loukas) :* construite au XIe siècle, en forme de croix grecque. La façade est un chef-d'œuvre où se mélangent harmonieusement la pierre et la brique. Dans le narthex (sorte de hall précédant l'église même), superbes mosaïques byzantines. Puis, dans la grande coupole, les fresques ont remplacé au XVIe siècle les mosaïques détruites. À l'extérieur de l'église Saint-Luc, côté droit, accès à la crypte abritant le tombeau du saint.

🏛 Accolée à l'église Saint-Luc, la petite *église Notre-Dame* est plus ancienne.

QUITTER OSSIOS LOUKAS

➤ *Pour Athènes :* plusieurs bus à Distomo.

ARACHOVA
3 100 hab.

Gros village à 10 km à l'est de Delphes. Il peut y faire frais hors saison. Dans le village, fabrique de tapis. Les prix sont trois fois moins élevés que dans les boutiques de souvenirs, et l'on peut marchander si l'on paie en liquide. Vous serez surpris d'y voir des boutiques de ski et même un restaurant... *Val d'Isère.* Arachova, au pied du mont Parnasse, est une station célèbre en hiver. D'ailleurs, les prix doublent en automne et en hiver. Si d'aventure vous passiez par ce village en avril, ne manquez pas les festivités organisées le jour de la Saint-Georges, avec entre autres une course des anciens en costume traditionnel, suivie d'un banquet... inoubliable !

Où dormir ?

Prix moyens

🏠 *Pension Nostos :* juste avant la sortie du bourg en direction de Delphes. ☎ 22-67-03-13-85. Fax : 22-67-03-17-65. ● nostos@otenet.gr● Compter autour de 45 € pour 2 avec petit déjeuner. Récent et propre. Une dizaine de chambres agréables, avec TV, sèche-cheveux et réfrigérateur, dont 7 avec vue. Notre meilleure adresse, mais réservation impérative en saison. Cartes de paiement acceptées. Accès Internet.
🏠 *Chambres chez l'habitant, Piso Alonia :* M. Kalmandis. Dans la même rue que l'*Apollon Inn,* sur la gauche. ☎ 22-67-03-13-11 ou 22-

67-03-13-90. Dans les 30 € sans le petit déjeuner. Chambres indépendantes et proprettes à 2 ou 3 lits (évitez la n° 4, très petite), dont certaines avec vue, et un appartement plus ancien (dont on peut louer une chambre à un prix inférieur, mais négocier dur !). Accueil agréable du patron qui parle le français.
🏠 *Apollon Inn :* à la sortie du bourg, en direction de Delphes, prendre la dernière rue à droite. ☎ 22-67-03-10-57 ou 22-67-03-15-40. ● apolloninn-arahova@unitedhellas.com ● Environ 40 € pour une chambre double avec salle de bains et petit

LE CENTRE
DE LA GRÈCE

déjeuner. Sympathique hôtel, si les deux autres sont complets. Repeint chaque année. Calme. Accepte les cartes de paiement.

🏠 *Xénonas Maria* : en montant dans une ruelle du centre sur la droite, en allant vers Delphes. ☎ 22-

67-03-18-03. 40 € pour 2 avec le petit déjeuner. Maison traditionnelle de 7 chambres, dont 2 pour 4 personnes, arrangées avec beaucoup de goût : cheminée, mezzanine, boiseries. Une excellente adresse, mais réserver quelle que soit la saison.

Où manger ?

La plupart des restos cuisent au feu de bois. Vraiment appétissant.

🍴 *Kaplanis - Steki Platania* : pl. Tropaiou. ☎ 22-67-03-18-91. En haut du village. En voiture, prendre la route du mont Parnasse et la quitter à droite pour revenir sur les hauteurs du village. À pied, prendre la rue de l'*Apollon Inn*, puis la 1ʳᵉ à droite, puis à gauche et monter tout en haut. Fermé le lundi et de mi-juin à mi-juillet. Entre 6 et 9 € pour un plat traditionnel. Dégustez la fameuse *formaella* (fromage chaud) et les *kolokithakia*, beignets aux fleurs de courgettes farcis au fromage. Service chaleureux et efficace. Terrasse avec un beau panorama sur le Parnasse.

🍴 *Taverne Parnassos* : un peu en retrait de la place face à l'hôtel *Xénia*. ☎ 22-67-03-25-69. Ouvert de midi à minuit. Resto coquet, terrasse sur la place et vue sur la vallée de la salle. Cuisine familiale avec la mère au fourneau, secondée par le père, et le fils en salle.

🍴 *Taverne To Archontiko* : dans

la rue principale. ☎ 22-67-03-25-67. Entre 10 et 12 € par personne. Dans un cadre agréable et neuf, avec vue sur la vallée. Cuisine de taverne correcte. Service aimable, le patron, qui parle le français, sera certainement ravi de discuter avec vous.

🍴 *Taverne T'Alonia* : sur la route qui mène à la station de ski. ☎ 22-67-03-26-44. Ouvert tous les jours jusqu'à 18 h. Environ 10 € pour un repas servi par Andréas, avec le sourire ! Nourriture classique mais ambiance nature au milieu des plantes et des cages à oiseaux.

🍴 *Taverne Karathanassis* : dans la rue principale. ☎ 22-67-03-13-60. Ouvert tous les jours jusqu'à minuit. Créée en 1930, elle a vu la circulation s'intensifier au fil des ans : on profite donc un peu trop de sa situation en bord de route ! En revanche, le service est efficace, et le repas dans les 10 € est d'un bon rapport qualité-prix. Terrasse au premier, très agréable.

À voir. À faire

🥾 Prendre la rue qui longe la rive du torrent (rive gauche), puis grimper sur la droite pour arriver aux *ruines* d'une muraille et d'une vieille tour carrée. Une *chapelle byzantine* se trouve au sommet de la colline. Belle perspective.

➤ Autre *balade* sympathique : si l'on continue sur la rive du torrent, on s'enfonce dans une gorge qui débouche sur une source.

➤ DANS LES ENVIRONS D'ARACHOVA

🥾 *L'antre corycien* : signalé sous le nom de *Korikio Andro*. Se munir d'une torche électrique. En voiture, à la sortie d'Arachova, prendre la route du Parnasse. À la hauteur du plateau (8 km depuis Arachova), tourner ensuite à gauche (panneau « Chatour ») ; au 1er embranchement, prendre à droite puis, au second (2 km plus loin), prendre à gauche. Après 2,5 km (à pied ou en 4x4, la montée est difficile) vous arriverez à la grotte. L'endroit était consacré à Pan et aux Nymphes.

DELPHES
1 500 hab.

À 169 km d'Athènes et à 15 km d'Itéa. Delphes, considéré par les Grecs comme le nombril de la terre, eut un rayonnement religieux et moral considérable. Apollon, fils de Zeus, fit preuve de goût en choisissant cet emplacement car le site est grandiose : au flanc du mont Parnasse, le panorama s'étend sur une splendide vallée avec, à l'horizon, le golfe de Corinthe.

Autrefois, le village de Delphes couvrait entièrement le site, rendant les fouilles impossibles. C'est l'École française d'archéologie d'Athènes qui, à la fin du XIXe siècle, réussit à convaincre le gouvernement grec de déménager la ville, 500 m plus loin. Le Parlement français (eh oui !) finança le déplacement et la reconstruction des maisons à leur emplacement actuel. Et c'est un ministre français qui inaugura les lieux en 1903, comme le rappelle une stèle sur le chemin entre le site et le musée. Depuis, il est devenu le site le plus visité après l'Acropole. Certains spécialistes souhaiteraient rendre le site plus lisible en réalisant quelques anastyloses (reconstructions). À suivre...

Pour ce qui est de la ville moderne de Delphes, ou plus précisément du village de Delphes, il suffit de retenir la formule désormais célèbre : « Delphes is a pity » (ha, ha !) et vous comprendrez que la ville même n'offre aucun intérêt particulier : hélas, trois fois rien !

Comment y aller ?

En bus

➤ **D'Athènes :** 5 ou 6 bus par jour, de 7 h 30 à 17 h 30 ou 20 h, du 260, odos Liosson. ☎ 21-08-31-70-96. Compter 3 h de voyage et un peu plus de 10 €.

➤ **De Patras :** 2 bus par jour.

➤ **D'Agios Nikolaos :** 5 bus de 6 h 15 à 19 h 15.

Bon à savoir : on peut laisser, pour à peine 2 € par personne, ses bagages à la gare routière.

En voiture

De Patras, sortir à Rio (à quelques kilomètres au nord-est de Patras) puis rejoindre la Grèce centrale par le bac **Rio-Andirio** (traversées de 10 mn en continu toute la journée ; l'embarcadère se trouve non loin du château ; fin 2004, le bac sera remplacé par le nouveau pont), ou par la ligne **Eghio-Agios Nikolaos** (une petite heure et plus cher). 7 traversées par jour en saison de 5 h 15 à 20 h 30 dans le sens Péloponnèse-Grèce centrale (autant dans l'autre sens de 6 h 30 à 22 h). ☎ 26-91-02-27-92 (Eghio), 22-66-03-11-32 et 22-66-03-18-54 (Agios Nikolaos).

En train

➤ **D'Athènes :** les possesseurs de la carte Inter-Rail ont intérêt évidemment à prendre le train, même si c'est moins pratique. La gare la plus proche est Livadia (voir plus haut).

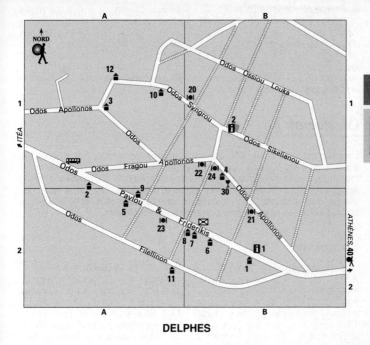

DELPHES

■ **Adresses utiles**

> ⊠ Poste
> **ⓘ 1** Office du tourisme
> **ⓘ 2** Police touristique
> 🚌 Gare routière

🏠 **Où dormir?**

> **1** Hôtel Sybilla
> **2** Hôtel Athina
> **3** Rooms to Let Sun View
> **4** Hôtel Stadion
> **5** Hôtel Pan
> **6** Hôtel Lefas
> **7** Hôtel Varonos
> **8** Hôtel Hermès
> **9** Hôtel Kouros

10 Hôtel Orphéas
11 Hôtel Acropole
12 Hôtel Amalia

🍴 **Où manger?**

20 Boulangerie
21 Taverna Omphalos
22 Taverna Lekaria
23 Taverna Epikouros
24 Taverna Vakchos

🍸 **Où boire un verre?**

30 Café-bar Muretto

🎭 **À voir**

40 Sanctuaire d'Apollon

Adresses utiles

ⓘ *Tourist information* (plan B2, 1) : 12, odos Pavlou & Friderikis. ☎ 22-65-08-29-00. Près de l'hôtel *Pythia*. Installé dans la mairie, à l'étage. Ouvert du lundi au vendredi de 7 h 30 à 14 h 30. La responsable est très sympa et parle le français. Renseignements pour aller à Ossios Loukas.

ℹ *Police touristique* (plan B1, 2) : 3, odos Sikelianou. ☎ 22-65-08-22-20 et 22. La rue au-dessus d'Apollonos ; près de l'église.

✉ *Poste* (plan B2) : 26, odos Pavlou & Friderikis. Ouvert du lundi au vendredi de 7 h 30 à 14 h.

■ *Banques :* sur odos Pavlou & Fri-derikis. Ouvert de 8 h à 14 h ; en juillet et août, ouvert aussi de 18 h à 20 h. Change également dans les boutiques, en dépannage unique-ment, et à l'OTE. Plusieurs distribu-teurs automatiques de billets.

■ *Journaux français :* au kiosque sur odos Pavlou & Friderikis.

Où dormir ?

Delphes est une petite ville qui ne vit que du tourisme. Il y a tellement d'hôtels qu'il est possible (et conseillé) de marchander. On en a vite fait le tour : deux rues principales, parallèles, odos Pavlou & Friderikis et odos Apollonos, où se succèdent hôtels, restos et boutiques. Les hôtels sont clas-sés par ordre croissant de prix, mais, compte tenu des réductions accordées ou non selon les saisons, ces prix sont assez fluctuants.

Campings

⚑ *Camping Apollon* (hors plan par A1) : à 1,5 km à l'ouest de Delphes, en direction d'Itéa. ☎ 22-65-08-27-50. Fax : 22-65-08-28-88. ● www.apollon camping.gr ● Le plus proche : environ 19 € pour un couple avec une tente et une voiture ; 20 % de réduction à nos lecteurs sur présentation du *Guide du routard* (ce qui correspond à la réduction consentie sur présenta-tion du dépliant de la chaîne *Harmo-nie* dont le camping *Apollon* fait par-tie). Pratique pour les routards sans véhicule. Arrêt de bus juste devant. Emplacements ombragés sur terre battue prévus (le sol est dur !) ; cer-tains sont pour ceux qui n'ont pas de tente. Également 2 bungalows spar-tiates mais pas bien chers. Vue superbe, panorama jusqu'à la mer. D'ailleurs, s'installer côté panorama, le plus loin possible de la route assez passante. Beaucoup de groupes, souvent bruyants tard dans la nuit. Grande piscine et aire de jeux. Mini-marché, resto, bar, machine à laver et sèche-linge, frigo et plaques chauf-fantes. Sanitaires impeccables. On y parle le français. Possibilité de se rendre à la plage d'Itéa par des sen-tiers à travers les oliviers et de remonter en bus.

⚑ *Camping Delphi* (hors plan par A1) : à 3 km à l'ouest de Delphes, direction Itéa. ☎ 22-65-03-48-17. Fax : 22-65-08-23-63. ● www.delphi camping.com ● Quitter la route princi-pale pour prendre celle de Chrysso. Ouvert du 1er avril au 31 octobre. De 17 à 19 € pour 2 avec tente et voi-ture. Appartient à la chaîne *Sunshine :* 10 % de réduction en juillet et août, 20 % hors saison, sur présentation du guide ou du dépliant de la chaîne. Très beau camping avec des empla-cements ombragés par de grands arbres, sur plusieurs niveaux. Un peu exposés au vent. Petit supermarché, bar et terrasse, ainsi qu'une taverne typique sous les arbres, donnant sur la vallée et la « mer d'oliviers ». On y sert d'excellents petits déjeuners. Magnifique. Arriver assez tôt si l'on veut choisir un emplacement avec vue sur la vallée. Petite piscine. Machine à laver. Le patron, franco-phone, est un artiste peintre aquarel-liste qui a introduit une touche per-sonnelle dans la conception du camping. Accueil fort sympathique. Journaux français. Hautement recom-mandable.

⚑ *Camping Chrissa* (hors plan par A1) : à 7 km à l'ouest de Delphes en direction d'Itéa. ☎ et fax : 22-65-08-20-50. ● www.chrissa camping.gr ● Autour de 17-18 € pour un couple avec tente et voiture. Camping entièrement rénové, ins-tallé sur une série de terrasses en escalier, avec de grands emplacements face à la vallée et à l'oliveraie. Belle piscine avec petit et grand bains, entourée de gazon. Très fleuri et très propre. Plus aéré que les deux autres. Sanitaires neufs et bien entretenus. Machine à laver. Bon rapport qualité-prix. Très calme. Bar et resto donnant sur la vallée. Minimarché. Propose également quelques chambres.

Bon marché

Comme dans tous les lieux très touristiques en Grèce, les tarifs sont susceptibles de fluctuer selon le remplissage de l'hôtel ou l'humeur du jour...

🛏 *Hôtel Sibylla* (plan B2, 1) : 9, odos Pavlou & Friderikis. ☎ 22-65-08-23-35. Fax : 22-65-08-32-21. • si bydel@otenet.gr • Quelques chambres toutes simples, aux meubles dépareillés, avec salle de bains privée, ventilo et balcon, à 25 €, négociable à partir de 2 nuits. Une partie de l'hôtel a été rénovée. Excellent rapport qualité-prix. Demander une chambre avec vue sur la vallée. Patron adorable. N'accepte pas les cartes de paiement.

🛏 *Hôtel Athina* (plan A1-2, 2) : 55, odos Pavlou & Friderikis. ☎ 22-65-08-22-39. De 23 € la double avec salle de bains commune (très propre) à 35 € avec salle de bains privée et balcon donnant sur la splendide vallée. Celles qui donnent sur la rue sont bruyantes. On peut prendre le petit déjeuner sur le toit (en supplément). Pas toujours d'eau chaude. La patronne parle le français. Accepte le paiement par carte uniquement en juillet et août.

De prix moyens à plus chic

🛏 *Rooms to Let Sun View* (plan A1, 3) : 84, odos Apollonos. ☎ 22-65-08-23-49. Fax : 22-65-08-28-15. La dernière maison en allant vers l'hôtel *Amalia*. • www.station htl.com • Environ 40 € la chambre double avec petit déjeuner. De belles chambres (dont une avec 3 lits) récentes, claires, et meublées en pin, avec salle de bains nickel et TV. Quatre d'entre elles disposent d'un balcon et d'une vue superbe, pour le même prix. Augmente les tarifs quand la maison est chauffée. N'accepte pas les cartes de paiement. Accueil très agréable et moins intéressé que dans la plupart des hôtels.

🛏 *Hôtel Stadion* (plan B1, 4) : 21, odos Apollonos. ☎ 22-65-08-22-51 et 22-65-08-31-74. Fax : 22-65-08-27-74. Un peu plus de 45 € pour une chambre double avec petit déjeuner et salle de bains (vieillotte). Meubles fatigués. AC dans certaines chambres, avec supplément. Propre et calme. Accueil sympathique. Accepte les cartes de paiement.

🛏 *Hôtel Pan* (plan A2, 5) : 53, odos Pavlou & Friderikis. ☎ 22-65-08-22-94 et 22-65-08-23-28. Fax : 22-65-08-23-20. Environ 50 € pour une chambre double, prix variant en fonction de la situation et de la taille de la chambre, petit déjeuner en sus. Calme, propre, sanitaires remis à neuf. La plupart des chambres disposent d'un balcon. Vue superbe, surtout au 2ᵉ étage. De belles chambres familiales sous les toits, jusqu'à 5 personnes.

🛏 *Hôtel Lefas* (plan B2, 6) : odos Pavlou & Friderikis, face à la poste. ☎ 22-65-08-28-74. Fax : 22-65-08-26-01. Dans les 50 € la chambre double avec petit déjeuner, un peu plus avec AC. TV et salle de bains (rudimentaire) dans toutes les chambres. Ameublement simple, mais ultra-propre. Les chambres du 2ᵉ étage, toutes en bois vernis, ont pour la plupart une vue magnifique sur la baie d'Itéa. Accueil parfois trop insistant ou absent ! N'accepte pas les cartes de paiement.

Plus chic

🛏 *Hôtel Varonos* (plan B2, **7**) : 25, odos Pavlou & Friderikis. ☎ et fax : 22-65-08-23-45. • varonosh@ote net.gr • Hôtel familial d'une dizaine de chambres dont 5 avec vue. 60 € la nuit pour 2 sur présentation du *GDR*. TV et AC en saison, très propre. Petit déjeuner copieux (vrai chocolat, pâtisserie maison). Accueil chaleureux du patron qui parle le français. Paiement par carte accepté.

🛏 *Hôtel Hermès* (plan B2, **8**) : 27, odos Pavlou & Friderikis. ☎ 22-65-08-23-18 ou 22-65-08-26-41. Fax : 22-65-08-26-39. Compter environ 60 € pour 2 avec le petit déjeuner. Un bel hôtel familial de catégorie B. Joli hall. Chambres agréables, la plupart avec balcon donnant sur la vallée. N'accepte pas les cartes de paiement. Le même propriétaire possède aussi l'hôtel *Olympic*, une catégorie au-dessus (le minibar et le sèche-cheveux ne valent pas la différence).

🛏 *Hôtel Kouros* (plan A2, **9**) : 58, odos Pavlou & Friderikis. ☎ 22-65-08-24-73/4 et 22-65-08-26-29. Fax : 22-65-08-28-43. Dans les 60 € pour une chambre double sans le petit déjeuner ; remise de 20 % sur présentation du *Guide du routard*. Familial, coquet et très propre, avec balcon et AC. Cela reste cher si on a une chambre sans vue. *Roofgarden* où l'on peut prendre le petit déjeuner. Carte *Visa* acceptée.

🛏 *Hôtel Orphéas* (plan A1, **10**) : 35, odos Singrou. ☎ 22-65-08-20-77.

Fax : 22-65-08-20-79. Dans la rue au-dessus de l'*Apollonos,* du côté de l'*Amalia.* Quartier tranquille. Environ 55 € la chambre double avec le petit déjeuner ; supplément de 10 € pour l'AC ; 10 % de réduction sur présentation du *Guide du routard*. Hôtel familial, récent et propre. 18 chambres, la plupart avec balcon et vue sur la vallée. Celles du dernier étage, sous les combles, ont plus de cachet. Celles du rez-de-chaussée disposent d'une petite terrasse avec vue sur un jardin très agréable et sur Itéa.

🛏 *Hôtel Acropole* (plan A2, **11**) : 13, odos Filellinon. ☎ 22-65-08-26-75. Fax : 22-65-08-32-51. • www. delphi.com.gr • Ouvert toute l'année. Dans la plus basse des trois rues parallèles qui « vertèbrent » Delphes. Compter 70 € la chambre double avec petit déjeuner (buffet). Pointe à 90 € en août. Hôtel à l'architecture très plaisante. 42 chambres adorables avec balcon, dont 32 avec une vue remarquable. Celles du dernier étage sont particulièrement romantiques. TV, sèche-cheveux et certaines avec minibar et AC. Accueil très sympa des deux frères Babis et Socrate. Atmosphère familiale. Beaucoup de fleurs et plantes grasses. Calme assuré (pas de vis-à-vis, à part la montagne et la mer au loin !). La même direction gère aussi l'hôtel *Parnassos*, 32 odos Pavlou & Friderikis (45 € la double avec AC et petit déjeuner).

Bien plus chic

🛏 *Hôtel Amalia* (plan A1, **12**) : dans le haut du village, côté ouest. ☎ 22-65-08-21-01. Réservation à Athènes : ☎ 21-03-23-73-01. Fax : 21-03-23-87-92. • hotelamal@hel lasnet.net • Ouvert d'avril à la mi-novembre. Environ 140 € la chambre

double d'avril à octobre, à essayer de négocier bien sûr ! Un hôtel moderne, style années 1970, plutôt suranné. Cher quand même et pas vraiment couleur locale, le seul intérêt étant la piscine, surplombant les oliviers.

Où manger ?

Les tavernes abondent, vous vous en doutez. Toutes touristico-tape-à-l'œil avec musique Zorba et folklore traditionnel. Ce qui ne veut pas dire qu'elles soient toutes mauvaises. Seulement, pourquoi l'une plus que l'autre ? Elles offrent presque toutes une vue magnifique sur la vallée.

Bon marché

– **Boulangerie** (plan B1, **20**) : odos Syngrou, en direction de l'*Amalia*. Ne pas manquer d'acheter leurs gâteaux secs aux raisins, les *paximadakia me stafidia,* délicieux et pas franchement ruineux.

|●| **Taverna Omphalos** (plan B2, **21**) : 17 et 30, odos Apollonos. ☎ 22-65-08-27-90. Une taverne accueil-lante, sur les deux côtés de la rue, qui propose des menus copieux à prix raisonnables : 9 € environ pour une salade, des *souvlakia* et un fruit. Un endroit comme on en trouve souvent ailleurs en Grèce mais plus rarement à Delphes. Dommage que le patron soit aussi racoleur et gâche le plaisir.

Prix moyens

|●| **Taverna Lekaria** (plan B1, **22**) : 33, odos Apollonos. En haut de la rue. ☎ 22-65-08-28-64. Cuisine de qualité et, peut-être, un poil moins touristique que les autres. Compter tout de même un minimum de 12 € pour une entrée et un plat. Tester les *okkras,* délicieux légumes grecs. Bon vin maison. Vue superbe de la terrasse ombragée.

|●| **Taverna Epikouros** (plan A2, **23**) : 33, odos Pavlou & Friderikis. ☎ 22-65-08-32-50. Plats entre 8 et 10 €. Taverne récemment ouverte, tenue par un patron charmant (fils des propriétaires de l'hôtel *Acropole*) parlant le français. Les serveurs sont patients et bons conseillers. On vous recommande particulièrement le *so-frito*, spécialité de Corfou à base de bœuf, dont la sauce relevée réveillera vos papilles légèrement endormies (eh oui, le service peut être un peu long...). Beaucoup de groupes : à ces occasions, qualité et services s'en ressentent.

|●| **Taverna Vakchos** (plan B1, **24**) : 31, odos Apollonos. ☎ 22-65-08-31-86. Ouvert midi et soir. De 9 à 16 € par personne. Souvent bourré, mais c'est normal car, de la terrasse, on a une vue superbe, fantastique au coucher du soleil. Pas mal de choix à la carte (éviter les menus tout faits). Vin pas mauvais. Portions inversement proportionnelles en quantité au nombre de touristes...

Où boire un verre ?

🍸 **Café-bar Muretto** (plan B1-2, **30**) : 19, odos Apollonos. Ouvert tous les jours de 11 h à 2 h. De jolies fresques antiques décorent la façade ; l'intérieur est plutôt design, avec des meubles en rotin, mais la terrasse verdoyante est spécialement agréable. Dommage que le voisin ait rajouté un étage à sa maison, bouchant ainsi la vue sur la vallée. On y déguste des boissons originales et très abordables.

À voir

🎭 **Le sanctuaire d'Apollon** (hors plan par B2, **40**) : sur la route d'Arachova. ☎ 22-65-08-23-12. Ouvert en principe tous les jours de 7 h 30 à 18 h 45 d'avril à fin octobre et de 8 h 30 à 14 h 45 le reste de l'année. Entrée : 9 € pour le billet combiné site-musée ; 6 € pour le site seul. Gratuit pour les étudiants de l'UE. Arrivez dès l'ouverture, avant les cars. Prendre le plan détaillé du sanctuaire, très bien fait. Fontaine d'eau réfrigérée à l'entrée du site.

– *La Voie sacrée :* large de 4 m environ, elle a conservé son tracé initial, partant de la grande place dallée où démarraient les processions lors des grandes fêtes du sanctuaire. Sur son parcours, on construisit les monuments votifs et surtout les « trésors » édifiés par les villes pour y accueillir les offrandes de leurs citoyens. Les cités grecques rivalisaient, bien sûr, en richesse et en audace architecturale, conscientes que les trésors marquaient le signe de leur puissance. Plutarque s'indigna, d'ailleurs, de cette débauche de luxe permise seulement grâce aux guerres et aux pillages.

– *Le trésor des Athéniens :* édifié dans les années 490 av. J.-C., c'est l'un des rares monuments qui put être reconstitué. Ses sculptures sont au musée.

– Avant d'aborder la montée vers le temple d'Apollon, jeter un œil sur le *mur de soutènement de la terrasse du temple.* Il fut construit pour contenir l'énorme poussée du temple. Les pierres de forme polygonale sont une merveille de précision. En regardant bien, on remarque des inscriptions gravées sur les pierres ; ce sont pour la plupart des actes concernant des affranchissements d'esclaves.

– *Le temple d'Apollon :* édifié au IVe siècle av. J.-C. C'est là qu'officiait la pythie à qui l'on venait demander conseil pour entreprendre un voyage, préparer une guerre ou une expédition, un mariage, etc.

Les pythies étaient choisies parmi les jeunes paysannes vierges de Delphes. Il y en eut jusqu'à trois en même temps (deux tour à tour et une remplaçante). Puis, lorsqu'en 217 av. J.-C., l'une d'elles s'enfuit avec un consultant, on finit par choisir des femmes de 50 ans, mais habillées en jeunes filles ! Elles officiaient dans une salle sous le temple. On aperçoit encore l'escalier d'accès au milieu du grand côté du temple (côté mer). Des yeux perspicaces distingueront l'entrée d'un souterrain à proximité : long d'une dizaine de mètres (attention, l'accès est très étroit), ce passage est méconnu et historique puisque seules les pythies y avaient accès. Après avoir accompli quelques rites, la pythie buvait l'eau de la source sacrée, mâchait du laurier et entrait en transe. Les oracles étaient directement inspirés par Apollon, et la pythie jouait en quelque sorte le rôle de médium. Elle s'asseyait pour officier sur un trépied. On s'assurait qu'Apollon était d'accord en aspergeant une chèvre d'eau froide. Si celle-ci ne tressaillait pas de tout son corps, la pythie n'officiait pas. Au début, elle était consultée une fois par an, puis une fois par mois (le septième jour) sauf les trois mois d'hiver, car Apollon partait en vacances sous des cieux plus cléments. Authentique ! Enfin, elle se faisait payer pour ses consultations !

Les réponses de l'oracle étaient souvent ambiguës, elles pouvaient être interprétées dans les deux sens, ce qui satisfaisait tout le monde. Un gag ! Crésus s'étant vu prédire qu'en menant une guerre contre les Perses, il détruirait un grand royaume, il l'interpréta à son avantage et contribua en fait à la destruction du sien !

En fait, il semble que les pythies étaient manipulées par les politiciens et favorisèrent tour à tour Athènes, Sparte, Thèbes...

Ne croyez surtout pas que ces prophéties étaient des élucubrations sans queue ni tête. Sinon, comment Delphes aurait pu garder sa réputation pendant autant de siècles ? Le secret venait des prêtres qui « interprétaient » les dires de la pythie : leur réseau d'influences et leur puissance leur permettaient d'être mieux renseignés que leurs visiteurs. Mais un géophysicien d'une université du Connecticut a récemment apporté un nouvel éclairage sur l'origine des prophéties pythiques : selon ce chercheur, du sol de Delphes s'élevait de l'éthylène, gaz aux effets hilarants ou euphoriques. La pièce où elle s'installait se trouvait au-dessus d'une cheminée où remontaient ces vapeurs... Devinez la suite !

– *Le théâtre :* date du IVe siècle av. J.-C. Très bien conservé. Il pouvait contenir plus de 5 000 spectateurs. C'est là qu'avaient lieu les fêtes delphiques qui célébraient la victoire d'Apollon sur le serpent Python, gardien de l'oracle de Delphes. S'il n'y a pas trop de cars et de touristes pour bou-

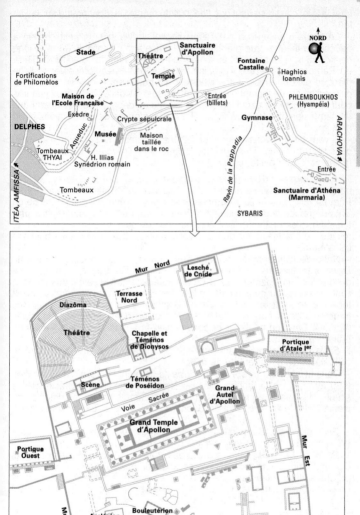

LE SITE DE DELPHES

cher la vue, c'est d'en haut que l'on jouit du merveilleux panorama sur la vallée.

– *Le stade :* encore un petit effort pour y arriver par un petit chemin à gauche du théâtre. Vue grandiose sur la montagne. Large de 26 m et long de 177,55 m. Il fut construit au IIIe siècle av. J.-C., mais les gradins en pierre du Parnasse datent des Romains. Il est superbement préservé, et il ne manque plus que les 7 000 supporters qui pouvaient l'occuper. À l'entrée, piliers d'un arc de triomphe romain. Remarquer les dalles avec deux rainures pour caler les pieds et qui indiquaient la ligne de départ. Tous les quatre ans se déroulaient les Jeux pythiques (Pythia) composés de compétitions aussi bien sportives qu'intellectuelles.

– Si vous désirez vous éloigner du site même, empruntez le chemin muletier dessiné sur le plan. Très agréable balade dans l'oliveraie. C'est en réalité, maintenant, une petite route qui mène jusqu'à Desfina.

🏛🏛🏛 *Le musée :* d'une richesse extraordinaire. ☎ 22-65-08-23-12. Mêmes horaires que le site. Fermé les 1er et 2 janvier, le 25 mars, le dimanche de Pâques, le 1er mai, le 25 décembre (et souvent le 26) et les jours d'élections ! Entrée gratuite pour les étudiants. Depuis peu, on peut photographier gratuitement (flash interdit). D'importants travaux sont en cours (en 2003, le musée a été fermé et quelques nouvelles salles ont vu le jour, avec boutique et cafétéria).

– *Salle de l'Omphalos :* en haut de l'escalier. C'était la pierre sacrée de Delphes (mais vous n'en voyez qu'une copie) qui se trouvait dans la pièce de la pythie. La légende raconte qu'elle aurait marqué le centre du monde, à l'endroit précis où deux aigles, lâchés par Zeus aux deux extrémités de la terre, se seraient rencontrés. Ce fut Delphes. Vous y trouverez aussi des fragments de la frise du théâtre, armes et casques remarquables, petits bronzes. Dans un angle, le célèbre trépied et le chaudron dans lequel on brûlait du laurier...

– *Salle centrale* (précédant le trésor de Siphnos) *:* boucliers en bronze (VIIe siècle av. J.-C.) et tête de griffon.

– Dans la *salle du trésor de Siphnos* se trouvent les reliefs qui l'ornaient (525 av. J.-C.) et le sphinx ailé des Naxiens, gardien de l'Oracle. Belles scènes de bataille représentant la lutte des Géants contre les dieux olympiens. Noter le lion croquant un Géant. À côté, à droite, une femme supplie son mari de ne pas combattre.

– *Salle des Kouroï :* deux grands et superbes *kouroï* en marbre de Paros (VIe siècle av. J.-C.), premiers chefs-d'œuvre de la sculpture dorique.

– *Salle du Taureau :* située à droite de la salle des Kouroï. Salle des objets d'or et d'ivoire : l'une des plus intéressantes du musée. Nombreux bijoux en or, une statue de taureau faite de plaques d'argent montées sur un châssis en bois (œuvre tout à fait unique en Grèce), des groupes en ivoire finement sculptés. Notamment, le *Maître des fauves* du VIIe siècle av. J.-C.

– *Salle des Athéniens :* les reliefs et frises qui décoraient le trésor des Athéniens, dont la métope de la face nord : *Héraclès domptant le cerf au pied d'airain et le lion de Némée.*

– *Salle des Danseuses :* on y trouve l'une des merveilles du musée, le groupe des *Thyiades* qui surmontait la colonne aux acanthes d'une hauteur de 11 m. Debussy s'en inspira pour les *Danseuses de Delphes.* Ces *Danseuses* accueillent dans leur salle la statue du bel *Antinoos,* favori de l'empereur Hadrien.

– *Salle de l'Aurige :* le must ! L'*Aurige* (ou conducteur de char) faisait partie d'un groupe en bronze dont il est l'élément le plus complet (dans des vitrines, vous retrouverez des pattes de l'attelage, une queue, des rênes, etc.). Il aurait été exécuté en 474 av. J.-C. L'expression, l'attitude sont empreintes de noblesse et de simplicité tout à la fois. Sur le visage, on notera les cils impeccables et les yeux colorés. Sur la tête, il porte le bandeau du vainqueur. À remarquer, la distance démesurée qui sépare les pieds de la ceinture. En effet, la statue était placée sur un char, si bien que la partie basse n'était pas visible.

🎥 *Le sanctuaire d'Athéna (Marmaria)* : ce sont des ruines en contrebas du sanctuaire d'Apollon, sur la route d'Arachova, à droite. Entrée gratuite. L'ensemble est très ruiné, notamment l'ancien et le nouveau temple d'Athéna et les deux trésors. Seul la *tholos,* dont il subsiste, sur trois colonnes doriques, l'entablement et les métopes à relief, donne une idée des proportions harmonieuses et de l'exécution soignée des détails de l'édifice. Il fut édifié en 380 av. J.-C. Curieusement, on ne sait pas à quoi il était destiné.

🎥 *Le gymnase :* juste avant la tholos, on le remarque très bien de la route. C'est là que s'entraînaient les athlètes. Des colonnes soutenaient un toit en bois (contre le soleil) sur toute sa longueur. On distingue encore bien la palestre affectée aux lutteurs et la piscine ronde.

🍹 Petit *café* avec terrasse (hors de prix) et splendide panorama pour se remettre des longues heures d'entraînement, à la sortie du gymnase.

🎥 *La fontaine Castalie* (momentanément inaccessible du fait de chutes de pierres) *:* sur la route d'Arachova, juste à l'endroit où la route fait un coude. Selon la légende, Apollon tomba amoureux (encore !) d'une nymphe prénommée Castalie. Pour lui échapper, la malheureuse sauta dans la fontaine qui porte aujourd'hui son nom. Ses eaux servaient aux purifications (uniquement des hommes). Il suffisait de se tremper les mains et les cheveux. Les criminels, en revanche, devaient effectuer l'immersion complète.

🎥 *Le musée de l'Histoire des fouilles :* dans le village, rue Pavlou & Friderikis. En bas de la mairie. Pour l'instant, pas de budget pour assurer sa visite ! On peut se le faire ouvrir en demandant à la mairie, à condition d'être en groupe, ou se contenter de regarder la maquette en plâtre du site de Delphes sous les arcades !

Randonnées pédestres

➢ Une balade superbe dans cette *mer des oliviers* qui s'étend dans la vallée de Delphes et qui appartenait à Apollon. Environ 11 km, c'est-à-dire 3 ou 4 h de marche, mais sans douleur, car la piste descend doucement vers la mer. Partir assez tôt pour éviter les grosses chaleurs. Apporter de l'eau et prévoir un chapeau, même si la piste est ombragée par de beaux oliviers séculaires. Attention à l'itinéraire : il n'est pas toujours aisé de distinguer la piste principale d'une route secondaire et plus d'un s'est perdu en route. Il faut sortir de Delphes par l'est. Prendre la petite route nouvellement goudronnée à 50 m après le sanctuaire d'Athéna, puis la 1re route à droite. Ensuite, à chaque croisement, rester sur la piste principale. La route devient une piste bien entretenue qui chemine dans la vallée jusqu'au village de Chrisso. À *Chrisso,* village oublié des touristes, une taverne *(Bassanos).* Très touristique. Puis on atteint la route qui descend à Itéa ou qui remonte à Delphes (stop ou bus).

QUITTER DELPHES

En bus

🚌 *Station de bus* dans la petite maison de la presse, au 3, rue Dimou Frangou, après l'hôtel *Zeus*, route d'Itéa. ☎ 22-65-08-23-17 et 22-65-08-29-00. Arrêt à l'entrée de Delphes, près de l'hôtel *Vouzas :* uniquement pour les montées et descentes sans bagages.

➤ *Pour Itéa :* 6 départs quotidiens, de 6 h 30 à 20 h 15.
➤ *Pour Livadia :* 5 bus de 5 h 30 à 18 h.
➤ *Pour Athènes :* 5 départs quotidiens, de 5 h 30 à 18 h.
➤ *Pour Galaxidi et Naupacte :* 3 départs quotidiens de 10 h 15 à 15 h 45.
➤ *Pour Patras :* 1 ou 2 bus selon les jours. 3 ou 4 h de trajet.
➤ *Pour Lamia :* 3 bus de 6 h 15 à 15 h 15. Pas de liaison le vendredi ni le dimanche. De Lamia, gagner Trikala, puis correspondance pour Kalambaka. En partant par le premier bus, on arrive à Kalambaka (les Météores) vers 13 h.
➤ *Pour Larissa :* 1 bus à 15 h 15 les vendredi et dimanche et à 10 h 15 les autres jours.

En train

➤ *Pour Athènes ou Thessalonique :* un bus direct pour la gare de Livadia, 2 fois par jour, à 9 h et 15 h. Sinon, une bonne solution pour les possesseurs de la carte *Inter-Rail* : afin d'éviter le bus pour Livadia, qui est celui d'Athènes – donc archibondé, et les passagers pour Athènes montent en priorité –, prendre le bus pour Amfissa, puis pour Lamia, et descendre à Bralos. Il y a une petite gare charmante sur la ligne *Athènes-Thessalonique* (les trains *InterCity* ne s'y arrêtent pas). De plus, la route qui contourne le Parnasse est superbe.

ITÉA
4 500 hab.

Bourg qui fut dans l'Antiquité le port d'arrivée des pèlerins qui allaient à Delphes. Pas de caractère particulier. Plages de galets, avec douches, plutôt médiocres.
Ne séjournez ici que si Delphes et Galaxidi sont surpeuplées.

Adresses utiles

■ Plusieurs *banques* avec distributeur de billets.
■ *Journaux français :* près de l'église, dans une rue perpendiculaire à la mer.
■ *Location de scooters :* Isonos,
le long de la mer. Il s'agit en fait d'une boutique vendant des articles de plage. Idéal pour aller à Delphes par une superbe route.
■ *Cinéma en plein air :* près de l'hôtel *Akti*.

Où dormir ?

Camping

⚐ *Ayannis Camping :* à Kirra, à 2 km à l'est du centre d'Itéa. ☎ 22-65-03-25-55. Fax : 22-65-03-38-70. Ouvert de fin avril à octobre. Dans les 16 € pour 2 personnes, avec une petite tente et une voiture. Le plus éloigné et pourtant notre préféré, car il donne directement sur la mer. Plus
rustique que ceux de Delphes. On y parle le français et l'accueil est sympa. Ombragé par une jolie oliveraie. Plage privée très étroite, couverte de galets, et gare aux oursins... Sanitaires spartiates mais propres. Self-service. Quelques journaux français. Machine à laver. Arrêt de bus à proximité.

Bon marché

🛏 *Hôtel Parnassos :* dans le centre, dans la rue juste derrière le bord de mer. ☎ 22-65-03-23-47. Pas vraiment folichon. 30 € pour une chambre double avec w.-c. et douche sur le palier. Certaines chambres disposent d'un petit balcon. Ce repaire de chats n'accepte pas les cartes de paiement.

De prix moyens à plus chic

🛏 *Hôtel Panorama :* établissement blanc et bleu ciel, à l'est, sur la route des campings. ☎ 22-65-03-31-61 et 62. Dans les 50 € la chambre double, sans le petit déjeuner, avec la remise de 20 % sur présentation du *Guide du routard*. Attention, établissement fermé pour travaux en 2003. Prix et confort devraient avoir évolué à la réouverture. Certaines chambres, avec frigo, disposent d'un balcon avec vue sur la mer. Très calme. L'hôtel donne directement sur la mer (pas de route). La patronne, très sympathique, parle le français (elle est belge).

🛏 *Hôtel Nafsika :* Heroon & Kapodistriou. ☎ 22-65-03-33-04. ● stoforos @aias.gr ● En venant de Delphes, lorsqu'on atteint le bord de mer, prendre la 1re rue à gauche ; c'est à la prochaine intersection. Tout près de la plage. Ouvert toute l'année. Dans les 90 € pour une chambre double avec TV et AC, avec petit déjeuner. Éviter le mois d'août où la chambre passe à 147 € ! Grand hôtel de 190 lits, à la déco intérieure très grecque, en pierre apparente. Quelques chambres avec balcon ou terrasse avec vue sur la mer. Très propre. Négocier si l'hôtel n'est pas complet.

🛏 Même patron à l'hôtel *Nafsika Beach :* à Kirra (2 km à l'est d'Itéa). ☎ 22-65-03-22-62. Fax : 22-65-03-50-07. Ouvert d'avril à septembre. Bien plus chic (120 € la double avec petit dej', avec une pointe à 153 € en août).

Où manger ? Où boire un verre ?

🍽 *Le Zéphiros :* akti Poséidonos, près de l'hôtel *Panorama*. À l'extrémité est de la promenade. ☎ 22-65-03-26-66. Spécialité de poisson grillé (au kilo, entre 25 et 40 €) et très bonne moussaka. Grande terrasse ombragée, les pieds dans l'eau.

🍽 *Ouzeri-Pistaria Poséidon :* 81, akti Poséidonos. ☎ 22-65-04-30-74. Ouvert le soir. Poisson cuit au charbon de bois et spécialité de lapin aux oignons. Accueil agréable, mais n'y allez pas pour la déco !

🍸 @ *Itéa 2000 Internet Café :* akti Poséidonos. Tenu par des jeunes. 1,50 € pour une heure de connexion.

QUITTER ITÉA

En bus

🚌 *Gare des bus :* à l'ouest de la promenade du bord de mer, à côté de la permanence du PASOK.

➤ *Pour Delphes :* 8 bus par jour, de 5 h 15 à 20 h 45. 15 km.

➤ *Pour Athènes :* 7 bus par jour, de 5 h 45 à 20 h 45. Compter 3 h de trajet.

➤ *Pour Lamia :* 3 bus par jour, de 6 h 45 à 15 h 30.

GALAXIDI

1 400 hab.

Superbe bourg à 15 km d'Itéa en venant de Naupacte, où l'on retrouve des traces de la civilisation hellénistique. L'empereur Justinien y construisit une église. Ce port était très convoité par les pirates, qui démolirent la cité à plusieurs reprises.

Ensuite, les maisons d'armateurs ont fleuri. Beaucoup étaient en ruine, mais toutes ont été restaurées, soit par des touristes fortunés, soit par des Athéniens dont c'est devenu la villégiature de week-end. C'est donc propret, cher, néanmoins très mignon. La petite ville est vraiment charmante avec la pinède au bord de l'eau. Hors saison, c'est plutôt désert. Trois points de repère : le port de plaisance où sont alignés tous les restos et bars, le port des pêcheurs (ou vieux port) et la place aux quatre palmiers où se concentre l'activité des autochtones. Seul inconvénient, comme sur toute la côte de Missolonghi à Itéa : pas de belles plages. Le mieux est de se baigner juste au-dessous de la pinède. Attention aux oursins ! En cas de pluie, vous pourrez toujours vous réfugier dans le petit musée de la Marine, ouvert le matin, qui rassemble quelques vestiges de l'époque archaïenne et des anciens instruments de navigation.

Adresses utiles

✉ **Poste :** dans la rue de l'hôtel *Poséidon,* en descendant vers le port. Ouvert du lundi au vendredi de 7 h 30 à 14 h.

■ **Distributeur automatique :** au niveau de la poste.

Où dormir ?

De bon marché à prix moyens

🛏 **Chambres à louer** sur la place centrale, reconnaissable à ses quatre palmiers, et sur la route qui domine le port des pêcheurs, à *Hirolakas.*

🛏 Sur ce même port, on peut aussi louer des **chambres chez Minas Lourbas.** Récent et assez cher (chambre à 4 lits).

De prix moyens à plus chic

🛏 **Hôtel Poséidon :** dans le centre, à l'angle en descendant vers le port. ☎ 22-65-04-14-26 ou 22-65-03-30-52. Notre meilleure adresse. Chambres propres, avec ou sans salle de bains. Compter 50 € pour une chambre double sans salle de bains. 10 % de réduction sur présentation du *Guide du routard.* Terrasse pour les noctambules. Ventilateur. Réfrigérateur à disposition. Le patron, Costas, est un véritable phéno-

mène, il vous accueillera avec sa devise : « ici, c'est ouzo-dormir-breakfast » ! Il donne de bons tuyaux sur la ville et la région et, aux plus fauchés, il propose de dormir sur sa terrasse ou alors il fait des réductions aux étudiants qu'il trouve sympas, tout ça dans un baragouinage polyglotte presque compréhensible. Propose aussi des chambres (plus chères) dans un autre bâtiment.

🛏 **Hôtel Galaxidi :** 11, odos Singrou. ☎ 22-65-04-18-50. Fax : 22-65-04-18-49. Prendre la ruelle à droite quand on descend au port de plaisance. Ouvert toute l'année. Hôtel impersonnel mais récent. Chambres dans les 75 € en saison, avec AC, TV, minibar, sèche-cheveux et petit déjeuner. Petites chambres propres, au sol en marbre et meubles en bois peint.

🛏 *Hôtel Galaxa :* odos Eleftherias & Kennedy. ☎ 22-65-04-16-20 et 22-65-04-16-25 ou 21-06-52-20-92 à Athènes. Fax : 22-65-04-20-53. Au bout du vieux port, monter 100 m dans une petite rue. Dans les 70 € pour une chambre double avec AC, petit déjeuner compris. Dans une demeure de style traditionnel, ancienne maison de capitaine, soigneusement restaurée et décorée dans les teintes typiques de blanc et bleu. Une dizaine de chambres agréables, au mobilier insulaire, dont certaines avec vue, et d'autres avec balcon. Petit déjeuner servi sur la terrasse avec panorama sur le vieux port et le village. Bateau mis à disposition des clients. Légèrement moins cher que l'*Argo* en juillet et août.

Bien plus chic

🛏 *Pension Oiantheia :* dans la ruelle derrière l'hôtel *Argo.* ☎ 22-65-04-24-33. Fax : 22-65-04-24-34. Architecture pas folichonne mais les chambres sont récentes et ça brille de partout. 80 € la double avec petit déjeuner : c'est le prix à payer pour être au calme et bénéficier d'un grand confort. Demander les chambres avec vue sur le vieux port.

Où manger ?

Nombreuses tavernes le long du port de plaisance.

🍴 *To Barko tis Maritsas :* sur le port de plaisance. ☎ 22-65-04-10-59. Ouvert toute l'année midi et soir (sauf les lundi et mardi de novembre à février). Fréquenté essentiellement par des Grecs. Intérieur vaste et décoré avec goût. Le patron, attentionné, n'hésitera pas à s'installer à votre table pour vous détailler en anglais toutes les subtilités de la carte... écrite exclusivement en grec. Suivez ses conseils et vous vous régalerez peut-être avec ses délicieux *pittès* au poulet (6 €) ou ses fameuses pâtes aux fruits de mer (8 €).

🍴 *Il Posto :* dans la rue qui mène au port de plaisance. ☎ 22-65-04-13-28 ou 22-65-04-16-64. Ouvert tous les soirs de juin à octobre, uniquement le week-end le reste de l'année. Pourquoi mettriez-vous les pieds dans un resto italien en pleine Grèce profonde ? Tout simplement parce qu'il s'agit d'une adresse absolument romantique, avec ses murs de pierre et sa lumière tamisée, qui offre un large choix de plats et de vins méditerranéens, allant des simples pizzas et pâtes pour 6 € aux spécialités plus élaborées et très appréciées dans les 12 €. Courez-y ! Cartes de paiement refusées.

🍴 *L'Albatros :* entre deux églises, odos K. Satha, au-dessus du port, en direction du Musée nautique. ☎ 22-65-04-22-33. Très bonne cuisine à prix doux et ambiance familiale. Moins touristique que les restos du port. Petite salle style cantine, avec des peintures sur le thème de la mer. On y est très bien accueilli : le patron, ex-marin, n'est autre que le frère du patron de l'hôtel *Poséidon,* c'est tout dire !

🍴 *Taverne Dervenis :* chez *Efthymios Mardakis,* au centre du village (fléché). ☎ 22-65-04-11-77. Entre 5 et 7 € pour un plat de résistance. On mange dans un jardin planté de citronniers. Cuisine assez banale mais de bonne qualité : goûtez aux aubergines et tomates farcies, au *pastitsio,* aux *pitas* aux épinards ou au fromage. Le *tzatziki* y est aussi délicieux. Le service est parfois assez long, mais les prix restent très raisonnables.

Ⓘ **To Maïstrali** *(chez Dimitri)* : 32, odos Singrou. Dans une ruelle immédiatement parallèle au port de plaisance. ☎ 22-65-04-22-11. Quelques tables bleues installées dehors. Bonne cuisine simple, composée surtout de plats végétariens et de poisson.

Où boire un verre ?

🍷 🎵 **Café Liotrivi :** tout au bout du port des pêcheurs (appelé Hirolakas), installé dans une magnifique maison en pierre. Ouvert de 16 h à minuit, uniquement le week-end hors saison. Grande terrasse au bord de l'eau, idéale pour siroter un *ouzo* ou un café frappé, avec en fond sonore, des airs des années 1970-1980.

À voir

🕯 **Le monastère de Métamorphosis :** avant d'arriver à Galaxidi, suivre les panneaux qui indiquent le monastère (petite route sur la droite qui se dirige sur les hauteurs). Magnifique panorama, coin très calme. 12 sœurs y vivent encore dans un silence religieux. Une jolie promenade à flanc de montagne est possible en prolongeant la route.

QUITTER GALAXIDI

En bus

🚌 **Station de bus** sur la place du centre aux quatre palmiers. Acheter les billets au café. ☎ 22-65-04-11-00.

➤ **Pour Itéa :** 5 bus par jour (4 le week-end).
➤ **Pour Naupacte :** 5 bus par jour.

NAUPACTE (NAFPAKTOS) 12 200 hab.

À 84 km à l'est d'Itéa. Ville assez vivante, avec un petit port croquignolet, protógó par doc romparto. La grimpotto vors la fortoresse est de rigueur, entre les pins et les cyprès. D'en haut, joli panorama sur le golfe de Corinthe. Au large se déroula, en 1571, la fameuse bataille navale de Lépante (nom donné à Naupacte par les Vénitiens). Une alliance de l'Espagne, du Saint-Siège, de Venise et des chevaliers de Malte s'opposa à 200 galères turques. Les chrétiens l'emportèrent, infligeant une sévère défaite aux Ottomans. C'est là que Cervantès (le père de don Quichotte) perdit la main gauche.
Plage de galets, à droite du port. En nageant, magnifique vue d'ensemble sur les remparts et l'enceinte médiévale. Dommage qu'on autorise tous les camions à passer par le centre de la ville : la circulation y est infernale.

Où dormir ?

Camping

⛺ **Platanitis Camping :** à quelques kilomètres à l'ouest de Naupacte. ☎ 26-34-03-15-55. Ouvert de mai à septembre. Très ombragé et au bord de l'eau. Petits bungalows préfabriqués. Sanitaires un peu vieillots.

Resto traditionnel. Court de tennis et terrain de basket. Mieux équipé que le *Dounis Beach Camping*. Atten-tion, le camping est resté fermé en 2003.

Bon marché

🛏 *Hôtel Diethnès :* 3, odos Athanas Nova, tout près de la place du port. ☎ 26-34-02-73-42. ● spirosk1 @otenet.gr ● Compter dans les 40 € en haute saison. Un hôtel simple, mais les chambres, avec AC (et double vitrage), sont joliment décorées. Pas de petit déjeuner. La femme du patron est française.

Chic

🛏 *Hôtel Akti :* face à la plage, avant d'arriver dans le centre depuis Galaxidi. ☎ 26-34-02-84-64 et 65. Fax : 26-34-02-41-71. ●www.akti.gr ● Ouvert toute l'année. Chambre double à 70 € sans petit déjeuner. Bâtiment moderne avec balcons donnant sur la mer. Chambres très agréables avec meubles de style neufs et salles de bains récentes très propres ; AC et TV. 4 suites très design, avec terrasse. Excellent accueil. Un des fils du patron parle le français. Réserver en saison.

🛏 *Hôtel Régina :* plage Psanis. ☎ 26-34-02-15-55. Fax : 26-34-02-15-56. En regardant le port, prendre la petite rue sur la droite et marcher 50 m. Face à une plage pas désagréable. 55 € pour une chambre double sans petit déjeuner. Chambres et appartements, avec kitchenette et AC. À la fois proche du centre et un peu à l'écart de la circulation.

Où manger ?

🍴 *Chez Tsaras :* dans la rue principale, à droite juste après le port en venant de l'ouest. ☎ 26-34-02-78-09. Ouvert du jeudi au dimanche, et certains mois de l'année quand le patron, artiste et photographe, ne voyage pas. Compter entre 10 et 15 €. Cuisine originale dans un décor d'antiquités. Carte restreinte. Cave de style *Winstube* avec tonneaux et alcôves, fréquentée par la jeunesse du cru. Accueil sympa et décontracté.

🍴 *Restaurant Spitiko :* hors du centre, à l'est de la ville, sur la plage, en regardant la mer. ☎ 26-34-02-65-24. Ouvert toute l'année. Tout au bout de la promenade. Un des meilleurs restos de la ville, offrant des plats traditionnels mais aussi des recettes d'autres régions de Grèce. Propre et soigné.

Où manger dans les environs ?

🍴 *Lappas 1959 :* excellente *psarotaverna* à Makynia, au bord de la mer, une douzaine de kilomètres avant Naupacte, en venant par l'ouest. Si vous débarquez du ferry *Rio-Andirio*, prenez sur votre gauche pour y aller.

🍴 *Restaurant Iliopoulos :* à Monastiraki, à 10 km de Naupacte vers Delphes. ☎ 26-34-05-21-11. Devant la plage en contrebas de l'église. Prendre l'escalier qui descend vers la mer ; tourner à gauche. Cuisine traditionnelle, bons *mezze*, poisson frais à choisir en cuisine. Bon petit vin. Grande terrasse en bord de mer. Propre et moins cher que sur le port. Accueil sympa.

Où boire un verre ?

▼ *Bar Aroma :* à gauche de la place, en regardant le port. Le seul qui ait des tables sur le port. Un lieu enchanteur pour siroter un café frappé !

QUITTER NAUPACTE

➤ *Pour Delphes :* via Itéa, 5 bus quotidiens, de 8 h 30 à 18 h 30.
➤ *Pour le Péloponnèse :* rejoindre *Andirio,* à 10 km de Naupacte, et prendre le bac (voitures acceptées) qui relie la Grèce continentale à Rio toutes les demi-heures (le pont doit être mis en service fin 2004) ou repartir vers *Agios Nikolaos* et prendre le ferry pour Eghio (7 traversées par jour en été, de 6 h 30 à 22 h).

LA ROUTE NAUPACTE-MISSOLONGHI-MITIKAS-AMFILOCHIA

Itinéraire bis qui rallonge un peu mais qui permet de traverser les marais salants de *Missolonghi,* puis de longer une jolie route côtière jusqu'à *Astakos* (petites criques sympas pour la baignade) et de remonter jusqu'au village de *Mitikas,* face à l'îlot de *Kalamos.*
🏠 I●I Quelques *hôtels* tout simples et bon marché et des *tavernes* sur le port de Mitikas.

AMFILOCHIA   5 200 hab.

À une centaine de kilomètres au nord-ouest de Naupacte. Ville sympa et vivante, tout au fond du golfe d'Arta. Dominée par les vestiges d'une forteresse d'où l'on jouit d'un panorama super sur le golfe. Pas idéal pour la baignade tout de même.

Où dormir ? Où manger ?

⋋ I●I *Stratis Beach Camping :* au bord de la mer, à 17 km du centre-ville en allant vers Arta (plage de Katafourko). ☎ 26-42-05-11-23. ● www.camping.gr ● Compter environ 16 € pour 2 personnes avec tente et voiture. Bar, taverne, mini-marché. Étagé, le long de la côte, jusqu'à la mer (accès direct). Très ombragé (pins, palmiers, eucalyptus) et très vert (ce qui est rare !). Accueil très sympathique. 10 % de réduction à partir de la 2e nuit.
I●I *I Kali Kardia (enseigne en grec) :* sur le port, à la sortie d'Amfilochia en direction d'Arta. ☎ 26-42-02-29-88.

Compter environ 10 € pour un repas complet. Une taverne sans prétention où le patron, vraiment sympathique, ne pousse pas à la conso. Bien au contraire, il n'hésite pas à offrir le café s'il est en forme. Cuisine sans surprise servie généreusement.
I●I *Taverna Limnéa :* à la sortie de la ville, en direction d'Arta. ☎ 26-42-02-24-65. Compter environ 15 €. Attention, c'est plutôt cher. En revanche, cadre agréable. On mange sous les oliviers, légèrement à l'écart de la route. Belle vue.

LE NORD

• •

Depuis les conflits en ex-Yougoslavie et au Kosovo, la Grèce du Nord a connu une certaine désaffection de la part des touristes d'Europe du Nord ou de l'Ouest. En revanche, le tourisme balkanique (Macédoine, Bulgarie, Roumanie) s'est développé. Globalement, on y rencontre donc moins de monde qu'ailleurs en Grèce. Le temps n'est pas toujours aussi chaud en été que dans le reste de la Grèce, ce qu'apprécieront ceux qui souffrent des trop fortes chaleurs (mais bon, on atteint tout de même les 40 °C de temps en temps). La connaissance de l'allemand, en plus de celle de l'anglais, peut être utile dans cette partie de la Grèce, en raison des nombreux émigrés grecs qui ont travaillé en Allemagne.

LITOHORO ET LE MONT OLYMPE

• •

Une petite variante sur la route Athènes-Thessalonique vous mènera dans la région du majestueux mont Olympe, où Zeus jouit désormais d'une paisible retraite.
À une vingtaine de kilomètres, au sud de Katérini, le gros village de Litohoro est le point de départ pour une randonnée superbe jusqu'au sommet de l'Olympe.

Comment y aller ?

En bus

➢ *D'Athènes ou de Thessalonique :* les bus s'arrêtent au carrefour sur la nationale ; mais une navette permet de monter à Litohoro (à 5 km).

En train

🚂 La *gare* ne se trouve pas très loin de la mer, dans le quartier des campings, mais à 8 km du village. Toutefois, il est préférable de s'arrêter à Katérini, mieux desservie. ☎ 23-51-02-37-09. De Katérini, des bus KTEL à destination de Litohoro.

Adresses utiles

■ Renseignements disponibles au *club alpin (EOS)*, en face de la station de bus. ☎ 23-52-08-24-44. Ouvert tous les jours en saison de 9 h 30 à 11 h 30 et de 18 h 30 à 20 h 30. N'hésitez pas à bien vous informer avant votre ascension, le personnel est très compétent et sympathique.

🛈 *Office du tourisme :* en face de la gare routière. ☎ 23-52-08-31-00. Ouvert de juin à septembre de 9 h à 12 h.
■ En cas de bobo sur les cimes, *dispensaire (Kendro Hygias)* sur place : ☎ 23-52-02-22-22.

Où dormir?

Attention, les hôtels sont souvent archi complets en juillet et août, réservés par les Athéniens longtemps à l'avance.

De bon marché à prix moyens

🛏 *Hôtel Park :* 23, odos Nikolaou. ☎ 23-52-08-12-52. Compter entre 30 € pour une chambre double. Toutes les chambres sont avec TV, frigo et balcon. Déco en formica qui commence à dater un peu. Salles de bains vieillottes. Mais l'hôtel reste tout de même très correct pour le prix. Joli carrelage dans les couloirs aux étages.

🛏 *Hôtel Aphroditi :* au bout de la rue principale, dans le centre, après la poste. ☎ 23-52-08-14-15. Fax : 23-52-08-36-46. Dans les 40 € la chambre double. Petit dej'-buffet servi dans une salle agréable. Toutes les chambres sont avec AC et ont une grande salle de bains avec douche. Certaines avec balcon et vue sur la place centrale. La déco est un peu plus stylée, le mobilier plus soigné. Lit avec jolie moustiquaire. Un endroit où l'on se sent bien. Entrée de l'hôtel très cosy. Accueil charmant. Une bonne adresse.

🛏 *Hôtel Myrto :* à droite, sur la rue principale, en arrivant dans le centre. ☎ 23-52-08-14-98. Fax : 23-52-08-22-98. Le seul des trois hôtels de cette catégorie à rester ouvert en hiver. Compter environ 50 € pour une chambre double. Chambres avec AC, TV et balcon. Hôtel plutôt froid et impersonnel, mais bien tenu.

Entre Litohoro et Katérini

Bord de mer très touristique sans grand intérêt. On peut très bien dormir sur la plage, le tout est de trouver le chemin qui y mène. Sinon, une douzaine de campings vous tendent les bras.

⛺ *Camping Niréas :* à Variko, au nord de Litohoro. ☎ 23-52-06-12-90. Compter 15 € pour 2 personnes, avec une tente et une voiture. Une centaine d'emplacements. Bien ombragé et très vert. Accès à la mer. Resto-bar. Épicerie. Sanitaires corrects, sans plus. Location de bungalows.

⛺ *Camping Olympos Beach :* à Plaka. ☎ 23-52-02-21-12 et 11. Fax : 23-52-02-23-00. ● info@olympos beach.gr ● Ouvert d'avril à mi-octo-bre. Environ 19 € pour 2 personnes, avec une tente et une voiture. Une cinquantaine de bungalows. Cher mais propre. Eau chaude, machines à laver, change, poste, beaucoup d'ombre, bar, resto pas trop cher. Mais bruyant, en raison de la voie ferrée et de la discothèque toutes proches. Réservation conseillée. Camping *Sunshine,* réduction de 10 à 20 % sur présentation du dépliant de la chaîne.

Où manger?

🍴 *To Pazari :* taverne située dans le quartier commerçant (en montant à partir de la place où se trouve la poste). ☎ 23-52-08-25-40. Ouvert tous les jours et toute l'année. Compter environ 10 € pour un repas. Petite salle intérieure et quelques tables dehors le soir en saison. *Mezze* et spécialités de poissons et de fruits de mer. Sans prétention mais correct. Patron très sympa.

🍴 *Restaurant Erato :* sur la place centrale du village. ☎ 23-52-08-33-46. Ouvert tous les jours de l'année, midi et soir. Autour de 10 € le repas complet. Belle terrasse fleurie avec vue sur les gorges. Également une grande salle avec cheminée. Le cadre est agréable. La cuisine est traditionnelle. On vous conseille le lapin en sauce. Le soir, fait aussi pizzeria. Accueil sympa. Bon rapport qualité-prix.

Ⅰ●Ⅰ *Taverna Néromylos :* odos Farangi Enippéa. ☎ 23-52-08-41-41. Juste après le *club alpin,* près de la rivière Enippéas où l'eau ne coule qu'en hiver. Compter à peu près 12 € par personne. Installée dans un ancien moulin à eau récemment restauré, tout en pierre apparente. Une carte originale. Essayer la soupe *trahanas* (lait, yaourt et blé) et l'agneau au four. Bonnes tartes salées maison. Très jolie terrasse bien fleurie. L'endroit vaut vraiment le détour.

Où manger une glace ? Où boire un verre ?

♀ ♟ *Pâtisserie-glacier Liankas :* 1, Ithakissiou. Ouvert tous les jours, toute l'année. ☎ 23-52-08-44-55.

Pour déguster une pâtisserie ou manger une bonne glace. Fait aussi café. Terrasse.

L'ascension

ATTENTION aux brusques changements de temps dans le massif. Se renseigner localement sur les prévisions météo et se procurer les cartes nécessaires. Faire l'ascension avec un guide n'est pas une mauvaise idée. Se munir d'une bonne carte, comme celle au 1/50 000 des éditions *Anavassi*. Il va de soi que les indications que nous donnons ne sont pas suffisantes pour se lancer à l'assaut du sommet.

L'ascension du plus haut sommet de l'Olympe, le *Mitikas* (2 917 m), est loin d'être très facile. Elle demande tout de même deux petites journées et peut se révéler dangereuse dans sa dernière partie pour ceux qui ne seraient pas suffisamment familiarisés avec la montagne.

Deux itinéraires principaux

➤ On peut partir à pied de Litohoro pour gagner, via les gorges de l'Enippéas, magnifiques, le *refuge A* (nommé *Spilios Agapitos* mais sur place on l'appelle plutôt *Zolotas*) à 2 100 m (ouvert de la mi-mai à la fin octobre). ☎ 23-52-08-18-00 et 23-52-08-13-29. Fax : 23-52-08-36-55. 130 places. Compter 8 h de marche. On peut aussi se faire emmener en voiture à Prionia, à 1 100 m d'altitude, ce qui fait gagner 4 h 30. De Prionia au refuge, compter 3 h. Traversée d'une belle forêt de hêtres puis de conifères. Inutile d'apporter tout son matériel pour le couchage, il y a ce qu'il faut là-haut, en location. Le lendemain, on est tout en haut en 3 h.

Le Mytikas est le sommet le plus haut (2 917 m), l'accès conseillé se fait par Skala (2 866 m). Éviter en revanche l'accès par Louki si vous n'avez jamais pratiqué l'escalade : plus rapide, il consiste de même en un « sentier » pratiqué à la verticale sur 300 m de dénivelée. Difficile. L'ascension, assez raide, pour Skala, commence 1 h après avoir quitté le refuge et dure 1 h 15. De là, on redescend un peu vers le col pour accéder au Skolio (second sommet du massif, avec 2 911 m). Très belle vue sur le Mytikas qui domine les *Kazania* (les Chaudrons), un gouffre profond de 450 m. Ce qu'on appelle le trône de Zeus est le sommet de Stéphani, reconnaissable à sa forme de fauteuil. Puis 45 mn sont encore nécessaires pour le Mytikas. Un peu d'escalade (passages de degrés I et II). Ensuite, il ne reste plus qu'à redescendre.

➢ La seconde manière d'entamer l'ascension consiste à se faire conduire en voiture (soit en stop, pas très facile, soit en taxi, mais alors c'est très cher) à 15 km de Litohoro par la piste, plutôt bonne (jusqu'à *Diastravossi*, la route est la même, la piste prend sur la droite). De là, 5 h de marche pour atteindre le petit refuge (une vingtaine de lits) *EOS Kakalos* à 2 650 m (Christos Kakalos a été le premier Grec à gravir le mont Olympe en 1913, il accompagnait deux Suisses, Fred Boissonas et Daniel Baud-Bovy). Le refuge reste parfois fermé par manque d'argent et de personnel. Se renseigner auprès des guides au club alpin (☎ 23-52-08-24-44). D'après les connaisseurs, la partie Diastavrossi-refuge est une des plus belles randonnées à faire dans le massif. Ne pas oublier d'apporter de l'eau. Le lendemain, « plus » que 1 h-1 h 30 pour arriver au sommet, dont 30 mn d'escalade par Louki (pas besoin d'équipement mais le danger vient des risques de chutes de pierres, déconseillé si l'on n'a jamais pratiqué l'escalade). Vous pourrez dormir au refuge de l'*EOS,* pouvant accueillir une centaine de personnes. Pas besoin d'apporter ses couvertures, il y a tout sur place.

Randonnée pédestre

➢ Petite balade pour ceux qui ne se sentent pas capables d'aller voir les dieux. Monter en voiture par la route sur 10 km et ensuite environ 5 km de piste jusqu'au *monastère d'Agios Dionysos*, détruit par les Allemands et reconstruit (850 m d'altitude). Quelques moines y demeurent. La visite du monastère est rapide (tenue correcte exigée et ici on ne prête pas de vêtements à l'entrée !). Du monastère, on s'engage facilement dans les gorges. En descendant, pendant une petite demi-heure, le sentier ombragé qui les surplombe, on arrive à une grotte qui abrite un ermitage. Fraîcheur garantie. Retour par le monastère. Sinon, ça descend tout droit sur Litohoro (3 à 4 h de marche selon l'allure), par un sentier en partie balisé qui suit le torrent de l'Enippéas. Vous pourrez d'ailleurs vous y baigner, car par endroits, il s'y forme de véritables piscines naturelles. Balade très agréable.

➤ *DANS LES ENVIRONS DU MONT OLYMPE*

🎬🎬 **Dion :** non, une certaine chanteuse ne s'est pas installée dernièrement au pied de l'Olympe ; sous ce nom se cache un site archéologique important, ainsi nommé en l'honneur de Zeus. Il était aux Macédoniens ce qu'Olympie était aux Grecs. Pour s'y rendre, quitter la nationale entre Litohoro et Katérini, c'est quelques kilomètres plus loin dans les terres. ☎ 23-51-05-32-06. Entrée payante (site et musée) : 3 €. Ouvert tous les jours de 8 h à 19 h en saison (musée fermé le lundi matin). Site impressionnant par sa superficie, où l'on voit très bien ce que pouvait être une ville antique, avec ses nombreux lieux de culte. Musée remarquable.

ENTRE KATÉRINI ET THESSALONIQUE

VERGINA

🎬🎬🎬 À 56 km de Thessalonique, en direction de Verria. ☎ 23-31-09-23-47. Ouvert en principe tous les jours, en saison (de 8 h 30 à 19 h du mardi au samedi, de 8 h 30 à 15 h le dimanche et de 13 h à 19 h le lundi). Entrée : 8 € (site et musée) ; réductions. Un des derniers sites découverts en Grèce (les véritables fouilles n'ont commencé que dans le dernier quart du XXᵉ siècle, sous la direction de Manolis Andronikos, grand archéologue grec dont les

travaux à Vergina ont été le couronnement de la carrière) où l'on a mis au jour, entre autres, quatre tombes monumentales du IVe siècle av. J.-C.
Vergina est un village de 1 200 habitants à l'est duquel se situait la ville antique d'*Aigès,* première capitale du royaume de Macédoine. Quand la Macédoine a commencé à jouer un rôle de puissance régionale, la capitale a été transférée à Pella, une trentaine de kilomètres plus au nord, mais le site a continué à servir de centre sacré où l'on enterrait notamment les rois. Dans la Grèce antique, les Macédoniens étaient considérés comme des semi-barbares par les Athéniens. Le célèbre orateur Démosthène avait mis en garde contre le danger pour la démocratie représenté par Philippe de Macédoine. L'une des tombes retrouvées est justement celle de Philippe de Macédoine, père d'Alexandre le Grand.
On visite les ruines, assez étendues, de la ville antique et le musée local. On peut y admirer le somptueux trésor qui fait la réputation de Vergina. Jusqu'en 1997, il se trouvait au musée de Thessalonique, mais on a préféré le ramener sur le site même. On a donc construit un musée souterrain, très spectaculaire, qui a l'apparence d'un grand tumulus et qui abrite quatre tombes dont celle de Philippe et celle supposée d'Alexandre IV, fils d'Alexandre le Grand, assassiné à l'âge de 13 ans. Nombreuses vitrines permettant d'admirer la riche collection de masques et de bijoux en or d'une beauté unique, ainsi que les armes du roi. Magnifiques fresques. La richesse de ce musée justifie le droit d'entrée, plutôt élevé.

THESSALONIQUE (THESSALONIKI) 408 000 hab.

La situation géographique de Thessalonique (à l'époque du rideau de fer, elle se trouvait à la frontière du monde libre et du monde communiste) l'a longtemps empêchée de développer sa vie politique, sociale et culturelle. Mais depuis 1989-1990, l'ordre des choses a changé, et Thessalonique est en train de devenir la capitale dynamique du nord de la Grèce et des Balkans. Elle a d'ailleurs été consacrée « capitale européenne de la culture » en 1997.
Deuxième ville et deuxième port de la Grèce, comptant près d'un million d'habitants si l'on prend en considération toute la communauté urbaine, Thessalonique est une cité industrielle et commerçante sans trop de charme, mais surtout une ville d'art, connue pour la beauté de ses églises byzantines.
Remarque : essayez d'éviter de dire Salonique, c'est le nom que les Turcs donnaient à la ville (*Sélanik* en turc, et l'on sait que Mustafa Kemal, le père de la nation turque moderne, y est né) et ça ravive de mauvais souvenirs. Sait-on seulement qu'elle n'est grecque que depuis 1912 ? Pourtant, avant, la ville – bien qu'appartenant à l'Empire ottoman – n'était pas vraiment turque. C'était la plus importante métropole juive de la Méditerranée, depuis qu'en 1492, 20 000 séfarades chassés d'Espagne étaient venus y chercher refuge. En 1900, ils représentaient plus de la moitié des 170 000 habitants de la ville.
Aujourd'hui, il ne reste quasiment plus aucune trace de l'histoire juive de Thessalonique : le grand incendie de 1917 (dans la ville basse, seul le quartier de Ladadika, entre le port et la place Aristotelous, n'a pas été ravagé par les flammes), l'émigration, surtout vers la France, alors accueillante, de nombreux séfarades, l'installation de Grecs chassés d'Asie Mineure, en 1922, et enfin, beaucoup plus tragiquement, la déportation à Auschwitz des 49 000 juifs qui y résidaient encore en 1943, ont détruit, tragiquement, la « nouvelle Séfarad ». Seuls ceux qui avaient un passeport espagnol ou italien, en vertu des origines de leurs ancêtres, ont pu être sauvés par les auto-

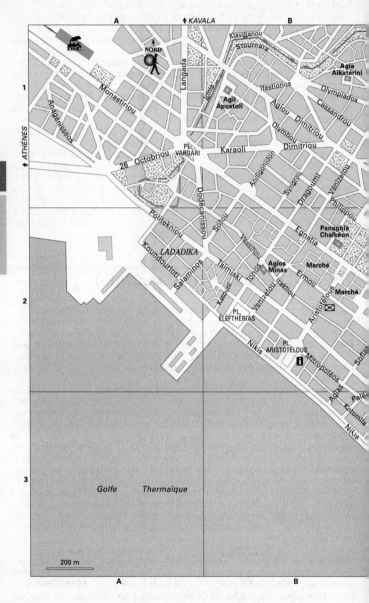

THESSALONIQUE

↑ KAVALA

NORD

↑ ATHÈNES

Monastiriou

Anagenisseos

26 Octobriou

PL. VARDARI

Langada

Irinis

Agii Apostoli

Klavdianou

Stournara

Ifestionos

Agiou Dimitriou

Olympou

Karaoli

Olympiados

Cassandrou

Dimitriou

Agia Aikaterini

Antigonidon

Syngrou

Dragoumi

Yenizelou

Philippou

Politekniou

Dodecanissou

Sofou

Egnatia

Panaghia Chalkéon

LADADIKA

Koundourioti

Salaminos

Tsimiski

Katouni

Vassilfou

Ionos

Agios Minas

Ermou

Marché

Aristotélous

Marché

Yenizelou

Pakilou

PL. ÉLEFTHERIAS

PL. ARISTOTÉLOUS

Nikis

Mitropoléos

Sofia

Agias

Palé

Kotomia

Nikis

Golfe Thermaïque

200 m

A   B

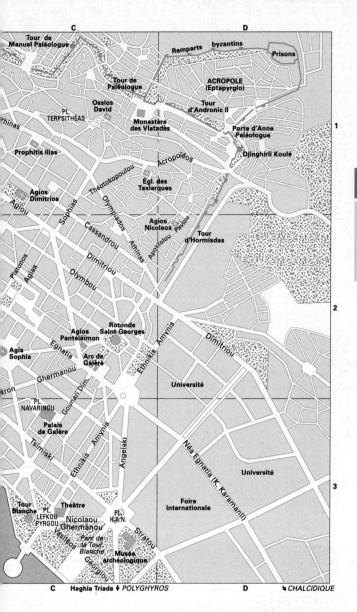

THESSALONIQUE

rités consulaires de leur pays. Les autres (c'est-à-dire l'écrasante majorité, 96 %) partirent en convoi, docilement, persuadés qu'on les envoyait s'installer à Cracovie, en Pologne... Même le cimetière (certaines tombes dataient de 1493) a été dévasté en 1943 et recouvert depuis par le campus universitaire. La communauté séfarade ne compte plus qu'un petit millier de personnes.

Le centre-ville, reconstruit après l'incendie de 1917, n'a rien de folichon, mais on sera surpris par le nombre d'églises byzantines disséminées dans la ville. C'est à un architecte français, Hébrard, que l'on doit cette reconstruction. Il faut dire que l'influence française à Thessalonique n'était pas négligeable à l'époque. Aujourd'hui, le consulat général de France perpétue cette présence française (Thessalonique est un centre important pour la stabilisation des Balkans). Signalons enfin, odos langadas, la nécropole Zeitenlick (1919) où reposent 8 089 soldats français et 208 soldats inconnus, morts sur le front d'Orient et dans les Balkans lors de la Première Guerre mondiale. Thessalonique est une des villes olympiques en 2004, accueil tant des épreuves de football.

Adresses utiles

⊞ Office du tourisme (plan B2) : au terminal passagers du port. ☎ 23-10-50-03-10. • tour-the@otenet.gr • Ouvert de 7 h 30 à 15 h du lundi au vendredi et de 8 h à 14 h le samedi. Ou à l'aéroport : ☎ 23-10-47-10-70. Ouvert de 8 h à 20 h du lundi au vendredi et de 8 h à 14 h 30 le samedi.

■ Police touristique (plan B1) : odos Dodékanissou. ☎ 23-10-55-48-70 et 71.

⊠ Poste principale (plan B2) : 26, odos Aristotélous. ☎ 23-10-26-89-54. Ouvert du lundi au vendredi de 7 h 30 à 20 h, le samedi de 7 h 30 à 14 h et le dimanche de 9 h à 13 h 30.

■ Change : nombreuses banques pourvues de nombreux distributeurs.

■ Consulat de France (plan C2) : 8, odos Makhenzi King. ☎ 23-10-24-40-30. Fax : 23-10-24-40-32. • www. consulfrance-salonique.org • À côté d'Agia Sofia ; à sa droite, lorsqu'on regarde l'entrée de l'édifice. Ouvert de 9 h 30 à 13 h (du lundi au vendredi)

■ Magazines et journaux français : kiosque devant le consulat de France. Un autre kiosque après la

tour Blanche, du côté du front de mer (direction Makedonia Palace). Également à la librairie Molho, odos Tsimiski.

■ Location de voitures : Capital Rent a Car, 48, léoforos Vassilissas Olgas. ☎ 23-10-85-38-56. Fax : 23-10-85-36-52. • natrent@hol.gr • Ouvert de 8 h à 21 h. Tarifs très intéressants. Réductions de 5 à 10 % pour les lecteurs du GDR.

■ Hôpital (hors plan par D3) : Ippokratio, 49, odos Papanastassiou. ☎ 23-10-83-79-21. Également l'hôpital G. Papanikolaou (☎ 23-10-35-77-03). Pour les urgences, ☎ 108 ou 23-10-53-05-30 (Croix-Rouge) ou encore 23-10-52-25-85 (IKA).

▣ Internet café Atlantic City (plan B2) : 61, odos Vénizélou. ☎ 23-10-28-35-38. Ouvert 24 h/24, tous les jours et toute l'année. Tarif minimum de 1 € et 2,50 € l'heure de connexion. Au rez-de-chaussée, une grande salle consacrée aux jeux vidéo et 1er étage pour surfer.

▣ Café Net : odos Monastiriou. En sortant de la gare des trains, prendre sur la gauche. Compter dans les 2 € de l'heure.

Où dormir ?

Hôtels pas chers près de la gare, à 700 m sur la gauche, en sortant de celle-ci. Évitez ceux de la rue Egnatia, assez chers et bruyants. À noter que les prix des chambres grimpent au mois de septembre sur Thessalonique, à cause de « l'International Trade Fair ». N'oubliez pas de réserver, si vous voyagez pendant cette période de l'année.

Bon marché

🛏 *Auberge de jeunesse (plan D3) :* 44, odos Alexandrou Svolou. ☎ 23-10-22-59-46. Fax : 23-10-26-22-08. Au centre, entre l'église Agias Sophias et les bâtiments de la foire internationale. Ouvert de 9 h à 11 h et de 19 h à 23 h. Fonctionne toute l'année, sauf pour Noël et le jour de l'an. Compter environ 9 € par per-sonne. Réduction de 10 % pour les jeunes ayant la carte d'étudiant. Les draps sont fournis, mais pas les serviettes. Un peu spartiate et assez bruyant. Propreté moyenne. Pas de couvre-feu. Attention, l'auberge est affiliée à la fédération grecque des AJ, non reconnue par la Fédération internationale.

Prix moyens

🛏 *Hôtel Emborikon (plan B1) :* 14, odos Singrou. ☎ 23-10-52-55-60. À l'angle d'Egnatia. Dans les 50 € la chambre double avec salle de bains. D'autres chambres à environ 40 € avec douches et toilettes collectives spacieuses. Hôtel familial. Confort sommaire mais acceptable. Vieille déco, mais l'accueil est chaleureux. Malheureusement un peu bruyant.

Plus chic

🛏 *Amalia (plan B2) :* 33, odos Ermou. ☎ 23-10-26-83-21. Fax : 23-10-23-33-56. Dans les 85 € la chambre double avec salle de bains et climatisation. Chambres confortables, avec balcon.

🛏 *Hôtel Telioni (plan B1) :* 16, odos Agiou Dimitriou. ☎ 23-10-52-78-25. Fax : 23-10-55-42-74. ● www.telioni.gr ● Compter dans les 100 € pour une chambre double avec bains, AC, TV et frigo. Chambres meublées Art déco (marbre et bois). Toutes avec balcon. Bien tenues.

Où manger ?

Nombreux *restos* odos Langada, à proximité de la gare. *Tavernes* agréables odos Vénizélou et odos Mitropolitou Gennadiou (toutes deux perpendiculaires à Egnatia, de chaque côté de la Panagia Halkéon).
Un quartier également à ne pas rater, le *Bit Bazar* ou le quartier des antiquaires *(plan B1)*. À la hauteur du 72, odos Vénizélou (une entrée aussi sur odos Olympou et odos Tossitsa). Une jolie place entourée de brocantes, d'antiquaires et de tavernes. Le soir, les magasins étant fermés, les restaurants sortent leur terrasse. Endroit vraiment sympathique où la jeunesse de Thessalonique aime se retrouver pour déguster toutes sortes de *mezze*. Ambiance garantie. On conseille la taverne *Stefano* ou l'ouzeri *Bit Bazar* (plus cher mais d'excellente qualité).
Pour trouver des tavernes à l'ancienne, monter dans la ville haute où l'on a presque l'impression d'être dans un village. Chercher *O Vlakhos*, rue Klious ou *O Kipos*, après la rue Dimitriou Poliorkitou *(plan B-C1 :* la rue Klious prend à droite au nord d'Olympiados et se poursuit par Dimitriou Poliorkitou en direction du monastère Vlatadon).

🍴 *Taverna Nea Ilyssia (plan B2) :* à l'angle des rues Egnatia et Léondos Sofou. Cuisine traditionnelle et bon marché.

🍴 *Krikelas (hors plan par C3) :* 32, odos Ethniki Antistassis. ☎ 23-10-45-12-89. Compter 20 € minimum. Grand choix de poisson et de viande fumée, salée et séchée, dont une délicieuse *pastourma* (viande de bœuf salée, épicée puis séchée). Excellent *isoblek kébab* (kébab au bœuf et aux légumes) d'influence turque, et très bon veau *youvetsi*. Un peu cher, mais jouit d'une très bonne réputation. Un autre *Krikelas*, tenu par la fille des patrons, a ouvert dans le quartier de Ladadika, 6, odos Salaminos *(plan A2)*. Fermé le dimanche. Même qualité et mêmes prix.

|●| *Zythos* *(plan B2)* : 5, odos Katouni. ☎ 23-10-54-02-84. Une bonne adresse dans le quartier Ladadika (autrefois mal famé), devenu branché, comme Psirri à Athènes, et situé à proximité du port. Dans une rue piétonne pavée. Ouvert tous les jours, de 11 h à 1 h du matin. Compter dans les 15 € pour un repas. Bonne cuisine (grand choix de plats représentant la tradition culinaire de la Grèce du nord) à prix raisonnable. Belle terrasse. Bon service.

|●| *Krassodikeio* *(plan B1)* : 18, odos Vénizélou à l'angle de Philipou. ☎ 23-10-23-90-31. Ouvert tous les jours, de 11 h à 3 h du matin. Compter environ 10 € pour un repas complet. Une carte assez variée. Spécialités de beignets (courgette, aubergine, poivron). Jetez un coup d'œil dans les cuisines, ça vous donnera une idée pour faire votre choix. Possibilité de manger en terrasse sur le trottoir. Service sympa.

Où boire un verre ? Où manger une glace ?

🍸 🎵 Le long de la *paralia* (bord de mer) près de la place Aristotélous *(plan B2)*, des **cafés** chic et chers, avec vue sur la mer Égée... ou plutôt sur le golfe Thermaïque. Inutile de trop s'approcher pour aller renifler les bonnes odeurs. Les terrasses des cafés sont bondées le week-end. Chaque café a un style de musique et une déco différente. À vous de faire votre choix. On vous en cite trois : le café *Thermaïkos*, 21, av. Nikis. ☎ 23-10-23-98-42. Bonne musique, cadre évoquant les années 1950 à 1970. Et le *Tollis*, avec sa jolie terrasse, très agréable. Enfin, le *Chris café*, près de la tour blanche, pour son ambiance cool et sa musique live le soir.

🍴 *Terkenlis* *(plan B2)* : 8, Agias Sofias et Mitropoléos. ☎ 23-10-26-05-70. Une bonne pâtisserie. De très bonnes glaces maison et de délicieux sorbets. Vous paierez au poids. Un grand choix de gâteaux. Propose également des pizzas.

À voir

🍴 *La ville haute :* ancien quartier turc aux rues étroites et aux vieilles maisons. Voir en particulier le quartier de l'*Eptapyrgho* (les 7 tours) qui domine tout Thessalonique.

🍴 *Les églises byzantines :* vous en avez environ une dizaine importantes (pas de droit d'entrée pour la visite) ; entre autres : celle des Saints-Apôtres *(Agii Apostoli ; plan B1)*, au bout de l'odos Olympou. Date du XIVe siècle et possède de belles fresques et des mosaïques extérieures. Voir aussi l'*Achiropiitos (plan C2)* : 56, Agias Sophias. ☎ 23-10-27-28-20. Visites tous les jours de 8 h à midi et de 17 h à 19 h. Paléochrétienne, donc l'une des plus anciennes (Ve siècle), la *Panagia Chalkéon (plan B2)*, sur Egnatia et Aristotélou. ☎ 23-10-27-29-10. Elles datent de 1028, et toutes les deux ont de belles fresques. À noter que pendant près de cinq siècles la plupart de ces églises chrétiennes ont servi de mosquées.

🍴 *Les ruines romaines (plan C2) :* l'arc de Galère, sur l'odos Egnatia et la Rotonde, tous deux de la même époque (début du IVe siècle de notre ère). Formaient avec le palais de Galère, situé plus au sud, un grand complexe édifié pour célébrer la victoire d'un empereur romain sur les Perses.

🗡 *Les monuments turcs :* plus très nombreux mais dans le centre restent tout de même quelques témoignages de 500 ans de présence turque (1430-1912). Deux mosquées, la première, *Hamza Bey,* sur Egnatia et Vénizélou, masquée par les magasins, et la seconde, *Issak Pacha,* près de la rue Kassandrou. Plusieurs hammams sont encore conservés (*Bey hammam,* à l'angle d'Egnatia et d'Aristotélous, *Pacha hammam* près de l'église des Saints-Apôtres), ainsi que le marché *Bézésténi,* à l'angle de Vénizélou et Solomou, un bâtiment octogonal datant du début du XVᵉ siècle.

🗡🗡 *Le Musée archéologique (plan C3) :* 6, odos Manolis Andronikos. ☎ 23-10-83-05-38. Juste en dessous des installations de la foire internationale. Ouvert le lundi de 10 h 30 à 17 h et du mardi au vendredi de 8 h à 15 h, le samedi et le dimanche de 8 h 30 à 15 h. Entrée : 6 € ; réductions. Vraiment un très beau musée, mais il a beaucoup perdu de son intérêt en rétrocédant à Vergina le trésor des tombeaux découverts sur ce site archéologique. On y voit des statues, des stèles, des objets découverts dans différentes tombes en Macédoine. À noter aussi : sur le site de l'agora antique, des fouilles ont mis au jour des restes du plus vieux bordel du monde, datant du Iᵉʳ siècle av. J.-C. Les archéologues ont notamment découvert une cruche à bec phallique, un godemiché (...) et ont pu déterminer l'organisation de cette maison de plaisirs.

🗡🗡 *Musée de la Culture byzantine (plan C3) :* 2, odos Leoforos Stratou. ☎ 23-10-86-85-70. Juste à côté du *Musée archéologique.* Ouvert le lundi de 12 h 30 à 19 h (10 h 30 à 17 h hors saison) et du mardi au dimanche de 8 h à 19 h (8 h 30 à 15 h hors saison). Entrée : 4 € ; réductions. Billet groupé à 6 € si vous visitez le Musée archéologique et le byzantin.
Ouvert depuis 1994. Le musée est constitué de six salles d'exposition consacrées aux objets de l'art byzantin à partir du IVᵉ siècle jusqu'au XIIᵉ siècle. Vous pouvez y voir des sculptures, des poteries, des bijoux, des murs et des parterres de mosaïques. Petit musée, mais très intéressant et bien organisé.

🗡🗡 *Le musée de la Présence juive à Thessalonique (plan B2) :* 13, Agiou Mina. ☎ 23-10-25-04-06. Ouvert les mardi, mercredi, jeudi, vendredi et dimanche de 11 h à 14 h et également les mercredi et jeudi de 17 h à 20 h. Fermé les lundi et samedi. Entrée libre.
On peut y voir l'exposition de photographies « Thessalonique, métropole séfarade » (visible également en Israël au *musée de l'Holocauste et de la Résistance* de Lohame Haghéta'ot) ainsi qu'une exposition consacrée à l'Holocauste.
À voir également, dans la partie « moderne » de la ville, à l'intersection des rues Karamanlis (Néa Egnatia), Papanastassiou et Kléanthous *(hors plan par D3),* le récent mémorial des victimes de l'Holocauste.

🗡 *Musée macédonien d'Art contemporain (plan C3) :* Helexpo-TIF, 154, odos Egnatia (dans les bâtiments de la foire expo internationale). ☎ 23-10-24-00-02. Ouvert du mardi au samedi de 10 h à 14 h et de 18 h à 21 h. Le dimanche, de 11 h à 15 h. Entrée : 3 €.
Un musée entièrement dédié à l'art contemporain grec et européen (peintres et sculpteurs). De nombreux artistes grecs exposés ont vécu en France dans les années 1960-1970. Parmi eux, Takis, Moralis, Christina Zervou... Également des œuvres de Tinguely, Niki de Saint-Phalle.

🗡 *La tour Blanche (plan C3) :* vestige des fortifications vénitiennes du XVᵉ siècle. ☎ 23-10-26-78-32. Mêmes horaires que le Musée byzantin, sauf le lundi en hiver (fermé). Entrée : 2 €.
Elle abrite depuis 1985 le *musée pour l'Histoire et l'Art de Thessalonique.* D'en haut, vue sur la mer et la ville. Allez donc aux toilettes du 5ᵉ étage. Tout est en marbre et impeccablement propre.

– *Le marché :* tous les jours sauf le lundi. Le marché Modiano, très animé (surtout le samedi), vaut vraiment le détour pour son côté oriental. Poisson, viande, épices...

QUITTER THESSALONIQUE

En stop

Les abords de la ville étant – comme ceux de toute bonne ville grecque – carrément repoussants, mieux vaut prendre un bus qui vous en éloigne et faire du stop à une certaine distance.

En bus

🚌 *Gares routières :* la principale se trouve au 194 de l'odos Giannitson, une parallèle à Monastiriou, qui passe devant la gare ferroviaire. Du centre, ou de la gare, bus n° 1. Les bus à destination de toute la Grèce, sauf la Chalcidique, partent de cette gare routière.

Pas de numéro de standard. Voici quelques numéros pour les principales destinations :
– *Athènes,* ☎ 23-10-54-53-02.
– *Ioannina,* ☎ 23-10-59-54-42.
– *Igouménitsa,* ☎ 23-10-59-54-16.
– *Trikala* (correspondance pour Kalambaka), ☎ 23-10-59-54-05.

En train

🚆 *Gare ferroviaire :* odos Monastiriou, sur l'une des sorties ouest de la ville *(plan A1).* ☎ 23-10-51-75-17.
➤ *Pour Istanbul :* prenez le bon wagon dès votre gare de départ, cela vous évitera de devoir déménager. En effet, le train international se compose d'un seul wagon.
➤ *Pour Athènes :* 8 trains par jour, dont 4 *InterCity,* de 7 h à 23 h 40.

En avion

✈ *L'aéroport* est à Mikra, à 16 km de Thessalonique-centre. ☎ 23-10-40-84-11. Possibilité de s'y rendre en bus (n° 78) à partir de la gare ferroviaire. Liaisons intérieures assurées par *Olympic Airways* et *Aegean Airlines.*

En bateau

⛴ Renseignements à la *capitainerie :* ☎ 23-10-53-15-05 ou à l'agence *Crete Air Travel,* 1, odos Ionos Dragoumi. ☎ 23-10-53-43-76. Fax : 23-10-53-43-93.
➤ *Pour les Sporades :* pas de liaison en 2003, du moins en *Flying Dolphin.* En ferry, un départ hebdomadaire pour Skopelos et Skiathos.
➤ En ferry, il est possible de rejoindre les *îles du nord-est de l'Égée* (Lesbos et Chios) et même certaines des *Cyclades* (Mykonos, Paros, Santorin), ainsi que la *Crète.*

SITHONIA (CHALCIDIQUE)

C'est la péninsule du milieu, entre Kassandra (où l'on trouve beaucoup de gros hôtels) et le mont Athos ; elle est restée encore assez sauvage, avec de nombreuses collines boisées de pins, de petites criques de sable, parfois bien cachées. De Thessalonique, des bus (voir « Quitter Thessalonique »). En voiture, il faut une centaine de kilomètres pour atteindre Nikitas, le premier village de la presqu'île ; ensuite, pour en faire le tour, compter 120 km. Campings assez nombreux et pas mal d'espace pour les camping-cars.

TORONI

Au sud, côté ouest, à une bonne cinquantaine de Nikitas. Inutile de s'attarder à *Néas Marmaras,* la « capitale » (sauf pour retirer de l'argent au distributeur, il n'y en a pas des masses sur la presqu'île). Le village de Toroni s'étire le long d'une plage de 3 km. Hôtels, pensions, tavernes d'un côté de la route, la plage de l'autre. Ambiance familiale.

Où manger ? Où dormir ?

🛏 |●| *Hôtel-restaurant Korakas :* dans les arbres et en bordure de plage bien sûr. ☎ 23-75-05-12-09. Dimitri, le patron, vous invitera à goûter son *tsikoudia* et ses *mezze.* Accueil chaleureux garanti.

🛏 |●| *Pension-taverne Akroyali :* carrément sur la plage. ☎ 23-75-05-

10-87. Si vous avez la chance d'être un de ses locataires (elle n'a que 5 chambres), Kiria Sophia prendra grand soin de vous.

|●| *Aphroditi :* taverne dans le centre du village. D'excellents plats cuisinés à des prix très corrects.

LE NORD

PORTO KOUFO

2 km plus au sud, un port naturel (« port creux » en grec), bordé de tavernes, abri idéal pour les marins et les routards amateurs de poisson. Nombreuses chambres à louer.

Où manger ?

|●| *O Pefkos :* la première taverne à droite en arrivant sur le port. ☎ 23-75-05-12-06. Spécialité de poisson et accueil sympathique.

|●| *O Makis :* restaurant sur la route principale en partant et en face de

l'hôtel *Koufo.* Mets de grande qualité. Laissez-vous guider par le chef. Le décor et le service sont à la hauteur, et l'addition ne vous gâchera pas la digestion.

SARTI

À une trentaine de kilomères de Toroni, sur la façade est de la presqu'île. Un village d'un petit millier d'habitants, beaucoup plus l'été. Ne manquez pas d'aller vous promener et boire l'*ouzo* dans l'un des nombreux cafés du centre piéton très fleuri et très verdoyant et, surtout, ne continuez pas votre route sans aller manger et vous gaver de délicieuses pâtisseries chez :

|●| *Ta Vrakakia (les rochers* en grec) *:* taverne-pâtisserie. Le dernier restaurant à gauche en regardant la mer. ☎ 23-75-09-41-05. Dans les fleurs, bien sûr, et directement sur une magnifique plage de sable cer-

née de gros rochers blancs et ronds. Une cuisine délicieuse et raffinée, une pâtisserie à la hauteur. L'établissement est réputé, mais l'addition reste très raisonnable.

VOURVOUROU

25 km plus au nord, en remontant vers Ormos Panagia (port de départ pour des croisières à la journée le long des côtes du mont Athos – pas d'interdiction pour les femmes !), on passe devant Vourvourou, un petit archipel qui s'étend à 500 m de la côte à peine. *Nissos Diapora* est la plus grande de la dizaine d'îles et d'îlots quasi inhabités qui le composent. On peut louer une barque à moteur et passer sa journée à découvrir les criques, à parcourir les bras de mer qui passent du bleu profond au vert émeraude. Un paradis ignoré en Méditerranée : profitez-en, ça ne saurait durer. Une taverne style baraque en bois avec des frigos et du poisson frais sur l'île de Diapora. Thanassis, le propriétaire des lieux, viendra vous chercher en barque si vous sifflez très fort depuis la côte. Chaude ambiance garantie chaque soir.

LE MONT ATHOS (AGION OROS : LA SAINTE MONTAGNE)

Cette longue presqu'île (le troisième « pis » de la Chalcidique) peut concourir sans problème pour le titre de la plus belle région de Grèce : la nature, rien que la nature, pas de promoteurs immobiliers... Au total, pas grand-chose de changé depuis 963, date de l'établissement des premiers moines. Pas de route depuis l'extérieur, on y accède en bateau comme si on partait sur une île. Tout cela pour dire que, même si l'on n'est pas un spécialiste de la religion orthodoxe ou de l'art byzantin, on prendra un vif plaisir à randonner le long des sentiers de la presqu'île.

On ? Pas tout le monde malheureusement. Les messieurs penseront à laisser femmes et enfants au port d'embarquement, Ouranopolis, puisque, selon l'article n° 186 de la charte du mont Athos, « l'entrée de femelles est interdite » (!). Au XIe siècle, l'empereur Alexis Comnène avait en effet interdit la transhumance aux bergers dont les femmes avaient une regrettable tendance à se glisser dans les lits des moines... et elles sont toujours indésirables aujourd'hui ! Maigre consolation, chèvres, ânesses, juments, vaches le sont aussi. Seules quelques poules sont tolérées, car les œufs entrent dans la composition de la peinture pour icônes. Autre consolation : même pour les hommes, une expédition au mont Athos s'apparente au parcours du combattant.

Comment y aller ?

Les autorités ecclésiastiques limitent l'accès au mont Athos, du moins aux non-orthodoxes qui ne peuvent pas entrer à plus de 10 par jour sur le territoire. L'offre étant toujours identique, les facilités d'accès dépendent de la demande, d'où la nécessité de s'y prendre très longtemps à l'avance (6 mois par exemple) si vous souhaitez vous y rendre au printemps, pour cause de Pâques. En revanche, en hiver, les délais sont réduits. On a inventé le *bureau des pèlerins* qui est désormais l'autorité qui délivre les laissez-passer. Il faut envoyer à ce bureau une photocopie de votre passeport (par courrier ou par fax) en précisant la date souhaitée de votre séjour au mont Athos. Ce bureau est situé au 14, odos Konstantin Karamanlis, 546-38 Thessalonique. ☎ 23-10-86-16-11. Fax : 23-10-86-18-11. Responsable : M. Kanellis (qui parle l'anglais). Coût du laissez-passer : environ 35 €. Si tout se passe bien (c'est-à-dire si le quota assez strict – 10 par jour – du nombre de non-orthodoxes présents sur la presqu'île n'est pas atteint, si vous êtes accepté comme pèlerin, bien que non-orthodoxe...), il faut alors filer sur Ouranopolis (la ville du ciel) pour récupérer l'inestimable *diamonitirion,* qui donne l'accès au monastère, à l'agence *Athoniki* sur le quai, le matin du départ. Le bateau part vers 9 h du matin, il faut arriver la veille à Ouranopolis, sauf si l'on part aux aurores de Thessalonique (2 h de route). Bus à 6 h (retour d'Ouranopolis : départ à 14 h).

La visite

Une fois qu'on est dans la bergerie, à part quelques interdictions (du genre : on ne fume pas dans la rue principale de Karyès, on ne se ramène pas en short dans un monastère, on ne filme pas, on n'utilise pas de trépied pour photographier), c'est la liberté : on va où l'on veut, à son rythme, en s'arrangeant pour se pointer dans un monastère aux heures des repas (et avant 20 h ou 21 h, à la belle saison, car les portes des monastères sont hermétiquement closes dès le coucher du soleil, au cas où le diable voudrait en profiter pour entrer...). Comme il n'est pas possible de rester deux nuits de suite dans le même monastère, il faut prévoir son itinéraire. Les sentiers ne sont pas toujours bien balisés et en hiver, ils sont parfois même impraticables. Penser à s'assurer par téléphone (liste des numéros remise à Karyès) que les monastères qu'on souhaite visiter peuvent vous accueillir.
Il est bien entendu préférable de se munir d'une bonne carte des sentiers qui relient les vingt monastères, avec une indication des durées de trajet, en heures de marche, entre eux. *Road Editions* en a récemment sorti une (au 1/50 000) qui est très bien faite. Il est également possible de prendre des caïques qui relient les monastères qui sont sur la côte, mais ce sera payant. L'unique autobus ne fait que la liaison entre le port de Daphni, où vous dépose le bateau d'Ouranopolis et la « capitale », Karyès.
Pendant votre séjour, il faut oublier tout ce que la civilisation vous a appris : le mont Athos est hors du temps. Avec un peu de chance, vous trouverez bien un moine français (il y en a une douzaine sur les 1 700 moines plus ou moins recensés). Quant aux monastères, s'il y en a bien qui sont plus riches que d'autres, aucun ne laisse indifférent. Ceux du sud-ouest sont les plus spectaculaires car ils se dressent au-dessus de la mer (notamment *Simonos Pétra* et *Dionysiou*) ; au sud-est le monastère d'*Iviron,* moins touristique et plus loin, la *Grande Lavra,* le plus ancien qui passe pour le plus beau et le plus riche ; plus au nord, *Stavronikita* et *Pandokrator* présentent une belle architecture. Plus haut encore, *Vatopédi* et *Chilandari* (monastère serbe) méritent une attention toute particulière. Le plus grand est le monastère russe d'*Agios Pandéléimon,* au nord du port de Daphni, qui ne ressemble à aucun des autres monastères. C'est une petite ville, prévue pour 2 500 moines. En mauvais état, se contenter de le regarder depuis le bateau.
Une fois dans un monastère, il faut vous plier au style de vie, on mange assez tôt (vers 18 h-18 h 30) et, la plupart des monastères étant cénobitiques (c'est-à-dire suivant strictement des règles de vie communes), si vous vous y trouvez pendant le carême, vous ne mangerez peut-être pas assez pour randonner dans la journée (donc prévoir un minimum de ravitaillement). Prévoir aussi de se lever la nuit pour assister à un office religieux.

**Cour pénale internationale :
face aux dictateurs
et aux tortionnaires,
la meilleure force de frappe,
c'est le droit.**

L'impunité, espèce en voie d'arrestation.

www.fidh.org

fidh
Fédération Internationale
des ligues des Droits de l'Homme.

m'man, p'pa, 'faut pô laisser faire !

HANDICAP INTERNATIONAL

titeuf "totem" de nos 20 ans

Pour découvrir l'engagement de Titeuf
et nous aider à continuer :

www.handicap-international.org

Les peuples indigènes peuvent résister aux militaires ou aux colons. Face aux touristes, ils sont désarmés.

Pollution, corruption, déculturation : pour les peuples indigènes, le tourisme peut être d'autant plus dévastateur qu'il paraît inoffensif. Aussi, lorsque vous partez à la découverte d'autres territoires, assurez-vous que vous y pénétrez avec le consentement libre et informe de leurs habitants. Ne photographiez pas sans autorisation, soyez vigilants et respectueux. Survival, mouvement mondial de soutien aux peuples indigènes s'attache à promouvoir un tourisme responsable et appelle les organisateurs de voyages et les touristes à bannir toute forme d'exploitation, de paternalisme et d'humiliation à leur encontre.

Survival pour les peuples indigènes

Espace offert par le Guide du Routard

✂ -

❏ envoyez-moi une documentation sur vos activités   ❏ j'effectue un don

NOM   PRÉNOM   ADRESSE

CODE POSTAL   VILLE

Merci d'adresser vos dons à Survival France. 45, rue du Faubourg du Temple, 75010 Paris.
Tél. 01 42 41 47 62. CCP 158-50J Paris. e-mail : info@survivalfrance.org

routard
ASSISTANCE
L'ASSURANCE VOYAGE
INTEGRALE A L'ETRANGER

VOTRE ASSISTANCE « MONDE ENTIER »
LA PLUS ETENDUE

RAPATRIEMENT MEDICAL **ILLIMITÉ**
(au besoin par avion sanitaire)
VOS DEPENSES : MEDECINE, CHIRURGIE, (env. 1.960.000 FF) **300.000 €**
HOPITAL, GARANTIES A 100% SANS FRANCHISE
HOSPITALISE ! RIEN A PAYER… (ou entièrement remboursé)
BILLET GRATUIT DE RETOUR DANS VOTRE PAYS : **BILLET GRATUIT**
En cas de décès (ou état de santé alarmant) **(de retour)**
d'un proche parent, père, mère, conjoint, enfant(s)
*BILLET DE VISITE POUR UNE PERSONNE DE VOTRE CHOIX **BILLET GRATUIT**
si vous être hospitalisé plus de 5 jours **(aller - retour)**
Rapatriement du corps – Frais réels **Sans limitation**

avec CERTAINS SOUSCRIPTEURS DES LLOYDS DE LONDRES

RESPONSABILITE CIVILE «VIE PRIVEE»
A L'ETRANGER

Dommages CORPORELS (garantie à 100%) .... (env. 29.500.000 FF) **4.500.000 €**
Dommages MATERIELS (garantie à 100%) .... (env. 2.900.000 FF) **450.000 €**
(dommages causés aux tiers) **(AUCUNE FRANCHISE)**
EXCLUSION RESPONSABILITE CIVILE AUTO : ne sont pas assurés les dommages causés ou subis
par votre véhicule à moteur : ils doivent être couverts par un contrat spécial : ASSURANCE AUTO
OU MOTO.
ASSISTANCE JURIDIQUE (Accident) .... (env. 1.960.000 FF) **300.000 €**
CAUTION PENALE .... (env. 49.000 FF) **7500 €**
AVANCE DE FONDS en cas de perte ou de vol d'argent .... (env. 4.900 FF) **750 €**

VOTRE ASSURANCE PERSONNELLE «ACCIDENTS»
A L'ETRANGER

Infirmité totale et définitive (env. 490.000 FF) **75.000 €**
Infirmité partielle – (SANS FRANCHISE) **de 150 € à 74.000 €**
(env. 900 FF à 485.000 FF)
Préjudice moral : dommage esthétique (env. 98.000 FF) **15.000 €**
Capital DECES (env. 19.000 FF) **3.000 €**

VOS BAGAGES ET BIENS PERSONNELS A L'ETRANGER

Vêtements, objets personnels pendant toute la durée de votre voyage à l'étranger : vols,
perte, accidents, incendie, (env. 6.500 FF) **1.000 €**
Dont APPAREILS PHOTO et objets de valeurs (env. 1.900 FF) **300 €**

À PARTIR DE 4 PERSONNES
TARIFS
"Spécial Famille"
Nous consulter au 01 44 63 51 00

routard

A S S I S T A N C E
L'ASSURANCE VOYAGE
INTEGRALE A L'ETRANGER

BULLETIN D'INSCRIPTION

NOM : M. Mme Melle |␣|␣|␣|␣|␣|␣|␣|␣|␣|␣|␣|␣|␣|␣|

PRENOM : |␣|␣|␣|␣|␣|␣|␣|␣|␣|␣|␣|␣|␣|␣|␣|

DATE DE NAISSANCE : |␣|␣|␣|␣|␣|␣|␣|␣|

ADRESSE PERSONNELLE : |␣|␣|␣|␣|␣|␣|␣|␣|␣|␣|␣|␣|␣|

|␣|␣|␣|␣|␣|␣|␣|␣|␣|␣|␣|␣|␣|␣|␣|␣|␣|␣|

|␣|␣|␣|␣|␣|␣|␣|␣|␣|␣|␣|␣|␣|␣|␣|␣|␣|␣|

CODE POSTAL : |␣|␣|␣|␣|␣| TEL. |␣|␣|␣|␣|␣|␣|␣|␣|␣|␣|

VILLE : |␣|␣|␣|␣|␣|␣|␣|␣|␣|␣|␣|␣|␣|␣|␣|␣|␣|␣|

DESTINATION PRINCIPALE ....

Calculer exactement votre tarif en SEMAINES selon la durée de votre voyage :

7 JOURS DU CALENDRIER = 1 SEMAINE

Pour un Long Voyage (2 mois...), demandez le **PLAN MARCO POLO**

COTISATION FORFAITAIRE 2003-2004

VOYAGE DU |␣|␣|␣|␣| AU |␣|␣|␣|␣| = |␣|␣|
SEMAINES

Prix spécial « *JEUNES* » : **20 € x** |␣|␣| = |␣|␣|␣| €

De 41 à 60 ans (et – de 3 ans) : **30 € x** |␣|␣| = |␣|␣|␣| €

De 61 à 65 ans : **40 € x** |␣|␣| = |␣|␣|␣| €

Tarif "**SPECIAL FAMILLES**" 4 personnes et plus : **Nous consulter au 01 44 63 51 00**

Chèque à l'ordre de ROUTARD ASSISTANCE – **A.V.I. International**
28, rue de Mogador – 75009 PARIS – FRANCE - Tél. 01 44 63 51 00
Métro : Trinité – Chaussée d'Antin / RER : Auber – Fax : 01 42 80 41 57

ou Carte bancaire : Visa ☐ Mastercard ☐ Amex ☐

N° de carte : |␣|␣|␣|␣|␣|␣|␣|␣|␣|␣|␣|␣|␣|␣|␣|␣|

Date d'expiration : |␣|␣| |␣|␣| Signature

Je déclare être en bonne santé, et savoir que les maladies
ou accidents antérieurs à mon inscription ne sont pas assurés.

Signature :

Information : www.routard.com
Souscription en ligne : www.avi-international.com

INDEX GÉNÉRAL

●●●

– A –

INDEX GÉNÉRAL

INDEX GÉNÉRAL

– O –

– P –

– R –

OÙ TROUVER LES CARTES ET LES PLANS ?

les **Routards** *parlent aux* **Routards**

Faites-nous part de vos expériences, de vos découvertes, de vos tuyaux pour que d'autres routards ne tombent pas dans les mêmes erreurs. Indiquez-nous les renseignements périmés. Aidez-nous à remettre l'ouvrage à jour. Faites profiter les autres de vos adresses nouvelles, combines géniales... On adresse un exemplaire gratuit de la prochaine édition à ceux qui nous envoient les lettres les meilleures, pour la qualité et la pertinence des informations. Quelques conseils cependant :
– Envoyez-nous votre courrier le plus tôt possible afin que l'on puisse insérer vos tuyaux sur la prochaine édition.
– N'oubliez pas de préciser sur votre lettre l'ouvrage que vous désirez recevoir.
– Vérifiez que vos remarques concernent l'édition en cours et notez les pages du guide concernées par vos observations.
– Quand vous indiquez des hôtels ou des restaurants, pensez à signaler leur adresse précise et, pour les grandes villes, les moyens de transport pour y aller. Si vous le pouvez, joignez la carte de visite de l'hôtel ou du resto décrit.
– À la demande de nos lecteurs, nous indiquons désormais les prix. Merci de les rajouter.
– N'écrivez si possible que d'un côté de la lettre (et non recto verso).
– Bien sûr, on s'arrache moins les yeux sur les lettres dactylographiées ou correctement écrites !

Le Guide du routard : 5, rue de l'Arrivée, 92190 Meudon

E-mail : guide@routard.com
Internet : www.routard.com

Routard Assistance *2004*

Vous, les voyageurs indépendants, vous êtes déjà des milliers entièrement satisfaits de Routard Assistance, l'Assurance Voyage Intégrale sans franchise que nous avons négociée avec les meilleures compagnies, Assistance complète avec rapatriement médical illimité. Dépenses de santé, frais d'hôpital, pris en charge directement sans franchise jusqu'à 300 000 € (2 000 000 F) + caution + défense pénale + responsabilité civile + tous risques bagages et photos. Assurance personnelle accidents : 75 000 € (500 000 F). Très complet ! Le tarif à la semaine vous donne une grande souplesse. Chacun des *Guides du routard* pour l'étranger comprend, dans les dernières pages, un tableau des garanties et un bulletin d'inscription. Si votre départ est très proche, vous pouvez vous assurer par fax : 01-42-80-41-57, mais vous devez, dans ce cas, indiquer le numéro de votre carte bancaire. Pour en savoir plus : ☎ 01-44-63-51-00 ; ou, encore mieux, ● www.routard.com ●

Composé par Euronumérique
Imprimé en Italie par « la Tipografica Varese S.p.A. »
Dépôt légal n° 39876-1/2004
Collection n° 13 - Édition n° 01
24/3995/8
I.S.B.N. 201243995-0